FESTSCHRIFT
LIBER AMICORUM

TUĞRUL ANSAY

FESTSCHRIFT

LIBER AMICORUM

TUĞRUL ANSAY

Zum 75. Geburtstag/in Honour of his 75th Birthday

Edited by

Prof. Dr. Sabih Arkan
Assoc. Prof. Dr. Aynur Yongalık

Published by:
Kluwer Law International
P.O. Box 316
2400 AH Alphen aan den Rijn
The Netherlands
E-mail: sales@kluwerlaw.com
Website: http://www.kluwerlaw.com

Sold and distributed in North, Central and South America by:
Aspen Publishers
7201 McKinney Circle
Frederick, MD 21704
USA
E-mail: customer.care@aspenpubl.com

Sold and distributed in all other countries by:
Turpin Distribution Services Ltd.
Stratton Business Park
Pegasus Drive
Biggleswade
Bedfordshire SG18 8TQ
United Kingdom
E-mail: sales@kluwerlaw.com

A C.I.P Catalogue record for this book is available from the Library of Congress.

ISBN 90-411-2514-0

© 2006 Kluwer Law International BV, The Netherlands

All rights reserved. No part of this publication may be reproduced, stored in a retrieval system, or transmitted in any form or by any means, mechanical, photocopying, recording or otherwise, without the prior permission of the publisher.

Permission to use this content must be obtained from the copyright owner. Please apply to: Permissions Department, Wolters Kluwer Legal, 111 Eight Avenue, 7th Floor, New York, NY 10011-5201, United States of America.
E-mail: permissions@kluwerlaw.com.

Tuğrul Ansay

Foreword

My Teacher Prof. Dr. Tuğrul Ansay

I first met my beloved teacher Prof. Dr. Tuğrul Ansay in 1967 while I was a student at the Law School of the University of Ankara. Thereafter, I had the chance to follow him in different stages of his life and was lucky enough to know him from different sides.

When I met him for the first time as a law student, I had the pleasure to know a man who was eager to establish dialoge with his students, to come closer to them, in a time when the political and economic atmosphere in Turkey and the general conditions were extremely turbulent. I learned from him as a teacher who was avoiding to go into details of the topics in his lectures, but rather telling them the essentials, supporting his lectures with many illustrating examples. He directed seminars with utmost seriousness and care.

Later, as a young graduate who had worries about his future career, I started to know other qualities of my teacher more closely. At this stage I was able to know the other qualifications of his character, as person, who gave all possible support to his students in making their decisions for their future life. I am one of those lucky young men to know him as a person who was always ready to lend a helping hand to others. He was the one who directed me to become a university assistant and who took further steps for the realization of my attempt to enter into my present career.

As an academician I later learned his scholarly abilities. He worked on various legal subjects, each time by comparing existing institutions with foreign counterparts and brought new ideas to improve the Turkish law. With many projects he directed, he contributed to the reform of our law. Among those one should particularly emphasize his book on "Problems of Contemporary Corporations and Turkish Corporations - An Outcome of a Survey" (Çağdaş Anonim Şirketlerin Sorunları ve Türk Anonim Şirketleri- Bir Anketin Sonuçları) (Ankara 1973). In this empirical work for the first time the structure and character of Turkish corporations has been searched as a result of a lengthy and hard work.

In his other book on "Ordinary Partnerships, Societies and Business Associations" (Adi Şirket, Dernek ve Ticaret Şirketleri) (Ankara 1967) he brought new dimensions to the understanding of the legal personality.

After leaving our Faculty for family reasons and migrating to Germany, he continued his close contact with Turkish law and Turkish lawyers. He guided young Turks in their scientific endeavors in Germany and he introduced them to academic circles. He then organized many scholarly activities and published many books as well as articles in foreign languages to make Turkish law known outside of Turkey.

We express our gratitude to our Teacher for his enormous efforts for our education; we wish him good health and happiness in his future life, which we hope will be many more years to come.

Prof. Dr. Sabih Arkan
Professor of Commercial Law,
University of Ankara, School of Law

Vorwort

Am 16. November 2005 jährt sich der Geburtstag meines geliebten Vaters Tuğrul Ansay zum 75. Mal. Dieses Ereignis nehmen geschätzte Kollegen und Schüler aus der ganzen Welt zum Anlass, diesen hervorragenden Rechtswissenschaftler mit einer Festschrift zu ehren.

In Ankara geboren, entscheidet sich mein Vater nach dem Schulabschluss gegen das ursprünglich anvisierte Ingenieurstudium und für die Fortführung der Familientradition als Professor der Rechtswissenschaft in dritter Generation. Mit 21 Jahren vollendet er sein Studium an der staatlichen Universität Ankara und beginnt mit den Arbeiten zu seiner Dissertation "Abzahlungsgeschäfte".

Im wissenschaftlichen Spektrum meines Vaters sind seit je her die Fachgebiete des Internationalen Privatrechts, des Handelsrechts, des Gesellschaftsrechts ... und des Ausländerrechts von herausragender Bedeutung.

Die Jahre 1955 und 1956 verbringt mein Vater damit, an der Columbia Universität in New York City seine Ausbildung mit einem MCL und einem LL.M. Titel zu veredeln. Als Stipendiat der Li Foundation vollendet er das LL.M. Studium mit einer Arbeit über die Anerkennung ausländischer Gerichtsurteile. An der Columbia Universität lernt mein Vater auch den deutschstämmigen Professor Arthur Nussbaum kennen, für dessen Schriftenreihe "Bilateral Studies" er später das Buch "American-Turkish Private International Law" schreibt, welches 1966 veröffentlicht wird.

Zurück in der Türkei wird mein Vater 1958 mit einer Arbeit über "Die Verantwortungsklage gegen den Verwaltungsrat" Privatdozent und leistet in den Jahren 1959 und 1960 seinen Wehrdienst ab. Nach Wiederaufnahme der wissenschaftlichen Tätigkeit kommt er 1965 zum ersten Mal in Kontakt mit seiner zweiten Heimat Deutschland, um an der Freien Universität Berlin als Gastprofessor taetig zu werden. In den darauffolgenden Jahren wird es meinen Vater aufgrund verschiedener Gastvorlesungen an der Richterakademie noch des öfteren nach Trier ziehen. 1967 habilitiert er dann mit einer Schrift über "Vereine, einfache Gesellschaften und Handelsgesellschaften" und wird zum ordentlichen Professor der juristischen Fakultät der Universität Ankara, für die er einige Jahre später als Dekan die Verantwortung übernehmen wird.

Mit dem Buch "Introduction to Turkish Law" veröffentlicht mein Vater im Jahr darauf gemeinsam mit Professor Don Wallace Jr. den Grundstein für eine internationale Buchserie, die einen Einblick in die Rechtssysteme von mittlerweile elf Staaten gewährt.

In den folgenden Jahren lehrt mein Vater als Gast an verschiedenen ausländischen Universitäten. Vorlesungen hält er u.a. 1971 im Rahmen eines Seminars über Gemischte

Unternehmen an der Columbia Universität als Gast des deutschen Professors Wolfgang Friedmann, 1977 an der Academy of International Law in Den Haag und an der Universität Luxemburg.

Als Stipendiat der Alexander-von-Humboldt Stiftung verfaßt mein Vater während eines Aufenthaltes in Hamburg gemeinsam mit Prof. Dr. Gessner das Buch "Gastarbeiter in Gesellschaft und Recht", welches 1974 vom Beck Verlag veröffentlicht wird.

1983 emeritiert mein Vater dann aus familiären Gründen frühzeitig, um nach Hamburg umzusiedeln. Sein ewig währender Tatendrang lässt ihn jedoch nicht ruhen, so dass er seine wissenschaftliche Tätigkeit mit dem Verfassen von Aufsätzen und Gutachten sowie dem Halten mehrerer Vorlesungen an den Universitäten Hamburg und Bremen über "Recht und Gesellschaft in der Türkei" fortführt.

Neben diesen Tätigkeiten gründet mein Vater als führender Gelehrter der türkischen Rechtswissenschaft in Deutschland 1986 die "Deutsch-Türkische Juristenvereinigung" und informiert deren Mitglieder seither als Geschäftsführer kontinuierlich über relevante Entwicklungen in der deutsch-türkischen Jurisprudenz. Die regelmäßig stattfindenden Seminare der Vereinigung bereiten einen fruchtbaren Boden für den Austausch zwischen Praktikern, Lehrern und Forschern beider Rechtsordnungen.

Fünf Jahre lang kommentiert mein Vater als Rechtsexperte für die türkische Tageszeitung Milliyet in einer wöchentlichen Kolumne aktuelle Ereignisse und Rechtsentwicklungen mit deutsch-türkischem Bezug. Unvergessen bleibt unser gemeinsamer Besuch des EU-Gipfels 2002 in Kopenhagen, von dem aus mein Vater für den türkischen TV-Sender Habertürk live über die Beitrittsperspektive der Türkei berichtet.

Zu erwähnen ist noch, dass mein Vater als delegierter Schiedsrichter der Türkischen Handels- und Industriekammer seit 2001 Mitglied des Internationalen Schiedsgerichtshofes der Internationalen Handelskammer in Paris ist.

Den Höhepunkt seiner beruflichen Laufbahn erlebt mein Vater zur Zeit als Gründungsdekan der Juristischen Fakultät der Koç Universität in Istanbul. Insbesondere seine jahrzehntelangen Erfahrungen und seine internationale Anerkennung in der Rechtswissenschaft ermöglichen es meinem Vater, seit nunmehr über zwei Jahren dem Ruf der wohl renommiertesten türkischen Privatuniversitaet gerecht zu werden.

Mit dieser Festschrift bringen Schüler und Kollegen aus aller Welt ihre Wertschätzung für das bisherige Lebenswerk meines Vaters zum Ausdruck. Mein Dank gilt in besonderer Weise dem Herausgeber Prof. Dr. Sabih Arkan und PD.Dr. Aynur Yongalık die den Druck dieser Festschrift ermöglicht haben.

Can Ansay
Rechtsanwalt
Los Angeles, den 8. November 2005

Table of Contents

Foreword	vii
Vorwort	ix
Table of Contents	xi

Jürgen Basedow
Die Modernisierung des europäischen Wettbewerbsrechts: von der verfrühten Umsetzung unfertiger Konzepte — 1

Rolf Birk
Rechtswahl und Rechtsformzwang im Arbeitskollisionsrecht — 15

David S. Clark
The Story of Early American Comparative Law — 33

Dagmar Coester-Waltjen
Der Europäische Vollstreckungstitel – Bestandsaufnahme und kritische Bewertung — 47

Michael Coester
Das Recht der Allgemeinen Geschäftsbedingungen im Spannungsfeld Zwischen Deutschem Recht und Europäischem Gemeinschaftsrecht — 61

François Dessemontet
The Seven Most Frequently Asked Questions about Licensing in Arbitration Proceedings — 71

Ulrich Drobnig
Der lange Weg zu einem Europäischen Vermögensrecht — 89

Thomas Fleiner
The Swiss Governmental System: Unique in the World — 99

Kay Hailbronner
Multiple Nationality and Diplomatic Protection — 117

Ewoud Hondius
Fundamental Rights and Private Law: the Case of the Netherlands   125

Hilmar Krüger
Studien über Probleme des türkischen Internationalen Erbrechts   131

Philip Kunig
Zur staatlichen Verantwortlichkeit für das Leben – ein Beitrag zum deutsch-türkischen Rechtsdialog   159

Brigitta Lurger
The Unification of Property Law in the European Union   167

Peter Mankowski
Deutsches Recht im türkischen Basar? – Oder: Grundsatzfragen des internationalen Verbraucherschutzes in der Bewährung am konkreten Fall   189

Dieter Martiny
Familienbeziehungen im Ausländerrecht und im internationalen Familienrecht   223

Cornelius van der Merwe and Luis Muñiz-Argüelles
Enforcement of Conduct Rules in a Condominium or Apartment Ownership Scheme   247

Esin Örücü
A Miscellany From a Comparative Lawyer   267

Norbert Reich
Judicial Protection in the EU   283

Oliver Remien
Immobiliarsachenrecht in Europa – Skizze eines unvermessenen Gebiets –   307

Christian Rumpf
Das Ende eines türkischen Verlöbnisses vor einem deutschen Amtsgericht   323

Jürgen Samtleben
Der Art. 23 EuGVO als einheitlicher Maßstab für internationale Gerichtsstandsvereinbarungen   343

Martin Schauer
Die unternehmerische Erbenhaftung im geltenden und im künftigen Recht   363

Anton K. Schnyder
Zum Kreis sonderanknüpfungsfähiger "Eingriffsnormen" im Internationalen Privatrecht — 389

Amos Shapira
Policy and Fairness in the Assisted Reproduction Process: The Indispensable Requirement of Continuous Mutual Parental Consent (A Critique of the *Nachmani* Decision) — 403

Kurt Siehr
Handel mit türkischen Kulturgütern — 413

Fritz Sturm
Staatsangehörigkeitsverlust durch Legitimation: Deutsch-Türken unter dem verfassungswidrigen Fallbeil des RuStAÄndG 1974 — 429

Lajos Vékás
Die Grundzüge der ungarischen Privatrechtsreform — 437

Nedim Peter Vogt
The International Practise of Law and the Anglo-Internationalisation of Law and Language — 455

Spyridon Vrellis
The EC Court Case Law on the Right of Establishment of Companies and its Impact on the Law Applicable to Legal Persons — 461

Don Wallace, Jr.
Ironies of Foreign Direct Investment Protection: The Privatization of Dispute Settlement and Public Protest — 485

W. Rainer Walz
Lücken der Foundation Governance und ihre Ausfüllung — 497

Rudolf Welser
Testiergebot, Testierverbot und Vermächtnis einer fremden Sache im österreichischen Recht — 517

Peter Winkler v. Mohrenfels
Die gleichgeschlechtliche Ehe im deutschen IPR und im europäischen Verfahrensrecht — 527

Eddy Wymeersch
Company law and Freedom of Establishment in the EU 541

Reinhard Zimmermann
Legal Education in Germany: Some Characteristic Features 549

Die Modernisierung des europäischen Wettbewerbsrechts: von der verfrühten Umsetzung unfertiger Konzepte

*Jürgen Basedow**

In den späten 90er Jahren begann die Europäische Kommission damit, eine Generalüberholung ihrer Wettbewerbspolitik zu planen. Angesichts der bevorstehenden Erweiterung der Gemeinschaft nach Zentral- und Osteuropa und des Beitritts einer großen Zahl neuer Mitgliedstaaten fürchtete sie, zunehmend weniger in der Lage zu sein, die Durchsetzung des europäischen Wettbewerbsrechts in befriedigendem Maße zu sichern. Seither wurden weitreichende Veränderungen ins Werk gesetzt. Sie prägen das Bild des europäischen Wettbewerbsrecht, wie es sich den Aspiranten auf eine künftige Mitgliedschaft, darunter der Türkei, bietet. Dieses Bild wird immer mehr zu dem Maßstab werden, an dem sie ihr eigenes nationales Wettbewerbsrecht messen müssen. *Tuğrul Ansay*, der die Entwicklung des türkischen Handels- und Wirtschaftsrechts über Jahre hinweg mit beeinflusste und sie danach über fast zwei Jahrzehnte von Deutschland aus verfolgte, wird nach seiner Rückkehr in die Türkei erneut in diese Entwicklung eingreifen und sie in Richtung Europa zu lenken versuchen. Dazu mag der folgende Überblick von Nutzen sein, den ich ihm in langjähriger kollegialer Hochachtung widme.

Im Frühjahr 1999 veröffentlichte die Kommission ein Weißbuch, das eine völlig neue Struktur für die Durchsetzung der Artikel 81 und 82 EG vorschlug.[1] Dessen wichtigstes Element war die Ersetzung des bisherigen Freistellungsmonopols der Europäischen Kommission im Rahmen des Artikels 81 Abs. 3 EG durch ein Netzwerk nationaler Wettbewerbsbehörden, die zur unmittelbaren Anwendung dieser Vorschrift befugt sein würde. Diese Dezentralisierung, die im ersten Teil dieses Beitrages skizziert werden wird, geht mit einer gewissen Veränderung in der Anwendung der materiellen Vorschriften einher. Wohl aufgrund eines verstärkten amerikanischen und angelsächsischen Einflusses auf das europäische Wettbewerbsrecht ist ein methodischer Wechsel hin zu einem "more economic approach" zu beobachten. Mehrere Rechtsakte der Kommission zeugen von dieser Entwicklung. Am deutlichsten kommt sie in der neuen

---

* Prof. Dr. h. c. Jürgen Basedow, LL. M. (Harvard Univ.), Direktor am Max-Planck-Institut für ausländisches und internationales Privatrecht, Professor an der Universität Hamburg und Vorsitzender der Monopolkommission. Der Verfasser dankt Herrn Assessor Mathias Schatz für gedankenreiche Mitarbeit.
[1] Weißbuch über die Modernisierung der Vorschriften zur Anwendung der Artikel 85 und 86 EG-Vertrag, Arbeitsprogramm der Kommission Nr. 99/027, EG Dok. KOM (1999) 101 endg., erhältlich unter <www.eu.int/comm/competition/antitrust/wp_modern.de.pdf>

S. Arkan, A. Yongalik (eds.) Liber Amicorum/Festschrift für Tuğrul Ansay, pp. 1-14.
© *2006 Kluwer Law International BV. Printed in the Netherlands.*

Jürgen Basedow

Fusionkontrollverordnung 139/2004 zum Ausdruck, die im zweiten Teil erörtert wird. Ein dritter spektakulärer Richtungswechsel könnte im Verlauf dieses Jahres bekannt gegeben werden und bezieht sich auf die private Durchsetzung der Artikel 81 und 82 EG. Die Kommission hatte schon in ihren frühen Vorschlägen für die Verordnung 1/2003 die Notwendigkeit vermehrter Privatklagen angedeutet.[2] Ein Grünbuch zu diesem Thema ist Ende 2005 erschienen.[2a]

I. Dezentralisierung

Seit der Verkündung der Verordnung 17 im Jahre 1962[3] wurde das europäische Wettbewerbsrecht durch das Freistellungsmonopol der Kommission im Rahmen des Artikel 81 Abs. 3 EG charakterisiert. Während nationale Wettbewerbsbehörden und Gerichte befugt oder sogar verpflichtet waren, das in Artikel 81 Abs. 1 EG nomierte Verbot wettbewerbsbeschränkender Vereinbarungen anzuwenden, stand es ihnen nicht zu, über eine Freistellung des zu untersuchenden Verhaltens zu entscheiden. Weil aber Unternehmen üblicherweise irgendeine Rechtfertigung für ihr wettbewerbsschädigendes Verhalten vorbringen und sehr oft einen Grund zur Freistellung sehen, waren bei nationalen Wettbewerbsbehörden eingereichte Beschwerden oder vor nationalen Gerichten angestrengte Verfahren wegen Verletzung von Artikel 81 EG durchweg zwecklos. Sie führten lediglich zu einer Verzögerung der endgültigen Entscheidung, und die von wettbewerbsschädigendem Verhalten Betroffenen zogen es vor, sich direkt an die Europäische Kommission zu wenden. Mit dem Beitritt neuer Mitgliedsstaaten nahm die Zahl derartiger Beschwerden stetig zu, und die Kommission war immer weniger zu einer effektiven Durchsetzung des europäischen Wettbewerbsrechts in der Lage.

Zur Bewältigung dieses Problems bediente sie sich zweier Mittel: im Hinblick auf Standardsituationen erließ sie Gruppenfreistellungsverordnungen, die Artikel 81 Abs. 1 EG auf bestimmte Kategorien von Vereinbarungen und abgestimmten Verhaltensweisen für unanwendbar erklären. Außerdem wurden Anträge auf Einzelfreistellung zunehmend mit sogenannten "comfort letters" beantwortet. Ohne eine endgültige Freigabe des betreffenden Verhaltens vorzusehen, stellen solche Schreiben fest, dass die Kommission zurzeit keinen Anlass zum Einschreiten sehe, auch wenn sie sich das Recht zu einer späteren Untersuchung vorbehalte. Die aus dieser Vorgehensweise resultierende Unsicherheit war am deutlichsten spürbar, wenn Verträge, die wettbewerbsbeschränkende Klauseln enthielten, zu privaten Rechtsstreitigkeiten führten. Dann tauchte die Frage auf, ob ein nationaler Richter eine von einem "comfort letter" gedeckte Klausel als nach Artikel 81 Abs. 2 EG nichtig anzusehen berechtigt war

---

[2] Vgl. Weißbuch über die Modernisierung der Vorschriften zur Anwendung der Artikel 85 und 86 EG-Vertrag (Fn. 1), Rn. 100.
[2a] KOM (2005) 672 endg. v. 19.12.2005.
[3] Verordnung (EG) Nr. 17 des Rates vom 6. Februar 1962, Erste Durchführungsverordnung zu den Artikeln 85 und 86 des Vertrages, ABl. 13 vom 21.02.1962, S. 204; zuletzt geändert durch die Verordnung (EG) Nr. 1216/1999 (ABl. L 148 vom 15.06.1999, S. 5).

Die Modernisierung des europäischen Wettbewerbsrechts

oder ob er sie bis zur Veranlassung weiterer Maßnahmen durch die Kommission als wirksam zu behandeln hatte.[4]

Angesichts der bevorstehenden Erweiterung der Gemeinschaft nach Zentral- und Osteuropa und des Beitritts zehn neuer Mitgliedstaaten fürchtete die Kommission, dass eine Flut neuer Fälle zu untragbaren Zuständen führen könne. Sie gab daher ihr Freistellungsmonopol auf. Nach Artikel 1 Abs. 2 der Verordnung 1/2003[5] sind nunmehr "Vereinbarungen, Beschlüsse und aufeinander abgestimmte Verhaltensweisen im Sinne von Artikel 81 Absatz 1 des Vertrages, die die Voraussetzungen des Artikels 81 Abs. 3 des Vertrages erfüllen, (...) nicht verboten, ohne dass dies einer vorherigen Entscheidung bedarf." Gleichzeitig verlieren die mitgliedstaatlichen Wettbewerbsbehörden ihr Ermessen, bei der Würdigung wettbewerbsschädigenden Verhaltens entweder das nationale Wettbewerbsrecht oder Artikel 81 und 82 EG anzuwenden. Während die Einleitung der Untersuchung als solche weiterhin in ihrem Ermessen steht, sind sie nach erfolgter Verfahrenseröffnung verpflichtet, Artikel 81 und 82 EG auf Verhaltensweisen anzuwenden, die den Handel zwischen den Mitgliedstaaten beeinträchtigen können (vgl. Art. 3 Abs. 1 der Verordnung 1/2003). Bezüglich wettbewerbsbeschränkender Vereinbarungen ordnet Artikel 3 Abs. 2 der Verordnung an, dass Artikel 81 und 82 EG den parallelen Vorschriften des nationaler Rechts vorgeht. Diese Regelung und die direkte Anwendbarkeit des Artikel 81 Abs. 3 EG sollen eine Verzerrung der einheitlichen materiellen Prinzipien des Artikel 81 EG durch die gleichzeitige Anwendung nationalen Wettbewerbsrechts verhindern.

Aber ist die Annahme, dies werde gelingen, berechtigt? Ist die Verpflichtung zur Anwendung einheitlicher materieller Standarts auch ausreichend, um deren einheitliche Handhabung zu sichern? Im Rahmen des einheitlichen Konventionsprivatrechts, wie beispielsweise im Recht des internationalen Warenkaufs oder der internationalen Transportabkommen, wäre diese Annahme eher gerechtfertigt. Im Wettbewerbsrecht jedoch sind nationale Interessen und politische Einflüsse wesentlich stärker als im traditionellen Privatrecht. Hier gehen die Traditionen der 25 Mitgliedstaaten weit auseinander. In einigen der alten Mitgliedstaaten, wie etwa Frankreich, hat sich die Wirtschaftspolitik seit jeher auf die Unterstützung großer nationaler Unternehmen konzentriert, wohingegen andere Länder insbesondere Großbritannien und Deutschland, traditionell die Bedeutung eines wettbewerblichen Umfeldes für die internationale Konkurrenzfähigkeit ihrer Unternehmer betonen. In den meisten neuen Mitgliedstaaten sind Wettbewerbsrecht und Wettbewerbspolitik neue Errungenschaften. Der älteren Generation angehörende Führungspersönlichkeiten aus Wirtschaft und Politik haben oft Schwierigkeiten mit der Wettbewerbspolitik und die neue Generation scheint manchmal staatliche Interventionen selbst dann pauschal

---

[4] Vgl. Hierzu *Schröter* in: *von der Groeben/Schwarze* (Hrsg.), Vertrag über die Europäische Union und Vertrag zur Gründung der Europäischen Gemeinschaft, Kommentar, 6. Auflage 2003, Art. 81 EG Rn. 229 m. w. N.
[5] Verordnung (EG) Nr. 1/2003 des Rates vom 16. Dezember 2002 zur Durchführung der in den Artikeln 81 und 82 des Vertrages niedergelegten Wettbewerbsregeln, ABl. Nr. L 1 vom 4.1.2003, S. 1.

abzulehnen, wenn diese den Wettbewerb schützen sollen. Die Meinungsverschiedenheiten sind weitreichend und lassen ernsthafte Zweifel daran aufkommen, ob ein Wettbewerbsregime, dessen Verwirklichung weitgehend den nationalen Behörden überlassen ist, hinreichend homogen ist.

Die Kommission ist sich dieser mit Dezentralisierung verbundenen Risiken bewusst gewesen. Die Verordnung 1/2003 sieht daher nicht einfach die Ersetzung des Freistellungsmonopols der Kommission durch isolierte Entscheidungen einzelner nationaler Behörden vor. An die Stelle soll vielmehr ein Netzwerk treten, das aus der Kommission und den mitgliedstaatlichen Behörden besteht, denen eine Pflicht zu enger Kooperation auferlegt wird. Die Informations- und Kooperationsmechanismen werden in verschiedenen Vorschriften der Verordnung 1/2003 und in weiteren Dokumenten der Gemeinschaft beschrieben, insbesondere in einer gemeinsamen Erklärung des Rates und der Kommission[6] und einer so genannten Netzwerk-Bekanntmachung.[7] Hier können nur einige Grundstrukturen dargelegt werden.

Ein grundlegendes Problem betrifft die Zuweisung der Fälle an eine nationale Wettbewerbsbehörde. Angesichts des Auswirkungsprinzips, das sich zahlreiche nationale Wettbewerbsrechte zu Eigen gemacht haben, wird wettbewerbsschädigendes Verhalten, das den Handel zwischen den Mitgliedstaaten zu beeinträchtigen geeignet ist, häufig zu Untersuchungen durch Wettbewerbsbehörden zweier oder mehrerer Länder führen. Deren jeweilige Zuständigkeit kann nicht bezweifelt werden, doch versteht es sich von selbst, dass parallele Verfahren zu verschiedenen Ergebnissen führen können. Artikel 13 der Verordnung 1/2003 erlaubt es deshalb den Mitgliedstaaten, das Verfahren im Hinblick auf Verfahren in anderen Mitgliedstaaten auszusetzen oder zu beenden. Im Gegensatz zum Einwand der Rechtshängigkeit im Zivilprozess ist es jedoch nicht zwangsläufig die zuerst angerufene Behörde, die das Verfahren durchführen wird. Über die Zuteilung eines Falles wird vielmehr aufgrund einer Konsultation zwischen den involvierten Mitgliedstaaten und der Kommission entschieden. Nach der "Bekanntmachung der Kommission über die Zusammenarbeit innerhalb des Netzes der Wettbewerbsbehörden"[8] soll der Fall einer dafür gut geeigneten Behörde zugeteilt werden. Auch wenn einige relevante Gesichtspunkte in der Bekanntmachung genannt werden, so ist deren Verhältnis zueinander doch unklar.

Der Fall könnte zum Beispiel der Behörde desjenigen Mitgliedstaates zugeteilt werden, in dem sich der größte Teil des relevanten Beweismaterials befindet, aber es wäre auch nicht ausgeschlossen, dass er der Behörde eines anderen betroffenen Mitgliedstaates überlassen wird, die zur fraglichen Zeit über freie Ressourcen für die Untersuchung verfügt. Nach einem Jahr der praktischen Erfahrungen mit dem neu geschaffenen

---

[6] Gemeinsame Erklärung des Rates und der Kommission zur Arbeitsweise des Netzes der Wettbewerbsbehörden vom 10.12.2002.
[7] Bekanntmachung der Kommission über die Zusammenarbeit innerhalb des Netzes der Wettbewerbsbehörden, ABl. C 101 v. 27.4.2004, S.43.
[8] Bekanntmachung der Kommission über die Zusammenarbeit innerhalb des Netzes der Wettbewerbsbehörden, ABl. C 101 v. 27.4.2004, S 43 Tz. 7 ff.

Netz der Wettbewerbsbehörde scheinen Beamte der Kommission und der nationalen Wettbewerbsbehörden mit der geschaffenen Flexibilität hochzufrieden zu sein. Über die Bewertung seitens der Wirtschaft ist hingegen weitaus weniger bekannt. Der Ermessenscharakter der Fallverteilung kann unvorsehbare Risiken und hohe Kosten für die Unternehmen verursachen. Als Beispiel sollen hier strafrechtliche Sanktionen für die verantwortlichen Manager dienen, die nur in einigen Mitgliedstaaten, wie etwa Großbritannien oder der Slowakei existieren. Angenommen ein Fall, der seinen Schwerpunkt in einem Land wie Deutschland hat, wo derartige Sanktionen unbekannt sind, werde vom Netz in Ausübung seines Ermessens den slowakischen oder britischen Behörden zugewiesen. Könnte man wirklich davon ausgehen, dass eine derartige ermessensgeleitete Fallzuweisung mit Grundrechten wie Art. 6 der Europäischen Menschenrechtskonvention[9] oder Artikel 47 der Charta der Grundrechte der Europäischen Union[10] in Einklang steht?

Verordnung 1/2003 sieht zahlreiche Pflichten im Bereich der Information und Konsultation vor.[11] Sie gestattet zudem den mitgliedstaatlichen Wettbewerbsbehörden, Nachprüfungen und sonstige Maßnahmen zur Sachverhaltsaufklärung im Namen und für Rechnung der Wettbewerbsbehörde eines anderen Mitgliedstaates durchzuführen, um festzustellen, ob eine Zuwiderhandlung gegen Artikel 81 oder 82 des Vertrages vorliegt, vgl. Art. 22 der Verordnung 1/2003. Es muss allerdings betont werden, dass diese Art der Kooperation freiwillig ist. Wie kann man aber gründliche Ermittlungen bezüglich eines grenzüberschreitenden Kartells erwarten, wenn es keine Verpflichtung der mitgliedstaatlichen Behörden gibt, Ermittlungsersuchen der nationalen Behörden anderer Mitgliedstaaten nachzukommen?

Die der Netzbildung zu Grunde liegende Annahme geht dahin, dass die vom Netzwerk bestimmte nationale Behörde eine umfassende Untersuchung aller Wirkungen eines wettbewerbsschädigenden Verhaltens vornimmt, wo auch immer sie innerhalb der Gemeinschaft spürbar werden. Auch diese Annahme ist nicht berechtigt. Verordnung 1/2003 erlegt der vom Netz mit der Fallbearbeitung betrauten staatlichen Behörde keine Verpflichtung auf, ihre Untersuchung über die nationalen Grenzen ihres eigenen Staates hinaus zu erstrecken. Angesichts der mit einer Beweiserhebung im Ausland verbundenen Schwierigkeiten und Kosten und der aus der grenzüberschreitenden Kooperation resultierenden Verzögerung spricht viel dafür, dass die nationalen Wettbewerbsbehörden ihre Untersuchungen auf ihr jeweiliges nationales Hoheitsgebiet beschränken werden. Wenn das aber zutrifft, muss der Mechanismus der Fallverteilung in Frage gestellt werden. Wenn ein wettbewerbsschädigendes Verhalten mehrere Mitgliedstaaten betrifft und die vom Netz bestimmte nationale Behörde nur die in ihrem eigenen Hoheitsgebiet spürbaren Auswirkungen untersucht, kann die

---

[9] Konvention zum Schutze der Menschenrechte und Grundfreiheiten vom 4.11.1950, BGBl. 1952 II S. 685.
[10] Charta der Grundrechte der Europäischen Union, ABl. 2000 Nr. C 364, S. 1 ff.
[11] Vgl. insbesondere die Artikel 11, 12 und 15 der Verordnung sowie deren nähere Ausgestaltung in der "Bekanntmachung der Kommission über die Zusammenarbeit innerhalb des Netzes der Wettbewerbsbehörden"

Fallzuweisung zu einer Untersanktionierung führen, weil die Auswirkungen des Verhaltens in anderen Mitgliedstaaten von der ermittelnden Behörde bei der Bemessung der Geldbuße nicht berücksichtigt werden.

Zusammenfassend lässt sich sagen, dass die Dezentralisierung zwar einerseits durchaus geeignet erscheint, die behördliche Durchsetzung der Artikel 81 und 82 EG zu intensivieren. Andererseits ist die Struktur des europäischen Netzes der Wettbewerbsbehörden unvollständig und inkonsequent; sie wird sehr wahrscheinlich zu einer Untersanktionierung führen. Dieser Befund wird durch die abschließende Beobachtung untermauert, dass es – abgesehen von der EU – weiten Respektierung der Kommissionsentscheidungen gemäß Art. 16 der Verordnung – keine gegenseitige Anerkennung und Vollstreckung von Entscheidungen innerhalb dieses Netzes der Wettbewerbsbehörden gibt. Die Verordnung 1/2003 ist daher nicht mehr als ein erster Schritt zu einem wirklichen Netz der Wettbewerbsbehörden.

II. Ein "more economic approach" in der Zusammenschlusskontrolle

Ein zweites Charakteristikum der Modernisierung des europäischen Wettbewerbsrechts ist die gewachsene Bedeutung der Wirtschaftswissenschaften.[12] Ein deutlicher Beleg für diese methodische Veränderung findet sich in den Leitlinien für horizontale Zusammenarbeit[13] und in der Gruppenfreistellungsverordnung für die vertikale Beschränkungen.[14] Das wichtigste rechtliche Indiz für diese Entwicklung ist jedoch das materielle Untersagungskriterium der neuen Fusionskontrollverordnung 139/2004.[15]

Die Zusammenschlusskontrolle wurde durch die Verordnung 4064/89[16] in das Gemeinschaftsrecht eingeführt. Nach deren Artikel 2 Abs. 3 waren Zusammenschlüsse, die "eine beherrschende Stellung begründen oder verstärken, durch die wirksamer Wettbewerb im Gemeinsamen Markt oder in einem wesentlichen Teil desselben

---

[12] Vgl. dazu etwa *Hildebrand*, Der "more economic approach" in der Wettbewerbspolitik-Dynamik und Ausblick, WuW 2005, S. 513 ff; *Christansen*, Die "Ökonomisierung" der EU-Fusionskontrolle: mehr Kosten als Nutzen?, WuW 2005, S. 285 ff; *Böge*, Der "more economic approach" und die deutsche Wettbewerbspolitik, WuW 2004, 727 ff.
[13] Bekanntmachung der Kommission: Leitlinien zur Anwendbarkeit von Artikel 81 EG-Vertrag auf Vereinbarungen über horizontale Zusammenarbeit, ABl. Nr. C3 vom 6.1.2000, S. 2 ff.
[14] Verordnung (EG) Nr. 2790/1999 der Kommission vom 22. Dezember 1999 über die Anwendung von Artikel 81 Absatz 3 des Vertrages auf Gruppen von vertikalen Vereinbarungen aufeinander abgestimmten Verhaltensweisen; ABl. L 336 v. 29.12.1999, S. 1 ff.
[15] Verordnung (EG) Nr. 139/2004 des Rates vom 20. Januar 2004 über die Kontrolle von Unternehmenszusammenschlüssen ("EG-Fusionskontrollverordnung"), ABl. Nr. L 24 vom 29.1.2004, S.1 ff.
[16] Verordnung (EWG) Nr. 4064/89 des Rates vom 21. Dezember 1989 über die Kontrolle von Unternehmenszusammenschlüssen, ABl. L 395 vom 30.12.1989, S.1 ff.

Die Modernisierung des europäischen Wettbewerbsrechts

erheblich behindert würde," für unvereinbar mit dem Gemeinsamen Markt zu erklären. Das zweite Tatbestandsmerkmal dieses zweistufigen Tests erwies sich als für seine praktische Anwendung eher unbedeutend. Wann immer die Kommission die Begründung oder Verstärkung einer individuellen oder kollektiven beherrschenden Stellung annahm, wurde vermutet, dass daraus eine erhebliche Behinderung wirksamen Wettbewerbs resultiere.[17] Der Marktbeherrschungstest war konzeptionell mit Artikel 82 EG verknüpft: wenn der Missbrauch einer marktbeherrschenden Stellung verboten ist, sollte das Gesetz außer im Falle internen Wachstums bereits die Entstehung beherrschender Stellungen unterbinden. Als Konsequenz der Formulierung des materiellen Untersagungskriteriums in der Verordnung 4064/89 konnte dasselbe Konzept der Marktbeherrschung sowohl im Rahmen der Fusionskontrolle als auch bei der Kontrolle missbräuchlicher Verhaltensweisen zugrunde gelegt werden. Insbesondere konnten die richterrechtlich etablierte Vermutung der beherrschenden Stellung, die aus einem Marktanteil von über 50% folgte,[18] sowie die vom Gerichtshof entwickelten Voraussetzungen der kollektiven Marktbeherrschung[19] in beiden Kontexten jedenfalls im Prinzip verwendet werden.[20]

Artikel 2 Abs. 3 der Verordnung 139/2004 hat die Reihenfolge der beiden Tatbestandsmerkmale des materiellen Untersagungskriteriums in der Fusionkontrolle umgekehrt. Nunmehr sind "Zusammenschlüsse, durch die wirksamer Wettbewerb im Gemeinsamen Markt oder in einem wesentlichen Teil desselben erheblich behindert würde, insbesondere durch die Begründung oder Verstärkung einer beherrschenden Stellung" für mit dem Gemeinsamen Markt unvereinbar zu erklären. Nach der neuen Regelung ist der Marktbeherrschungstest nur noch ein Beispiel für eine erhebliche Behinderung wirksamen Wettbewerbs, ein "significant impediment to effective competition" (SIEC). Letztere stellt nunmehr das Hauptkriterium dar. Infolgedessen kann

---

[17] Vgl. Zur Diskussion um die Bedeutung dieses Tatbestandsmerkmales *Immenga* in: *Immenga/Mesmäcker*, EG- Wettbewerbsrecht, Kommentar, Band I, 1997, FKVO Art. R 18 ff. sowie *Rösler* in: Frankfurter Kommentar zum Kartellrecht, Band VI, Art. 2 FKVO Tz. 216 ff.
[18] Vgl. EuGH vom 13.2.1979, Slg. 1979-461 *(Hoffmann-La Roche/Vitamine))*: EuGH v. 3.7.1991, Slg. 1991 I-3439 *(AKZO)* jeweils zur Missbrauchsaufsicht.
[19] Vgl. etwa EuGH v. 10.3.1992, Slg. 1992 II-1403 *(Società Italiana Vetro Spa u. a. / Kommission der Europäischen Gemeinschaften)*; EuGH v. 27.4.1994, Slg.1994 I-503 *(Gemeente Almelo u.a. / Energiebedrijf ljsselmij NV)*; EuGH v. 17.10.1995, Slg. 1995 I-3287 *(DIP SpA u.a. / Comune di Bassano del Grappa und Comune di Chioggia);* EuGH v. 8.10.1996, Slg. 1996 II-1201 *(Compagnie maritime belge transports SA u.a. / Kommission der Europäischen Gemeinschaften)*; EuGH v. 31.3.1998, Slg. 1998 I-1453 *(Französische Republik u.a. / Kommission der Europäischen Gemeinschaften ("Kali und Salz"))*; EuGH v. 25.3.1999, Slg. 1999 II-753 *(Gencor Ltd. / Kommission der Europäischen Gemeinschaften*; EuGH v. 6.6.2002, Slg. 2002 II-2585 *(Airtours plc / Kommission der Europäischen Gemeinschaften)*.
[20] Wobei freilich bei der Beurteilung der Marktanteile angesichts des prospektiven Charakters der Fusionskontrolle und der daraus resultierenden im Vergleich zur Verhaltenskontrolle dynamischeren Betrachtungsweise in bestimmten Konstellationen eine gewisse Vorsicht bei der Übertragung der zu Artikel 82 ergangenen Entscheidungen geboten sein kann; vgl. dazu zutreffend *Immenga* in: *Immenga/Mestmäcker*, EG- Wettbewerbsrecht, Band I, 1997, Art. 2 FKVO Rn. 102.

nach dem neuen "SIEC-Test" auch ein Zusammenschluss, der nicht die Voraussetzungen des Marktbeherrschungstests erfüllt, verboten werden.

Auf den ersten Blick mag diese Neufassung unwesentlich erscheinen. Sie kann jedoch dazu führen, dass das bisherige Entscheidungsmaterial einen großen Teil seiner Bedeutung einbüßt. Angesichts der ausdrücklichen Exemplifizierung der erheblichen Behinderung wirksamen Wettbewerbs durch das Marktbeherrschungskriterium erscheint es zwar unwahrscheinlich, dass ein Zusammenschluss, der die Voraussetzungen des letzteren erfüllt, für mit dem Gemeinsamen Markt vereinbar erklärt wird. Andererseits ist die Anwendung des Marktbeherrschungstests nicht erschöpfend. Es kann Zusammenschlüsse geben, die vom Marktbeherrschungstest nicht erfasst werden, aber gleichwohl zu einer erheblichen Behinderung wirksamen Wettbewerbs führen.

Um die Notwendigkeit dieser zusätzlichen Kontrollmöglichkeit zu erklären, verweist Erwägungsgrund 25 der Verordnung 139/2004 auf die sogenannten nicht koordinierten bzw. unilateralen Effekte, die ein Zusammenschluss in oligopolistischen Märkten haben kann. Zur Veranschaulichung dieser nicht koordinierten Auswirkungen eignet sich der vom Gericht Erster Instanz entschiedene *Airtours*- Fall.[21] Er bezieht sich auf den britischen Markt für Pauschalreisen auf den europäischen Kontinent und seine Umgebung. Von den vier führenden Reiseveranstaltern hatten Nr. 3 und 4 mit einem Marktanteil von 15% und 19,4% fusioniert. Die daraus entstandene Einheit war die neue Nr. 1 mit einem Marktanteil von 34,4% vor dem früheren Marktführer mit 30,7% und dem vierten Unternehmen mit 20,4% Marktanteil. Die Kommission hatte den Zusammenschluss mit der Begründung verboten, er verstärke eine kollektive marktbeherrschende Stellung der vier führenden Unternehmen.[22] Im Rechtsmittelverfahren wurde die Kommissionsentscheidung vom Gericht Erster Instanz für nichtig erklärt. Das Gericht hob hervor, dass für die Annahme einer kollektiven Marktbeherrschung eine erhebliche Markttranparenz erforderlich sei, so dass jedes Mitglied des führenden Oligopols das Verhalten der anderen Marktteilnehmer mit hinreichender Präzision und Schnelligkeit überwachen könne. Darüber hinaus erfordere die Annahme kollektiver Marktbeherrschung die Fähigkeit der Oligopolmitglieder, ausscherenden Mitgliedern Sanktionen aufzuerlegen, die diese voraussehen und dadurch von jedem Versuch eines Vorstoßes im Wettbewerb abgehalten werden. Nach Ansicht des Gerichts hatte die Kommission das Vorliegen dieser Elemente kollektiver Marktbeherrschung im vorliegenden Fall nicht hinreichend nachgewiesen.

Es ist nicht unwahrscheinlich, dass das Konzept der kollektiven Marktbeherrschung in diesem Fall an seine Grenzen gestoßen ist. Offensichtlich fehlte es hier an einer Grundvoraussetzung kollektiver Marktbeherrschung, nämlich der Homogenität der am Markt angebotenen Güter. Nichtsdestotrotz sind Ökonomen der Ansicht, dass ein Zusammenschluss in einem engen Oligopol auch ohne den Nachweis kollektiver Marktbeherrschung jedem der im Markt verbleibenden Unternehmen zusätzlichen Handlungsspielraum eröffnen kann. Insbesondere sei es unwahrscheinlich, dass ein

---

[21] EuG. v. 6.6.2002, Slg. 2002 II-2585.
[22] Kommission v. 22.9.1999, ABl. 2000, L 93, S. 1- *Airtours/First Choice*.

wettbewerblicher Vorstoß eines über einen sehr großen Marktanteil verfügenden Reiseveranstalters von seinen Wettbewerbern pariert werden könne. Denn sie seien außerstande, rasch eine ausreichend große Anzahl von Hotelzimmern und Lufttransportkapazität zu buchen, um zurückzuschlagen. Uniliterale Effekte dieser Art gelten als mit dem Marktbeherrschungstest nicht erfassbar. Ökonomen behaupten, dass der SIEC-Test flexibler sei und das notwendige Verbot derartiger Fälle ermögliche.[23] Mag dies auch zutreffen, so erscheint die der Analyse des *Airtours*- Falles zugrunde liegende ökonomische Argumentation doch fragwürdig. Sie stützt sich auf einen sehr begrenzten Zeitrahmen und lässt mögliche Reaktion der Konkurrenten in den folgenden Jahren unberücksichtigt. Es ist unwahrscheinlich, dass Konkurrenten, die in einem Jahr von einem Vorstoß des Marktführers überrascht wurden, im nächsten Jahr Reservekapazitäten buchen und zurückschlagen werden. Wenn das aber zutrifft, erscheint die Notwendigkeit einer Zusammenschlusskontrolle jenseits des Marktbeherrschungstest nicht wohlbegründet.

Ein anderes Element der ökonomischen Analyse, das im Rahmen des SIEC-Tests gesteigerte Aufmerksamkeit erfahren hat, ist die *efficiency defence*.[24] Die frühere Verordnung 4064/89 hatte in ihren Erwägungsgründen 4 und 13 hervorgehoben, dass Zusammenschlüsse geeignet seien, die Wettbewerbsfähigkeit der europäischen Industrie zu steigern, die Wachstumsbedingungen zu verbessern, den Lebensstandard anzuheben und den wirtschaftlichen und sozialen Zusammenhalt der Gemeinschaft zu stärken. Aber diese Ziele bezogen sich auf die in Artikeln 2 und 130 (a) EGV (nunmehr Art. 158 EG) normierten grundlegenden Ziele der Gemeinschaft, wohingegen die aus einem Zusammenschluss entstehenden Effizienzgewinne nicht ausdrücklich angesprochen wurden. Diese Gewinne konnten einen Zusammenschluss insoweit stützen, als sie zur "Entwicklung des technischen und wirtschaftlichen Fortschritts" beitrugen, Art. 2 Abs. 1 b) der Verordnung 4064/89. Aber ihre Rolle war ambivalent, konnten sie der fusionierten Einheit doch auch eine den Wettbewerb beschränkende zusätzliche Stärke im Verhältnis zu ihren Konkurrenten verschaffen.

Im Gegensatz dazu nehmen sowohl das Grünbuch zur Überarbeitung der Fusionskontrollverordnung[25] als auch die Verordnung 139/2004 auf Effizienzgewinne ausschließlich zur Verteidigung des Zusammenschlusses Bezug. Während der Wortlaut des Artikels 2 Abs. 1 in dieser Hinsicht unverändert geblieben ist, weist Erwägungsgrund 29 ausdrücklich auf die Möglichkeit hin, "dass die durch einen Zusammenschluss bewirkten Effizienzvorteile die Auswirkungen des Zusammenschlusses auf den Wettbewerb, insbesondere den möglichen Schaden für die Verbraucher, ausgleichen,

---

[23] Vgl. dazu Bundeskartellamt, Arbeitskreis Kartellrecht, Das Untersagungskriterium in der Fusionskontrolle-Marktbeherrschende Stellung versus Substantial Lessening of Competition? Konzepte für die Prüfung von Unternehmenszusammenschlüssen, 2001, S. 16 ff.
[24] Vgl. Dazu den Kurzüberblick bei *Mestmäcker/Schweitzer*, Europäisches Wettbewerbsrecht (2. Aufl. 2004) § 25 Rnern. 142 ff; *Zeise* in: Schulte (Hrsg.), Handbuch der Fusionskontrolle (2005), S. 358 Rnern. 1282 ff.
[25] Grünbuch über die Revision der Verordnung (EWG) Nr. 4064/89 des Rates, KOM (2001) 745/6, dort Rnern. 170 ff.

so dass durch den Zusammenschluss wirksamer Wettbewerb ... nicht erheblich behindert würde". Somit werden Effizienzen als Element bei der Prüfung der Wettbewerbsbeschränkung berücksichtigt, und auch die von der Kommission veröffentlichten Leitlinien für horizontale Unternehmenszusammenschlüsse[26] weisen auf einen möglichen Ausgleich wettbewerbsschädlicher Effekte durch Effizienzgewinne hin.

Es gibt zwei Haupteinwände gegen den neuen Ansatz. Erstens widerspricht das Messen von Effizienzgewinnen durch eine staatliche Behörde als solches dem Modell der Marktwirtschaft. Dieses Modell geht von der grundlegenden Annahme aus, dass die Marktteilnehmer, seien sie Individuen oder Unternehmen, ihre wirtschaftlichen Präferenzen persönlich und subjektiv bestimmten. Es gibt keinen rationalen Weg, eine Person davon zu überzeugen, dass der Kauf eines Rolls Royce dem eines Skoda vorzuziehen sei. Es ist nicht möglich, objektive Kriterien zu finden, die die Menschen dazu anhalten, ihr Geld für große Wohnungen anstatt für Luxusautos auszugeben. Die individuellen Präferenzen mögen aufgrund psychologischer oder kultureller Faktoren erklärt werden können oder anhand der spezifischen Bedürfnisse und Neigungen der einzelnen Marktteilnehmer. Aber der Marktprozess hat diese Präferenzen als Ausgangspunkt für den Austausch von Gütern und Dienstleistungen und für die Preisbildung zu akzeptieren.

Infolge dessen können Effizienzgewinne nur auf der Grundlage individueller Entscheidungen, einen bestimmten Preis für bestimmte Güter und Dienstleistungen zu zahlen, beurteilt werden. Der Effizienzgewinn ist von daher die aggregierte Steigerung der Zufriedenheit der Marktteilnehmer als Folge des Marktprozesses. Zur Ermittlung des Aggregats ist es nicht ausreichend, die Zufriedenheit der am Zusammenschluss unmittelbar beteiligten Unternehmen zu berücksichtigen, die Zufriedenheit Dritter, also der Konkurrenten, Lieferanten, Abnehmer sowie der Konsumenten muss auch beachtet werden. Wie kann eine staatliche Behörde all diese individuellen Beurteilungen eines Zusammenschlusses gewichten oder auch nur ermitteln? Da die individuelle Wertschätzung üblicherweise von einer Prognose der künftigen Auswirkungen eines Zusammenschlusses abhängen wird, wären Prognosekapazitäten erforderlich, derer sich niemand rühmen kann. Im Übrigen führen Prognosen, selbst wenn sie für alle Beteiligten auf den nämlichen Tatsachen beruhen, doch in Abhängigkeit von den subjektiven Einstellungen und Präferenzen zu ganz verschiedenen Bewertungen und Reaktionen. Deshalb lässt sich eine *objektive* Aussage über Effizienz als Aggregat *subjektiver* Zufriedenheiten nicht treffen. Das marktwirtschaftliche Modell trägt dem Rechnung, indem es individuelle Handlungsfreiheiten impliziert, die es den einzelnen Marktakteuren erlauben, ihrer jeweiligen subjektiven Einschätzung entsprechend zu handeln. Die *efficiency defence* zielt dagegen auf eine staatliche Entscheidung, die an Stelle der subjektiven Einschätzungen tritt und sie gewichtet.

Ein zweiter Einwand betrifft den angeblichen Ausgleich zwischen wettbewerbsschädigenden und effizienzsteigernden Wirkungen eines Zusammenschlusses. Es würde eine

---

[26] Bekanntmachung der Kommission: Leitlinien zur Anwendbarkeit von Artikel 81 EG-Vertrag auf Vereinbarungen über horizontale Zusammenarbeit, ABl. Nr. C 3 vom 6.1.2001, S. 2 ff.

Quantifizierbarkeit beider Effekte erfordern, die in den Leitlinien der Kommission über horizontale Zusammenschlüsse auch tatsächlich unterstellt wird. Eine derartige Quantifizierung würde jedoch die Analyse übermäßig verengen. Sie würde sich auf die Auswirkungen des Zusammenschlusses auf Preise konzentrieren und bei sinkenden Preisen Effizienzgewinne, bei steigenden Preisen das Überwiegen wettbewerbsschädigender Wirkungen vorhersagen. Es besteht die Gefahr, dass die strukturellen Effekte, die üblicherweise für einen wesentlich längeren Zeitraum als die unmittelbare Auswirkung auf die Preise anhalten, aus der Betrachtung ausgeblendet werden. Es darf aber nicht vergessen werden, dass die Zusammenschlusskontrolle gerade wegen dieser strukturellen Effekte eingeführt wurde, die auch vom Marktbeherrschungstest widergespiegelt werden.

Insgesamt wirft der "more economic approach", wie er in der Verordnung 139/2004 seinen Niederschlag gefunden hat, zahlreiche Fragen auf. Es darf bezweifelt werden, dass die Neufassung zum Schutz des Wettbewerbs beiträgt. Auch ihre Auswirkungen auf die für Zusammenschlussvorhaben so unentbehrliche Rechtssicherheit erscheinen durchaus bedenklich.[27] Zutreffen dürfte hingegen die Annahme, dass die auf das Wettbewerbsrecht spezialisierte Anwaltschaft zusätzliche Arbeit haben wird.

III. Private Durchsetzung des Wettbewerbsrechts

Ein weiteres Element der Modernisierung des EG – Wettbewerbsrechts könnte eine Entwicklung hin zu seiner privaten Durchsetzung sein. Privatrechtliche Wirkungen hat Artikel 81 EG bislang schon als Einwendung gegen privatrechtliche Ansprüche gehabt.[28] Klagen aus Verträgen, die wettbewerbsbeschränkende Vereinbarungen enthielten, wurde von Seiten der Beklagten häufig die Nichtigkeit des Vertrages nach Artikel 81 Abs. 2 EG entgegengehalten. In jüngerer Zeit konzentriert sich die Diskussion hingegen auf den offensiven Gebrauch der Artikel 81 und 82 EG seitens der Opfer wettbewerbsschädigenden Verhaltens. Bekanntlich spielen private Klagen auf Ersatz der durch Kartelle und missbräuchliches Verhalten von Monopolisten entstandenen Schäden eine bedeutende Rolle bei der Durchsetzung des Kartellrechts in den USA, wo dem Kläger Schadensersatz im dreifacher Höhe der von ihm erlittenen Einbußen zusteht.[29] Im europäischen Gemeinschaftsrecht waren derartige Ansprüche bis vor kurzem nicht anerkannt. Wenn auch das nationale Recht der Mitgliedstaaten üblicherweise Ersatz für die durch Verletzung von Artikeln 81 und 82 EG entstandenen Schäden gewährt, so ist doch keine mitgliedstaatliche Rechtsordnung derart großzügig zum Kläger wie das US – Recht.

Schon 1999, als sie den Vorschlag für die spätere Verordnung 1/2003 vorstellte, betonte die Kommission, dass der Vorschlag auf die Förderung der privaten Durchsetzung

---

[27] Kritisch unter diesem Gesichtspunkt auch *Christiansen*, Die "Ökonomisierung" der EU-Fusionskontrolle: Mehr Kosten als Nutzen,? WuW 2005, S. 285 ff.
[28] Vgl. dazu nur *K. Schmidt* in: *Immenga/Mestmäcker*, EG – Wettbewerbsrecht, Kommentar, Band I 1997, Art. 85 Abs. 2 Rnern. 38 ff.
[29] Vgl. § 4 Clayton Act, 15 U.S.C. § 15 – Suits by persons injured.

mittels der mitgliedstaatlichen Gerichte abziele.³⁰ Tatsächlich ermöglicht es nunmehr die direkte Anwendbarkeit des Artikels 81 Abs. 3 EG den nationalen Gerichten, über die auf eine Verletzung des Art. 81 EG gestützten Schadensersatzklagen zu entscheiden, ohne das Verfahren bis zu einer Entscheidung der Kommission über eine mögliche Freistellung nach Art. 81 Abs. 3 EG aussetzen zu müssen. Aber im Jahre 1999 existierte für derartige Klagen noch keine gemeinschaftsrechtliche Anspruchsgrundlage. Dies änderte sich mit dem Urteil des Europäischen Gerichtshofes in der Rechtssache *Courage v. Crehan* im September 2001.³¹ Das Gericht betonte, dass die praktische Wirksamkeit des Verbotes wettbewerbsbeschränkender Vereinbarungen in Artikel 81 Abs. 1 EG beeinträchtigt werde, "wenn nicht jedermann Ersatz des Schadens verlangen könne, der ihm durch einen Vertrag, der den Wettbewerb beschränken oder verfälschen kann, oder durch ein entsprechendes Verhalten entstanden ist".³² Nach Ansicht des Gerichtshofes "können Schadensersatzklagen vor den nationalen Gerichten wesentlich zur Aufrechterhaltung eines wirksamen Wettbewerbes in der Gemeinschaft beitragen".³³ "Mangels einer einschlägigen Gemeinschaftsregelung" verwies der Gerichtshof für derartige Klagen jedoch auf die nationalen Rechtsordnungen der einzelnen Mitgliedstaaten.³⁴ Der ausdrückliche Hinweis auf das Fehlen gemeinschaftsrechtlicher Regelungen wurde von der Kommission sofort verstanden. Sie beauftragte die internationale Anwaltskanzlei Ashurst mit einer umfassenden rechtsvergleichenden Studie; deren Ergebnis wurde im Herbst 2004 auf der website der Generaldirektion Wettbewerb veröffentlicht.³⁵ Zur Beratung über die verschiedenen mit der privaten Durchsetzung des Kartellrechts verbundenen Probleme berief die Kommission sodann eine aus fünf Richtern und Wissenschaftlern bestehende Expertengruppe. Ein Grünbuch in dieser Angelegenheit ist Ende 2005 erschienen.³⁵ᵃ

Aus diesem Gang der Ereignisse folgt bereits, dass das Recht in diesem Bereich sich noch nicht so weit entwickelt hat wie im Bereich der Dezentralisierung und des "more economic approach". Es ist deshalb noch zu früh für eine Auseindersetzung mit Detailfragen. Dennoch lohnt es sich, einige Fragen anzusprechen, die zu einem Verständnis für die erheblichen Schwierigkeiten beitragen können, die mit der privaten Kartellrechtsdurchsetzung verbunden sind.

---

[30] Vgl. Vorschlag für eine Verordnung des Rates zur Durchführung der in den Artikeln 81 und 82 EG – Vertrag niedergelegten Wettbewerbsregeln und zur Änderung der Verordnungen (EWG) Nr. 1017/68, (EWG) Nr. 2988/74, (EWG) Nr. 4056/86 und (EWG) Nr. 3975/87 ("Durchführungsverordnung zu den Artikeln 81 und 82 EG – Vertrag"); KOM (2000), 582 endg., Bericht Teil 2 C 1 (a).
[31] EuGH v. 20.9.2001, Slg. 2001 I – 6297 *(Courage Ltd. / Crehan)*.
[32] Vgl. Rn. 26 des Urteils.
[33] Rn. 27 des Urteils.
[34] Rn. 29 des Urteils.
[35] *Waelbroeck/Slater/Even-Shoshan* (Ashurst), Study on the conditions of claims for damages in case of infringement of EC competition rules, erhältlich unter <www.europa.eu.int/comm/competition/antitrust/others/private_enforcement/comparative_report_clean_en.pdf>
[35a] KOM (2005) 672 endg. v. 19.12.2005.

Angesichts der Koexistenz der Artikel 81 und 82 EG auf der einen und der nationalen Wettbewerbsrechte auf der anderen Seite muss die Kommission das Verhältnis von Gemeinschaftsrecht und nationalem Recht klären. Sie wird folglich darüber zu befinden haben, ob die Annäherung der nationalen Rechtsordnungen oder aber die Schaffung eines einheitlichen Haftungregimes vorzugswürdig ist. Da das Gemeinschaftsrecht in irgendeiner Form in das nationale Privatrecht eingebettet sein wird, wird es wichtig sein zu wissen, welches nationale Recht das gemeinschaftsrechtliche Instrument ergänzen wird. Dieses Problem des internationalen Privatrechts wird mit Blick auf den Vorschlag für eine Rom II Verordnung[36] über das auf außervertragliche Schuldverhältnisse anzuwendende Recht, der gegenwärtig im Europäischen Parlamant diskutiert wird, zu beantworten sein.

Eine weitere grundsätzliche Frage betrifft die Art des Anspruchs, der den Opfern eines Kartells zuerkannt wird: sollten die an dem wettbewerbsschädigenden Verhalten beteiligten Unternehmen verpflichtet sein, den durch die Kartellierung erwirtschafteten Gewinn als eine Art ungerechtfertiger Bereicherung zurück zu erstatten? Oder sollten die Opfer berechtigt sein, Ausgleich ihrer Verluste in Form von Schadensersatz zu verlangen? Die wichtigste Frage, die sich im Zusammenhang mit einer schadensrechtlichen Lösung stellt, bezieht sich auf die so genannte *passing-on defence* der Kartellmitglieder.[37] Sollten die Ansprüche der Opfer der Kartellierung ausgeschlossen sein, wenn diese keine Schäden erlitten haben, weil sie in der Lage waren, die höheren Inputpreise auf ihre Kunden abzuwälzen? In diesem Falle wäre es Sache der Kunden im nachgelagerten Markt und möglicherweise letztendlich der Verbraucher, Schadensersatz von den an wettbewerbsbeschränkenden Verhaltensweisen beteiligten Unternehmen zu verlangen. Weil aber die Verluste sich auf den nachgelagerten Marktstufen auf immer mehr Personen verteilen, werden sie zunehmend geringer, und die Erfahrung zeigt, dass die Endverbraucher infolgedessen keinen ausreichenden Anreiz zur Erhebung einer Schadensersatzklage mehr haben. Wenn die Forderung des Europäischen Gerichtshofes nach voller Wirksamkeit des Artikels 81 EG ernst genommen werden soll, muss das Recht daher jedenfalls für die nachgelagerten Marktstufen die Bündelung kleiner Ansprüche in einer *class action* oder sonstigen Form von Gruppenklage zulassen. Andere Fragen beziehen sich auf die Gewährung einer Beweiserleichterung, auf die Zinsen, die die Kartellmitglieder auf den Schadenersatz schulden und auf zusätzliche Anreize, derer potentielle Kläger möglicherweise zur Klageerhebung bedürfen, d.h. letztlich auf die Anerkennung doppelten oder dreifachen Schadensersatzes.

---

[36] Vorschlag für eine Verordnung des Europäischen Parlaments und des Rates über das auf außervertragliche Schuldverhältnisse anzuwendende Recht ("ROM II") vom 22.7.2003, KOM (2003) 427 endg.; vgl. dazu allgemein etwa *von Hein*, ZVglRWiss 102 (2003) 528 sowie im Zusammenhang mit der privaten Durchsetzung des Kartellrechts die Stellungnahme der *Hamburg Group for Private International Law*, RabelsZ 67 (2003) 1 (18 f.) und *Bulst*, EWS 2004, S. 403 (408).
[37] Vgl. dazu nur *Roth* in Frankfurter Kommentar zum Kartellrecht, Band 3, 1999, § 33 GWB Rnern. 143 ff.

Die Europäische Kommission scheint in diesem Bereich ungeduldig vorwärts zu drängen, wie sie es auch in den anderen eben erwähnten Gebieten getan hat. Wir dürfen sicherlich eine auf gründlicher Untersuchung rechtsvergleichender Vorbilder und des Gemeinschaftsrechts beruhende Initiative erwarten. Aber es ist ungewiss, ob die Konzepte und Alternativen durchdacht sein werden. Hier wie in anderen Bereichen wird ein gewisser Trend in der Vorgehensweise der Kommission sichtbar, der dem Ingangsetzen einer Politik größeres Gewicht beimisst als einer vorherigen gründlichen Untersuchung ihrer Konsequenzen. Die Gemeinschaft sollte die vorschnelle Umsetzung eines weiteren unfertigen Konzeptes vermeiden. Es wird die Aufgabe der europäischen Öffentlichkeit sein, das Grünbuch einer gründlichen Prüfung zu unterziehen.

Rechtswahl und Rechtsformzwang im Arbeitskollisionsrecht

*Rolf Birk**

I. Einleitung

Ein Vierteljahrhundert ist seit der Vereinbarung des Römer Übereinkommens über das auf vertragliche Schuldverhältnisse anwendbare Recht (EVÜ) am 19. Juni 1980 vergangen und seine Integration in das deutsche Recht durch das Gesetz zur Neuregelung des Internationalen Privatrechts vom 25. Juli 1987 liegt immerhin schon knapp 20 Jahre zurück. Die Regelung des Arbeitskollisionsrechts beschränkt sich freilich nur auf einige Fragen der Anknüpfung des Arbeitsvertrages, die große Masse des Arbeitsrechts steht nach wie vor außerhalb dieses Regelungswerkes und bleibt den Mitgliedstaaten der EG zu ihrer autonomen Gestaltung vorbehalten. Dies wird sich voraussichtlich auch nicht durch die geplante Verordnung der EG wesentlich ändern, die die Nachfolge des EVÜ antreten soll; bislang wurde dazu allerdings wenig bekannt.

Indes, EVÜ und Art. 27 ff. EGBGB werfen nach wie vor für das Arbeitskollisionsrecht – freilich nicht nur für dieses – neue bisher noch nicht behandelte Probleme. Unklar ist etwa bis heute, welche Verträge als Arbeitsvertrag i.S.d. Art. 6 Abs. 1 EVÜ/Art. 30 Abs. 1 EGBGB anzusehen sind und wie dies im Einzelnen bestimmt werden kann. Das Gleiche gilt für die Frage, welche Bedeutung in diesem Zusammenhang dem im nationalen Arbeitsrecht der meisten Mitgliedstaaten der EG vorkommenden Rechtsformzwang zukommt. Die weithin festzustellende "Flucht aus dem Arbeitsrecht"[1] und die zunehmende Abschottung der nationalen Arbeitsmärkte machen dies deutlich, es sei nur an die Diskussion um die Entsenderichtlinie (RL 98/71), das deutsche Arbeitnehmer-Entsendegesetz und die Generalisierung dieser Problematik durch den Entwurf einer Dienstleistungs-Richtlinie erinnert.

Der näheren Erforschung und Bearbeitung harren noch zahlreiche weitere Themen wie etwa komplexe Vertragsgestaltungen bei der Überschneidung oder dem Zusammentreffen von Arbeitsverhältnissen mit anderen Vertrags- und Rechtsverhältnissen. Das Gleiche gilt für die arbeitskollisionsrechtliche Aufarbeitung der Informationstechnologie.[2]

---

* Professor Dr. Dres. h.c. *Rolf Birk*, Direktor des Instituts für Arbeitsrecht und Arbeitsbeziehungen in der Europäischen Gemeinschaft, Trier.
[1] Vgl. dazu die interessante Abhandlung von *Firlei*, Flucht aus dem Arbeitsrecht, DRdA 1987, 271 ff.
[2] S. ansatzweise *Mankowski*, Internet und Aspekte des Internationalen Vertragsrecht, Computer und Recht 1999, 581 (582-585). – Zur grenzüberschreitenden Telearbeit *Springer*, Virtuelle

Angesichts des Umstands, dass zur kollisionsrechtlichen Bedeutung des Rechtsformzwanges bislang keine näheren Überlegungen angestellt wurden und auch die Qualifikationsproblematik beim Arbeitsvertrag – von *Mankowski*[3] abgesehen – in Deutschland[4] kaum Resonanz fand, erscheint es notwendig, die nachfolgenden Ausführungen auf diese beiden Problemkomplexe zu beschränken.

Eine Kritik des arbeitsrechtlichen Konzeptes des EVÜ, sofern man überhaupt eines erkennen kann, soll an dieser Stelle unterbleiben, da wir uns zuvörderst mit den Unzulänglichkeiten des geltenden Rechts, also mit Art. 6 EVÜ/Art. 30 EGBGB auseinandersetzen wollen. Es ist freilich nicht zu übersehen, dass das Arbeitsvertragskollisionsrecht sich im EVÜ in einer doppelten Schieflage befindet: zum einen rangiert sein Stellenwert deutlich hinter dem Verbraucherschutzes, wie ein einfacher Blick auf den Regelungsumfang der beiden Rechtsbereiche deutlich macht; zum anderen ist der generelle Ansatz des EVÜ für das Arbeitsrecht naiv, weil man glaubte, den Arbeitsvertrag weitgehend den gleichen Regeln wie den Kauf- oder Werkvertrag unterwerfen zu können; dies hat natürlich auch seine personellen Ursachen. Für das rechtspolitisch nicht stärker infizierte Kartellrecht wäre man sicherlich nicht auf diese Idee verfallen, wie schon § 98 Abs. 2 GWB lehrt. Und für das Versicherungsrecht ging man ebenfalls andere Wege.[5]

II. Die Anknüpfung des Arbeitsvertrages durch Rechtwahl nach Art. 3 Abs. 1 EVÜ/Art. 30 Abs. 1 EGBGB

Nach geltendem Recht kann das Arbeitsvertragsstatut entweder subjektiv durch Anknüpfung an das von den Vertragsparteien gewählte Recht (Art. 27 Abs. 1 i.V.m. Art. 30 Abs. 1 EGBGB; Art. 3 Abs. 1, Art. 6 Abs. 1 EVÜ) oder objektiv durch Anknüpfung an das von Art. 30 Abs. 2 EGBGB bzw. Art. 6 Abs. 2 EVÜ für maßgeblich erklärte Recht (gewöhnlicher Arbeitsort, Ort der den Arbeitnehmer einstellenden Niederlassung oder "engere Verbindung zu einem anderen Staat") bestimmt werden. Für die Rechtswahl sind auch entgegen früheren Regelungen und Auffassungen keine Einschränkungen hinsichtlich des wählbaren Rechts vorgesehen, sie wird jedoch in ihren Wirkungen durch Art. 30 Art. 1 EGBGB insoweit eingeschränkt, als dadurch der Schutz des hypothetisch maßgeblichen objektiven Arbeitsvertragsstatuts durch seinen "zwingenden Bestimmungen" dem Arbeitnehmer nicht entzogen werden kann

---

Wanderarbeit – Das Internationale Arbeits- und Sozialversicherungsrecht der grenzüberschreitenden Telearbeit, 2003; *Kaumanns*, Telearbeit im Internationalen Privatrecht, 2004.
[3] Ausländische Scheinselbständige und Internationales Privatrecht – Zugleich ein Beitrag zur Auslegung des internationalrechtlichen Arbeitsvertragsbegriffs, BB 1997, 465 ff.
[4] Anders etwa in Großbritannien, vgl. *Dicey/Morris*, The Conflicts of Laws, 12th ed., vol. II, 1993, S. 1304-1306.
[5] Umfassend dazu *Roth*, Internationales Versicherungsvertragsrecht, 1985; *Staudinger/Magnus*, EGBGB, 13. Bearbeitung, 2002, Art. 37 Anhang I: IPR der Versicherungsverträge; Art. 7-15 EGWG.

(sog. kollisionsrechtliches Günstigkeitsprinzip). Diese Anknüpfungstechnik führt zu einer Vielzahl bereits gelöster[6] und auch noch ungelöster, z. T. vernachlässigter Fragen.

Ein grundlegendes bisher nur unzulänglich behandeltes Problem bildet die Qualifikation des Anknüpfungsbegriffs "Arbeitsvertrag"[7] in Art. 30 Abs. 1 EGBGB. Welches Recht entscheidet diese Frage und vor allem wie? Hat etwa auch das präsumtive Arbeitsvertragsstatut im Falle einer Rechtswahl darauf Einfluss oder handelt es sich lediglich um ein Problem der Ausgangsnorm des Art. 30 Abs. 1 EGBGB/Art. 6 Abs. 1 EVÜ? Wird etwa ein Arbeitsvertrag i.S.d. Art. 30 Abs. 1 EGBGB verneint, wäre ja nach Art. 27 Abs. 1 EGBGB ohne Rücksicht auf Art. 30 Abs. 1 EGBGB anzuknüpfen?

Ist dies gewollt, wenn ein Recht gewählt wird, welches den Vertrag als Arbeitsvertrag charakterisiert und dessen arbeitsrechtlicher Schutzstandard zulasten des Arbeitnehmers von demjenigen des nach Art. 30 Abs. 2 EGBGB anwendbaren Rechts abweicht?

A. Die Qualifikation des Anknüpfungsbegriffs "Arbeitsvertrag" des Art. 30 Abs. 1 EGBGB/Art. 6 Abs. 1 EVÜ

Die Qualifikation bzw. Auslegung des Begriffs "Arbeitsvertrag" i.S.d. Art. 30 Abs. 1 EGBGB bereitet in einem engeren Kernbereich in der Regel keine wesentlichen Schwierigkeiten, gleichgültig, welcher Qualifikationstheorie man folgen will und auf welches Sachrecht man notfalls zurückgreift. Anders ist dies jedoch in den Randbereichen des Begriffs: wie weit reicht das Arbeitsrecht? Erfasst es noch die Berufsausbildung, die Heimarbeit, den Handelsvertreter oder nicht mehr? Oder soll dies kollisionsrechtlich keine Rolle spielen? Ist es den Vertragsparteien kollisionsrechtlich gestattet, selbst über die Zu- und Einordnung eines Vertrages zu entscheiden und damit etwa den Schutzbereich zu verschieben bzw. einzuschränken, insbesondere dann, wenn das gewählte Vertragsstatut diese Möglichkeit überhaupt nicht vorsieht bzw. ausdrücklich verbietet oder zumindest stark einschränkt?

Im Allgemeinen entscheidet über die Qualifikation nach überwiegender Auffassung eine geläuterte *lex fori*-Theorie, soweit es sich um autonome Kollisionsnormen handelt.[8]

---

[6] Überblick im Einzelnen bei den Kommentierungen zu Art. 30 EGBGB: *Soergel/von Hoffmann*, 12. Aufl., 1996; *MünchKomm/Martiny*, 3. Aufl., 1998; *Spickhoff*, in: *Bamberger/Roth*, 2003; *Erman/Hohloch*, 11. Aufl., 2004; *Erfk/Schlacher*, 5. Aufl., 2005; *Palandt/Heldrich*, 64. Aufl., 2005 sowie *MünchArbR/Birk*, 2. Aufl., 2000, § 20 (S. 374-431: Individualarbeitsrecht) und *Martiny*, in: *Reithmann/Martiny*, Internationales Vertragsrecht, 6. Aufl., 2004, S. 1332 ff.
[7] Auf das ebenfalls – nur im deutschen Text des Art. 6 Abs. 1 EVÜ und in Art. 30 Abs. 1 EGBGB – aufgeführte "Arbeitsverhältnis" braucht nicht näher eingegangen zu werden, da dieses kollisionsrechtlich keine besondere Bedeutung besitzt, weil auch bei etwaiger Nichtigkeit eines Arbeitsvertrages das Vertragsstatut Anwendung findet (Art. 32 Abs. 1 Nr. 5 EGBGB).
[8] Statt aller *Siehr*, Internationales Privatrecht, 2001, S. 427 ff.; *von Bar/Mankowski*, Internationales Privatrecht, 2. Aufl., Bd. I, 2003, S. 636 ff.; *Kegel/Schurig*, Internationales Privatrecht,

Für Art. 30 Abs. 1 EGBGB lässt sich dies nicht ohne weiteres mehr aufrechterhalten. Vielmehr verbot schon Art. 36 EGBGB/Art. 18 EVÜ insoweit eine rein nationale Qualifikation des Arbeitsvertrages; sie hatte sich am gemeinsamen Nenner der Vertragsstaaten des EVÜ (konventionsautonome Auslegung) zu orientieren,[9] auch wenn der EuGH noch keine Zuständigkeit zur Auslegung des EVÜ besitzt. Sollte das EVÜ durch die geplante Verordnung abgelöst werden, so hätte über dessen Auslegung als sekundärem Gemeinschaftsrecht ohnehin der EuGH verbindlich zu entscheiden; ob er sich dabei seiner bisherigen Judikatur zu Art. 5 Nr. 1 der Parallelkonvention, dem Brüsseler Abkommen von 1968, jetzt Art. 5 Nr. 1 VO Brüssel I, und/oder zur Freizügigkeit nach Art. 39 EGV i.V.m. VO 1612/68 bedienen würde, mag hier dahinstehen. Schon vom Zusammenhang her gesehen sind die bisherigen Erkenntnisse des EuGH – seien sie konventionsbedingt oder europarechtlich (Freizügigkeit des Arbeitnehmers!) begründet – allenfalls eingeschränkt als gewisse Hinweise brauchbar, der Arbeitsvertrag steht nicht im Zentrum ihrer Problematik. Für den sachlichen Anwendungsbereich des Arbeitsrechts in der Grenz- und Randzone des Arbeitsvertragsbegriffs wie auch für dessen Beeinflussung durch die Vertragsparteien lässt sich daraus kaum etwas entnehmen.

Bislang hat lediglich die britische Literatur zum Arbeitskollisionsrecht – wohl wegen ihrer größeren Empfindlichkeit gegenüber dem Vertragsbegriff – eingehender zur Qualifikation des Arbeitsvertrages als Anknüpfungsbegriff Stellung bezogen. Während aus Deutschland immerhin die Stimme von *Mankowski* in dieser Frage zu registrieren und nicht zu überhören ist, gehen bisher von französischen[10] und italienischen Schriften[11] keine Impulse aus.

Die britischen Äußerungen zu Art. 6 Abs. 1 EVÜ werden repräsentiert durch *Morse*,[12] *Plender*,[13] *Kaye*[14] sowie die IPR-Gesamtdarstellungen von *Dicey/Morris*[15] und *Cheshire/North/Fawcett*;[16] auch hier verzeichnet das arbeitsrechtliche Schrifttum Fehlanzeige. Ausgangspunkt ihrer Überlegungen bildet die Problematik einer formal unbegrenzten Möglichkeit der Rechtswahl für den Arbeitsvertrag (individual contract of employment, englischer Text des Art. 6 Abs. 1 EVÜ) durch Art. 6 Abs. 1 i.V.m.

---

9. Aufl., 2004, § 7 (S. 327 ff.); *von Hoffmann/Thorn*, Internationales Privatrecht, 8. Aufl., 2005, § 6A (S. 224 ff.).
[9] *Mankowski*, BB 1997, 466 f.; *Staudinger/Magnus*, Art. 30 RdNr. 20 f.
[10] Dies gilt auch für die Arbeit von *Coursier*, Le conflit de lois en matière de contrat de travail: étude en droit international privé français, 1993, vgl. etwa no. 46-50 (S. 22-25).
[11] Vgl. etwa *Mosconi*, Giurisdizione e legge applicabile ai rapporti di lavoro con elementi di internazionalità, in: I contratti di lavoro internazionali, Quaderni di Diritto del Lavoro e delle Relazioni Industriali no. 20 (1998), S. 29 ff.
[12] *Morse*, Contracts of Employment and the E.E.C. Contractual Obligations Convention, in: North (ed.), Contract Conflicts, 1982, S. 143 ff.
[13] *Plender*, The European Contracts Convention, 1991, S. 134 ff.
[14] *Kaye*, The New Private International Law of Contract of the European Community, 1993, S. 221 ff.
[15] The Conflict of Laws, 12th ed., vol. II, 1993, S. 1304 ff.
[16] Private International Law, 13th ed., 1999, S. 587 ff.

Art. 3 Abs. 1 EVÜ, obwohl der Arbeitnehmerschutzgedanke des Art. 6 Abs. 1 EVÜ als Ergebniskorrektur fungieren soll und insoweit die Anwendung des gewählten Rechts verdrängt.

Als erster hat sich *Morse* ab 1982 in einer Reihe von Veröffentlichungen[17] mit der Qualifikation des Arbeitsvertrages in Art. 6 Abs. 1 EVÜ auseinandergesetzt. Weder eine *autonome* Qualifikation noch eine solche nach der *lex fori* erscheinen ihm akzeptabel. Gegen erstere ("undesirable in this context") führt er ins Feld, dass dadurch das anwendbare Recht verzerrt werde, weil das Arbeitsrecht eines Staates zur Anwendung berufen werden könne, obwohl es selbst etwa den Vertrag als selbständigen Dienstvertrag (agency) einordne. Gegen eine ausschließliche Qualifikation nach der *lex fori* spreche jedoch, dass auch sie zu Schwierigkeiten führe. Wenn die *lex fori* einen Vertrag als Arbeitsvertrag qualifiziere, das anwendbare Recht jedoch nicht, so würde dadurch das EVÜ verzerrt, denn die für Arbeitsverträge maßgebende Kollisionsnorm könnte auf eine Rechtsordnung verweisen, welche ihr Recht gerade nicht auf Arbeitnehmer anwende. Falls indes die *lex fori* den Vertrag nicht als Arbeitsvertrag betrachte und aufgrund der regulären Vertragskollisionsnormen auf ein Recht verwiesen werde, das aber sein Arbeitsrecht auf den Vertrag anwende, so trete eine ähnliche Störung ein.

Gegen solche unliebsamen Verwerfungen helfe nur die Qualifikation des Rechtsverhältnisses nach der *lex causae*. Deshalb habe das Forum bei der Anwendung des Art. 6 EVÜ die berufene Rechtsordnung darüber befinden zu lassen, ob ein Arbeitsvertrag vorliege, so dass dann ihr einschlägiges Arbeitsrecht anzuwenden sei. Ist nach der von Art. 6 EVÜ für maßgeblich erklärten Rechtsordnung der Vertrag kein Arbeitsvertrag, so sind die allgemeinen Kollisionsnormen für Schuldverträge anzuwenden. *Morse* bezeichnet seine Vorgehensweise als eine Anwendung der sog. bootstraps-Theorie auf die Qualifikation,[18] ihr eigentlicher Anwendungsbereich liegt freilich bei der Bestimmung des anwendbaren Rechts in Art. 8 Abs. 1 EVÜ bzw. Art. 31 Abs. 1 EGBGB; es geht um das putative Vertragsstatut und seine "Vorwirkung" nach Art. 8 Abs. 1, Art. 3 Abs. 4 i.V.m. Art. 8 EVÜ (Art. 31 Abs. 1, 27 Abs. 4 EGBGB). Genauer formuliert: es handelt sich um eine Kumulative oder Doppelqualifikation nach der *lex fori* und der *lex causae* aus Gründen der public policy, nämlich der Verhinderung bzw. Milderung der beschriebenen "Rechtsverzerrungen".

Die übrigen Äußerungen britischer Autoren nehmen den Vorschlag von Morse auf. Zunächst griff *Plender*[19] ihn auf und fügte eine weitere Variante hinzu, indem er auf das objektive Arbeitsvertragsstatut nach Art. 6 Abs. 2 EVÜ für die Qualifikation zurückgreifen will; er sieht darin gleichfalls einen Fall des "bootstrap principle". Plender meint allerdings irrigerweise, seine Auffassung entspreche derjenigen von *Morse*.[20]

---

[17] The EEC Convention on the Law Applicable to Contractual Obligations, Yearbook of European Law 2 (1982), 107 (S. 138 ff.); *ders.*, Consumer contracts, employment contracts, and the Rome Convention, International and Comparative Law Quarterly 41 (1992), 1 (12 ff.).
[18] Contracts of Employment and the E.E.C. Contractual Obligations Convention, S. 176 Fn. 14.
[19] The European Contracts Convention, S. 137 f.
[20] Vgl. *Plender*, aaO, S. 138.

Die Ausführungen von *Kaye*[21] gehen – allerdings ohne Berufung auf das bootstraps principle – in eine ähnliche Richtung, ohne sich jedoch definitiv für eine bestimmte Lösung zu entscheiden.

Von deutschen Autoren gebührt *Mankowski*[22] das Verdienst, die Problematik als Erster und Einziger aufgegriffen zu haben. Er bezieht sich aber nicht ausdrücklich auf die britische Diskussion.[23] Ausgangspunkt bildet für ihn die *lex fori*, das "verwiesene Recht" habe aber "wenigstens insofern an der Qualifikationsentscheidung teil, als ihm die Untersatzbildung obliegt, es also die Charakteristika des konkreten Vertrages bestimmt".[24] Mankowski beruft sich dabei wie die britischen Autoren auf Art. 31 Abs. 1 EGBGB und das bootstrap principle. Dies sei zur Verhinderung einer großen Vertragsspaltung zwischen Vertragsentstehungs- und Vertragswirkungsstatut notwendig. Freilich, dies ist eine Ausweitung von dessen Anwendungsbereich; dieses erfasst an sich nicht die Qualifikations- sondern lediglich die Rechtsanwendungsfrage.[25]

"Verwiese man nicht zur Ausfüllung des Untersatzes der Qualifikation auf die potentielle *lex causae*, könnte man zu dem widersprüchlichen Ergebnis kommen, dass man einen Vertrag als Arbeitsvertrag anspricht und infolge internationalarbeitsrechtlicher Anknüpfung einer Rechtsordnung unterstellt, welche ihm aber andere Charakteristika zuweist als sie zur Ausfüllung des Arbeitsvertragsbegriffs des Art. 30 EGBGB notwendig sind".[26] Gleichwohl meint Mankowski, es handle sich hier nicht um eine Qualifikation nach der präsumtiven *lex causae*, es gehe nur darum, "ob die potentielle *lex causae* dem konkreten Vertrag diejenigen Charakteristika zuspricht, die erforderlich sind, um den Arbeitsvertragsbegriff des Art. 30 EGBGB zu erfüllen".[27] Man fragt sich indes, wo hier der Unterschied zur Qualifikation nach der (präsumtiven) *lex causae* liegen soll. Einen solchen kann ich nicht erkennen, wenn das Recht der *lex causae* über die wesentlichen Elemente eines Vertrages für die Zuordnung entscheiden soll.

Im Fall einer Rechtswahl für den Arbeitsvertrag soll in den Qualifikationsprozeß noch zusätzlich das nach Art. 30 Abs. 2 EGBGB zu bestimmende objektive Arbeitsvertragsstatut miteinbezogen werden; dies erfordere der Schutzgedanke des Art. 30 Abs. 1 EGBGB.[28]

Allein, eine solche Dreifachqualifikation ist nicht nur zu kompliziert, unübersichtlich und schaltet mehr Möglichkeiten, einen Arbeitsvertrag kollisionsrechtlich zu bejahen, aus, als sie wirklichen Schutz bietet.

---

[21] The New Private International Law of Contract of the European Community, 1993, S. 223.
[22] BB 1997, 465 (466 Fn. 14).
[23] Freilich zitiert er *Morse* in diesem Zusammenhang (BB 1997, 466 Fn. 14).
[24] BB 1997, 466 (unter II 3 a, aa), 469 f. (unter II 3b, aa und bb).
[25] Ausführlich dazu *Kaye*, The New Private International Law of Contracts, S. 270-274.
[26] *Mankowski*, BB 1997, 469 (unter II b, aa).
[27] *Mankowski*, BB 1997, 469 (unter II b, aa).
[28] *Mankowski*, BB 1997, 469 (unter II 3b, bb).

Sinnvoller wäre dann, auf die präsumtive *lex causae* als Kontrollinstanz zu verzichten und neben der *lex fori* bzw. der autonomen Qualifikation lediglich das objektive Arbeitsvertragsstatut für die kollisionsrechtliche Einordnung heranzuziehen.

Die Überlegungen und Vorschläge der britischen Autoren wie von Mankowski zeigen auf jeden Fall, dass allein ein Abstellen auf die Vorstellungen der *lex fori* bzw. auf einen Konventions- bzw. später europarechtlich autonomen Arbeitsvertragsbegriff nicht dem Grundgedanken des kollisionsrechtlich gewährleisteten Arbeitnehmerschutzes gerecht wird. Der Ansatz für die Qualifikation des Arbeitsvertragsbegriffs muss breiter ansetzen, soll an der besonderen Behandlung des Arbeitnehmerschutzes im EVÜ bzw. im EGBGB festgehalten werden. Ich selbst ziehe die Lösung der Doppelqualifikation vor. Ob ein Arbeitsvertrag im Sinne des Art. 30 EGBGB/Art. 6 EVÜ vorliegt, entscheidet demnach die *lex fori* bzw. der autonome Arbeitsvertragsbegriff in Verbindung mit der präsumtiven *lex causae*. Aus Platzgründen können hier realistische Konstellationen und Friktionen dieser Regel leider nicht näher dargestellt werden. Jedenfalls reicht für die Anwendung des Art. 30 Abs. 1 EGBGB/Art. 6 Abs. 2 EVÜ die Qualifikation nach der *lex fori* bzw. dem autonomen Arbeitsvertragsbegriff als Arbeitsvertrag oder bei Rechtswahl nach dem zukünftig anwendbaren Recht bzw. bei objektiver Anknüpfung nach dem gem. Art. 30 Abs. 2 EGBGB/Art. 6 Abs. 2 EVÜ maßgebenden Recht.

B. Der arbeitsrechtliche Rechtsformzwang als Qualifikationsproblem des Art. 30 Abs. 1 EGBGB/Art. 6 Abs. 1 EVÜ

Nach den meisten nationalen Arbeitsrechten steht es den Vertragsparteien nicht frei, selbst zu entscheiden, ob ihr Vertrag als Arbeitsvertrag oder etwa als freier Dienstvertrag, Handelsvertretervertrag, Werkvertrag oder Gesellschaftsvertrag einzuordnen ist. Es kommt vielmehr auf die objektive Rechtslage und nicht den Willen der Vertragsparteien an. Man kann also durch Vertragsgestaltung nicht der Anwendung des Arbeitsrechts entgehen und damit dessen Schutzfunktion ausschalten. Welche Bedeutung kommt diesem Rechtsformzwang kollisionsrechtlich zu? Hat er Einfluss auf die Qualifikation und gegebenenfalls welchen? Und gibt es auch einen solchen bei dem konventions- bzw. europarechtlich bezogenen Arbeitsvertragsbegriff?

Die Hauptbedeutung des arbeitsrechtlichen Reformzwangs liegt freilich nicht im Bereich des Kollisions- sondern des Sachrechts. Gleichwohl bleibt sein kollisionsrechtlicher Aspekt von Interesse für die Qualifikation des Arbeitsvertrages als kollisionsrechtlichem Anknüpfungsbegriff. Zuerst wird man aus dem nationalen Rechtsformzwang ableiten können, dass auch bei der Auslegung der einschlägigen Kollisionsnormen keine Parteiautonomie über die Zuordnung von Verträgen zum Arbeitsrecht besteht. Das Arbeitsrecht der *lex fori* lässt sonach keine freie Zuordnung eines Vertrages zu. Benennen die Parteien einen Vertrag als Werkvertrag, obwohl nach objektiver Beurteilung ein Arbeitsvertrag vorliegt, erfolgt die Anknüpfung des Vertrages nicht nach Art. 27 Abs. 1 EGBGB/Art. 3 Abs. 1 EVÜ, sondern nach Art. 30 Abs. 1 bzw. 2 EGBGB.

Inwieweit dies auch bei autonomer Qualifikation des Begriffs Arbeitsvertrag gilt, ist bislang ebenso wenig erörtert und entschieden worden. Wird die autonome Qualifikation von rechtsvergleichenden Überlegungen getragen – und daran führt m.E. kein Weg vorbei –, so liegt die Antwort auf der Hand. Da in fast allen modernen Arbeitsrechten die objektive Einordnung eines Vertrages über seine Qualität als Arbeitsvertrag entscheidet, muss dies prinzipiell auch für die autonome Qualifikation als Arbeitsvertrag gelten. Der Rechtsformzwang ist heute eine internationale Erscheinung, mag er über eine eigene Bezeichnung verfügen oder nicht. Dies gilt auch für die geplante Verordnung der Gemeinschaft als dem Nachfolgeinstrument des EVÜ.

Der kollisionsrechtliche Aspekt des Rechtsformzwangs im Arbeitsrecht schlägt sich zunächst einmal darin nieder, dass die Vertragsparteien nicht durch Vereinbarungen darüber disponieren können, ob Art. 30 Abs. 1 oder Art. 27 Abs. 1 EGBGB (Art. 6 Abs. 1 oder Art. 3 Abs. 1 EVÜ) Anwendung findet. Eine Wahl der anzuwendenden Kollisionsnorm wird dadurch ausgeschlossen. Bei objektiver Anknüpfung des Arbeitsvertrages nach Art. 30 Abs. 2 EGBGB/Art. 6 Abs. 2 EVÜ spielt der Rechtsformzwang insoweit keine kollisionsrechtliche Rolle.

Es wird im Folgenden zu unterscheiden sein, ob und gegebenenfalls in welchem Ausmaß dem Rechtsformzwang im Arbeitsrecht weitere Bedeutung zukommt. Zählt dieser etwa zum ordre public oder zu den von Art. 34 EGBGB/Art. 7 Abs. 1 EVÜ erfassten Normen. Oder hat er die Funktion eines Verbotes der Gesetzesumgehung nicht nur im nationalen Sachrecht, sondern auch im Kollisionsrecht?

III. Der arbeitsrechtliche Reformzwang im Sachrecht in Deutschland und in anderen Ländern

Welche weitere kollisionsrechtliche Bedeutung hat also der Rechtsformzwang im Arbeitsrecht über den bereits erörterten Aspekt hinaus? Es erscheint für eine weitere Diskussion dieser Fragestellung sinnvoll, nach einem Überblick über die einheimische Situation eine kleine Umschau jenseits der deutschen Grenzpfähle anzustellen.

A. Rechtsformzwang und Rechtsformverfehlung im deutschen Arbeitsrecht[29]

Arbeits- bzw. Dienstleistungen können im Rahmen unterschiedlicher Vertragsformen etwa durch einen freien unabhängigen Dienstvertrag oder durch einen abhängigen

---

[29] Die Literatur ist umfangreich. Es sei vor allem auf folgende Beiträge verwiesen: *Lieb*, Rechtsformzwang und Rechtsformverfehlung im Arbeitsrecht, RdA 1975, 49 ff.; *Fenn*, Arbeitsverhältnisse – Eine Skizze zur Freiheit der Rechtsformwahl und zum Rechtsformzwang im Arbeitsrecht, in Festschr. f. F.W. Bosch, 1976, s. 171 ff.; *Jahnke*, Rechtsformzwang und Rechtsformverfehlung bei der Gestaltung privater Rechtsverhältnisse, ZHR 146 (1982), 595 ff.; *Rosenfelder*, Der arbeitsrechtliche Status des freien Mitarbeiters, 1982; *Wank*, Arbeitnehmer und Selbständige, 1988, S. 102 ff.; *MünchArbR/Richardi*, 2. Aufl., 2000, § 24 RdNr. 61 ff.; *ErfK/Preis*, 6. Aufl., 2005, § 611 BGB RdNr. 44 ff.

unselbständigen Dienstvertrag, also Arbeitsvertrag erbracht werden. Darüber hinaus kann die Leistung von Arbeit auch Element eines Werk- oder Gesellschaftsvertrages oder eines familienrechtlichen Rechtsverhältnisses (Ehe, Kindschaft) sein. Den Vertragsparteien steht es dabei weitgehend frei, ihre Rechtsbeziehungen inhaltlich auszugestalten. Für den keinem Zwang unterliegenden Abschluss schuldrechtlicher Verträge stellt das BGB ein Angebot vielfältiger Vertragstypen zur Verfügung, über die sich die Parteien aber auch hinwegsetzen können.

Ihre Vertragsfreiheit wird jedoch insofern eingeschränkt, als sie sich nicht auf die rechtliche Qualifikation ihres Vertragsverhältnisses erstreckt, wenn dieses die Leistung persönlich abhängiger Arbeit zum Gegenstand hat. Für diese stellt der Gesetzgeber den Parteien nur die Rechtsform des Arbeitsvertrages und keine andere zur Verfügung. Es besteht daher im Arbeitsrecht ein Rechtsformzwang.

Dieser Typenzwang für den im Allgemeinen eine ausdrückliche Regelung fehlt hat seine Grundlage darin, dass es den Parteien verwehrt sein soll, durch entsprechende Qualifizierung oder "Etikettierung" (labelling) und Gestaltung des Vertrages, die zwingenden, zum Schutz des Arbeitnehmers erlassenen Vorschriften auszuschalten. Es kann in einem solchen Fall nicht zulässig sein, dass die Parteien sich all diesen Regelungen und Normen durch die Wahl eines anderen Vertragstyps entziehen.[30] Entscheidend ist demnach das Auseinanderklaffen, also die Divergenz zwischen Erklärung und objektiven Erscheinungsbild.

Besteht objektiv gesehen ein Arbeitsverhältnis, ist Arbeitsrecht auch gegen den Willen der Vertragsparteien anzuwenden. Die Nichtanerkennung der Erklärungen der Vertragsparteien im Fall der Rechtsformverfehlung lässt sich auf verschiedene Weise erklären: als Missbrauch der Vertragsfreiheit, als Umgehung, als Simulation, als protestatio facto contraria[31] oder auch als falsa demonstratio.

Da der Arbeitnehmerschutz in der Form zwingenden Arbeitsrechts sich auch gegenüber Vertragsparteien durchsetzen muss, die in gutem Glauben gehandelt haben, bedarf es keiner Umgehungsabsicht, maßgebend bleibt die objektive Rechtslage.

Im Falle einer Rechtsformverfehlung wird nach h.M. ein wirksamer Vertragsabschluss bejaht, es ist aufgrund objektiver Wertung die Rechtsform Arbeitsvertrag anzuwenden[32] und zwar sowohl für die Vergangenheit wie für die Zukunft. Der ursprüngliche Vertrag wird in einen Arbeitsvertrag umgewandelt.

Ähnliche Überlegungen werden in vielen anderen Rechtsordnungen angestellt. Schon aus Raumgründen können hier nur einige wenige kurz vorgestellt werden. Es geht dabei weniger um die Erörterung des an sich zentralen Arbeitnehmerbegriffs der jeweiligen Rechtsordnung, sondern um die Aufzeigung von Überlegungen, die unserem

---

[30] Vgl. statt aller *Wank*, Arbeitnehmer und Selbständige, S. 104.
[31] Vgl. *Wank*, Arbeitnehmer und Selbständige, S. 109; *Rosenfelder*, Der arbeitsrechtliche Status des freien Mitarbeiters, S. 143 ff.
[32] *Wank*, Arbeitnehmer und Selbständige, S. 113.

Begriff des Rechtsformzwangs nahe stehen und welche Rechtsfolgen daraus für das eigene Arbeitsrechts gezogen werden. Ein solches Panorama erlaubt zudem den Schluss, dass der Rechtsformzwang ein internationales und kein ausschließlich deutsches Phänomen darstellt.

B. Der Rechtsformzwang im französischen Arbeitsrecht

Wie das deutsche setzt sich auch das französische Arbeitsrecht mit der Problematik der Qualifikation des Arbeitsrechts und seinen Folgerungen auseinander. Rechtsprechung und Literatur haben gerade in jüngerer Zeit verstärkt dazu Stellung genommen. Des Weiteren weist das französische Recht in einer Reihe von Punkten gegenüber dem deutschen Besonderheiten auf.

Gleichsam als Grundsatz lässt sich dem Urteil der Cour de cassation vom 19. Dezember 2000[33] folgende Feststellung entnehmen: "... l'existence d'une relation de travail ne dépend ni de la volonté exprimée par les parties ni de la dénomination qu'elles ont donnée à leur convention mais des conditions de fait dans lesquelles est exerce l'activité des travailleurs; ...".[34] Im konkreten Fall verbarg sich hinter einem Mietvertrag über ein Taxi ein Arbeitsvertrag.[35]

In seiner jüngeren Rechtsprechung hat die Cour de cassation in mehreren Entscheidungen[36] den genannten Grundsatz im Falle von faux contrats d'entreprise (Scheinwerkverträgen) bestätigt und weiter konkretisiert.[37]

Die *"indisponibilité de la qualification"*[38] ist natürlich schon lange ein Thema des französischen Arbeitsrechts, wie dies Rechtsprechung und Schrifttum im Einzelnen belegen.[39] Sie ist Teil des nationalen ordre public, hier also des zwingenden Arbeitnehmerschutzes.[40] Ihre Mißachtung hat eine "requalification" des Vertrages als contrat de travail durch die Gerichte zur Folge.[41] Im deutschen Recht ist nach h.M. bei

---

[33] Chambre social, Droit social 2001, 237 (Scheinmietvertrag) <arrêt Labbane>.
[34] Eingehend zur Problematik *Jeammaud*, L'avenir sauvegardé de la qualification de contrat de travail – A propos de l'arrêt Labbane, Droit social 2001, 227 ff.
[35] "..sous l'apparence d'un contrat de location d'un 'véhicule taxi' était en fait dissimulée l'existence d'un contrat de travail..." (Droit social 2001, 238).
[36] Cass. soc., 10. Dezember 2002, RJS 2003 no. 144, 8. Juli 2003, Bull. civ. V no. 217; 2. Juli 2003, CSB 2003 A. 50 no. 134; Cass. crim., 17. Juni 2003, JCP, éd. E, 2004, 72.
[37] Vgl. *Aubrée*, v. Contrat de travail (Existence – Formation), no. 58, in: Répertoire de droit du travail, vol. II, 2005.
[38] Hierzu insbesondere *Jeammaud/Le Friant/A. Lyon-Caen*, L'ordonnancement des relations de travail, Dalloz 1998 Chr. 359 (361); *Jeammaud*, Droit social 2001, 227 (229-231); *Pélissier/Supiot/Jeammaud*, Droit du travail, 22. Aufl., 2004, no. 125 (S. 192 f.).
[39] Vgl. *Camerlynck*, Le contrat de travail, 2. Aufl. 1982, no. 65 (S. 80-82), *Mise à jour 1984*, no. 65 (S. 18-20), *Mise à jour 1988*, no. 65 (S. 28-29), jeweils mit Nachweisen aus der Rechtsprechung.
[40] Vgl. *Frossard*, Les qualifications juridiques en droit du travail, 2000, no. 135 ff. (S. 127 ff.).
[41] Eingehend hierzu *Frossard*, Les qualifications juridiques en droit du travail, no. 70 ff. (S. 68 ff.).

Rechtsformverfehlung eine Umwandlung in einen Arbeitsvertrag die Folge. Französisches und deutsches Recht liegen also, sieht man in der requalification eine Umwandlung, gar nicht weit auseinander. Welche sonstigen Rechtsfolgen an eine requalification geknüpft sind, muss im vorliegenden Zusammenhang offen bleiben.

In Art. L. 761-2 Abs. 3, 762-1 Abs. 1, 763-1 Abs. 1 stellt der Code du travail für Berufsjournalisten, Artisten und Mannequins die Vermutung auf, dass entsprechende Verträge, die sich auf die Tätigkeit dieser Berufsgruppen beziehen, Arbeitsverträge seien. Auf der anderen Seite vermutet Art. L. 120-3 Code du travail (sog. Loi Madelin) umgekehrt, dass Personen, deren Berufsausübung durch bestimmte Register erfasst werden – wie z. B. commerçants, artisans, professions libérales –, zunächst als travailleurs indépendants (Selbständige) zu gelten haben, um dadurch etwa eine vorschnelle Zuordnung zu den Arbeitnehmern zu vermeiden.[42] Ob dieses Ziel damit erreicht wurde, steht hier nicht zur Debatte.

C. Der Rechtsformzwang im italienischen Arbeitsrecht

Auch das italienische Arbeitsrecht gestattet den Parteien nicht, soweit in der Sache ein Arbeitsvertrag – wie immer dieser im Einzelnen im Gefolge von Art. 2094 Codice civile begrifflich eingefangen wird[43]– in Rede steht, diesen etwa durch Gestaltung in der Wortwahl "verschwinden" zu lassen. Der Schutz des Arbeitnehmers genießt in Rechtsordnung und Schrifttum allererste Priorität und damit die "indisponibilità del tipo legale".[44] Dies gilt sogar in gewissem Umfang für den Gesetzgeber, den die Verfassung insoweit in seinem Ermessen bei der Wahl zwischen der Regelung von lavoro subordinato und lavoro autonomo einschränkt.[45]

Der Qualifizierung des Vertrages durch die Parteien (sog. volontà cartolare oder sog. nomen iuris[46]) kommt keine ausschlaggebende Bedeutung zu. "Le parti non hanno la facoltà di scegliere liberamente il tipo legale cui ascrivere il contratto posto in essere poichè la qualificazione spetta esclusivamente al guidice. In questo ... consiste la regola della 'indisponibilità del tipo legale'....".[47] "Su questo piano incide il principio

---

[42] Näheres zur Problematik dieser Vorschrift enthalten insbesondere die Beiträge von *Laroque, Ray, Doroy, Chauchard* und *G. Lyon-Caen* in Droit social 1995, 631-650.
[43] Die italienische Literatur dazu ist fast unübersehbar, statt vieler sei auf das monumentale Werk von *Ichino,* Il contratto di lavoro, in: *Cicu/Messineo* (ed.), Trattato di diritto civile e commerciale, vol. I-III, 2000/2003 verwiesen.
[44] *Ichino*, Il contratto di lavoro, vol. I, no. 87 (S. 290).
[45] Vgl. in Auseinandersetzung mit der einschlägigen Rechtsprechung des italienischen Verfassungsgerichtshofes *D'Antona*, Limiti costituzionali alla disponibilità del tipo contrattuale nel diritto di lavoro, Argomenti di diritto del lavoro 1995, 63 ff.; *Scognamiglio*, La disponibilità del rapporto di lavoro subordinato, Rivista italiana di diritto di lavoro 2001, I, 95 ff.
[46] Vgl. *Ghera*, Diritto del Lavoro, 2000, no. 11 (S. 69 m. Fn. 11); vgl. ferner *Ichino*, Subordinazione e autonomia nel diritto di lavoro, 1989, no. 40 (S. 181 f.).
[47] *Ichino*, Il contratto di lavoro, vol. I, no. 87 (S. 290).

di rigidità (o tassatività) del tipo contrattuale, chi sottrae alle parti individuali il potere di determinare il contenuto del contratto e quindi, in definitiva, di disporre del tipo".[48]

Der Sinn dieses Rechtsformzwangs ist auch im italienischen Recht, "contratti di lavoro dissimulati sotto l'usbergo i altri contratti meno onorosi per il datore di lavoro, quali il contratti d'opera, l'agenzia, il mandato, l'associazione in partecipazione, o addirittura in certi casi il deposito, la somministrazione ecc."[49] Zu welchen Rechtsfolgen die Verfehlung des Rechtsformzwanges führt, muss hier weitgehend offen bleiben. Simulation und Gesetzesumgehung (frode alle legge) können u.U. zu unterschiedlichen Ergebnissen führen.[50]

Um Unwägbarkeiten und Unsicherheiten der Qualifikation eines Arbeitsvertrages zu reduzieren, hat der italienische Gesetzgeber 2003 durch das Gesetz (in seiner Fassung von 2004) das Verfahren der certificazione für alle Arbeitsverträge in Art. 75 ff. eingeführt,[51] um dadurch die Zahl der Streitigkeiten über die Qualifikation von Arbeitsverträgen einzudämmen. Es ist hier nicht der Ort zu prüfen, ob dieses Verfahren den Schutz der Arbeitnehmer zu erhöhen geeignet sein wird. Das Reformgesetz von 2003/2004 geht sonach genau in die andere Richtung wie die Loi Madelin (Art. L. 120-3 Code du travail).

Es kann nicht verwundern, dass auch das *spanische Arbeitsrecht* ebenfalls wie die bisher skizzierten Rechte zu ähnlichen Ergebnissen gelangt.[52]

D. Der Rechtsformzwang im britischen und amerikanischen Arbeitsrecht

Unseren kurzen Rundgang durch die Problematik des Rechtsformzwangs in einigen Arbeitsrechtsordnungen jenseits des deutschen Rechts sollen einige Bemerkungen

---

[48] *Mazzotta*, Diritto del lavoro, 2a edizione, 2005, no. 8.1 (S. 64), m. Nachw. aus der Rechtsprechung. Zum Ganzen auch jüngst *Pellacani*, Autonomia individuale e rapporto di lavoro. La divergenza fra il programma contrattuale e il concreto attegiarsi del rapporto, 2002.
[49] *Suppiej/de Cristofaro/Cester*, Diritto del lavoro – Il rapporto individuale, 2a ed., 2003, no. 16 (S. 186); *Suppiej*, Il rapporto di lavoro (costituzione e svolgimento), 1982, no. 10 (S. 243 f.).
[50] Im Übrigen *Nicolini*, La simulazione del rapporto di lavoro subordinato, 1969; *Suppiej/de Cristofaro/Cester*, Diritto del lavoro, no. 16 (S. 189).
[51] Hierzu statt vieler *De Angelis*, Le certificazioni all' interno della riforma del mercato del lavoro, Rivista italiana di diritto del lavoro 2004, I, 235 ff.; *Mazzotta*, Diritto del lavoro, 2a edizione , 2005, no. 8.2 (S.70 ff.).
[52] Vgl. insbesondere *Herrero Nieto,* La simulaciòn y el fraude a la ley en el Derecho del Trabajo, 1958; *Truzubieta Fernándes*, El abuso del Derecho y el fraude de Ley en el Derecho del Trabajo, 1989; *Garcia Piqueras,* La simulaciòn en el contrato de trabajo, Actualidad Laboral 1990 II-XXIV, 239 ff.; *Gratiana Moreno*, El fraude de la ley en las relaciones de trabajo: una analisis jurisprudencial, in: Cuestiones actuales de Derecho del Trabajo – Estudios ofrécidos por los catedráticos españoles de Derecho del Trabajo al professor Manuel Alonso Olea, 1990, S. 433 ff.

zum britischen und amerikanischen Arbeitsrecht abschließen. Auch hier stellt sich die Frage nach der Möglichkeit der Ausschaltung zwingenden Arbeitsrechts durch die Vertragsparteien.

1. Vereinigtes Königreich

In einer Reihe von Entscheidungen aus den letzten Jahrzehnten, in denen es vorwiegend um die Abgrenzung des contract of employment (contract of service) vom independent contractor[53] (contract for services, self-employed) ging,[54] haben vor allem High Court und Court of Appeal immer wieder darauf hingewiesen, dass der contract of employment nicht zur Disposition der Vertragsparteien steht. Ein umfassender Überblick ist dabei nicht nötig, ebensowenig eine Auseinandersetzung mit den verschiedenen "tests" zur Abgrenzung zwischen Arbeitnehmer und Selbständigem.

In der bekannten Entscheidung *Ready Mixed Concrete (South East), Ltd. v. Minister of pensions and national insurance* stellte Mac Kenna[55] von der Queen's Bench Division fest: "...if these [rights and duties] were such that the relation is that of master and servant, it was irrelevant that the parties had declared it to be something else". In *Forgesson v. Dawson & Partners (Contractors) Ltd.*[56] führt Lord Justice Megan vom Court of Appeal aus: "My own view would have been that a declaration by the parties, even if it be incorporated in the contract, that the workman is to be, or is to be deemed to be, self-employed, an independent contractor, ought to be wholly disregarded – not merely treated as not being conclusive – if the remainder of the contractual terms, governing the realities of the relationship, show the relationship of employer and employee".[57] Und Lord Denning, M.R. unterstreicht in *Massey v. Crown Life Insurance Co.*[58] diese Auffassung nochmals sehr klar:[59] "The law, as I see it, is this: if the true relationship of the parties is that of master and servant under a contract of service, the parties cannot alter the truth of that relationship by putting a different label upon it." Ähnlich formuliert Lord Justice Ackner in *Young & Woods Ltd. v. West*:[60] "It is by now well settled that the label which the parties choose to use to describe their relationship cannot alter or decide their true relationship...". Oder anders gewendet: "Of course, parties may not change their status... merely by putting a new label on it."[61]

---

[53] Vgl. hierzu auch die Arbeit von *Ständer*, Arbeitnehmerbegriff und soziale Sicherung im englischen Recht, 1996, insbes. S. 296 ff.
[54] Kritisch *Collins,* Independent Contractors and the Challenge of Vertical Disintegration to Employment Protection Laws, Oxford Journal of Legal Studies 10 (1990), 353 ff.
[55] 1 All E.R. 433, 439 [1968].
[56] [1976] Industrial Relations Law Reports 946.
[57] AaO, S. 349.
[58] [1978] Industrial Cases Reports 590, 594.
[59] Dazu auch *Thomson*, The Label Principle in Contracts of Employment, Law Quarterly Review 95 (1979), 190 ff.
[60] [1980] Industrial Relations Law Reports 201, 208.
[61] *Warner Holidays Ltd. v. Secretary of State for Social Services* [1983] Industrial Cases Reports 440, 455 (per McNeill, J.).

Weniger klar bzw. zufriedenstellend wird etwa als Rechtsfolge eines Gesetzesverstosses (illegality) die Nichtigkeit des Arbeitsvertrags empfunden, wie dies die Diskussion im arbeitsrechtlichen Schrifttum belegt.[62]

2. Vereinigte Staaten von Amerika

Warum sollte es in den USA anders sein? Auch sie kämpfen massenhaft gegen "falsche Verträge". Der Internal Revenue Service schätzte in einer Studie aus dem Jahre 1984, daß ca. 3,4 Millionen employees fälschlicherweise als independent contractors "misclassified" seien.[63] Independent contractors werden von den meisten arbeitsrechtlich relevanten Gesetzen nicht erfaßt.

Einzelstaatliche wie Bundesgerichte setzen sich wie in anderen Ländern über den äußeren Schein der Vertragsbezeichnung hinweg. Besonders deutlich kommt dies in der Entscheidung *Vizcaino v. Microsoft Corp.* des Ninth Circuit aus dem Jahre 1997[64] zum Ausdruck. Die Verträge einer Reihe von Mitarbeitern von Microsoft enthielten die ausdrückliche Zuordnung von ihnen zu den independent contractors. Diese sah das Gericht indes als irrtümlich an und behandelte die Betroffenen als Arbeitnehmer.[65]

Die Vermeidung von Steuern und Sozialabgaben bietet im Übrigen umfangreiches Anschauungsmaterial zu unserer Problematik.[66]

IV. Rechtsformzwang und Arbeitskollisionsrecht – Zur Anwendbarkeit von Art. 34 EGBGB

Welche Folgerungen sind aus dem Rechtsformzwang des nationalen Rechts für das Kollisionsrecht des Arbeitsvertrages zu ziehen? Es ist indes nicht leicht, den geeigneten oder adäquaten kollisionsrechtlichen Ansatz zu finden. Das Arbeitsvertragsstatut dürfte von der jeweiligen *lex fori* aus gesehen nur sehr bedingt in Frage kommen, schließlich handelt es sich beim Rechtsformzwang geradezu um einen Paradefall des zwingenden Rechts. Und wenn von zwingendem Recht die Rede ist, so kommen als weitere Aspekte das subjektive und objektive Vertragsstatut nach Art. 27 Abs. 1,

---

[62] Hierzu etwa *Mogridge*, Illegal Employment Contracts: Loss of Statutory Protection, Industrial Law Journal 10 (1981), 23 ff.; *dies.*, Contracts of employment, illegality and statutory rights, Industrial Law Journal 15 (1986), 56 ff.; *Davies/Freedland*, Labour Law: Text and Materials, 2d ed., 1984, S. 92; *Deakin/Morris*, Labour Law, 2d ed., 1998, S. 157 ff.
[63] Nachweis bei *Rothstein/Liebman*, Employment Law – Cases and Materials, 4th ed., 1998, S. 90.
[64] 120 F. Bd 1006.
[65] Ebenso *Mustang Transportation Company v. Ryder Truck Lines, Inc.*, 523 F. Supp. 1097 in anderem Zusammenhang; *Howard Schultz & Associates of the Southeast, Inc.*, 236 S.E. 2d 265, 267.
[66] Statt vieler vgl. etwa *Landis*, Annotation: Unemployment compensation: Trucker as employee or independent contractor, 2 American Law Reports 4th 1219 ff. (1980).

28 EGBGB und Art. 30 Abs. 1 und 2 EGBGB, Art. 34 EGBGB (zwingendes Recht der deutsche *lex fori*) sowie die Gesetzesumgehung (evtl. der Simulation) und der ordre public des Forums in Betracht. Jede dieser Möglichkeiten ist dabei äußerst problembeladen. Wo ist im Übrigen anzusetzen beim äußeren Vertragsbild oder bei dem durch diesen verdeckten Arbeitsvertrag? Und ist nicht der Rechtsformzwang mehr als nur ein Ordnungselement des Vertragsstatuts, sondern davon unabhängig ein solches der *lex fori*?

Setzt sich demnach der Rechtsformzwang der *lex fori* ohne weitere Beschränkung stets unabhängig vom subjektiven oder objektiven Arbeitsvertragsstatut durch? Wird sonach bereits durch den Rechtsformzwang der *lex fori* dessen Regelungsmuster verbindlich unabhängig vom in der Sache selbst anwendbaren Recht? Würde demnach die Ausschaltung deutschen Sozialversicherungs- und/oder Steuerrechts und auch Verwaltungsrechts (Arbeitsgenehmigung!) durch eine entsprechende äußere Vertragsgestaltung beabsichtigt, durch die deutsche *lex fori* unabhängig vom Arbeitsvertragsstatut verhindert? Ein Rückgriff auf die Lösung für andere "Scheinverträge" (z. B. für den Gesellschaftsvertrag[67]) erscheint nicht möglich, zumal die gesuchte Problematik noch nicht eingehender ausgeleuchtet wurde. Soll man sich somit allein mit mehr oder weniger einsichtigen ad-hoc-Lösungen zufrieden geben?

Eine Auswirkung des Rechtsformzwangs auf die Anknüpfung des Arbeitsvertrags wird man nicht annehmen müssen, folgt man dem oben vorgeschlagenen Qualifikationsmodell für den Arbeitsvertrag des Art. 30 Abs. 1 EGBGB/Art. 6 Abs. 1 EVÜ; dies gilt insbesondere dann, wenn alle beteiligten Rechtsordnungen den Rechtsformzwang im Arbeitsrecht kennen und dies dürfte heute für jede halbwegs entwickelte Arbeitsrechtsordnung gelten. Der Rechtsformzwang wäre demnach – von der Qualifikation des Arbeitsvertrages abgesehen – nicht schon bei der Anknüpfung, sondern erst auf der Stufe der Anwendung des subjektiv oder objektiv bestimmten Arbeitsvertragsstatuts relevant.

Eine Veränderung dieses Ergebnisses kommt freilich dann in Frage, wenn man den Rechtsformzwang in seiner konkreten Ausgestaltung als zwingendes Recht der deutschen *lex fori* i.S.v. Art. 34 EGBGB (Art. 7 Abs. 1 EVÜ) einordnen und damit unabhängig vom Statut des Arbeitsvertrages anknüpfen würde.

Zuvor soll jedoch der Frage nachgegangen werden, ob nicht bereits allgemeine Institute des IPR wie die Gesetzesumgehung, Simulation oder der ordre public kollisionsrechtliche Folgerungen für die Problematik des Rechtsformzwangs im Arbeitsrecht bereithalten. Für die Parallelbetrachtung auf der Ebene des deutschen Sachrechts erscheint es nicht geklärt, ob die Nichtanerkennung der Parteierklärungen

---

[67] Dazu unter dem Stichwort "pseudo-foreign-corporations": *Zimmer*, Internationales Gesellschaftsrecht, 1996, S. 219 ff. – Vgl. weiter auch *MünchKomm/Kindler*, Internationales Handels- und Gesellschaftsrecht, 3. Aufl., 1999, RdNr. 269 ff.

dogmatisch als falsa demonstratio, Scheingeschäft, oder als protestatio facto contraria zu erklären ist.[68]

Von den genannten, hier u.U. einschlägigen Instituten des allgemeinen Kollisionsrechts wird für das EVÜ und damit auch für die einschlägigen Vorschriften des EGBGB nur der ordre public der *lex fori* genannt (Art. 16 EVÜ, Art. 6 EGBGB). Das bedeutet jedoch keineswegs, dass Gesetzes- bzw. Rechtsumgehung oder Simulation nur für das Sachrecht Relevanz besitzen. Angesichts der Konturenschwäche beider Rechtsfiguren im Sachrecht wie im Kollisionsrecht[69] erscheint für unsere Problematik vertretbar, hier auf deren weitere Erörterung zu verzichten.

Wie viel ist nicht nur dem Art. 30 Abs. 1 EGBGB (Art. 6 Abs. 1 EVÜ), sondern auch dem Art. 34 EGBGB der Arbeitnehmerschutz wert, der sich im Rechtsformzwang beim Arbeitsvertrag der deutschen *lex fori* niederschlägt? Führt dies etwa dazu, dass von den in der deutschen Praxis vorfindbaren Werkverträgen und Gesellschaftsverträgen der Schleier weggezogen werden kann und der dahinter stehende Arbeitsvertrag sichtbar wird? Gehört der Rechtsformzwang im Arbeitsvertragsrecht also zum international zwingenden Recht der deutschen *lex fori*? Keine Bedeutung besitzt insoweit der Umstand, dass sich der Rechtsformzwang nicht auf eine einfache Gesetzesnorm zurückführen lässt, sondern sich nur als ein durch Gesamtbetrachtung gewonnenes Prinzip ergibt; die formale Einkleidung des Verbots oder Gebots kann insoweit keine Rolle spielen.

Es unterliegt m.E. kaum einem ernstzunehmenden Zweifel, dass der Rechtsformzwang der Verteidigung des Arbeitnehmerschutzes gegen die materielle Vertragsfreiheit und gegen die kollisionsrechtliche Parteiautonomie dient. Er will die Aushöhlung des Arbeitsrechts durch Vertrag verhindern; dafür genügt Art. 30 Abs. 1 und 2 EGBGB auf gar keinen Fall. Mithin lässt sich deshalb die Berufung auf Art. 34 EGBGB nicht verhindern. Es geht in erster Linie hier um die sozialpolitischen Interessen der *lex fori*[70] und nicht des Arbeitsvertragsstatuts. Und es genügt eine Berufung auf Art. 30 EGBGB gerade nicht, wenn derart elementare Interessen der *lex fori* auf dem Spiele stehen, nämlich die Verneinung der funktionalen Äquivalenz von Arbeitsrecht und dem für den Selbständigen maßgebenden Rechtsschutz. Der Rechtsformzwang bringt demnach eine bestimmte Gerechtigkeitsvorstellung des deutschen Gesetzgebers zum Ausdruck, weil er einen angemessenen Schutz außerhalb des Arbeitsrechts eben nicht sieht. Es kann daher nicht dem subjektiven oder objektiven Vertragsstatut des Arbeitsvertrages überlassen bleiben, ob dieses wie das deutsche Recht reagiert oder nicht.

---

[68] Vgl. *Wank*, Arbeitnehmer und Selbständige, S. 108; ferner *Rosenfelder*, Der arbeitsrechtliche Status des freien Mitarbeiters, S. 143 ff., 208 ff.
[69] Näheres bei *Schurig*, Kollisionsnormen und Sachrecht, 1981, S. 240 ff.; *ders.*, Die Gesetzesumgehung im Privatrecht, in: Festschr. f. M. Ferid zum 80. Geburtstag, 1988, S. 375 (375 f., 385 ff., 391 f., 402).
[70] Vgl. statt vieler *Staudinger/Magnus*, Art. 34 RdNr. 55 ff.

Die deutsche *lex fori* wendet mithin den Rechtsformzwang des deutschen Rechts auch auf Rechtbeziehungen an, die nicht dem deutschen Recht unterliegen, sondern gem. Art. 30 EGBGB von dem Recht eines anderen Staates beherrscht werden. Bedeutsam ist dies vor allem in solchen Fällen, in denen es sich um Staaten handelt, welche nicht dem EVÜ unterfallen, also von Nichtmitgliedern der EG.

Scheinwerkverträge[71] wie Scheingesellschaftsverträge,[72] die dem Recht eines anderen Staates unterliegen, scheitern an dem nach Art. 34 EGBGB durchsetzbaren deutschen arbeitsrechtlichen Rechtsformzwang. Sie richten sich nach dem auf solche Arbeitsverträge maßgebundenen Vertragsstatut, soweit dieses ebenfalls einen Rechtsformzwang kennt und auch die gleichen Rechtsfolgen im Falle einer Rechtsformverfehlung anordnet. Unterscheiden sich indes insoweit Vertragsstatut und deutsches Recht, so setzt sich das deutsche Recht durch, d. h., dass in jedem Fall ein (verdecktes) Arbeitsverhältnis begründet wird und nicht etwa entgegen den Intentionen des Arbeitnehmerschutzes die Nichtigkeit des Arbeitsvertrages eintritt.

Die weiteren, mit dem Rechtsformzwang zusammenhängenden kollisionsrechtlichen Probleme müssen an dieser Stelle auf sich beruhen. Es ging mir nur darum zu zeigen, dass die einfache, – ich würde eher sagen – naive Regelung des Individualarbeitsrechts im EGBGB bzw. EVÜ nicht das letzte Wort hat. Arbeitsrecht ist komplexer, als sich dies manche vorstellen.

---

[71] Abgeschlossen etwa von Scheinselbständigen, aber auch von anderen.
[72] Beispiele aus der deutschen Rechtsprechung für "gemischt-nationale" Gesellschaften (deutscher Arbeitgeber und ausländische Arbeitnehmer als Gesellschafter): Sächsisches OVG, 2.6.1995 – AR-Blattei: Ausländische Arbeitnehmer Nr. 39 m. Anm. v. *Mankowski*; LAG Hessen, 20.3.2000 – LAGE § 611 Arbeitnehmerbegriff Nr. 41 m. Anm. v. *Mankowski;* – Beispiel für eine nur aus ausländischen Arbeitnehmern gebildete "Baugesellschaft" in Hamburgisches OVG, 23.10.1998 – AR-Blattei: Ausländische Arbeitnehmer Nr. 40 m. Anm. v. *Mankowski,* letztere stellt im Übrigen in der Terminologie des deutschen Arbeitsrechts eine Eigengruppe dar.

The Story of Early American Comparative Law

*David S.Clark**

I. Introduction

Tuğrul Ansay has been at the forefront of Turkish comparative law since the 1950s when he was an assistant professor of law at the University of Ankara. In 1957, he published his first article in the *American Journal of Comparative Law*,[1] beginning a long relationship with legal scholars and practitioners in the United States. Today comparatists around the world know Professor Ansay for his contributions to comparative law, especially as general editor and author of ten volumes in English introducing the law of different countries.[2]

There are many differences between law in Turkey and the United States. Nevertheless, there are some interesting similarities in the role of foreign and comparative law in modern Turkish history and in the early American republic. In the interest of stimulating inquiry into these similarities, and to encourage the further development of Turkish comparative law, I dedicate this essay to a dear friend and great comparatist.

II. A Thumbnail Sketch of Foreign Law in Turkey[3]

Sultan Abd al-Majid (1823-1861) of the Ottoman Empire began efforts in the 19th century to create constitutional government with edicts during the *tanzimat* (reorganization, 1839-1876) period. Although ineffective to protect the human rights of the sultan's subjects, they eased the way for the first Ottoman constitution in 1876. Under pressure from bureaucrats influenced by Western liberalism (the so-called Young Turks), the constitution created a bicameral legislature, whose lower chamber

---

* David S. Clark, Maynard and Bertha Wilson Professor of Law, Willamette University College of Law, Salem, Oregon USA; President, American Society of Comparative Law.
[1] Turkey: "New Commercial Code," 6 Am. J. Comp. L. 106 (1957).
[2] These are published by Kluwer Law International. The volume on Turkey is in its fourth English edition.
[3] For this section, I primarily rely on *Adnan Güriz*, "Sources of Turkish Law," in: Tuğrul Ansay and Don Wallace, Jr. (eds.), Introduction to Turkish Law (Hague: Kluwer Law International, 4th ed. 1996) 1-10, 15-18; *Ergun Özbudun*, "Constitutional Law," in: *ibid*. 19-25; *Sait Güran*,

was indirectly elected by property owners, but nevertheless was effectively checked by the sultan. Abd al-Hamid II (1842-1918) dissolved this chamber after two years, but the seeds had been planted and he was forced to restore the constitutional balance in 1908.

After the defeat of the Ottoman Empire in World War I, Mustafa Kemal (1881-1938), later declared Atatürk, in 1920 called for a new assembly, which enacted the 1921 constitution. The sultanate was abolished in 1922 and the republic proclaimed in 1923. The 1924 constitution established a form of parliamentary government. The national assembly elected a president (Atatürk) who appointed a council of ministers. Of course, in the one-party period until the end of World War II, the chief executive's authoritarian leadership reduced the legislature's role.

During the period of the *tanzimat*, Turkey's legal system was thoroughly influenced by European law, especially on the formal surface, although deep cultural attachment to Islamic laws and institutions remained. From the 1840s, the leading example was France, so the Ottoman Empire adopted a French council of state system, a court of accounts, and elements of provincial administration. The effect on the judicial branch is still noticeable today, since Turkey has a court of cassation and a court of conflicts. With the exception of civil law, the Ottoman Empire imported the essentials of the French codes.

After the establishment of the republic, the adoption of new legal codes had a more profound social affect. Traditional *shari'a* courts were abolished and the Latin alphabet introduced. Switzerland provided the models for most private law and civil procedure in the 1920s. Jurists considered Swiss law advanced, yet written with simpler terminology than the German codes. The Turkish minister of justice had studied law in Switzerland. Lastly, Switzerland was a neutral country, which might keep Turkey independent from those nations that had participated in World War I. For penal law and procedure, Turkey promulgated codes in 1926 and 1929 based respectively on the Italian substantive model (which had a general and special part) and the German procedural example.

With this amount of legal transplantation, Turkish legal scholars could hardly ignore the doctrinal developments of France, Germany, Italy, and Switzerland. Such was also the situation with comparative law in the first century or so of legal development in the United States. Once indigenous legal institutions absorb what is useful from foreign sources, jurists may turn inward to develop their own unique legal culture.

"Administrative Law," in: *ibid*. 47-50; *Tugrul Ansay*, American-Turkish Private International Law (Dobbs Ferry, NY: Oceana Publications 1966) 9-11; *Bülent Davran* and *Hüseyin Nail Kubali*, "Turkey," in: 1 International Encyclopedia of Comparative Law (Tübingen: J.C.B. Mohr: Tübingen 1974) T-45 to T-48.

III. American Comparative Law in the Formative Era: 1776-1865[4]

Comparative law is as old as the American republic. That was the view of Roscoe Pound (1870-1964),[5] one of America's great comparatists in the first half of the 20th century. Pound, the founder of sociological jurisprudence in the United States, spoke from a position of influence as a professor (1910-1947) and dean (1916-1936) at Harvard Law School. He supported a cyclical view of comparative law's importance, arguing that it went into decline after 1850. Michael Hoeflich, the leading United States scholar today on the significance of Roman and civil law in 19th century America, confirms Pound's view on the civil law's early role, but argues that it continued in importance, although in different ways, later in that century.[6]

A. The American Revolution and Natural Law

American interest in foreign and comparative law has waxed and waned over the more than 200 years the United States has been a republic. To some extent, this paralleled the nation's cultural and intellectual fashion, economic wealth and institutional development, increased racial, ethnic, and religious diversity as a land of immigrants, and self-perceived place in the world. Initial optimism and utopian natural law views defined the early years of the nation. The Declaration of Independence (1776), the United States Constitution (1787), and its first ten amendments, the Bill of Rights (1791), early stated the ideal in law and government. Many of the Founding Fathers not only trained in English common law, but also read European political philosophy and considered Roman law an important element in the Roman republic's success.

Prior to the American Revolution (1776), colonists' arguments against English political domination insisted nevertheless on an Englishman's common law rights as also the colonists' rights. As Pound explained, the same events that separated colonists from England politically prepared them to receive the common law. William Blackstone's four-volume *Commentaries on the Laws of England* (1765-1769) provided an authoritative statement, although not up to date, that facilitated this reception. The substantial minority of Americans of German descent also supported natural law principles of liberty. This non-English element was illustrated by the petition in 1794 to Congress to also publish federal laws in German, which failed in the House of Representatives by one vote.

---

[4] Much of the information here is described in more detail, with references, in *David S. Clark*, "Development of Comparative Law in the United States," in: Mathias Reimann & Reinhard Zimmermann (eds.), Oxford Handbook of Comparative Law chap. 6 (Oxford: Oxford Univ. Press, forthcoming 2006).
[5] *Roscoe Pound*, "The Revival of Comparative Law," 5 Tul. L. Rev. 1-2 (1930-1931). "It was an element of the first order in the building of American law." *Id*.
[6] *M.H. Hoeflich*, Roman and Civil Law and the Development of Anglo-American Jurisprudence in the Nineteenth Century 2, 6-8, 51, 74-75 (Athens, GA: University of Georgia Press 1997).

At the same time, law comparison found a place through the importance put on natural law as a legal theory. John Adams (1735-1826), for instance, a student of both the common law and the civil law, argued against parliamentary authority in his *Dissertation on the Canon and Feudal Law* (1765) as well as against the common law in *Novanglus* (political essays published in 1775). Instead, he asserted that New Englanders derived their laws from natural law. His 1779 draft of the Massachusetts Constitution prescribed a government of laws, not men. In 1801, as United States president, he appointed John Marshall (1755-1835) chief justice of the U.S. Supreme Court. Marshall in 1803 wrote the opinion in *Marbury v. Madison*[7] that asserted the power of judicial review.

Another natural lawyer was Thomas Jefferson (1743-1826), trained in law by George Wythe (1726-1806), who knew civil law and in 1779 became the first law professor in the United States at the College of William and Mary. Jefferson drafted the Declaration of Independence, which defined legitimate government as one that supports the inherent individual natural rights of life, liberty, and the pursuit of happiness. He served as minister to France from 1785 to October 1789, where he witnessed the early French Revolution and advised the Marquis de Lafayette on the French constitution. As United States president, Jefferson was careful to try to limit presidential power, ironically concluding the Louisiana Purchase in 1803 that more than doubled the size of the United States.

B. Resistance to English Law

Pound pointed to five factors that impeded an easy American reception of English law after the war of independence.[8] First, English law seemed to embrace medieval scholasticism. It was often presented in an alphabetical abridgement and was disorganized. This contrasted to the order and system of continental treatises, which influenced Joseph Story (1779-1845) and others. Second, American social and economic conditions, emphasizing individualism in a pioneer society, were very different than in England, which was in the process of industrialization and urbanization. American lawyers felt they had to work out their own rules favoring the exploitation of abundant natural resources. Third, Puritans, reacting against their hostile treatment in England, tended to distrust lawyers and disfavor lawyers' law. Fourth, many Americans were bitter at the English after the war. Since some states had lay judges even on their high courts, they expressed this sentiment by preferring French or natural law. Fifth, an economic depression followed the war. Lawyers, active in collecting debts, enforcing the British subjects' treaty rights, and invoking English criminal law against persons involved in disturbances, provoked some politicians to resist using English law.

---

[7] 5 U.S. 137 (1803).
[8] Much of this section is derived from *Roscoe Pound*, The Formative Era of American Law (Boston: Little, Brown & Co. 1936).

In the formative era of the United States legal system, comparative law was not an organized force, certainly not a discipline, simply because law itself was learned through reading and apprenticeship rather than formal schooling. Few law books were available. Law schools that developed in the 19th century were nothing more than law training offices, and this was true at Harvard until Story provided a more scholarly flavor. Comparative law in this social and economic context could only be a method; as such, it was a method for borrowing Roman or civil law (as natural law), comparing it with positive common law, or providing prestige to a decision that one could otherwise reach with local sources.

Under the influence of natural law, a person's reason could discover a universal, immutable set of principles that positive law might reflect. For public law, the theories of Hugo Grotius (1583-1645), Samuel Pufendorf (1632-1694), and Emer de Vattel (1714-1767) could philosophically support an Englishman's immemorial common law rights, with Edward Coke's (1552-1634) idea of "due process of law" in *The Second Part of the Institutes of the Lawes of England* and Blackstone's *Commentaries* supplying the content. However, for private law and especially commercial law, English materials were insufficient and less generally available.

C. Use of Roman and Civil Law

After the French Revolution, some liberal sentiment favored French law. There were early English translations of Robert Pothier's (1699-1772) *Traité des Obligations* (1777), but other English translations of French treatises by Pothier and Jean Domat (1625-1696) came much later. All these were rare. Hoeflich's research reveals that more foreign law books had been translated into English and were available in antebellum United States than previously believed. Many of these were published in England or in American periodicals. They served a practical comparative law with liberal translations to convey the sense of the original language.[9]

In 19th century U.S. Supreme Court reports, there are many instances of Roman law and civil law citations, in addition to the expected references to English common law doctrine and institutions. The two most famous Supreme Court justices of that century to favor Roman and civil law references were Joseph Story and Oliver Wendell Holmes (1841-1935). In addition, R.H. Helmholz has shown that American lawyers and judges made much more use of Roman and civilian sources than previously believed. He surveyed the cases reported in 14 states as well as the federal system between 1790 and 1825. In each jurisdiction there were multiple references of considerable variety in source material and subject matter. Usually American judges and lawyers commented favorably on Roman law as *ratio scripta* or civil law with its extensive development, but others regarded it as overly elaborate in its distinctions or associated with tyrannical governments. The subject areas of greatest use were maritime disputes and commercial

---

[9] *M.H. Hoeflich*, "Translation and the Reception of Foreign Law in the Antebellum United States," 50 Am. J. Comp. L. 753-75 (2002).

law. Roman and civil law were generally used to cure deficiencies in English common law, support public natural law principles, or reinforce the common law rule.[10]

D. Livermore, Lieber, Story, and Kent

An early comparatist who facilitated the work of later jurists was Samuel Livermore (1786-1833). He spent half his career as a lawyer in Boston and Baltimore and the other half in New Orleans, where he moved in 1819. He wrote the first comparative law study on agency published anywhere in the world and the first American treatise on conflict of laws using a comparative methodology. He devised his huge 400-volume collection of European law books, printed from the invention of the press until 1800, to Harvard University. Story relied on this collection in writing his *Commentaries*.

Pound identified two judges from the formative era (out of the six he considered most important) who had the background to understand Roman and civil law and use it as practicing comparatists. These were, first, Joseph Story, who served for 32 years on the U.S. Supreme Court, taught as the Dane Professor at Harvard Law School, and wrote nine *Commentaries* and two other treatises on various subjects of American law between 1832 and 1845. The second was James Kent (1763-1847), the first law professor at Columbia College, who worked for 25 years on the New York bench, including nine years as chancellor of the New York Court of Chancery. He published his four-volume *Commentaries on American Law* between 1826 and 1830.

Hoeflich documents Story's knowledge of Roman and civil law through his book collection (part of which he gave to Harvard Law School in the 1830s), his citation of foreign sources in the *Commentaries*, and his friendships with Romanists such as John Pickering (1777-1846) and Charles Follen (1796-1840) and other civilians such as Francis Lieber (1800-1872). Lieber, a German émigré like Follen, corresponded extensively with Story, kept him current with German scholarship, and introduced him by mail to Karl Mittermaier (1787-1867), who made Story an editor and contributor to his *Kritische Zeitschrift für Rechtswissenschaft und Gesetzgebung des Auslandes*. Hoeflich argues that Story adopted the treatise form, unusual in the common law, for his *Commentaries* based on the civilian example of systematically explaining a specialized field. He could use it for his teaching at Harvard and it certainly filled an important need among practitioners. Besides borrowing a civilian form, Story made use of Roman and civil law rules to fill gaps in the common law and, where a rule already existed, as an argument for the universality of the common law doctrine.

Story was an ally of Chief Justice Marshall, both of whom supported federal (over state) rule making power implied from clauses in the Constitution and strong federal judicial power. In *Swift v. Tyson*,[11] Story wrote for a unanimous Court to create a general federal common law for civil obligations (contracts and torts) and commercial law

---

[10] R.H. Helmholz, "Use of the Civil Law in Post-Revolutionary American Jurisprudence," 66 Tul. L. Rev. 1649-84 (1992).
[11] 41 U.S. 1 (1842).

for business litigants who could either sue in federal court or remove their cases from state court if their domicile was different from that of their opponent. This restricted local state precedent from interfering with what federal judges, who could rely on Story's treatises, considered the reasonable expectations of the parties in interstate commercial affairs.

Kent's *Commentaries*, modeled on those by Blackstone, Americanized the common law, leavening it with his insights from civilian sources. He favored strong property rights against the state, which he considered essential for liberty and economic development. The *Commentaries*, extremely popular among judges and lawyers who might not have access to the limited case reports, was reprinted in numerous editions during the 19th century.

Story's volumes came into general use along with those by Kent. Together, they helped to insure the reception of English common law in the United States during the first half of the 19th century. Considering Story's treatises on commercial law, the irony of English "reception" is that the Scotsman William Murray (Lord Mansfield, chief of the English King's Bench from 1756 to 1788) himself liberally used Roman and civilian sources in developing English commercial law. Much of the usefulness of the earlier European *lex mercatoria* thus infused American commercial law either through Mansfield or through Story, since the latter cited French commentators in his treatise. Kent, as chancellor in New York, did the same, which served overall to liberalize American commercial law. Pound found that this tendency to rely on Roman and civilian sources spread to private law generally. He concluded:

A skillful use of comparative law, seeming to show the identity of an ideal form of the English common-law rule with an ideal form of the Roman-law or civil-law rule, and thus demonstrating the identity of each with a universally acknowledged law of nature, was the most efficient of the instruments by which Kent and Story, and many who followed them, were able to insure that the English common law should be the basis of the law in all but one of the United States.[12]

English equity rules were absorbed into American law in much the same way, although there was particular resentment in some states against equity jurisdiction with its technicalities and many formalistic rules. For instance, Pennsylvania did not have equity jurisdiction until 1836 and Massachusetts maintained only a partial acceptance until after the Civil War. Story's treatise on equity again made a difference and brought many Roman law ideas into play as universal statements of natural law.

E. Lieber, Legaré, Walker, Hoffman, and Cushing

In addition to the great jurists that Pound recognized, there were groups of others familiar with Roman and civil law, whose published work was influential, who should

---

[12] *Pound* (fn. 5) 12.

qualify as comparatists. Hoeflich identifies Story's friend, Francis Lieber, Hugh Legaré (1797-1843), and James Walker (1813-1854), all in South Carolina. Lieber's principal Romanist book was *Legal and Political Hermeneutics* (1839), which synthesized numerous sources and perspectives, including ethics, on the proper interpretive principles to use in reading legal materials including constitutions, treaties, statutes, precedents, and documents.[13] After 1857, Lieber left South Carolina and taught at Columbia College in New York City and at Columbia's law school until 1872. Helmholz adds Thomas Cooper (1759-1839). His *Institutes of Justinian with Notes* (1812, 2d ed. 1841) was the first book to specifically relate American case law to the civil law.

David Hoffman (1784-1854) was interested in legal education. In 1814, he was appointed a law professor at the University of Maryland, where he published *A Course of Legal Studies* (1817, 2d ed. 1836). Hoffman had studied at the University of Göttingen and believed that a thorough knowledge of Roman and civil law should be a significant part of the training of any American lawyer. He taught regularly at Maryland from 1822 until 1833 and instructors used his *Course* at Harvard and Columbia.

Another important comparatist was Luther Cushing (1803-1856). He taught Roman law at Harvard, which led to *An Introduction to the Study of the Roman Law* (1854), and translated or edited civilian law books by Jean Domat, Robert Pothier, Carl Mittermaier (1787-1867), and Friedrich von Savigny (1779-1861). Like Story, he served on the editorial board of Mittermaier's *Kritische Zeitschrift*. His *Introduction* dealt with the philosophy and sources of Roman law rather than substantive rules, emphasizing the practical utility of its study. Cushing argued that many American legal rules and institutions derived from Roman law and, in addition, several American jurisdictions such as Louisiana, Florida, Texas, and California had civilian systems.

F. David Field and His Codes

To this list of influential comparatists, David Clark adds David Dudley Field (1805-1894).[14] Field, a successful New York lawyer, is best known as a law reformer who advocated codification of both procedural and substantive law to replace the chaotic common law. Field's greatest success came as the pivotal member of the New York commission that submitted its draft Code of Civil Procedure to the legislature in 1848. Enacted in 1849 with amendments, the Code in one of its versions by 1873 was adopted by more than half the American states and territories. It was revolutionary since it abolished the English feudal writ and bill system of pleading and replaced it with a single civil action guided by "code" pleading. It also merged law and equity, a distinction that caused great confusion and delay.

---

[13] *Lieber*, Legal and Political Hermeneutics, or Principles of Interpretation and Construction in Law and Politics (Boston: Charles Little & James Brown 1839).
[14] *Clark*, "The Civil Law Influence on David Dudley Field's Code of Civil Procedure," in: Mathias Reimann (ed.), The Reception of Continental Ideas in the Common Law World: 1820-1920 (Berlin: Duncker & Humblot 1993) 63-87.

The major source of Field's ideas about codification and the content of his civil procedure rules came from the 1825 Louisiana Code of Procedure. Edward Livingston (1764-1836), a New Yorker who moved to Louisiana in 1804, trained in the civil law of France and Spain, which influenced his successful Louisiana Practice Act of 1805. He, Louis Lislet (1762-1832), and Pierre Derbigny (1767-1829) drafted the Louisiana Code's *projet*, drawing from French, Spanish, and Roman law sources, common law tradition, and Livingston's 1805 Act. The cumulative impact of the civilian idea of codification, the numerous similarities in form and substance between the New York Code and the Louisiana Code or the French Code of Civil Procedure (1806), make it likely that Field directly or indirectly borrowed significant elements from civil law sources. Much of the French influence probably made its way to New York via Louisiana, making the later the cultural intermediary between civil law Europe and common law America.

IV. Comparative Law and Historical Jurisprudence: 1865-1904

A. Historical Jurisprudence

After the Civil War (1861-1865), natural law ceased to be a creative theory that could work hand in hand with comparative law by borrowing from civil law jurisdictions. In both Europe and the United States, jurists looked inward and reveled in the particular over the universal. In 1861 and 1871, Italy and Germany become modern nation states. Jurists, along with others, emphasized the uniqueness and virtue of their national culture, language, and law. The primary jurisprudential theories that replaced natural law were historical, searching for law in a people's spirit, or analytical, organizing legal rules and discovering principles in a scientific manner. Neither of these approaches seemingly left much room for valuing how other societies solved legal problems. Pound saw this period as a nadir in American comparative law activities.

More recently, Hoeflich and others have demonstrated that comparative law did not so much go into decline, rather its focus shifted. Instead of looking at the utility of adopting specific foreign rules or the codification form, post-bellum comparatists considered the prestige of modifying civilian university legal education and its legal science for American circumstances or using ideas from European and especially German legal philosophy to develop a comparative jurisprudence. Hoeflich considers Friedrich von Savigny the most influential civilian during this period, especially his ideas on historical jurisprudence.

Savigny wrote that one does not find the sources of law in logic or nature, but in the common life of a people. Good law arises from a nation's history and reflects its unique qualities. Sir Henry Maine (1822-1888) in England, who became the first reader in Roman law at the London Inns of Court in 1852 and, after some time in India, returned to teach at Oxford in 1869, supported this basis for an historical approach to Roman and civil law. His most influential book was *Ancient Law* (1861), a polemic for comparative law study and law reform.

Pound identified four judges from the latter 19th century that he considered most important in developing American law. Only one of these – Oliver Wendell Holmes,

Jr. – had the background to understand Roman and civil law, but given the philosophical tenor of the period, he more subtly incorporated civilian insights into his influential court decisions and writings. Holmes's famous book, *The Common Law* (1881), provided a systematic historical and philosophical critique of its subject, which served as the basis for much of American private law development in the 20th century. For 20 years as justice and then chief justice of the Massachusetts Supreme Judicial Court, Holmes applied his pragmatic jurisprudence to private law. He then served for 30 more years on the U.S. Supreme Court, where his influence on public law was equally important.

B.   Making Legal Education Scientific

This period saw the complete transformation of American legal education from a modified English apprenticeship approach, even at Harvard Law School where instruction relied primarily on lectures, memorization, and recitation, to a system embracing university law schools that adopted major elements related to the goals, method, structure, and ceremony of German legal education, the leading European model.[15] Harvard was the center of this transformation under the presidency of Charles Eliot (1834-1926) and the Law School's first dean, Christopher Langdell (1826-1906), who served from 1870 until 1895. Eliot, who had traveled for two years in Europe in the 1860s studying educational systems, was the more important. He actively initiated and supported reform throughout the university and presided over most Law School faculty meetings. He hired law professors who lacked a background of professional practice but could be full time teachers and scholars.

Langdell, with the help of Eliot's leadership, from 1870 to 1885 institutionalized five important changes: (1) an entrance examination; (2) a progressive three year curriculum, leading to an undergraduate bachelor of laws degree (LL.B.); (3) requisite annual examinations before students could proceed on to the next year's subjects; (4) support for a research function similar to that existing at German universities; and (5) an instructional method utilizing Socratic dialogue to discuss appellate court cases, justified as a scientific process to elaborate general, organic principles of the common law. Langdell contended that he was trying to put American law faculties on a level with universities in continental Europe. Professors and students should together work through questions and answers to discover common law principles, aided by classroom research manuals called casebooks. Langdell's theory of legal science and organic development was similar to that of Savigny.

As dean, Langdell recruited James Barr Ames (1846-1910) as an assistant professor in 1873. Ames was the new breed of academic lawyer, with limited practical experience,

---

[15] *David S. Clark*, "Tracing the Roots of American Legal Education – A Nineteenth Century German Connection," 51 Rabels Zeitschrift 313-33 (1987); reprinted in *Steve Sheppard* (ed.), 1 The History of Legal Education in the United States: Commentaries and Primary Sources 495-508 (Hackensack, NJ: Salem Press 1999).

that met Eliot's goal for teaching and scholarship. Ames had studied for over a year at German universities. He became a popular instructor, using Langdell's Socratic method, and produced many casebooks that were widely used in American law schools. Legal science promised a complete and orderly system of norms; it brought prestige to law as a science. The American Bar Association Committee on Legal Education and Admissions to the Bar accepted this model in 1879. Harvard Law School's influence on the rest of American legal education up through the 20th century is unequivocal. The discipline of comparative law could be built upon this foundation.

C. The First Academic Comparatists

An important American jurist to embrace comparative law full time as a scholar and teacher was William Hammond (1829-1894). After reading to become a New York lawyer, Hammond studied law at Heidelberg University. He was heavily influenced in his Roman and civil law work by Savigny's historical approach. From 1869 to 1881, he served as chancellor at the University of Iowa Law Department, where he taught civil law and comparative law. During this time, he pushed for a broad, philosophical, and scientific education, including knowledge of Roman law, of the type he had witnessed in Heidelberg, appropriate for a university law school. He published an edition of Justinian's *Institutes*, which included a comparative survey of civil and common law classification systems, and his own edition of Lieber's *Legal and Political Hermeneutics*. In 1881, he became dean of Washington University (at Saint Louis) Law Department, where he continued to advocate for a more scientific legal education and write on civil law, comparative law, and legal history. In 1890, he published his own edition of Blackstone's *Commentaries*. During the last quarter of the 19th century, Roman and civil law gained support in university study, but were at the same time of less practical import to modern lawyers. Hammond saw the historical approach as intimately connected to comparative law. Together they clarified one's understanding of the common law while serving as a basis for reform. John Pomeroy (1828-1885), a prolific treatise writer and law professor from 1878 to 1885 at Hastings Law College (at San Francisco), took a similar view.

Perhaps the institution that best supported comparative law at the end of the 19th century and beginning of the 20th century was Yale College and Law School. James Hadley (1821-1872) taught Roman law at Yale College for many years. His lectures were first published after his death in 1873 and their popularity led to reprinting well into the 20th century. The crucial figure, however, was Simeon Baldwin (1840-1927). John Langbein describes this Yale Law School professor, appointed in 1869, and sometime treasurer and major benefactor, as the person who carried the law school into the 20th century.[16] Although Baldwin wrote about public international law and taught private international law using civilian sources, he was not a comparatist in the

---

[16] *John H. Langbein*, "Law School in a University: Yale's Distinctive Path in the Later Nineteenth Century," in: Anthony T. Kronman (ed.), History of the Yale Law School: The Tercentennial Lectures (New Haven: Yale Univ. Press 2004) 53, 59-63.

scholarly sense. His principal contribution was to lend his prestige as one of America's leading jurists to the development of comparative law and its institutionalization as director of the Comparative Law Bureau from 1907 to 1919.

Instructors taught Roman, canon, and civil law at Yale Law School from the 1870s. Albert Wheeler taught Roman law from 1876 until his death in 1905; it was required for all doctor of civil law (D.C.L.) candidates. One of those doctoral students, Charles Sherman (1874-1960), who also studied in Rome and Paris, replaced Wheeler at Yale from 1905 until 1917. He taught three courses on Roman law and one on canon law. He used a comparative and historical approach that emphasized the relevance of Roman law not only for civilian countries, but also for Anglo-American law. Other professors lectured about the French codes and Savigny's views on obligations.

By the end of the 19th century, professors taught Roman law in several law schools over a wide area of the United States. Munroe Smith (1854-1926), a comparatist at Columbia University, expressed a common view at that time about the role of Roman law in instructing future lawyers. Roman law was no longer of practical use, since courts had stopped citing it (with the exception of cases involving private international law). Furthermore, it was not necessary in teaching the process of legal reform, since a course on English or American legal history could do as well. However, Roman law was central to teaching law as a science, which required a method, and that method should be the one used by comparative law.

To judge the type of articles written about Roman and civil law during this period, Hoeflich surveyed the leading law journal, the *Harvard Law Review*, which began publication in 1887.[17] Most of the articles up to 1904 were historical in treating their subjects, and their authors were academics interested in gaining a comparative perspective on modern common law issues. Prominent young comparatists who wrote during this 17 year period included Samuel Williston (1861-1963), who authored three articles on contracts, Ernst Freund (1864-1932), who described the new German civil code, and John Wigmore (1863-1943), who published a comprehensive comparative survey on the pledge in three articles. William Howe (1833-1909), a Louisiana Supreme Court justice who in 1894 had delivered the Storrs Lectures at Yale, wrote about the development of civil law in America.

In summing up the role served by Roman and civil law in American legal thought during the 19th century, Hoeflich found that they gave common lawyers a comparative benchmark by which to analyze their own solutions to problems affecting law and legal institutions. Teachers like Hammond saw the comparative method as a tool for teaching jurisprudence and training law students to be problem solvers. More particularly, they provided models of systematic legal structure, such as codification or those found in treatises, by which one could organize common law rules. Scientific university legal education was another example. Furthermore, Roman and civil law, in contrast to the medieval flavor of the common law, appeared to have conceptual and

---

[17] *Hoeflich* (fn. 8) 132-44.

linguistic precision. Scholars such as Lieber attempted to redefine civilian terms and introduce them into the common law. In Latin, they seemed appropriate for university law study and superior to the casuistic nature of law office training. Finally, Roman and civil law, requiring some knowledge of a foreign language, bestowed intellectual prestige on common lawyers.

V. Conclusion

The origins of American comparative law activities date from the formative era of the United States. Natural law thinking predominated during this intense period of debate after 1776 about the ideal in law and legal institutions. Comparison acted as a filter for the importation of rules and structures meant to serve an emerging nation in the new world. This process continued during the post Civil War period after 1865, but under the influence of historical and analytical jurisprudence. Instead of looking at the utility of codifying areas of the law or adopting specific foreign rules, comparatists favored the prestige of modifying civilian university legal education and its legal science for American circumstances or using ideas from European legal philosophy to develop a comparative jurisprudence.

The first 125 years of United States history saw some exportation of American laws and legal institutions, primarily to the newly independent Latin American nations in the 1820s. These included concepts from the Constitution of 1789, the 1791 Bill of Rights, and public law structures such as federalism, a presidential executive, and judicial review of legislative and executive action. American comparatists did not pay much attention to this process of outbound law, but concerned themselves with comparison to promote the importation of rules and structures serving a new nation.

In the 20th century, sustained scholarly comparative law activity, together with organized networks of communication, began along with the successful effort to establish scientific teaching and research at mostly university law schools. The Comparative Law Bureau, part of the American Bar Association, was founded in 1907. The Bureau published an *Annual Bulletin*[18] for many years and supported a series of books reflecting and supporting comparative law activities. In the 1920s, comparative law figures were closely involved with the establishment of the American Law Institute in 1923 and Bureau members decided in 1925 also to organize a new entity in New York City, the American Foreign Law Association, to further their comparative law interests through publications and meetings. United States jurists through the 1930s, furthermore, were active in the Bureau's successor entity, the Section of International and Comparative Law, and in international comparative law organizations and conferences.

After World War II, leading comparatists incorporated the American Association for the Comparative Study of Law (today the American Society of Comparative Law),

---

[18] 1-7 Annual Bulletin of the Comparative Law Bureau of the American Bar Association (1908-1914, 1933).

which in 1952 began publishing the *American Journal of Comparative Law*.[19] Several of these founders were immigrants who had fled Nazi Europe in the 1930s, which helped initially to set the scholarly agenda. These professors created the organizational framework that would permit comparative law securely to establish itself in American legal education. The *Journal* today has the largest worldwide circulation of any comparative law publication and American comparatist representation in international conferences is strong if not dominant. Exportation of legal rules and structures is a major activity that occupies scholars, lawyers, and government officials.

This transmission of legal ideas in the United States has been a two way street, where importation was facilitated by lawyers who were familiar with more than one legal system. In general, when transmission is voluntary, and not coerced through colonization or war, it is motivated by the superior prestige of the exporting system, such as Roman law, French law, or Swiss law, or the obvious usefulness of the legal rule, such as comparative negligence, or of the institution, such as the ombudsman. The larger the number of jurists knowledgeable in multiple legal systems, that is, comparatists, the more sophisticated this transmission may be.

As Turkish comparative lawyers face the 21st century, with its challenge of meeting the concerns of the European Union and its member states, they will need to work through many of the same kinds of legal issues that confronted American comparatists. The core tension is finding the appropriate balance between the people's deep seated values and traditions related to law and its institutions and the external forces of and expectations about law associated with full participation in the modern world. Tuğrul Ansay has accomplished much in this task and I celebrate his achievements.

---

[19] 1-53 American Journal of Comparative Law (1952-2005).

Der Europäische Vollstreckungstitel – Bestandsaufnahme und kritische Bewertung

Dagmar Coester-Waltjen*

I. Der Perspektivenwechsel

A. Europäische Vollstreckbarkeitsregelungen

Mit der ab 21.10.2005 in den Mitgliedstaaten der EU mit Ausnahme von Dänemark anwendbaren EuVTVO[1] findet – ähnlich wie bereits in einigen Regelungen der Verordnung Brüssel II a, auf die hier nicht näher einzugehen ist, – ein grundsätzlicher Perspektivenwechsel im europäischen Zivilverfahrensrecht statt: Der Grundsatz der vollständigen Gleichwertigkeit und Gleichstellung der Zivilverfahren in allen Mitgliedstaaten wird für den Bereich bestimmter Titel konsequent durchgeführt und damit das Binnenmarktkonzept auch auf das Zivilverfahrensrecht ausgedehnt. Hierin liegen Chancen, aber auch Gefahren. Auch für Drittstaaten-Gerichte und -Bewohner sind diese neuen Regelungen von Interesse.

Die EuVTVO schafft nicht, wie ihre Bezeichnung vermuten lässt, einen europäischen Titel oder ein spezielles europäisches Verfahren. Vielmehr sieht sie nur für bestimmte nationale Titel eine automatische europaweite Vollstreckbarkeit vor, wenn bestimmte Voraussetzungen erfüllt sind. Dies muss durch eine sog. Bestätigung als europäischer Vollstreckungstitel von dem Gericht des Ursprungsstaats des Titels bescheinigt werden. Mit dieser Bestätigung steht der entsprechende Titel in jedem anderen Mitgliedstaat einem dort erlangten vollstreckbaren Titel gleich. Die Vollstreckbarkeit im Ursprungsstaat wird also in die anderen Mitgliedstaaten erstreckt. An sich entgegenstehende Souveränitätsüberlegungen sind innerhalb der EU kein Hindernis.

B. Mindeststandardvoraussetzungen

Zu den Voraussetzungen einer europaweiten Vollstreckbarkeit gehört u.a. zum einen die Einhaltung bestimmter Regeln der internationalen Zuständigkeit der EuGVVO bzw. die Beachtung eines besonderen in der EuVTVO umschriebenen Verbrauchergerichtsstands.[2] Zusätzlich aber – und das ist wiederum etwas Neues – verplichtet

---

* Prof. Dr. *Dagmar Coester-Waltjen*, LL.M. (Univ. of Michigan), Institut für Internationales Recht -Rechtsvergleichung-, Ludwig-Maximilians-Universität München.
[1] VO EG 805/2004, ABl L 143/15 vom 30.4.2004.
[2] Dazu R. *Wagner*, IPRax 2005, 189, 193.

die EuVTVO die Gerichte der Mitgliedstaaten, die Bestätigung als europäischer Vollstreckungstitel nur auszustellen, wenn bei der Zustellung des verfahrenseinleitenden oder diesen gleichwertigen Schriftstücks sowie in den Belehrungen für den Empfänger bestimmte Mindestanforderungen erfüllt sind. Die EuVTVO schreibt nicht eine Einführung dieser Zustellungs- und Belehrungsregelungen vor. Sie stellt dies vielmehr den Mitgliedstaaten frei.[3] Wenn der Titel eines Mitgliedstaatengerichts aber als europäischer Vollstreckungstitel bestätigt wird, dann müssen diese Mindeststandards eingehalten worden sein.

Die europäische Rechtsvereinheitlichung findet also – anders als durch die VO Brüssel I, II, II a, die Zustellungs- und die BeweisaufnahmeVO – nicht direkt durch gemeinschaftsrechtliche Vorschriften statt. Es wird auch kein direkter Druck zur Umsetzung der Standards durch die EU erzeugt, wie beispielsweise beim Erlass von Richtlinien. Vielmehr hat der europäische Gesetzgeber hier ein Anreizsystem geschaffen, das die Mitgliedstaaten indirekt veranlassen soll, entsprechende Regelungen einzuführen.[4]

C. Abschaffung des *ordre public*-Vorbehalts

Die dritte Neuerung ist schließlich, dass die EuVTVO dem Vollstreckungsstaat grundsätzlich verbietet, einem europäischen Vollstreckungstitel aufgrund von Einwendungen gegen den Titel selbst die Vollstreckung zu versagen. Dies gilt auch für die Einwendung, der Titel – sowie er zustande gekommen sei – verstoße gegen den materiellrechtlichen oder verfahrensrechtlichen *ordre public*.[5] Wäre die französische Entscheidung, die dem EuGH-Fall *Krombach/Bamberski*[6] zugrunde lag, als europäischer Vollstreckungstitel ergangen, so hätte die Vollstreckung in Deutschland erfolgen müssen. Für eine Vorlage an den EuGH würde es bereits an einem zulässigen, notwendigerweise vorangehenden Rechtsbehelf an die deutschen Gerichte fehlen.

Die Mitgliedstaaten dürfen also nicht – auch wenn sie dies ebenso für die innerhalb ihrer Rechtsordnung vorgesehenen Titel ermöglichen wollen – einen Rechtsbehelf gegen eine als europäischer Vollstreckungstitel bestätigte Entscheidung schaffen, der die Überprüfung der Richtigkeit der Entscheidung im Rahmen des Vollstreckungsverfahrens erlaubt. Insofern tritt das europarechtliche Gleichstellungsgebot inländischer und sog. europäischer Vollstreckungstitel hinter das mit der EuVTVO vorgegebene Überprüfungsverbot zurück.

Nur eine einzige Einwendung gegen den Titel selbst kann im Vollstreckungsverfahren geltend gemacht werden, nämlich dass bereits eine frühere im Vollstreckungsstaat

---

[3] *R. Wagner*, IPRax 2005, 189, 196; *Rauscher*, Der europäische Vollstreckungstitel über unbestrittene Forderungen, 2004, Rn. 5 ff.
[4] *Coester-Waltjen*, in: Festschrift Beys 2003, 183, 187.
[5] Kritisch: *Rauscher*, Europäischer Vollstreckungstitel, Rn. 7; *Kohler*, in: *Reichelt/Rechberg (Hrsg.)*, Europäisches Kollisionsrecht, 2004, 72, 75; *Stadler*, IPRax 2004, 2, 5.
[6] Rs. C 7/98 Slg. I 1935, IPRax 2000, 406.

ergangene oder anerkannte Entscheidung in der selben Sache vorliegt, die mit der als europäischer Vollstreckungstitel bestätigten Entscheidung unvereinbar ist, und diese Unvereinbarkeit im Ursprungsstaat nicht geltend gemacht werden konnte und auch nicht geltend gemacht wurde (Art. 21).

Diese Bemerkungen mögen zunächst genügen, um die Bedeutung der EuVTVO zu kennzeichnen. Im Folgenden möchte ich mich nunmehr den Regelungen und Problemen im Einzelnen zuwenden.

II. Anwendungsbereich

A. Art der Titel

Die EuVTVO findet Anwendung auf vollstreckbare Titel, die einen Anspruch auf eine fällige Geldzahlung zum Gegenstand haben (Art. 3, Art. 4 Nr. 2). Dabei muss sich dieser Anspruch aus einer Zivil- und Handelssache ergeben. Bestimmte Forderungen – nämlich Steuer- und Zollsachen, verwaltungsrechtliche Angelegenheiten und die Haftung des Staates für *acta jure imperii* (Art. 2 I) sind ausgenommen. Auch gewisse Bereiche, nämlich Personenstands-, eheliches Güter-, Erbrecht sowie Konkurse und Vergleiche, sozialrechtliche Fragen und die Schiedsgerichtsbarkeit fallen insgesamt nicht in den Anwendungsbereich, so dass beispielsweise ein Kostenfestsetzungsbeschluss in einer Ehesache nicht als europäischer Vollstreckungstitel bestätigt werden kann. Der sachliche Anwendungsbereich ist damit gleicherweise wie in der VO Brüssel I gezogen, die Begriffe dürften auch hier euro-autonom auszulegen sein.

Zeitlich erfasst sind Titel, die nach dem 21.1.2005 – dem grundsätzlichen Inkrafttreten der Verordnung – entstanden sind. Da die entscheidenden Vorschriften der Verordnung aber erst ab 21.10.2005 anwendbar sind, können diese Titel erst ab 21.10.2005 als europäischer Vollstreckungstitel bestätigt werden.[7]

1. Gerichtliche und behördliche Entscheidung

Die Verordnung erfasst in erster Linie, aber nicht nur, gerichtliche Entscheidungen (Art. 4 Nr. 1). Dabei muss es sich nicht um eine richterliche Entscheidung handeln, Entscheidungen des Rechtspflegers oder Urkundsbeamten, des *greffier* fallen ebenfalls hierunter. Auch eine behördliche Entscheidung, nämlich die im schwedischen Mahnverfahren von dem Amt für Beitreibung ergehende Entscheidung, macht einen solchen Titel aus (Art. 4 Nr. 7). Voraussetzung ist demnach nicht, dass eine mündliche Verhandlung oder eine Prüfung in der Sache stattgefunden, dass es sich grundsätzlich um ein kontradiktorisches Verfahren gehandelt hat. Auch mit Gründen muss die Entscheidung nicht versehen sein. Dies wird verdeutlicht durch die beispielsweise Nennung von Zahlungsbefehl, Vollstreckungsbescheid, Kostenfestsetzungsbeschluss in Art. 4 Nr. 1. Erforderlich ist allein die Vollstreckbarkeit (worauf sogleich noch

---

[7] *R. Wagner*, NJW 2005, 1158.

näher zurückzukommen ist). Demnach ist beispielsweise ein Vollstreckungsbescheid des deutschen Rechts, wenn er die weiteren Voraussetzungen für einen europäischen Vollstreckungstitel erfüllt, in allen anderen Mitgliedstaaten, beispielsweise in Spanien oder Tschechien, automatisch und unmittelbar vollstreckbar. Umgekehrt ist ein griechischer Zahlungsbefehl oder ein französischer für vorläufig vollstreckbar erklärter Mahnbescheid (*l'ordonnance portant injunction de payer avec la formule exécutoire*) in Deutschland, Spanien etc. unmittelbar und automatisch vollstreckbar, wenn er als europäischer Vollstreckungstitel bestätigt worden ist.

2. Vollstreckbare Urkunden und gerichtliche Vergleiche

Der Kreis der von der EuVTVO erfassten Titel ist jedoch noch weiter gesteckt. Auch gerichtliche Vergleiche gehören hierher. Dabei muss der Vergleich – anders als nach Art. 58 EuGVVO (Brüssel I) – nicht einmal vor dem Gericht selbst ausgehandelt und geschlossen worden sein. Es reicht aus, wenn er vom Gericht formal, nicht unbedingt inhaltlich akzeptiert worden ist.[8]

Schließlich gehören hierher die nach dem Recht der einzelnen Mitgliedstaaten errichteten vollstreckbaren öffentlichen Urkunden, wie sie bereits im Rahmen des EuGVÜ/jetzt EuGVVO (Brüssel I) vom EuGH[9] definiert worden sind. Danach muss eine Beurkundung von einer Behörde oder einer Amtsperson vorgenommen worden sein, wobei sich diese Beurkundung auf den Inhalt, nicht nur auf die Unterschrift erstreckt haben muss. Nach deutschem Recht *beglaubigte* Urkunden rechnen daher nicht hierher, wohl aber die Urkunden i.S.v. § 794 Nr. 5 ZPO.

Auch der *titre exécutoire* eines französischen Gerichtsvollziehers (*huissier*) oder der von einem spanischen *corredor colegiado de comercio* gesiegelte Vertrag ist eine solche vollstreckbare öffentliche Urkunde.

Vollstreckbare *Privat*urkunden, die etwa im skandinavischen Rechtskreis vorgesehen sind, reichen hingegen nicht aus. Ausdrücklich rechnet die EuVTVO hierher auch die vor einer Verwaltungsbehörde wie beispielsweise dem deutschen Jugendamt geschlossene Unterhaltsvereinbarung oder die dort beurkundete Unterhaltsverpflichtung. Damit wird für den i.d.R. auf pünktliche Leistung angewiesenen Gläubiger, also den Unterhaltsberechtigten im transnationalen Verkehr eine entscheidende Erleichterung der Vollstreckung bewirkt (dies gilt wohl auch für auf staatliche Institutionen übergegangene Unterhaltsansprüche trotz der Rechtsprechung des EuGH zu Art. 5 Nr. 2 EuGVVO).[10]

Ob allerdings generell die Einbeziehung von vollstreckbaren öffentlichen Urkunden zu begrüßen ist, mag eher bezweifelt werden, denn die nach der EuVTVO notwendige Kombination von Vollstreckbarkeitsregelungen des Ursprungsstaates mit

---

[8] Vgl. Erwägungsgrund (5) und Art. 3 I in Gegensatz zum Wortlaut des Art. 58 EuGVVO.
[9] *Unibank/Christensen* Rs. C 260/97, Slg. 1999, 3715, IPRax 2000, 409.
[10] *Freistaat Bayern/Blijdenstein* Rs. C 433/01, IPRax 2004, 237.

den Vollstreckungsregelungen des Vollstreckungsstaates kann zu sehr problematischen Verwerfungen führen. Hierauf wird später zurückzukommen sein.

Dieser kurze Überblick über die Arten der Titel mag zunächst genügen. Von den nationalen Gerichten wird ohnehin nicht verlangt, dass sie die verschiedenen Arten der Titel der anderen Mitgliedstaaten unter die Begriffe der EuVTVO subsumieren, denn darüber stellt ja bereits das Ursprungsgericht eine Bestätigung aus. Der nationale Richter muss daher nur wissen, ob er die in seiner Rechtsordnung erstellten Titel als europäischen Vollstreckungstitel bestätigen darf.

B. Eigenschaften der Titel

Von den vorgenannten Titel sind jedoch nicht alle automatisch als europäischer Vollstreckungstitel geeignet.

1. Vollstreckbarkeit

Wichtig ist zunächst, dass der Titel vollstreckbar ist.[11] Auch vorläufige Vollstreckbarkeit reicht aus.

Ob ein Titel vollstreckbar ist, sagt allein das Recht des Ursprungsstaates. Dieses Recht entscheidet auch darüber, ob die Vollstreckbarkeit ausgesetzt oder beendet wird. Die Abwägungen, die ein nationale Gesetzgeber zwischen Schutz vor der Vollstreckung unrichtiger Entscheidungen und dem Schutz eines Gläubigers vor säumigen Schuldnern getroffen hat, wirken damit über die nationalen Grenzen hinaus.

2. Rechtskraft nicht erforderlich

Nicht erforderlich ist hingegen die Rechtskraft der Entscheidung. Der ursprüngliche Kommissionsvorschlag setzt zwar eine rechtskräftige Entscheidung voraus. Der Rechtskraftbegriff ist jedoch in den verschiedenen Mitgliedstaaten sehr unterschiedlich, so dass eine Einigung schwierig erschien.[12] Außerdem wollte man nicht hinter die Vollstreckbarkeitsvoraussetzungen der EuGVVO (Brüssel I) zurückfallen, die ebenfalls keine Rechtskraft der Entscheidungen fordert. Das bedeutet also, dass nach der Bestätigung als europäischer Vollstreckungstitel der Titel als solcher im Ursprungsstaat noch aufgehoben werden kann. In diesem Fall kann dann auf Antrag des Schuldners eine Bestätigung der Nichtvollstreckbarkeit ausgestellt werden (Art. 6 II).

3. Rechtsbehelfe

Ob und welche Rechtsbehelfe gegen einen Titel eingelegt werden können, bestimmt allein das Recht des Ursprungsstaates. Nur im Ursprungsstaat kann der Titel mit

---

[11] Art. 1 I lit. a, Art. 24 I, Art. 25 I.
[12] *R. Wagner*, IPRax 2005, 189, 193.

einem Rechtsbehelf angegriffen werden. Auf die Frage, ob dadurch die Vollstreckung in anderen Mitgliedstaaten ausgesetzt werden kann, werden wir später noch zu sprechen kommen; über sie entscheidet das Recht des Vollstreckungsstaates. Im Grundsatz lässt die Einlegung von Rechtsbehelfen im Ursprungsstaat die Vollstreckung in den anderen Mitgliedstaaten unberührt.

4. „Unbestrittene" Forderung

Schließlich ist besonders wichtig, dass es sich – jedenfalls grundsätzlich – um einen Titel über eine „unbestrittene" Forderung handeln muss (Art. 3 I S. 2). Dies ist unproblematisch bei Anerkenntnisurteilen; ebenso bei gerichtlichen Vergleichen und auch bei öffentlichen Urkunden, weil in diesen der Schuldner i.d.R. die Verpflichtung anerkennt. Als unbestritten gilt die Forderung aber auch bei Säumnis, selbst wenn der Schuldner zuvor die Forderung bestritten hat (Art. 3 I S. 2 lit. c). Ein nach einer vorangegangenen streitigen Verhandlung ergangenes Versäumnisurteil ist daher geeignet, als europäischer Vollstreckungstitel bestätigt zu werden. Ist das Versäumnisurteil als europäischer Vollstreckungstitel bestätigt worden, so beeinträchtigt ein Rechtsbehelf gegen die Entscheidung diese Eigenschaft nicht und hindert grundsätzlich auch nicht die EU-weite Vollstreckung aus dem Säumnisurteil. Das Gleiche gilt für einen Vollstreckungsbescheid des deutschen Rechts, gegen den nach Bestätigung als europäischer Vollstreckungstitel Einspruch eingelegt wird. Ich halte es sogar für möglich, die Verordnung dahin auszulegen, dass die Bestätigung als europäischer Vollstreckungstitel noch ergehen kann, nachdem der Einspruch eingelegt worden ist, denn das Säumnisurteil bzw. der Vollstreckungsbescheid bleibt eine Entscheidung über eine i.S.d. VO unbestrittene Forderung.[13]

Art. 3 II EuVTVO sieht sogar vor, dass selbst das streitige Urteil, das infolge eines Rechtsbehelfs gegen eine als europäischer Vollstreckungstitel bestätigte Entscheidung ergangen ist (hier kommt es auch meiner Meinung nach auf eine vorherige Bestätigung an), als „unstreitige" Entscheidung i.S.d. VO anzusehen und demgemäß wiederum als europäischer Vollstreckungstitel bestätigt werden kann. Der Gläubiger kann also beispielsweise nicht nur aus dem vorläufig vollstreckbaren Versäumnisurteil/Vollstreckungsbescheid europaweit vollstrecken, sondern auch aus dem späteren, auf Einspruch ergehenden streitigen Urteil. Diese Erweiterung hat einen erzieherischen Effekt: Die Vollstreckungsmöglichkeiten gegen einen Schuldner erweitern sich, wenn er sich absichtlich oder fahrlässig nicht sofort gegen eine aus seiner Sicht unbegründete Klage wehrt, also zunächst ein Versäumnisurteil oder einen Vollstreckungsbescheid gegen sich ergehen lässt. Dieser unbestrittene Titel kann nunmehr gegen ihn in allen Mitgliedstaaten der EU vollstreckt werden, auch wenn er noch nicht rechtskräftig ist. Nachlässigkeit lohnt sich also nicht. Zum Zweiten ist es nunmehr für den Schuldner auch uninteressant, ein letztlich erfolgloses Rechtsmittel gegen ein unstreitiges Urteil oder einen Vollstreckungsbescheid einzulegen, denn er kann weder

---

[13] Vgl. dazu Art. 6 II; a.A. *R. Wagner*, IPRax 2005, 189, 193; NJW 2005, 1157, 1158.

die Bestätigung des ursprünglichen Titels als europäischer Vollstreckungstitel verhindern noch das Vollstreckungsverfahren verzögern, und auch der neue Titel kann trotz seines nunmehrigen Bestreitens als europäischer Vollstreckungstitel bestätigt werden. Insofern entspricht die VO dem generell akzeptierten Ziel, Verzögerungen und taktisches Verhalten zur Vermeidung der Vollstreckung zu bekämpfen. Sie mag sich daher als ein effizientes Instrument für Gläubiger gegen ihre zahlungsfaulen und säumigen Schuldner erweisen. Besonders wichtig ist dies sicherlich in Unterhaltsverfahren.

Vom Verordnungsgeber sicherlich nicht gewollt, vom Wortlaut des Art. 3 II aber sehr wohl umfasst, ist auch eine streitige Entscheidung, die nach Einspruch des Säumigen zu seinen Gunsten ergeht, wie beispielsweise der die Klagabweisung begleitende Kostenfestsetzungsbeschluss zugunsten des angeblichen Schuldners. Auch ein solcher Titel ist nach dem Wortlaut jedenfalls europaweit vollstreckbar, obwohl dies sicherlich nichts mehr mit einer unstreitigen Forderung zu tun hat.

III. Die Bestätigung als europäischer Vollstreckungstitel

Die Bestätigung als europäischer Vollstreckungstitel erfolgt im Ursprungsstaat auf einen nicht fristgebundenen Antrag des Gläubigers (Art. 6). Die VO schreibt nicht vor, ob diese durch das Ursprungsgericht oder durch ein anderes eventuell höherrangiges Gericht erfolgen soll. Der Entwurf des deutschen Ausführungsgesetzes sieht eine Zuständigkeit der Gerichte, Behörden und Notare vor, denen die Erteilung einer vollstreckbaren Ausfertigung des Titels obliegt (§ 1079 E-ZPO).[14] Kritisiert wurde, dass damit der Kontrollmechanismus nur sehr reduziert eingreifen kann.[15]

A. Voraussetzungen

Diese Stelle hat zu prüfen, ob die Voraussetzungen für die Erteilung einer Bestätigung vorliegen, zum einen also, ob es sich um einen vorläufig vollstreckbaren Titel über eine unbestrittene Forderung i.S.d. VO handelt, zum anderen, ob die verfahrensrechtlichen Mindestvoraussetzungen eingehalten worden sind. Dazu gehören zunächst einige wenige Zuständigkeitsbeschränkungen.

1. Zuständigkeitsprüfung

So verlangt die VO, dass die zwingenden Zuständigkeitsregelungen von Art. 22 EuGVVO (Brüssel I) sowie die halbzwingenden Regelungen über die internationale Zuständigkeit in Versicherungssachen nach der EuGVVO eingehalten werden

---

[14] Dies sind nach § 724 ZPO die Urkundsbeamten des Gerichts des ersten Rechtszuges bzw. des Instanzgerichts, bei Urkunden nach § 797 ZPO die Urkundsbeamte des verwahrenden Gerichts, die verwahrende Behörde oder der bewahrende Notar.
[15] *Leible/Lehmann*, NotBZ 2004, 453, 460.

(Art. 6 I b). Dabei muss man wohl davon ausgehen, dass diese zwingenden bzw. halbzwingenden Gerichtsstände nur zu beachten sind, soweit die EuGVVO anwendbar ist, also beispielsweise nur, wenn der Beklagte in Versicherungssachen seinen Wohnsitz in einem Vertragsstaat hat.[16]

Bei einer gegen einen Verbraucher aus einem Verbrauchervertrag gerichteten Forderung hingegen verlangt die EuVTVO unabhängig von dem Anwendungsbereich der EuGVVO (Brüssel I) und auch unabhängig davon, ob es sich um einen Mitgliedstaater oder einen Drittstaater handelt, dass die Säumnisentscheidung im Wohnsitzstaat des Schuldners ergangen ist (Art. 6 I lit. d). In allen anderen Fällen hingegen ist die Frage der Zuständigkeit im Zusammenhang mit der Bestätigung nicht zu prüfen. Es kann sich also durchaus um eine Entscheidung handeln, in der das Gericht seine Zuständigkeit nach autonomem Recht, möglicherweise sogar aufgrund eines exorbitanten Gerichtsstandes angenommen hat. Auch eine zu Unrecht angenommene Zuständigkeit hindert die Erteilung der Bestätigung nicht, die Entscheidung ist ja deswegen nicht unwirksam.

2. *Mindeststandards bei Zustellung und Belehrung*

Als weitere Minimalvoraussetzungen zum Schutz des Schuldners sind Zustellungs- und Belehrungsregelungen einzuhalten (Art. 6 I lit. c). Im Hinblick auf die Zustellung sind die Standards jedoch nicht sehr hoch. Bestimmte Arten der Zustellung, beispielsweise die Postzustellung an die Adresse des Schuldners innerhalb eines Mitgliedstaates reicht aus, wobei nicht einmal der Beweis erforderlich ist, dass der Schuldner das zuzustellende Schriftstück tatsächlich erhalten hat (Art. 14). Die in Art. 14 vorgesehenen verschiedenen Möglichkeiten der Ersatzzustellung ohne unterzeichnete Empfangsbestätigung sind zulässig, ohne dass eine postalische Zustellung unmöglich oder auch nur erfolglos versucht worden sein muss. Fiktive Zustellungen hingegen – wie öffentliche Zustellung nach deutschem Recht (§§ 185 ff ZPO) oder die *remise au parquet* des französischen und belgischen Rechts, lässt die EuVTVO nicht genügen.[17] Bei grenzüberschreitenden Zustellungen finden die Vorschriften über die europäische Zustellungsverordnung Anwendung, aber auch sie stellen keine hohen Anforderungen daran, dass der Empfänger das Schriftstück, das ihm zugestellt worden ist, tatsächlich verstanden hat.[18] Hinzu kommt, dass im Falle der Nichteinhaltung dieser Standards unter gewissen Umständen eine Heilung eintreten kann. Insofern ist der Schutz der als Schuldner in Anspruch genommenen Person eher minimal. Allerdings werden diese Standards ergänzt durch das Erfordernis einer gerichtlichen Überprüfungsmöglichkeit, wenn die Zustellung nicht so rechtzeitig erfolgt war, dass der Schuldner sich angemessen verteidigen konnte oder wenn der

---

[16] Zu Art. 15 EuGVVO: *Brenner* und *Noller/Dean Witter Reynolds*, EuGH Rs. C 318/93, Slg. 1994 I 4275, IPRax 1995, 315; *Kropholler*, Europäisches Zivilprozessrecht, 7. Aufl. 2002, Art. 8 Rn. 2.
[17] *Stein*, IPRax 2004, 181, 188; *R. Wagner*, IPRax 2005, 189, 195.
[18] Art. 8 EuZustVO.

Schuldner gegen die Klage aufgrund von höherer Gewalt und von ihm nicht verursachter Umstände keine Einwände erheben konnte (Art. 19). Das deutsche Recht entspricht diesen Minimalstandards zum einen durch die Zustellungsregelungen in ausreichendem Maße, soweit nicht eine öffentliche Zustellung vorgenommen wird. Mit der Möglichkeit des Einspruchs gegen ein Versäumnisurteil (§§ 338 ff ZPO) und den Vorschriften über die Wiedereinsetzung in den vorherigen Stand (§§ 230 ff ZPO) sind weiteren Anforderungen der VO in dieser Hinsicht erfüllt.[19]

Wenn es sich um einen europäischen Vollstreckungstitel handeln soll, muss der Schuldner des Weiteren nicht nur über die notwendigen prozessualen Schritte in einer Rechtsbehelfsbelehrung aufgeklärt worden sein, er muss auch über die Kostenfolge und die Folge der Vollstreckbarkeit eines Versäumnisurteils belehrt werden. Es gibt jedoch keine Pflicht, die als Schuldner in Anspruch genommene Person darauf hinzuweisen, dass ein nicht streitiges Urteil i.S.d. VO als europäischer Vollstreckungstitel bestätigt werden kann und sodann europaweit vollstreckbar ist. Im Augenblick plant der deutsche Gesetzgeber, die Belehrungspflicht i.S.d. VO zu erweitern. Er plant hingegen nicht, dass auch auf die europaweite Vollstreckbarkeit hinzuweisen ist. Die VO lässt ihn insofern frei. Es wäre sicherlich unter Schuldnerschutzgesichtspunkten fair, auch einen solchen Hinweis vorzusehen. Generell besteht jedoch eine Abneigung dagegen, die Belehrungspflichten zu stark auszuweiten.

B. Ausstellung und Rechtsbehelfe

Die VO sagt nichts zum Verfahren der Bestätigung. Der deutsche Entwurf sieht vor, dass die Bestätigung ohne Anhörung des Schuldners auszustellen, ihm aber sodann von Amts wegen zuzustellen ist (§ 1080 E-ZPO).

Nach Art. 9 EuVTVO wird die Bescheinigung in der Sprache ausgestellt, in der die Entscheidung ergangen ist. Bei deutschen Gerichten also in deutscher, bei französischen Gerichten in französischer Sprache usw. Das Gleiche gilt für Vergleiche (Art. 24 III) und vollstreckbare öffentliche Urkunden (Art. 25 III).

Für die Bestätigungen sind jeweils Formblätter im Anhang der VO vorgesehen, die im Wesentlichen nur das Ankreuzen der entsprechenden Kästchen verlangen, z.B. „Die Zustellung erfolgte nach Art. 13 EuVTVO" – ein einfaches, aber sehr fehleranfälliges und daher problematisches Verfahren. Es ist zu hoffen, dass in allen Mitgliedstaaten der Ausstellung der Bestätigung eine sorgfältige Prüfung der Voraussetzungen vorangeht.

Gegen die Versagung der Bestätigung sind die Rechtsmittel möglich, die der entsprechende Mitgliedstaat vorsieht; im deutschen Recht werden dies voraussichtlich die gleichen Rechtsbehelfe wie bei der Versagung der Erteilung einer

---

[19] Eher zweifelnd: *Leible/Lehmann*, NotBZ 2004, 453, 459.

Vollstreckungsklausel sein, nämlich befristete Erinnerung[20] und sofortige Beschwerde,[21] auf die das Ausführungsgesetz[22] verweisen soll.

Gegen die Erteilung einer Bestätigung ist hingegen ein Rechtsmittel nicht gegeben (Art. 11 IV). Allerdings kann der Schuldner bei den Gerichten des Ursprungsstaates eine Berichtigung der Bestätigung fordern, wenn zwischen dem Titel selbst und der Bestätigung eine Diskrepanz besteht, wenn also beispielsweise im Urteil der Schuldner zu einer Zahlung von 10.000 € verurteilt worden ist, in der Bestätigung aber eine Verurteilung über 100.000 € bescheinigt wird (Art. 10 I lit. a). Der Schuldner kann auch eine Einziehung der Bestätigung fordern, wenn sie eindeutig zu Unrecht ergangen ist, weil die Minimalregelungen, die von der VO vorausgesetzt werden – beispielsweise bzgl. der Belehrung oder bzgl. der Zustellung – nicht eingehalten worden sind. So beispielsweise, wenn im deutschen Recht eine öffentliche Zustellung stattgefunden hat. Die Beantragung einer Berichtigung oder einer Einziehung wird jedoch nicht als ein Rechtsbehelf angesehen. Die Einzelheiten regelt das Recht des Ursprungsstaates (Art. 10 II). Der deutsche Entwurf sieht die Zuständigkeit des Gerichts vor, bei dem die Bestätigung ausgestellt worden ist[23] – eine durchaus problematische Prüfungsinstanz. Außerdem befristet der Entwurf die Antragsmöglichkeit des Schuldners auf einen Monat ab Zustellung der Bestätigung, bei Auslandszustellung auf zwei Monate.[24] Auch diese von der VO nicht verlangte Beschränkung der Schuldnerrechte ist auf Kritik gestoßen.[25]

IV. Wirkungen eines europäischen Vollstreckungstitels in den anderen Mitgliedstaaten

Der Titel zusammen mit der Bestätigung macht den europäischen Vollstreckungstitel aus, der in jedem Mitgliedstaat der EU anzuerkennen ist und die Wirkungen einer dort vollstreckbaren Entscheidung hat. Der Gläubiger muss dabei nur eine Transkription oder Übersetzung der Bestätigung in die Amtssprache des Vollstreckungsstaates vorlegen. Die Vorlage einer Übersetzung des Titels ist nicht erforderlich.

A. Gleichstellungsgebot und Überprüfungsverbot

Zum Ersten ist – wie bereits mehrfach betont – ein solcher Titel in allen Mitgliedstaaten in der Weise vollstreckbar wie ein einheimischer Vollstreckungstitel. Zweitens richtet sich das Vollstreckungsverfahren nach dem Recht des Vollstreckungsstaates

---

[20] §§ 573 I 3, 572 I ZPO.
[21] § 567 I ZPO.
[22] In § 1080 II E-ZPO.
[23] § 1081 I E-ZPO.
[24] § 1081 II E-ZPO.
[25] *Leible/Lehmann*, NotBZ 2004, 453, 460.

(Art. 20 I). Drittens kann im Vollstreckungsstaat weder der Titel noch die Bestätigung angegriffen oder überprüft werden (Art. 21 II). Eine Überprüfung des Titels käme im Übrigen häufig schon bereits aus sprachlichen Gründen nicht in Betracht. Nur die Gerichte des Ursprungstaates können den Titel – soweit ein Rechtsbehelf nach dem Recht des Ursprungstaates gegeben und rechtmäßig eingelegt worden ist – überprüfen und/oder die Bestätigung auf Berichtigungs- oder Einziehungsantrag hin verändern (Art. 10 II).

Ansonsten gibt es – wie bereits eingangs erwähnt – nur eine einzige Situation, in der die Gerichte des Vollstreckungsstaates die Vollstreckung eines europäischen Vollstreckungstitels ablehnen können. Dies ist der Fall, wenn es ein früheres Urteil in der gleichen Sache mit einem widersprechenden Inhalt gibt, das im Vollstreckungsstaat selbst erlassen oder dort anerkannt ist. Weitere Voraussetzung ist allerdings, dass die Nichtvereinbarkeit des als europäischer Vollstreckungstitel ergangenen Urteils mit der früheren Entscheidung nicht bereits im Ursprungsgericht hätte gelten gemacht werden können und auch nicht geltend gemacht wurde (Art. 21 I).

B. Auswirkungen von Rechtsbehelfen im Ursprungsstaat

Ist im Ursprungsstaat ein Antrag auf Berichtigung oder Einziehung der Bestätigung gestellt, so können nach Art. 23 auch die Gerichte im Vollstreckungsstaat die Vollstreckung begrenzen oder unter bestimmten Voraussetzungen aussetzen. Das Gleiche gilt, wenn im Ursprungstaat ein Rechtsbehelf gegen den Titel selbst eingelegt worden ist (Art. 23).

C. Vollstreckungsschutz

Abgesehen von den eben erwähnten Möglichkeiten der Aussetzung oder Begrenzung der Vollstreckung wegen des im Ursprungstaat gestellten Antrags oder eingelegten Rechtsbehelfs stehen dem Schuldner ansonsten nur die im Vollstreckungsstaat vorgesehenen Vollstreckungsschutzmaßnahmen zur Verfügung (Art. 20 I). Die im Vollstreckungsstaat vorgesehenen Vollstreckungsschutzmaßnahmen dürfen aber nicht zu einer Überprüfung der Urteilsgründe oder einer Überprüfung der Bestätigung führen. Der Schuldner kann beispielsweise einwenden, dass die Vollstreckung in bestimmte Gegenstände nach dem Recht des Vollstreckungsstaates nicht zulässig ist[26] oder dass das Vollstreckungsverfahren aus irgendeinem Grund nicht ordnungsgemäß abgelaufen ist.[27] Er kann aber nicht einwenden, dass er kein Geld schulde oder dass die Bestätigung nicht hätte ausgestellt werden dürfen.

Dem Schuldner stehen damit im deutschen Recht jedenfalls die Rechte nach §§ 766, 765 a, 775 ZPO zu. Ob er auch die Vollstreckungsabwehrklage des § 767 ZPO erheben

---

[26] Z.B. §§ 811, 811 c, 812, 850 ff ZPO.
[27] § 766 ZPO.

kann, ist hingegen zur Zeit sehr umstritten.[28] Die Vollstreckungsabwehrklage ist nach h.M. eine prozessuale Gestaltungsklage, die die Vollstreckbarkeit zeitweise, teilweise oder völlig, nicht aber den Titel selbst beseitigt.[29] Der Schuldner macht mit ihr geltend, dass Tatsachen nach Erlass des Vollstreckungstitels zu einem Erlöschen der Schuld geführt haben. Es wird also nicht behauptet, dass die ergangene Entscheidung zu Unrecht ergangen sei. Das Prinzip der *res judicata* wird nicht angezweifelt. Der Schuldner kann beispielsweise einwenden, dass die Forderung durch Erfüllung oder infolge eines Bedingungseintritts erloschen ist, dass ein Erlass oder ein Gläubigerwechsel stattgefunden hat, dass der entsprechende Betrag hinterlegt worden ist oder dass die Verpflichtung aufgrund der Ausübung eines Gestaltungsrechts nicht mehr durchgesetzt werden kann, wobei hier die Frage der Präklusion eine besondere Rolle spielt, auf die nicht näher eingegangen werden soll.

Der deutsche Entwurf zur Implementierung der mit der VO zusammenhängenden Regelungen sieht vor, dass diese Vollstreckungsabwehrklage auch gegen einen europäischen Vollstreckungstitel zulässig sein soll. In der Literatur ist dies – ich meine allerdings zu Unrecht – angegriffen worden. Zum einen geht es hier nur um die nach Urteilserlass eingetretenen Umstände. Zum anderen muss dem Schuldner ein Rechtsbehelf bei veränderten Umständen auch im Vollstreckungsstaat zur Verfügung stehen, weil möglicherweise im Ursprungstaat keine Zuständigkeit für eine solche Klage gegen den vollstreckenden Gläubiger gegeben ist.

Das Problem bekommt sogar noch größere Bedeutung, soweit es um vollstreckbare Urkunden geht. Die VO sieht vor, dass der Schuldner, hat er einmal eine Zahlungsverpflichtung in einer solchen vollstreckbaren Urkunde ausdrücklich anerkannt, diese Verpflichtung nur im Ursprungstaat angreifen kann. In allen anderen Staaten, in denen die Urkunde vollstreckt wird, kann er sich weder auf Betrug von Seiten des Gläubigers noch auf den *ordre public* oder Fehler bei der Ausstellung der Urkunde oder der Bestätigung berufen.

Es muss ihm aber möglich sein, Einwände, die auf Umständen beruhen, welche nach Errichtung der vollstreckbaren Urkunde eingetreten sind, bei der Vollstreckung zu erheben.[30] Hier zeigt sich besonders deutlich die bereits anfangs kurz

---

[28] *Heß*, IPRax 2004, 493, 494; *Leible/Lehmann*, NotBZ 2004, 453, 461; kritisch bereits im Rahmen von §§ 12, 14 AVAG (zu EuGVVO, EuGVÜ) *Hub*, NJW 2001, 3145; *Nelle*, Anspruch, Titel und Vollstreckung im internationalen Rechtsverkehr, 2000, S. 443; *Münzberg*, in: Festschrift Geimer 2002, 745, 754; *Schlosser*, Europäisches Zivilprozessrecht, 2. Aufl. 2003, Art. 43 EuGVVO Rn. 14.
[29] BGH, NJW 1995, 3318; BGH, MDR 1985, 338; *Zöller/Herget*, ZPO, 25. Aufl. 2005, § 767, Rn. 1, 5.
[30] Das deutsche autonome Vollstreckungsrecht präkludiert den Schuldner bei einer vollstreckbaren Urkunde nicht einmal mit Einwänden, die vor Errichtung derselben hätten geltend gemacht werden können (§ 797 IV ZPO). Der deutsche Gesetzgeber sieht allerdings im Hinblick auf Art. 25 III, Art. 21 II den Ausschluss von Einwendungen gegen einen europäischen Vollstreckungstitel vor, wenn diese sich auf Gründe beziehen, die vor oder bei Errichtung der

angeschnittene Problematik möglicher Verwerfungen durch das letztlich unkoordinierte Zusammenspiel des Verfahrensrechts des Ursprungstaates mit den Vollstreckungsregelungen des Vollstreckungsstaates. Beispielsweise wird im deutschen Recht eine vollstreckbare öffentliche Urkunde sehr häufig und relativ unbekümmert errichtet, indem man sich im Zusammenhang mit einem Darlehensvertrag vor einem Notar der sofortigen Zwangsvollstreckung schon vor Auszahlung des Darlehens unterwirft. Dies ist verständlich vor dem Vollstreckungsschutz, den der Verpflichtete nach deutschem Recht erhält: Er kann in der Zwangsvollstreckung einwenden, dass er nichts schulde, beispielsweise die Darlehenssumme nicht erhalten habe. Er kann sich also gegen die Richtigkeit des Titels wenden, § 797 IV ZPO. Nicht einmal die Beweislast für die Gewährung des Darlehens, wohl allerdings die Prozessinitiative, geht zu seinen Lasten. Wird diese deutsche vollstreckbare Urkunde nun als europäischer Vollstreckungstitel bestätigt, so kann der Gläubiger in anderen Mitgliedstaaten ohne diese Einwendungsmöglichkeit des Schuldners vollstrecken, wenn man die Beschränkung in Art. 25 III, Art. 21 II ernst nimmt, wie es der deutsche Gesetzgeber unter Aufgabe einer Gleichbehandlung vom inländischen und ausländischen vollstreckbaren Urkunden vorsieht. Dies gilt selbst dann, wenn das Vollstreckungsrecht des Vollstreckungsstaates einen ähnlichen Schutz wie das deutsche Recht vorsehen würde. Möglicherweise aber ist der Vollstreckungsschutz im Vollstreckungsstaat ohnehin ganz anders gestaltet, die Errichtung vollstreckbarer öffentlicher Urkunden sehr viel eingeschränkter. Der angebliche Schuldner in unserem Beispielsfall könnte zwar in Deutschland eine Klage gegen den vollstreckenden Gläubiger erheben, beispielsweise auf Untersagung der Vollstreckung oder auf Feststellung, dass er nichts schulde. Diese Entscheidung ist i.S.d. EuVTVO jedoch keine "frühere Entscheidung", die die Vollstreckung in anderen Mitgliedstaaten hindern könnte. Insofern ist der einzige Schutz des angeblichen Schuldners die Rückforderung des aus der Vollstreckung Erlangten. Dass dies ein Fortschritt sein soll, wird man wohl bezweifeln müssen.

V. Würdigung

Die vorangegangene Darstellung soll bereits einige Probleme, die die EuVTVO verursacht, deutlich gemacht haben. Darüber hinaus sind eine Reihe weiterer Probleme denkbar, beispielsweise die Frage der subjektiven Rechtskraft der Titel, die Möglichkeiten und Wirkungen einer Abänderung von Titeln, die unterschiedlichen Einstellungen der Mitgliedstaaten zu Präklusionswirkungen. Auch hier muss ich es bei diesen Andeutungen belassen. Grundsätzlich wird man in den vereinfachten Vollstreckungsmöglichkeiten und der damit gegebenen "Freizügigkeit" gewisser Entscheidungen innerhalb der EU einen begrüßenswerten Ansatz sehen. Zweifelhaft erscheint jedoch, ob die Unterstellung der Gleichwertigkeit der Verfahren in allen Mitgliedstaaten und die automatische Gleichstellung aller Titel, der völlige Ausschluss eines *ordre public*-Vorbehalts und der sehr eingeschränkte Schuldnerschutz wirklich als Fortschritt bezeichnet werden können. Sicherlich bietet die VO für Betrüger ein gutes

---

Urkunde vorlagen. Damit wird die Gleichstellung von inländischen Urkunden mit den als europäischer Vollstreckungstitel vollstreckbaren Urkunden eingeschränkt.

Betätigungsfeld. Sicherlich stellt sie auch an den sorgfältig arbeitenden, seinen Mandanten gut beratenden Anwalt hohe Herausforderungen. Die Gerichte hingegen sind weitgehend hilflos den Machenschaften der Parteien und Anwälten im transnationalen Verkehr ausgesetzt. Es bleibt abzuwarten, wieweit sich die herkömmlichen Vollstreckungsbehelfe letztlich dann doch dazu umfunktionieren lassen, in ganz problematischen Fällen eine verdeckte *ordre public*-Prüfung vorzunehmen, oder ob man eine europäische *ordre public*-Kontrolle[31] und eventuell einen eigenen europäischen *ordre public*-Begriff[32] entwickeln muss, sollte und kann.

---

[31] Zur Problematik einer Kontrolle durch den EuGHMR; *R. Wagner*, IPRax 2005, 189, 2000.
[32] Dazu: *Basedow*, in: Festschrift Sonnenberger, 2004, 291.

Das Recht der Allgemeinen Geschäftsbedingungen im Spannungsfeld Zwischen Deutschem Recht und Europäischem Gemeinschaftsrecht

*Michael Coester**

I. Einleitung

Als die EG am 5.4.1993 die Richtlinie "RL 93/13/EWG über missbräuchliche Klauseln in Verbraucherverträgen" erließ, hatte das nationale deutsche Recht zu Allgemeinen Geschäftsbedingungen (AGB) bereits eine jahrzehntelange, eigenständige Entwicklung durchlaufen. Die Umsetzung der RL bereitete Schwierigkeiten, weil die Regelungsansätze des Gemeinschaftsrechts und des deutschen Rechts zwar teilweise, aber nicht vollständig übereinstimmten. Der deutsche Gesetzgeber entschied sich 1996 dafür, mit minimalen Änderungen des deutschen Rechts den abweichenden Anforderungen des EG-Rechts genüge zu tun. Damit waren aber nur die Grundstrukturen beider Rechtssysteme gleichgeschaltet – welchen weiteren Einfluss das EG-Recht auf die Interpretation und die Weiterentwicklung des AGB-Rechts hat oder haben sollte, blieb eine hoch umstrittene Frage. Inzwischen liegen erste Entscheidungen des EuGH vor, die das Verhältnis zwischen nationalem und europäischem AGB-Recht zum Thema haben – um mehr als tastende Versuche handelt es sich dabei aber noch nicht. Das Spannungsverhältnis zwischen nationalem und europäischem AGB-Recht ist dadurch nicht gelöst – die Auflösung der Friktionen wird wohl eine Daueraufgabe der Zukunft sein.

Um dies alles etwas näher darzulegen, werde ich im Folgenden zunächst die Entwicklung und den Grundansatz des deutschen AGB-Rechts skizzieren (II.), anschließend das Konzept der EG-RL von 1993 (III.), um dann auf die Probleme des Nebeneinander und der Integration beider Regelungsansätze einzugehen (IV.).

II. Das deutsche AGB-Recht

Schon vor dem Zweiten Weltkrieg gab es beachtliche monographische Versuche, das Problem der AGB zu analysieren und dogmatisch zu bewältigen.[1] In den ersten Jahrzehnten der Bundesrepublik Deutschland haben die Gerichte mangels einer

---

* Prof. Dr. M. Coester, Institut für Bürgerliches Recht und Zivilprozessrecht, Ludwig-Maximilians-Universität München.
[1] Vgl. *Großmann-Doerth,* Selbstgeschaffenes Recht der Wirtschaft und staatliches Recht (1933); *Raiser,* Allgemeine Geschäftsbedingungen (1935).

gesetzlichen Grundlage versucht, auf der Basis allgemeiner Vorschriften (insbesondere §§ 138 und 242 BGB) oder Rechtsgedanken (zum Beispiel des Monopolmissbrauchs) Kontrollansätze zu begründen und auszubauen.[2] In reicher Kasuistik bildeten sich Prinzipien und Strukturen heraus, die der BGH in einer Entscheidung von 1974 zusammenfasste.[3] Damit war der Grund gelegt für eine Konsolidierung, aber auch Weiterentwicklung durch den Gesetzgeber, der nach umfangreichen Vorarbeiten zum 1.4.1977 mit dem AGB-Gesetz erstmalig einen positivrechtlich gesicherten Boden für die gerichtliche AGB-Kontrolle bereit stellte. Die klare strukturelle Unterscheidung von Einbeziehungskontrolle, Inhaltskontrolle und Verfahrensfragen durch das AGBG prägt bis heute das geltende deutsche Recht. Auch auf der neuen gesetzlichen Grundlage bildete sich rasch wieder eine umfangreiche, konkretisierende und verfeinernde Rechtsprechung, deren rechtspolitische Einschätzung durchaus umstritten ist.[4] Im Rahmen der Schuldrechtsmodernisierung 2002 wurde schließlich das AGBG aufgelöst und in seinem materiellen Teil in das BGB integriert (§§ 305-310), während die verfahrensrechtlichen Regelungen in ein Sondergesetz eingestellt wurden (Unterlassungsklagengesetz, UKlaG). An der sachlichen Substanz des AGB-Rechts wurde dabei allerdings nicht viel geändert – lediglich in Einzelpunkten erfolgten Klarstellungen oder Anpassungen an das neue Schuldrecht.

In seiner rechtspolitischen Stoßrichtung versteht sich das deutsche AGB-Recht als Teilantwort auf ein übergreifendes Problem des Privatrechts: die Reaktion auf Funktionsstörungen des Vertragsmechanismus. Der Gesetzgeber des BGB war ursprünglich vom Menschenbild des informierten, selbstbestimmungsfähigen und selbstverantwortlichen Individuums (dem "Bürger") ausgegangen, der seine Rechtsbeziehungen zur Umwelt autonom in freiem Aushandlungsprozess regelt. Nicht der Staat, sondern die Bürger sind demnach primär für die Herstellung einer gerechten Ordnung verantwortlich (Prinzip der Privatautonomie). Dabei konnte davon ausgegangen werden, dass jede Vertragspartei nur so viel Zugeständnisse und Einbußen an eigenen Interessen akzeptiert, wie dem erhoffte Vorteile aus dem Geschäft gegenüberstehen, so dass am Ende ein ausgewogener Interessenausgleich zu erwarten ist. *Schmidt-Rimpler* hat hierfür später den Begriff der "vertraglichen Richtigkeitsgewähr" geprägt.[5] Folgerichtig konnte das staatliche Recht auf eine materielle Inhaltskontrolle (im Sinne einer Gerechtigkeitskontrolle) verzichten und brauchte nur äußerste Grenzen privatautonomer Gestaltungsfreiheit abzustecken. Darüber hinausgehende Detailregelungen einzelner Vertragstypen (Kauf, Werkvertrag etc.) verstehen sich grundsätzlich nur als Modell eines fairen Interessenausgleichs, das gilt, sofern die Vertragsparteien nichts anderes bestimmt haben ("dispositives Recht").

Die Verwendung von AGB birgt nun die Gefahr in sich, dass die einseitige Vorformulierung der Vertragsbedingungen dazu ausgenützt wird, an die Stelle des vom

---

[2] Teilweise in Anknüpfung an die Rechtsprechung schon des RG, RGZ 62, 266; 99, 109; 102, 397; 103, 83; 168, 329.
[3] BGHZ 63, 256.
[4] Vgl. Staudinger/Coester (2006) Einleitung zu §§ 307-309 § 9 Rn. 5, 6 mit weit. Nachw.
[5] AcP 147 (1941) 130 ff.; *ders.*, in: Festschrift Raiser (1974) 3 ff.

dispositiven Recht geschaffenen fairen Interessenausgleichs beider Seiten die einseitige Interessendurchsetzung nur einer Seite zu setzen – durch breitflächige Risikoverlagerung auf den Kunden oder Verunklarung der Rechtslage, die den Kunden von sachgerechter Interessenwahrung abhält.[6] Eine effektive "Gegenwehr" des Kunden gegen solche Bedingungen findet situationsbedingt in der Regel nicht statt. Diese Usurpation der Vertragsautonomie, die konzeptionell beiden Vertragsparteien gemeinsam zugewiesen ist, nur durch eine Seite entzieht der die Kontrollfreiheit von Verträgen legitimierenden "materialen Richtigkeitsgewähr" die Grundlage. Das deutsche AGB-Recht ist zugeschnitten auf die spezifische Ungleichgewichtslage, die sich durch Oktroyierung vorformulierter Vertragsbedingungen ergibt – prinzipiell ohne Ansehung des sonstigen Verhältnisses der Parteien. Insbesondere hat man davon abgesehen, das AGB-Recht als Teilaspekt des Verbraucherschutzrechts zu begreifen: Nicht das personenbezogene Ungleichgewicht zwischen dem professionell Gewerbetreibenden und dem unerfahrenen Konsumenten bildet die Legitimationsgrundlage des AGB-Rechts, sondern der situationsbezogene Wegfall des vertraglichen Aushandlungsmechanismus. Konsequenterweise werden auch Kaufleute vom AGB-Recht geschützt, wenn sie als Kunden mit AGB der Gegenseite konfrontiert werden (§ 310 Abs. 1 BGB).

Die *inhaltliche* Konzeption des AGB-Schutzes kann hier nur grob skizziert werden: Das Gesetz definiert, wann "AGB" vorliegen (§ 305 Abs. 1 BGB); es stellt dann schon für die Einbeziehung der AGB in den Vertrag strenge Regeln auf (§§ 305 Abs. 2, 3; 305a; 305b; 305c BGB) und unterwirft schließlich die einbezogenen Klauseln einer inhaltlichen Gültigkeitskontrolle am Maßstab einer "unangemessenen Benachteiligung" (§ 307-309 BGB).

III. Die EG-Richtlinie 93/13 EWG

Die EG-Richtlinie von 1993 ähnelt in zentralen Punkten dem deutschen AGB-Recht (Definition der AGB; Strukturen der Inhaltskontrolle; Verbandsklage), ist aber konzeptionell auf Verträge zwischen Gewerbetreibendem und Verbraucher ("Verbraucherverträge") beschränkt (Art. 1, 2 RL). Situative Unterlegenheit des AGB-Kunden und persönliche Unterlegenheit des Verbrauchers gegenüber einem Unternehmer werden also nicht unterschieden. Aber auch wo die Richtlinie ähnliche Regeln wie das deutsche Recht enthält, sind doch die Begriffe anders: So spricht die Richtlinie von "missbräuchlichen Vertragsklauseln", das heißt solchen, die ein "erhebliches und ungerechtfertigtes Missverhältnis" der gegenseitigen Rechte und Pflichten verursachen (Art. 3 Abs. 1 RL), während der Zentralbegriff des deutschen AGB-Rechts die "unangemessene Benachteiligung" ist (§ 307 Abs. 1 S. 1 BGB). Deutlicher als im deutschen AGB-Gesetz von 1977 wird das Postulat inhaltlicher und formeller Klarheit der AGB-Klauseln normiert ("Transparenzgebot", Art. 4 Abs. 2, Art. 5 RL). Auch die Richtlinie zählt enumerativ konkrete Beispiele missbräuchlicher Klauseln

---

[6] Vgl. die Entwurfsbegründung zum AGB-Gesetz BT-Drucks. 7/3919 S. 9.

auf, aber – anders als das deutsche Recht in §§ 308, 309 BGB – nur in einem Anhang ohne unmittelbare normative Kraft.[7]

IV. Die Einwirkung des EG-Rechts auf das deutsche AGB-Recht

A. Die Richtlinienwirkung im Allgemeinen

1. Unmittelbare Umsetzung

Eine Richtlinie der EG verpflichtet die Mitgliedsstaaten, binnen einer bestimmten Frist ihr nationales Recht in Einklang mit dem Inhalt der Richtlinie zu bringen. Der deutsche Gesetzgeber hat sich auf den Standpunkt gestellt, dass das damalige AGB-Gesetz schon im Wesentlichen die Richtlinienanforderungen erfüllt, und hat sich darauf beschränkt, geringe Abweichungen in einer Sonderbestimmung für Verbraucherverträge zu normieren (Art. 24a AGBG = jetzt § 310 Abs. 3 BGB), denn nur für diese will die Richtlinie gelten.[8] Damit ist die Struktur des deutschen AGB-Rechts vielschichtiger geworden: Für "Normalbürger" gilt es in seiner Grundform; für Unternehmer gelten seit jeher gelockerte Regeln (§ 310 Abs. 1 BGB); für Verbraucherverträge gelten wiederum Modifizierungen, und zwar die von der EG-Richtlinie erzwungenen (§ 310 Abs. 3 BGB).

2. Fortdauernder Vorrang der Richtlinie

Nach der Lehre vom **"Vorrang des Gemeinschaftsrechts"** bleibt dieses auch gegenüber nationalen Umsetzungsgesetzen die letztmaßgebliche Rechtsquelle[9] und beansprucht darüber hinaus Vorrang auch gegenüber dem sonstigen, thematisch einschlägigen nationalen Recht.[10] Zur Sicherung dieses Vorrangs stehen vor allem zwei methodische Alternativen zur Verfügung:[11] die **richtlinienkonforme Auslegung** und die **Vorlage** einer Auslegungsfrage **an den EuGH** in Luxemburg.

Die Pflicht der nationalen Gerichte zur **richtlinienkonformen Auslegung** ist inzwischen sowohl vom EuGH wie von den deutschen Gerichten anerkannt, sie besteht ohne weiteres auch bezüglich der Richtlinie 93/13 EWG. Sie bezieht sich nicht nur auf die Vorschriften, die in Umsetzung der Richtlinie erlassen worden sind, sondern auf

---

[7] Dazu EuGH vom 7.5.2002, EuZW 2002, 465; vom 1.4.2004, ZIP 2004, 1053 ff.
[8] Eine weitere Änderung betraf das IPR, § 12 AGBG = jetzt Art. 29a EGBGB. Im Rahmen der Schuldrechtsreform 2002 erfolgte noch eine Nachbesserung insoweit, als auch das Transparenzgebot entsprechend der Richtlinie in den Gesetzestext aufgenommen wurde, § 307 Abs. 1 S. 2, Abs. 3 S. 2 BGB.
[9] EuGH NJW 1984, 2021.
[10] EuGH Slg 1990, 4135, 4159.
[11] Weitere Möglichkeit bei *MünchKomm/Basedow,* vor § 305 Rn. 39 ff.

das gesamte, thematisch einschlägige nationale Recht.[12] Voraussetzung einer richtlinienkonformen Auslegung ist zum einen, dass das deutsche Recht Auslegungsspielräume eröffnet, die zugunsten der Richtlinie genutzt werden können. Angesichts der Vielzahl unbestimmter Rechtsbegriffe, mit denen das deutsche AGB-Recht arbeitet, bereitet dies in der Regel keine Schwierigkeiten. Zum anderen muss aber auch Gewissheit darüber bestehen, was die Richtlinie in concreto gebietet. Da der Richtlinientext noch unbestimmter ist als das deutsche Gesetz, kommt der richtlinienkonformen Auslegung im AGB-Recht deshalb derzeit noch keine große Bedeutung zu.

Um so wichtiger könnte gerade deshalb aber das **Vorlageverfahren an den EuGH** werden, mit dessen Hilfe mehr Klarheit über die Gebote der Richtlinie gewonnen werden könnte. Jedes deutsche Gericht *kann*, das letztinstanzliche Gericht *muss* den Rechtsstreit grundsätzlich immer dann aussetzen und dem EuGH zur Vorabentscheidung vorlegen, wenn die Auslegung der EG-Richtlinie im konkreten Fall entscheidungserheblich ist (Art. 234 EGV). Die Vorlagepflicht fällt nur dann, wenn die Auslegungsfrage bereits vom EuGH entschieden worden ist oder die Antwort "derart offenkundig ist, dass für einen vernünftigen Zweifel kein Raum bleibt."[13] Die Vorabentscheidung durch den EuGH sichert die einheitliche Interpretation und Anwendung des Gemeinschaftsrechts durch die Organe der Mitgliedsstaaten. Für die Auslegung und richterliche Fortentwicklung des Gemeinschaftsrechts steht dem EuGH ein Monopol zu; das Vorabentscheidungsverfahren ist ein Mittel zur Kommunikation zwischen nationalen Gerichten und EuGH, um diesem Monopol von vornherein zur Wirksamkeit zu verhelfen. Die Thematik des Vorabentscheidungsverfahrens ist nach Art. 234 EGV allerdings auf die Auslegung des Gemeinschaftsrechts beschränkt, *nicht* der Beurteilung durch den EuGH unterliegen (1) die Anwendung der gemeinschaftsrechtlichen Maßstäbe auf den konkreten Ausgangsfall und (2) die Auslegung nationalen Rechts.

Konsequenterweise stellt sich die Vorabentscheidung des EuGH als abstrakte Rechtsauskunft über den Inhalt des EG-Rechts dar; diese ist vom nationalen Gericht bei der Fortsetzung des ausgesetzten Ausgangsverfahrens zwingend zugrunde zu legen.

B. Besondere Probleme im AGB-Recht

1. Reichweite richtlinienkonformer Auslegung

Wie bereits erwähnt, gibt es mehrere Varianten des deutschen AGB-Rechts: solches für Normalbürger, Unternehmer und Verbraucher. Nur für letztere gilt die Richtlinie, und auch nur insoweit ist richtlinienkonforme Auslegung geboten. Nun kann allerdings dieselbe Rechtsfrage einmal in einem Verbrauchervertrag, ein andermal in einem Vertrag zwischen anderen Personen auftauchen – etwa die Frage nach der Angemessenheit einer Vertragslaufzeit oder nach der Transparenz von Klauseln über

---

[12] Grundlegend *Brechmann,* Die richtlinienkonforme Auslegung (1994).
[13] EuGH Slg 1982, 3415 ff. (sogenannte "acte-clair-doctrine").

Nebenleistungspflichten des Kunden. Legt man Begriffe des deutschen Rechts in einem Fall richtlinienkonform, im anderen Fall autonom nach deutschen Maßstäben aus, so könnte sich ergeben, dass derselbe Begriff unterschiedliche Bedeutung hätte – je nach dem Vertragszusammenhang, in dem er sich stellt. Damit wäre aber die innere Einheit des deutschen Rechts gefährdet. Um diese zu retten, wird deshalb empfohlen, das AGB-Recht richtlinienkonform auch außerhalb des Geltungsbereichs der Richtlinie auszulegen.[14] Dies mag notwendig sein; man sollte sich nur darüber im klaren sein, dass die innere Einheit des nationalen Rechts so nur um den Preis eines Autonomieverzichts erreicht werden kann. Nachdem das EG-Recht partiell einige Themenbereiche an sich gezogen hat, ist Rechtseinheit also nur noch auf der Linie des Gemeinschaftsrechts herstellbar.

2. *Vorlagepflicht und Entscheidungskompetenz des EuGH*

a. Fragestellung

Bestand und Reichweite einer Vorlagepflicht an den EuGH sind im AGB-Recht besonders umstritten. Hintergrund ist der Umstand, dass niemals abstrakt beantwortet werden kann, ob eine AGB-Klausel den Kunden "unangemessen benachteiligt" (§ 307 Abs. 1 S. 1 BGB) oder ob sie – in der Sprache der Richtlinie – "ein erhebliches und ungerechtfertigtes Missverhältnis der vertraglichen Rechte und Pflichten der Vertragspartner verursacht" (Art. 3 Abs. 1 RL). Stets bedarf es eines Vergleichsmodells, man muss wissen, wie sich die Rechtslage ohne die Klausel dargestellt hätte, um die Abweichung feststellen und beurteilen zu können. Da es aber – so die Kritiker – (noch) kein gesamteuropäisches Privatrecht gebe, könne eine AGB-Klausel immer nur vor dem Hintergrund eines nationalen Privatrechts beurteilt werden. Letzteres entziehe sich aber der Beurteilungskompetenz des EuGH, der nur für das Gemeinschaftsrecht zuständig sei.[15] Dieses biete aber keine materiellen Maßstäbe zur Beurteilung der Missbräuchlichkeit einer Klausel, der EuGH – so wurde gesagt – stände "buchstäblich vor dem Nichts".[16] Also könne er die Begriffe der Richtlinie gar nicht weiter konkretisieren, eine Vorlagepflicht erübrige sich damit.[17]

Dem wurde von anderer Seite entgegen gehalten, dass der EuGH durchaus die Richtlinienbegriffe vor dem Hintergrund des maßgeblichen nationalen Rechts konkretisieren könne – eine Beurteilung oder Anwendung des nationalen Rechts selbst liege darin nicht. Außerdem gebe es schon Ansätze zu einem "europäischen

---

[14] *MünchKomm/Basedow,* vor § 305 BGB Rn. 45; § 307 Rn. 4.
[15] Insbesondere *Heinrichs,* NJW 1996, 2190, 2196; zur Argumentation im einzelnen siehe *Staudinger/Coester* (1998) AGBG § 9 Rn. 57 ff.
[16] *Nassall,* JZ 1995, 689, 890 f.
[17] In diesem Sinne auch eine Entscheidung des BGH von 1998: "Die Beantwortung der Frage, ob die beanstandete Klausel einer Überprüfung am Maßstab der §§ 9-11 AGBG entzogen ist, ist Sache der deutschen Gerichte, über die der EuGH nach Art. 234 EGV nicht zu entscheiden hat" (BB 1998, 864, 865, mit krit. Anm. *Ulmer*).

Schuldrecht", insbesondere im Verbraucherschutzrecht, die als Bewertungsmaßstab für den EuGH herangezogen werden könnten.[18]

b.   Entscheidungen des EuGH

Angesichts dieser Kontroverse richteten sich die Blicke erwartungsvoll darauf, welche Position der EuGH einnehmen würde. Bisher liegen erst zwei einschlägige Urteile des Gerichts vor, die eine wechselnde Tendenz und noch keine klare Linie aufzeigen.

In einer ersten Entscheidung aus dem Jahre 2000 ging es um die AGB-Klausel des Verkäufers eines Lexikons, die den Gerichtsstand für Streitigkeiten einheitlich auf den Geschäftssitz des Verkäufers festlegte.[19] Der EuGH beurteilte die Klausel ohne weiteres als "missbräuchlich" im Sinne von Art. 3 Abs. 1 RL, weil sie den effektiven Gerichtsschutz für Verbraucher – ein zentrales Prinzip des europäischen Verbraucherschutzrechts – gefährde.[20]

Die zweite Entscheidung des EuGH stammt aus dem Jahr 2004 und wurde in der Literatur als "Kehrtwende" des Gerichts bezeichnet.[21] Hier ging es um die Klausel in einem Werkvertrag, die den Besteller zur Vorleistung, das heißt zur Bezahlung vor Fertigstellung des Werkes verpflichtete, nachdem der Unternehmer den Besteller durch Bankbürgschaft abgesichert hatte. Der deutsche BGH war bereit, diese Regelung zu akzeptieren, hielt eine abweichende Wertung des EuGH aber für möglich und legte diesem die Frage deshalb vor.[22] Der EuGH bemerkte dazu: Die Kompetenz des EuGH beschränke sich grundsätzlich auf die Auslegung der "allgemeinen Kriterien" der Richtlinie, sie erstrecke sich *nicht* auf die Anwendung dieser Kriterien auf eine bestimmte Klausel in einem konkreten Fall – dies sei Sache der nationalen Gerichte. Nur ausnahmsweise bestehe eine Beurteilungskompetenz des EuGH; insoweit nennt das Gericht – in Abgrenzung zu seiner ersten Entscheidung – drei Kriterien: eine unmittelbare Verwerfung durch den EuGH komme in Betracht, wenn (1) die Klausel ausschließlich vorteilhaft für den Verwender sei und keine Gegenleistung für den Kunden enthalte, (2) sie unabhängig vom Vertragstyp und den Vertragsumständen sowie den Rahmenbedingungen des umgebenden nationalen Rechts beurteilt werden könne, oder (3) die Wirksamkeit des Gerichtsschutzes für Verbraucher in Frage stelle. Diese drei Gesichtspunkte werden vom EuGH nicht als eigenständige Ausnahmefälle voneinander getrennt, sondern greifen ineinander – jedenfalls kumuliert begründen sie

---

[18] *Nassall*, JZ 1995, 689, 692 ff.; ausführlich *Staudinger/Coester*, fn. 15; *ders., in:* Festschrift Heinrichs (1998), S. 99 ff.; *Markwardt*, Die Rolle des EuGH bei der Inhaltskontrolle vorformulierter Vertragsbedingungen (1999), S. 217 ff.
[19] Urteil vom 27.6.2000, ZIP 2000, 1165 ("Océano Grupo").
[20] Unklar bleibt dabei das Verhältnis der Klausel-RL zu Art. 23 EuGVO, wo die Zulässigkeitsvoraussetzungen für internationale Gerichtsstandsvereinbarungen festgelegt sind – ist dadurch eine Missbrauchskontrolle nach der RL verdrängt? Vgl. *Bamberger/Roth/Schmidt*, BGB (2003) vor § 307 Rn. 9; *Kropholler*, Europäisches Zivilprozessrecht (7. Aufl. 2003) § 23 EuGVO Rn. 20.
[21] Urteil vom 1.4.2004, ZIP 2004, 1053 ff. ("Freiburger Kommunalbauten").
[22] BGH, ZIP 2002, 1197.

den Ausnahmefall einer Beurteilungskompetenz des EuGH. Da diese Voraussetzungen einer Ausnahme im Vorlagefall nicht gegeben waren, verwies der EuGH den Fall an den BGH zurück – dieser solle selbst feststellen, ob die fragliche Klausel vor dem Hintergrund des deutschen Rechts als "missbräuchlich" im Sinne der EG-Richtlinie anzusehen sei.

c.   Würdigung

Die beiden Entscheidungen des EuGH erscheinen widersprüchlich, sind bei näherem Hinsehen aber durchaus miteinander kompatibel. Die erste Entscheidung betrifft nur einen Ausnahmefall, während erst die zweite Entscheidung die grundsätzliche Haltung des Gerichts erkennen lässt. Der EuGH überlässt demnach in einer Art "judicial self-restraint" die Richtlinienkonkretisierung den nationalen Gerichten – die Konkretisierung hat also in jedem Mitgliedsstaat der EG vor dem Hintergrund der jeweiligen nationalen Rechtsordnung zu erfolgen. Dabei wird in Kauf genommen, dass dieselbe Klausel etwa von einem deutschen Gericht als wirksam, von einem spanischen Gericht als missbräuchlich und unwirksam erachtet wird. Die im Urteil von 2004 aufgeführten Ausnahmen zeigen jedoch, dass der EuGH keineswegs generell "abdanken" will im AGB-Recht, sondern – über die generelle Richtlinieninterpretation hinaus – eigenständige und vorrangige Beurteilungskompetenz auch bezüglich konkreter Klauseln in Anspruch nimmt, wo er sich für beurteilungsfähig hält. Dies ist derzeit der Fall, soweit gemeinschaftsrechtliche Wertmaßstäbe schon vorhanden sind (wie das Prinzip effektiven Rechtsschutzes für Verbraucher in der ersten Entscheidung "Océano Grupo") oder wo eine Klausel so *evident* (oder: *per se*) missbräuchlich ist, dass es auf den Inhalt des nationalen Privatrechts letztlich nicht ankommt. Wann dies der Fall ist, bleibt allerdings offen und wird nur von Einzelfall zu Einzelfall durch den EuGH geklärt werden können. Damit wird offenbar, dass die Zurücknahme seiner Beurteilungskompetenz durch den EuGH keinen echten Autonomiezuwachs auf seiten der nationalen Gerichte mit sich bringt: Vorgelegt werden muss in der Regel weiterhin, damit der EuGH darüber befinden kann, ob schon das Gemeinschaftsrecht genügend Substanz hergibt, um ein Verdikt über die AGB-Klausel zu fällen. Nach dem derzeitigen Stand des Privatrechts in Europa wird dies nur ausnahmsweise der Fall sein, die Gewichte können und werden sich aber verschieben: Die Europäisierung des Privatrechts schreitet voran; schon jetzt lässt insbesondere das europäische Verbraucherschutzrecht übergreifende Prinzipien erkennen, die für die Richtlinienkonkretisierung nutzbar gemacht werden können.[23] Darüber hinaus wird langsam auch das viel diskutierte europäische ius commune Konturen gewinnen und einen gemeinsamen gemeinschaftsrechtlichen Wertfundus bilden.[24] Damit wächst aber auch die Beurteilungskompetenz des EuGH bezüglich der Angemessenheit von AGB-Klauseln – was heute noch eine Ausnahme ist, könnte langfristig zur Regel werden.[25]

---

[23] Vgl. *Nassall,* JZ 1995, 689, 692 ff.
[24] Zum Überblick über den gegenwärtigen Stand der Diskussion vgl. *Heiderhoff,* Gemeinschaftsprivatrecht (2005), insbesondere 6. Kapitel (S. 219 ff.) m.w.N.
[25] Ausführlich zu dieser Problematik jetzt *Staudinger/Coester* (2006) § 307 Rn. 68 ff.

V. Resümee

Das Rechtsgebiet der AGB ist in besonderer Weise geeignet, die wechselseitige Beeinflussung, aber auch die Spannungen zwischen nationalem Recht und europäischem Gemeinschaftsrecht deutlich zu machen. Das AGB-Recht spiegelt als Momentaufnahme den derzeitigen Zustand des Privatrechts in Europa, wird aber an dessen zunehmender Vergemeinschaftung auch künftig teilhaben, weil gleichermaßen zunehmend der EuGH seine Harmonisierungsfunktion bezüglich der nationalen AGB-Rechte wahrnehmen kann. Friktionen auf dem Weg dahin sind in Kauf zu nehmen, sie können sich bei der Findung gemeinschaftlicher Rechtsgrundsätze sogar als fruchtbar erweisen.

The Seven Most Frequently Asked Questions about Licensing in Arbitration Proceedings

*François Dessemontet**

Introduction

Professor Tugrul Ansay is among other areas versed in comparative law and arbitration. He might read with some interest the tentative answers, presented as a token of my deep friendship, to the 7 most frequently asked questions about licensing agreements which pop up in arbitration proceedings, that are presented below in a chronological order.

A few definitions might be proper to understand our aim. Of course, we deal with international licensing agreements and international commercial arbitration.

A licensing agreement is a contract whereby the licensor grants to a licensee the authority to use an intellectual property right or a confidential technology. In an extensive meaning, the right to use one's likeness, as is protected by the right of privacy in Europe or the right of publicity in the United States, may also termed a "license agreement". However, most of the arbitration proceedings seem to concern cases of industrial property such as patents, designs, trademarks, or copyrights.

An arbitration is an adjudicative process: we do not encompass here the non-binding arbitration, the unilaterally binding arbitration, or the conditionally binding arbitration, all of which are common on Internet.[1] The electronic commerce certainly bears on software and copyrighted works, and may often assume the format of a license. However, international commercial arbitration deals with long-term, business-to-business (B2B) transactions. Those relationships are unique because they require the mutual confidence of both parties for a longer period of time than other business agreements – sale or construction, for example. They also evidence a peculiar element: as soon as the licensee breaches the terms and conditions of the contract, he may be sued for infringement of the intellectual property right – at least in a majority of cases. An action for infringement often calls as corollary a defense of invalidity of the patent, trademark or copyright at issue. The arbitral tribunal may not always entertain this defense under intellectual property legislation, because the arbitrators may lack jurisdiction. However, there is no doubt that under the most common provisions for arbitration, the

---

* Prof. Dr. *François Dessemontet*, Universities of Lausanne and Fribourg, Switzerland.
[1] *See* G. Kaufmann-Kohler, Th. Schultz, On-line Dispute Resolution: challenges for contemporary justice, The Hague 2004, pp. 249 ff.

S. Arkan, A. Yongalik (eds.) Liber Amicorum/Festschrift für Tuğrul Ansay, pp. 71-87.
© *2006 Kluwer Law International BV. Printed in the Netherlands.*

arbitral tribunal will be able to deal with most of the legal issues discussed below. Let us turn therefore to the first question.

I. Which Disclosures are Required During the Negotiations?

The question of the necessary disclosures during the negotiations is one of the most frequently arbitrated issues. It may take two examples to illustrate it:

(a) Should a company, which is negotiating to receive a technical license, disclose to the possible licensor that its laboratories are presently working on a competitive technology?
(b) Should a company negotiating to receive a technical license disclose that it knows of a different technology under which it is presently seeking a license from the third party owning that technology?

There may be no general answer to these questions: as well as all other MFA questions discussed later, the answer in a given case will depend on the proper interpretation of the contract which will be executed after the negotiations; otherwise there would be no binding arbitration clause, unless parties have executed beforehand a "Negotiation Agreement", sometimes termed a "Confidential Disclosure Agreement", with a provision for arbitration.

However, a few observations might be helpful. If there is a controversy as to its jurisdiction and the applicable law (selected by the Parties in approximately four cases out of five), the arbitral tribunal will have to examine if the issue of the necessary disclosure is a contractual one or an extra-contractual one, because the choice in favor of arbitration and of the applicable law are often restricted to the contractual aspects of the litigation. It is sometimes argued that fraudulent non-disclosure of information regarding parallel R&D operations or the existence of parallel patents (known only to the licensee) is a tort, and as such escapes the arbitration clause bearing e.g. on "the disputes over the execution and performance of the agreement". Likewise, the choice of a given law as "*lex contractus*" might not cover the "*culpa in contrahendo*" and tort-related aspects of the case. The same question does not arise if the arbitration clause and the provision on the applicable law states that it covers "all disputes arising in connection with the agreement". Then there is little doubt about the extent of the arbitral jurisdiction and choice of law.

In my view however, doctrinal controversies about the "true" nature of "*culpa in contrahendo*" liability bear little relevance to the solution which the arbitral tribunal will adopt. The test is rather the nexus between the claims deriving from the non-disclosure and the performance of the contract once it has been executed. In the absence of an allegation of insufficient performance during the existence of the contract, the claims that are based on the insufficient disclosure of some items of information do not appear to be usefully characterized as contractual issues. They may still be within the jurisdiction of the arbitral tribunal, but they will often fall outside the "*lex contractus*". This might imply that some other law will apply, for example the law of the place of execution (signature) of the contract, if there is one, or the law of the place of negotiation (with the same proviso), or, best, the law of the location of the result of the fraudulent non-disclosure, i.e. the law of the market affected by the licensing agreement entered into in those circumstances.

If Swiss law is applicable, there exists a duty to disclose "facts which are personal to the negotiating party and are not accessible to the other one, if they are material for the conclusion of the contract" and do not fall under the protection of privacy and highly personal sphere.[2] Parallel patents are registered and made public, as some patent applications are, and most other intellectual property rights with the exception of copyright, but parallel copyrighted works are seldom. Thus, no party appears *prima facie* to be bound to disclose the sheer fact of the intellectual property rights' existence to the other one. To the contrary, personal R&D endeavors are not accessible to the other party, so that the very existence of some parallel R&D work going on in the laboratories of a would-be licensee should be disclosed during the negotiation. It is very material to the other party, because the parallel R&D work may lead to interesting results which the licensee will exploit by preference, thus dropping or minimizing the use of the licensed technology and ultimately reducing the royalties due to the licensor (unless those are fixed royalties or minimal royalties). The validity or invalidity of a given patent may have been investigated. Not all results of that research might be necessary to disclose in a preliminary phase of the negotiation, but the retention of information crucial to the deal should not be condoned between parties of good faith.

Further, the licensor is probably under no obligation to disclose that it is researching a new, quite different technology; if it is not quite different, it may be covered by a contractual obligation to disclose improvements. If it were not for the inducement of earning royalties, no business would ever license a top-of-the-art technology. However, licensees would rarely accept technologically obsolescent subject matter. Therefore, a frequent compromise is to license a well-founded, well-introduced technology only at the moment where the licensor believes that a more promising one is on the offing. This very hope is confidential and speculative. Therefore, it should not be disclosed in the absence of precise questions addressed to the licensor by the licensee.

Of course, all this area of law is so unclear that many negotiators choose to regulate the flow of information in the negotiation by means of a "Disclosure Agreement", as we have already mentioned (see above), with provisions e.g. on confidentiality duties and access to the files of the other party, as well as basic guarantees on the completeness and accuracy of the information which is so transferred. This would be the equivalent of due diligence in mergers and acquisitions.

---

[2] *Cf.* ATF 105 II 75 and ATF 120 II 331.

II. Does a Licensing Agreement Exist only if Made in Writing?

While most business transactions of some importance are made in writing for obvious administrative, evidentiary and fiscal reasons, and while an arbitration clause has to be in writing as required by Art. 2 of the New York Convention of 1958 on the Recognition and Enforcement of Foreign Awards, it is important to note that under Swiss law and German law, for example, a licensing agreement can be found to exist as implied by a joint venture agreement, a dealership agreement, a know-how agreement, or any other sort of business transaction in which the use of one of the Parties' intellectual property right is necessary to reach the aim of the contract. It would most often be a trademark license for brand products, but it can be a variety of other licenses.

However, for competition law purposes and know-how licenses there is a restriction regarding technological licensing agreements deriving from the EC Exemption Regulations,[3] which require the transferred know-how to be described in a written appendix to the contract. It has been argued before an arbitral tribunal that any license not complying with that requirement would be null and void. However, the tribunal rejected the argument because the transferred know-how was used in a country outside the European Union and its existence was otherwise satisfactorily established.

III. What is the Relationship Between Individual Licenses, Master License Agreements and Group of Contracts?

In the software industry whole packages of protected programs may be licensed to telecomm networks or banking systems. The main agreement which purports to contain identical terms and conditions for those licenses will be sometimes entitled a "master license agreement". It is a contractual framework, taking in principle precedence over the individual licenses. However, the question frequently arises whether the posterior execution of an agreement should be deemed to express a prevailing rule, at least when this contractual document respects the requirement of form that were laid down in the "master license agreement" for any amendment thereof.

While there is no fast and ready rule for dictating an answer in every case, an approach that may be helpful in given circumstances is to ponder the relationship existing between the master license agreement and additional contracts in terms of their relative economic significance. This approach may be combined with the interpretation of the parties' common will and intent according to facts, parties' behaviour and provisions; such as the date of the agreement, the mention that the contract embodies the whole content of the agreement between parties, that it supersedes all previous arrangements, or that one agreement becomes an appendix of the other one.

---

[3] Commission Regulation (EC) No. 772/2004 of 27 April 2004, L 123 O.J. 11 (27 April 2004); Commission Regulation (EC) No. 240/1996 of 31 January 1996, L 31 O.J. 2 (9 February 1996).

For example, the economic significance of an agreement bearing the title *"master license agreement"* vis-à-vis a contract for development of software may be receding as long as the software is not apt to perform the tasks that were expected. In other words, the master license agreement appears to be ancillary to the contract for development, and in case of conflicts e.g. concerning the termination of the relationship for failure to reach the functionalities of the project, the provisions of the master license agreement will not prevail.

To take another example, a group of contracts may have been executed at 12 or 18 months intervals of time in order for two pharmaceutical companies to engage in a joint R&D project. The first contract already contains a license, with the provision that all disputes will be solved by negotiation, and failing this, by recourse to the ordinary courts of a given place X. The second contract, 12 months later, restates the interest of the parties in continuing the project, goes into more technical details, then provides for arbitration before an ad-hoc tribunal with seat in Y. The third contract, which is signed 18 months later, provides for the supply of some essential molecular material from one party to the other one, which is conducting experiments, with exclusive jurisdiction of the Commercial courts in Z. Now what is the order of priority between those agreements? Failing all usual tests, the Arbitral Tribunal will analyze which of the three contracts is the fundamental one, and which is the most relevant to the litigated issues, not only in term of formal claims (that may well relate to all three agreements) but in taking due account of the financial import of the claims.

IV. Is the Licensee an Exclusive Licensee, a Semi-Exclusive Licensee a Sole Licensee or a Simple Licensee?

This question is frequently asked because there is some terminological confusion about the words "exclusive" and "semi-exclusive". Also, it should be considered that the license agreement is not subject to the requirement of being in writing under Swiss law for example; thus, the common will and intent of the parties on such essential aspects of the transaction as exclusivity or semi-exclusivity need not to be mentioned in writing, if the agreement does not contain a "whole contract" or an "integration" clause. Therefore, the Arbitral Tribunal will not be prevented to look for exclusivity in a given case if the aims of the parties and the system they choose for their relationship indicate that some sort of exclusivity was implied.

The *absolute exclusivity* means that the licensee will have to face no competition whatsoever for the working of the licensed intellectual property in the territory ascribed to it by the contract. In other words, the owner of the IP right will not compete. This is what most businessmen might understand under "exclusivity".

The *"semi-exclusivity"* terminology may have different meanings. The first meaning might be for example that for some territory, there will be no competition by the holder of the patent or trademark, but he may sell his products in other territories for which the license is also granted. A second meaning relates to the products that are covered by the contract. For a given drug which has both preventive and curative effects, there may be absolute exclusivity for the packagings that are marketed for prevention, but no total exclusivity for the packagings sold with a view to cure the illness. In other words, there may be exclusivity for a first medical indication, no exclusivity for the second one. Finally, *"semi-exclusivity"* may mean and will in fact most often mean, that the licensee will be the sole licensee, but that the IP right owner will use the right in parallel and compete with the licensee.

Thus, the only simple case appears to be that of a simple license, whereby the licensee has to count with ordinary competition, be it that of the licensor or that of another licensee deriving his technology or trademark from the same source.

Now, is there a presumption in favor of any of those different types of licenses? I am afraid that there is none. Assuredly, an arbitral tribunal may look at the mildest obligation of the licensor and apply the principle of interpretation of *"in dubio mitius"*, *"favor debitoris"*.[4] However, the question is to be resolved under the viewpoint of the most balanced outcome from an economic point of view. For example, rather than using the words *"Exclusive License,"* that may raise difficulties with competition authorities in some countries not directly related to the market considered by the parties, they may have preferred the title *"General License Agreement."* In Germany, it has been adjudicated at the highest level[5] that the word *"General License"* shall generally indicate an exclusive license. *"General License"* cannot be understood limitatively, because the very words suggest that the licensee will be the sole responsible for exploiting the IP right in the territory. Such is also the use of the word *"General Dealership"* in distribution agreements.

What proof should be required in order to show that a licensing agreement implies exclusivity if the agreement is silent on that point? The arbitral tribunal will look at the structure of the relationship and the level of royalties, it being understood that royalties for absolutely exclusive licenses are often double the rate for simple licenses. If this is not decisive, the fact that licenses have been granted for the same territory and the same line of products may be evidence enough in itself.[6] To the contrary, the licensee oftentimes accepts the burden to maintain the IP rights only when the license is exclusive. Finally, if the licensee is granted authority to sue for infringement, this is a strong indication in favor of an exclusive license.

The doubt as to the true nature of the licensing agreement will of course have an impact on the finding regarding the negligence of one party if the other party finally convinces the arbitrators that this party breached his obligations under the contract.

---

[4] *See* for all *Jäggi/Gauch*, Zürcher Kommentar 1980, No. 448 ff *ad* Art. 18 OR.
[5] Reichsgericht, Dec. 4, 1935, Marken und Wettbewerb 1936, pp. 119-120.
[6] Swiss law, as do most continental European legislations, accepts that the conduct of the parties after the execution of the contract gives some indication as to their common will and intent. *See* e.g. ATF 95 II 325-326. If the law of a Commonwealth country is applicable, this test might not be acceptable.

Further, it will have repercussions on the very interpretation of the common will and intent of the parties on other areas, for example for another frequently asked question:

V. Is the Licensee under Obligation to Work the Subject Matter of the Licensee?

The state of the law regarding the obligation to work a licensed technology is not certain. As the licensing agreement is a *sui generis* contract, no legislative provision bears on that. The arbitral tribunal has to resort to usual means of interpretation in order to determine the common will and intent of the parties in this regard.

First, where the licensing agreement is in writing and does not contain an express obligation for the licensee to work the invention, the inclusion of a "complete agreement" or a "whole-content" clause will preclude the finding of any implied duty to work the technology.

Second, where the license is absolutely exclusive, many commentators consider that the exclusive licensee is under an implied obligation to work the invention.[7]

They usually argue that the remuneration of the licensor and his good will are at stake.

A. The Remuneration

If the licensor has granted an exclusive license, he no longer derives a suitable remuneration from the license agreement if the licensor does not work the invention, unless a flat payment and/or a minimal royalty has been convened.

B. The Good Will

If the invention is not worked by the exclusive licensee, the invention will not be present on the market, which entails image problems for the licensor.

On the contrary, for **non-exclusive licenses**, there would be no implied obligation to use the invention. The licensor could obviate an insufficient working by granting to other licensees the right to work the invention in the same territory.

---

[7] *See M. M. Pedrazzini*, Versuch einer Nominalisierung des Lizenzvertrages, in: Festgabe Schluep, Zurich 1988, p. 419-420; *A. Troller*, Immaterialgüterrecht, vol. II, Basel 1985, pp. 833-834; *R. von Büren*, Der Lizenzvertrag, in: Schw. Immaterialgüter- und Wettbewerbsrecht, I/1, Basel 1995, pp. 288-289; *R. Ramseyer*, Le contrat de licence des brevets d'invention, thesis Geneva 1948, pp. 60-61; *U. Zenhäusern*, Der internationale Lizenzvertrag, thesis Fribourg 1991, p. 35; *G. Modiano*, Le contrat de licence, thesis Geneva 1979, pp. 99-100; *W.R. Schluep/M. Amstutz*, No. 305 *ad* Einleitung vor Art. 184 OR, in: Basler Kommentar, 1996, p. 974; *p. Engel*, Contrats de droit suisse, 2nd ed., Berne 2000, p. 775.

A few dissenting authors hold otherwise. For example, it has been said that an obligation to work the invention may be implied in most "simple" licenses, because it is not certain that the licensor will in fact work the invention or that he will find a second licensee; further, the true interpretation of the common will and intent of the parties must take into account the situation existing at the time of concluding the contract.[8] None of those arguments is convincing, because the provisions of an agreement regarding the future always deal with the apportionment of risks: if the parties at the time of the conclusion of the contract provide for a simple license, the licensor obtains a lesser remuneration, but he enjoys the possibility to try and find further licensees or to work himself the invention. These are his risks and profits. Therefore, the contract interpreted as of the time of its signature should be deemed to allow for the finding of another licensee as a serious possibility, therefore multifying the argument in favor of an obligation to work the invention transferred under a simple license.

Nevertheless, the contrary opinion is not to be dismissed too easily, because case law both in France and Germany have accepted that a "simple licensee" can be under an implied obligation to work the patent.[9] Those cases are not based on the arguments mentioned above, but on the very nature of the license agreement, as will be further explained below.

Moreover, German authors also underline that, in the absence of specific clues in the contract pointing out towards an obligation to work the invention, a detailed analysis of the interests of the licensor can lead to the same conclusion.[10] In any event, it seems that a proper solution cannot be derived from terminology only; for example, the author of a recent thesis on the know-how license agreement under Swiss law first states that Swiss legal commentary generally admits an obligation to work the invention when the licensee enjoys a full exclusivity. Then, he mentions various cases which entail that the determination of that duty[11] requests something else than the sheer exclusivity of the license to imply an obligation to work the transferred technology.

C.   The Case Law

For example, proportional royalties would entail the presumption of such an obligation. This opinion is sustained in a case decided by the Zurich Tribunal of Commerce, which summed up the law that an obligation to work the invention exists whenever the royalties are proportional to the turnover, without distinguishing exclusive and

---

[8] *B. Stocker*, Benutzungsrecht und Benutzungspflicht des Lizenznehmers bei technischen Lizenzverträgen, thesis Zurich 1971, p. 192.
[9] *See* Kammergericht, GRUR 1935 p. 893 as cited in: *G. Benkard*, Patentgesetz, Gebrauchsmustergesetz, 9th ed., Munich 1993, No. 79 *ad* § 15 PatG; Cour cass. com., D. 1982, p. 485; Cour Appel Paris, D. 1984 I.R. 212.
[10] *R. Krasser/H.D. Schmid*, Der Lizenzvertrag über technische Schutzrechte aus Sicht des deutschen Zivilrechts, GRUR Int. 1982, p. 334.
[11] *R. Schlosser*, Le contrat de savoir-faire, thesis Lausanne 1996, pp. 258-259 with further citations.

non-exclusive licensee.[12] Second, the licensee has to affix the name or the trademark of the licensor on the products that are manufactured under license. Finally, the Court adds that such an obligation to work the invention can even be admitted in case of a non-exclusive license.

As we have seen, the Zurich case law does not confirm the approach based on the dichotomy between exclusive and non-exclusive license. Further, according to the Federal Tribunal, each licensing agreement shall be construed on its own in view of the facts of the case, in order to ascertain whether there is an obligation to work the invention.[13] As a result, the Federal Tribunal stated in the last officially-published decision in this regard that "the existence of an obligation to work does not depend necessarily on the exclusivity or non-exclusivity of the license".[14]

Therefore, it does not appear correct to state that this case would set a presumption in favour of an obligation to work the invention only whenever the license is exclusive.[15] The text of the decision is more cautious, mentioning only that a "tendency" exists in that regard, which is correct in view of the commentary. However, the Federal Tribunal rather accepts the notion that an obligation to work the invention might well be found in some cases of a non-exclusive license.

While the Federal Tribunal had described as a common case ("*in der Regel*") the obligation to work the licensed invention when the license is exclusive[16] in the *obiter dictum* of a prior decision, this assertion was somewhat weakened by the following sentence, which stated that such cases exist most notably when the royalties are based on the number of items produced. Further, the exchange of information would give rise to the idea that a joint venture or partnership is present. Finally, the then agreed-upon best effort clause to prepare the production would lead to the conclusion that the licensee had to produce the patented product,[17] which is sufficient to explain the findings of the court.

In itself, the careful consideration afforded in that decision to all facets of the agreement shows that the solution of the issue does not revolve around the *exclusive/non-exclusive license* distinction. Furthermore, it will be noted that the generally-accepted doctrine is not able to answer the question of an implied obligation to work the invention in the case of a sole license agreement and in the case of a "semi-exclusive" license agreement.

As has been aptly stated by Professor Troller, a sole license can be characterized as a "weak exclusive license" or an "extreme simple license".[18] Due to that uncertainty,

---

[12] BlZR 1943 No. 74 p. 227.
[13] ATF 96 II 157; ATF 85 II 43.
[14] ATF 96 II 156.
[15] As is implied by *R. von Büren*, Der Lizenzvertrag, above fn. 7, p. 289 fn. 278.
[16] ATF 85 II 41.
[17] ATF 85 II 43.
[18] *A. Troller*, Immaterialgüterrecht, vol. II, Basel 1985, p. 828.

the solution to a substantive issue such as the obligation to work the patent cannot be found in the uncertain labeling of the licensing agreement as either an exclusive, a simple or a "semi-exclusive" license.

D. The Economic Approach

The economics of the licensing transaction are rather simple: the licensor seeks to reap profits from his invention and patents not through his own production, but through their working by a third party, the licensee. The licensee seeks to reap profits from an innovation which was neither developed in its laboratories and R & D division, nor bought from a third party.

There might be other marginal cases where the licensee is trying to get an exclusive license in order to make sure that nobody will be working the invention (the so-called "*Sperrlizenz*"[19]). Remedies against such behaviour, if it were found to be deviant, would be afforded under Art. 37 ff. Patent Act or Art. 7 Cartel Law.

Another exceptional case is that of licensing agreements (very often cross-licenses) that are entered into with a view to settle a litigation; then, the invention may or may not be deemed to be used, as this alleged use or non-use was often at the core of the controversy during the litigation.

In the immense majority of cases, the actual working of the invention is contemplated by the parties when negotiating the license agreement. This explains why the French law accepts the implied obligation to work the invention as one of the essentialia of the contract.[20]

Thus, a case has decided that a sole licensee is also under a duty to work the invention.[21]

The summary of that decision is convincing:

> "... It is up to the licensor, *who owes a duty to work the invention to the fullest extent and to the maximum of his means and faculties*, to show that [the working of the invention is] impossible. The Court shall pronounce the termination of the

---

[19] *See Krasser/Schmid*, above fn.10, p. 334 left column.

[20] *p. Mathély*, Le droit français des brevets d'invention (prior ed. of 1974) p. 401: "*The license agreement, by its very nature, aims at the working of the granted invention...*" The obligation to work applies to the exclusive license and to the non-exclusive license. *See also J. Foyer/M. Vivant*, Le droit des brevets, Paris 1991, pp. 442-443: There is "*an obligation to work [the invention] each time that the patentee has an interest to see the patented product put onto the market. The case law deems it so essential that it holds [this obligation] to be present in a general manner, without the need for particular circumstances, and even in the silence of the contract; in order to brush it aside, a 'unsurmountable difficulty' [to work the invention] must be proven*".

[21] Cour appel Paris, June 2, 1988, D. 1988 I.R. 202.

license agreement as against the licensee because of his failure without legitimate cause to discharge his essential obligation to work [the invention] on the granted territory ... " This failure is evidenced by the fact that the licensor did not adduce evidence to the effect that he would have tried to set up a factory in the territory; further, he did not show that he would have ordered marketing studies nor that he would have exported to the granted territory.

Of course, this French case is not always binding, but it is very convincing in international arbitration proceeding. The economics of the licensing agreement are not different from one developed country to the other. Therefore, a transnational approach to the more intricate questions of the law of licensing has been advocated for more than a quarter of a century.[22] Let us take a terminological point, the Swiss commentary would appear to reject the notion that the working of the licensed invention is a necessary element of the licensing agreement ("*begriffswesentlich*").[23] As there might be a "*Sperrlizenz*" from time to time, it is possible that the working of the invention may not be contemplated in all licensing agreements. The same might be said of some licenses granted upon the completion of a settlement ensuing a litigation. Nevertheless, the question is irrelevant here: we should not look to the concept ("*Begriff*") of a licensing agreement in order to ascertain whether there is an obligation to work the licensed invention, but to the general or usual "type" of the agreement, according to the so-called "Typology" doctrine which directs the interpretation of the innominate contracts according to the most authoritative commentators.[24]

Thus, my personal conclusion is as follows: close consideration should be given to the contract itself, and various elements within the contract which indicate the common will and intent of the parties as to the obligation to work the invention. If that interpretation of the contract is not conclusive, recourse may be made to the general type of the industrial licensing agreement. This type is different from the copyright license, which explains why the analogy should not be overemphasized with the publishing contract ("*Verlagsvertrag*") or other copyright agreements.

In my view, the typical licensing agreement is directed towards the completion of an industrial project or endeavour. Both parties contemplate a positive working of the invention, be it by one of them or possibly both of them. It does not already follow therefrom that a licensor is always under an obligation to work the invention; there is a risk relating to the working on real life scale which the contract apportions between the parties, e.g. through clauses on minimal royalties, force majeure and other escape clauses. Nonetheless, it cannot be found typical that the licensee would obtain the benefits of a licensing agreement for which he bargained at arm's length

---

[22] *See E. Langen*, Transnational Commercial Law, 1973, *passim* e.g. p. 33; *Langen* was an authority in the area of licensing; *see* e.g. his Internationale Lizenzverträge, 2ed. 1958; *Pollzien* and *Langen*, International Licensing Agreements, 2nd ed., Indianapolis, New York 1973.
[23] *R. Muttenzer*, Der urheberrechliche Lizenzvertrag, thesis Basel 1970, p. 35.
[24] *See* e.g. *W.R. Schluep*, Innominatverträge, in: Schweizerisches Privatrecht, vol. VII/1 [2], Basel 1979, pp. 798 ff.; *p. Engel*, Contrats de droit suisse, 2d ed. Berne 2000, pp. 740, 744-745.

without paying a commensurate compensation to the licensor. Where neither minimal royalties nor other escape clauses are provided in the agreement, it will be admitted that the licensee bears the risk of the difficulty and costs related to the working of the invention.[25] In other words, when interpreting the contract, it cannot be said that the principle "*in dubio mitius*" entails that there is no implied obligation to work the invention. First this principle should probably be best applied to the unilateral, so-called "gratuitous" contracts;[26] then, for the contracts implying a close cooperation between the parties, as is typical in industrial licensing agreements, the common aim of the parties is the predominant test to determine their obligations.[27]

From that methodology derives a result which is compatible with the case law but does not set up a presumption in favour of the implied duty to work the invention only in the case of exclusive license. In my view, unless one of them can adduce evidence to the contrary, the parties always expect the licensee to work the invention, and this expectation delineates his duties, barring a particular mechanism to free the licensee of the risks inhering in the working of the invention which would have been contractually established.

To sum up, there is probably *de lege lata* and there could by all means *de lege ferenda* be a contractual obligation to work the invention in a sole licensee agreement, under Swiss law as under French law, unless specific provisions of the contract point to a different solution.

In particular, there is such an obligation under the principle of good faith (Art. 2 CC). The Federal Tribunal mentioned this principle in ATF 85 II 43, in connection with the expectations of the parties which relied on the validity of the licensed patents. The Federal Tribunal stated that under Art. 2 CC the defendant could not turn away from working the valid patent, and that the defendant could not let the licensor plaintiff believe that he, the defendant, was using the patented technology although such was not the case.

E. Extent and Limits of the Obligation of Working

Once the principle of an obligation to work the invention is admitted in a given case, there are few indications in the Swiss commentary, and none in Federal case law, about the extent and limits placed on the obligation of working the invention on the part of the licensor. It is said, for example, that the invention must be worked sufficiently to escape a third party request for compulsory licensing,[28] which is rather too low a threshold, in particular when a systematic construction of the agreement may lead to the conclusion that more is requested from the licensee in this regard.

---

[25] *See R. Schlosser*, p. 259 with cit. fn. 247; BlZR 1943 No. 74 pp. 227 ff.
[26] *See* Art. 1371 It.Civ.C.
[27] *Jäggi/Gauch*, Zürcher Kommentar 1980, No. 449 *ad* Art. 18 OR (criticizing "*in dubio mitius*"); No. 370 ff. (goal of the transaction as tool for construction of the contract).
[28] *Br. Stocker*, above fn. 8, p. 195.

It will be noted, however, that in different situations, the Federal Tribunal admitted that the invention transferred under license must be appropriate for the use contemplated by the parties when entering into the contract.[29] This general standard, which the Federal Tribunal derives from the overriding principle of good faith (Art. 2 CC), may help understand the real extent and the limits of the obligation to work.

When the agreement provides for minimal royalties, the parties sometimes also provide for a minimum quantum of working. Those two different provisions may lead to two different actions in case of breach, i.e. an action for additional payment (and damages) if the minimal royalties are not paid, and an action for termination of the contract if the minimum quantity of products is not reached. A French decision accepted the termination of the licensing contract in the latter event.[30]

VI. Are Guranteees and Warranties Implied in any Licensing Agreement?

This question arises each time the arbitration proceeding turns around the duty to pay royalties and the premature termination of the contract for defects in the licensed technology.

Many technical licensing agreements will encompass warranties of a legal nature, protecting for example a licensee against claims by a third party that his intellectual property rights are infringed.[31] Federal Tribunal cases apply Art. 192 ff. of the Swiss Code of Obligations for the sale of patent rights.[32]

More difficult are the findings of facts when the defect is of a technical nature. The defects can reside in the technology itself, or in the quality control operations at the licensee's workshop. Sometimes, a different environment may explain why a technology which works well, say in a country with a constant high level of humidity in the air, will work less well in a country with very dry spells. This has been seen for porous materials for covering roofs, or film for photography. The apportionment of risks may then take the form of a reduction of royalties. It is also possible to request the licensee to disclose to the licensor the improvements made to the original technology in order to withstand different climatic conditions (for example coating of porous materials or tropicalization of film-producing machinery); then, the royalty rate may even be reduced further – or royalties may have to be paid to the licensee for his improvements. Nevertheless, any scheme of cross-licenses should be checked for its compatibility with the European Union competition law.

---

[29] ATF 53 II 134; ATF 51 II 62 (both cases concern the termination of a licensing agreement at the request of the licensee).
[30] *See* Cour Appel Paris, 4 February 1958; Annales de la Propriété Industrielle, 1959, p. 224 as cited by *J.-J. Burst*, Breveté et Licencié, Paris 1970, p. 202, and *Modiano*, above fn. 7, p. 100 No. 150.
[31] *See UNIDO*, Guarantees and Warranties Provisions in Transfer of Technology, Vienna 1989.
[32] ATF 110 II 239; ATF 111 II 455.

As a conclusion on this point, technical defects do not usually allow for termination of the licensing agreement, if those defects are susceptible to be cured. Otherwise, if the technology has to be abandoned, a just cause for termination will be accepted in most instances. Finally, the licensor may turn out to be held responsible for indemnifying the licensee against third party claims that would derive from defects in the technology. Consequential damages will be granted subject to the showing of some negligence on the side of the licensor.

VII. In Which Circumstances can a Party Terminate the Licensing Agreement?

There is frequently a claim towards having the arbitral tribunal state that the licensing agreement is validly terminated before expiry of the period of time for which the license was granted and the royalties due to be paid.

This claim can be based on a provision of the contract, which will be commanding. For example, many contracts provide that the merger or acquisition of the other party with a third corporation will result in the first party having a right to terminate the agreement on 3 or 6 months notice. This is so because there are in many technical licenses exchange of confidential information and some form of cooperation between parties, and the continuation of a close relationship is not possible if one of the parties merges with a third one which turns out to be a competitor.

Independent of any contractual provision, is there a general principle of termination for just cause on the licensing agreement? As a rule, all lasting agreements can be terminated for just cause, and this is true also of licensing agreements.[33] The more specific question will often arise whether the obsolescence of the technology is a just cause.

If it is found to be true that the performance of the licensed product is not only modest but exceptionally poor, the licensee may be dispensed of his basic obligation to work that invention. The Swiss legal literature is clear on that point, which is also apparent from the old cases cited hereabove.[34] For example, Bruno Stocker mentions the obsolescence of the licensed invention as a ground for termination of the obligation to work, but he appears to be rather restrictive, the obligation to work being denied only in "exceptional circumstances".[35] The Swiss authorities R.E. Blum and M.M. Pedrazzini are restrictive in so far as they equally mention the termination of that obligation as possible only in exceptional circumstances, where it would no longer be tolerable ("*Unzumutbarkeit der Leistung*").[36]

---

[33] *See R. Schlosser*, Le contrat de savoir-faire, thesis Lausanne 1996, pp. 310 ss; *I. Cherpillod*, La fin des contrats de durée, Lausanne 1988, *passim*, e.g. pp. 220 ss.
[34] ATF 51 II 62; ATF 53 II 134.
[35] Benutzungsrecht und Benutzungspflicht des Lizenznehmers bei technischen Lizenzverträgen, thesis Zurich 1971, p. 193 with cit. of German authors.
[36] Das Schweizerische Patentrecht, 2nd ed. Berne 1975, No. 101 ad Art. 34 Patent Act.

The Swiss cantonal case law is not more lenient toward the licensee. Assuredly, according to an older case of the Zurich Tribunal of Commerce, the obligation to work the invention is terminated when the licensee can ascertain that further profit-making working of that invention is no longer possible.[37] According to the Superior Court of Aargau, the licensee is never to work the invention against his own interests.[38] Under a recent case, the test would however be tolerability ("*Unzumutbarkeit*"), which is stricter.[39] Courts in France[40] and Germany[41] have followed the same pragmatic point of view with more or less severity as the Swiss cantonal courts: *pacta sunt servanda*, and it is only where fairness requests otherwise that a licensee should be dispensed from his obligation to work the license.[42]

The German case law also applies in this respect[43] the principle of good faith (§ 242 BGB: *Treu und Glauben*) which is identical to the Swiss notion of good faith under Art. 2 CC.[44] Thus, it may be helpful to mention the tests that are proposed by the German commentators for the termination of the obligation to work the invention:[45]

(1) Economic feasibility of the production
(2) Marketability of the production
(3) Amount of sales to be expected
(4) Necessary improvements sought by the licensee or not
(5) Sufficient advertising.

Under Swiss law, however, the cases emphasize that the licensee bears the risk of technical obsolescence.[46]

---

[37] BlZR 1908 No. 101 p. 218; *see also* BlZR 1943 No. 74, pp. 227 ff.
[38] Vierteljahresschrift für aargauische Rechtsprechung 1942, p. 13 (as cited in *Blum/Pedrazzini*, above fn. 36, p. 495).
[39] SIC 1998, pp. 97 ff. ("*Wegfall der Geschäftsgrundlage*" requested). The test of "*Unzumutbarkeit*" is also used by the Federal Tribunal in the *Bolex* case, RSPIDA 1980, p. 149.
[40] *See* Cour Appel Paris, GRUR Int. 1961, p. 620; Cour Appel Paris, June 2, 1988; Dalloz 1988 Inf. Rapides 202 (no working is required where practical working the patent on industrial scale is not feasible or if prices are too high for the market).
[41] Kammergericht, GRUR 1935, p. 893; Bundesgerichtshof of April 17, BGHZ 52 (1969), p. 55 (as cited in *Benkard*, above fn. 9, No. 82 ad § 15 PatG).
[42] For the same restrictive approach, requesting a misuse of right under Art. 2 (2) CC on the part of the licensor to dispense the licensee, see *I. Cherpillod*, La fin des contrats de durée, Lausanne 1988, p. 223 and fn. 116.
[43] *See* BGH, October 11, 1977, GRUR 1978, p. 166.
[44] *See R. Zimmermann* and *S. Whittaker*, Good Faith in European Contract Law, Cambridge 2000, p. 51 with cit.
[45] *See* e.g. *H. Stumpf/M. Gross*, Der Lizenzvertrag, 7th ed. 1998, No. 164 p. 112, mentioning e.g. that "*Eine Grenze für die Zumutbarkeit der Ausübungspflicht ist...insbesondere dann gegeben, wenn der Lizenznehmer bei der Ausübung der Lizenz nur noch 'mehr oder weniger unverkäuflichen Schrott produzieren' und 'sehenden Auges dem Ruin entgegenwirtschaften' würde*".
[46] SIC 1998, p. 105: "*Vielmehr trägt der Lizenznehmer selbstredend das Risiko, dass das Patent infolge technischer Überholung wirtschaftlich nicht mehr interessant ist*". *See also* the Zurich cases cited above fn. 31.

Such criterions will be applied by the arbitral tribunal to decide whether the working of the invention by the licensee has been sufficient under the principle of good faith.[47] The arbitral tribunal will also balance the interests of both parties.[48] The same principle of good faith shall apply to the behaviour of the licensor when he attempts to terminate the licensing agreement or if he argues against better knowledge that the invention is workable.[49]

In an often cited precedent, the Federal Tribunal admitted the termination for cause of a license due to the renitent cooperation which the licensee extended to the licensor.[50]

Second, the termination for just cause is not a direct application of the *clausula rebus sic stantibus*, which is based as is well known on Art. 2 CC. For the particular case of licensing agreements made for decades although they concern a fluid technological environment, the usual tests of *clausula rebus sic stantibus* are too strict. Very early on, the Federal Tribunal has allowed for an adaptation of the licensing contract.[51] The Swiss Supreme Court has even considered that no procedure of notifying a grace period for the performance should be followed, by derogation to Art. 107 CO, when no remedy can be given to a defect of the licensed technology.[52]

Third, the termination for cause is always a very contentious issue. Therefore, practitioners should nevertheless rely whenever possible on the ordinary termination for breach of contract (Art. 107 ff of the Swiss Code of Obligations). The non-fulfillment of a party's obligation under the contract should lead to the serving of a notice requesting that party to improve its performance or seize and desist of any breach of the contract. It has even been adjudicated by an arbitral tribunal that the general dissatisfaction on the part of the licensor was not a sufficient reason to terminate since "the licensee has not made a good-faith performance impossible nor shown any attitude not to be willing to perform the contract or committed any acts that were contrary to good faith". If the licensor was dissatisfied, he should have given the licensee a fair chance to improve by issuing a warning and by fixing a period within which changes has to be carried through.[53]

Among the most frequent claims for breach of contract allowing termination either with a grace period or without, if the breach is extremely severe, there is the proven underreporting of items on which royalties should be paid. Take a simple case: Underreporting from 15% to 25% of the total output of a licensee's factories has been proven by a surprise auditing carried simultaneously in all these factories. What should the

---

[47] *See I. Cherpillod*, La fin des contrats de durée, pp. 222-224.
[48] *See H. Deschenaux*, Der Einleitungstitel, in: Schweizerisches Privatrecht, vol. II, Basel 1967, pp. 166-167.
[49] *See I. Cherpillod*, La fin des contrats de durée, p. 223.
[50] RSPIDA 1979, pp. 69 ff.
[51] *See* ATF 53 II 127 ff., esp. 134-135.
[52] ATF 51 II 57, esp. 64-65.
[53] ICC Award in case No. 4496, as cited by *S. Jarvin*, Arbitrating International Disputes, LES Nouvelles 23 (1988) at p. 23.

licensor do? It of course depends on the economics of the business: is the licensor in a position to step in in order to supply the markets that were those of the licensee? If yes, immediate termination may be notified, because the breach is blatant and severe.

Take another case: underreporting of books printed and distributed under a licensing agreement results from the fact that affiliated companies of the licensee are sometimes excepted from the reporting of the sales, when they are not owned 100% by the licensee. In such a case, there may be a serious controversy about the construction of the relevant provisions of the license agreement. The immediate termination does not seem to be opportune or justified in law. It would appear that the arbitral tribunal might be called upon to give the proper interpretation of the agreement, and only where the licensee does not abide by the award should there be a procedure of warning (under Art. 107 CO for example), with a subsequent termination if the warning has been made to no avail – the said procedure and subsequent termination in case of breach being susceptible to be mentioned as effective in the operative part of the award to avoid the burden for the licensor to have to start new arbitral proceedings later on.

Conclusion

Professor *Ansay* may rest assured that we share the same philosophy of arbitration. The ultimate aim of arbitrators should be to help parties to cooperate further when they are engaged in a long-term business relationship. Arbitrators have nonetheless to adjudicate claims and counterclaims when a relationship has broken down. Then they will apply the law and stake a result that is dictated by the principles of justice, equity and good conscience. The whole career of our learned friend has been dedicated to have the law better known, better understood, and more easily accessible, for example through the publication of his comparative law series. May he retain happiness and satisfaction in his present and future occupation!

Der lange Weg zu einem Europäischen Vermögensrecht

Ulrich Drobnig[*]

I. Einleitung

Tuğrul Ansay hat sich seit Jahrzehnten wie kein anderer als Gründungsvater und Geschäftsführendes Vorstandsmitglied der Deutsch-Türkischen Juristenvereinigung mit allen seinen Kräften selbstlos für die Verständigung zwischen türkischen und deutschen Juristen und für die Kenntnis des türkischen Rechts und seiner Entwicklung in Deutschland eingesetzt. Und bei allem hohen Einsatz hat er sich seine persönliche Bescheidenheit und vorbildliche Integrität bewahrt. Seine langjährige Tätigkeit sowohl in der Türkei wie auch in Deutschland machen ihn zu einer lebenden Brücke zwischen beiden Ländern und damit auch zwischen der Türkei und Europa.

Da nunmehr sein Heimatland auf dem Wege nach Europa ist, seien ihm und den interessierten Lesern in der Türkei einige Tendenzen präsentiert, die sich für die große Öffentlichkeit und selbst die breite juristische Fachwelt nahezu unbemerkt über Jahrzehnte langsam, Schritt für Schritt, entwickelt haben. Obwohl von verschiedenen Initiatoren in unterschiedlichen Mitgliedstaaten der Europäischen Union und daher unkoordiniert angestoßen und daher gelegentlich – wissentlich oder unwissentlich – verdoppelt, entsteht ganz langsam aus der Summe verschiedenster Projekte ein abgerundetes Gesamtbild, die Vision eines Europäischen Vermögensrechts.

Zwei Fragen drängen sich im gegenwärtigen Zeitpunkt auf: Rückblickend stellt sich die Frage: Wie ist es zu dieser Entwicklung gekommen? Und für die Zukunft ist zu fragen: Wohin wird die Entwicklung führen? Aus der Sicht eines an einigen dieser Entwicklungen direkt oder indirekt Beteiligten und im Übrigen als interessierter Beobachter sei hier versucht, Antworten auf die beiden Ausgangsfragen zu geben. Heute ist der Versuch einer Antwort auf diese Fragen deshalb sinnvoll, weil wir uns im Übergang von der ersten Phase, der spontanen Bearbeitung von mehr oder minder umfangreichen Teilprojekten, zu der zweiten Phase befinden, einer zentral gesteuerten Zusammenfassung aller Teilkräfte und ihrer konzentrierten Hinführung auf ein Ziel.

II. Spontane Teilprojekte der Wissenschaft

Zunächst zum Umriss des Sachgebietes: Was ist unter "Vermögensrecht" zu verstehen? Der Begriff ist keine allgemein etablierte Kategorie, sondern bildet den Gegensatz

---

[*] Prof. Dr. Ulrich Drobnig, Hamburg.

zum Personen- und Familienrecht, in deren Mittelpunkt eine Person oder eine persönliche Gemeinschaft steht. Im Vermögensrecht treten hingegen die beteiligten Personen zurück hinter den sachlichen Beziehungen, die zwischen ihnen bestehen. Die beiden wesentlichen Bestandteile des Vermögensrechts sind das Schuldrecht einerseits und das Sachenrecht andererseits. Auf der hier relevanten europäischen Ebene steht das Vertragsrecht eindeutig im Vordergrund; die zweite Stelle nimmt das Recht der unerlaubten Handlungen ein; und den dritten Rang kann das Recht der dinglichen Kreditsicherheiten in Anspruch nehmen – in erster Linie die Mobiliarsicherheiten, aber auch die Grundpfandrechte.

Zeitlich ist die Phase der spontanen wissenschaftlichen Teilprojekte in etwa auf den Zeitraum von 1980-2005 anzusetzen. Heute sind wir hingegen in die zweite Phase eingetreten, die von der EU-Kommission gesteuerte Entwicklung. Diese umfasst freilich nur Teilbereiche, und auch diese nicht einmal komplett, wie wir sehen werden.

A. Die "Principles of European Contract Law"

Die Initiative zur Ausarbeitung eines einheitlichen europäischen Vertragsrechts ging von einem dänischen Gelehrten aus, Professor *Ole Lando* (früher Handelshochschule Kopenhagen). Er hat von dem ersten Einfall dieser Idee und den allerersten Überlegungen berichtet, die im Dezember 1980 zu einem Treffen interessierter Gelehrter aus den damaligen Mitgliedstaaten der Europäischen Gemeinschaft führten. Die Gründer der Kommission und ihre Nachfolger gingen von dem Gedanken aus, dass ein europäischer Binnenmarkt, d.h. ein Markt ohne (staatliche) Grenzen, für alle Rechtsbeziehungen wirtschaftlicher Art, welche die räumlichen Grenzen der Rechtsordnung eines Mitgliedstaates überschreiten, einen einheitlichen Regelungsrahmen benötigt. Die Anwendung des traditionellen Kollisionsrechts auf Verträge ist ungerecht, weil sie in der Regel eine der Vertragsparteien einer fremden Rechtsordnung unterwirft; in der Regel ist dies die schwächere Partei, weil die stärkere Partei meistens die Wahl ihrer eigenen Rechtsordnung durchsetzen kann. Außerdem hat jede rechtliche Regelung meistens auch ökonomische Konsequenzen. Ein Binnenmarkt sollte aber den Unternehmen und Bürgern in allen Mitgliedstaaten rechtlich gleiche Ausgangspositionen gewähren. Diese Aufgabe kann nur ein einheitliches Vermögensrecht erfüllen.

In der Zeit von 1983-2001 traf sich die sog. Lando-Kommission jedes Jahr zu etwa zwei Sitzungen von jeweils fünf Tagen an stets wechselnden Orten. Mit der Zahl der Mitgliedstaaten der Europäischen Gemeinschaften wuchs auch die Zahl der Mitglieder der Kommission von anfänglich etwa 10 auf rund 25 Personen an, überwiegend Professoren, aber auch Anwälte und Richter.[1]

---

[1] In den Vorworten zu den erschienenen zwei Bänden finden sich die Namen der Mitarbeiter und Sekretäre der Kommission sowie andere Einzelheiten. Siehe *Lando* und *Beale (ed.)*, Principles of European Contract Law. Parts I and II (2000) xi-xix; Principles of European Contract Law. Part III (2003) xiii-xiv.

Das Endprodukt sind ca. 200 "Grundregeln";[2] dieser deutsche Ausdruck trifft die Sache genauer als der originale englische Begriff der "Principles". Die Grundregeln sind zahlreicher und präziser als Grundsätze, aber auch nicht so eng und genau wie gesetzliche Vorschriften in der kontinentaleuropäischen Gesetzespraxis.

Bemerkenswert ist die Form, in der die Grundregeln präsentiert werden: Nach dem Muster der amerikanischen Restatements of the Law enthält jede einzelne Grundregel drei Schichten: Dem gesetzesartig formulierten Text folgen erläuternde Comments und ferner National Notes. Diese sollen jedem Leser aus einem Mitgliedsstaat die Übereinstimmungen und Unterschiede zu den Regeln seines eigenen nationalen Rechts vor Augen führen. Diese Notes geben außerdem in ihrer Gesamtheit einen ersten, mehr oder minder ausführlichen vergleichenden Überblick über die Übereinstimmungen und die Unterschiede der Rechtsordnungen der Mitgliedstaaten zu dem jeweils geregelten Punkt.

Gegenstand der insgesamt 200 Grundregeln sind im Einzelnen:

Kap. 1: Allgemeine Bestimmungen – 14 Grundregeln;
Kap. 2: Abschluss des Vertrages – 20 Grundregeln;
Kap. 3: Vollmacht von Vertretern – 14 Grundregeln;
Kap. 4: Gültigkeit des Vertrages – 19 Grundregeln;
Kap. 5: Auslegung des Vertrages – 7 Grundregeln;
Kap. 6: Inhalt und Wirkungen – 11 Grundregeln;
Kap. 7: Erfüllung – 12 Grundregeln;
Kap. 8: Nichterfüllung und Rechtsbehelfe im Allgemeinen – 9 Grundregeln;
Kap. 9: Einzelne Rechtsbehelfe bei Nichterfüllung – 24 Grundregeln;
Kap. 10: Mehrheit von Parteien – 16 Grundregeln;
Kap. 11: Abtretung von Ansprüchen – 17 Grundregeln;
Kap. 12: Schuldübernahme und Vertragsübertragung – 3 Grundregeln;
Kap. 13: Aufrechnung – 7 Grundregeln;
Kap. 14: Verjährung – 17 Grundregeln;
Kap. 15: Rechtswidrigkeit – 5 Grundregeln;
Kap. 16: Bedingungen – 3 Grundregeln; sowie
Kap. 17: Kapitalisierung von Zinsen – 1 Grundregel.

Diese Übersicht des Inhalts der Grundregeln lässt einen gewissen Bruch erkennen zwischen den Kapiteln 1-9 einerseits und den folgenden Kapiteln 10-17 andererseits. Tatsächlich spiegelt die Abfolge der 17 Kapitel die zeitliche Reihenfolge ihrer Entstehung wider, nicht aber ihre systematische Ordnung. Die Arbeit konzentrierte sich zunächst auf das allgemeine Vertragsrecht, d.h. die Kapitel 1-9. Nach Abschluss dieser Phase im Jahr 1995 wurden zur Abrundung einerseits ergänzende Regeln in den Kapiteln 10-14 entwickelt und andererseits einige kleinere Lücken durch die Kapitel 15-17 geschlossen. Diese letzten drei Kapitel gehören systematisch natürlich nicht an

---

[2] Die deutsche Übersetzung spricht ebenfalls von "Grundregeln des Europäischen Vertragsrechts". Die Teile I-II sind 2002 und Teil III ist 2005 erschienen.

das Ende der Grundregeln, sondern müssen bei einer späteren Konsolidierung mit anderen Kapiteln verschmolzen werden – so Kap. 15 über die Rechtswidrigkeit mit Kap. 4 über die Gültigkeit; Kap. 16 über Bedingungen mit Kap. 6 über den Inhalt von Verträgen; sowie Kap. 17 über die Kapitalisierung von Zinsen mit Kap. 9 über Rechtsbehelfe bei Nichterfüllung.

Bedeutsamer als diese Probleme der äußeren Ordnung des Stoffes ist eine Aussage über ihren Inhalt. Im gegenwärtigen Rahmen ist es freilich ausgeschlossen und nicht sinnvoll, den Versuch einer Beschreibung des Inhalts aller Regeln zu unternehmen. Jedoch lässt sich jedenfalls für das allgemeine Vertragsrecht in den Kapiteln 1-9 der Grundregeln eine übergreifende Aussage geben. Diese Regeln beruhen auf den Grundgedanken des überaus erfolgreichen, inzwischen von 60 Staaten ratifizierten UN-Übereinkommens über internationale Warenkäufe von 1980 (CISG). Die über Jahrzehnte währende Vorbereitung, Ausarbeitung und wiederholte internationale Beratung der Regeln dieses Übereinkommens zum Kaufrecht haben die Principles für das gesamte allgemeine Vertragsrecht generalisiert. Das gilt insbesondere für den Vertragsabschluß sowie für das System der Vertragsverletzungen und ihrer Sanktionen.

B. Ergänzende Arbeiten für ein Europäisches Vermögensrecht

Nach Abschluss der vorstehend unter A. beschriebenen Arbeiten zum Kern des allgemeinen Vertragsrechts und dem altersbedingten Rücktritt von Professor *Lando* hat sich alsbald unter Leitung von Professor *Christian von Bar* (Osnabrück) eine neue Forschungsgruppe gebildet, die "Study Group for a European Civil Code". Der Kern ihrer Mitglieder ist identisch mit den Mitgliedern der Lando-Gruppe; jedoch sind neue Mitglieder aus den neuen Mitgliedstaaten der EU hinzugetreten, so dass die Gruppe heute rund 50 Mitglieder umfasst.

Das Ziel der Arbeiten dieser Gruppe ist einerseits, die Principles of European Contract Law (PECL) für das Vertragsrecht zu ergänzen durch Regeln über einzelne wichtige Vertragstypen, wie insbesondere Kaufverträge, Mietverträge, kaufmännische Dienstverträge, Vermittlung von Handelsverträgen, Darlehen, Bürgschaft und Garantie sowie langfristige Verträge. Ein zweiter Schwerpunkt liegt auf dem nichtvertraglichen Schuldrecht, also Geschäftsführung ohne Auftrag, ungerechtfertigte Bereicherung und unerlaubte Handlungen. Schließlich werden auch zwei Schritte in das Gebiet des Sachenrechts unternommen, nämlich durch Entwicklung von Regeln über die Übertragung des Eigentums an beweglichen Sachen und über dingliche Sicherheiten an Mobilien. Anders als der sehr breite Name der neuen Gruppe erwarten lässt, zielen alle diese Arbeitspläne also auf eine Harmonisierung lediglich des Vermögensrechts in der EU ab. Familien- und Erbrecht sowie selbst auch der überwiegende Teil des Sachenrechts bleiben also ausgeschlossen.

Angesichts der stetig wachsenden Zahl der Mitgliedstaaten und daher auch der Mitglieder der neuen Kommission musste die Arbeitsweise gegenüber derjenigen der Lando-Gruppe erheblich verändert werden. Die vorbereitende Arbeit wird nicht mehr – wie bisher – in kleinen Ausschüssen der Mitglieder der Kommission geleistet, sondern dezentral in kleinen Arbeitsgruppen junger Akademiker aus verschiedenen Mitgliedstaaten unter einem erfahrenen Leiter. Solche Arbeitsgruppen hat es zunächst in Osnabrück, Hamburg, Amsterdam, Utrecht und Groningen gegeben. Inzwischen ist eine weitere Arbeitsgruppe in Oslo/Bergen hinzugetreten. Diese Arbeitsgruppen leisten die vergleichenden Vorarbeiten und legen Entwürfe für einheitliche Regeln vor, welche zunächst jeweils mit eigenen externen Beratern diskutiert werden. Anschließend werden sie vor das Plenum aller Mitglieder gebracht, das in jedem Jahr zweimal für vier Tage zusammentritt. In diesem Gremium werden alle Entwürfe Wort für Wort und meist in wiederholten Durchgängen beraten und beschlossen.

Die Regeln haben dieselbe Struktur wie diejenigen der Lando-Gruppe, bestehen also aus den drei Schichten von Regeltext, kurzem Kommentar und National Notes. Entsprechend ihrer thematischen Selbständigkeit sollen die einzelnen Kapitel in Zukunft auch in einer Reihe einzeln veröffentlicht werden. Die ersten Bände sind in den Jahren 2005 und 2006 zu erwarten.

Das Jahr 2005 markiert einen entscheidenden Wendepunkt dieser Arbeiten: Seit diesem Jahr hat sich die bisher rein private und zweckfreie Natur der Arbeiten geändert. Das Projekt ist – jedenfalls zu einem Teil – offiziell von der Kommission der EU übernommen worden und wird nunmehr unter deren Auspizien und aus ihren Mitteln fortgeführt. Darüber ist später zu sprechen (s. unten III). Zuvor sind noch zwei weitere Projekte zu erwähnen.

C. Der Code Européen des Contrats

Unabhängig von den vorerwähnten zwei Organisationen ist die "Akademie Europäischer Privatrechtswissenschaftler" (Pavia) tätig. Sie umfasst ca. 150 Wissenschaftler aus allen europäischen Ländern und wird geleitet von Professor *Giuseppe Gandolfi* (Pavia). Die Akademie wurde im Oktober 1990 gegründet im Hinblick auf das Ziel der EG-Kommission, bis zum Ende des Jahres 1992 den europäischen Binnenmarkt zu verwirklichen.

Der Gegenstand der Arbeit der Akademie deckt sich mit dem Thema der Arbeiten der Lando-Gruppe und auch teilweise mit demjenigen der "Study Group": es ist das europäische Vertragsrecht. Hingegen unterscheiden sich der Inhalt des bisher vorliegenden Vorentwurfes zum 1. Teil eines Gesetzbuches zum Vertragsrecht sowie die Arbeitsmethode dieser Gruppe grundlegend von dem Stil der Texte und der Arbeitsweise der Lando-Gruppe und ihrer Nachfolgerin. Der Inhalt der Vorschriften wird bestimmt durch zwei Ausgangspunkte: Die Regeln in Buch IV des italienischen Codice civile von 1942 über Vertragsrecht einerseits sowie den Entwurf eines Contract Code, den Professor *McGregor* im Auftrag der englischen Law Commission in den Jahren 1966-1972 ausgearbeitet hatte, der jedoch nie, auch nicht in Teilen Gesetzeskraft erlangt hatte und erst 20 Jahre später in Italien veröffentlicht wurde.[3] Diese

---

[3] *McGregor*, Contract Code (Milano 1993).

beiden Texte sollen für die Hauptströmungen der europäischen Vertragsordnungen stehen.[4]

Methodisch wird die Formulierung von Grundsätzen im Sinne von bloßen "Principles" abgelehnt. Vielmehr ist der Code, wie bereits sein Name nahe legt, in Form von gesetzlichen Vorschriften nach Art eines kontinental-europäischen Gesetzbuches formuliert. Dies wird damit begründet, dass sich eine Einigung auf internationaler Ebene bei der Lösung konkreter Einzelfragen eher erreichen lasse als bei abstrakten Allgemeinen Grundsätzen.[5]

Ein weiterer Unterschied besteht in der Arbeitsweise. Diese ist ganz auf die Person des sog. Koordinators des Unternehmens zugeschnitten, der in Wirklichkeit – wie er selbst einräumt – der Hauptautor des Werkes ist.[6] Er hat die Entwürfe verfasst, die dann unter den Mitgliedern zirkulierten. Aufgrund der schriftlichen Stellungnahmen und der mündlichen Diskussionen ist es dann wiederum *Gandolfi*, der die Regeltexte verbessert und in separaten Berichten darstellt und begründet.

Im Gegensatz zu den Principles of European Contract Law hat der Gandolfi-Code bisher in der wissenschaftlichen Diskussion wenig Aufmerksamkeit auf sich gezogen. Zudem ist er auch noch nicht vollständig.

D.   Die Eurohypothek

Zur Abrundung des Bildes sei noch erwähnt, dass eine Arbeitsgruppe von Hypothekenbanken sich das Ziel gesetzt hat, den grenzüberschreitenden Hypothekarkredit in Europa zu fördern. Man hat es freilich als unrealistisch betrachtet, dieses Ziel durch Vereinheitlichung oder jedenfalls Harmonisierung der Regeln der Mitgliedstaaten über Grundpfandrechte zu verwirklichen. Man will vielmehr eine sog. "26. Lösung" entwerfen, also eine neue Form eines Grundpfandrechts, welche neben die bestehenden nationalen Formen treten und diese lediglich ergänzen soll, die sog. Eurohypothek.[7] Der erste Teil dieses Begriffes hat nichts mit dem Namen der einheitlichen europäischen Währung zu tun, sondern soll den grenzüberschreitenden Charakter des neuen Grundpfandrechts zum Ausdruck bringen. Aber auch inhaltlich soll sich das neue europäische Grundpfandrecht von den Hypothekenrechten der meisten Mitgliedstaaten grundlegend unterscheiden. Um die Verkehrsfähigkeit der Eurohypothek zu erhöhen, soll der Grundsatz der Akzessorietät stark eingeschränkt werden. Im Jahr 2003 hat die EU-Kommission eine Arbeitsgruppe eingesetzt, die untersuchen

---

[4] *Académie des privatistes européens, Gandolfi* (ed.), Code européen des contrats. Avant-projet I (2. Aufl. Mailand 2004) LIV, LV.
[5] Vorige Anm., LIII-LIV.
[6] Oben Anm. 4, LV-LVII.
[7] Siehe *Mortgage Credit Foundation* (ed.), Basic Guidelines for a Eurohypothec (Warsaw 2005).

soll, welche Hürden für den grenzüberschreitenden Hypothekarkredit bestehen und welche Schritte zur Überwindung dieser Hindernisse empfohlen werden.[8]

III. Initiativen auf der Ebene der Europäischen Union

A. Erste Postulate des Europäischen Parlaments

Das Europäische Parlament hat zweimal sehr weitgehende Forderungen für ein Gesetzgebungswerk auf dem Gebiet des europäischen Privatrechts erhoben. In zwei Entschließungen aus den Jahren 1989 und 1994 wurde die Kommission der EG aufgefordert, Vorbereitungen für die Ausarbeitung eines Europäischen Zivilgesetzbuches zu unternehmen.[9] Diese Beschlüsse sind nicht nur nicht befolgt, sondern nicht einmal beantwortet worden. Sie waren freilich auch wenig realistisch, jedenfalls zur Zeit ihrer Annahme.

B. Rat und Kommission der EU

Den entscheidenden Anstoß für Aktivitäten auf europäischer Ebene hat erst ein Beschluss des Europäischen Rates auf einer Sitzung in Tampere vom Oktober 1999 gegeben. Darin wurde die Besorgnis zum Ausdruck gebracht, dass die Unterschiede sowie die Komplexität der Rechtssysteme der Mitgliedstaaten Bürger und Unternehmen daran hindern könnten, ihre Rechte wahrzunehmen. Daher wurde eine Untersuchung darüber gefordert, ob ein Bedürfnis für eine Angleichung der Zivilrechte der Mitgliedstaaten bestehe, um Hindernisse gegen das gute Funktionieren der Justiz (!) aus dem Weg zu räumen.[10] Im Juli 2001 reagierte die Kommission der EU mit einer ausführlichen "Mitteilung" an den Rat und das Europäische Parlament, beschränkte das Thema freilich auf das Vertragsrecht und einige angrenzende Aspekte der ungerechtfertigten Bereicherung und des Deliktsrechts. Das Europäische Parlament reagierte darauf Mitte November 2001 mit einem anspruchsvollen Vorschlag. Dieser Vorschlag nahm freilich das Thema eines Europäischen Zivilgesetzbuches (vgl. oben A) nicht mehr auf, ging aber in der Sache erheblich über die Mitteilung der Kommission hinaus. Das Parlament forderte nämlich, Arbeiten zur Vorbereitung und Entwicklung eines Europäischen Schuldrechts und von Teilen des Sachenrechts aufzunehmen. Nahezu gleichzeitig forderte auch der Rat der EU die Kommission zu einer Untersuchung darüber auf, ob die Unterschiede in den Rechtsordnungen der Mitgliedstaaten auf dem Gebiet des nichtvertraglichen Schuldrechts und des Sachenrechts das gute Funktionieren des Binnenmarktes in der Praxis behinderten.

---

[8] Siehe Frankfurter Allgemeine Zeitung 13. Mai 2003, S. 19.
[9] Siehe ABl. 1989 C 158, 400 (deutsche Fassung auch in ZEuP 1993, 613) sowie ABl. 1994 C 205, 518 (deutsche Fassung auch in ZEuP 1995, 669).
[10] Hierzu und zur weiteren Entwicklung s. etwa *Heiderhoff*, Gemeinschaftsprivatrecht (München 2005) 222-227; *v. Bar* und *Drobnig* (Herausgeber), The Interaction of Contract Law and Tort and Property Law in Europe (München 2004) 1-6; s. auch Editorial Comments, CML Rev. 42 (2005) 1-7.

In Reaktion auf die Antworten und Stellungnahmen, welche die EU-Kommission auf ihre "Mitteilung" vom Juli 2001 erhalten hatte, sowie auf die Überlegungen der anderen Organe der EU hat die Kommission schließlich im Februar 2003 in einer Mitteilung an Rat und Parlament einen Aktionsplan angekündigt. Dieser Aktionsplan ist bereits nach seinem Titel "A more coherent European Contract Law" wiederum beschränkt auf das Vertragsrecht. Er nimmt also die Anregungen zur Einbeziehung des nichtvertraglichen Schuldrechts und von Teilen des Sachenrechts nicht auf. Das ist zwar insofern verständlich, als bereits das Vertragsrecht ein sehr breites Feld darstellt; andererseits werden dadurch jedoch neue Schwierigkeiten heraufbeschworen, da insbesondere Vertragsrecht und Deliktsrecht eine große Zahl von gegenseitigen Einwirkungen und Abhängigkeiten aufweisen. Die Kommission hatte deshalb eigens eine besondere Studie in Auftrag gegeben, welche diese Interferenzen der beiden Rechtsgebiete untersuchen sollte. Die Studie ist zu dem Ergebnis gelangt, dass die Zahl der Überschneidungen und gegenseitigen Einwirkungen im Verhältnis zum Deliktsrecht außerordentlich groß ist und daher die Einbeziehung dieses Gebietes in die Vereinheitlichung des Vertragsrechts unabweisbar sei; dagegen seien solche Verzahnungen an der Grenze zwischen Vertragsrecht und Sachenrecht relativ geringfügig.[11]

Als Reaktion auf zahlreiche positive Anregungen wie negative Kritik hat die EU-Kommission den Plan entwickelt, einen "Gemeinsamen Referenzrahmen" (Common Frame of Reference, CFR) zu entwickeln. Dieser neu geschaffene Begriff hat keinen präzisen Inhalt. Er ist offenbar gerade aus diesem Grund gewählt worden, weil sich die EU-Kommission offenbar die Freiheit erhalten wollte, den Rahmen nach ihrem Belieben und aufgrund weiterer Überlegungen und Anregungen sowie praktischer Erfahrung auszufüllen. Immerhin lassen sich Aussagen zu drei Hauptaufgaben, welche der Gemeinsame Referenzrahmen erfüllen soll, bereits jetzt mit hinreichender Sicherheit machen.

1.   Konsolidierung früher erlassener Richtlinien

Eine mehr rückwärts gewandte Aufgabe des Referenzrahmens soll die Harmonisierung von Inhalt, Form und Begriffen der vorhandenen Richtlinien zum zivil- und handelsrechtlichen Vertragsrecht einschließlich des Verbraucherschutzes bei Verträgen sein. Dabei handelt es sich inhaltlich um die Regelung sehr verstreuter Probleme, die in einem Zeitraum von über 15 Jahren von verschiedenen Generaldirektionen ausgearbeitet worden waren. Dieser Umstand hat dazu geführt, dass diese Richtlinien weder inhaltlich noch terminologisch aufeinander abgestimmt sind, sondern im Gegenteil mehr oder minder stark divergieren. Gegenstand und Datum des Erlasses dieser Richtlinien seien hier kurz angedeutet – mit Ausnahme der Richtlinien zum Arbeitsvertragsrecht:

(a)   Richtlinien zum Verbraucherschutz: Haustürgeschäfte (1985), Verbraucherkredit (1986); Pauschalreisen (1990); Missbräuchliche Klauseln (1993);

---

[11] Siehe *von Bar* und *Drobnig*, oben Anm. 10.

Teilnutzungsrechte an Grundstücken (1994); Vertragsabschluss im Fernabsatz (1997); Kauf von Verbrauchsgütern (1999); Fernabsatz von Finanzdienstleistungen (2002).
(b) Allgemeine Richtlinien: Selbständige Handelsvertreter (1986); grenzüberschreitende Überweisungen (1997); Elektronische Signatur (1999); Elektronischer Geschäftsverkehr (2000); Zahlungsverzug im Geschäftsverkehr (2000); Versicherungsvermittlung (2002).

2. *Konsolidierung des gemeinschaftsrechtlichen acquis im Vertragsrecht*

Mit der zuvor erwähnten Konsolidierung der vertragsrechtlichen Richtlinien hängt eine weitere Aufgabe des Gemeinschaftlichen Referenzrahmens eng zusammen. Neben vertragsrechtlichen Richtlinien gibt es einzelne Verordnungen[12] und insbesondere Rechtsprechung der Europäischen Gerichte (des Europäischen Gerichtshofes und des Europäischen Gerichts Erster Instanz). Sie bedürfen weniger einer Harmonisierung als vielmehr einer systematischen Sammlung, Durchsicht und Ordnung. Auch dies soll im Rahmen des gemeinschaftlichen Referenzrahmens erfolgen.

3. *Übernahme der vertragsrechtlichen Regelungsvorschläge der Wissenschaft*

Nach dem Stoff sowie der Zahl der einschlägigen Regelungsvorschläge sollen den umfangreichsten Beitrag zu dem Gemeinschaftlichen Referenzrahmen die Principles of European Contract Law sowie die Regelungsvorschläge der Study Group for a European Civil Code zum Vertragsrecht leisten (oben II A und B). Diese Regelwerke können überwiegend in ihrer vorliegenden Form übernommen werden, weil sie systematisch und terminologisch eine Einheit bilden – bis auf kleinere Anpassungen, die bereits vorgesehen sind.[13]

Ein erfreuliches zusätzliches Element ist, dass die EU-Kommission einen ausgeklügelten Mechanismus für die Überprüfung der Regelungsvorschläge durch ausgewiesene Praktiker entwickelt hat. Aufgrund einer öffentlichen Ausschreibung konnten sich Rechtsberater von Unternehmen, Anwälte und Notare sowie Richter und andere Experten für eine Tätigkeit als Sachverständiger (stakeholder) für bestimmte Sachgebiete bewerben. Aus dem großen Kreis der Bewerber hat die Kommission 160 Sachverständige ausgewählt, gut gemischt nach Heimatland, Sachverstand und praktischer Erfahrung. Diese Sachverständigen nehmen ihre Aufgabe sehr ernst und sind überaus nützliche Gesprächspartner bei der Prüfung und Diskussion der praktischen Wirkungen der Regelungsvorschläge der Wissenschaftler. Demgemäß üben sie einen beträchtlichen Einfluss auf die endgültige Fassung der von den Wissenschaftlern erarbeiteten Vorschläge aus.

---

[12] Siehe die Verordnung über grenzüberschreitende Zahlungen in Euro (2001) sowie die Verordnung über Ausgleichs- und Betreuungsleistungen für Fluggäste bei Nichtbeförderung oder Verspätung von Flügen (2004).
[13] S. oben II A am Ende.

Während der verbindliche und zwingende Charakter des vertraglichen Verbraucherschutzes nicht in Frage gestellt werden kann, stellt sich für das sonstige Vertragsrecht die Frage, ob ihm normative Kraft verliehen werden soll oder nicht. Die Antwort auf diese Frage teilt die Wissenschaftler in entschiedene Befürworter und ebenso entschiedene, wenn nicht sogar noch leidenschaftlichere Gegner.[14]

Die EU-Kommission reduziert diese Frage auf die Alternative, entweder eine verbindliche Regelung mit der Möglichkeit der Abwahl (opt-out) zu erlassen oder umgekehrt eine unverbindliche Regelung mit der Möglichkeit der Wahl (opt-in). Wegen der politischen Widerstände, die es in den Mitgliedstaaten gegen eine verbindliche Regelung des zivilrechtlichen Vertragsrechts auf EU-Ebene gibt und die durch die bloße Möglichkeit der Abwahl kaum besänftigt werden, neigt die Kommission zur Zeit der anderen Alternative zu. Als Rechtsform würde sich für diese Lösung der Erlass einer Empfehlung anbieten.

Für die Gegenwart muss diese Lösung als realistisch hingenommen werden. Freilich würde dies nach aller Erfahrung bedeuten, dass von der Wahlmöglichkeit kaum Gebrauch gemacht werden würde, außer wenn sich eine der Parteien einen eindeutigen Vorteil von einer Europäischen Vertragsregel verspricht und bereit ist, die Risiken der richterlichen Anwendung und Auslegung eines solchen Europäischen Vertragskodex auf sich zu nehmen. Jedenfalls die EU-Kommission selbst sollte ihre nicht wenigen privatrechtlichen Verträge nach Möglichkeit einem solchen Europäischen Regelwerk unterstellen anstatt dem Recht eines Mitgliedstaates, wie das zur Zeit die Praxis ist. Auch kann man hoffen, dass einzelne Mitgliedstaaten, insbesondere unter den neuen und künftigen Mitgliedern, sich bei der Reform ihrer Rechtsordnungen an dem Modell des Europäischen Vertragskodex orientieren und sich dadurch mit ihm vertraut machen werden. Auch bei grenzüberschreitenden Verträgen zwischen gleich starken Vertragspartnern bietet sich der Kodex als neutrale Rechtsordnung an. Nach einer geraumen Periode der Eingewöhnung von vielleicht 10-15 Jahren und positiven Erfahrungen der Praxis wird es vielleicht möglich werden, den Europäischen Vertragskodex für grenzüberschreitende Handelsverträge in dem Sinne verbindlich zu erklären, dass eine Abwahl jederzeit möglich ist – nach dem großen Vorbild des Europäischen Vertragskodex, dem UN-Übereinkommen über den internationalen Warenkauf von 1980.

Wie man sehen kann, der Weg zu einem Europäischen Vermögensrecht ist sehr, sehr lang. Sein Ende ist heute noch nicht absehbar. Es bleibt ein äußerst anspruchsvolles Ziel, an dem noch Generationen von Juristen werden arbeiten müssen.

---

[14] Für eine verbindliche Regelung etwa *Lando*, Guest Editorial: European Contract Law after the Year 2000, CML Rev. 35 (1998) 821-831; schon früher *Basedow*, A Common Contract Law for the Common Market, CML Rev. 33 (1996) 1169-1195. Leidenschaftlicher Gegner: *Legrand*, Against a European Civil Code, 60 Mod.L.Rev. 44-62 (1997); gemäßigter Gegner: *Collins*, European Private Law and the Cultural Identity of States: 3 Eur.Rev.Priv.L. 353-365 (1995).

The Swiss Governmental System: Unique in the World*

*Thomas Fleiner***

I. Horizontal and Vertical Checks and Balances

A. Horizontal Checks and Balances

From the point of view of the implementation of the idea of checks and balances in the sense of *Montesquieu* and *Locke* and analysing the hierarchy of the different governmental branches the governmental system of the Confederation of Switzerland has been influenced by the specific history of the governmental systems of the cantons. Neither the Cantons nor the Swiss Confederation have ever been ruled by a Monarch. Switzerland has in principle been developed out of small rural or urban communities ruled by aristocracy or oligarchy, which never has been legitimised by the grace of good compared to the monarchs of the neighbouring countries, which have legitimised their might by the grace of God.

In most European countries however the constitutional state of modernity and its checks and balance system as well as the hierarchy of powers have been developed out of a struggle (Germany19th century) or revolution (UK 17th century and France 18th/19th century) with the monarch and the implementation of the parliament as the only body legitimized to represent people's sovereignty. In a majority of Swiss cantons between 1830 and 1848 the people influenced by the July revolution in France (1830) took over the power but against the powerful oligarchic aristocracy ruling their cantons without accountability. During these revolutionary times the liberals winning the struggle in the cantons installed a mainly representative parliamentary democracy based on a constitution legitimised by people's referendum. Accordingly the principle of separation of powers between the three governmental branches was introduced. Thus the installation of the liberal state of modernity took rather place on the cantonal level and mainly within the liberal cantons. In order to bring or held the country together on the federal level the liberal ideas had to compromise with the old conservative concepts of the cantons ruled by the "ancien regime".

---

* This Paper is dedicated to Tugrul Ansay, who has made a substantial contribution on the Swiss Legal system with editing a most important book on this issue. Thanking him for this outstanding performance I will only continue his endeavour on the Swiss system with an additional input on the specificities of our governmental system.
** Prof. Dr. *Thomas Fleiner*, Universität of Fribourg, Switzerland, Director, Institute of Federalism.

With regard to the checks and balances on the federal level one has to keep in mind that the Confederation developed out of an alliance (confederation) of states. There was no governmental system in place, which had to be changed or adapted to the new ideas of a constitutional system. Thus there was no battle against the might of a monarch which enabled the people to implement the new system. The new ideas with regard to the separation powers could be developed from scratch and without the opposition of a power-holder defending its given jurisdiction. The founding fathers could thus install a totally new governmental system, which nevertheless was a compromise between the winners of the civil war promoting a unitary state and the losers defending the autonomy of cantons and their old oligarchies.

The traditional cantonal democracies have influenced the later concept of checks and balances in mainly two ways: The goal of checks and balances according to the liberal tradition is freedom and liberty. Analysing the Swiss history one has to note, that the idea of liberty was rather linked to the community than to the individual. For this reason the tool to enable liberty was not checks and balances but local democracy. People did not have to fight for their individual freedom against the monocratic monarch legitimised by the grace of Good. They struggled for independence as community and it was democracy or oligarchy which enabled this liberty. As long as the community had autonomy to decide, they did not feel to be limited in their freedom. As the community could decide, which laws should limit individual freedom, the citizens of the community considered democracy as the real key to freedom and liberty. With their power to decide democratically on the fate of the community they were part of, they had no need for further liberty.

Before the protestant reformation took place, the church and in particular the pope as leader of the non-orthodox Christianity decided on church and religious affairs. On political affairs the pope kept his might and influence based on his power to give the sword for secular power to the emperor and to legitimise him to rule the people's on secular affairs. With the Luther reformation the religious issues and decisions, had to become independent from the pope. This, Luther could achieve with the merger of the altar and the monarch and thus legitimise the Monarch to rule independent from the pope on religious and the secular matters. The Zwingly reformation in Zurich on the other hand was aimed at the independence of the community of believers and thus more democratic. Sovereign after this reformation in religious and secular affairs was the town council of Zurich. This concept has influenced the reformation parliament of Henry VIII in England. Thus in reformed cantons the oligarchy of the councillors accountable somehow to the people had full sovereignty in church and state affairs. In catholic cantons the secular government was still under the control of the clergy of the Catholic Church.

Most important for the development of the idea of separation of powers was the influence of the French revolution in Switzerland. In 1797 the French revolutionary soldiers invaded Switzerland and in April 1798 Switzerland got its first Constitution for the new state called Helvetic Republic. This constitution installed a unitary state and took over the main ideas of the French revolution with regard to individual liberties and the implementation of the checks and balances between the three governmental branches.

The Swiss Governmental System

At the time the Swiss Constitution was adopted in 1848 the collegial directory of the Helvetic Republic copied from the second French republic of 1795 was at the time the only republican and democratic alternative to the American presidential system. The Westminster System has been developed later. The Swiss, traditionally sceptical to any monarchy were not inclined to refer to the American presidential system with one elected president (King?) symbolising the strength an a (non?) existent unity of the multicultural country.

If all powers vested into the collegial executive branch according to the Swiss Constitution would be exercised by one single president, this president would have much more constitutional Powers than the President looking over the Pontomac. However as a council composed of several members each individual is to be considered as pair with regard to each of his/her colleagues able to counterbalance possible tendencies to misuse the far reaching discretionary power of the body as such. Thus abuse of collegial council as executive is much less probable, than the danger embedded in a monocratic powerful head of state.

In order to limit power of the executive branch the founding fathers did not only provide for checks and balances between the governmental branches, but they also installed tools in order to limit the power of the executive by checks and balances internal of the collective organ. Thus they took over the model the French directory with two more members (seven not five) in order to give small cantons also the chance to be from time to time represented in the executive branch.

According to the continental and in particular to the Swiss view of separation of powers the three governmental branches are separated as no member of one organ is allowed to function at the same time in the other branch. However it is conceivable that the executive is also empowered with judicial and legislative function and the judicial branch may issue ordinances that is legislative decision etc. Thus there is no absolute functional separation of powers as in the US.

In addition due to the different view on separation of powers which does only allow to separate but not to check the other branch the administration and the executive in Switzerland were long time "immune" from court control. Traditionally the courts have never been considered as full sovereign in the sense that it had no power to review legislative decisions made by parliament and submitted to the facultative referendum of the people. Further the judiciary has always been considered as the least dangerous branch in the sense, that it was never seen as a branch with a real political power but only as the branch to execute and apply the legislative decisions made by parliament. It had and has to administer and only to administer the law.

The concept of the general will (*volonté générale*) from *Rousseau* has strongly influenced the concept of the checks and balances of Switzerland. *Rousseaus* view of the *volonté générale* is based on the idea, that the *volonté générale* is the incarnation of justice and can never bee reviewed. In a real democratic process, not dependend on parties but based on the will of the people, the procedure can at best guarantee that the result is not a *volonté de tous* but a *volonté générale*. It is clear of course, that legislative decisions legitimised by the people either by facultative or by compulsory (obligatory) referendum can thus not bee reviewed by the court. Thus the strong concept of direct democracy has been the most important ideological argument against too much power of the court. This ideological perception of democracy and justice has even been strengthened by the pragmatic argument, that a court of 5 or seven judges should not overrule a decision legitimised by Millions of citizens.

B.   Vertical Checks and Balances: Federalism

For countries like United States and Germany the reason to install federalism has been and is still to introduce a second that is a vertical tool for checks and balances on the vertical level. If there are two legislatures, two executives and two judiciaries on the federal level on one side and on the level of the federal units on the other side there will be even checks among the different branches on different levels.

Switzerland had to introduce federalism as a particular tool to keep and to hold its own diversity together. In addition federalism and decentralisation/devolution from cantons to their municipalities, federalism is certainly an substantial additional goal to the traditional goal of vertical checks and balances. The constitutional guarantee of autonomy of the cantons to enact their constitution, to legislate, to install their executive and their judiciary enables in fact each branch to have within the branch the necessary checks and balances. The very fact, that most legislation has to be implemented on cantonal level diminishes the executive power of the federal administration considerably. The federal administration has to take into account cantonal possibilities and needs and it may be under permanent pressure from local administration stressed by the complexity of implementation of federal laws. Cantonal administration on the other hand is always under control and permanent supervision of the federal authorities. Cantonal court decisions can be reviewed by the federal court.

The federal government and the federal administration may intervene directly into cantonal affairs and advise cantonal governments or correct the cantonal administration in order to implement federal law according to the overall view of the federal executive. In some instances cantonal ordinances or cantonal legislation implementing federal law have even to be approved by the federal council. Amendments to cantonal constitution have in addition to be approved by the federal Assembly.

C.   No Head of State

Switzerland never had a head of state such as a monarch, governor or president representing by him/her as person the country with regard to foreign powers. Thus a hierarchical concept of checks and balances as it has been developed in France with the president, its cabinet and the two chamber parliament was never an issue in Switzerland. Switzerland was thus never confronted with the problem of the "co-habitation" as in France or in the former failed German Weimar Republic during the thirties of the last century. Switzerland thus neither never had a permanent commander in Chief of the army.

The lack of a real head of a state may also be the reason for the very fact, that Switzerland has no regulation in its constitution with regard to emergencies. As the US constitution also Switzerland does not foresee a case of emergency and thus does not provide one organ with the power to decide on the emergency of the country as for instance the French constitution with regard to the French president. The argument of the former philosopher and constitutionalist *Carl Schmitt*, that the very sovereign of a country is de facto the holder of the emergency power does not hold with regard to the governmental system in Switzerland. However in United States the power of the purse is given to Congress and the power of the sword to the President (except the powers given to Congress by the war power act).

In Switzerland the power of the Sword is divided between the Federal Assembly and the Federal Council. Thus contrary to the United States, where the president as commander in Chief and as a holder of the prerogative powers of the executive can always claim as head of the state and head of the executive to use emergency powers in Switzerland traditionally only the Federal Assembly without any clear constitutional competence can claim emergency powers.

II. Peoples Sovereignty

A. Direct Democracy and Consensus Driven Democracy

The concept of people's sovereignty is decisive for any understanding of the system of checks and balances in Switzerland. Since the end of the 19th century the people has been considered as the highest instance to decide any issue as final instance, be it constitutional, legislative, administrative or even judicial. Historically the citizens were the last body to decide on important judicial issues. Nobody had legitimacy to put into question the decision of the people. The peoples vote has often been considered as the decision of God. *Vox populi vox dei* is a *popular saying to express* this legitimacy of people's decision.

Thus the enlightment concept of representation of the people by a parliament as legislature has been of short influence in Switzerland. The *Siyès* ideology of the legitimacy of representation by parliament was never convincing in Switzerland. The so called time of "regeneration" in the 30ies with strong focus on the principle of representation has from the very beginning been weakened by some tools of direct democracy in particular on the constitutional level. Already at this time, the people had always been asked to ratify the constitution as final instance and it has thus retained the power to amend and modify the constitution.

In the second half of the 19th century the very ideas of *Rousseau* of direct democracy gained again on influence in the cantons. Thus a variety of different instruments of direct democracy have been introduced within in the cantonal governmental systems: the election of the executive, the right of the people to revoke the executive, the right of the people to vote on all legislative acts proposed by the parliament, the right of the people to decide on important expenditures by the government, on the municipal level including even the right to ratify the budget, the election of judges and of course the right of initiative for new constitutional amendments and for new legislative acts.

The development of direct democracy had an important impact on the whole political life in Switzerland. Any important political decision is always considered under its chances to pass or to be rejected by the referendum. For this reason the parties as such have much less influence on the political system of Switzerland, because political parties have only a very limited power to influence their members in a referendum vote. In fact the function of the parties is reduced to provide the personal resources for candidates to accept political and some times even administrative positions but much less to influence strategic political decisions of the parliament or of the executive. With regard to important political decisions the means, credibility and power of the traditional parties to influence political life are reduced. On the other side powerful lobbies defending economical, labor, ecological or other popular public interests may be much more successful in influencing the will of the people in a referendum.

B. Proportionality as Fundamental Principle in Swiss Politics

The very fact that in the end of the 19th and the beginning of the 20th century parliament often has been discredited in the referendum required a change of the electoral system. In order to avoid negative votes in referendum the electoral system had to provide a parliament composed of all important political interests of the people. Only a proportional system producing a "mirror" of the diversity of the people of the cantons as constituencies within the parliament could guarantee that the parliament became somehow the reference of the actual diversity of the people and could therefore decide political issues without being continuously questioned by referendum.

This concept of proportional representation became somehow the main political "syndrome" of Switzerland, which influenced much more than the concept of checks and balances the actual Swiss political life. In short it means that each authority, each organ and each political decision has to reflect the existing diversity of the people. This proportional system combined with the consensus driven democratic principle has limited political power to a great extent. In fact each political decision has to undergo a process in which all important communities of the society have to be informed and may give their input on the content of the decisions to be taken. There is no authority in Switzerland, which can afford to ignore this principle of proportionality.

This principle of proportionality is also a consequence of the system of direct democracy. One would assume that direct democracy would even more enhance the development to the tyranny of the majority. The reality in Switzerland demonstrates

The Swiss Governmental System

surprisingly the contrary. One reason, which might explain, why a principally majority oriented democracy enhances the political elite to accept compromises, may be, that in general the citizens usually reject proposals made by parliament, which are not supported at least by all important parties. If only one important party rejects firmly a proposal, the chances to win a referendum are very small. Thus the parties have to stick together if they are interested to get at least some of their ideas implemented.

The principle of proportionality as the very guideline of Swiss politics has also direct impact on the governmental system and in particular on the executive. The Federal Council as the executive is composed of seven members, who are all individually elected by parliament for a fixed term period. During this period they can not be removed from office, thus there is no possibility of either chamber or of the federal assembly to replace the neither the entire executive nor one single member against their will during their term of office.

Each member of the federal council has its "constituency" within the parliament with the great bulk of the members of his/her party and members of other parties which for some reasons support the federal council of the other party. For the next term he or she will again have to find the constituency in order to be re-elected. These constituencies are formed by a group of members of parliament composed of the party of the federal council and members of other parties supporting this respective federal council for re-election. For this very reason the parties in the parliament are not able to control the executive and have much less influence and power compared with the party in a Westminster system. They are and feel to be independent from their members in the federal council. And the members of the federal council may have to find support for their legislative proposals in parliament which goes far beyond just their party member. Thus there is no majority party controlling the executive and depending from the policy of the executive. For this very reason policy decisions have much less importance for the development of the parties then in Westminster systems. The fate of the party is not depending on the popularity of the executive. Thus its members in parliament do not feel strongly connected with the policy of the executive. For this reason the majority of the parliament is de facto much more independent from the governmental policy and thus is also a real check to the power of the executive.

Although the executive is composed and elected according to the weight in number and the traditional power of the parties within the parliament, it is no coalition government. The parties do not establish a coalition agreement for the policy to be pursued during the next electoral period and based on this program elect the Primeminister and its members of government. As every member of the federal council has its own constituency in parliament a real coalition with clear majority is not possible. For this reason the federal council prepares based on proposals from the administration a program for the policy to be implemented during the next term. Even the attempt to get this program discussed and approved by parliament was a failure, as the parliament felt overburdened with the approval of such a general policy concept.

One has also to keep in mind, that even, if there would be a so called collation program of the parties represented in the federal council, the program as such would never get the impact it has in a Westminster system, where the majority of the parliament with the executive has the power it needs to implement the program. In Switzerland such policy could never have a binding effect, as almost every important decision would have to be approved in a referendum. In addition the people having the power to change the constitution with a constitutional initiative will always be able to impose on the members of parliament and on the federal council new legislative tasks by initiating new constitutional articles requiring concrete new legislation.

C. Referendum and Initiative as main Instruments of Direct Democracy

The main instruments of direct democracy on the federal level are the referendum and the popular initiative. With the referendum the people decides on the approval or rejection of decisions of the parliament. The constitution provides for two different types of referendum: Constitutional amendments decided by the parliaments are submitted to the mandatory referendum. That is they have to be submitted to the approval of the majority of the voters of the people and of the voters of the cantons. Often people propose a constitutional amendment as a instrument of opposition against the Government. As the proposals will enter as amendment to the constitution the initiatives often do not respect the principle of separation of powers. In fact many initiatives provide administrative measures limit or provide expenditures, which would be within the power of the executive or the parliament. As the parliament can not reject an initiative as violating the principle of separation powers, these initiatives once adopted may also change the system of separation of powers.

Legislative decisions are decided by the parliament. They are only submitted to the vote of the people if a referendum is required by at least 50.000 voters or by 8 cantons. The Referendum is the very instrument of the people to oppose the Government. In fact through the instrument of Referendum the people become the real opposition to the majority in the parliament and in the executive council.

While the referendum empowers the people to reject constitutional or legislative decisions of the parliament, the constitutional initiative gives 100.000 voters the right to propose a new amendment to the constitution and thus to promote policies which have not been in the priorities of the government. In fact one can say that the main political agenda in Switzerland is to a great extent determined by referendum and initiative that is by the instruments of direct democracy in Switzerland. Through these instruments the sovereign that is the citizens as voters are the most influential check to all branches of government.

Thus in fact referendum and initiative give the voters the right to oppose against governmental politics. In this sense the people as opposition has to be seen as an other "branch" which quite effectively can limit governmental power.

III. Implementation of Checks and Balances among the Different Governmental Branches

A. Parliament

We have seen that in order to understand the Swiss system of checks and balances one can not only limit the analyses to the classical division among the different governmental branches. Direct democracy as well as federalism has an additional important impact on the system and concept of checks and balances. Thus in order to understand the system of checks and balances in Switzerland, one has to take into account these additional constitutional elements.

The traditional system of checks and balances in Switzerland is influenced more by the French then by the American tradition. According to the US Constitution the three different functions such as legislation, administration and judiciary have to be attributed to three different powers. Those different powers can check the other power in respecting its own very function. The judiciary can control the executive as long as it judges on cases and controversies. Within this function the executive as well as the legislature are under the control of the judiciary which controls the legislature by its constitutional review of statutes. The legislature based on the taxing power can control expenditures and implementation of legislation by the executive. Based on this power including the power to impeach the Congress has almost absolute control on activities of the executive.

In Switzerland the priority with regard to the concept of checks and balances was given to the idea of strict separation of the branches much more then their mutual checks. Thus even parliament was restricted in controlling the executive with the argument, that it has no power to intervene in activities of the administration. Only after several scandals caused by some civil servants, the parliament enacted the necessary legislation in order to have a better control over the executive and its administration.

B. Power of the Purse

While expenditures are decided only by the federal Assembly the decision on taxes need legitimacy based on a statute or even on the constitution and thus are exposed to either obligatory or facultative referendum. It is interesting to note, that between the parliament which is finally responsible only for expenditures will for its popularity and re-election generously provide for expenditures and the people finally decides on taxes a big gap of expenditures not covered by taxes has opened. In order to prevent such future in-balance between parliament and people Art. 126 of the Constitution stipulates that there must be over the time a balance between expenditures and income.

Based on the competence to decide on the expenditures the parliament controls the concrete implementation of its decision by special financial control committees, which have the power to intervene in cases the administration of the federal council provides expenditures which are not covered by the approved budget. However contrary to most other states Switzerland has no independent accounting office in charge to control everyday expenditures. The federal finance administration is at the same time responsible and as well under control of the federal council and of the parliament! This office responsible to both branches of Government is certainly one of the most important cases of the unique Swiss understanding of checks and balances.

C. Power to Elect

A part from decisions on expenditures most important is the power of the federal Assembly to elect the members of the federal council, the judges of the Supreme Court and in times of war the commander in chief of the army. This power is exercised by the Federal Assembly united into one chamber. As it would not be efficient to elect those magistrates in both chambers separated, the constitution has provided that for elections the chambers have to assemble into one common assembly and to elect the magistrates on the bases of the majority of the united assembly. This reduces of course the influence of the cantons, which have only 46 state councillors against 200 members of the national council.

On the other hand the constitution did not require that the federal council would need a confidence of the majority of one chamber. If it would have done so, the Chamber having the power to remove the council and its majority party would have become the most important political factor in the country and thus would have diminished the political influence of the cantons radically.

In almost every modern state the executive can be removed either by a simple or constructive (Germany) vote of confidence or by an impeachment procedure. The Swiss constitution does not provide a dismissal procedure nor an impeachment procedure or a procedure for High treason of a member of the federal council. Constitutional history has shown that in cases a member of the federal council is loosing for important failures loosing the confidence of the public, its party uses pressure in order to convince him or her to resign on its proper decision. In cases a federal councillor commits a crime such as high treason, he/she can be prosecuted against his/her will, if the United Federal Assembly lifts its immunity.

D. Parliamentary Control of the Executive

As the executive is not at all embedded in a clear parliamentary majority, the parliament feels free to control the activities of the executive and the administration notwithstanding the fact, that the vast majority of the parties is represented in the executive. The members of parliament feel independent from the executive as whole body as well as from the federal councillors belonging to their very party. Thus parliamentary control over the executive and its administration is exercised notwithstanding that the vast majority of the parliament and the controlling committees are members of the same party than the members of the executive to be controlled.

E. Executive

1. *Influence of the French directory of the Constitution of 1795*

With regard to the executive Switzerland has – compared to other governmental systems – the most unique system in the world. In fact it is the only country, which is run by a council composed of 7 pair members, elected for a fix term period and without a president or monarch as head of a state. The roots of this system have to be found in the second republic of the French revolution. Indeed after the monarchy with the King as Head of State the French did not copy the system of the British protectorate of the 17th century but installed a collegial body of 5 pair members elected by the parliament. Those 5 members replaced the Crown and were accountable to the parliament. As head of the administration they appointed one general director in charge for the management of the administration.

When the French troupes invaded Switzerland in 1897 they installed a governmental system which was very similar to this French directory system. Although the unitary system failed shortly after it had been installed, the confederates in 1848 introducing a new governmental system have been inspired by the historic model of the French directory. Indeed this was at that time the only known democratic alternative to the American presidential system. The American presidential system was not conceivable for Switzerland as it gave to one person to many powers. One person as had of the state elected by the people would be to the very detriment of minority communities. In Belgium and Spain the other multicultural European states with three or more languages but only one religion the head of stat is a hereditary monarch. The Westminster Cabinet System as other alternative developed only later. Only as a body composed of different pair members coming from different cantons the federal council can only integrate the different diversities.

The members of the French directory replaced the crown with a collegial council. This directory was in charge to define the strategy to be implemented for the common interest of the country. It embraced the powers of the former Crown. The day to day decisions to implement the policy and the statutes was delegated to a general director appointed by and accountable to the directory. The Swiss installed a system different from the French. The federal Council does not replace the Crown, thus it has no residuary power. The residuary power is within cantonal governments. In contrary to the function of the members of the directory the members of the federal council have not one but at least two major functions. First as members of the council they have a collegial responsibility for all decisions and measures of the executive. Second as head of their administrative department they have to organise supervise and manage their administration and to propose decisions to the federal council prepared by their department. They function with regard to their department as the General Director of the directory but only with regard to the administration of their department.

Compared to a cabinet system the members of the Federal Council are at the same time ministers and member of the body holding the powers of the head of state and of the prime-minister. Thus the Swiss directory is not only a collegial model of the presidential system but a particular system of an executive which functions as collegial body as president on one side and by its members as head of a department as administrators and managers of the administration on the other side.

2. The Concept of the Swiss "Directory"

The members of the executive are elected by the united Federal Assembly. The united Federal Assembly is an electorate of 226 members composed of the two parliamentary chambers the National Council with 200 members representing the nation and the State-Council with 46 members representing 20 cantons (2 per canton) and 6 half cantons (one per half canton). This unique concept of the two chambers united mainly for elections and separated for legislation and the control of the executive had as consequence, that a development to a cabinet system composed of a prime-minister controlling the majority party was constitutionally impossible. A cabinet system is only conceivable if the cabinet is supported by the majority within one chamber. Only one chamber can have the power to dismiss a government based on a vote of confidence. But such system would have radically changed the power balance between the national and the state chamber. In consequence none of the two chambers neither the united Federal Assembly can remove the Executive or Individual members from office. In fact the chamber, which would have been vested with the right to remove the executive from office would have become the political decisive chamber and thus would have overthrown the delicate balance between national and cantonal sovereignty.

For these reasons the executive had to be constructed as a body independent from the parliament but under parliamentary control. The concept of separation of powers followed thus more the American system with a president somehow divided into seven members all accountable for re-election not to one chamber but to the united chambers, which otherwise are not vested with political decision making power. However unlike the American president the members of the federal council have the right to participate in the parliamentary debate but do not have the right not the right to vote. In addition the Federal Council has the right to propose Items on the agenda and in particular to propose and defend in the parliament and in its committees legislative proposals. And in fact almost 90% of the legislation is adopted by the legislature based on a proposal of the federal council. However the members of the federal council are not members of the parliament. The parliament may even elect Swiss citizens into this council, who are not at all members of the parliament. If a member of parliament is elected into the office of the federal council, he/she has to resign from parliament.

3. Specificities of the Swiss Directory

For this very reason the only available democratic alternative was the French directorial system. However the Swiss adapted this system to their proper interests and needs. In order to give also the communities of the small cantons the opportunity to be represented in the executive they enlarged the number of the members from 5 to seven. Unlike the French directory they did not provide a General Director responsible for the administration, but they mandated each member with the additional responsibility not only to decide on the fate of the country within the council but in addition to run the administration of a department. Thus compared to the monarchy or to the presidential system the new council was as collegium responsible as head of state, as final instance in administrative decisions, in war time as responsible council to give directives to the commander in chief, and as executive accountable to parliament.

The individual pair members are mandated to manage the administration of their department, to submit to the federal council the appropriate proposals of their departments, to prepare and participate in the meetings of the federal council and to represent the federal council for their respective affairs in the parliament. In addition each member of the federal council is at the same time partly prime-minister in the sense that the federal council as organ gives guidelines to its departments and decides on the proposals made to it by the departments.

For several reasons this system is actually challenged as in particular the raising importance and raising activity in international affairs is very demanding for each head of a department. However up to now no proposal to change the system did find the necessary political support.

4. *The President of the Federal Council*

The president of the federal council is elected by parliament for one year. At the first of January every year the actual president is replaced by a colleague elected as the new president for the coming year. As customary rule the parliament elects always the next federal council younger in office as new president. He or she acts as moderator of the meetings, prepares with the federal Chancellor the agenda and represents the country in international affairs. The president has no specific power. He/she cannot enact directives to the members or the council and does not dispose of a veto-power. Neither can they dismiss a member of the federal council.

5. *Election and Accountability*

The members of the federal council are accountable to the parliament. The members of parliament can ask for information on specific issues, they can require the federal council to report on delicate issues and it can mandate the federal council to elaborate legislative proposals. Investigation committees may even require testimony from civil servants acting under a federal councillor even though he/she is opposed against this testimony.

Although the united federal assembly elects the federal council, during its fixed term office it can not remove the council as such neither its members individually. After the term of office the members of the federal council may be candidate for re-election. As general rule up to 2003 the federal Assembly since the end of the 19th century always re-elected the members who accepted a re-election. As the turn out of the election of the national council was in favour of the democratic union (a right wing party), which was only junior partner in the federal council, the federal Assembly changed the so called magic formula of the party representation (two radicals, two socialists, to Christian democrats and one of the Union of Democrats) in favour of this new winning junior-partner. In return the loosing Christiand Democrats had to renounce on one of the two seats thus they became the new junior partner in the executive council. Thus only one candidate belonging to the Christian Democrats has been re-elected. The other was de facto dismissed. It was the first time since more than 100 years that a candidate for re-election has not been elected by the parliament.

The parliament elects each member of the federal council individually. Thus it can not elect the entire council as such but only its members individually. According to the constitution the federal Assembly has to provide for an appropriate representation of the countries diversity.

Although the different parties are represented in the federal council, the executive is not a traditional cabinet based on a coalition program. There is no leading party or prime-minister to propose the composition of its cabinet. The parties may propose candidates but the parliament can and did some times elect other party members who may even not have been proposed by the their mother-party. Thus the executive is influenced but not at all dependend from the parties proposing the candidates to election. For this very reason the parties have only limited influence on there members in parliament. The party members even when electing their federal councillors usually feel free not to follow in specific issues there party-proposal.

6. *Independence from Parliament*

The members of the federal council can for reason of separation of powers not be at the same time members of the parliament as for instance the members of the cabinet of the UK. On the other side contrary to the American president, who can not intervene in discussions within the congress the federal councillors they are expected to defend their proposals in parliament. In consequence they have in general a privileged possibility to intervene orally in the plenary debates as well as in the debates of the parliamentary committees. As they are not members of parliament they have no right to vote. Contrary to the American President the federal council has no veto-power with regard to decisions of either chamber. It is forced to implement decisions of the parliament even in cases the federal council did reject them.

If a member of the federal council looses a vote he/she never resigns for this reason. Even if a proposal of the federal council is rejected by the people in the referendum, they are not expected to resign from office. The Swiss political system and in particular the direct democracy has influenced politics and political evaluation in the sense, that the choice of persons is clearly separated from decisions on issues. Persons are much more accountable with regard to their personal behaviour than with regard to the issues and the content they propose to the parliament or the people.

7. *Chancellor*

An interesting issue is the federal Chancellery. The federal Chancellor is in between the parliament and the federal council and thus does not fit to a clear principle of separation of powers. The Chancellor is the secretary of the Federal Council and responsible for the timetable of its decisions. It is the spokesman of the executive and proposes the legislative program and thus the chancellery is the most influential staff of the office of the president. As the president of the federal council changes every year the Chancellor, who is also called the highest civil servant can become very powerful and is often called the secret eighth federal council.

The chancellery is under the control of the federal council but at the same time elected by the parliament and thus also accountable to the parliament. For a long time the chancellor was in addition even in charge of the secretariat of the parliament. However the parliament has now provided for a special secretary in charge of the administration of parliament.

F. The Judiciary

1. The least dangerous branch

The judicial branch never had in Switzerland a high standing as the least dangerous but still the third branch of the system of checks and balances. The courts are asked to apply and interpret the statutes adopted by the legislature. They are not legitimised to political decisions. Judges are asked to be a-political and objective. Recently the federal court decided very technically that the municipal decision to decide on the citizenship of a foreigner is an administrative act and thus bound to the principles of rule of law as any other administrative act.[1] This very technical decision has been considered as an unjustified intervention into the very democracy of citizens. As a result the right wing party will provoke a constitutional initiative to prevent the court from intervening in administrative procedure with regard to citizenship.

This case demonstrates the low political impact of the court and the possibilities of the people to limit the jurisdiction of the court based on constitutional amendments.

2. Federal system with regard to the Judiciary

Switzerland has no unified court system. Cantons decide within their cantonal autonomy on the courts, there organisation and jurisdiction as well as still on the procedure. However since 2000 the Confederation has now the competence to enact a Swiss code on civil and criminal procedure. Up to now however these new statutes are not approved by the legislature.

3. Independence of Judiciary as a General Constitutional principle

With regard to the principle of separation of powers, the federal court considers the principle of separation of powers to be a constitutional right for every citizen based

---

[1] ATF 129 I 232 Fed. Court Decision, *See also* ATF 129 I 217.

on the general principle of law. Thus a clear violation of the principle of separation of powers by the cantons would be sanctioned by the federal court. The principle of separation of powers with regard to the court is part of the principle of the independence of the judiciary. This principle has also its guarantee in Art. 6 of the European Convention on Human Rights (EHRC) and has in its tradition always been considered a general principle of law by the federal court. With regard to controversies based on private law rights this has never been controversial.

With regard to criminal law one has to admit that the cooperation of the prosecution and the police integrated in the administration and somehow also dependent of the executive on one side and the criminal court on the other side have in some cantons not been clearly separated. Since the full application of the EHRC however this separation with regard to courts and administration is now guaranteed without restriction. The office of the prosecutor however is organised very differently in the different cantons. Some prosecutors are elected by the people of the cantons, some by parliament and some are appointed by the government. Some prosecutors are appointed by the executive. It is clear that prosecutors appointed by the executive are in particular with regard to the prosecution of members of the executive not as independent as prosecutors elected by the people. However even in the case a prosecutor is elected by the executive he/she has a constitutional and legal obligation to investigate in all criminal cases even though a member of the executive is suspect. In this context one has of course to consider the fact, that in continental legal systems and in particular in Switzerland members of Parliament and magistrates enjoy immunity from public prosecution. In the case of the federal council this immunity can only be lifted by the parliament. Thus even though the prosecutor may require investigation, the parliament can prevent it by not lifting the immunity of the suspect magistrate.

4. *Independence according to the European Human Rights Convention*

The general check of courts for the legislature is its power to enact statutes and by this also to determine the cases which can be decided by the courts. With regard to the jurisdiction of the courts in disputes with the administration the legislature needed to have a specific competence as for a long time the independence of the executive and of the courts has been considered as part of the principle of separation of powers. Thus courts were not allowed without specific constitutional and legislative competence to intervene in administrative matters.

With the EHRC this has radically changed, as Art. 6 of the Convention gives a general guarantee to access to justice in the sense of access to an independent court in disputes concerning civil rights. With this development the independent administrative courts have a obligation to intervene in these cases based on an international treaty.

5. *Election of Judges*

With regard to the election or the appointment of judges Switzerland has a variety of different systems. On the federal level judges of the Supreme Court are elected by the federal assembly. In several cantons they are elected by the people. Some cantons as for instance the canton of Fribourg provide for a specific electoral body composed of representatives of the parliament, the executive and the courts. In order to become a candidate for the election a person needs to have the support of a party. Thus all judges are somehow linked to a specific party, which then also guarantees re-election. However one has to admit that the link to the party is not strong and judges feel quite independent from their party. As the proportional Swiss system requires proportional representation of the parties within the courts; the danger that a court may come under control of only one party is almost non existent. In order to become a judge one needs formally only Swiss Citizenship. In most cases specific professional knowledge, experience and skill is not a legal condition for a candidate. However in particular for the higher instances only lawyers with professional skills are elected. On the lower level even common people without professional skills are elected as judges. In these cases the courts dispose of a secretary with legal education.

Judges are always elected only for a specific period. After this period they have to be re-elected. For this very reason the judges will not ignore major political problems in particular when they come close to a new re-election period.

6. *Checks of the Executive by the Judiciary*

To what extent the executive is checked by the judiciary? Switzerland – strongly inclined to democracy as basic principle to guarantee freedom – has always been and remains reluctant to give too much power to the judiciary. For this very reason even the actual constitution although under the influence of the European Charter of Human Rights it improved the jurisdiction of the court over administrative decisions, it did not provide for general possibilities to control the federal council as such. Decisions of a federal department headed by a federal council can be quashed in an administrative controversy but in principle not decisions of the federal council as collegial organ. This will change however in particular with the general guarantee to access for justice according to Art. 6 of the Human Rights Convention and the new Art. 29bis of the Federal Constitution. As administrative law does not provide a writ of injunction the possibilities to require an action, pro-active measures or the prohibition if an activity of the federal council by a court decision is not possible.

7. *Judicial Control*

It may be due to this limited jurisdiction of the federal court with regard to the executive of the administration, that there is no court jurisprudence on the issue of political question or the residual power of the executive. The limited court jurisdiction defined by the legislature did not give any way to the court the possibility to intervene in issues of the federal council. Thus it had almost never to deal with the very issue of the limits of the court to control the federal council based on the principle of separation of powers.

Multiple Nationality and Diplomatic Protection

*Kay Hailbronner**

I. The Changing Attitude Towards Multiple Nationality

There is an increasing number of persons holding multiple nationalities, despite efforts to avoid multiple nationality. The principle which can be found in the European Convention of 1963 on Reduction of Cases of Multiple Nationality and Military Obligations in Case of Multiple Nationals (ECN), whereby multiple nationalities are generally undesirable, has been abandoned by subsequent legal instruments, in particular the Second Protocol amending the 1963 Convention and the European Convention on Nationality of 1977. The present state of public international law is correctly reflected in Art. 15 ECN. The Convention does not limit the right of states to determine in its internal law whether its nationals who acquire or possess the nationality of another state retain its nationality or loose it or whether the acquisition or retention of its nationality is subject to the renunciation or loss of another nationality.

Art. 15 ECN clearly marks a shift in the attitude of states towards multiple nationality although no general principle against or in favour of multiple nationality can be derived from the Convention. The 1963 Convention on reduction of cases of multiple nationality already did only provide for a loss of previous nationality for a limited category of persons. It covered the special case of voluntary acquisition of another nationality obliging states in such cases to provide for the renunciation or loss of their previous nationality.

A major reason for the change of legislation has been the recognition of interests of immigrants to maintain connection with their country of origin, while attribution of the host state's nationality was also considered as an essential requirement for full integration. On the other hand, there is no general consensus on whether multiple nationality is an adequate tool for promoting integration or whether it may obstruct integration by facilitating the formation of separate cultural and political interest groups, identifying with their country of origin rather than with the country of residence.

Although there is no evidence that problems of failed integration are linked to the issue of multiple nationality, the conclusion of Kojanec[1] is correct, that the stance of international law in relation to the problem of multiple nationality is the result

---

* Prof. Dr. *Kay Hailbronner* LL.M., University of Konstanz, Germany
[1] *Kojanec, G.* (2003), Multiple Nationality, in: First European Conference on Nationality, 'Trends and Developments in National and International Law on Nationality', Proceedings, CONF/NAT (99) PRO 1, Strasbourg, 35.

S. Arkan, A. Yongalik (eds.) Liber Amicorum/Festschrift für Tuğrul Ansay, pp. 117-124.
© 2006 Kluwer Law International BV. Printed in the Netherlands.

of historical, philosophical and social facts which lay at the basis of the legislative approach in each state and determine its finalities.

Nevertheless, there is a clear tendency for a more liberal toleration of multiple nationality. A large number of European states have changed their legislation in order to accept multiple nationality for certain categories of immigrants thereby taking account of the connections of an immigrant with his/her country of origin. Even those countries maintaining the principle of avoidance of dual nationality, like Germany, have largely facilitated the maintenance of a previous nationality if renunciation of nationality meets serious obstacles or must be considered as unreasonable for other reasons. Art. 14 ECN provides for multiple nationality in case of children having different nationalities acquired automatically at birth and in the case of automatic acquisition of another nationality due to marriage. In addition, multiple nationality under Art. 16 is accepted when renunciation or loss is not possible or cannot reasonably be expected.

An increasing number of multiple nationals may give rise to more international disputes resulting from conflicting rights and obligations. A traditional rule of customary international law, laid down in Art. 4 of the Hague Convention of 1930 provides that a state may not afford diplomatic protection to one of its nationals against the state whose nationality such a person also possesses. The rule, however, although maintained in state practice, has been gradually diminished in its importance due to a number of exceptions (*see* section 4.1.2).

Multiple nationals in general are accorded the same rights and obligations as any other national holding only one nationality. Conflicting obligations or loyalties may create difficulties if there are no special agreements providing for a mutual recognition of military service.[2] Art. 21 ECN states that multiple nationals shall fulfil their military obligations in relation to one of the state parties only. Normally, that state party will be the state of habitual residence. The Convention, however, leaves it to the person concerned to submit voluntarily to military obligations in relation to any other state of which they are also a national, unless there are special agreements.

In the absence of a special agreement Art. 21 states a number of principles to solve potential conflicts if persons possess multiple nationality. The Convention mentions at first the principle that any such person shall be subject to military obligations in relation to the state party in whose territory they are habitually resident. Nevertheless, they shall be free to choose, up to the age of 19 years, to submit themselves to military obligations as volunteers in relation to any other state party of which they are also nationals. The same principle is laid down in the Convention concerning persons who are habitually resident in the territory of the state party of which they are not nationals or in that of a state which is not a state party. Such persons may choose

---

[2] Cf. The European Convention of 1963 on Reduction of Multiple Nationality; *Legomsky, S.* (2003), Dual Nationality and Military Service: Strategy Number Two, in: Martin, D. & Hailbronner, K. (eds.), Rights and Duties of Dual Nationals – Evolution and Prospects, The Hague, London, New York, 79 ff.

to perform their military service in the territory of any state party of which they are nationals. In this case the military service shall be deemed to have been fulfilled in relation to any other state party or state parties of which they are also nationals. In principle, the same rules apply to persons who have been exempted from their military obligations or have fulfilled civil service as an alternative. Concerning persons who are nationals of a state party which does not require obligatory military service, they shall be considered as having satisfied their military obligations when they have their habitual residence in the territory of that state party. Nevertheless, they should be deemed not to have satisfied their military obligations in relation to a state party or state parties of which they are equally nationals and where military service is required unless the said habitual residence has been maintained up to a certain age.

There are different statements and some reservations concerning this provision. Austria has declared to retain the right that a person who has been exempted from his military obligations in relation to one state party is not deemed as having fulfilled his military obligation in relation to the Republic of Austria. A number of other states have submitted declarations that a habitual residence resulting in the exemption of military service must be maintained up to a certain age in order to exclude the abuse of the provision as an escape clause from military service. Some contracting states have also reserved a general right to subject dual nationals to military service provided that they live on the territory of the country and are subject to military obligations.[3] Germany has also entered a reservation to Art. 22 to exclude that dual nationals living in Germany might invoke exceptions relating to military service which are not provided for under German law. As a result, these persons would in principle be privileged in relation to holders of only one nationality who are liable for military service.

No customary international law can be drawn from the state practice. Some of the rules laid down in Art. 21 and Art. 22 and particularly the rule of avoidance of dual military service in case of dual nationality can be considered as emerging standards of European nationality law. Some other principles laid down in the Convention meet substantial resistance. It is particularly doubtful whether a principle of free choice does reflect a proper balance of the interests of the individual and the society. Recognition of multiple nationality should not undermine legitimate integration concerns of states. Voluntary military service in a state other than the state of residence is hardly suitable to promote integration and may even be considered by internal legislation as a reason for loss of nationality.

Larger numbers of multiple nationals may also create difficulties and conflicts in connection with the exercise of political rights of non-residents and the potential interference of external interests in the political process. Political rights should be attached to the state of permanent residence; permanent residence should also be the

---

[3] *See* Reservation of Hungary of 21 November 2001.

decisive factor in deciding conflicts of law issues rather than relying exclusively upon nationality of the forum state.[4]

Although multiple nationality in general does not imply problems of conflicting loyalty, there may be situations in which such conflicts, at least in the public perception, cannot be excluded. It is a legitimate concern of states to require that such nationals surrender their other nationality before taking up high official functions in the government or in the public domain.[5] As to civil service, experience with multiple nationals does not indicate any need to exclude multiple nationalities from lower civil service.

Since public international law is largely silent on the question of solving conflicts arising on the exercise of multiple nationalities, it is up to the states concerned to conclude special agreements on issues of conflict of laws, exercise of political rights, military and other obligations. A guiding principle is supposed to be that primary obligations of dual nationals should be with the state of residence, and that state should also serve as a primary protector of the individual. Consequently, in the case of dual nationals, issues of civil status and conflicts of laws should be resolved by reference to the laws of the country of habitual residence. In addition, dual nationals should focus their political activities in the state of residence and generally should vote only there. It would be advisable to devote some effort on the conclusion of international agreements which would facilitate management of multiple nationality and effectively deal with the issues related to the exercise of multiple rights and obligations.[6]

II. Diplomatic Protection of Dual Nationals

An increasing number of multiple nationals may give rise to more international disputes resulting from conflicting rights and obligations. A traditional rule of customary international law, laid down in Art. 4 of the Hague Convention of 1930 provides that a state may not afford diplomatic protection to one of its nationals against the state whose nationality such a person also possesses. The rule, however, although maintained in state practice, has been gradually diminished in its importance due to a number of exceptions. One exception concerns the raising of claims in case of human rights violations, although the development of human rights has not made the institution of diplomatic protection of a state in favour of its nationals obsolete.[7]

Art. 17 ECN does not provide for a particular rule in the case of the exercise of diplomatic protection for dual nationals. Art. 17 states the principle that nationals of a state

---

[4] *Martin, D./Hailbronner, K.* (2003), Recommendations of the German Marshall Fund Project on Dual Nationality, Rights and Duties of Dual Nationals – Evolution and Prospects, The Hague, London, New York, 383; for a different view *see Spiro, P.* (2003), Political Rights and Dual Nationality, in: Martin, D. & Hailbronner, K. (eds.), Rights and Duties of Dual Nationals Evolution and Prospects, The Hague, London, New York, 135.
[5] *Martin/Hailbronner*, op. cit., 385.
[6] *Martin/Hailbronner*, op. cit., 383.
[7] *Dugard, J.* (2000), First Report on Diplomatic Protection, UN CN. 4/506, 10.

party in possession of another nationality shall have, in the territory of that state party, in which they reside, the same rights and duties as other nationals of that state party. However, the rules of international law concerning diplomatic protection by a state party in favour of one of its nationals who simultaneously possess another nationality are not to be effected by the provisions of the Convention. The Explanatory Report repeats the principle laid down in Art. 4 of the Hague Convention of 1930 noting that owing to the developments in public international law since 1930 "in exceptional individual circumstances" a state party may offer diplomatic or consular assistance or diplomatic protection in favour of one of its nationals who simultaneously posses another nationality, for example in certain cases of child abduction. Account must also be taken of the fact that one member state of the European Union may give diplomatic or consular assistance to a national of another European Union state, where the latter state is not represented in the territory of third country.[8]

Another exception relates to the application of the genuine and effective link theory for multiple nationals. Although the theory is doubtful if interpreted as a general requirement for acquisition of nationality or even diplomatic protection, it has gained acceptance in the context of multiple nationality. International tribunals have frequently accepted a claim of diplomatic protection even in case of dual nationals if the nationality of the state raising a claim can be considered as the genuine and effective one in contrast to a more formal nationality of the other state.[9] The rule that in case of multiple nationals conflicting claims may be solved by recourse to the more effective connection test may well be considered as an emerging principle in spite of the somewhat reluctant attitude of the ECN to provide for exceptions to the traditional rules.[10]

In more recent literature the customary recognition of the exception rule is being increasingly cast into doubt, to be replaced by the theory of dominant or effective nationality.[11] In the Third Restatement of the Law of 1987, the exercise of protection in favour of a dual national against his own state is held admissible

> "if the nationality of the claimant state is dominant, e.g. if the individual has stronger links to that state such as an extended residence or sojourn or ties of family or property in that state."[12]

---

[8] Explanatory Report at p. 15.
[9] For further references *see Hailbronner, K.* (2004), Der Staat und der Einzelne als Völkerrechtssubjekte, in: Graf Vitzthum, W. (ed.), Lehrbuch Völkerrecht, Berlin, New York, 204, 205; *Dugard*, op. cit., 42.
[10] *Hailbronner*, op. cit., 204.
[11] *Leigh, G.* (1961), Nationality and Diplomatic Protection, International and Comparative Law Quarterly 20, 453; *Mahoney, P.* (1983/1984), The Standing of Dual Nationals Before the Iran-United States Claims Tribunal, Va. J. Int'l L. 24, 695; *Rode, Z.* (1959), Dual Nationals and the Doctrine of Dominant Nationality, American Journal of International Law, 139-144; *Leurent* (1985), Problèmes soulevés par les demandes des double nationaux devant le Tribunal des différends irano-américains, Revue critique de droit international privé, 477, 482.
[12] American Law Institute, Restatement of the Law Third, 1987, para. 713, lit. C and Reporter's Note no. 2, p. 222.

As substantiation the representatives of this theory rely for their part on a string of decisions of international courts of arbitration and, above and beyond this on the change in the structure of the international legal order. The related arbitral decisions in fact show, that it is not possible to speak of an unanimous legal conviction according to which protection against a state whose citizenship the national already possesses is completely excluded.

In the case of Canevaro the Permanent Court of Arbitration had to rule on a claim by an Italian-Peruvian dual national concerning the non-honouring of Peruvian state stocks.[13] The plaintiff, Italian by descent, Peruvian by virtue of birth on Peruvian state territory was, according to the view of the Court restricted from complaint against Peru because he had effectively taken advantage of his Peruvian citizenship and had even become active in the political life of Peru. It was considered that in such circumstances it was not possible to speak of a dominant Italian nationality.

A second precedent tending toward effective nationality is the ruling of the Italian-American Arbitrary Commission of 10.6.1955 in the case of Mergé.[14] Mrs. Mergé, an American national had married an Italian in 1933 and by operation of the law acquired Italian nationality. She had also subsequently made intensive use of this nationality although she kept on renewing her American passport. In 1948 she asserted claims against Italy due to the loss of property in Italy resulting from acts of war. She based her claim on a peace treaty with Italy. The Italian government rejected all of Mrs Mergé's claims on grounds of her dual nationality. The Arbitration Commission convened by the American government ruled in Italy's favour. It was considered that the United States were prevented from exercising diplomatic protection, since the American nationality could not be regarded as predominant. In relation to this the court of Arbitration stated:

> "The principle based on the equality of states, which excludes diplomatic protection in the case of dual nationality, must yield before the principle of effective nationality whenever such nationality is that of the claiming state. But it must not yield if such predominance is not proved because the first of these two principles is generally recognised and may constitute a criterion of practicable application for the elimination of any impossible uncertainty."[15]

---

[13] RIAA 11 (1961), 397 ff.; *Benedek, W.* (1981) Canevaro Claims Arbitration, in: Bernhardt (ed.), Encyclopedia of Public and International Law, vol. I. Amsterdam, Lausanne, New York, Oxford, Shannon, Singapore, Tokyo, 527; *de Böck, Ch.* (1913), La sentence arbitrale de la Cour permanente d'arbitrage dans l'affaire Canevaro, Revue Général de Droit International Public 20, 317-372.
[14] RIAA 14 (1965), 236 ff.; *Klein, E.* (1981), Mergé Claim, in: Bernhardt, R. (ed.), Encyclopedia of Public International Law, inst. 2. vol. III. Amsterdam, Lausanne, New York, Oxford, Shannon, Singapore, Tokyo, 185, *Rode*, op. cit., 139.
[15] Ibid., p. 247.

The doctrine developed in the case of Mergé has subsequently been applied in numerous other proceedings involving claims asserted by persons of more than one nationality.[16]

However, the practical field of application of the new doctrine has certainly remained limited. As the wording of the Mergé ruling clearly shows, the validity of the exemption rule was not generally placed in question. The criterion of effective nationality did not completely drive out the ground rule set down in Art. 4 of the Hague Convention but merely supplemented them in cases where one nationality must be seen as predominant. Only a purely formal nationality should not be able to hold against the dominant nationality. In order to judge this, the Mergé Commission wanted to include habitual place of residence as well as further social economic and political factors and the effective living conditions. As shown in practice, relatively tight requirements are set on the conditions of dominant nationality. The claims for protection in favour of dual nationals faltered without exception because the state against which the claim was asserted was able to refute the dominance of the other nationality. Both in the cases of Canevaro and of Mergé the result would not have been any different had the exception rule been strictly adhered to.

A new era in the discussion on diplomatic protection of individuals of more than one nationality began when the Iran/US claims tribunal was confronted with a string of court actions from persons with both Iranian and American nationality. In the case of Esphahanian vs. the Bank of Tejarat, the plaintiff, a citizen of both Iran and the U.S., born and raised in Iran and later naturalised in the U.S., who at times lived and worked in Iran, made an action for payment of a dollar cheque issued by a nationalised Iranian bank.[17] The competent division of the court and later the plenum rejected the Iranian protests over the dual nationality of the plaintiff and in so doing relied on the theory of dominant nationality. In justification, the court made reference to the criticism against the doctrine of absolute exclusion of a state's responsibility for its own national in cases of dual nationality. According to the court, the theory is not sufficiently covered by Arbitrary Court practice and not representative of the development of modern international law. Especially, too much weight is attributed to the respective national concept of citizenship that, in the case of Iran, makes it practically impossible to renounce nationality and bases nationality on purely unobjective links, e.g. descent. The international assertion of rightful claims of individuals was in this way, according to the tribunal, made more difficult, often impossible. It was pointed out by the tribunal, that the dual nationality of US/Iranian nationals resulted from Iranian legal codes of nationality which are in breach of international human rights whereby the tribunal pointed to the acquisition of Iranian nationality of wives and children of Iranian men born in the USA.[18]

---

[16] Cf. e.g. the case *Mazonis*, RIAA 14, 249.
[17] Judgement of 6 April 1984, No. A/18, ILM 1984, p. 489; *Mahoney*, op. cit., 695.
[18] Ibid., p. 496.

Further, the court deals with the exception rule of 1930 and with international legal practice. After fifty years, Art. 4 of the Hague Convention only retains a limited value as a proof of a sense of legal obligation. In the meantime the concept of the exercise of diplomatic protection would appear to have changed considerably. For this reason it would seem necessary to distinguish different types of exercise of protection especially between assertions of claims before international courts and the exercise of protection through states in a more restricted sense. In the outcome, the court came down to a qualification of its fundamental statements on the validity of the exception rule. In the present cases, a judgement would have to be passed only on claims of the individual before an international Arbitration Court not, however, on the real question of the exercise of diplomatic protection by states on behalf of their own national where the rights of the plaintiff state itself are concerned. Notwithstanding this, the court, however, relies heavily in its argumentation on the practice of courts of arbitration and literature of "the most competent lawyers" in order to assert interstate claims in favour of individuals of more than one nationality before international courts of arbitration. According to the Court, an interpretation of international practice shows a clear trend towards modification of the exclusion rule by the concept of dominant and effective nationality, also confirmed by the ruling of the ICJ in the case of Nottebohm. This trend should be the less surprising,

> "as it is consistent with the contemporaneous development of international law to accord legal protection to individuals even against the state of which they are nationals."[19]

The theory of predominant nationality is also supported by the ILC in its 2004 draft.[20] Although the principle is maintained that a state of nationality may not exercise diplomatic protection in respect of a person against a state of which that person is also a national an exception is made unless the nationality of the former state is predominant, both at the time of the injury and at the date of the official presentation of the claim. The ILC points to the more recent state practice by the Iran-US Claims Tribunal and the UN Compensation Commission to provide for compensation for damages caused by Iraq's occupation of Kuwait. The condition applied by the Compensation Commission is that they must possess *bona fide* nationality of another state.[21] The Commission, therefore, is of the opinion that the principle which allows a state of dominant or effective nationality to bring a claim against another state of nationality reflects the present position in customary international law.

---

[19] Ibid., p. 501.
[20] ILC 2004: 40 ff.
[21] S/AC. 26/1991/Rev. 1, para. 11.

Fundamental Rights and Private Law: the Case of the Netherlands

*Ewoud Hondius**

I. Introduction

The beginning of the XXIst century is an important period for Turkey and for the European Union. Accession of Turkey to the European Union is at present being debated.[1] One of the points in discussion is that of human rights. The main issue is whether or not Turkey sufficiently takes care of these rights. The Kurdish movement and the Armenian question have been points of contention. It is sometimes overlooked that present EU member states may also have to clarify their human rights record with regard to Turkish minorities in their countries. This paper will not address human rights in general, but rather their impact on private law. To be more precise, the question to which extent human – or fundamental – rights play a role in contract law and tort law will be addressed. One jurisdiction in particular – that of the Netherlands – will be analysed, with occasional reference to other European legal systems, such as those of France and Germany. The author must apologise for his lack of knowledge of Turkish law. Fortunately, he has found support for his contentions as to Turkish law in the work of Ansay and Wallace.[2]

II. The Starting Position

At the outset it should be stressed that the Netherlands, unknown by most Europeans, share with Turkey a human rights record, which with regard to private law is poor. Not that there are no cases where fundamental rights are at stake (Nr. IV below). Not that academic discussion is absent (Nr. V below). But the impact of fundamental rights in private law seems not very impressive. An important reason may be the absence of a constitutional court (Nr. III below).

Historically speaking, the Dutch situation is not very special. "Human rights were originally conceived as rights and freedoms *vis-à-vis* the State and other public authorities. Their very fundamental purpose was to protect the individual against the omnipotent State (...). The position of private parties *vis-à-vis* each other is, of course,

---

* Prof. Dr. *Ewoud Hondius*, University of Utrecht
[1] *See* Commission staff working document, *Issues arising from Turkey's membership perspective*, COM (2004) 656 final.
[2] *Tugrul Ansay* and *Don Wallace Jr.*, Introduction to Turkish law, 5th ed., The Hague: Kluwer, 2005, 244 p.

S. Arkan, A. Yongalik (eds.) Liber Amicorum/Festschrift für Tuğrul Ansay, pp. 125-130.
© 2006 Kluwer Law International BV. Printed in the Netherlands.

completely different. (...). The imbalance in legal power, which characterises public law, does not exist in private law".[3]

The Dutch may however not always lag behind. It is especially the impact of the two European Courts – the European Court of Justice and the European Court of Human Rights – which may provoke a change (Nr. VI below) and therefore presents us with a more optimistic outlook at the future (Nr. VII).

III. The Missing Constitutional Court

One of the reasons why fundamental rights have little impact on Dutch private law is that the Netherlands is one of the few remaining European countries without a constitutional court. The ordinary courts do not have the power to judge Dutch legislation which – allegedly – is contrary to the Constitution.[4] The only way out is that the courts are empowered to verify whether or not Dutch legislation is compatible with international treaties. To the extent that this is not the case, the treaties prevail.[5] One of the treaties to which the Netherlands are bound happens to be the European Convention on Human Rights and Fundamental Freedoms (ECHR). This enables Dutch courts to see whether the right to a fair trial (Art. 6 ECHR) and to family life (Art. 8 ECHR) are observed. The conclusion is that Dutch courts are in a position to see whether or not the fundamental rights enshrined in the ECHR, but not those in the Dutch Constitution, are observed. In a country such as France, the *Conseil constitutionnel* has contributed to the development of the impact of fundamental rights in contract law.[6]

IV. Case Law

Might one conclude that Dutch legal practice does not need constitutional control: does case-law perhaps illustrate that traditional private law instruments are sufficient? There certainly have been reported a number of cases where fundamental rights were

---

[3] *Daniel Friedmann, Daphne Barak-Erez*, Introduction, in: Daniel Friedmann, Daphne Barak-Erez (Eds.), Human Rights in Private Law, Oxford: Hart, 2001, p. 1.
[4] Art. 120 Constitution ("Grondwet") reads: "The constitutionality of Acts of Parliament and treaties shall not be reviewed by the courts". *See Tom Zwart*, Standing to raise constitutional issues in the Netherlands, in: Ewoud Hondius, Carla Joustra (Eds.), Netherlands Reports to the Sixteenth International Congress of Comparative Law, Bristol 2002, Antwerpen: Intersentia, 2002, p. 345-374.
[5] Art. 94 of the Constitution reads: "Statutory regulations in force within the Kingdom shall not be applicable if such application is in conflict with provisions of treaties that are binding on all persons or of resolutions by international institutions".
[6] *See* for the principle of egality *Denis Berthau*, Le principe d'égalité et le droit civil des contrats, PhD thesis Paris II, Paris: LGDJ, 1999, p. 475.

at stake.[7] An early one was a case where discrimination against Turkish nationals was alleged. More recent cases have been reported by Lindenbergh.[8]

In *NBBS v. Akel*, the Court of Appeal considered discriminatory the refusal of a tour operator to transport Turkish citizens, although the refusal was the direct consequence of Turkish government measures which aimed at preventing Turkish citizens from traveling to Turkey with cheap charter flights. This court decision was annulled by the *Hoge Raad* (the Dutch court of cassation), which did not consider a distinction after citizenship a prohibited discrimination of race.[9]

In a more recent case the question arose whether or not the Public Prosecutor is bound by a promise to a criminal to keep complete silence, although the Constitution requires him to report to Parliament.[10] In another case, a physician who cut his funger and feared HIV-contamination because the patient had a past in the drugs scene sued his patient for his co-operation in undergoing an HIV-test.[11] And in yet another case, a KLM pilot who had previously worked for a daughter company of KLM – KLM Cityhopper – asked the same wages as other KLM pilots.[12] The outcome of the last case has been criticised by Lindenbergh, because the *Hoge Raad* does not clarify how to reconcile on the one hand the right to equal treatment and on the other hand the principle that infringements of freedom of contract may only be accepted in exceptional cases. The cases illustrate that opposing fundamental rights may be at stake. It is of course possible to solve these issues with traditional private law instruments, but it seems rather wasteful not to make use of the plentiful literature in constitutional law relating to such questions.

V. Opposing Views

The question whether or not the issues referred to above should or should not be put in the key of constitutional values is at present highly topical in the Netherlands. The first question is whether fundamental rights should have any role at all in contract and tort law. An argument in favour is that especially in cases of opposing fundamental rights, constutional reasoning may be very useful. Against such a view it is sometimes observed that there is no need for constitutional law: contract law is sufficiently endowed with open norms to accommodate such issues. Constitutional law may even destroy or damage the fabric of contract law, as has allegedly been the case

---

[7] *See* my paper "Freedom of contract and constitutional law in the Netherlands", in: Alfredo Mordechai Rabello and Petar Sarcevic (Eds.), Freedom of Contract and Constitutional Law, Jerusalem: Hebrew University, 1998, p. 201-227.
[8] *S.D. Lindenbergh*, Constitutionalisering van contractenrecht/Over de werking van fundamentele rechten in contractuele verhoudingen, WPNR 2004, Nr. 6602.
[9] Hoge Raad 13 December 1991, Nederlandse Jurisprudentie 1993, 363 (Note by *C.A. Groenendijk*) NBBS v. Akel.
[10] Hoge Raad 28 March 2003, Nederlandse Jurisprudentie 2004, 71 (Note *Scheltema*).
[11] Hoge Raad 12 December 2003, Nederlandse Jurisprudentie 2004, 117.
[12] Hoge Raad 30 January 2004, Rechtspraak van de Week 2004, 26.

in Germany, where the case of the *Handelsvertreter*[13] and of the *Bürgschaftsurteil*[14] were widely deplored among private law academics.

Although a majority of Dutch academics seems to acknowledge the possibility of horizontal effect of fundamental rights in private law relations,[15] there is divergence of opinion as to their direct or indirect effect. The former theory is defended among others by Hesselink.[16] Indirect effect however may be more in line with Dutch traditions and Dutch civil law offers sufficient general clauses which may be employed to this means. Lindenbergh denies the importance of this clash of opinions.[17] He on the other hand raises the question whether only fundamental rights enshrined in constitutional law have effect: he argues that such rights include fundamental principles of law such as freedom of contract and the autonomy of parties.[18]

VI. The European Perspective

On 4 March 2002, the French legislature enacted an Act on medical liability. Although the act does contain some positive measures, it is best known for abolishing liability for failed diagnosis *vis-à-vis* handicapped children. In a celebrated decision, the French *Cour de cassation* had previously accepted such liability.[19] A grass root lobby of general practitioners, rather curiously supported by organisations of parents of handicapped children, succeeded in passing the anti-Perruche act.[20] This enactment however has led to an already famous decision of the European Court of Human Rights. In the case of Draon and Maurice, two French families who had been claiming damages from the French state for failed diagnosis in state hospitals, it decided that the anti-Perruche act violated Art. 1 of the First protocol to the European Convention on Human Rights.[21] The protocol has been the subject of several academic works in the Netherlands, but the outcome of the Draon case seems to shatter the Dutch expectations which were rather modest.[22]

---

[13] *Entscheidungen des Bundesverfassungsgerichts* 81, 242.
[14] *Entscheidungen des Bundesverfassungsgerichts* 89, 214.
[15] L.F.M. Verhey, Horizontale werking van grondrechten, in het bijzonder het recht op privacy, PhD thesis Utrecht, Zwolle: Tjeenk Willink, 1992.
[16] M.W. Hesselink, The horizontal effect of social rights in European contract law, in: M.W. Hesselink, C.E. du Perron, A.F. Salomons (Eds.), Privaatrecht tussen autonomie en solidariteit, The Hague: Boom, 2003, p. 130.
[17] Lindenbergh, *op.cit*
[18] Lindenbergh, *op.cit*
[19] Cour de cassation 26 March 1996, *Dalloz* 1997, Jur. 35 and 17 November 2000 (Assemblée plenière), *Dalloz* 2001, Jur. 332, *JCP* 2001, II, 10 438.
[20] Philippe Jestaz, Christophe Jamin, La doctrine, Paris: Dalloz, 2004, p. 241-242.
[21] Cases 1513/03 (*Draon*) and 11810/03 (*Maurice*), handed down on 6 October 2005, not yet reported, but *see* <www.echr.coe.int>.
[22] *See* A.M. de Koning and J.C. van der Steur, in: Jan-Peter Loof, Hendrik Ploeger, Arine van der Steur (Eds.), The right to property/The influence of Art. 1 Protocol No. 1 ECHR on several fields of domestic law, Maastricht: Shaker, 2000: "The overall impression on the subject of civil

VII. Outlook

The Draon case will almost certainly have an impact on the significance of fundamental rights in Dutch law. Although the case itself will not present itself very often – in the Netherlands, the First Chamber of Parliament (a mixture of the British House of Lords and the German *Bundesrat* as political power is concerned) once threatened with a government crisis in case the government would go ahead with its plans to accord environmental legislation retrospective force – the combination with the anti-Perruche Act is certain to cause great publicity. Likewise, EU law may result in a greater impact of constitutional issues in private law.[23] In the long run it seems inevitable that the Dutch will introduce constitutional review.

VIII. Conclusion

In the matter of fundamental rights, Dutch private law is still un(der) developed. This may partly be due to the absence of constitutional control in the Netherlands. Cases which are open to constitutional arguments do present themselves however, and academic writing is also sufficiently developed. The impact of recent cases decided by the two European courts in Luxembourg and Strasbourg – and especially the Draon case – is bound to change this. If so, and this may be a guideline for Turkey,[24] this will be for the better, because the discussion of fundamental rights in private law cases can only profit from the long-standing wisdom of constitutional law.

Bibliography

Th.R.G. van Banning, *The human right to property*, PhD thesis Utrecht 2001, 277 p.
C.W. Canaris, *Grundrechte und Privatrecht/Eine Zwischenbilanz*, Berlin: Walter de Gruyter, 1999.
H. Drion, Civielrechtelijke werking van grondrechten, *Nederlands Juristenblad* 1969, p. 585-594.
Monika Hinteregger, Die Bedeutung der Grundrechte für das Privatrecht, *Österreichische Juristen-Zeitung* 1999, p. 741-754.

---

law was that it is hard to state the importance of Art. 1 Protocol No. 1 for civil law, although it became clear that this is not impossible. In a literally textual interpretation the protocol has not been written for the legal relationship among citizens, but in the borderline cases between civil and public law there are, in fact, some possibilities for the citizens to be protected according to Art. 1 Protocol No. 1" (p. 203). More in line with the Draon case is *Th.R.G. van Banning*, The human right to property, PhD thesis, Utrecht 2001, 277 p.

[23] See *Olha Cherednychenko*, EU fundamental rights, EC fundamental freedoms and private law, European Review of Private Law 2006. p. 23-61.

[24] Which has already been taking over the *acquis communautaire* – see *Yesim M. Atamer*, Die autonome Umsetzung der Verbrauchsgüterkaufrichtlinie 1999/44/EG in der Türkei/Zugleich ein Beitrag zum Stand des Verbraucherschutzes in der Türkei, RabelsZeitschrift 2005, p. 566-595.

Jan-Peter Loof, Hendrik Ploeger, Arine van der Steur (Eds.), *The right to property/The influence of Art. 1 Protocol No. 1 ECHR on several fields of domestic law*, Maastricht: Shaker, 2000, 203 p.

Chantal Mak, Personality rights in the Dutch and German law of obligations, in: M.W. Hesselink, C.E. du Perron, A.F. Salomons (Eds.), *Privaatrecht tussen autonomie en solidariteit*, The Hague: Boom, 2003, p.

Alfredo Mordechai Rabello and Petar Sarcevic (Eds.), *Freedom of contract and constitutional law*, Jerusalem: Hebrew University, 1998, 307 p.

J.M. Smits, *Constitutionalisering van het vermogensrecht*, Report to the Nederlandse Vereniging voor Rechtsvergelijking, Deventer, 2003.

R.P.J.L. Tjittes, *Bezwaarde verwanten*, inaugural lecture Free University Amsterdam, Deventer: Kluwer, 1996.

Studien über Probleme des türkischen Internationalen Erbrechts[*]

Hilmar Krüger,[**] *Köln*

Mit *Tugrul Ansay* bin ich seit langer Zeit befreundet. Deshalb schreibe ich für die Festschrift zu seinen Ehren mit grossem Vergnügen einige Zeilen über zwei Themen, die ihn möglicherweise interessieren; denn er hat sich stets auch mit kollisionsrechtlichen Problemen des türkischen Rechts[1] und auch mit denen im deutschtürkischen Verhältnis befasst.[2] Die erste Generation der Gastarbeiter stirbt jetzt nach und nach in Deutschland. Zu beachten ist auch, dass deutsche Staatsangehörige seit einigen Jahren Orte insbesondere an der türkischen West- und Südküste als ihren Alterssitz wählen. Deshalb erscheint es sinnvoll, nunmehr über erbrechtliche Fragen insbesondere im deutsch-türkischen Rechtsverkehr zu schreiben; denn ein überflüssiger Staatsvertrag aus dem Jahre 1929 stört.

I. Aktuelles zum türkischen Internationalen Erbverfahrensrecht

A. Zum Urteil des Kassationshofs vom 21.12.2004

Zunächst sei im ersten Kapitel über ein neues Urteil des *Kassationshofs*("Yargitay") in einem türkisch-albanischen Erbfall berichtet,[3] bevor ich im zweiten Kapitel Stellung zu dem deutsch-türkischen Nachlassabkommen von 1929 (NA) nehme. In dem Urteil geht es um die Anerkennung eines vom Bezirksgericht Berat/Albanien auf der

---

[*] *Murad Ferid* (1908-1998), dem grossen Rechtsvergleicher und Kollisionsrechtler osmanischer Herkunft in dankbarer Erinnerung gewidmet. Mit diesem Beitrag zur Festschrift für Tugrul Ansay erfülle ich endlich ein ihm mehrfach gegebenes Versprechen, das deutsch-türkische Nachlassabkommen von 1929 in seinem rechtshistorischen Zusammenhang darzustellen. – Frau Dr. *Christine Budzikiewicz*, Wiss. Assistentin an der Universität zu Köln, danke ich sehr herzlich für die kritische Durchsicht meines Manuskripts.
[**] Prof. Dr. *Hilmar Krüger*, Universität Köln.
[1] S. u.a. *Ansay/Schneider*, Private International Law, in: Ansay/Schneider (Hrsg.), Introduction to Turkish Business Law, den Haag 2001, 166-191; *Ansay*, Das neue Gesetz über das internationale Privatrecht der Türkei, in: *Holl/Klinke*(Hrsg.), Internationales Privatrecht – Internationales Wirtschaftsrecht, Köln 1985, 161-176; *ders.*, American – Turkish Private International Law, Dobbs Ferry, N.Y. 1966.
[2] Seine erste Veröffentlichung auf diesem Gebiet war wohl *Ansay/Martiny*, Die Gastarbeiterfamilie im Recht, in: Ansay/Gessner (Hrsg.), Gastarbeiter in Gesellschaft und Recht, München 1974, 171-207.
[3] *Yarg.* (2. HD, 13533/15443), 21.12.2004, YKD 31 (2005), 181.

Grundlage von Art. 348 des albanischen ZGB, Gesetz Nr. 7850/1994,[4] durch Beschluss Nr. 682 vom 31.3.2003 erteilten Erbscheins in der Türkei. Der Inhaber des Erbscheins begehrte dessen Anerkennung in der Türkei. Das erstinstanzliche Gericht hat die Anerkennung versagt.

Der *Kassationshof* bestätigt aufgrund der vom Kläger eingelegten Kassationsbeschwerde (*temyiz*) dieses Urteil. Die Anerkennung des in Albanien erteilten Erbscheins könne in der Türkei *nicht* erfolgen. Dabei stützt er sich auf Art. 598 Abs. 3 türk. ZGB, Gesetz Nr. 4721/2001,[5] sowie auf Art. 20 des türkisch – albanischen Staatsvertrages vom 15.3.1995 über Rechtshilfe in zivil-, handels- und strafrechtlichen Angelegenheiten.[6] Da sich aus dem Text des sehr kurzen Urteils nicht ergibt, ob auch in der Türkei belegene Grundstücke betroffen sind, ist davon auszugehen, dass dies nicht der Fall ist. Insoweit gelten Besonderheiten,[7] auf die es in casu deshalb nicht ankommt.

B. Grundsätze der Anerkennung ausländischer Erbscheine in der Türkei

Die Anerkennung (tanima) eines ausländischen Erbscheins (*veraset vesikasi* oder jetzt meist *mirascilik belgesi*) oder z.B. eines Testamentsvollstreckerzeugnisses – wie die anderer gerichtlicher Akte der Freiwilligen Gerichtsbarkeit (*ihtilafsiz kaza kararlari*)[8] – ist nur unter den Voraussetzungen des Art. 42 Abs. 2 i.V.m. Art. 42 Abs. 1

---

[4] Normtext in deutscher Übersetzung in der Loseblattsammlung von Ferid/Firsching(-*Stoppel*), Internationales Erbrecht, sub Albanien, Texte 21.

[5] Das neue türkische ZGB (Medeni Kanun) ist im Gesetzblatt (Resmi Gazete) Nr. 24.607 vom 8.12.2001 veröffentlicht und aufgrund seines Art. 1029 am 1.1.2002 in Kraft getreten. – Näher zu Art. 598 ZGB *Dural/Öz*, Miras Hukuku (Erbrecht), 2. Aufl. Istanbul 2003, 387-389; *Inan/Ertas/Albas*, Miras Hukuku (Erbrecht), 5. Aufl. Ankara 2004, 481-485; *Hatemi*, Miras Hukuku (Erbrecht), 4. Aufl. Istanbul 2004, 119 f.; kurz *Kilicoglu*, Medenî Kanunumuzun Getirdigi Yenilikler (Die in unserem ZGB eingetretenen Neuerungen), Ankara 2003, 290 f. – Die Norm entspricht inhaltlich im wesentlichen, jedoch nicht exakt, Art. 538 des bis zum 31.12.2001 geltenden ZGB. Den gesetzlichen oder testamentarischen Erben bzw. Vermächtnisnehmern kann auf Antrag vom Nachlassgericht ein Erbschein erteilt werden, der bis zu seinem Widerruf gültig ist. Durch ihn wird die Erbeneigenschaft bestätigt und bewiesen, sofern gerichtlich nichts Abweichendes festgestellt wird.

[6] Veröffentlicht in Resmi Gazete (türk. GBl.) Nr. 23.165 vom 9.11.1997 (in türkischer, albanischer und französischer Fassung). Massgebend ist nach Art. 71 des Staatsvertrages im Zweifel die französische Fassung.

[7] Z.B. *Nomer*, Yabanci Verâset Ilâmlarinin Taninmasinda Yargitay Kararlari (Urteile des Kassationshofs über die Anerkennung ausländischer gerichtlicher Entscheidungen in Erbschaftssachen), IBD 65 (1991), 789-796 (mit Nachweisen von Urteilen in Fn. 1-3 und 13); näher unten Abschnitt I D.

[8] Wörtlich: Entscheidungen der nichtstreitigen Gerichtsbarkeit. – Grundlegend zur Freiwilligen Gerichtsbarkeit in der Türkei *Kuru*, Nizasiz Kaza (Freiwillige Gerichtsbarkeit), Ankara 1961; *ders.*, Freiwillige Gerichtsbarkeit im türkischen Recht, in: Fadil H. Sur'un Anisina Armagan (Gedächtnisschrift für Fadil H. Sur), Ankara 1983, 401-410; *ders.*, Hukuk Muhakemeleri Usulü – El Kitabi (Zivilprozessrecht – Handbuch), Istanbul 1995, 39-46. – Die Erteilung von Erbscheinen gehört auch in der Türkei zu den Aufgaben der Freiwilligen Gerichtsbarkeit; z.B. *Kuru*, Freiwillige Gerichtsbarkeit, 403; *Dural/Öz*(Fn. 5), 388; *Hatemi*(Fn. 5), 119.

sowie Art. 38 Buchst. b, c und e IPR-Gesetz, Gesetz Nr. 2675/1982[9] in der Türkei möglich. Das heisst, ausländische Entscheidungen auf dem Gebiet der Freiwilligen Gerichtsbarkeit können in der Türkei lediglich dann anerkannt werden, wenn sie (bei Erbscheinen extrem selten, wenn überhaupt)[10] – in materieller Rechtskraft *(maddî kesinlik)* erwachsen oder ein unanfechtbares Beweismittel *(kesin delil)* darstellen, also z.B. unanfechtbar ein Recht begründen bzw. aufheben.[11] Dasselbe gilt, wenn einschlägige Entscheidungen in erbrechtlichen Angelegenheiten im Ausland im Rahmen der streitigen Gerichtsbarkeit *(nizali kaza)* ergangen und nach dem betreffenden Recht rechtskräftig *(kesin)* sind.[12] In der Praxis wird letzteres für Erbscheine nur sehr selten

---

[9] Text in deutscher Übersetzung bei *Krüger*, Das türkische IPR-Gesetz von 1982, IPRax 1982, 252-259 (258 f.). – Der Normtext des massgebenden Art. 42 Abs. 2 IPR-Gesetz wird durch Art. 57 Abs. 2 des Entwurfs (tasari) eines neuen IPR – Gesetzes (Stand: 11.4.2005) nicht geändert (Anerkennung soll in Zukunft erfolgen können aufgrund Art. 57 Abs. 2 i.V.m. Art. 57 Abs. 1 sowie Art. 53 Buchst. b – d des Gesetzentwurfs [staatsvertragliche Verbürgung der Gegenseitigkeit usw. – Art. 53 Buchst. a – nicht erforderlich]). – Für die Übersendung des Texts des bisher nicht veröffentlichten Gesetzentwurfs und den Gesetzesmotiven (madde gerekceleri) habe ich Herrn Prof. Dr. *Ergin Nomer*, Istanbul, sehr herzlich zu danken.

[10] Erbscheine sind wohl nach fast allen Rechten ihrer Natur nach lediglich provisorische Bestätigungen des Erbrechts. Nach deutschem Recht z.B. wird die materielle Rechtskraft (oder Bestandskraft) von im Erbscheinsverfahren erteilten Urkunden von der Rechtsprechung verneint; z.B. *BayObLGZ* 1961, 200 (206); *BGHZ* 47, 58 (66); *KG* FamRZ 2000, 577 (578): Eine formell rechtskräftige Entscheidung im Erbscheinsverfahren hat in Deutschland keine rechtsgestaltende Wirkung und ändert an der materiellen Rechtslage nichts. Erbscheine erbringen keinen vollen Beweis des in ihnen bezeugten Erbrechts.

[11] Ausführlich *Nomer* (Fn. 7) und *Sanli*, Yabanci Veraset Ilâmlarinin Türk Mahkemelerinde "Taninmasi" veya "Delil" olarak kullanilmasi (Die "Anerkennung" ausländischer Nachlassentscheidungen oder ihre Behandlung als "Beweismittel" in der Praxis der türkischen Gerichte), in: Ilhan Postacioglu'na Armagan, Istanbul 1990, 291-307; im übrigen statt aller *Nomer/Sanli*, Devletler Hususî Hukuku (Internationales Privatrecht), 12. Aufl. Istanbul 2003, 278-280, 453 f.; *Celikel*, Milletlerarasi Özel Hukuk (Internationales Privatrecht), 6. Aufl. 2000, 416; *Altug*, Devletler Özel Hukuku (Internationales Privatrecht), 2. Aufl. Istanbul 1995, 220; *Uluocak*, Milletlerarasi Özel Hukuk Dersleri (Lehrbuch des internationalen Privatrechts), 2. Aufl. Istanbul 1989, 150 f.; *Altug*, Türk Milletlerarasi Usul Hukuku (Türkisches internationales Verfahrensrecht), 3. Aufl. Istanbul 1983, 132 f.; *Sanli*, Türk Devletler Özel Hukukunda Mirasa Iliskin bazi Sorunlar (Einige Fragen betr. das Erbrecht im türkischen internationalen Privatrecht), in: Nihal Uluocak'a Armagan (Festschrift für Nihal Uluocak), Istanbul 1999, 345-352 (352); *Nomer*, Yabanci Cekismesiz Yargi Kararlarinin Taninmasinda Kesinlesme Sarti (Die Voraussetzung der Rechtskraft bei der Anerkennung ausländischer nichtstreitiger Entscheidungen), in: Erdogan Moroglu'na Armagan (Festschrift für Erdogan Moroglu), Istanbul 1999, 909-922 (911-913, 918 f.; Beispiele für ausländische FGG – Entscheidungen, die in der Türkei anerkannt werden können, auf S. 921 f.) = in deutscher Übersetzung (von *Odendahl*) in: Informationsbrief der Deutsch-Türkischen Juristenvereinigung Nr. 2/2001, 14-23 (16 f., 21: Beispiele von anerkennungsfähigen Entscheidungen auf S. 23) = auch schon in Nr. 2/2000, 3-11; zuletzt *Inan/Ertas/Albas* (Fn. 5), 485 f.

[12] *Inan/Ertas/Albas* (Fn. 5), 486. – Der hier in der Fn. 162 genannte Aufsatz von *Ertas*, Yabanci Ilamlarin Taninmasi ve Tenfizi (Die Anerkennung und Vollstreckung ausländischer Entscheidungen), in: Ayiter Armagani (Festschrift für Ayiter), Izmir 1988, liegt mir in Köln leider nicht vor.

vorkommen. Sind Erbscheine, wie wohl meist, im Rahmen der Freiwilligen Gerichtsbarkeit erteilt worden, werden sie in der Türkei nicht anerkannt.[13] Auch in der Vergangenheit wurde bereits mehrfach in dieser Weise entschieden.[14] Dies gilt auch für die Zeit vor dem Inkrafttreten des geltenden IPR-Gesetzes im Jahre 1982 auf der Grundlage des damals noch geltenden Art. 537 ZPO, Gesetz Nr. 1086/1927.[15] Gemäss Art. 42 Abs. 2 IPR-Gesetz nicht anerkannte ausländische Erbscheine, die öffentliche Urkunden *(resmî senetler)* darstellen, können in einem Erbrechtsstreit in der Türkei nur als Beweismittel *(delil)* benutzt werden.[16]

C. Anmerkungen zum Urteil des Kassationshofs vom 21.12.2004

Ob die oben (Abschnitt A) vom *Kassationshof* genannten Normen die Entscheidung wirklich tragen, ist zu klären. Der Senat stützt sich ohne weiteres hinsichtlich des in *Albanien* erteilten Erbscheins auf *türkisches* Recht (Art. 598 Abs. 3 ZGB), ohne zu überprüfen, ob dieser nicht möglicherweise nach albanischem Recht rechtskräftig ist; denn diese Frage entscheidet die im konkreten Fall massgebende ausländische (hier: albanische) Rechtsordnung. Wäre der Erbschein nach diesem Recht materiell rechtskräftig, so müsste er grundsätzlich gemäss Art. 42 Abs. 2 IPR-Gesetz anerkannt werden. Nach türkischem Recht handelt es sich, wie ausgeführt wird, bei einem Erbschein weder um einen rechtskräftigen Beweis noch rechtskräftiges Urteil (kesin delil veya hüküm).[17] Seine Unwirksamkeit (gecersizlik) kann nach Erteilung jederzeit – von anderen Erbprätendenten (gesetzlichen und testamentarischen Erben bzw. Vermächtnisnehmern), die z.B. vom Erbfall keine Kenntnis hatten – geltend gemacht werden. Diese Urkunde begründet in der Form eines *Strengbeweises*[18] lediglich eine gesetzliche Vermutung, dem (oder den) in dem betreffenden Erbschein bezeichneten Erben stehe das darin angegebene Erbrecht (insbesondere die genannte Erbquote) zu.[19] Ob dies auch dem albanischen Recht entspricht, wird – mir nicht verständlich – in dem Urteil jedoch nicht einmal ansatzweise erörtert.

---

[13] Der *Kassationshof* scheint in seinem Urteil vom 21.12.2004 in der albanischen Sache davon ohne weiteres auszugehen.
[14] Nachweise aus der Rechtsprechung z.B. bei *Sanli* (Fn. 11).
[15] Yarg. (2. HD, 2300/2768), 22.6.1936, veröffentlicht bei *Berki/Ergüney*, Yabancilar Hukuku ve Kanun Ihtiláflari (Ausländerrecht und Gesetzeskollisionen), Ankara 1963, 132 f. (griechischen Erbschein betr. in der Türkei verstorbenen griechischen Erblassers nicht anerkannt); näher zum früheren Rechtszustand z.B. *V. Sevig*, Mirasla ilgili Devletler Hususî Hukuku Kaideleri (Die das Erbrecht betreffenden Normen des internationalen Privatrechts), Istanbul 1963, 192 f.
[16] Unstreitig; z.B. *Nomer/Sanli* (Fn. 11), 278 f.; *Nomer*, IBD 65 (1991), 792; *Celikel* (Fn. 11), 416; s. im übrigen die weiteren Nachweise in Fn. 11.
[17] So ausdrücklich die Gesetzesmotive zu Art. 598 ZGB; abgedruckt z.B. in der von *Öztan* herausgegebenen Textausgabe des neuen ZGB: Türk Medeni Kanunu – Genel Gerekce – Madde Gerekceleri (Türkisches ZGB – Allgemeine Erläuterungen – Erläuterungen der Artikel), 2. Aufl. Ankara 2002, 422.
[18] *Rumpf*, Einführung in das türkische Recht, München 2004, 177; *Schömmer/Kesen*, Internationales Erbrecht: Türkei, München 2004, 118. – Ebenso nach dem bis zum 31.12.2001 geltenden Recht; z.B. *Oguzman*, Miras Hukuku (Erbrecht), 5. Aufl. Istanbul 1991, 324 f.
[19] S. die Nachweise aus der türkischen Erbrechtsliteratur in Fn. 5.

Geht man, wie der Senat, von diesen Voraussetzungen aus, so ist es allerdings konsequent, dass er nach Art. 20 Buchst. a des türkisch-albanischen Rechtshilfevertrages vom 15.3.1995[20] die Anerkennung des Erbscheins in der Türkei versagt; denn es handelt sich bei ihm – auf der Grundlage *türkischen* Rechts, von dem irrig ausgegangen wird – nicht um eine "décision ... en force de chose jugée" ("karar ... kesinlesmis"). Dabei übersieht der Senat jedoch, dass der Erbschein aufgrund richterlicher Entscheidung auf dem Territorium des anderen Vertragsstaates (Albanien) ergangen ist und erbrechtliche Gegenstände zu den zivilrechtlichen Angelegenheiten "hukukî konular" zählen (Art. 19 Nr. 1 des Staatsvertrages). Er hätte also hinsichtlich der Rechtswirkungen des Erbscheins, wie bereits gesagt, das albanische Recht prüfen müssen.

Nach albanischem Recht ist von folgender Rechtslage auszugehen: Erbscheine werden gemäss Art. 348 ZGB lediglich auf Antrag im Verfahren nach Art. 388 ZPO, Gesetz Nr. 8116/1996, erteilt.[21] Die Norm befindet sich in der ZPO im Abschnitt über die gerichtliche Tatsachenfeststellung (Art. 388-392 ZPO) und scheint auf den ersten Blick nicht unbedingt auch für Erbscheinsverfahren zu gelten. Dies ist jedoch die einhellige albanische Rechtspraxis[22] und wird auch von der Rechtsliteratur vertreten.[23]

Dabei handelt es sich jedoch nicht um ein streitiges Verfahren, sondern um eines ohne Gegner zur Feststellung von Rechtstatsachen. Der Erbschein ist lediglich eine besondere Beweisurkunde.[24] Widerspricht später eine andere Person den Tatsachen, die in der gerichtlichen Entscheidung (Erteilung eines Erbscheins) zugrunde gelegt wurden, so hat diese *keine* Rechtswirkungen. Der Kreis der Erben und die Quote, die von ihnen vom Nachlass begehrt wird, muss dann nach Massgabe einer von diesen Personen anzustrengenden Erbschaftsklage bestimmt werden.[25] Am klarsten sind die Ausführungen von *Dervishi*:[26] Gerichtliche Entscheidungen über die Feststellung von Tatsachen (darunter fällt, wie gesagt, auch die Erteilung von Erbscheinen) haben nur *deklaratorischen* Charakter und sind nicht vollstreckbar. Sie dienen lediglich dem Antragsteller zur Realisierung seiner Rechte, sofern niemand widerspricht. Die Entscheidung über eine Tatsachenfeststellung ist für ein Gericht, das in einem

---

[20] Oben Abschnitt A mit Fn. 6.
[21] Text der albanischen ZPO in auszugsweiser deutscher Übersetzung in: Brunner/Schmid/Westen (Hrsg.), Wirtschaftsrecht der osteuropäischen Staaten (WOS), Loseblattsammlung, Baden-Baden, Länderbericht Albanien (bearbeitet von *Stoppel*) Abschnitt VI 2a (S. 1-37).
[22] Z.B. Urteil des Vereinigten (Grossen) Senats des *Obersten Gerichtshofs*(Kolegjet e Bashkuara te Gjykates se Larte), Gesch.-Z. 28/2001, vom 3.4.2001, in der Urteilssammlung Vendimete Gjykates se Larte, Kolegjet e Bashkuara, Pjesa e Pare 2001, 77 f. (auch im Internet unter <www.gjykataelarte.gov.al>.
[23] *Fuga*, Trashgemia (Erbschaft), Tirana 2002, 95 f.; sowie die beiden Zeitschriftenaufsätze von *Molla*, in Tribune Juridike Nr. 40 (2003), 34 ff., 41 (über den Erbfall und seine Rechtsfolgen), und von *Dervishi*, in Tribune Juridike Nr. 36 (2002), 477 (über die gerichtliche Feststellung von Rechtstatsachen).
[24] *Stoppel*(Fn. 4), Grdz. 53 (Rn. 79).
[25] *Oberstes Gericht*(Fn. 22); ebenso *Molla*(Fn. 23), 41.
[26] *Dervishi*(Fn. 23), 477.

möglichen (nachfolgenden) streitigen Verfahren die widersprechenden Angaben der Parteien prüft, *nicht* bindend. Etwaige Rechte Dritter (in casu anderer Erbprätendenten) können in derartigen Verfahren ggf. erstmals geltend gemacht werden; denn die Entscheidung über die Tatsachenfeststellung entfaltet gemäss Art. 392 ZPO keine Beweiskraft gegenüber anderen Personen, die nicht am Nachlassverfahren beteiligt waren. Im übrigen kann ein Erbschein nie im streitigen Verfahren erteilt werden.[27]

Hieraus folgt: Das albanische Verfahren zur Erteilung eines Erbscheins ist als ein FGG-Verfahren zu qualifizieren.[28] Ein Erbschein erwächst auch nach albanischem Recht *nicht* in *materieller* Rechtskraft, auch wenn er im Wege eines Feststellungsurteils gemäss Art. 391 ZPO erteilt wurde; denn eine derartige Entscheidung entfaltet (insbesondere gegenüber nicht am Verfahren beteiligten Personen) keine Rechtskraft. Damit ist das Urteil des *Kassationshofs* vom 21.12.2004 im Ergebnis korrekt, auch wenn fälschlich türkisches und nicht albanisches Recht angewandt wurde. Der Erbschein war weder auf der Grundlage des türkisch – albanischen Staatsvertrages vom 15.3.1995 noch gemäss Art. 42 Abs. 2 IPR-Gesetz in der Türkei anzuerkennen; denn er erwächst nicht in materieller Rechtskraft (maddî kesinlik).[29]

D. Zur Problematik ausländischer Erbscheine betreffend Immobilien in der Türkei

Ausländische Entscheidungen im Bereich der nichtstreitigen Gerichtsbarkeit können in der Türkei unter den dargestellten Voraussetzungen (Abschnitt B) grundsätzlich anerkannt werden. Das heisst dann, wenn sie in Einzelfällen nach ausländischem Recht in materieller Rechtskraft erwachsen. Das wird allerdings bei Erbscheinen (erteilt üblicherweise im FGG-Verfahren), wie gesagt, schwerlich jemals vorkommen.

Erwähnt sei auch der Fall, in dem von einem ausländischen Erbschein in der Türkei belegene Immobilien betroffen sind. Erbscheine dieser Art (anders als wohl *nur theoretisch* diejenigen, die ausschliesslich Mobiliarnachlass betreffen) sind in der Türkei *nie* anerkennungsfähig. Insoweit gelten nach der Rechtsprechung, der die Lehre folgt, zusätzlich folgende Erwägungen: Gemäss Art. 22 IPR-Gesetz wird in sämtlichen

---

[27] Für die Übermittlung und Erläuterung der in Fn. 22 und 23 nachgewiesenen Quellen habe ich ganz herzlich Herrn *Wolfgang Stoppel*, Vors. Richter am Bundespatentgericht, München, zu danken. Er ist ohne jeden Zweifel der beste Kenner des albanischen Rechts in Deutschland. Er ist nicht nur der Verfasser der Länderberichte Albanien in WOS (oben Fn. 21) und in *Ferid/Firsching*(oben Fn. 4), sondern u.a. auch in: *Bergmann/Ferid/Henrich*, Internationales Ehe- und Kindschaftsrecht.
[28] In der in Fn. 22 genannten Entscheidung bedient sich der *Oberste Gerichtshof* in einer erbrechtlichen Sache (aaO 78) der aus der französischen Rechtssprache entlehnten Begriffe konteciôz bzw. graciôz (contentieux bzw. gracieux). Damit kann ohne weiteres davon ausgegangen werden, dass auch im albanischen Recht der Unterschied zwischen streitiger und Freiwilliger Gerichtsbarkeit bekannt ist.
[29] Angemerkt sei kurz, dass auch in der Türkei zwischen formeller und materieller Rechtskraft ('seklî' bzw. 'maddî kesinlik') differenziert wird; z.B. *Nomer/Sanli*(Fn. 11), 428.

erbrechtlichen Angelegenheiten, die Immobiliarnachlass in der Türkei betreffen, nur türkisches Recht angewandt. Dies gilt auch für die Erteilung von Erbscheinen usw.[30] Hinzu kommt, dass in Rechtsstreitigkeiten über derartige Immobilien (auch erbrechtlicher Art) die türkischen Gerichte gemäss Art. 13 ZPO, Gesetz Nr. 1086/1927, die ausschliessliche Zuständigkeit *(münhasir selâhiyet)* besitzen, und auch deswegen Erbscheine, die von ausländischen Gerichten erteilt wurden, in der Türkei (wegen aus türkischer Sicht mangelnder internationales Zuständigkeit) nicht anerkennungsfähig sind.[31]

II. Zur deutsch-türkischen Erbrechtsproblematik

Im zweiten Kapitel meines Beitrages ist neben zwei anderen Problemkreisen (Kollisionsrecht und Rechtsposition der Konsuln), wobei in allen Fällen in diesem Festschriftbeitrag keine Vollständigkeit angestrebt wird, im Rahmen des internationalen Erbverfahrensrechts selbstverständlich auch das Problem der Anerkennung *deutscher* Erbscheine in der Türkei zu erörtern; denn es ist damit zu rechnen, dass dies in Zukunft wichtiger werden wird. Bisher sind mir in der türkischen Rechtsprechung kaum Fälle bekannt geworden, in denen es um deutsch-türkische erbrechtliche Problematiken geht. Am bekanntesten ist wahrscheinlich der Fall, der den deutschen Zoologen *Curt Kosswig* (1903-1982) betrifft,[32] der zu der kleinen Gruppe der deutschen Hochschullehrer zählt, die in der NS-Zeit in die Türkei emigriert sind und an den Universitäten Istanbul oder Ankara tätig waren.[33] Türkischen Juristen – und ganz sicher

---

[30] Ständige Rechtsprechung; z.B. *Yarg.* (2. HD, 808/1284), 10.2.1986, YKD 12 (1986), 1612 f. = *Celikel/Nomer*, Devletler Hususî Hukuku: Örnek Olaylar – Mahkeme Kararlari (Internationales Privatrecht: Beispielsfälle – Gerichtsentscheidungen), 7. Aufl. Istanbul 2001, 370 (Erbschein des zuständigen Gerichts Rhodos/Griechenland, der nur Immobilien betrifft, nicht anerkannt); *Yarg.* (2. HD, 12861/5906), 11.6.1990, bei *Celikel/Nomer*, Devletler Hususi Hukuku, 6. Aufl. 1997, 435 f. (Erbschein eines deutschen Gerichts [AG Altena] betr. Immobiliarnachlass in der Türkei nicht anerkannt); *Yarg.* (HGK, 2-625/905), 28.12.1994, bei *Celikel/Nomer* DHH, 7. Aufl. 2001, 451-453 (bulgarischer Fall); weitere Nachweise aus der Rechtsprechung u.a. bei *Nomer*, in: FS Moroglu (Fn. 11), 919 Fn. 24, sowie bei *Nomer*, IBD 65 (1991), 789 Fn. 1-3 und 794 Fn. 13.
[31] Z.B. *Kuru*, El Kitabi (Fn. 8), 163 f.; aus der IPR-Literatur statt aller *Nomer*, IBD 65 (1991), 791 f.
[32] *Yarg.* (2. HD, 6717/3095), 13.5.1968, veröffentlicht bei *Yazici/Atasoy*, Sahis, Aile ve Miras Hukuku ile ilgili Yargitay Tatbikati (Personen-, Familien- und Erbrecht nebst der Praxis des Kassationshofs), Ankara 1970, 1170 (Nr. 1995); betr. hauptsächlich Probleme des für die Anerkennung ausländischer Rechtsakte sachlich zuständigen türkischen Gerichts.
[33] Näher zu ihm z.B. *Widmann*, Exil und Bildungshilfe. Die deutschsprachige akademische Emigration in die Türkei nach 1933, Bern 1973, 99, 272 f.; Kosswig war zwischen 1937 und 1956 Professor in der Türkei und einer der sehr wenigen deutschen Hochschullehrer, die in der NS-Zeit aus *politischen* Gründen emigriert sind.

Tugrul Ansay – ist aus diesem Personenkreis wahrscheinlich der Handelsrechtler und Rechtssoziologe *Ernst E. Hirsch* (1902-1985) am besten bekannt.[34]

A. Rechtsquelle: Deutsch-türkisches Nachlassabkommen von 1929

Zwischen Deutschland und der Türkei besteht erstaunlicherweise einer der weltweit sehr seltenen Staatsverträge auf dem Gebiet des internationalen Erbrechts. Dabei handelt es sich um das in Anlage zu Art. 20 des deutsch – türkischen Konsularvertrages enthaltene Nachlassabkommen *(Terekeye ait Ahkâm)* vom 28.5.1929.[35] Dieses Abkommen hat zweifellos die grösste praktische Bedeutung unter den in Deutschland geltenden Staatsverträgen, die (auch) erbrechtliche Gegenstände regeln. Das Nachlassabkommen (im Nachstehenden NA) ist aufgrund Art. 30 des Konsularvertrages am 18.9.1931 in Kraft getreten.[36] Nach dem Ende des Zweiten Weltkrieges ist die Wiederanwendung des Konsularvertrages (nebst Nachlassabkommen) in Deutschland und in der Türkei ausdrücklich bekannt gemacht worden.[37] Bei diesem Nachlassabkommen handelt es sich nach dem derzeitigen Stand in Deutschland um den *einzigen* bilateralen Staatsvertrag auf dem Gebiet des Erbrechts.[38]

Staatsverträge gehen in Deutschland (Art. 3 Abs. 2 EGBGB) und in der Türkei (arg. Art. 1 Abs. 2 IPR-Gesetz) den allgemeinen Kollisionsnormen vor.[39] Dies gilt unabhängig davon, ob das Abkommen vor oder nach dem Inkrafttreten des IPR-Gesetzes

---

[34] S. den Nachruf von *Krüger*, Ernst E. Hirsch (1902-1985), Die Welt des Islams 26 (1986), 141-153, mit umfangreichen Nachweisen.
[35] Veröffentlicht in Deutschland in deutscher und türkischer Fassung in RGBl. 1930 II 747-757 (Konsularvertrag), 758-762 (Nachlassabkommen); vollständiger Text auch in NiemeyersZ 48 (1933-34), 46-60 (Konsularvertrag), 60-67 (Nachlassabkommen); auszugsweise bei *Jayme/Hausmann*, Internationales Privat-und Verfahrensrecht, 12. Aufl. München 2004, 147-149. Die Denkschrift zu dem Konsularvertrag (nebst NA) ist veröffentlicht in Band 439 der Verhandlungen des Reichstags, IV. Wahlperiode 1928, als Anlage Nr. 1584, S. 29. – In der Türkei wurde der Vertrag ratifiziert durch das Gesetz Nr. 1634, Resmi Gazete (GBl.) Nr. 1.514 vom 8.6.1930 = T.B.M.M. Kavanin Mecmuasi (Gesetzsammlung der Grossen Türkischen Nationalversammlung) 8 (1930), 546-553 (Konsularvertrag), 553-557 (Nachlassabkommen); Nachlassabkommen auch abgedruckt bei *V. Sevig*(Fn. 15), 205-210.
[36] Für Deutschland: RGBl. 1931 II 538; für die Türkei, *Ökcün/Ökcün*, Türk Antlasmalari Rehberi 1920-1973 (Türkischer Staatsvertragsführer 1920-1973) Ankara 1974, 94.
[37] In Deutschland: Bekanntmachung des Auswärtigen Amts vom 29.5.1952, BGBl. 1952 II 608; in der Türkei: Ministerratsbeschluss (Bakanlar Kurulu Karari) Nr. 3/14511 vom 26.2.1952, Resmi Gazete (GBl.) Nr. 8.100 vom 3.5.1952, S. 3497.
[38] Dass daneben in einigen anderen von Deutschland geschlossenen Staatsverträgen erbrechtliche Kollisionsnormen oder Regelungen über die Befugnisse von Konsuln auf dem Gebiet des Erbrechts enthalten sind, sei der Vollständigkeit halber nur kurz erwähnt. Dabei handelt es sich u.a. um Art. 8 Abs. 3 (nebst Schlussprotokoll) des Niederlassungsabkommens zwischen Deutschland und dem Iran vom 17.2.1929 (RGBl. 1930 II 1002, 1006-1013; in Kraft seit dem 11.1.1931, RGBl. 1931 II 9), dessen Wiederanwendung nach dem Zweiten Weltkrieg bekannt gemacht wurde (Bekanntmachung des Auswärtigen Amts vom 15.8.1955, BGBl. 1955 II 829). S. im übrigen die Nachweise bei *Jayme/Hausmann* (Fn. 35), 147.
[39] Für die Türkei z.B. *Celikel*(Fn. 11), 39; *Nomer/Sanli*(Fn. 11), 69. – Beklagt wird von ihnen,

im Jahre 1982 ratifiziert wurde. Da das deutsch-türkische NA von 1929 seit 1931 in Kraft ist, bleibt es gemäss Art. 1 Abs. 2 IPR – Gesetz in jedem Fall von den Normen des IPR-Gesetzes grundsätzlich *unberührt*("saklidir"). Dies ist jedoch dann nicht völlig zweifelsfrei, wenn eine frühere staatsvertragliche Norm der in einem späteren Gesetz widerspricht; denn ein Staatsvertrag steht (wie in Deutschland) auch in der Türkei gemäss Art. 90 Abs. 5 Verf. von 1982 einem Gesetz gleich, sodass die Regel lex posterior derogat legi priori in Einzelfällen gelten mag.[40] In casu kommt es auf diese Problematik jedoch nicht an.

Das NA spielt in der Praxis weder in der Türkei noch in Deutschland eine erhebliche Rolle und ist heute angesichts des in beiden Staaten kodifizierten internationalen Erb- und Erbverfahrensrechts im Grunde überflüssig. In der *Türkei* ist das Abkommen anscheinend nahezu völlig in Vergessenheit geraten, denn in den zur Zeit führenden IPR-Lehrbüchern wird es nicht einmal mehr erwähnt.[41] In den älteren

---

dass türkische Gerichte vorrangige Verträge nicht selten übersehen. Dies ist in Deutschland auch nicht unbekannt.

[40] Vgl. dazu *Celikel*, (Fn. 11), 39: Nichtanwendung eines früheren Vertrages, der gegen ein späteres Gesetz verstösst, ist vielleicht möglich ("belki... mümkün olacaktir"). Zur Problematik in Deutschland statt aller *Soergel(-Kegel)*, BGB X, 12. Aufl. 1996, vor Art. 3 EGBGB Rz. 36 m.w.Nachw. – Mir ist bisher nur ein Staat (*Tunesien*) bekannt, in dem ordnungsgemäss ratifizierte Staatsverträge einen höheren Rang als Gesetze haben (Art. 32 tunesische Verf. von 1959 i.d.F. von 1988). Im Iran gilt, dass Staatsverträge ein früheres ihnen widersprechendes Gesetz aufheben. Dagegen kann ein späteres staatliches Gesetz nicht konkludent ein früheres Abkommen ausser Kraft setzen; z.B. *Nasîrî*, Huqûq-i bain al-milâl-i khusûsî (Internationales Privatrecht), 11. Aufl. Teheran 1383/2004, II 22 f.

[41] Vgl. *Nomer/Sanli*(Fn. 11), 272-280, 428 f., 430-456 (auf S. 70 wird lediglich erwähnt, dass einige Konsularverträge auch erbrechtliche Regeln enthalten); *Celikel*(Fn. 11), 236-244, 415 f.; *Altug*, DÖH (Fn. 11), 211 f., 220; *Tekinalp*, Milletlerarasi Özel Hukuk – Baglama Kurallari (Internationales Privatrecht – Anknüpfungsregeln), 8. Aufl. Istanbul 2004, 229-248. *Tekinalp* aaO 245 weist darauf hin, dass es zweiseitige Konsularabkommen gibt, in denen zum Teil auch erbrechtliche Angelegenheiten geregelt werden, nennt jedoch als Beispiel lediglich das durch Gesetz Nr. 1044 ratifizierte türkisch-polnische vom 25.3.1927 (Resmi Gazete [GBl.] Nr. 598 vom 31.5.1927 = T.B.M.M. Kavanin Mecmuasi [Gesetzsammlung der Grossen Türkischen Nationalversammlung] 5 (1927), 207-211 [Konsularvertrag], 211-216 [Nachlassabkommen]) und verweist für die übrigen auf die Nachweise bei *Celikel/Sanli*, Türk Milletlerarasi Özel Hukuk Mevzuati (Die türkische Gesetzgebung auf dem Gebiet des IPR), Istanbul 11. Aufl. 2003, bei Art. 22 IPR-Gesetz betr. das Erbstatut (auf S. 11). Dort wird das deutsch-türkische Nachlassabkommen jedoch nicht genannt, sondern weiterverwiesen auf Art. 33 IPR-Gesetz (Befreiung ausländischer Staaten von der Gerichtsbarkeit), wo die derzeit in der Türkei geltenden Konsularverträge aufgeführt sind. Hier (S. 17) wird selbstverständlich auch der deutsch-türkische Konsularvertrag von 1929 genannt, jedoch ohne Hinweis darauf, dass in dessen Anhang sich ein Nachlassabkommen befindet. – Aus derselben Zeit (um 1930) stammt neben dem türkisch-deutschen und türkisch-polnischen Vertrag auch der türkisch-italienische Konsularvertrag vom 9.9.1929, ratifiziert durch Gesetz Nr. 1788, der im Anhang zu seinem Art. 21 auch ein Nachlassabkommen enthält (Resmi Gazete [GBl.] Nr. 1.768 vom 7.4.1931 = T.B.M.M. Kavanin Mecmuasi [Gesetzsammlung der Grossen Türkischen Nationalversammlung] 9 (1931), 120-131); abgedruckt ohne Quellenangabe auch bei *V. Sevig*(Fn. 15), 210-216. Inhaltlich stimmen

Hilmar Krüger

Veröffentlichungen wurde es dagegen zumindest genannt, wenn auch nicht kommentiert.[42] Rechtsprechung des *Kassationshofs* existiert nahezu nicht.[43]

In *Deutschland* ist es ein wenig besser. Judikatur ist allerdings kaum vorhanden.[44] In der Kommentar – und Lehrbuchliteratur wird das Nachlassabkommen zumeist genannt, ohne dass im allgemeinen – mit einer Ausnahme (*Dörner*) – den Darstellungen viel zu entnehmen ist.[45] Hinzu kommen einige andere Beiträge.[46] Auch

---

die drei Nachlassabkommen im wesentlichen überein. – In der Sammlung von Staatsverträgen auf dem Gebiet des IPR von *Özden*, Türkiye'nin Taraf oldugu Milletlerarasi Özel Hukuk Sözlesmeleri (IPR – Staatsverträge, denen die Türkei angehört), Istanbul 1991, werden nur *multilaterale* IPR – Verträge, die die Türkei ratifiziert hat, wiedergegeben. – Auch vor dem Inkrafttreten des IPR – Gesetzes von 1982 wurden IPR – Staatsverträge oft nicht genannt; vgl. z.B. *Göger*, Devletler Hususî Hukuku – Kanun Ihtilâflari (Internationales Privatrecht – Gesetzeskollisionen), 2. Aufl. Ankara 1971, 252-268.

[42] Z.B. *Uluocak*(Fn. 11), 155; *V. Sevig*(Fn. 15), 133 (nebst Text des Abkommens auf S. 205-210); *Berki*, Devletler Hususî Hukuku – Kanun Ihtilâflari (Internationales Privatrecht – Gesetzeskollisionen), 6. Aufl. Ankara 1966, 252; *M. Sevig/V. Sevig*, Devletler Hususî Hukuku (Internationales Privatrecht), 3. Aufl. Istanbul 1962, 526 f.

[43] Die einzige für mich ermittelbare Entscheidung des *Kassationshofs*, in der auf das deutsch – türkische Nachlassabkommen (in casu § 15 NA) bezug genommen wird, ist Yarg. (2. HD, 401/665), 27.1.1977, abgedruckt bei *Celikel/Nomer*, DHH, 7. Aufl. 2001 (Fn. 30), 340 f. – Herr Prof. Dr. *Ergin Nomer*, Istanbul, teilte mir freundlicherweise mit, dass auch ihm keine weiteren einschlägigen Urteile bekannt sind. In dem in Fn. 30 mitgeteilten Urteil des *Kassationshofs* vom 11.6.1990, in dem es um die Anerkennung eines Erbscheins (des AG Altena) in der Türkei geht, wird das Nachlassabkommen nicht erwähnt; denn es geht um Immobiliarnachlass/gayri menkul tereke, der von § 17 NA *nicht* erfasst wird.

[44] Ermittelbar sind für mich nur folgende Entscheidungen: *AG Bad Homburg*13.7.1977, IPRspr. 1977 Nr. 103 (zur Problematik bei Doppelstaatern); *LG Augsburg*6.5.1980, IPRax 1981, 215; *OLG München*4.6.1980, IPRax 1981, 215 f. in derselben Sache wie das *LG Augsburg*(*Ferid*, Internationales Privatrecht, 3. Aufl. Frankfurt 1986, 372, nennt das Urteil des *OLG München* mit Recht "skandalös"); OLG München 1.7.1980, IPRax 1981, 216 (die drei Entscheidungen betreffen die Rechtsposition des Konsuln); allen vier genannten Entscheidungen liegen offensichtlich Gutachten internationalrechtlicher Institute zugrunde; *OLG Köln*23.10.1985, IPRspr. 1985 Nr. 145 (zur internationalen Zuständigkeit); *OLG Köln*30.1.1986, IPRspr. 1986 Nr. 109 (zu Erbersatzansprüchen nichtehelicher Kinder und zur Beschränkung der internationalen Zuständigkeit deutscher Gerichte auf im Inland belegene Immobilien).

[45] Mit Abstand am ausführlichsten Staudinger(– *Dörner*), BGB/EGBGB, Neubearbeitung 2000, Vorbem. zu Art. 25 f EGBGB Rz. 158-190; ferner Erman(-*Hohloch*), BGB II, 11. Aufl. 2004, Art. 25 EGBGB Rz. 4, 40, 56, 57; AnwK – BGB V (Erbrecht), 2004, Länderbericht Türkei (Bearbeiter nicht genannt), 1584-1596 (Rz. 120, 123-131 auf S. 1595 f.); Münch-Komm (-*Birk*), BGB X, 3. Aufl. 1998, Art. 25 EGBGB Rz. 298 f.; Soergel(-*Schurig*), BGB X, 12. Aufl. 1996, Art. 25 EGBGB Rz. 108; Palandt(-*Heldrich*), BGB, 64. Aufl. 2005, Art. 25 EGBGB Rz. 4; Bamberger/Roth(-*Lorenz*), BGB III, 2003, Art. 25 EGBGB Rz. 5-10.

[46] Am wichtigsten wiederum *Dörner*, Das deutsch-türkische Nachlassabkommen, ZEV 1996, 90-96, auf dem seine Darstellung im Staudinger-Kommentar im wesentlichen beruht (Bei dem Aufsatz handelt es sich um die Wiedergabe seines Referats, das er am 17.11.1995 in Bochum auf der Tagung der Deutsch-Türkischen Juristenvereinigung über "Deutsch-türkische erbrechtliche Probleme" gehalten hat). Ferner *Kremer*, Die Bedeutung des deutsch-türkischen

die Gutachtenpraxis ist nicht sonderlich ergiebig.[47]

B. Entstehungsgeschichte des Nachlassabkommens

Bevor ich mich dem Inhalt des geltenden NA zuwende, seien zunächst einige Hinweise zu seiner Entstehungsgeschichte gegeben, denn seine Tragweite wird erst dann verständlich, wenn man diese kennt. Cum grano salis gilt auch hier, was *Ferid* mit Recht schreibt, dass "das IPR jenes Fach ist, in welchem wir noch heute mit der historischen Entwicklung am engsten verhaftet sind".[48] Es ist ganz offenkundig, dass es sich bei dem NA insbesondere wegen der extrem starken Stellung der Konsuln (vgl. Art. 16 und 20 des Konsularvertrages, §§ 1-11 NA), die heute ungewöhnlich erscheint, um keinen modernen Staatsvertrag auf dem Gebiet des internationalen Erbrechts handelt.[49]

Deshalb ist ein Blick in die *Rechtsgeschichte* erforderlich. Das geltende deutsch-türkische NA von 1929 beruht im wesentlichen auf der dritten Anlage (zu Art. 19 mit §§ 1-16) zu dem deutsch-osmanischen Konsularvertrag vom 11.1.1917,[50] der aufgrund

---

Konsularvertrags für Nachlassverfahren in der Bundesrepublik Deutschland, IPRax 1981, 205 f.; *Reinhart*, Zur Neuregelung des deutschen internationalen Erbrechts, BWNotZ 1987, 97-104 (98); *Schömmer/Kesen* (Fn. 18), 83-85; *Rumpf* (Fn. 18), 88; *Atali*, Internationale Zuständigkeit im deutsch-türkischen Rechtsverkehr, Frankfurt 2001, 122-124; *Kilic*, Erbrecht in der Türkei, in: *Süss/Haas* (Hrsg.), Erbrecht in Europa, Angelbachtal 2004, 1064-1068; *Naumann*, Grundzüge des neuen türkischen Ehegüter- und Erbrechts, RNotZ 2003, 343-370 (345-347); *Kesen*, Erbfall in der Türkei: Rechtliche und steuerliche Aspekte, ZEV 2003, 152-157; *Rumpf*, Länderbericht Türkei, in: Frank/Wachter (Hrsg.), Handbuch Immobilienrecht in Europa, Heidelberg 2005, 1531-1590 (1568).

[47] In den IPG ist mit Ausnahme von IPG 1977 Nr. 36 (*Hamburg*) kein weiteres einschlägiges Gutachten ermittelbar; auf ihm beruht der Beschluss des *AG Bad Homburg* (Fn. 44); *Wengler*, Gutachten zum internationalen und ausländischen Familien – und Erbrecht II, Berlin 1971, Nr. 74 (S. 505-509); in der Zusammenstellung seiner Gutachten über türkisches Recht von *Hirsch*, Türkisches Recht vor deutschen Gerichten, Berlin 1981, ist kein erbrechtliches enthalten. – Zwei einschlägige Gutachten des Deutschen Notarinstituts (Würzburg) sind veröffentlicht in DNotI-Report 2001, 171 f. bzw. 2005, 65 f.

[48] *Ferid* (Fn. 44), S. III.

[49] Erbrechtliches IPR bzw. IZVR ist lediglich in §§ 12-18 NA enthalten.

[50] RGBl. 1918 S. 191-242; veröffentlicht in deutscher und türkischer (selbstverständlich Osmanlica) Fassung. Die wichtige deutsche *Denkschrift* zu dem Konsularvertrag (nebst Nachlassabkommen) ist veröffentlicht in der Reichstagsdrucksache Nr. 755, 13. Legislaturperiode, II. Session, 1914-1917, S. 171-183 (zum Nachlassabkommen auf S. 179-181). Die *Begründung* zu dem deutschen Ausführungsgesetz zum Konsularvertrag (nebst Nachlassabkommen) findet sich auf S. 210-212. – Die Reichtagsdrucksache Nr. 755 ist auch in einer selbständigen Veröffentlichung unter dem Titel Deutsch-türkische Rechtsverträge o.O. o.J. (mit derselben Seitenzählung) zugänglich. Die amtlichen Protokolle der 105. Sitzung des Reichstags vom 10.5.1917 über die deutsch-osmanischen Rechtsverträge sind u.a. veröffentlicht in Der Neue Orient 1 (1917), Sonderbeilage zu Heft 4/5, S. 241-255. – Kurz dazu *von Dumreicher*, Die neuen deutsch-türkischen Verträge, Der Neue Orient 1 (1917), 121 f.

seines Art. 29 am 10.7.1918 in Kraft getreten ist.[51] Er zählt zu fünf Haupt-und fünf Nebenverträgen, durch die im Jahre 1917 die deutsch-osmanischen Rechtsbeziehungen (Konsular-, Rechtshilfe-, Auslieferungs-und Niederlassungsvertrag sowie Vertrag über Zuführung von Wehr – bzw. Fahnenflüchtigen) auf eine neue Grundlage gestellt wurden. Das heisst, zwischen Deutschland und dem Osmanischen Reich sind 1917 erstmals Abkommen geschlossen worden, die vom Grundsatz der Gleichberechtigung der beiden vertragschliessenden Parteien "auf dem Boden des allgemeinen europäischen Völkerrechts"[52] ausgehen. Angesichts der bis zum Ersten Weltkrieg bestehenden Rechtslage zwischen den europäischen Staaten und dem Osmanischen Reich war dies ein Novum; denn früher schlossen europäische Staaten mit dem Osmanischen Reich, wie gleich ausgeführt wird, nur sog. Kapitulationen, durch die lediglich sie bzw. ihre Konsuln Rechte eingeräumt erhielten. Dies wirkt in gewissem Umfang noch in dem deutsch-osmanischen Konsularvertrag von 1917 nach; denn die deutsche Seite war trotz aller politischen Bekenntnisse zugunsten ihres osmanischen Waffenbruders nach wie vor misstrauisch.[53]

Weiteres ist hier zunächst nicht erforderlich; denn der deutsch-osmanische Konsularvertrag (nebst NA) von 1917 ist aufgrund Art. 290 des Friedensvertrages von Versailles vom 28.6.1919,[54] der am 10.1.1920 in Kraft getreten ist,[55] wie alle anderen zwischen Deutschland und dem Osmanischen Reich seit dem 1.8.1914 geschlossenen Verträge, aufgehoben worden.[56] Er konnte deshalb am Ende des Ersten Weltkrieges wegen der veränderten politischen Verhältnisse (insbesondere im Osmanischen Reich) keine praktische Bedeutung mehr erlangen.

Man muss jedoch noch tiefer graben, um die Bedeutung des deutsch – osmanischen Konsularvertrages (nebst NA) von 1917 zu verstehen. Es wird allgemein bekannt sein, dass die europäischen Staaten (und zuletzt [1830] auch die USA), wie soeben gesagt, seit dem 16. Jahrhundert mit dem Osmanischen Reich nur Kapitulationen[57]

---

[51] RGBl. 1918 S. 242, 354 f.
[52] So die deutsche Denkschrift (Fn. 50), 172.
[53] Deutschland hat in keinem der genannten Rechtshilfeverträge *förmlich* der Aufhebung der Kapitulation von 1761 zugestimmt. Ferner ist die in §1 des Ausführungsgesetzes zu den Verträgen vorgesehene Verordnung über die Aufhebung der deutschen Konsulargerichtsbarkeit (RGBl. 1918 S. 355) nicht erlassen worden.
[54] RGBl. 1919 S. 687-1349.
[55] RGBl. 1920 S. 31.
[56] RGBl. 1919, S. 1099. Eine Parallelvorschrift war übrigens in Art. 275 des Friedensvertrages zwischen dem Osmanischen Reich und den Siegermächten von Sèvres vom 10.8.1920 enthalten, der von der Türkei nie ratifiziert wurde; s. dazu *W. Padel*, Der Vertrag von Sèvres, Berlin 1921, 23; *F. Padel*, Die Konsulargerichtsbarkeit in Ägypten und in der Türkei, Diss. Breslau 1929, 63.
[57] Türk. 'ahdnâmeler (heute in der Türkei meist ahidnâmeler transkribiert); Arab. Imtiyâzât. Im übrigen benutzt man in der Türkei jetzt nicht selten den Begriff "kapitülasyonlar". Der Name dieser Verträge beruht auf ihrer Einteilung in Kapitel. – Hierzu gibt es eine fast nicht zu überblickende Literatur. Erwähnt sei z.B. aus der türkischen *IPR*-Literatur ausführlich noch 1995 (!) *Altug*, DÖH (Fn. 11), 84-110. Der Grund ist allerdings klar, denn *Altug* fügt eine von ihm auf Englisch verfasste Studie aus den 50er Jahren auszugsweise nur leicht ergänzt in sein

abgeschlossen haben.[58] Sie hiessen nach 1740[59] im allgemeinen Freundschafts- und Handelsverträge, Niederlassungsverträge o.ä. und enthielten stets Meistbegünstigungsklauseln *(en ziyade müsaade sartlari).* Ursprünglich gewährte das Osmanische Reich auf der Grundlage islamischen Rechts (aufgrund eines amân [Sicherheitszusage]) einseitig durch sultanischen Erlass *(emr-i sultanî)*[60] Ausländern gewisse Rechte auf seinem Territorium.[61] Dies führte nach dessen Machtverlust im Laufe

---

Lehrbuch zum geltenden türkischen IPR ein. (Dabei handelt es sich um *Altug,* Turkey and some Problems of International Law, Istanbul 1958, 5-40). S. im übrigen statt aller z.B. *Pélissié du Rausas,* Le régime des Capitulations dans l'Empire ottoman, 2. Aufl. Paris 1910-1911; *Inalcik,* Art. imtiyâzât: Ottoman Empire, in: Encyclopaedia of Islam, 2. Aufl. Leiden 1960-2004, III 1179-1189 mit umfangreichen Nachweisen; *Hartmann,* Die islamisch – fränkischen Staatsverträge (Kapitulationen), Z.f.Pol. 11 (1919), 1-64 (zum System der Kapitulationen insb. 23-36); *Heffening,* Das islamische Fremdenrecht, Hannover 1925, 87-133; aus deutscher Sicht aus der jüngeren Zeit *Ziegler,* Völkerrechtsgeschichte, München 1994, s. Stichwort Kapitulationen auf S. 317; kürzlich sind in einer der führenden italienischen orientalistischen Zeitschriften unter dem Titel "The Ottoman Capitulations: Text and Context" neun Beiträge zu diesem Themenkreis erschienen; s. Oriente Moderno 83 (2003), 575-727.
[58] Die am Ende des 19. Jahrhunderts geltenden Kapitulationen sind z.B. zusammengestellt bei *Aristarchy Bey,* Législation ottomane, Konstantinopel 1873-1888, IV 25-410.
[59] Der letzte mit dem Namen Kapitulation bezeichnete Vertrag ist der zwischen dem Osmanischen Reich und Frankreich vom 28.5.1740; Text bei *Aristarchy Bey*(Fn. 58), 169-193.
[60] Die letzte mir bekannte Hervorhebung der Einseitigkeit der Kapitulationen erfolgte von Seiten der türkischen Regierung durch eine Stellungnahme 1922 im Zusammenhang mit den Verhandlungen, die am 24.7.1923 zum Vertrag von Lausanne und aufgrund dessen Art. 28 zur endgültigen Abschaffung der Kapitulationen führten; Text bei *F. Padel*(Fn. 56), 26 Fn. 85.
[61] Soweit ich sehe, fehlt bisher eine Untersuchung über die rechtliche Bedeutung der von den osmanischen Regierungen geschlossenen Kapitulationen aus der Sicht des *osmanischen* Rechts. Die gesamte verfügbare Literatur untersucht sie stets nur aus europäischer Sicht. Auch in dem vorzüglichen Buch des Vaters des Jubilars (*S.S. Ansay,* Hukuk Tarihinde Islâm Hukuku [Das islamische Recht in der Rechtsgeschichte], 4. Aufl. Ankara 2002) fehlt eine Stellungnahme. Osmanische Gerichte konnten sich damit, wenn überhaupt, nur in Einzelfällen befassen. Wichtiger ist, dass sie auch die Muftis im Zweifel stets ignoriert haben; *Krüger,* Fetwa und Siyar, Wiesbaden 1978, 112, 124, 137 f., 154; ebenso *van den Boogert,* Consular Jurisdiction in the Ottoman Legal System in the 18th Century, Oriente Moderno 83 (2003), 613-634 (619 f.). Dabei muss allerdings berücksichtigt werden, dass ich nur die Kapitel über internationalrechtliche Fragen *(siyer)* in den Fetwa-Sammlungen untersucht habe. In anderen Kapiteln (z.B. über Verfahrensrechtliches oder über die Stellung nichtmuslimischer Staatsangehöriger [zimmîler] im Osmanischen Reich) mag man durchaus Einschlägiges zu Einzelfragen finden (*Krüger* aaO 124). Lediglich ein Beispiel sei genannt: Soweit in den Kapitulationen bestimmt wird, dass im Prozess das Zeugnis eines nichtmuslimischen Ausländers (je nach Fallgestaltung harbîoder müstemin) anzuerkennen ist, verstösst dies sicher gegen die Regeln des islamischen Rechts. Der bedeutendste osmanische Mufti, *Ebûssu'ûd Efendi*(im Amt von 1545-1574), schreibt selbstverständlich in einem Gutachten (fetva), dass dies unmöglich ist ("aslâ olunmaz"). Um dem Sultan Süleyman Kanûnî (1520-1566), in Deutschland Süleyman der Prächtige, nicht zu nahe zu treten, sagt er vorsichtig, dass es sich insoweit um einen Schreibfehler in der Kapitulation (ahdnâme) handeln müsse. Er wagt jedoch den Satz, dass kein Erlass des Sultans über etwas Ungesetzliches erlassen werden kann ("namesru olan nesneye emr-i sultanî olmaz"); Text des Fetwa (in Osmanlica) bei *Horster,* Zur Anwendung des islamischen Rechts im 16. Jahrhundert, Stuttgart 1935, 53. – Es

der Zeit jedoch dazu, dass Ausländer wegen des spätestens seit dem 19. Jahrhundert "unerschütterlich dastehenden Gebäudes der Konsulargerichtsbarkeit"[62] nicht mehr der Gerichtsbarkeit osmanischer Gerichte, sondern nahezu ausschliesslich der ihrer dortigen Konsuln unterstanden. Dies war wohl das wichtigste all der vielen Vorrechte der Ausländer. Keiner der europäischen Staaten dachte im übrigen daran, den osmanischen Konsuln in ihren Staaten reziproke Rechte zu gewähren. Mit anderen Worten: die aus den Kapitulationen erwachsenen Rechte führten zu ganz erheblichen Missbräuchen und zur Verletzung der Souveränitätsrechte des Osmanischen Reiches.[63] Eines der Hauptziele des Osmanischen Reichs im Ersten Weltkrieg war dementsprechend die Abschaffung der Kapitulationen.[64] Sie sind noch heute gleichsam ein Trauma in der republikanischen Türkei. Der Kassationshof hat noch vor einigen Jahren die Anerkennung ausländischer Schiedssprüche aus Verträgen zwischen ausländischen Unternehmen und staatlichen Stellen – vor einer Gesetzesänderung im Jahr 1999 – mit dem Argument der "Verhinderung ausländischer Kapitulationen" versagt.[65]

Zwischen Deutschland[66] und dem Osmanischen Reich galt bis zum Ersten Weltkrieg die preussisch-osmanische Kapitulation von 1761. Die den deutschen Staatsangehörigen im Osmanischen Reich zustehenden Rechte wurden nämlich durch Art. 24 des Freundschafts –, Handels – und Schiffahrtsvertrages vom 26.8.1890 aufrechterhalten.[67] Danach galt die Konsulargerichtsbarkeit für deutsche Staatsangehörige, für eine

---

wäre sicher sehr sinnvoll, wenn sich ein türkischer Rechtshistoriker diesem Thema einmal widmete; denn hier handelt es sich um einen typischen Fall des Auseinanderfallens von islamischem und staatlichem Recht.

[62] *Schmidt*, Die Abschaffung der Konsulargerichtsbarkeit in Ägypten, Diss. Berlin 1938, 31. – Gründe für die starke Stellung der Konsuln und der Konsulargerichtsbarkeit waren u.a. Misstrauen in die osmanische Gerichtsbarkeit wegen der Anwendung islamischen Rechts und die damaligen Verkehrsverhältnisse im Osmanischen Reich; z.B. *Lehmann*(Fn. 63), 15-17; *F. Padel*(Fn. 56), 21; Denkschrift zum NA von 1917 (Fn. 50), 180. – Noch in der deutschen Denkschrift zum heute geltenden NA von 1929 (Fn. 35), 29, wird gesagt, dass im deutsch-bulgarischen Konsularvertrag, der zur selben Zeit ratifiziert wurde wie der deutsch-türkische von 1929, "kein besonderes Bedürfnis" zur Regelung der Nachlassfragen bestehe. Nur in den deutsch-türkische Vertrag wird ein Nachlassabkommen integriert, weil dafür aus damaliger deutscher Sicht (obwohl die Türkei ab 1926 ein europäisches Gesetzbuch nach dem anderen übernahm) – wie z.Z. des Osmanischen Reichs-offensichtlich "ein Bedürfnis" angenommen wurde. Die deutsche Regierung hatte offensichtlich noch nicht die fundamentalen politischen und juristischen Umwälzungen in der Türkei seit 1923 registriert.

[63] Statt aller dazu *Lehmann*, Die Kapitulationen, Weimar 1917, 18-44; *Inalcik*(Fn. 57), 1186-1188.

[64] Z.B. *Lehmann*(Fn. 63), 52.

[65] *Krüger*, Zum Recht der Schiedsgerichtsbarkeit in der arabischen Welt, in: Deutsch – Türkische Juristenvereinigung (Hrsg.), Internationale Schiedsgerichtsbarkeit, Berlin 2003, 31-55 (34 f. mit Nachweisen in Fn. 14). Möglicherweise hindert diese Haltung die Türkei, die EU – Mitglied werden möchte, jetzt auch, wie es in dem Nicht-EU-Staat Schweiz regelmässig getan wird, an dem freiwilligen "autonomen Nachvollzug" von europäischen Richtlinien.

[66] Die Einzelheiten bis zur Reichsgründung 1871 können dahinstehen.

[67] RGBl. 1891 S. 117-134; bei *Fleischmann*, Völkerrechtsquellen, Halle 1905, 249-254, werden

Probleme des türkischen Internationalen Erbrechts

Vielzahl osmanischer Staatsangehöriger, die sich dem "Schutz" deutscher Konsuln unterstellten (sog. Schutzgenossen oder *protégés*) sowie in gewissem Umfang für Angehörige von Drittstaaten. In Art. 6 des Vertrages von 1761, auf den es hier ankommt, wurden den Konsuln *alle* Rechte im Falle des Todes eines Deutschen eingeräumt, "ohne von den Richtern oder Beamten der Hohen Osmanischen Pforte belästigt zu werden." Das heisst, die Alleinzuständigkeit in allen Nachlassangelegenheiten, die Mobilien betrafen, besassen die Konsuln. Einzelheiten können dahinstehen. Eine Ausnahme galt lediglich für Immobilien; denn alle sachen – und erbrechtlichen Rechtsstreitigkeiten usw. im Zusammenhang mit jenen fielen seit der zweiten Hälfte des 19. Jahrhunderts in die Zuständigkeit der osmanischen Gerichte, die insoweit die lex rei sitae anwandten.[68]

Nachdem Versuche des Osmanischen Reiches nach dem Pariser Friedensvertrag vom 30.3.1856[69] scheiterten, das Kapitulationsregime aufzuheben,[70] erklärte die Hohe Pforte zu Beginn des Ersten Weltkriegs durch einen sultanischen Erlass *(irade-i seniye)* vom 8.9.1914,[71] der den ausländischen Vertretungen in Konstantinopel am 9.9.1914 notifiziert wurde, mit Wirkung vom 1.10.1914 einseitig die Aufhebung aller Kapitulationen, "die bisher jedem Fortschritt im Reiche entgegenstanden".[72] Über die rechtliche Bewertung der einseitigen Aufhebung der Kapitulationen wurde viel geschrieben, was hier beiseite bleiben kann.[73]

Durch die einseitige Abschaffung der Kapitulationen (und der Konsulargerichtsbarkeit), die von Deutschland im Ersten Weltkrieg von seinem osmanischen

---

im Anhang zu dem Vertrag von 1890 die massgebenden Art. 4-6 des Vertrages von 1761 wiedergegeben. Sein vollständiger Text in deutscher Übersetzung findet sich bei *Lehmann*(Fn. 63), 66-75.

[68] *Arslanian*, Das gesammte Recht des Grundeigenthums und das Erbrecht für alles Eigenthum in der Türkei, Wien 1894, 49; *Salem*[Länderbericht] Türkei, in: Leske/Loewenfeld (Hrsg.), Die Rechtsverfolgung im internationalen Verkehr, Berlin 1895-1897, II 345-351 (434 f.). – Lehrbücher des osmanischen IPR aus dem 19. Jahrhundert sind mir in Köln nicht zugänglich; vgl. die Nachweise bei *Karayalcin/Mumcu*, Türk Hukuk Bibliyografyasi 1727-1928 (Türkische Rechtsbibliographie 1727-1928), Ankara 1972, 315 f. (Nr. 4152-4159); die erste Darstellung ist 1312/1896 erschienen. – Auf das Gesetz von 1284/1867 ist der Ursprung der Nachlassspaltung im türkischen internationalen Erbrecht zurückzuführen. Dies gilt noch heute hinsichtlich des in der Türkei belegenen unbeweglichen Nachlasses (Art. 22 Abs. 1 IPR-Gesetz) und wird in dieser Form aufgrund Art. 19 Abs. 1 des Entwurfs (tasar) eines neuen IPR-Gesetzes von 2005 fortgelten. Erbstatut (miras statüsü) ist nach türkischem IPR grundsätzlich das Heimatrecht des Erblassers hinsichtlich Mobilien und Immobilien unabhängig vom Ort der Belegenheit; für in der Türkei belegene Immobilien gilt als Ausnahme jedoch stets die türkische lex rei sitae; *Nomer/Sanli*(Fn. 11), 272 f.

[69] Durch dessen Art. 7 wurde das Osmanische Reich bekanntlich Mitglied der Europäischen Völkerrechtsgemeinschaft.

[70] Statt vieler *Lehmann*(Fn. 63), 48-52; *F. Padel*(Fn. 56), 52-61.

[71] Text z.B. in Düstur (Gesetzsammlung), 2. Serie, Istanbul 1334/1918, VI 1273 (Nr. 530). Benutzt wird in ihm übrigens der arabische Terminus "imtiyâzât" für Kapitulationen.

[72] Text der Note in deutscher Übersetzung bei *Lehmann*(Fn. 63), 76-78.

[73] Z.B. *Lehmann*(Fn. 63), 53-63.

Bündnispartner nolens volens hingenommen werden musste,[74] entstand eine Lücke, weil zwischen den beiden Staaten keine vertraglichen Beziehungen mehr bestanden. So verhandelten beide Seiten im Jahre 1916. Das Ergebnis waren die sog. Rechtshilfeverträge vom 11.1.1917 einschliesslich des Konsularvertrages (nebst Nachlassabkommen).[75]

Nur vor dem geschilderten Hintergrund[76] erklärt sich die starke Stellung der Konsuln in §§ 1-10, 13 f. des Nachlassabkommens (NA) von 1917, denn Deutschland wollte im wesentlichen den Zustand beibehalten, der vorher aufgrund aller Kapitulationen bestand. Zumindest aus deutscher Sicht sollte ein Konsul nach wie vor die Stellung eines Nachlassrichters *(tereke hakimi)*[77] haben. Er soll bei der Behandlung von Nachlässen den "damit verbundenen heimischen Interessen" (die Interessen der Parteien stehen nicht an erster Stelle) besondere Aufmerksamkeit widmen.[78] Da man den osmanischen Konsuln in Deutschland erstmals dieselbe Rechtsposition einräumte, hatte offensichtlich die osmanische Seite kein Problem, diese Regelungen zu akzeptieren.[79]

Neu in dem Vertrag sind *kollisionsrechtliche* Normen. Gemäss § 11 Abs. 1 NA unterliegt das Erbrecht dem Heimatrecht des Verstorbenen, soweit es um Mobiliarnachlass geht. Dagegen unterliegen alle Fragen im Zusammenhang mit dem Immobiliarnachlass – entsprechend dem osmanischen Recht[80] – der lex rei sitae, also dem Recht des Staates, in dem sie belegen sind (§ 15 Abs. 1 und 2 NA).[81] Der deutsche Grundsatz

---

[74] Förmlich ist dies von Deutschland nicht anerkannt worden, wie der Staatssekretär des Auswärtigen Amts *Zimmermann* vor dem Reichstag am 10.5.1917 ausdrücklich erklärt hat: "Die deutsche Regierung konnte die einseitige Aufhebung der Kapitulationen vom Standpunkte des Völkerrechts nicht als wirksam anerkennen; denn die Rechte, welche den Deutschen auf Grund des bisherigen Systems zustanden, waren durch Verträge verbrieft."; Der Neue Orient 1 (1917), Sonderbeilage (oben Fn. 50), 241. – Vgl. dazu auch *W. Padel* (Fn. 56), 22; *F. Padel* (Fn. 56), 63 f.

[75] Nachweis oben in Fn. 50. – *Tekinalp*, Der türkische "Gesetzentwurf über internationales Privatrecht und Zivilverfahrensrecht", RabelsZ 46 (1982), 26-56 (28), irrt, wenn sie meint, dass durch diese Verträge im Verhältnis zu Deutschland die Aufhebung der bestehenden Kapitulation erfolgt sei.

[76] Die Konsuln hatten "die weitesten Befugnisse auf dem Gebiet der freiwilligen (nicht streitigen) Gerichtsbarkeit"; z.B. *Salem* (Fn. 68), 451.

[77] Sicherung und Inventarisierung des Nachlasses, Verwaltung des Nachlassvermögens, Erteilung von Erbscheinen, Vertretung der Erben, Übergabe des Nachlasses an die Erben, Benachrichtigung von Nachlassgläubigern usw.; so der Direktor im Auswärtigen Amt *Kriege*, Der Neue Orient 1 (1917), Sonderbeilage (Fn. 50), 243; Denkschrift (Fn. 50), 179 f. ("...möglichst freie Stellung des Konsuls" usw.)

[78] Denkschrift (Fn. 50), 179.

[79] *Kriege* (Fn. 77), 242-244.

[80] Hierbei handelt es sich offensichtlich um das einzige Zugeständnis, das die deutsche Seite bei den Vertragsverhandlungen gemacht hat, denn man wollte die in Art. 24 EGBGB a.F. enthaltene Kollisionsnorm (Anknüpfung an die lex patriae defuncti) auch in das NA aufnehmen. Dem widersprach die osmanische Seite; *Kriege* (Fn. 77), 243; s. auch Denkschrift (Fn. 50), 179.

[81] Dies entspricht osmanischem Recht aufgrund Gesetzes seit 1867. Früher konnten Ausländer im Osmanischen Reich kein Eigentum an Immobilien erwerben; *Arslanian* (Fn. 68), 49 (Text des

der Nachlasseinheit, nach dem der gesamte Nachlass sich nach dem Heimatrecht des Erblassers vererbt, musste also im Abkommen zugunsten der Nachlasspaltung (zwei Rechtsordnungen für ggf. die beiden Teile des Nachlasses) aufgegeben werden.

Neu ist ferner § 11 Abs. 2 NA; denn hier erscheint im deutsch-osmanischen Verhältnis erstmals auch eine Vorschrift aus dem Bereich des *internationalen Verfahrensrechts*. Alle Angelegenheiten im Bereich des Erbrechts, soweit sie den Mobiliarnachlass betreffen, sind durch die zuständigen Gerichte oder sonstigen Behörden (des Heimatstaats des Erblassers) "in Gemässheit der Gesetze dieses Landes" ("kavanin millîsine tevfikan") zu entscheiden. "Diese Entscheidungen sind in dem anderen Land anzuerkennen" ("bu... kararlar diger memlekette taninacaktir"). Das heisst, die von dem jeweiligen deutschen oder türkischen Gericht im Rahmen eines *streitigen* Verfahrens erlassenen Urteile sollen in dem jeweils anderen Staat (Deutschland bzw. Osmanisches Reich) ebenso gelten wie im Entscheidungsstaat.[82] Dies gilt aufgrund § 15 Abs. 1 NA lediglich dann nicht, wenn die von den zuständigen Gerichten erlassenen Urteile Immobiliarnachlässe betreffen.

Ferner gilt: Erteilt ein Konsul gemäss § 7 S. 2 NA auf der Grundlage deutschen Rechts den Erben eine Bescheinigung (Erbschein) zum Nachweis ihres Erbrechts,[83] so hat sie im Lande seines Amtssitzes (Osmanisches Reich) "dieselben Wirkungen" wie die entsprechenden Bescheinigungen (also Erbscheine), die von den Ortsbehörden im Osmanischen Reich "in den Formen des nichtstreitigen Verfahrens erteilt werden".[84] Dasselbe gilt selbstverständlich umgekehrt.

Gesetzes in deutscher Kurzfassung bei *Arslanian* aaO 49 f.; vollständig in französischer Übersetzung bei *Aristarchy Bey*(Fn. 58), I 19-21). Seit 1915 galt dies aufgrund *Gesetzes*. Massgebend war (bis 1982) Art. 4 des Vorläufigen Gesetzes über die Rechte und Pflichten der sich im Osmanischen Reich aufhaltenden Ausländer (abgekürzt in der Türkei mit EHVK) vom 23.2.1330/8.3.1915 (veröffentlicht in Düstur [Gesetzsammlung], 2. Serie, Istanbul 1336/1920, VII 458 f. [Nr. 149]). Das Gesetz enthielt gleichsam in fremdenrechtlichen Normen "versteckt" in seinen Art. 2 und 4 auch Kollisionsnormen. Dies wurde in Deutschland erst in der zweiten Hälfte des 20. Jhd. erkannt, obwohl eine deutsche Übersetzung des Gesetzes bereits mehr oder minder unmittelbar nach Inkrafttreten veröffentlicht wurde (Türkische Wirtschaftsgesetze, Weimar 1917, 52 f.) und dies in Frankreich in jedem Fall seit 1939 bekannt war (*Birsen*, Droit international privé, in: La vie juridiques des peuples VII: Turquie, Paris 1939, 386-401 [398-400]). Grundlegend zu dem Gesetz von 1330/1915 *M. Sevig*, Türkiye Cumhuriyeti Kanunlar Ihtilâfi Kaidelerinin Sentenzi (Synthese der Normen über die Gesetzeskollisionen der Republik Türkei), Istanbul 1941, 17-40 (zum Erbrecht S. 40) mit Text des Gesetzes auf S. 143 f. Bei uns wurde der kollisionsrechtliche Inhalt des Gesetzes erst durch eine Veröffentlichung von *Hirsch*, Die Quellen des internationalen Privatrechts in der Türkei, in: Festschrift Hans Lewald, Basel 1953, 245-257 (zum Erbrecht S. 253, 255, 257), allgemein bekannt.

[82] Denkschrift (Fn. 50), 180.
[83] Dafür waren Konsuln aufgrund § 19 Nr. 1 des Gesetzes über die Konsulargerichtsbarkeit zuständig und hatten die Regeln des BGB und des FGG anzuwenden; RGBl. 1900, 213 (217); s. dazu auch Begründung (Fn. 50), 210 f.
[84] Denkschrift (Fn. 50), 180.

C. Rechtsprobleme des geltenden Niederlassungsabkommens

Nachdem der Hintergrund des geltenden Nachlassabkommens dargestellt ist, sollen einige aus ihm resultierende Fragen behandelt werden. Dabei beschränke ich mich in diesem Beitrag aus Platzgründen nur auf einige typische Fragen.

1. Zum Erbstatut

Die Kollisionsnormen des NA – den autonomen deutschen bzw. türkischen Regeln (Art. 25 EGBGB bzw. Art. 22 IPR-Gesetz) vorgehend – sind in §§ 14 und 18 NA enthalten. Bei beweglichem Vermögen wird angeknüpft an das Heimatrecht des Erblassers; unbewegliches Vermögen unterliegt der jeweiligen lex rei sitae. Es ist selbstverständlich, dass im Rahmen des NA nur *Sachnormen (maddî hükümler)* anzuwenden sind. Eine etwaige *Rück-oder Weiterverweisung/atif veya devam eden atif* (Art. 4 Abs. 1 EGBGB bzw. Art. 2 Abs. 3 IPR-Gesetz) ist bei Massgeblichkeit des NA nicht zu berücksichtigen. Eine *Rechtswahl/hukuk secimi* (vgl. Art. 25 Abs. 2 EGBGB) kommt im Rahmen des NA nicht in Betracht.[85] Ferner enthält das NA keine *ordre public-Klausel*, sodass im Zweifel keine Möglichkeit besteht, in dessen Rahmen in Einzelfällen eine Norm des vom NA berufenen türkischen oder deutschen Erbrechts nicht anzuwenden. Bei multilateralen Staatsverträgen (wegen des nicht immer überschaubaren Kreises der Mitgliedsstaaten) mag dies gelegentlich anders sein. Dies gilt jedoch *nicht* für bilaterale Verträge, wenn eine Klausel über den ordre public *(kamu düzeni)* fehlt, das anzuwendende Recht – wie in casu – überschaubar ist und die Vertragsparteien grundsätzlich Vertrauen in zukünftige Rechtsänderungen haben können.[86] *Ehegüterrechtliche Regeln*, die in engem Zusammenhang mit dem Erbrecht stehen, enthält das NA, wie in einem erbrechtlichen Staatsvertrag aus dem Jahre 1929 auch kaum zu erwarten, nicht.[87] Schliesslich einen kurzen Hinweis auf die Vorfragenproblematik: Die Anknüpfung von *Vorfragen (önmeseleler)*[88] ist im

---

[85] Die Türkei kennt auch im Bereich des autonomen internationalen Erbrechts keine Rechtswahl des Erblassers (murisin iradesi); z.B. *Nomer/Sanli*(Fn. 11), 273.

[86] Z.B. auch *Kropholler*, Internationales Einheitsrecht, Tübingen 1975, 340; aus der Rechtsprechung in einem deutsch-türkischen Fall *OLG Köln* 30.1.1986 IPRspr. 1986 Nr. 109 (auf S. 249 f.).

[87] Zum Zusammentreffen von türkischem bzw. deutschem Erb- und deutschem bzw. türkischem Ehegüterrecht sei verwiesen auf *Dörner*, ZEV 1996, 95; *Kilic*(Fn. 46), 1068. Es ist zu berücksichtigen, dass in der Türkei seit dem 1.1.2002 der gesetzliche Güterstand der Gütertrennung (Art. 170 ZGB a.F.) durch den Güterstand der Errungenschaftsbeteiligung/edinilmis mallara katilma (Art. 202 ZGB n.F.) abgelöst wurde (geregelt in Art. 218-241 ZGB n.F.). Die Gütertrennung (Art. 242 ZGB n.F.) ist nur noch ein Wahlgüterstand. Näher zum neuen gesetzlichen Güterstand z.B. *Dural/Ögüz/Gümüs*, Aile Hukuku (Familienrecht), Istanbul 2005, 320-414; in Deutschland dazu *Naumann*, RNotZ 2003, 348-359; *Odendahl*, Das neue türkische Ehegüterrecht, FamRZ 2003, 648-657.

[88] Beispiele für Vorfragen im Bereich des Erbstatuts u.a. bei *Soergel(-Schurig)*(Fn. 45), Art. 25 EGBGB Rz. 23-25, 27 f.; z.B. Bestehen einer Ehe, Rechtsstellung von adoptierten Kindern.

autonomen IPR umstritten.[89] Es geht darum, ob sie nach dem Recht des eigenen IPR (sog. selbständige Anknüpfung) zu beurteilen ist oder nach dem IPR des fremden Staates, dessen Recht für die Hauptfrage massgeblich ist (sog. unselbständige Anknüpfung). Ein Sonderproblem, auf das es hier ankommt, sind Vorfragen, die sich bei der Anwendung von Regeln kollisionsrechtlicher *Staatsverträge* ergeben.[90] Sie sind jedoch, wenn im Staatsvertrag nichts Abweichendes geregelt wird, so anzuknüpfen, wie es das Recht des Forumstaates bestimmt. Das heisst, sie sind selbständig anzuknüpfen.[91]

Die massgebende Norm zur Bestimmung des Erbstatuts ist § 14 NA von 1929, der § 11 Abs. 1 und § 15 Abs. 2 NA von 1917 entspricht. § 14 Abs. 1 NA regelt "erbrechtliche Verhältnisse". Damit "dürften" nicht nur, wie *Dörner* vorsichtig meint, alle Rechtsfragen gemeint sein, die im Zusammenhang mit dem Übergang von Vermögen nach dem Tod eines Menschen auf dessen Erben stehen.[92] Dieser Begriff entspricht nämlich ohne weiteres, wie sich aus der deutschen Denkschrift zum NA ergibt, dem Anknüpfungsmoment der "Rechtsnachfolge von Todes wegen" gemäss Art. 25 Abs. 1 EGBGB oder "miras" gemäss Art. 22 Abs. 1 IPR-Gesetz. Gemeint sind damit "alle mit dem Erbfall zusammenhängenden Rechtsverhältnisse" (nicht nur Erbfolgeordnung oder erbrechtliche Ansprüche, sondern z.B. auch die Erbenhaftung).[93] Im übrigen muss man insbesondere bei fortgeltenden älteren Rechtstexten stets berücksichtigen, dass der Wortlaut einer Vorschrift ein Spiegelbild der Zeit seiner Entstehung ist. Schliesslich fallen unter das Erbstatut im Rahmen des NA selbstverständlich auch erbrechtliche Institute, die zur Zeit seines Inkrafttretens im Jahre 1931 dem deutschen oder türkischen Recht noch nicht bekannt waren.[94]

Die in § 14 NA enthaltenen Kollisionsregeln sind dann anzuwenden, wenn im typischen Fall ein in der Türkei verstorbener deutscher Staatsangehöriger bzw. ein in Deutschland verstorbener türkischer Staatsangehöriger[95] in dem jeweiligen Staat (Türkei bzw. Deutschland) beweglichen und/oder unbeweglichen Nachlass hinterlässt. Das heisst: Hinterlässt ein Deutscher in der Türkei bzw. ein Türke in Deutschland Mobiliarnachlass, so richtet sich die Rechtsnachfolge von Todes wegen nach deutschem bzw. türkischem Recht; denn insoweit wird angeknüpft an das Heimatrecht des Erblassers. Gemäss § 18 NA – ebenso bereits nach § 16 des NA von 1917 – gilt dies auch dann, wenn sich das Vermögen (emval) eines Angehörigen der beiden

---

[89] S. statt aller für Deutschland insbesondere *Schurig*, Die Struktur des kollisionsrechtlichen Vorfragenproblems, in: Festschrift für Gerhard Kegel, Stuttgart 1987, 549-598; für die Türkei *Nomer/Sanli*(Fn. 11), 138-143; *Celikel*(Fn. 11), 121-130.
[90] Ausführlich *Wienke*, Zur Anknüpfung der Vorfrage bei internationalprivatrechtlichen Staatsverträgen, Frankfurt 1977, mit Besprechung *Krüger*, ZvglRWiss 79 (1980), 300 f.
[91] Überzeugend *v.Bar/Mankowski*, Internationales Privatrecht, I, 2. Aufl. München 2003, 680 f.; a.A. *Dörner*, ZEV 1996, 91; aus türkischer Sicht *Celikel*(Fn. 11), 128-130: Keine generelle Lösung; je nach Fall selbständig (*lex fori*) oder unselbständig (*lex causae*) anzuknüpfen.
[92] *Dörner*, ZEV 1996, 91; ähnlich Staudinger(-*Dörner*), Vorbem zu Art. 25 f EGBGB Rz. 170.
[93] Denkschrift (Fn. 35), 29.
[94] *OLG Köln* 30.1.1986, IPRspr. 1986 Nr. 109 (Erbersatzansprüche nichtehelicher Kinder).
[95] Massgeblich ist die Staatsangehörigkeit des Erblassers zur Zeit seines Todes.

Vertragsstaaten in Deutschland oder in der Türkei befindet und der Erblasser ausserhalb (haricinde) des jeweiligen Vertragsstaats verstorben ist.[96]

Hinterlässt dagegen ein Deutscher in der Türkei bzw. ein Türke in Deutschland (auch) *Immobiliarnachlass*, dann gilt insoweit das Recht des Landes, in dem der Nachlass belegen ist (lex rei sitae). In diesen Fällen tritt – wie stets nach autonomem türkischen (Art. 22 Abs. 1 IPR-Gesetz) und anders als nach deutschem Recht (Art. 25 Abs. 1 EGBGB; Nachlasseinheit) – Nachlassspaltung ein. Die beiden unterschiedlichen Vermögensmassen unterstehen dann verschiedenen Rechtsordnungen.[97]

Wenn der Erblasser *unbewegliches* Vermögen in einem *Drittstaat* hinterlässt, gilt gleichfalls Art. 14 Abs. 2 NA; denn diese Norm bezieht sich allgemein auf "Länder" ("devletler") und nicht nur auf die beiden Vertragsstaaten. Art. 3 Abs. 3 EGBGB (Regeln über eine Sonderanknüpfung, wenn nach der betreffenden lex rei sitae "besondere Vorschriften" gelten) findet keine Anwendung.[98]

Ob ein Gegenstand des Nachlasses oder der Nachlass insgesamt als beweglich (menkul) oder unbeweglich (gayri menkul) zu qualifizieren ist, bestimmt gemäss Art. 12 Abs. 3 NA "das Recht des Staates, in dem sich der Nachlass befindet".[99] Der Begriff "unbeweglicher Nachlass" ("gayri menkul tereke") in § 14 Abs. 2 NA ist heute ohne weiteres dem Begriff "unbewegliches Vermögen" in Art. 25 Abs. 2 EGBGB bzw. "tasinmaz mallar" in Art. 22 Abs. 1 IPR – Gesetz gleichzustellen.[100]

Das im NA nicht geregelte und in Deutschland intensiv diskutierte Problem des Erbstatuts von *Doppelstaatern (birden fazla tabiiyet)*[101] ist sehr einfach zu lösen. Klar, kurz und zutreffend sagt *Kegel*,[102] dass das NA in diesen Fällen (deutsch-türkischer

---

[96] Zutreffend MünchKomm(-*Birk*) (Fn. 45), Art. 25 EGBGB Rz. 298; a.A. *Dörner*, ZEV 1996, 94. Die vertraglichen Vereinbarungen sind insoweit nicht ganz klar. Art. 20 Konsularvertrag bezieht sich zwar nur auf Nachlässe, die sich auf dem Gebiet eines der beiden Vertragsstaaten befinden. Dies gilt zum einen nur in bezug auf die Befugnisse der Konsuln und zum anderen geht § 18 NA gleichsam als präzisierte lex specialis vor. – Nach türkischem Recht (Art. 2 IPR-Gesetz) ist das massgebliche ausländische Recht vom Gericht von Amtswegen (res'en) zu ermitteln; jüngst *Yargitay*. (11. HD, 9984/5573), 18.5.2004, IBD 79 (2005), 240 f. (betr. Scheckrecht). Ist das Recht eines Staates anzuwenden, in dem mehrere Teilrechtsordnungen gelten (in casu USA), wird diejenige angewandt, zu der die engste Verbindung besteht (New York).
[97] Näher z.B. *Naumann*, RNotZ 2003, 346.
[98] Zutreffend Münch-Komm(-*Birk*) (Fn. 45), Art. 25 Rz. 298; a.A. *Dörner*, ZEV 1996, 93 f.
[99] "...meselesi terekinin bulundugu devlet kavanini tarafindan halloluncaktir." – Für die Abgrenzung von beweglichem und unbeweglichem Vermögen kann in Deutschland auf die zu Art. 25 Abs. 2 EGBGB bzw. in der Türkei zu Art. 22 Abs. 1 IPR – Gesetz ergangene Rechtsprechung (bzw. Literatur) rekurriert werden; ebenso *Naumann*, RNotZ 2003, 345. – S. für Deutschland statt aller Soergel(-*Schurig*)(Fn. 45), Art. 25 EGBGB Rz. 4; für die Türkei *Tekinalp*(Fn. 11), 231.
[100] Mit Recht ebenso *Dörner*, ZEV 1996, 92.
[101] Z.B.*Dörner*, ZEV 1996, 91 f.; Staudinger(-*Dörner*)(Fn. 45), Vorbem zu Art. 25 f EGBGB Rz. 171; *Kilic*(Fn. 46), 1066 f.; Bamberger/Roth(-*Lorenz*)(Fn. 45), Art. 25 EGBGB Rz. 6.
[102] Soergel(-*Kegel*), BGB VIII, 11. Aufl. 1983, vor Art. 24 EGBGB Rz. 132.

Erblasser in der Türkei bzw. türkisch-deutscher Erblasser in Deutschland) *nicht* anzuwenden ist. Insoweit werden die Normen des NA verdrängt, und es gelten die autonomen türkischen (Art. 22 IPR-Gesetz) bzw. deutschen Kollisionsnormen (Art. 25 EGBGB).[103] Der Hintergrund der Normierung im NA ergibt sich aus der Geschichte und dem Zweck des Abkommens.[104] Es geht, wie in Abschnitt II B ausgeführt, auf das NA von 1917 (und letztlich auf die osmanisch-preussische Kapitulation von 1761) zurück. Man wollte lediglich den damals nicht allzu häufigen Fall klären, in dem ein (ausschliesslich) deutscher Staatsangehöriger in der Türkei (bzw. früher im Osmanischen Reich) verstirbt und dort Vermögen hinterlässt.[105] Deshalb hat die Lösung im NA entsprechend der im deutsch-iranischen Niederlassungsabkommen vom 17.2.1929,[106] das auch ein einer Kapitulation nachfolgender Vertrag ist, zu erfolgen: Das Abkommen gilt lediglich dann, wenn alle Parteien *ausschliesslich* die iranische Staatsangehörigkeit besitzen, nicht jedoch bei der Beteiligung von Mehrstaatern (Deutsch-Iranern).[107]

Dementsprechend gilt das NA lediglich dann, wenn der in Deutschland verstorbene türkische Erblasser (bzw. der in der Türkei verstorbene Deutsche) *nur* türkischer (in Deutschland) bzw. deutscher Staatsangehörigkeit (in der Türkei) war. Dies war 1929 so gewollt und führt zu klaren Ergebnissen. Lässt man es im Rahmen des NA auf die effektive Staatsangehörigkeit des Erblassers ankommen, stellen heute die deutschen und türkischen Gerichte jeweils auf die eigene Staatsangehörigkeit ab, was zwangsläufig zu unterschiedlichen Ergebnissen führen muss und den Entscheidungseinklang beeinträchtigt. Bei Doppelstaatern sind folglich die autonomen deutschen bzw. türkischen Kollisionsnormen (Art. 25 EGBGB i.V.m. Art. 5 Abs. 1 EGBGB bzw. Art. 22 Abs. 1 i.V.m. Art. 5 Buchst. b IPR – Gesetz) anzuwenden.

---

[103] Ebenso Soergel(*-Schurig*)(Fn. 45), Art. 25 EGBGB Rz. 108.
[104] *Dörner*, ZEV 1996, 90, sagt mit Recht, dass Entstehungsgeschichte und Zweck des Abkommens bei seiner Interpretation zu berücksichtigen sind.
[105] Dabei handelte es sich im wesentlichen um einige Geschäftsleute, Hochschullehrer, Wissenschaftler, Lehrer an der deutschen Schule in Istanbul, Journalisten, Angehörige des diplomatischen oder konsularischen Dienstes und z.Z. des Ersten Weltkrieges um deutsche Offiziere (also im wesentlichen die Istanbul'daki Alman kolonisi), die stets ausschliesslich die deutsche Staatsangehörigkeit besessen haben. Man vgl. dazu z.B. die Nachweise bei *Schmidt*, Auskunftsbuch für den Handel mit der Türkei, Leipzig 1917; sogar mit der Liste der bis Ende 1918 an der Universität (darülfünun) Istanbul tätigen 19 deutschen Hochschullehrer auf S. 19 f., darunter zwei Juristen (*Nord* und *Schönborn*) und den Beirat beim osmanischen Justizministerium (RG-Rat Dr. *Heintze*). Lediglich diese Personengruppe sollte in den Genuss deutschen Rechts kommen; vgl. auch Denkschrift (Fn. 50), 179. Im übrigen gab es nahezu keine Doppelstaater (d.h., Deutsch-Osmanen oder -Türken). Selbst der Erwerb der osmanischen Staatsangehörigkeit durch Eheschliessung wurde contra legem von den Gerichten in europäischen Staaten ganz überwiegend verneint, damit die Ehefrauen stets Ausländerinnen (Deutsche, Französinnen, Italienerinnen usw.) bleiben konnten; Nachweise in IPG 1973 Nr. 46 (*Köln*), S. 491-498.
[106] Nachweis oben in Fn. 38.
[107] Grundlegend *Krüger*, Kollision von Staatsverträgen, FamRZ 1973, 6-11 (9 f.); hierauf beruht bereits *BGH* 20.12.1972, BGHZ 60, 68 (74 f.), und im Anschluss daran wohl nahezu die gesamte Rechtsprechung und Literatur.

War der in Deutschland verstorbene türkische Erblasser nicht nur Türke, sondern war daneben auch Staatsangehöriger eines Drittstaates, so gilt dasselbe: Das NA ist nicht anzuwenden und es kann auf die effektive Staatsangehörigkeit des Erblassers abgestellt werden.[108] Dasselbe gilt entsprechend für deutsche Staatsangehörige in der Türkei, die auch die Staatsangehörigkeit eines Drittstaates besitzen.

2. Zur Formgültigkeit von Verfügungen von Todes wegen

§ 16 NA regelt die Form der Verfügung von Todes wegen *(ölüme bagli tasarruflar)*.[109] Diese Norm geht Art. 26 Abs. 1-4 EGBGB bzw. Art. 22 Abs. 4 i.V.m. Art. 6 IPR-Gesetz vor. Entsprechende Verfügungen sind nur dann formgültig, wenn sie den Gesetzen des Errichtungsstaats oder denen des Heimatrechts des Erblassers zur Zeit ihrer Errichtung entsprechen.[110] In Deutschland (seit dem 1.1.1966) und in der Türkei (seit dem 22.10.1983)[111] gilt jedoch inzwischen das Übereinkommen vom 5.10.1961 über das auf die Form letztwilliger Verfügungen anzuwendende Recht. Bei ihm handelt es sich um eine loi uniforme (Art. 6 S. 2 des Übereinkommens). Nach den allgemeinen Regeln über die Konventionskonflikte gilt grundsätzlich der jüngere Vertrag,[112] also das Haager Testamentsformübereinkommen. Da jedoch die Türkei erst später als Deutschland dem Haager Übereinkommen beigetreten ist, gilt das Folgende: Im Verhältnis Deutschlands zur Türkei, wo bis 1983 nur der ältere Vertrag (das NA) in Kraft war, gilt hinsichtlich der Formwirksamkeit und des Widerrufs von Testamenten: Bei *vor* dem 22.10.1983 eingetretenen Erbfällen (vgl. Art. 8 Haager Übereinkommen) bleibt § 16 NA massgeblich. Ist der Erbfall dagegen *nach* diesem Termin eingetreten, sind die erleichternden Regeln in Art. 1 und 2 des Haager Übereinkommens anzuwenden. Durch sie werden erheblich mehr Rechtsordnungen (als in § 16 NA) berufen, nach denen ein Testament formwirksam sein kann. Da das Haager Übereinkommen nur für Testamente gilt, ist hinsichtlich der Formgültigkeit von Erbverträgen in deutsch – türkischen Fällen nach wie vor § 16 NA massgeblich.[113]

---

[108] *AG Bad Homburg* 13.7.1977, IPRspr. 1977 Nr. 103 (auf S. 291 f.) im Anschluss an IPG 1977 Nr. 36 (*Hamburg*) auf S. 350 f. – Türkin mit auch (effektiver) niederländischer Staatsangehörigkeit. Gemäss Art. 24 EGBGB a.F. niederländisches Erbrecht angewandt.

[109] Darunter fielen nach dem 1929 geltenden Art. 461 türk. ZGB a.F. – wie nach §§ 1937 und 1941 BGB – das Testament (vasiyetname) und der Erbvertrag (miras mukavelesi).

[110] Das NA von 1917 kannte eine derartige Regel noch nicht. Das mag damit zusammenhängen, dass das im Osmanischen Reich geltende islamische Erbrecht die Rechtsinstitute des Testaments und des Erbvertrags nicht kennt. Es war lediglich das Vermächtnis (vasiyet) bekannt, das dementsprechend in §§ 8 Abs. 1 und 11 Abs. 2 NA erwähnt wird. – Zum Verhältnis des Erbstatuts (Art. 14 NA) zum Errichtungsstatut (Art. 26 Abs. 5 EGBGB) *Dörner*, ZEV 1996, 93.

[111] BGBl. 1966 II 11 bzw. 1983 II 720; Resmi Gazete (GBl.) Nr. 17.931 vom 17.1.1983.

[112] Art. 30 Nr. 3 und 4 des Wiener Übereinkommens über das Recht der Verträge vom 23.5.1969; Deutschland gehört ihm seit dem 20.8.1987 an, die Türkei bisher nicht.

[113] Näher zum Vorstehenden insbesondere *Dörner*, ZEV 1996, 94 f.; Staudinger(-*Dörner*)(Fn. 45), Vorbem zu Art. 25 f Rz. 182-186; auch Bamberger/Roth(- *Lorenz*)(Fn. 45), Art. 25 EGBGB Rz. 7; DNotI-Gutachten, DNotI-Report 2005, 66.

3. Zum Internationalen Erbverfahrensrecht

Gemäss § 15 NA von 1929 – entsprechend § 11 Abs. 2 NA von 1917 – sind für Klagen im Zusammenhang mit erbrechtlichen Fragen, die Mobiliarnachlässe betreffen, die Gerichte des Staates zuständig, denen der Erblasser zur Zeit seines Todes angehörte. Geht es um unbeweglichen Nachlass, sind dagegen stets die Gerichte des Staates zuständig, in denen er belegen ist. Obwohl, wie *Dörner* mit Recht sagt, diese Regelung, die eine ausschliessliche Heimatzuständigkeit[114] bei Mobiliarnachlass begründet, "heute kaum noch zeitgemäss ist",[115] wird sie von der deutschen[116] und türkischen[117] Rechtsprechung wortgetreu befolgt. Die Gerichte in beiden Staaten stehen anscheinend auf dem Standpunkt dura lex sed lex. Diese Zuständigkeitsregelung ist heute jedoch in vielen Fällen für die Betroffenen unzumutbar; denn – anders als zur Zeit des Abschlusses der NA von 1917 bzw. 1929 – leben Türken (mehr als zwei Millionen) seit Jahrzehnten in Deutschland. Früher ging es um eine sehr leicht überschaubare Personengruppe anderer sozialer Schichten, die sich in den meisten Fällen auch nur für kurze Zeit in der Türkei bzw. in Deutschland aufhielten. Bezweckt war ursprünglich durch die Heimatzuständigkeit der Schutz der Angehörigen der beiden Vertragsstaaten. Dieses Argument läuft heute in den allermeisten Fällen ins Leere. Es geht fast immer um Personen, die sich bereits seit Jahrzehnten in Deutschland aufhalten. Einen Türken z.B. mit Wohnsitz in Flensburg an ein Gericht nach Hakkari zu verweisen, erscheint kaum sachgemäss. § 15 NA ist deshalb, wenn man ihn nicht aufheben mag, sehr restriktiv zu interpretieren. Das heisst, es braucht zumindest bei Mobiliarnachlässen keine ausschliessliche Zuständigkeit der Heimatgerichte angenommen zu werden, wenn an einem Erbrechtsstreit Angehörige der beiden Vertragsstaaten beteiligt sind.[118] Geht es dagegen um Immobiliarnachlass mag es u.a. wegen der bekannten grundbuchrechtlichen Probleme in beiden Staaten[119] bei der ausschliesslichen Zuständigkeit der Gerichte am Ort der belegenen Sache bleiben.

Ist in einer *streitigen* Sache aufgrund einer Klage z.B. über Erbschaftsansprüche eine Entscheidung (karar) in einem der beiden Vertragsstaaten ergangen, so ist diese gemäss § 15 S. 2 NA – wie gemäss § 11 Abs. 2 S. 2 NA von 1917 – in dem anderen Staat

---

[114] Denkschrift (Fn. 35), 29.
[115] *Dörner*, ZEV 1996, 96; ihm folgend *Atali*(Fn. 46), 122 f.
[116] *OLG Köln*30.1.1986 IPRspr. 1986 Nr. 109 (auf S. 249): Zuständigkeit nur für in Deutschland belegenen Immobiliarnachlass.
[117] So ausdrücklich der Kassationshof; *Yargitay*. (2. HD, 401/664) 27.1.1977 (Nachweis in Fn. 43). – Der Fall betrifft eine Ungültigkeitsklage/iptal davasi (vgl. Art. 499 türk. ZGB a.F.) hinsichtlich eines Testaments zwischen einem türkischen Staatsangehörigen und dem Caritasverband in Bad Tölz, das in Deutschland belegenen Mobiliar- und Immobiliarnachlass betrifft. Hinsichtlich des unbeweglichen Vermögens verneint der Kassationshof aufgrund § 15 NA die internationale Zuständigkeit der türkischen Gerichte.
[118] Ebenso mit Recht *Dörner*, ZEV 1996, 96; *Erman (-Hohloch)* (Fn. 45), Art. 25 EGBGB Rz. 57.
[119] S. z.B. aus der türkischen Rechtsprechung *Yarg*. (2. HD, 12861/5906), 11.6.1990; *Yarg*. (HGK, 2-625/905), 28.12.1994 (Nachweise in Fn. 30).

Hilmar Krüger

"anzuerkennen" *("taninacaktir")*. Voraussetzung ist selbstverständlich, dass sie rechtskräftig (kesin), also streitbeendend, ist.[120]

Wegen der eingangs erörterten Problematik (Abschnitt I A – D) seien selbstverständlich auch einige Hinweise zur Anerkennung *deutscher* Erbscheine oder Testamentsvollstreckerzeugnisse in der Türkei gegeben. Gemäss Art. 17 NA genügt hierfür, soweit es sich um *beweglichen* Nachlass handelt, ein Zeugnis *(vesika)* des Gerichts des Staates, dem der Erblasser angehörte. Dies ist zum Nachweis (ispat) der betreffenden Rechtsverhältnisse in dem jeweils anderen Staat ausreichend, wenn seine Echtheit konsularisch beglaubigt ist. Judikatur zu § 17 NA ist weder in Deutschland noch in der Türkei ermittelbar.

In der deutschen Literatur findet man zur Problematik wenig; überwiegend wird ohne weiteres von der Anerkennung *(tanima)* stricto sensu von deutschen Erbscheinen usw. in der Türkei ausgegangen.[121] Nur *Dörner* sagt zutreffend, dass § 17 NA "mehr verspricht als hält".[122] In Deutschland ist die Anerkennung ausländischer Erbscheine usw. sehr streitig.[123] Akte der Freiwilligen Gerichtsbarkeit sind m.E. in Deutschland unter den Voraussetzungen des § 16a FGG grundsätzlich anerkennungsfähig. Dasselbe gilt in der Türkei, wenn der betreffende ausländische Akt *rechtskräftig* ist.[124] Wird jedoch ein ausländischer Akt der Freiwilligen Gerichtsbarkeit anerkannt, kann er im Inland nicht mehr Wirkungen als nach ausländischem Recht haben. Ist also ein Erbschein in Deutschland bzw. in der Türkei nicht mehr als ein Beweismittel *(ispat vasitasi)*,[125] so kann er in der Türkei bzw. in Deutschland keine grösseren Rechtswirkungen haben als in dem betreffenden anderen Vertragsstaat.[126]

Normen in einem vorrangigen Staatsvertrag können den autonomen Regeln zwar vorgehen und weniger oder andere Voraussetzungen als nach § 16a FGG in Deutschland oder nach Art. 42 Abs. 1 IPR – Gesetz in der Türkei enthalten.[127] Wenn man vom Wortlaut des § 17 NA ausgeht, ist es jedoch sehr fraglich, ob diese Norm mehr will,

---

[120] Vgl. Art. 34, 37 Buchst. b IPR – Gesetz für die Türkei; für Deutschland statt aller *Schack*, Internationales Zivilverfahrensrecht, 3. Aufl. München 2002, 351 (Nr. 810).
[121] Schömmer/*Kesen*(Fn. 18), 84; Anw – K BGB (Fn. 45), 1595 (Rz. 126); Münch-Komm (-*Birk*) (Fn. 45), Art. 25 EGBGB Rz. 298; Bamberger/Roth *(-Lorenz)*(Fn. 45), Art. 25 EGBGB Rz. 9; wohl auch *Wengler*(Fn. 47), 505: Auch wenn ausländische FGG-Entscheidungen, die "feststellenden Charakter" haben, in Deutschland in dubio nicht anerkennungsfähig sind, können durch Staatsverträge Ausnahmen vorgesehen werden. In casu ging es jedoch um in Deutschland belegene Grundstücke eines Türken, sodass die Frage nicht abschliessend geklärt werden musste.
[122] ZEV 1996, 96.
[123] Näher mit Nachweisen zum Streitstand Soergel *(-Schurig)*(Fn. 45), Rz. 74; Staudinger *(-Dörner)*(Fn. 45) Art. 25 EGBGB Rz. 874.
[124] Nachweise oben in Abschnitt I B.
[125] Oben Abschnitt I B.
[126] Dabei mag dahingestellt bleiben, ob und in welchem Umfang Art. 538 ZGB a.F. bzw. Art. 598 ZGB n.F. § 2553 BGB entsprechen oder nicht und umgekehrt.
[127] Zutreffend *Wengler*(Fn. 47), 505.

als den Erben ein in einschlägigen Angelegenheiten benutzbares *nicht* rechtskräftiges amtliches *Beweismittel*(mit öffentlichem Glauben) im jeweils anderen Vertragsstaat zur Verfügung zu stellen, das lediglich eine widerlegbare Vermutung der Richtigkeit und Vollständigkeit seines Inhalts für und gegen den in ihm ausgewiesenen Erben enthält (vgl. § 2365 f. BGB; Art. 538 ZGB a.F., Art. 598 ZGB n.F.). Nach dem deutschen und türkischen *Wortlaut* der Vorschrift geht es nur darum, den Erben durch einen Erbschein den Nachweis *(ispat)* ihrer Erbberechtigung zu ermöglichen. Dies kann jedoch nur in den Grenzen eines nicht rechtskräftigen deutschen bzw. türkischen Erbscheins geschehen. Greift man auf die *Entstehungsgeschichte* des NA von 1929 zurück, so gilt dasselbe. Nach der deutschen Denkschrift zum NA von 1917 gilt, dass gemäss deutschem Recht von den Konsuln im Osmanischen Reich nach §7 NA von 1917 erteilte Erbscheine nur "dieselben Wirkungen" haben sollen, wie die von osmanischen Gerichten nach osmanischem Recht in den Formen der nichtstreitigen Gerichtsbarkeit erteilten Bescheinigungen.[128] Mehr ist nicht gewollt und ergibt sich auch nicht aus dem Text der Vertragsnorm. Eine förmliche Anerkennung *(tanima)* von Erbscheinen in dem jeweils anderen Staat (vgl. Art. 42 Abs. 1 IPR-Gesetz für die Türkei) ergibt sich aus § 17 NA somit nicht. Ein in Deutschland erteilter Erbschein ist bei einem Rechtsstreit in der Türkei von den dortigen Gerichten im Streitfall lediglich als *ein* widerlegbares Beweismittel *(aksi ispat olunabilen delil)* zum Nachweis der Rechtsstellung des betreffenden Erben zu berücksichtigen.[129]

Erbscheine deutscher Gerichte, die in der Türkei belegenes *unbewegliches* Vermögen betreffen, werden nach der Rechtsprechung des *Kassationshofs* in der Türkei dagegen in keinem Fall anerkannt.[130]

4. *Zur Rechtsposition der Konsuln*

Abschliessend seien einige Worte zur Rechtsposition der Konsuln aufgrund des NA gesagt. Dieses Problemfeld war für den grossen Münchener Kollisionsrechtler *Murad Ferid* aufgrund seiner Erfahrungen ein ständiges Ärgernis.[131] In Deutschland wird

---

[128] Denkschrift (Fn. 50), 180.
[129] Ebenso demnächst *Nomer/Sanli* in der 14. Aufl. ihres IPR-Lehrbuchs (Mitteilung von Herrn Prof. Dr. *Ergin Nomer* vom 9.4.2005); so wohl auch *Atali*(Fn. 46), 123.
[130] *Yarg.*(2. HD, 12861/5906), 11.6.1990 (Nachweis in Fn. 30). Der Kassationshof erwähnt § 17 NA zutreffend nicht, sondern wendet Art. 42 Abs. 1 IPR-Gesetz an, weil die staatsvertragsrechtliche Norm, die sich nur auf beweglichen Nachlass *(menkul tereke)* bezieht, nicht einschlägig ist. Erbschein ist kein materiell rechtskräftiges Beweismittel (kesin delil) und deshalb nicht anerkennungsfähig.
[131] *Ferid*(Fn. 44), 372; *Krüger*, Murad Ferid (1908-1998), Informationsbrief der Deutsch-Türkischen Juristenvereinigung Nr. 1/1999, 3-13 (12 f.). Seine mir gegenüber mehrfach geäusserten Bitten, sich endlich einmal der deutsch-türkischen Erbrechtsproblematik anzunehmen, war übrigens ein Grund dafür, dass die DTJV in Bochum 1995 ein Seminar über "Deutsch-türkische erbrechtliche Probleme" veranstaltet hat; s. dazu den Tagungsbericht von *Ercan*, Informationsbrief der Deutsch-Türkischen Juristenvereinigung Nr. 1/1996, 6-11.

von der Rechtsprechung,[132] teilweise gefolgt von der Literatur,[133] angenommen, die den Konsuln in §§ 1-4 NA[134] eingeräumten Befugnisse führten dazu, dass sie, falls sie wollen, stets die vollständige Regelung und Sicherung des Nachlasses eines ihrer verstorbenen Staatsangehörigen übernehmen könnten.[135] Ein Konsul habe die Vertretungs- und Verwaltungsbefugnisse von in seinem Konsularbezirk verstorbenen Staatsangehörigen. Die drei genannten Urteile beruhen anscheinend auf "einer weltfremden Stellungnahme".[136]

Ferid hat dieser Ansicht als erster mit Recht widersprochen.[137] Es ist selbstverständlich, dass zum Aufgabenbereich der Konsuln die Wahrnehmung der Interessen der Verstorbenen oder der Erben, soweit sie dem Staat angehören, den er vertritt, zählt.[138] Diese Regel des allgemeinen Völkerkonsularrechts wird u.a. in Art. 5 Buchst. g des Wiener Übereinkommens über konsularische Beziehungen vom 24.4.1963 normiert.[139] Ein (deutscher oder türkischer) Konsul hat die ihm in §§ 1-4 NA eingeräumten Befugnisse jedoch erst dann, wenn in einer Nachlassangelegenheit kein berechtigter Staatsangehöriger (Deutscher oder Türke) oder z.B. ein Testamentsvollstrecker ortsanwesend ist und deshalb das Tätigwerden eines Konsuln erforderlich wird oder ein Erbprätendent dies erbittet.[140] Das heisst, er kann erst dann tätig werden, wenn seine Hilfe zur Wahrung der Interessen eines vom Erbfall Betroffenen beansprucht wird.[141] Ein automatisches Eingreifen des Konsuln – u.U. sogar gegen den Willen der ortsanwesenden Erben – wäre zumindest heute zweifelsfrei eine "overprotective measure". Denn dies führte dazu, dass die Zuständigkeit der (deutschen bzw. türkischen) Gerichte "zunächst ausgeschlossen" wäre,[142] selbst wenn die Erben anwesend sind und ohne weiteres tätig werden könnten (z.B. durch Beantragung eines Erbscheins). Ein Schutzbedürfnis liegt in diesen Fällen nicht vor.

Erklärbar sind die Vorschriften über die Befugnisse der Konsuln im NA von 1929 nur dann, wenn man die entsprechenden Regeln im NA von 1917[143] bzw. in der preussisch-osmanischen Kapitulation von 1761[144] heranzieht. Im 18. und zu Beginn

---

[132] S. die drei Entscheidungen des *LG Augsburg* und des *OLG München* oben in Fn. 44.
[133] *Kremer*, IPRax 1981, 205 f.; *Schömmer/Kesen*(Fn. 18), 84 f.; Bamberger/Roth*(-Lorenz)*(Fn. 45), Art. 25 EGBGB Rz. 8; AnwK-BGB (Fn. 45), 1596 (Rz. 129-131).
[134] Mit der Folge der Anwendung der §§ 5-10 NA.
[135] Dies gilt zweifelsfrei nur dann, wenn die Erbberechtigten seine Hilfe in Anspruch nehmen wollen; zutreffend Staudinger*(-Dörner)*(Fn. 45), Vorbem zu Art 25 f EGBGB Rz. 164.
[136] *Ferid*(Fn. 44), 372.
[137] Ebenda.
[138] Ipsen*(-Fischer)*, Völkerrecht, 5. Aufl. München 2004, 608.
[139] Diesem Übereinkommens gehören Deutschland (seit dem 7.10.1971) und die Türkei (seit dem 20.3.1976) an. Text in BGBl. 1969 II 1585 ff.; *Richtsteig*, Wiener Übereinkommen über diplomatische und konsularische Beziehungen, Baden-Baden 1994, 142, 145.
[140] Näher zur Rechtsposition der Konsuln in Nachlassangelegenheiten u.a. *Lee*, Consular Law and Practice, 2. Aufl. Oxford 1991, 262-282.
[141] So mit Recht Erman*(-Hohloch)*(Fn. 45), Art. 25 EGBGB Rz. 57.
[142] *OLG München* 4.6.1980, IPRax 1981, 215 (216).
[143] §§ 1-10, 12-14.
[144] Art. 6.

des 20. Jahrhunderts lebten Deutsche vielfach nur vorübergehend und nicht selten ohne ihre Familien im Osmanischen Reich. Starb ein Deutscher/Preusse dort, musste angesichts der für Ausländer nicht einfach zu überschauenden osmanischen Rechtssituation für diesen Fall vorgesorgt werden. Helfen konnte damals nur der zuständige Konsul, um den Nachlass zuerst zu sichern, ihn dann zu verwalten und um die nicht anwesenden Erben gegenüber den osmanischen Behörden zu vertreten.[145] Diese Normen hat man 1929, wahrscheinlich ohne intensiver nachzudenken, einfach in das NA von 1929 übernommen, weil die deutsche Seite zu jener Zeit anscheinend davon ausgegangen ist, dass sich in der Türkei nichts geändert habe. Dies alles galt und gilt längst nicht mehr. "Die Ursachen verschwinden, und die Folgen ziehen sich in die Länge", wie es der österreichische Dichter *Joseph Roth* (1894-1939) ausgedrückt hat.

Zwar entfällt durch § 13 S. 2 NA die Vertretungsbefugnis des Konsuln nur dann, "wenn alle Berechtigten anwesend *oder* vertreten sind";[146] hinsichtlich der Verwaltungsbefugnisse gilt dies nach dem Wortlaut des NA dagegen nicht. Aufgrund der veränderten Verhältnisse in der Türkei seit dem Ende der 20er Jahre des vergangenen Jahrhunderts ist jedoch anzunehmen, dass auch die Verwaltungsbefugnisse des Konsuln entfallen, wenn im Nachlassfall (insbesondere türkische oder deutsche) Berechtigte anwesend sind und den Schutz des Konsuln nicht benötigen oder ihn nicht in Anspruch nehmen wollen. In diesem Fall sind die örtlich zuständigen deutschen bzw. türkischen Gerichte berechtigt, auf Antrag der Erben einen Erbschein zu erteilen;[147] denn dem Konsul steht gemäss § 6 S. 1 NA die Nachlassfürsorge ausschliesslich "im Interesse der Erben" ("... varislerin nefine...") zu. Dies entspricht zumindest auch der Verwaltungspraxis der deutschen Konsulate in der Türkei.[148]

5. *Zusammenfassung*

Bei dem NA von 1929 handelt es sich um einen Staatsvertrag, dessen Regeln noch weitgehend auf Vorstellungen europäisch – *osmanischen* Rechtsbeziehungen beruhen. Im Libanon spricht man hinsichtlich dort heute noch weitergeltender osmanischer Bestimmungen gern von "dinosaures ottomanesques".[149] Dies gilt im Grunde auch für das deutsch – türkische NA. Geht man von dem Grundsatz aus, dass Abkommen der Erleichterung des internationalen Rechtsverkehrs dienen sollen, denn anderenfalls wären sie nicht erforderlich, so ist hinsichtlich des mehr als 70 Jahre alten

---

[145] Denkschrift (Fn. 50), 179 f.; für den umgekehrten Fall (betr. verstorbener osmanischer Staatsangehöriger in Österreich) vgl. *Vesque von Püttlingen*, Die gesetzliche Behandlung der Ausländer in Österreich, Wien 1842, 97 f.
[146] Ebenso im türkischen Text ("... bilcümle hak sahipleri bizzat bulunduklari *veya* bilvekâle temsil edildikleri...").
[147] Zutreffend *Ferid* (Fn. 44), 372; *Reinhart*, BWNotZ 1987, 98; *Erman(– Hohloch)* (Fn. 45) Art. 25 EGBGB Rz. 57; Staudinger(*-Dörner*)(Fn. 45), Vorbem zu Art. 25 f Rz. 164, 166, 168; wohl auch *Rumpf* (Fn. 46), 1568 (Vertretung durch den Konsul nur dann, wenn sich die Erben nicht selbst vertreten oder anderweitig über den Nachlass verfügen).
[148] So *Ferid* (Fn. 44), 372.; s. dazu auch den Tagungsbericht von *Ercan* (Fn. 131), 7 f., 10.
[149] Z.B. *Najjar*, Chronique de droit privé libanais 1996-1998, Rev.trim.dr.civ. 1999, 250-276 (265).

deutsch – türkischen NA von 1929 festzuhalten, dass es im Grunde überflüssig ist und dringend gekündigt werden sollte. Es führt nämlich – insbesondere hinsichtlich der vielen in Deutschland lebenden Türken – zu einer "Verschlechterung der Situation"[150] und ist keinesfalls mehr hilfreich. Die Deutsch-Türkische Juristenvereinigung hat deshalb dem Bundesministerium der Justiz gegenüber bereits 1995 als Ergebnis der Bochumer Tagung über "Deutsch-türkische erbrechtliche Probleme" in einer Empfehlung angeregt, das Abkommen "sowohl von deutscher als auch von türkischer Seite einer grundlegenden Überprüfung zu unterziehen".[151] Das Ministerium hat innerhalb von rund zehn Jahren anscheinend nie Zeit gehabt, in der Sache zu reagieren. Die Problematik wird offensichtlich nicht verstanden.

6. *Im einzelnen gilt:*

a) Die im NA enthaltenen Kollisionsregeln sind angesichts der autonomen Normen im deutschen und türkischen IPR nicht erforderlich. Das war übrigens bereits 1929 der Fall, was man in Deutschland offensichtlich nicht gesehen hat. Selbst Sachkenner gingen nämlich zu jener Zeit irrig davon aus, dass in der Türkei keine einschlägigen kollisionsrechtlichen Normen vorhanden seien.[152] Bei den Vertragsverhandlungen hätte sich jedoch das Auswärtige Amt bei seinem türkischen Vertragspartner kundig machen müssen (Abschnitt II C 1 und 2).
b) Im internationalverfahrensrechtlichen Bereich ist die Zuständigkeit der Heimatgerichte heute dringend zu beseitigen. Hinsichtlich der Anerkennung von erbrechtlichen Bescheinigungen, die im Rahmen der Freiwilligen Gerichtsbarkeit ergehen, sind die Regeln des NA angesichts der Normen im deutschen und türkischen Recht überflüssig und führen eher zu unberechtigten Hoffnungen (Abschnitt II C 3).
c) Die Bestimmungen des NA über die Rechtsposition der Konsuln in Erbsachen, die letztlich auf Regeln im 18. Jahrhundert zurückgehen (Abschnitt II B), sind überholt. Die im Wiener Übereinkommens über konsularische Beziehungen von 1963 enthaltenen Bestimmungen sind ausreichend. Die insoweit geltenden Regeln des NA bleiben zwar aufgrund Art. 73 des Wiener Übereinkommens von diesem unberührt. Es ist jedoch erstaunlich, dass bisher weder von deutscher noch von türkischer Seite die Anpassung der Normen des NA an die des Wiener Übereinkommens angestrebt wurde (Abschnitt II C 4).

---

[150] *Ercan*(Fn. 131), 9.
[151] S. den Text des Beschlusses der Mitgliederversammlung der DTJV vom 18.11.1995 im Informationsbrief der Deutsch-Türkischen Juristenvereinigung Nr. 1/1996, 28 f.; Beschluss nebst Begründung ebenda Nr. 2/1996, 3-6.
[152] *Makarov*, Die Quellen des internationalen Privatrechts, Berlin 1929, 223; *Pritsch*, Länderbericht Türkei, RvglHwB I (Berlin 1929), 273-276 (276).

Zur staatlichen Verantwortlichkeit für das Leben – ein Beitrag zum deutsch-türkischen Rechtsdialog

*Philip Kunig**

Deutsch-türkischer Dialog über das Recht hat jahrzehntelange gute Tradition und derzeit aus europäischen Gründen besondere Aktualität. Er dient der Identifizierung von Gemeinsamkeiten und Unterschieden und von deren Gründen. Die wechselseitige Kenntnisnahme von den jeweiligen Erfahrungen ist unabdingbar für die gemeinsame Suche nach Antworten des Rechts auf die Anforderungen von Gegenwart und Zukunft.

Tugrul Ansay, den zu ehren diese Zeilen bestimmt sind, hat über Jahrzehnte prominent den deutsch-türkischen Dialog über das Recht auf vielen Feldern bestimmt, durch seine Publikationen wie in engagierten wissenschaftlichen Diskussionen, mit einem besonderen Interesse stets auch für Fragen des Verfassungsrechts und der Menschenrechte. Das elementare Menschenrecht, dasjenige auf Leben, soll im Folgenden thematisiert werden. Es verlangt, wie hier gezeigt werden soll, weit mehr als die Unterlassung einer Tötung, es begründet eine umfassende staatliche Verantwortung für das Leben.

Systematisiert man die multilateralen, dem Individualschutz dienenden Verträge, so bilden solche zur Gewährleistung des Schutzes des Lebens eine eigene Kategorie. Was in Art. 17 der Verfassung der Republik Türkei (TV) mit "Unantastbarkeit der materiellen und ideellen Existenz der Person" umschrieben ist, hat Ursprünge in völkerrechtlichen Verträgen des frühen 20. Jahrhunderts, allerdings mit speziellen Ansätzen und nicht umfassend. So ging es zunächst um Menschenhandel, Sklaverei und Zwangsarbeit, im Kontext der Vereinten Nationen zunächst um Völkermord und das Verbot der Folter.[1] Im Internationalen Pakt über bürgerliche und politische Rechte von 1966 wird unter den Vertragsstaaten das Recht auf Leben als Menschenrecht vereinbart, allerdings mit Ausnahmen, welche die Zulässigkeit der Todesstrafe ermöglichen (Art. 6).[2] Auch die Europäische Menschenrechtskonvention von 1950 schließt die Todesstrafe nicht aus. Ein solches Verbot ergibt sich, mit der Ausnahme für Kriegszeiten, erst für die Mitglieder des Protokolls Nr. 6 von 1983.

Völkergewohnheitsrechtlich, also für das auf den Konsens der Staaten gründende ungeschriebene Recht, wird man sagen können, dass auch insoweit das Recht auf Leben grundsätzlich anerkannt ist, nicht aber ein Verbot der Todesstrafe. Anerkannt

---

* Prof. Dr. *Philip Kunig*, Freie Universität Berlin.
[1] S. die Darstellung bei *K. Ipsen*, in: ders., Völkerrecht, 5. Aufl., 2004, S. 776 ff.
[2] S. aber das Zweite Fakultativprotokoll von 15.12.1989 zur Abschaffung der Todesstrafe.

ist immerhin, dass kein Staat willkürlich töten darf. Daraus ergibt sich, positiv gewendet, dass die Tötung eines Menschen durch staatliche Institutionen den Anforderungen des Grundsatzes der Verhältnismäßigkeit unterliegt. Das ist der Stand des Völkergewohnheitsrechts, obwohl man gute Gründe dafür anführen kann, dass die Tötung eines Menschen immer, also schon kategorisch unverhältnismäßig ist, solange es andere Möglichkeiten der Erreichung von Zielen, etwa der Gefahrenabwehr gibt.

Selbst gegen das Verbot willkürlicher Tötung wird allerdings vielfach verstoßen, im Inneren mancher Staaten, aber auch in den internationalen Beziehungen, in Irak ebenso wie im Nahen Osten. Auch bei der Terrorismusbekämpfung ist es Staaten verboten, ihrerseits Mittel des Terrors zu wählen. Dazu zählt auch die Inkaufnahme der Tötung Dritter. Kein Staat hat das Recht zu gesetzloser Tötung anstelle einer Strafverfolgung auf gesetzlicher Grundlage.

Vom Völkerrecht zur europäischen (Unions-)Ebene. Die Charta der Grundrechte soll gemäß Art. 7 des Entwurfs des Vertrags über eine Verfassung für Europa dessen zweiten Teil bilden. Sie beginnt mit den Worten "Die Würde des Menschen ist unantastbar. Sie ist zu achten und zu schützen". Sie schließt in Art. 2 sogleich das Recht auf Leben an und verbietet die Todesstrafe. Sie bindet die Einschränkung aller Rechte und Freiheiten der Europäischen Grundrechtecharta an enge Voraussetzungen: Gesetzesvorbehalt, Wesensgehaltgarantie, Wahrung des Grundsatzes der Verhältnismäßigkeit. Es ist zweifelhaft, ob die Verhängung und Vollstreckung der Todesstrafe im Ausnahmezustand bzw. im Kriegszustand mit diesen Regeln vereinbar ist. Das hängt wiederum davon ab, ob man die Tötung eines Menschen als in jedem Falle unverhältnismäßig begreift.

Auch im Unionsrecht, das im Völkerrecht gründet, obwohl es eine neue Qualität von Völkerrecht darstellt, ist Raum für ungeschriebene Rechtssätze. Hier wird man von der Geltung europäischen Gewohnheitsrechts ausgehen können, das die Todesstrafe kategorisch verbietet. Die europäische Rechtslage ist insoweit also anders als diejenige nach universellem Völkerrecht.[3] Im Frühjahr 2006 zeichnet sich ab, dass auch die Türkei durch die Abschaffung der Möglichkeit der Todesstrafe zu Kriegszeiten dieser Rechtsauffassung folgt.

Auch wenn der Menschenrechtsschutz im internationalen und europäischen Recht in den letzten Jahrzehnten beachtliche Fortschritte gemacht hat, bedarf es nach wie vor menschenrechtlicher Verbürgungen auf verfassungsrechtlicher Ebene. Das gilt aus mindestens zweierlei Gründen. Zum einen gilt das Völkerrecht keineswegs in allen staatlichen Systemen unmittelbar. Die Staaten sind nach wie vor weitgehend frei in der Frage, in welches Verhältnis sie das Völkerrecht zu ihrem eigenen innerstaatlichen Recht setzen.[4] Zum anderen benötigen die innerstaatlichen Rechtsdurchsetzungsinstanzen, die Gerichte, vor allem die für den effektiven Schutz

---

[3] S. näher *Ph. Kunig*, in: I.v.Münch/Ph. Kunig (Hrsg.), Grundgesetzkommentar, Bd. 3, 5. Aufl., 2003, Art. 102 Rn. 5.
[4] S. *Ph. Kunig*, in: W. Graf Vitzthum (Hrsg.), Völkerrecht, 3. Aufl., 2004, Rn. II 28 ff.

der Menschenrechte unabdingbare Verfassungsgerichtsbarkeit, klare, grundrechtliche Maßstäbe. Die Durchsetzungsmechanismen des Völkerrechts selbst sind demgegenüber immer noch schwach ausgeprägt.

Das deutsche Grundgesetz von 1949 verbürgt das Recht auf Leben und körperliche Unversehrtheit in Art. 2 II und stellt es unter Gesetzesvorbehalt. Es ergänzt diesen Schutz durch die ausdrückliche Abschaffung der Todesstrafe (Art. 102), mit welcher in der Zeit vor Gründung der Bundesrepublik Deutschland im Jahre 1949 ungeheuerlicher Missbrauch getrieben worden war.

Im Unterschied zu den meisten Verfassungen der Welt begrenzt das deutsche Grundgesetz seine eigene Veränderbarkeit nicht nur durch formale Regeln, sondern auch inhaltlich. Es errichtet in Art. 79 III GG eine sog. Ewigkeitsgarantie für den Schutz der Menschenwürde und für bestimmte staatsorganisationsrechtliche Prinzipien. Viele sagen, dass deshalb in Deutschland die Todesstrafe auch durch eine Verfassungsänderung nicht wieder eingeführt werden könnte.[5] Das ist in der Türkei anders, Art. 175 TV regelt sehr eingehend und für den Außenstehenden auch kompliziert das Verfahren der Verfassungsänderung, enthält aber keine "Ewigkeitsgarantie".

In anderer Hinsicht ist, was den verfassungsrechtlichen Schutz des Lebens betrifft, die türkische Verfassung weit moderner und klarer als beispielsweise das deutsche Grundgesetz.

Art. 17 TV spricht nicht nur lapidar vom Recht auf Leben, sondern von der Entfaltung des Lebens und der materiellen und ideellen Existenz jedes Einzelnen, thematisiert im Zusammenhang mit dem Schutz der körperlichen Integrität das Problem medizinischer Versuche am Menschen und stellt überzeugend den systematischen Zusammenhang mit dem Verbot der Folter und dem Schutz der Menschenwürde her.

Art. 17 TV ist auch bemüht um verfassungsrechtliche Schranken der Ausübung des Notwehrrechts und stellt gesetzliche Anforderungen an staatliche Tötungshandlungen in Ausnahmesituationen. Dies muss im Zusammenhang mit dem in Art. 13 TV verbürgten Grundsatz der Verhältnismäßigkeit als wesentliche Leitlinie einer Beschränkung der Grundrechte gesehen werden, aber auch mit Art. 14 TV, dem Missbrauchsverbot. Eine Vorschrift über den Missbrauch von Grundrechten ist nicht unproblematisch. Natürlich ist es sachgerecht, dass eine Verfassung Vorkehrungen für den Fall trifft, dass einzelne Menschen von Grundrechten Gebrauch machen, um den Staat zu bekämpfen und womöglich ganz zu beseitigen. Die Verfolgung solcher Ziele allein nimmt ihnen selbst aber noch nicht den Grundrechtsschutz. Auch das deutsche Grundgesetz kennt die Kategorie der Verwirkung von Grundrechten, Art. 18. Es legt aber dabei fest, dass eine solche Verwirkung nur durch das Bundesverfassungsgericht ausgesprochen werden kann. Solange ein solches Verbot nicht ausgesprochen worden ist, besteht der Grundrechtsschutz auch in gravierenden Fällen der Verfassungsbekämpfung fort. Und einige Grundrechte sind sogar von der Möglichkeit einer

---

[5] S. *Kunig*, aaO (Fn. 3), Rn. 18 m.w.Nachw.

Verwirkung von vornherein und kategorisch ausgeschlossen, darunter in Deutschland auch das Grundrecht auf Leben.

Besinnen wir uns auf die Ursprünge des Grundrechts auf Leben. Wie bei jedem Freiheitsrecht geht es im Ausgangspunkt um die Abwehr von staatlichen Eingriffen, beim Grundrecht auf Leben also um Tötungshandlungen, die von staatlichen Organen begangen bzw. angeordnet werden. Von Thema der Todesstrafe abgesehen, betrifft dies also Tötungshandlungen namentlich seitens der Polizei, auch staatlich verordnete Experimente an Menschen, Folter, aber auch Sterbehilfe für schwer erkrankte Personen in staatlichen Krankenhäusern. In Deutschland und in vielen anderen Staaten besteht insoweit der Konsens, dass alles dieses verfassungswidrig ist, mit der Ausnahme gezielter Todesschüsse in Ausnahmesituationen, nämlich zur Rettung auf andere Weise nicht zu schützender anderer Menschen, etwa im Fall der Geiselnahme. Hierzu bestehen zahlreiche und teilweise auch unterschiedliche gesetzliche Regelungen z. B. in den einzelnen deutschen Bundesländern, welche die Voraussetzungen für einen tödlichen Schusswaffengebrauch im Einzelnen ausgestalten. Diese Regelungen stellen sich dann als gesetzliche Schranken des verfassungsrechtlich verbürgten Grundrechts auf Leben dar.[6]

Wenn – wie im Fall der Tötung des Geiselnehmers zum Schutz der Geisel – das Leben eines Menschen durch den Staat genommen werden darf, dann ist damit ein Stichwort gefallen, das für das vortragende Thema von ganz entscheidender Bedeutung ist, weil es wegführt vom Verständnis der Grundrechte als Abwehrrechte. Noch im ersten Band der Entscheidungssammlung des deutschen Bundesverfassungsgerichts[7] ist ein Urteil enthalten, in dem sich die Bemerkung findet, das Grundrecht auf Leben sei allein ein Abwehrrecht, habe also lediglich eine Negativfunktion. Die weitere verfassungsrechtliche Entwicklung in Deutschland ist in geradezu dramatischer Weise darüber hinweg gegangen. Das Grundrecht auf Leben ist – auch wenn es sich textlich im deutschen Grundgesetz gegenüber der Urfassung heute in keiner Weise als verändert darstellt – aktuell und relevant nicht etwa deshalb, weil es staatliches Töten verbietet, sondern weil es dem Staat den Schutz des Lebens und auch der Gesundheit der Menschen, der gesamten Bevölkerung, gebietet. Der Abwehrfunktion ist die Schutzpflicht an die Seite getreten, die staatliche Verantwortlichkeit für das Leben.[8]

In jener eben zitierten Entscheidung aus dem Jahre 1951, dem Gründungsjahr des Bundesverfassungsgerichts, hatte es noch geheißen, der Verfassungsgeber habe sich darauf beschränkt, "negativ ein Recht auf Leben .... zu statuieren, das heißt, insbesondere den staatlich organisierten Mord und die zwangsweise durchgeführten Experimente an Menschen auszuschließen". Diese beiden Beispiele, staatlich organisierter Mord, Experimente an Menschen, zeigen deutlich an, wie sehr das Bundesverfassungsgericht seinerzeit in Orientierung auf die Überwindung des nationalsozialistischen Systems

---

[6] S. näher *Ph. Kunig*, in: I. v. Münch/Ph. Kunig (Hrsg.), Grundgesetzkommentar, Bd. 1, 5. Aufl., 2000, Art. 2 Rn. 85.
[7] BVerfGE 1, 97, 104 ff.
[8] S. näher *Kunig*, aaO (Fn. 6), Rn. 54 ff.

argumentiert hat. Das Grundgesetz war gewissermaßen die Antwort auf die Vergangenheit. Heute hat insbesondere dieses Bundesverfassungsgericht dafür gesorgt, dass dem Lebensgrundrecht ein neuer Wirkungsbereich erschlossen wurde. Die maßgeblichen Entscheidungen betrafen den verfassungsrechtlich gebotenen strafrechtlichen Schutz des ungeborenen Lebens, dieses mehrfach,[9] sodann einen spektakulären Entführungsfall, die Entführung des seinerzeitigen Präsidenten der Deutschen Arbeitgeberverbände, der von Terroristen als Geisel genommen worden war.[10] Hier stellte sich die Frage, ob es einen verfassungsrechtlichen Anspruch darauf gebe, dass der Staat sich auf die Forderung der Entführer einlassen muss. Das hat das Gericht verneint (was im Einzelfall tragischerweise zur Tötung der Geisel durch die Entführer geführt hat), doch hat es in diesem Zusammenhang erneut ausgesprochen, dass der Staat sich schützend und fördernd vor die Rechtsgüter Leben und körperliche Unversehrtheit stellen muss. Dieser Fall zeigt zugleich, dass damit nicht notwendigerweise ein bestimmtes staatliches Handeln programmiert ist, denn die staatliche Schutzpflicht für das Leben lässt dem Staat Ermessensspielräume. Dieses Ermessen muss allerdings ausgeübt werden, und es ist nicht grenzenlos, sondern unterliegt rechtlichen Schranken. Bei jeder einschlägigen Entscheidung muss der Staat den hohen Wert von Leben und Gesundheit in Rechnung stellen, angemessen würdigen und in vertretbarer Weise in den Abgleich mit den anderen Interessen einbringen. Dieser Gedanke wurde etwa auch übertragen auf Fragen des Umweltschutzes, zunächst betreffend den Umgang mit der Kerntechnologie,[11] aber auch in anderen Zusammenhängen, so etwa bei der Frage, inwieweit der Staat gesetzlich einschreiten muss, um den von Flughäfen ausgehenden Lärm zu begrenzen oder zu unterbinden.[12] Gleiches ist von anderen Gerichten entschieden worden für Gefahren der Gentechnologie oder auch des Mobilfunks.

Das Bundesverfassungsgericht hat die Schutzpflicht für das Leben als umfassend bezeichnet. Vor allem beinhaltet sie auch die staatliche Verpflichtung, das Leben des Einzelnen vor rechtswidrigen Eingriffen von Seiten anderer zu bewahren. Die Schutzpflicht wird also relevant gerade auch in solchen Konstellationen, in denen der Staat nicht selbst unmittelbar Risiken für das Leben anderer geschaffen hat. Es ist nicht einmal seine mittelbare Verantwortlichkeit im Sinne einer Zurechenbarkeit vorausgesetzt.

Die entsprechende Verpflichtung betrifft alle drei staatlichen Gewalten. Sie gilt für die Gesetzgebung, relevant vor allem im Bereich des Umweltrechts und dies in seiner ganzen Breite, also betreffend die Qualität der Luft, die Bekämpfung des Lärms, vor allem durch industrielle Anlagen oder durch Verkehr, den Schutz der Gewässer, das Chemikalienrecht und das Recht der Abfallentsorgung. Auch die Exekutive, die Verwaltung, hat Teil an der staatlichen Verantwortung für das Leben. Die Polizei darf aus Verfassungsgründen nicht untätig bleiben bei Gefahrenlagen für den Bürger, sie muss ihre Verhaltensweisen rechtfertigen am verfassungsrechtlich gebotenen Lebensschutz.

---

[9] BVerfGE 39, 1 ff; E 88, 203 ff.
[10] BVerfGE 46, 160 ff.
[11] BVerfGE 49, 89 ff.; E 53, 30 ff.
[12] BVerfGE 56, 54 ff.

Eine Vernachlässigung der staatlichen Schutzpflicht für das Rechtsgut Leben kann nach deutscher Rechtslage von den Bürgern mit der Verfassungsbeschwerde geltend gemacht werden. Grundsätzlich ist dabei sogar denkbar, dass sich das erwähnte Ermessen reduziert auf den Anspruch auf ein bestimmtes Verhalten des Staates, bis hin zu der Vorstellung, der Staat sei aus Grundrechtsgründen zum Erlass bestimmter Gesetze verpflichtet.

Spätestens an dieser Stelle werden auch die mit der Annahme einer grundrechtlich geschützten staatlichen Verantwortlichkeit für das Leben verbundenen verfassungsrechtlichen Risiken deutlich. Insbesondere ist an den Grundsatz der Gewaltenteilung zu erinnern, und speziell an das Verhältnis der beiden Gewalten Legislative und Judikative zueinander. Denn die grundrechtliche Programmierung staatlichen Verhaltens im Sinne der Schutzpflichtdoktrin, verbunden mit der judikativen Letztentscheidungskompetenz des Bundesverfassungsgerichts, kann dazu führen, dass letztlich von diesem Gericht die wesentlichen Weichenstellungen namentlich für die Gesetzgebung ausgehen.

Indessen ist die Gesetzgebung im gewaltengeteilten System in erster Linie dem demokratisch in besonderer Weise legitimierten Gesetzgeber, vor allem dem Parlament vorbehalten. Zwar ist das Bundesverfassungsgericht demokratisch legitimiert, wie es das Demokratieprinzip für jeden Zweig der Staatsgewalt verlangt. Doch müssen politische Entscheidungen dem Parlament vorbehalten bleiben, ein Gericht darf und muss nur dafür sorgen, dass die Politik die ihr gezogenen Grenzen des Rechts nicht überschreitet. Gerade im Ermessensbereich, wie hier, wo es um die Ausschöpfung von Spielräumen geht, fällt die Findung der Trennlinie zwischen dem politisch Vernünftigen und dem rechtlich Gebotenen oft schwer.

Ob das Bundesverfassungsgericht die in diesem System gezogenen Grenzen immer oder überwiegend beachtet hat, ist in Deutschland umstritten.[13] Jedenfalls im Bereich der Schutzpflicht für das menschliche Leben ist die Judikatur des Bundesverfassungsgerichts m.E. eindeutig positiv zu bewerten. Die Spielräume des Gesetzgebers wurden, aufs Ganze gesehen, beachtet. Wenn sich die Schutzpflicht als die Kehrseite der Abwehrfunktion eines Grundrechts darstellt, dann ist es folgerichtig, dass dem Grundsatz der Verhältnismäßigkeit, oft auch Übermaßverbot, genannt, im Bereich der Leistungsfunktion ein Untermaßverbot an die Seite tritt. Damit ist gemeint, dass der Gesetzgeber – von der Abwehrfunktion her gesehen – nur Gesetze erlassen darf, die der Erreichung ihres Ziels förderlich, also geeignet sind, die sich darüber hinaus auch als zur Zielerreichung erforderlich und – oft entscheidend – als verhältnismäßig im engeren Sinne, als auch zumutbar erweisen. Das Untermaßverbot bedeutet entsprechend, dass der Gesetzgeber zum Handeln verpflichtet ist, wenn sein Unterlassen dazu führt, dass sich die Sachlage und die Rechtslage als unzumutbar darstellen, immer unterstellt, dass andere gleich geeignete Maßnahmen ergriffen werden können.

---

[13] S. dazu *F. Ossenbühl*, in: P. Badura/H. Dreier (Hrsg), Festschrift 50 Jahre Bundesverfassungsgericht, Bd. 1, 2001, 33 ff.

In aller Regel wird die staatliche Verantwortung für das Leben, verstanden als grundrechtliche Schutzpflicht, daher lediglich dazu führen, dass der Staat in irgendeiner vernünftigen Weise einschreiten muss. Er darf nicht untätig bleiben. Das Grundrecht betrifft vor allem die Entscheidung über das Ob des Tätigwerdens, nicht zugleich auch über das Wie.

In der Praxis bedeutet das auch, dass bei der Gesetzgebung bereits im Einzelnen zu diskutieren und zu dokumentieren ist, in welcher Weise Überlegungen zur Schutzpflicht für das Leben in legislative Entscheidungen eingegangen sind. So gewinnt die Schutzpflicht auch eine verfahrensrechtliche Dimension. Gesetzgeber und Regierung sind wegen der Schutzpflicht auch verfassungsrechtlich angehalten, faktische Entwicklungen zu beobachten, neueren wissenschaftlichen und technologischen Erkenntnissen nachzugehen, weil sie nur so ihr Ermessen darüber ausüben können, ob ggf. ein Handlungsbedarf besteht, um die staatliche Verantwortlichkeit wahrzunehmen. Das gilt auch in Bereichen, die gesetzlich schon geregelt sind. Hier besteht die Pflicht des Staates zur Überprüfung, ob die Gesetze in der Rechtsanwendung, also in der Praxis, die Zwecke erreichen, für die sie gedacht sind. Es gibt also eine verfassungsrechtliche Verpflichtung zur Überprüfung und dann ggf. auch Nachbesserung von Gesetzen.

Die grundrechtliche Schutzdimension, die hier am Beispiel des Grundrechts auf Leben skizziert wurde, kann grundsätzlich auch auf andere Grundrechte übertragen werden, etwa im Blick auf die Berufsfreiheit mit der Konsequenz staatlicher Förderung von berufsqualifizierenden Ausbildung, im Blick auf die Kunstfreiheit als Impuls für die staatliche Förderung der Kunst. Doch hat diese Dimension nirgends so nachhaltige Konsequenzen wie beim Grundrecht auf Leben.

Schutz und Entfaltung des Lebens und seiner materiellen und ideellen Existenz, um erneut die Formulierung des Art. 17 TV zu zitieren, sind wahrhaft elementar für alle anderen Grundrechte. Zurecht stehen sie am Beginn des Abschnitts der türkischen Verfassung über die Rechte und Pflichten der Person. Wie hier zu zeigen versucht wurde, ist das Recht auf Leben zugleich eine staatliche Pflicht – eine Pflicht nicht nur zur Unterlassung der Tötung von Menschen, sondern eine Pflicht zum Schutz des Lebens vor jedweder Beeinträchtigung. Das Grundrecht auf Leben ist also nicht nur ein Thema für Polizei, Militär und Justiz. Vor allem ist es ein Thema für alle Bereiche von Politik und Gesetzgebung, denn hier werden Bedingungen geschaffen für die Entfaltung des Lebens. Da Leben und Gesundheit in einem untrennbaren Zusammenhang miteinander stehen, weil jegliche Gesundheitsbeeinträchtigung einen Schritt zur Verkürzung des Lebens darstellen kann und dieses damit gefährdet, gehört das Recht auf Leben zu denjenigen Grundrechten, um deren Aktualisierung es im Alltag des Rechts und der Politik gehen muss, keinesfalls nur in Krisensituationen.

The Unification of Property Law in the European Union*

*Brigitta Lurger***

I. European Contract Law as a Starting Point

A. Functional/Technical Approaches versus Political Implications Critique in Contract Law

Of all the areas covered by traditional civil codes, contract law seems to be the number one candidate for unification. In the Eighties and Nineties of the past century one could identify two strands of development. On the one side, the European Community (EC) produced one contract law directive after the other: most of them were restricted to consumer contracts, but in the last years the number of directives also protecting businesses increased, and some directives interfered with what are considered central matters of general contract law: like warranties and guarantees in sales law and unfair contract terms. On a different level, the socalled "Lando Commission"[1] and its successor the *von Bar* "Study Group on a European Civil Code"[2] – and also other groups – produced draft texts for a uniform European contract law. The Study Group extended its work to (almost) the whole of patrimonial law: torts, unjust enrichment, trusts, leases, transfer of movables and security rights in movables.

Until the turn of the century these two strands of endeavor remained pretty isolated from each other. The EC restricted its activities to particular situations in which a weaker contract party was in need of protection against the other. The academic drafting groups ignored the directives and mainly concentrated on traditional rules of contract law of the pre-consumer protection area.

But now the time for merger seems to have come: The European Commission's Action Plan 2003 for a more Coherent European Contract Law[3] and its European Contract

---

* This contribution is based on an article which was previously published as *B. Lurger*, "Political Issues in Property Law and European Unification Projects" in: M. Hesselink (ed), The Politics of a European Civil Code (The Hague, London, New York: Kluwer Law International 2005).
** Univ.-Prof. Mag. Dr. *Brigitta Lurger*, LL.M. (Harvard), Universität Graz, Austria.
[1] *Commission on European Contract Law*: O. Lando and H. Beale (eds.), Principles of European Contract Law. Parts I and II combined and revised (The Hague 2000); O. Lando, E. Clive, A. Prüm and R. Zimmermann (eds.), Principles of European Contract Law – Part III (The Hague 2003).
[2] For more information about the Study Group refer to: <www.sgecc.net>
[3] 12 February 2003, COM(2003) 68 final.

S. Arkan, A. Yongalik (eds.) Liber Amicorum/Festschrift für Tuğrul Ansay, pp. 167-187.
© 2006 Kluwer Law International BV. Printed in the Netherlands.

Law Communication of October 2004[4] express the Commission's endeavor to merge the two scenarios with the help of the Sixth Framework Programme for research and technological development.[5] Starting with 2005 a number of academic groups including *von Bar*'s Study Group and the EC Commission will work together in the formulation of a "Common Frame of Reference"[6] and perhaps a "non-sector-specific optional instrument",[7] both of them shall also cover property law issues.[8]

If you look at the two formerly separated scenes of action, you could assume that a more foreward looking socially loaded part of contract law, as consumer and customer protection, meets a rather oldfashioned dogmatic approach of contract law which sees only contractual freedom as its central value. But an increasing number of critical scholars[9] keep reminding us that this is not the whole story: The Commission regards its new project as merely functional and market-oriented, its social, political and constitutional implications shall be left aside. As in the old civil law codes, the principles of freedom of contract and the binding force of contracts shall be the rule, mandatory provisions contradicting these principles shall be considered as mere exceptions and shall be kept as narrow as possible.[10] National mandatory rules – protecting weaker parties – increase transaction costs; an optional instrument could present a uniform version of exceptional (minimized?) mandatory rules which, if chosen by the parties, would exclude national mandatory rules altogether. This plan dangerously coincides with the *von Bar* Study Group's tendency to ignore all policy implications in contract law and make its unification appear a neutral, a-political and merely technical endeavor.

The *other* Study Group, namely the recently founded "Study Group on Social Justice in European Private Law", and a steadily increasing number of authors make clear what the political stakes in contract law are and that they have to be taken seriously.[11] What

---

[4] 11 October 2004, COM(2004) 651 final.
[5] Decision No. 1513/2002/EC, OJ L 232, 29.8.2002, 1.
[6] Communication from the Commission to the European Parliament and the Council, European Contract Law and the revision of the *acquis*: the way forward, 11 October 2004, COM(2004) 651 final, 9 seq.
[7] Communication on European Contract Law, 11 October 2004, COM(2004) 651 final, 17 seq (Annex II).
[8] Communication on European Contract Law, 11 October 2004, COM(2004) 651 final, 11, 20.
[9] *Study Group on Social Justice in European Private Law*, "Social Justice in European Contract Law: a Manifesto" (2004) European Law Journal (ELJ) 653-674; *M. Hesselink*, "The Polttics of a European Civil Code" (2004) ELJ 657-697; *A. Colombi Ciacchi*, "Der Aktionsplan der Europäischen Kommission für ein kohärentes Vertragsrecht: Wo bleibt die Rückbindung an die Europäische Verfassung?", in: Jahrbuch Junger Zivilrechtswissenschaftler 2004 (Stuttgart, München et al 2005) 5-25; *T. Wilhelmsson*, "Varieties of Welfarism in European Contract Law" (2004) ELJ 712-733.
[10] Communication on European Contract Law, 11 October 2004, COM(2004) 651 final, 14, 20 seq.
[11] *Study Group on Social Justice in European Private Law*, fn 9 above, 653-674; *M. Hesselink*, fn 9 above, 657-697; *A. Colombi Ciacchi*, fn 9 above, 5-25; *T. Wilhelmsson*, fn 9 above, 712-733;

seems particularly alarming is the fact that the recently merged EC actors' functional-technical approach takes up anachronistic ideas which have been overcome in most national legal systems. In this sense national systems appear much more modern and aware of social and practical needs than the new European proposals. If the critical warnings will be heard by the Commission and the *von Bar-Schulte-Nölke* "Network of Excellence", which has been entrusted with the merger project, remains to be seen in the future.[12]

B. Extension of the European Unification Debate to Property Law

While basic issues in contract law are still not settled and there is no agreement on the basic values and driving forces of a European contract law, the *von Bar* Group's intention to add further fields of patrimonial law, like the law of property, to the unification project finds the Commision's support: In their recently published study on the interaction of contract law with tort and property law, commissioned by the European Commission, *von Bar* and *Drobnig* argue that the Internal Market needs a uniform regime of security rights and probably, not necessarily, also a uniform regime for the transfer of ownership in movables.[13] The recent Contract Law Communication of the Commission concludes from this study that the Common Frame of Reference and the optional instrument should cover retention of title clauses, the transfer of title of goods, security rights in movables and other related property law issues.[14]

The vivid European debate on the unification of *contract law* finally created an analytically sharp picture of all the issues at stake, the different approaches, their advantages and dangers, their alternatives. This is however not true of *property law*. From a comparative and European law perspective property law is still a widely unexplored country. If contract law is more political than pro-unification actors at the European Union (EU) level want to make us believe, what about property law? Is it more neutral and technical or more political than contract law? What are its social implications?

C. Joerges, "The Challenges of Europeanization in the Realm of Private Law" (2004) EUI Working Papers No. 12; G. Alpa, "The Meaning of 'Natural Person' and the Impact of the Constitution for Europe on the Development of European Private Law" (2004) ELJ 734-750; H. Collins, Regulating Contracts (Oxford 1999) pp. 25 f., 33 f.; H. Collins, "European Social Policy and Contract Law", (2005) European Review of Contract Law (ERCL) 115-128; H. Collins, "Distributive Justice Through Contracts", (1992) Current Legal Problems 49-65; B. Lurger, "Chapter 15: The 'Social' Side of Contract Law and the New Principle of Regard and Fairness", in: A. Hartkamp, M. Hesselink and E. Hondius et al (eds), Towards a European Civil Code (Nijmengen et al 2004) 273-295, at 281 seq; B. Lurger, Grundfragen der Vereinheitlichung des Vertragsrechts in der Europäischen Union (Wien 2004) 370 seq; B. Lurger, Vertragliche Solidarität (Baden-Baden 1998).

[12] *See* the relativly optimistic predictions of *C. Joerges*, "What is left of the European Economic Constitution" (2004) EUI Working Papers No. 13, 35 seq.

[13] *C. von Bar* and *U. Drobnig*, The Interaction of Contract Law and Tort and Property Law in Europe, Part II: Property Law and Contract Law (München 2004) 468 seq.

[14] Communication on European Contract Law, 11 October 2004, COM(2004) 651 final, 11, 20.

How shall it be linked to the Commission's or any other approach to the unification of private law in Europe? How does the specific character of property law issues translate into the debate about unification versus preservation of diversity?

In the following deliberations, I will use European contract law – the already fully explored field – as a tool that will assist me to analyse European property law: In how far do we encounter the same or different issues in the two fields? Can the fields be separated or do they depend on each other? Why and in how far are the discourses in the two fields different or similar? I will first outline the arguments stated with respect to the European dimension of property law (*chapter II*): Why or why not should property law become a part of the *acquis communautaire*? Then I will turn to the nature and characteristics of property law (*chapter III*): What is its constitutional dimension? What are its commonly observed differences to contract law? Under which perspective do we have to distinguish different parts of property law? *Chapter IV* will discuss three examples of alternative rules in the fields of transfer of movables, good faith acquisition and registration. In *Chapter V* I will present ten conclusions. I will argue that property law is very similar to contract law in many respects. Its allegedly more public character does not provide a reasonable justification for its *exclusion* from further "Europeanization", as well as its allegedly market-functional a-political character does not provide a reasonable justification for its "Europeanization". Just like contract law, property law is marked by *political choices* incorporated in the different rules of the Member States. These alternative rules can be placed on a continuum between more *individualistic* (protection of property, freedom to dispose) and more *altruistic* solutions (third party interests, distributive justice, solidarity). It is important to single out the groups of market participants that are effected by rules tending more in the one or the other direction. Only a thorough analysis of these interests including an empirical assessment of the experiences with the existing rules of the Member States can provide a reasonable basis to decide on the question of European unification of property law: (a) Are there really good reasons to take property law rules out of the hands of the Member states? And (b) if there are, what kind of world should be shaped by the new European rules, a more individualistic freedom oriented world supporting the interests of strong and experienced market actors or a more social world taking into account the needs of consumers and small businesses?

II. Property Law and EC Law

The Commission and the *von Bar-Drobnig*-Study argue that property law rules – like those governing the transfer of movables and the creation of security rights in movables – interact with contract law rules in different ways in the different Member States and that they for this and other reasons create obstacles to cross-border trade on the Internal Market. From this functional, market-oriented perspective property law rules of this type are a mere corollary, a side issue of contract law and have to be harmonized or unified alongside with contract law in order to achieve the best economic results for the Internal Market. No reasons for the different property law rules in the Member States are mentioned. Are they politically neutral, merely technical,

The Unification of Property Law in the European Union

historic accidents or are they supported by different political choices or philosophies? Neither the *von Bar-Drobnig*-Study nor the Commission's Communication provide any answers.

On the other hand, there is this mysterious[15] Art. 295 EC Treaty (ECT), which reappears in Art. III-331 of the Constitutional Treaty of the EU[16] in nearly the same wording: "The Constitution shall in no way prejudice the rules in Member States governing the system of property ownership." Art. 295 ECT restricts the EC's exercise of competences. But it is clear that the process of European integration has already affected and is affecting parts of property law: Examples[17] are the fields of intellectual property and personal data, the Late Payment Directive with its rule on retention of title,[18] the Directive on Financial Securities,[19] the Timesharing Directive,[20] the EC competition law and fundamental freedoms restricting public ownership, Art. 1 First Protocol to the European Convention of Human Rights and Art. II-17 of the Charter of Fundamental Rights of the Constitutional Treaty.

Does the EC itself take the promise not to touch the Member States' property systems seriously and why should it do so? Many answers have been given to these questions. Here are some examples: Art. 295 ECT wants to avoid interference with nationalization and privatization projects of the Member States;[21] the non-interference promise should be restricted to immovable property; it should be restricted to the definition of property rights leaving out their commodification;[22] it should be restricted to important systematic choices leaving out the detailed rules of property law in the codes which stay open for EC regulation; Art. 295 ECT reduces the impact of the fundamental

---

[15] *C. Koenig* and *J. Kühling* in: R. Streinz (ed), EUV/EGV (München 2003), Art. 295 EGV No. 1; according to *B. Bär-Bouyssière* in: H. von der Groeben and J. Schwarze (eds), Kommentar zum Vertrag über die Europäische Union und zur Gründung der Europäischen Gemeinschaft, 6th ed (Baden-Baden 2004), Art. 295 EGV No. 1, the wording of Art. 295 was intentionally kept unclear.
[16] Draft Treaty Establishing a Constitution for Europe, 18.7.2003, CONV 850/3.
[17] For further examples *see C. Koenig* and *J. Kühling* in: R. Streinz (ed), EUV/EGV (München 2003), Art. 295 EGV No. 6 seq.
[18] Art. 4, Dir 2000/35.
[19] Dir 2002/47.
[20] Dir 94/47.
[21] *M. Schweitzer* in: E. Grabitz and M. Hilf (eds), Das Recht der Europäischen Union, looseleaf (München 2005), Art. 295 EGV No. 4; *T. Kingreen* in: C. Calliess and M. Ruffert (eds), Kommentar des Vertrages über die Europäische Union und des Vertrages zur Gründung der Europäischen Gemeinschaft, 2nd ed (Neuwied 2002), Art. 295 EGV No. 11; *C. Koenig* and *J. Kühling* in: R. Streinz (ed), EUV/EGV (München 2003), Art. 295 EGV No. 11, 12 with further references; *I. Brinker* in: J. Schwarze (ed), EU-Kommentar (Baden-Baden 2002), Art. 295 EGV No 3.
[22] *B. Bär-Bouyssière* in: H. von der Groeben and J. Schwarze (eds), Kommentar zum Vertrag über die Europäische Union und zur Gründung der Europäischen Gemeinschaft, 6th ed (Baden-Baden 2004), Art. 295 EGV No. 5, 10, 11; *I. Brinker* in: J. Schwarze (ed), EU-Kommentar (Baden-Baden 2002), Art. 295 EGV No. 6 with further references.

freedoms on the property law systems of the Member States to a mere discrimination test;[23] the rule should not be taken too seriously altogether.[24]

Daniela Caruso shows in a recent study that most of these interpretations of Art. 295 ECT do not stand closer scrutiny:[25] EC law interferes with nationalizations, most national property law principles apply to immovable and movable property alike, the definition of property rights cannot be separated from their lives in the stream of commerce, a line between systematic principles and mere rules of property law cannot be drawn. She concludes that the main driving force behind the debate relating to the EC's non-interference with general property law is the old private-public divide.[26] Even though there is no real proof that property law is in any way more public than for instance contract law, the allegedly more public character of property law is employed as a powerful signalling device in the discourse. The public character argument is used to shield property law from Community intrusion. In times where the allegedly *private* character of fields like national contract law no longer protects them from becoming part of ambitious European unification projects perhaps the allegedly more *public* character of property law will.

Thus, we can make out two opposite lines of argumentation: The *von Bar*-Commission approach seems to argue that property law is not any different from contract law, it is private, technical and a-political and has to be looked at only from a market-functional perspective. Art. 295 ECT is ignored by this argument. The Art-295-ECT argument, on the other hand, underlines the public character of property law, its importance for political choices at the local and regional levels which links it to the need to protect diversity at these levels. This raises the question of how private-technical or public-political property law really is.

III. The Nature and Characteristics of Property Law

A. Constitutional Law and Property Law

On the constitutional level the human right to enjoy property and possessions[27] has to be balanced against its possible restrictions in the public interest which may also result from human rights' positions: like equal treatment, non-discrimination, and social rights. The freedom to enjoy property has its antagonist in the protection of

---

[23] O. Remien, Zwingendes Vertragsrecht und Grundfreiheiten des EG-Vertrages (Tübingen 2003) p. 211 seq.
[24] T. Kingreen in: C. Calliess and M. Ruffert (eds), Kommentar des Vertrages über die Europäische Union und des Vertrages zur Gründung der Europäischen Gemeinschaft, 2nd ed (Neuwied 2002), Art. 295 EGV No. 10 with further references; I. Pernice, Grundrechtsgehalte im Europäischen Gemeinschaftsrecht (Baden-Baden 1979) p. 181 seq.
[25] D. Caruso, "Private Law and Public Stakes in European Integration: The Case of Property" (2004) ELJ 751-765, at 755 seq.
[26] D. Caruso, fn 25 above, 751-765, at 762 seq.
[27] Art. 1 First Protocol European Convention of Human Rights, Art. II-17 Constitutional Treaty.

The Unification of Property Law in the European Union

the interests of other people demanded also by the constitution. The human rights background of contract law is remarkably similar: It is marked by a conflict between the freedom of contract, on the one hand, and the protection of weaker parties or public interests, on the other hand, which latter can often be regarded as social human rights or consequences of the equal treatment principle.[28]

The *individualistic* position supported by a fundamental freedom right – the right to property, the freedom of contract – is limited by rights pointing in a more *altruistic* direction like equality rights and social rights. The individualistic freedom justice is corrected by measures ensuring distributive justice. In the laissez-faire liberalism of the 19th and beginning of 20th centuries the freedom rights dominated the scene, social restrictions were rare and unimportant exceptions. In contemporary European societies both positions, the individualistic and the social one, are protected on the constitutional level and have to be balanced against each other as equal partners. In the same time the absolute notion of ownership changed into relational notions that take into account the social function of ownership.[29] The different rules of property law found in the Member States can be placed on a continuum from more *individualistic* to more *altruistic* solutions.[30]

Private ownership plays a key role in the choice of economic systems: Whereas centralist economies are characterized by state ownership of all major production factors, free market economies are characterized by private ownership of economic resources. But considering the basic policies and economic constitution laid down in the ECT, the introduction of a centralist state economy is not an option for the Member States. *Ugo Mattei* states that the different intensity of protection of private ownership against nationalizations and other state intrusions in the Member States is not due to different conceptions of the economic system on a substantive level, but rather due to the effectivity of the enforcement of constitutional rights by a constitutional court or otherwise.[31] No basic changes of our market economies into centralist economies are to be expected. Therefore, this aspect of the property law system is not what should make us worry about a more public nature of property law.

---

[28] *B. Lurger*, "Chapter 15: The 'Social' Side of Contract Law and the New Principle of Regard and Fairness", in: A. Hartkamp, M. Hesselink and E. Hondius et al (eds), Towards a European Civil Code (Nijmegen et al 2004) 273-295, at 281 seq; *B. Lurger*, Grundfragen der Vereinheitlichung des Vertragsrechts in der Europäischen Union (Wien 2004) pp. 226 seq; *B. Lurger*, "Die Europäisierung des Vertragsrechts aus vertragstheoretischer und verfassungsrechtlicher Perspektive", in: H. Kopetz, J. Marko and K. Poier (eds), Soziokultureller Wandel im Verfassungsstaat. Festschrift für Wolfgang Mantl zum 65. Geburtstag (Wien 2004) 305-334, at 318 seq; *A. Colombi Ciacchi*, fn 9 above, 5-25.
[29] *U. Mattei*, Basic Principles of Property Law, A Comparative Legal and Economic Introduction, (Westport, London 2000) pp. 18 seq with further references.
[30] For this individualism-altruism continuum (mainly in contract law) see: *D. Kennedy*, "Form and Substance in Private Law Adjudication" (1976) 89 Harvard Law Review, 1685 seq; *D. Kennedy*, "The Political Stakes in 'Merely Technical' Issues of Contract Law" (2002) European Review of Private Law (ERPL) 7-28, at 18 seq; *M. Hesselink*, fn 9 above, 675-697, at 676 seq.
[31] *U. Mattei*, fn 30 above, 29 seq.

B. Basic Differences Between Contract Law and Property Law

It is argued that property law is more publicly controlled than contract law in two respects: (1) First, because it allows only for a limited number of pre-defined rights to be created and transferred which have to be respected throughout society[32] and (2) second, because it involves a good deal of public law.[33]

1. Numerus Clausus, Specificity, Transparency

(1) The strict *numerus clauses* principle is a civil law heritage. To a certain degree it is also realized in common law systems, which nevertheless still tend to be more flexible in this respect. Common law systems operate with a fragmented ownership concept as evidenced by the law of trust and the distinction between common law and equity rights. They equally are not as strict with the principle of specificity as civil law systems – the floating charge (which is generally unknown in civil law systems) being a good example.[34]

Civil law systems, on the other hand, heavily emphasize the distinction between relative and absolute rights. Their ownership concept is in principle unitary. It is argued that property rights as absolute rights have to be respected by everyone, they therefore have to be transparent and must consist of a limited number of clearly defined types. In cases of lease, rent or similar relationships for the use of an asset, civil law systems however tend to make exceptions: They, for instance, protect tenants and lessees as "possessors of rights" ("Rechtsbesitzer") against third parties as if they were holders of absolute rights. Some civil law systems recognize "security ownership" which singles out a fragment of ownership and allows its transfer to a different holder. Other grey areas between relative and absolute rights are: the distribution of rights *in rem* between a seller and a buyer with a retention of title clause ("Anwartschaftsrecht" – proprietary expectation right) and the claim for damages against a person who intentionally (or even negligently) violated the contractual right of a third.

One could therefore conclude that in principle two approaches to the definition of property rights can be observed, allowing for more or less contractual freedom, flexibility and transparency. But the line between both approaches cannot be drawn very clearly. The common law spectrum of rights *in rem* is not at all unlimited and civil law systems tend to protect relative contractual rights against third parties at the expense of transparency. The necessity to preserve a certain degree of transparency of property rights and to somehow restrict their number and content definitely is a characteristic which distinguishes classical property rights from contractual rights. Property law

---

[32] *U. Mattei*, fn 29 above, 38 seq.
[33] *G. Ajani* and *U. Mattei*, "Codifying Property Law in the Process of Transition: Some Suggestions from Comparative Law and Economics" (1995) 19 Hastings International and Comparative Law Review 117-137, at 131.
[34] *S. Van Erp*, "Civil and Common Property Law, Caveat Comparator – The Value of Legal Historical Comparative Analysis" (2003) ERPL 394-411, at 406 seq.

The Unification of Property Law in the European Union

more readily has to take into account the interests of *third actors on the market* who get in touch with an asset, whereas contract law seems to be more restricted to the protection of the interests of only the two parties of a transaction.

But the transition between the two categories of rights is absolutely fluent. And the protection of interests of third market actors is also vital in other fields of private law, like torts, corporations, or unfair trade practices, which does not make them appear less "private." The policies behind the protection of that kind of interests may be phrased in different ways: protection of fairness, distributive justice, or functioning of the market. These policies are present all over in our allegedly "private" law: They also play an important role in contract law, which is not the law of contractual freedom alone, but is also shaped along the lines of the principles of regard and fairness[35] and of distributive justice.[36]

And finally, as *Daniela Caruso* expressed it, "the definition of ownership rights is intrinsically connected to the dynamics of their life in the stream of commerce."[37] The stages of definition of property rights and their commodification are deeply intertwined and influence each other. There is no reason to believe that a distinctly different logic or different set of principles can be applied to the one and not to the other. The regard for the interests of third market actors for distributive justice and fairness are not ideas that can be restricted to property law.

I therefore see no point in contending that the *numerus clauses*/transparency issue marks an important difference between property law as a more publicly controlled discipline and the rest of traditional private law, particularly the law of contract.[38]

---

[35] B. *Lurger*, "Chapter 15: The 'Social' Side of Contract Law and the New Principle of Regard and Fairness", in: A. Hartkamp, M. Hesselink and E. Hondius et al (eds), Towards a European Civil Code (Nijmengen et al 2004) 273-295, at 281 seq; B. *Lurger*, Grundfragen der Vereinheitlichung des Vertragsrechts in der Europäischen Union (Wien 2004) 373; B. *Lurger*, Vertragliche Solidarität (Baden-Baden 1998) 132 seq; B. *Lurger*, "Die Europäisierung des Vertragsrechts aus vertragstheoretischer und verfassungsrechtlicher Perspektive", in: H. Kopetz, J. Marko and K. Poier (eds), fn. 29 above, 305-334, at 315 seq.

[36] *Study Group on Social Justice in European Private Law*, fn 9 above, 653-674, at 664 seq; H. *Collins*, Regulating Contracts (Oxford 1999) pp. 225 seq, 357 seq; H. *Collins*, "Distributive Justice Through Contracts" (1992) Current Legal Problems 45, 49-67; M. *Hesselink*, fn 9 above, 675-697, at 677; T. *Wilhelmsson*, fn 9 above, 712-733, at 716 seq.

[37] D. *Caruso*, fn 25 above, 751-765, at 758.

[38] I thereby do not want to say that no important policy choices are to be found in property law. The question whether the property law rules of a code are merely technical or incorporate any politcal preferences (*see D. Caruso*, fn 26 above, 751-765, at 759) can be answered only after the investigation of alternative property law rules (*see* chapter IV below). My point here is that property law seems to involve conflicting principles and the balancing of interests of the two parties of a transaction and of other concerned third parties, which do not appear significantly different from the conflicting principles and the interests balanced in other parts of private law.

2. Public Law

But what about the "real" public law in the field of property law? Public law especially determines and restricts the use of *immovable* property, but it is of less importance in the field of *movable* property. Public law regulation in the field of immovables is frequently found at communal or regional levels and pursues among others genuinely public goals like reagional planning, community infrastructure, and environmental protection. With respect to the field of real property law you could therefore fairly say that it is more strongly influenced by genuine public concerns than the field of contract law.

C. Different Parts of Property Law

Civil law systems tend to emphasize the universality of property law rules: The same principles and rules should apply to movable as well as immovable property, to tangible and intangible assets, whereas real and personal property are two quite separate areas in common law systems. The common law approach is said to be more pragmatic and flexible, it reacts better to the specific needs of particular markets and does not apply rules only for the sake of a far-reaching abstract systematic coherence. *Ajani* and *Mattei* argue that the common law approach has the advantage of a higher economic efficiency and therefore recommend to divide property law in the two distinct parts of real and personal property.[39]

From the European perspective a strict division between real and personal property seems to be welcome at first sight: Immovable property is not only more regional and public in the sense of the Art. 295 ECT debate than movables, it also seems to be less involved in cross border transactions on the Internal Market, because – *per definitionem* – it cannot be moved. This calls for a restriction of European unification to movable items only, with the whole of real property law being left to the Member States which may apply to it whatever rules and principles they like.

However, at a second glance, the idea appears less convincing:

(1) First of all, an analysis of the interests of all parties involved in transfer transactions on contemporary markets suggests that the basic line drawn between real and personal property might no longer be the right one. Contemporary legal systems tend to extend *registration* also to certain categories of movable property: like ships, cars, airplanes, intellectual property rights and to security rights in movables.[40] The existence or non-existence of a registration system makes a big difference for all interests involved in

---

[39] G. *Ajani* and *U. Mattei*, fn 33 above, 117-137, at 136.
[40] Within the *von Bar* Study Group project *Drobnig's* Working Group on Security Rights in Movables also favors a registration system: *see U. Drobnig*, "Chapter 40: Security Rights in Movables", in: A. Hartkamp, M. Hesselink and E. Hondius et al (eds), Towards a European Civil Code (Nijmengen et al 2004) 741-755, at 754.

a transaction. Therefore, a basic distinction between recordable and non-recordable items or property rights seems more modern and appropriate than the old division between movables and immovables.[41]

(2) Second, the local character of land does not prevent *cross-border relations* of the holders, transferors and transferees of property rights in land. "Rights in land move with their owners".[42] Therefore, there *is* a cross-border market of property rights in land just as there is such a market for movables.

(3) Third, remind the European experience of *disintegration* of national private law systems by EC directives.[43] Splitting up formerly coherent areas of private law into harmonized parts and non-harmonized rests is not unproblematic. Different approaches to the taxonomy of property rights, to the transfer of property rights and to good faith acquisition in real and personal property law carry different policy choices. The differenciation will lack reasonable justification and lead to considerable problems for the functioning of the national systems.

(4) And fourth, the exclusion idea with respect to immovable property does not provide any *justification for the unification* of the law of movables. It is completely silent on the questions why, if, and how the law of personal property should be harmonized or unified in the European context.

IV. Examples of Alternative Rules of Property Law

There is no question that the property law rules in the Member States are different to a larger or smaller extent.[44] But in how far and why are they different? Are the choices between alternative rules merely historic accidents? And even if they were, do alternative approaches realize different political ideas, support different values or are they technical and neutral? A look at the different policies behind the rules may provide a better basis to decide whether their unification would be harmful or desirable for the EU and the Member States than the afore mentioned private-public dichotomy or market-functionalism alone.

---

[41] *B. Kozolchyk*, "Transfer or Personal Property by a Nonowner: Its Future in Light of its Past" (1987) 61 Tulane Law Review 1453-1514, at 1511 seq.
[42] *D. Caruso*, fn 25 above, 751-765, at 757.
[43] *C. Joerges*, "Desintegrative Folgen legislativer Harmonisierung: ein komplexes Problem und ein unscheinbares Exempel", in: H. Schulte-Nölke and R. Schulze (eds), Europäische Rechtsangleichung und nationale Privatrechte (Baden-Baden 1999) 205-222; *C. Schmid*, "Desintegration und Neuordnungsperspektiven im europäischen Privatrecht", in: Jahrbuch Junger Zivilrechtswissenschaftler 1999 (Stuttgart, München et al 2000) 33-63, at 34 seq; *B. Lurger*, fn 28 above, 273-295, at 41 seq; *B. Lurger*, "Integration des Verbraucherrechts in das ABGB", in: C. Fischer-Czermak, G. Hopf and M. Schauer (eds), Das ABGB auf dem Weg in das 3. Jahrtausend (Wien 2003) 111-136, at 121 seq.
[44] The differences observed between the systems of property law of the Member States are definitely more marked and more basic than the differences between the systems of contract law.

The alternative property law rules I want to discuss here are the following: (A) The differences in basic concepts of *transfer* of property rights: In some systems transfer generally becomes effective upon agreement between the parties, other systems require a transfer act like the taking of possession by the transferee or registration. (B) The second example are the different approaches to *good faith acquisition* from the non-owner of an asset. (C) The last question discussed will be the impact of the establishment of a *registration system* on the interests involved.

A. Transfer by mere Agreement or by a Special Transfer Act

With respect to the question of how a transfer of movables is to be effected, the European systems seem to start from two opposing concepts: Countries like France, Belgium, Italy, Portugal and the British Sale of Goods Act follow the *consensus* rule – ownership passes with the mere agreement between the parties. Other countries like Germany, Austria, Greece, Sweden or the Netherlands principally require a special transfer act, which is generally the provision of possession to the transferee. Systems requiring a special act do not necessarily follow the rule of abstract transfer, meaning a transfer by special act which is valid irrespective of the validity or invalidity of the underlying contract. Only Germany and Greece follow in principle the abstract tradition rule. All other systems require a causal transfer based on a valid contract.

None of the European systems has realized the *consensus* approach or the *traditio* approach in a pure form, but all systems allow for important exceptions to the initial rule pointing into the opposite direction: In *consensus* systems the ownership becomes effective with respect to third parties only if the transferee acquires possession. In *traditio* systems ownership may be acquired without a transfer of possession if the parties agree so. Therefore all systems are in fact mixed systems[45] and accord a certain more or less limited importance to a transfer act that is visible to third persons.[46] In case of movables for which no registration system is provided this act is the provision and taking of *possession*.

A transfer by mere agreement, which is normally possible under both systems either as rule or as exception to the rule, does not allow for any transparency: Third persons who want to acquire the asset or the creditors of transferor and transferee will have problems to find out to whom the asset really belongs. But even without the mere agreement transfer rule, possession is not a very reliable signal for the title to an asset: a person in possession of a movable may have rented or borrowed it, may possess

---

[45] *See* the studies by *L.P.W. van Vliet*, Transfer of Movables in German, French, English and Dutch Law (Nijmegen 2000) and *A. Röthlisberger*, Traditionsprinzip und Konsensprinzip bei der Mobiliarübereignung (Zürich 1982).
[46] *L.P.W. Van Vliet*, "Iusta Causa Traditionis and its History in European Private Law" (2003) ERPL 342-378, at 378; *L.P.W. Van Vliet*, fn 45 above, 204 seq, 211 seq; argues that also the distinction of abstract and causal transfers systems is not unbridgeable and allows for midway solutions.

it as a pledge or may not yet be its owner because of a reservation of title clause. But all these possessions without an ownership right seem to be indispensable for a differenciated market which wants to maximize the use value of movables and not restrict the usability of assets to the use by the owner and outright transfers to a new owner.

The question seems to be if we further want to restrict the signalling function of *possession* and promote the creativity of contractual arrangements without transparency or if we want to make an attempt to strengthen a generally week signal as much as modern market conditions seem to allow it – by for instance reducing or excluding transfers without the taking of possession. The same question can be posed with respect to the *taxonomy* or the *specificity* of property rights: A strict *numerus clausus* or a strict specificity principle restrict the contractual freedom of the parties and promote transparency, a more moderate approach produces the opposite effects.

Whose interests are involved? Who are the winners and losers of one or the other rule? Generally, a broader contractual freedom and a minus in publicity and simplicity are an advantage to experienced professional parties, they ensure velocity of transfers, but create risks for those who are less informed and less experienced. Those posed at a risk are, first of all, *third parties* interested in the status of property rights: as for instance the potential and actual creditors of the transferor and the transferee, or potential heirs or other private parties who for some reason rely on the ownership of a certain person. While professional creditors do not seem to be terribly in need of legal protection, all those who have little experience with a confusing and intransparent spectrum of property rights are in a different situation. In case of the principle of specificity and the floating charge even one of the parties of the transfer, here the transferor, seems to be considerably burdened. This is why consumers should definitely not be allowed to create a floating charge on their assets.[47]

Consumers can be assumed to be *buyers* rather than sellers and *grantors of security rights* rather than creditors. As inexperienced parties they generally profit from a clear *numerus clausus* and the specificity principle. As buyers, to become owners with the contract conclusion or with delivery probably does not make much of a difference to them. A stronger publicity principle might help them to assess whether the seller really is the owner or otherwise entitled to sell the movable. The possibility to create non-possessory security rights in their movable assets (without registration) would probably rather increase the danger of overindebtedness than do them any good.[48] Thus consumers seem to profit to a certain degree from stronger versions of publicity, *numerus clausus* and specificity rules.

---

[47] S. *Van Erp*, fn 34 above, 394-411, at 411.
[48] Even though others may be of the opposite opinion: If consumers can charge their immovable property with security rights, why should they not also be able to create security rights in movables while keeping them in their possession? This would increase the total amount of credits they can get from lenders and enable them to consume and invest more.

B. Good Faith Acquisition from the Non-Owner

In Europe the approaches to good faith acquisition of movable assets range from the general possibility of acquisition from the non-owner provided possession is transferred and the acquirer was in good faith, like in Italian law, to the general exclusion of any good faith acquisition in Portugal. In between we find a variety of approaches that allow good faith acquisition but add further requirements, as for instance the requirement that the goods were not lost or stolen.[49] All systems (allowing good faith acquisition) require possession of the non-authorized seller. Historically the good faith acquisition from a non-owner was not possible under Roman law, but was possible under German customary law in a limited form.[50] The school of natural law contended that an owner could never lose ownership without her will, whereas *Kant* regarded good faith acquisition as a necessary consequence of distributive justice.[51] It is evident that good faith acquisition "expropriates" the owner and redistributes the asset to someone else whose interests seem to be more in need of protection. Economic analysis writers generally favor a generous approach to good faith acquisition as the more efficient solution for markets.[52] *Barak Medina* argues in a recent study that not only the good faith acquirer but also the former owner may profit from a broad good faith acquisition rule more than from a strict owner protection rule, provided the former owner has a great interest in a profitable sale of the asset in general, because the possibility of good faith acquisition generally augments the liquidation value of the asset on the market.[53] *Vice versa*, the owner who wants to keep her asset and is not interested in selling it with profit will not profit from a broad good faith acquisition rule, but rather from a stricter protection of the original owner.

If we assume that reasonable reliance in the honesty of your contract partner should be generally protected, we need a good faith acquisition rule of some kind, or to speak with *Kant*, some measure of distributive justice that operates against the interests of the original owner. But what should be the limits of good faith acquisition? Among

---

[49] Austrian, German, Spanish law and the common law exclude lost or stolen goods from good faith acquisition (Austrian law allows it, however, if the unauthorized seller was a merchant acting in the course of her business), French and Swiss law defer good faith acquisition in these cases. Dutch law and Swedish law prevent good faith acquisition only for stolen goods, not for lost goods.

[50] E. Karner, "Der redliche Mobiliarerwerb aus rechtsvergleichender und rechtsgeschichtlicher Perspektive" (2004) Zeitschrift für Rechtsvergleichung (ZfRV) 83-92, at 88 seq with further references.

[51] E. Karner, fn 50 above, 83-92, at 83 seq with further references.

[52] See the references in: B. Medina, "Augmenting the Value of Ownership by Protecting it only Partially: The 'Market-Overt' Rule Revisted" (2003) 19 Journal of Law, 19 Economics and Organization 343-373, at 344 seq; D. Krimphove, "Der Einsatz der ökonomischen Analyse des Rechts als notwendiges Instrument der Europäischen Rechtsvergleichung – dargestellt anhand des Erwerbes vom Nichtberechtigten in den Europäischen Rechtsordnungen" (1998) ZfRV 195, 197; H.-B. Schäfer and C. Ott, Lehrbuch der ökonomischen Analyse des Zivilrechts (Berlin et al: Springer 2000) 473 seq.

[53] B. Medina, fn 52 above, 343-373, at 369.

many other questions there seem to be two more basic issues: (1) What constitutes good faith? And: (2) Should lost or stolen goods be excluded or otherwise be treated differently?

However, we should not discuss these issues in an abstract way. It seems to me that good faith acquisition of movables is not an everyday problem of consumers and also not of most businesses. The most freqently cited examples of such situations involve transfers of works of art or of antiques of considerable value[54] and of used motor vehicles. The few parties involved in transfers of works of art and antiques are quite well-to-do private individuals and dealers of such items. The parties involved in the sale of used cars seem to be more numerous, buyers will be very often ordinary consumers. If a business sells goods under reservation of title to other businesses or consumers or leases the goods to these customers, it normally can predict the likelihood that these customers will resell the goods to other buyers and it will take effective precautions against this risk in the contract. Goods of less value (which are normally paid in cash) do not raise good faith acquisiton questions.

(1) Unlike registration in well functioning registration systems *possession* is only a week indicator of the seller's ownership or authority to sell. It nevertheless seems to be the only available objective basis for the acquirer's reliance. The existing national systems obviously do not want to protect allegedly naive acquirers who believe the cock-and-bull stories of their non authorized sellers why they are not in possession of the goods they want to sell. This kind of naivety may really mark an *outer limit*. But the idea can be phrased more generally: The higher the bar is placed for the *requirement of good faith*, the more suspicion is expected from buyers on the market. Under a high (rigid) standard of good faith, buyers have to approach their potential sellers cautiously or, if they can, investigate into the origin of the goods offered for sale. If they behave against this role model, no matter how honestly trustful they may be, they will lose against the owner. It is evident that experienced professional buyers with better access to information and financial means to conduct investigations will be the winners of this rule, and of course the owners, who – according to *Medina* – have a higher interest in keeping their assets than in increasing their liquidation value. In view of the experienced and well-to-do actors on arts and antiques markets a high margin of good faith may well seem justified, but at the same time it will be problematic for ordinary consumers who buy used motor vehicles, because they are not at all experienced professional buyers.

(2) Why should *lost and stolen goods* be treated differently? Lost and stolen goods do not bear a mark on them saying that they cannot be acquired in good faith. There is no objective indicator with respect to this differenciation that could destroy or justify the acquirer's reliance on the seller's ownership or authority. And it makes no sense to expect the buyer to investigate into how the owner lost possession of her goods: If the buyer is in good faith she will not investigate (because she believes that the seller is the owner). Hence, the buyer cannot protect herself against the lost-and-stolen rule.

---

[54] *B. Medina*, fn 52 above, 343-373, at 343 with further references.

It must be the owner's position who does not justify expropriation in the one, but only in the other situation. An owner voluntarily giving her asset to a non-owner, it is assumed, will be able to weigh the benefits she draws from this change of position against the risk she runs by a possible good faith acquisition, whereas theft or robbery do not leave her any choice to keep the property rather than exposing it to the good faith acquisition risk. It is assumed that this choice is also not present in case of lost goods. Therefore, obviously the owner is not expected to take particular precautions against theft, robbery or the losing of goods, but she is expected to distrust a person to whom she gives her assets. If she is too trustful and naive in entrusting her assets to a dishonest person, she will have to bear the negative consequences. This justification, however, appears to be shaky in parts: For the owner it is often not possible to find out how trustworthy the other party is (to whom she gives the goods)[55] or she cannot foresee to be exposed to this kind of risk, when for instance the contract of sale turns out to be void and the goods have been transferred to a third good faith purchaser. In these cases the owner does not have the opportunity to make an informed choice. And if the owner is expected to run this kind of sometimes unknown and sometimes unavoidable risks, why is she not also expected to choose to take precautions against losing the goods negligently, or even against theft and robbery?

Apart from the unsound choice-argumentation, the only difference that appears to be left between the two categories of stolen/lost goods and entrusted goods is that in cases of lost or stolen goods the owner cannot expect any benefit from the event, whereas she normally receives (or can expect to receive under normal circumstances) some kind of benefit from giving her goods away to a non-owner: she may do a friend a favor, she may not want to keep the goods in her possession for some reason, she may get the goods repaired, she may secure a credit, she may have sold the goods on reservation of title, or may have sold the goods right out on a void contract. These benefits, however, do not seem to be overwhelming, they are in no relation to the loss that might occur if she loses ownership to a good faith acquirer and does not receive any compensation from the seller (who disappears or is insolvent). And these benefits in most cases seem to be irrelevant or inexistant, once the risk of loss materializes.

Medina's economic analysis is not of much help here because the way the owner lost control of her assets in most cases does not tell us anything about her intention to keep or rather liquidate her assets.[56] The preferences of owners in that respect probably cannot be cast in a general rule applying to all movable goods at all. It can only be said that a broad good faith acquisition rule on a certain market will benefit the owners to a larger degree because the majority of them uses to sell the assets and is thus interested in a high liquidation value on the market. Whether the markets in works of art and antiques and in used cars are such markets has to be decided by better experts than I am. In cases where the goods were handed over to a buyer by

---

[55] At many occasions the owner cannot avoid giving the asset out of her hands, for instance, when goods have to be repaired.
[56] Except where the owner entrusts the assets to a buyer under retention of title or a void contract.

the owner/seller (retention of title or void contract) *Medina's* theory may suggest that good faith acquisition should well be possible, because the owner is obviously willing to sell them.[57]

Thus, it has to be questioned whether these rather slight differences in the owner's position really justify a distinction between lost and stolen goods on the one hand and entrusted goods on the other hand. At least in the case of lost goods, I think, the owner can be fairly expected to take precautions against her own negligence, if she is at the same time expected to predict the honest or dishonest character of the person to whom she gives the goods.

Issues number (1) and number (2) seem to be somehow related to each other: What kind of precautions and suspicion do we expect of the two parties whose interests are in sharp conflict in good faith acquisition situations: of the owner and of the acquirer? The higher the precautions expected from a good faith acquirer the less burdensome it will be for owners to live with a small risk of good faith acquistion, which could then be extended also to stolen and lost goods. The lower the measure for the acquirer's precautions the higher is the risk for owners. In case of a low good faith standard it might probably seem unacceptable for owners to lose their stolen goods to a third acquirer. Or in cases of works of art and motor vehicles insured against theft, you might say that it might seem unacceptable for the insurance company of the owner to have no opportunity to get the item back from the acquirer. But on the other hand, the insurance company will be able to protect itself against an increased risk of good faith acquisition by raising its premiums. Thus the burden will be again shifted to the owner and may seem unacceptable from her position.

Therefore, my conclusions for the *arts and antiques market* would be: A relatively high measure of good faith seems justified considering the expertise and financial background of the acquirers. Lost and stolen goods should rather not be excluded from good faith acquisition, once good faith can be really established according to the circumstances (which will often not be the case when the goods were stolen). This will raise theft insurance premiums for owners only to a small extent (because the measure of good faith is high), and may also benefit the owners due to the rising liquidation value of the items. Probably similar arguments could be applied to other markets of valuable movables like cars, boats and others: However, the good faith required must vary with expertise of the acquirer in the respective branch. Especially consumers buying used cars who have no particular expertise or financial background should be offered an adequate protection by enabling them to acquire in good faith without a duty to carry out any particular investigations. The non-exclusion of stolen

---

[57] Economic analysis writers are divided on the issue whether it is more efficient to exclude good faith of lost and stolen goods or to allow it: Some argue that the exclusion is inefficient because owners seem to be the cheaper/better insurers against theft, others think that the owner is only the superior risk bearer in cases of entrustment of goods. *See* the overview in: *B. Medina*, fn 52 above, 343-373, at 344 seq; *D. Krimphove*, fn 52 above, 202 considers the exclusion of lost and stolen goods economically inefficient.

goods from good faith acquisition could there be seen as a measure to protect ordinary consumers. This would be realized however clearly at the expense of the "ordinary" owners of stolen cars who would have to pay higher insurance premiums. Whether such a result is considered just or desirable or not is clearly a question of political choice, of distributive justice between different groups of market actors within a society.

C. Registration Systems

A property law system cannot function without a certain measure of transparency of rights *in rem*: not only because inexperienced parties and consumers generally profit from a higher degree of transparency, not only because transparency plays an important role in tackling the sensible issue of expropriation by good faith acquisition, but also because transparency provides an essential basis for the *erga omnes* effects of absolute rights. Thus, without any transparency of the property rights involved, the whole system of trade and financing market activities would collapse or would become highly insecure and ineffective. Whenever important markets become insecure those who suffer most from it are the financially weak market participants, like consumers and small businesses. But perhaps possession is not the right horse to bet on when we are looking for appropriate means to ensure transparency? What about registration?

Registration relieves us of a lot of troubles we have with the need to ensure a certain degree transparency by the partially insufficient means of possession. Registration as a signalling device is much more reliable than possession. And it ensures transparency without restricting possession of the goods: Goods can be used by the possessing non-owner or by the owner who has granted security rights in her assets. Furthermore, registration limits the risk of good faith acquisition and makes the balancing of interests between the owner or holder of property rights and the acquirer in most cases much simpler: The owner or holder can be expected to register her rights, the acquirer can be expected to check the register. In a well-functioning registration system good faith acquisitions will almost never occur; the *nemo plus iuris transferre potest quam ipse habet* rule will gain importance.

However, registration also has a dark side: It certainly hampers the velocity of transfers and is therefore difficult to apply when transfers use to occur very frequently. And it involves certain costs for the parties involved and for the public if the state finances parts of the system. Thus, the number of assets that can or should be registered is limited. Recordable property should be relatively valuable and should not be transferred often. In addition, registration is advantageous when several rights *in rem* of different holders are created in the the same property, when physical use is important, when describing the property identifies it more precisely than possessing it or when the property item is abstract and intangible.[58] It is clear that inexpensive consumer goods

---

[58] D. *Baird* and T. *Jackson*, "Information, Uncertainty and the Transfer of Property" (1984) Journal of Legal Studies vol XIII 299-320, at 304; D. *Krimphove*, fn 52 above, 198.

do not qualify for registration, whereas land, cars, ships, airplanes, other expensive movables and abstract rights do, provided they are of sufficient value and can be easily identified for recording purposes.

The existence or non-existence of a registration system considerably effects the interests of the parties concerned. A legal system's choice to introduce a recording system to certain types of assets or not, therefore, should not be underestimated in its political impact. It splits the law of property in two different worlds: the world of non-recordable assets and the world of recordable items. World one will be the prevailing environment for not well-to-do consumers and small businesses who do not dispose of valuable assets. The registration world, currently existing for real property in all Member States, could be expanded to security rights in movables (in general) and to ownership of many types of valuable tangible movables. In this second world of land and valuable movables the richer consumers and companies will be the main actors.

It is also argued that the main beneficiaries of an expanded registration world, as for instance embodied in Art. 9 Uniform Commercial Code (UCC), are the suppliers of credit.[59] Registration makes property rights much better visible for third parties, mainly the creditors, and thus improves the conditions for their operations on the market. *Kozolchyk* suggests that the true owners in traditional agrarian societies were the owners of land, whereas the true owners in contemporary societies like the United States are the suppliers of credit.[60] While good operating conditions for financial institutions seem to be a good thing for modern differenciated markets in general, the power of creditors at the same time constitutes a considerable danger for all weaker market participants.

A registration system may have another negative effect on consumers and small businesses: Its unsurpassed transparency effect may invite the legislator to open up the spectrum of security rights to new types which without registration would be considered to be too insecure for the markets: this approach is at least being discussed for the common law floating charge.[61] The loss of transparency resulting from the violation of the principle of specificity could be compensated by the transparency effects of registration.

V. Conclusions

My conclusions are the following:

(1) The law of property is very similar to the law of contracts in many respects. The two areas are closely related to each other, none of them really is more or less public or political than the other. Contractual rights can easily assume *erga omnes* effects and be treated as rights *in rem* if they are sufficiently transparent. Whereas completely

---

[59] B. *Kozolchyk*, fn 41 above, 1453-1514, at 1513.
[60] B. *Kozolchyk*, fn 41 above, 1453-1514, at 1513.
[61] S. *Van Erp*, fn 34 above, 394-411, at 411.

intransparent property rights will endanger the functioning of the economic system and should generally rather be cast in the form of contractual rights.

(2) As in contract law, the European unification debate tends to depict choices in property law as mere technical and abstract issues that do not reflect major political choices for different groups of market participants. This technical market-oriented perspective leaves out an important part of the reality of property law.

(3) Property law is marked by a tension between different principles. The freedom of owners and transferees to create types of rights and interests in the property that they consider to fit their needs is limited by the principles of *numerus clausus*, specificity and transparency which ensure the protection of interests of third parties, but also of transferors and transferees on the market in general. The constitutionally guaranteed protection of ownership includes the freedom of disposition over one's property and forbids expropriation. It is generally limited by the protection of interests of others, which can be also phrased in constitutional terms. Examples are the restrictions of the use of land by public law, the protection of interests of neighbours and the expropriation by good faith acquisition. The *individualistic* freedom and protection of ownership principle is confronted with a variety of third party interests, which mark the *altruistic* side of property law. The different property law rules of the Member States can be found along the spectrum from the most individualistic to the most altruistic solution.

(4) It is important to single out the groups of market participants that are effected by rules tending more in the individualistic or in the altruistic direction. It is true that in property law the distribution of roles among different groups cannot be as easily depicted as in contract law. Consumers, small and big businesses are owners. As owners they want their freedom and ownership to be protected. But in other situations they may also want to profit from limitations of ownership in their interests. It can be said that consumers will be more often buyers of property and grantors of security rights than sellers or creditors. As such they have an interest in the reliability and transparency of the property rights they acquire, mainly the ownership right. As acquirers rather than sellers they will also be interested in the possibility of good faith acquisition. But they are rather negatively effected by the new opportunities a registration system may offer to the suppliers of credit.

(5) The device of registration may split the world of property into one for valuable assets and one for ordinary consumer goods. If registration is expanded to security rights in movables and valuable tangible movables in general, the rules must be chosen in view of the conditions in two different worlds, namely the differnt types of people whose interests are effected.

The effects of registration go into different directions: On the one hand, registration limits the freedom of the parties of a transfer by requiring registration and imposing costs for the sake of transparency. On the other hand, it increases their freedom to a certain extent: It protects owners more effectively against good faith acquisition. It enables the transferor to keep possession and use the property even after the sale or creation of a security right in it. And it may compensate for defects in transparency

The Unification of Property Law in the European Union

which would otherwise result by a weak *numerus clausus* or specificity principle. It enlarges the possibilities of financial institutions to supply credit.

(6) Though consumers generally benefit from a stronger transparency principle, they might also be negatively effected by a registration system: The system may be difficult to handle and to understand, the register may be far from the consumer's residence or be accessible only via Internet, the system may induce the consumer to overcharge her property.

(7) Thus the question is not only how to shape the rules for these different worlds, but also whether it is desirable to expand the registration world as far as possible to movables in the first place, or to keep it restricted to land. In which of the two worlds would consumers or other inexperienced and financially weak parties decide to live? What is the kind of world strong market actors would like to live in?

(8) This brings me finally back to the question if property law should be unified in the EU. I think that this question cannot safely be answered before the social, economic and political impacts of the differing solutions in the Member States have been analysed thoroughly, which they have not been so far. Austrian law, for instance, does not allow for the creation of non-possessory security rights of any kind in movables, whereas German law and several other legal systems allow possessory and non-possessory types. But what are the economic and social consequences of these rules? Do Austrian businesses really suffer disadvantages in comparison with German businesses? Are consumers better off with the one or the other rule? The same type of questions must be asked for all differing property law rules, like transfer by mere *consensus*, good faith acquisition, registration and the like.

(9) The answers to this type of questions may help to solve two different issues: First, how strong is the political interest of the Member States to decide these issues for themselves as opposed to the harm the differing solutions create in cross-border situations on the Internal Market? And second: If it is decided that some kind of uniform text is desirable, which types of rules should become part of that text? Which type of world do we want to shape for stronger and weaker participants on the market?

(10) The bottom line to be drawn here is therefore very simple: Do not decide on the unification of property law with only parts of the whole picture in mind. The present situation first of all calls for a thorough assessment of all political and social issues that are at stake in the area of property law.

Deutsches Recht im türkischen Basar? – Oder: Grundsatzfragen des internationalen Verbraucherschutzes in der Bewährung am konkreten Fall

*Peter Mankowski**

I. Einleitung

Der Jubilar gehört zu den großen Brückenbauern im europäischen Recht. Sein ganzes Leben und seine ganze Lebensleistung bauen eine Brücke zwischen der Türkei und Deutschland, zwischen dem türkischen und dem deutschen Recht. Er lebt wahre Internationalität und ist in beiden Rechten gleichermaßen zuhause. Zugleich ist er ein Meister des Internationalen Privatrechts. Damit wird er noch mehr zum Europäer, denn das IPR und das IZPR sind zunehmend europäisch geprägt. Ihm möchte ich die herzlichsten Glückwünsche entbieten. Aus dem freudigen Anlass seines Geburtstages möchte ich ein kleines deutsch-türkisches Thema aufgreifen, das mich schon seit einigen Jahren persönlich fasziniert: Immer wieder beschäftigen Fälle die deutschen Gerichte, in denen deutsche Touristen während eines Türkei-Urlaubs in einem türkischen Basar insbesondere Teppiche gekauft haben.[1] Das Faszinierende an diesen Fällen betrifft zwei Punkte: Erstens werden diese Fälle von deutschen Gerichten entschieden. Weshalb eigentlich? Wie kommen sie von der internationalen Zuständigkeit her nach Deutschland? Und zweitens bejahen einige Gerichte, dass die Vertragsparteien deutsches Recht gewählt haben.[2] Dies muss man sich vor Augen führen und auf der Zunge zergehen lassen: Bei einem Teppichkauf zwischen einem türkischen Händler und einem deutschen Touristen in einem türkischen Basar sollen die Vertragsparteien deutsches Recht vereinbart haben. Man mag es kaum glauben. Rechtstatsächlich grenzt dies ans Wunderbare. Der Rechtsgelehrte stand aber beim Vertragsabschluss nicht daneben, um jetzt aus eigener Anschauung beurteilen zu können, ob die Aussage, dass eine solche Wahl getroffen wurde, wirklich stimmt.[3] Er kann

---

* Prof. Dr. *Peter Mankowski*, Universität Hamburg. Ich danke meiner Wissenschaftlichen Mitarbeiterin *Stefanie Bock* herzlich für die Sammlung und Aufbereitung des Fallmaterials. Der Entwurf für die Rom I-VO blieb unberücksichtigt, da es nach Fertigstellung des Beitrags erschienen.
[1] Näher zu den Entscheidungen sogleich unter II.
[2] OLG Düsseldorf 26.10.1989, IPRspr. 1989 Nr. 49 S. 105; OLG Celle 30.1.1991, OLGZ 1991, 485 = NdsRPflege 1991, 110 = IPRspr. 1991 Nr. 32 S. 69 LS.
[3] Vielleicht kam die Wahl deutschen Rechts auch jeweils erst als nachträgliche Rechtswahl im Prozess zustande, unter freundlicher Mitwirkung des Gerichts oder aus Prozessverhalten, sprich: durch Verhandeln der Anwälte auf der Basis des ihnen vertrauten deutschen Rechts.

insoweit nur den denkbaren Motiven nachgehen. Des Weiteren finden sich unter den
Entscheidungen einige Lehrstücke zur stillschweigenden Rechtswahl.[4] Zwei weitere
Momente treten hinzu: Zum dritten bieten die Fälle natürlich ein Musterbeispiel für
Internationales Verbraucherschutzrecht in der Praxis, sowohl in seiner (erstaunlich selten[5] angesprochenen) prozessualen wie in seiner kollisionsrechtlichen Komponente.
Zum vierten haben einige deutsche Instanzgerichte, wie sie es gern tun, ihre Phantasie
bemüht, um (Neben-)Wege zum deutschen Recht zu erörtern, wenn die Hauptstraßen
eigentlich zum türkischen Recht geführt hätten. Im Kernpunkt ging es zumeist um die
Frage, ob den Kunden ein Widerrufsrecht nach deutschem Haustürgeschäftewiderrufsrecht zustand. Eine vertiefte Skizze mag geeignet sein, diesen deutsch-türkischen
Fällen aus internationalrechtlicher Sicht näher zu treten. Der Jubilar hatte stets das
Bilaterale und das Konkrete im Blick. Hoffentlich findet daher meine kleine Fallstudie
sein Gefallen. Sie spielt nicht in der großen Liga des Wirtschaftsrechts, aber sie begibt
sich auch nicht in die Abgründe des Familienrechts hinab. Vielmehr befasst sie sich mit
etwas vordergründig Kleinem, einer scheinbar "kleinen Münze". An dieser "kleinen
Münze" muss sich jedoch das kollisionsrechtliche System insgesamt bewähren.

II. Die Fälle

Die Recherche fördert nicht weniger als zehn einschlägige veröffentlichte Entscheidungen zutage. Von der reinen Zahl her, wenn auch nicht von der Prominenz, reicht dies an
die inzwischen legendäre Reihe der Gran Canaria- oder der Timesharing-Fälle heran.
Die Entscheidungen seien in chronologischer Reihenfolge jeweils kurz vorgestellt, und
ihre tragenden internationalrechtlichen Gründe seien jeweils kurz skizziert:

OLG Düsseldorf 26.10.1989, IPRspr. 1989 Nr. 49: Der Kunde macht eine 11tägige Busreise durch die Türkei mit einem Reiseveranstalter. Die Durchführung hat die in der
Türkei ansässige Firma X übernommen. Die Firma X führt die Reisegruppe in einen
Basar, ein Verkaufsgeschäft der Firma N. Während der Basarbesichtigung werden
Teppiche vorgeführt. Die Kunden trinken Raki und werden dann in separate Räume
geführt. Dort finden die Vertragsabschlüsse statt. Im Vertragsformular steht eine
Rechtswahlklausel, dass das Recht im Land des Kunden anwendbar ist. Der konkrete
Beklagte kauft Teppiche im Wert von DM 10.400,-. Nach Deutschland zurückgekehrt
widerruft er. Die Firma N tritt den Kaufpreisanspruch an den Kläger ab, der für sie die
Auslieferung von Teppichen in Deutschland betreibt. Das Gericht wendet auf Grund
der Rechtswahlklausel nach Art. 27 Abs. 1 S. 1 EGBGB deutsches Recht an. Es sieht
aber die tatbestandlichen Voraussetzungen für ein Haustürgeschäft nicht gegeben (mit
an sich überflüssigen Hilfsüberlegungen zu Inlandsbezügen und Art. 29 EGBGB).

LG Limburg 2.5.1990, NJW 1990, 2206: Im Rahmen einer Pauschalreise besucht die
Reisegruppe auch das Teppichgeschäft der Klägerin. Reiseunternehmen, Reiseführer

---

[4] OLG Düsseldorf 9.6.1994, NJW-RR 1995, 1396 = (IPRspr. 1994 Nr. 35A S. 83; OLG Naumburg 31.3.1998, IPRspr. 1998 Nr. 30 S. 61; LG Limburg 2.5.1990, NJW 1990, 2206 = RIW 1991, 339 = IPRspr. 1990 Nr. 33 S. 65 f. (dazu *Hohloch*, JuS 1991, 247).
[5] Ausnahme: LG Tübingen 30.3.2005, NJW 2005, 1513.

und Geschäftsinhaber arbeiten zusammen und teilen sich den Gewinn. Der Beklagte unterzeichnet im Geschäftslokal der Klägerin einen Kaufvertrag und zahlt 400 DM an. Die Lieferung des Teppichs soll frei Haus erfolgen, der Restkaufpreis per Nachnahme erhoben werden. Zurück in Deutschland verweigert der Beklagte die Annahme des Teppichs und widerruft. Das Gericht verneint sowohl eine ausdrücklich wie auch eine konkludente Rechtswahl nach Art. 27 Abs. 1 EGBGB. Der Vertrag sei in deutscher Sprache verfasst worden, um den geringen türkischen Sprachkenntnissen der Käufer Rechnung zu tragen. Die Entrichtung des Kaufpreises in deutscher Währung solle dem Beklagten lediglich die Zahlung des Restbetrages erleichtern. Eine Rechtswahl durch schlüssiges Verhalten sei dadurch nicht erfolgt. Das Gericht sieht die vertragstypische Leistung nach Art. 28 Abs. 2 EGBGB in der Auslieferung des Teppichs und damit im Absenden der Ware. Damit wäre nach Art. 28 Abs. 1 EGBGB türkisches Recht anwendbar. Über Art. 29 Abs. 2; Abs. 1 Nr. 3 EGBGB gelangt das Gericht aber dennoch zur Anwendung deutschen Rechts. Zwar habe die Klägerin die Reise nicht selbst durchgeführt. Sie habe aber durch Absprachen mit dem Reiseveranstalter in ausreichendem Maße Einfluss auf die konkrete Gestaltung der Pauschalreise genommen. Das Gericht zieht dabei eine Parallele zu § 1 Abs. 1 Nr. 2 HWiG, dessen Voraussetzung es für gegeben hält.

LG Düsseldorf 5.12.1990, NJW 1991, 2220: Anlässlich eines Urlaubsaufenthalts in der Türkei besichtigt der Beklagte eine Werkstatt der Teppichknüpfkunst der Klägerin. Nach einer Demonstration türkischer Webkunst, bei der auch Alkoholika gereicht werden, unterschreibt der Beklagte einen Kaufvertrag. Er zahlt 300 DM per Euroscheck an. Als der Teppich an die deutsche Adresse des Beklagten geliefert wird, verweigert er die Annahme. Außerdem hält der Beklagte den Teppich für übertreuert und erklärt den Rücktritt. Die charakteristische Leistung gemäß Art. 28 Abs. 2 EGBGB ist nach Auffassung des Gerichts die Lieferung der Ware. Diese Leistung sei von der Klägerin mit Sitz in der Türkei geschuldet. Vertragssprache und -währung könnten zwar für eine Verbindung nach Deutschland sprechen. Diesen Kriterien allein sei aber nur eine mindergroße Bedeutung beizumessen, die nicht ausreichend sei, um die Vermutung des Art. 28 Abs. 2 EGBGB gemäß Art. 28 Abs. 5 EGBGB zu widerlegen. Der Anwendung türkischen Rechts gemäß Art. 29 Abs. 1 EGBGB soll auch nicht der ordre public nach Art. 6 EGBGB entgegenstehen. In Betracht kämen insoweit nur Gesichtspunkte des Verbraucherschutzes, die bereits in Art. 29 EGBGB Berücksichtigung gefunden hätten. Dessen Voraussetzungen sieht das Gericht aber nicht als gegeben. Insbesondere für Art. 29 Abs. 1 Nr. 3 EGBGB fehle es an einer Verbindung zwischen der Klägerin und der Reise des Beklagten.

OLG Celle 30.1.1991, OLGZ 1991, 485: Der Beklagte nimmt an einer Buspauschalreise der R. AG teil. Wie im Reiseprogramm vorgesehen, wird auch das Geschäft der Firma G. in Istanbul besucht. Im Rahmen einer dort durchgeführten Verkaufsveranstaltung unterzeichnet der Beklagte einen Kaufvertrag über einen Teppich und leistet eine Anzahlung in Höhe von 500 DM. In dem Vertrag wird die Anwendung des Rechts des Käufers vereinbart. Das Gericht gelangt aufgrund der Rechtswahlklausel zur Anwendung deutschen Rechts. Es bejaht auch die Voraussetzungen des § 1 Abs. 1 Nr. 2 HWiG.

OLG Düsseldorf 9.6.1994, NJW-RR 1995, 1396: Der Beklagte nimmt an einer Kreuzfahrt teil. Der Reiseveranstalter X organisiert einen Landausflug, der die Reisenden auch zu der Verkaufsstätte der Klägerin führt. Der Beklagte unterzeichnet dort einen Kaufvertrag über einen Teppich, den die Klägerin frei Haus liefern soll. Bereits am nächsten Tag erklärt der Beklagte den Rücktritt. Er fühlt sich getäuscht. Die Klägerin habe wahrheitswidrig behauptet, der Teppich würde in Deutschland doppelt so viel kosten. Das Gericht stellt zunächst fest, dass eine Rechtswahl nach Art. 27 Abs. 1 EGBGB weder ausdrücklich noch schlüssig erfolgt ist. Auch wenn einige der verwendeten Klauseln typisch für deutsche Kaufverträge seien, könne daraus nicht geschlossen werden, dass die Parteien den Vertrag insgesamt deutschem Recht unterstellen wollten. Offengelassen wird, ob eine Teilrechtswahl nach Art. 27 Abs. 1 S. 3 EGBGB vorliegt. Das Gericht nimmt an, dass die charakteristische Leistung nach Art. 28 Abs. 2 EGBGB am Ort der Niederlassung der Klägerin und damit in der Türkei erfolgt ist. Der Anwendung türkischen Rechts nach Art. 28 Abs. 1 EGBGB soll auch nicht Art. 29 Abs. 1 Nr. 3 EGBGB entgegenstehen. Dessen Voraussetzungen sieht das Gericht schon deshalb nicht als gegeben an, weil der Beklagte von einem Schiff, das nicht unter deutscher Flagge fährt, in die Türkei eingereist ist. Art. 29 EGBGB schütze nur Verbraucher, die vom Staat ihres gewöhnlichen Aufenthalts und nicht von einem Drittstaat aus in den Staat des Vertragsschlusses eingereist sind. Das Gericht lehnt auch eine entsprechende Anwendung von Art. 29 EGBGB ab. Der Verbraucher könne nicht erwarten, dass ihn das Verbraucherschutzrecht seines Staates auch im Ausland schütze. Aufgrund der Wertung des Art. 29 Abs. 1 EGBGB sei weder das HWiG über Art. 34 anwendbar noch verstoße die Anwendung türkischen Rechts, das keinen Verbraucherschutz gewähre, in diesem Fall gegen Art. 6 EGBGB. Das Gericht sieht für den Kläger keine Möglichkeit, sich nach türkischem Recht vom Vertrag zu lösen.

LG Baden-Baden 14.2.1997, IPRspr. 1997 Nr. 31: Ein Ehepaar gewinnt eine Reise nach Istanbul. Während eines Stadtbummels werden sie von einem Mitarbeiter der Klägerin angesprochen und in deren Geschäft geführt. Nach längeren Verhandlungen unterzeichnet der Ehemann einen Kaufvertrag über diverse Schmuckstücke und zwei Teppiche, die durch einen Transporteur nach Deutschland geliefert werden sollen. Der Beklagte füllt außerdem ein deutsches Wechselformular aus. Der Kaufpreis soll im Lastschriftverfahren von seinem Konto abgebucht werden. Zurück in Deutschland lässt der Beklagte der Klägerin über seinen Anwalt mitteilen, dass der Schmuck zurückgegeben werden solle und keinerlei Zahlungen erfolgen würden. Das Gericht wendet aufgrund der engeren Verbindung des Vertrages zur Türkei gemäß Art. 28 Abs. 1 EGBGB türkisches Recht an. Die charakteristische Leistung sei am Ort der Niederlassung der Klägerin erfolgt. Die Verbindung zum deutschen Recht über Sprache, Währung und Wechsel reiche nicht aus, um die Vermutung des Art. 28 Abs. 2 EGBGB gemäß Art. 28 Abs. 5 EGBGB zu widerlegen. Den Anspruch gegen den Beklagten hält das Gericht nach türkischem Recht für begründet, nicht aber den ebenfalls geltend gemachten Anspruch gegen dessen Ehefrau.

OLG Naumburg 31.3.1998, IPRspr. 1998 Nr. 30: Über Bulgarien reist die Beklagte in die Türkei. Dort schließt sie mit der Klägerin einen Kaufvertrag über mehrere Teppiche ab. Diese sollen nach Deutschland geliefert werden. Die Beklagte verweigert die Zahlung des Kaufpreises. Mangels ausdrücklicher oder konkludenter Rechtswahl nach Art. 27 Abs. 1 EGBGB stellt das Gericht auf die Vermutung des Art. 28 Abs. 2 EGBGB ab. Es sieht die charakteristische Leistung in der Lieferung der Teppiche und gelangt so zur Anwendung türkischen Rechts. Das HWiG soll auch über Art. 34 EGBGB keine Anwendung finden. Dieses enthielte zwar zwingendes Recht von besonderer sozialpolitischer Bedeutung. Eine Sonderanknüpfung soll aber nur in Betracht kommen, soweit Art. 29 Abs. 1 EGBGB lückenhaft ist. Aufgrund der Einreise über einen Drittstaat verneint das Gericht dessen Voraussetzungen. Die Nichtanwendung des HWiG beruhe nicht auf einer Lücke, sondern auf einer Wertentscheidung des Gesetzes. Auch eine Analogie schließt das Gericht aus. Der Verbraucher könne und dürfe nicht erwarten, dass sein Heimatrecht ihn auch im Ausland schütze. Aus den gleichen Gründen wird auch ein Verstoß gegen den ordre public nach Art. 6 EGBGB verneint.

LG Hamburg 18.2.1999, RIW 1999, 391: Der Beklagte nimmt an einer Pauschalreise durch die Türkei teil. Der Reiseveranstalter organisiert auch den Besuch einer Verkaufsveranstaltung in einem türkischen Kaufhaus. Dort kauft der Beklagte Schmuck und einen Teppich, der ohne Aufpreis nach Deutschland geliefert werden soll. Eine Woche später erklärt der Beklagte, dass er den Kauf wegen Minderwertigkeit des Teppichs widerrufe. Das Gericht geht davon aus, dass der Vertrag die engste Verbindung zur Türkei aufweist und wendet daher nach Art. 28 Abs. 1 EGBGB türkisches Recht an. Die charakteristische Leistung liege nicht in der Kaufpreiszahlung, sondern in der Versendung der Teppiche, die vom Hauptsitz der Beklagten in der Türkei aus erfolge. Die Beklagte behauptet zwar, dass die Klägerin selbständige Filialen in Deutschland hätte. Der Versand ist aber durch die Klägerin selbst und nicht durch die Filialen erfolgt. Art. 28 Abs. 2 S. 2 EGBGB sei daher nicht einschlägig. Ferner seinen die Filialen nach der Sitztheorie eigene Rechtspersönlichkeiten und damit nicht mit der Klägerin identisch. Aufgrund der untergeordneten Bedeutung von Vertragssprache und -währung seien diese Kriterien ungeeignet, eine engere Verbindung zum deutschen Recht zu begründen. Das Gericht verneint die Voraussetzungen des Art. 29 Abs. 1 Nr. 3 EGBGB. Die Klägerin sei nicht mit dem Reiseveranstalter identisch und habe auf die Reise des Beklagten keinen Einfluss genommen. Selbst wenn es zwischen dem Reiseveranstalter und der Klägerin zu einer Terminabsprache gekommen sei, habe der Beklagte frei entscheiden können, ob er an dieser Begleitveranstaltung teilnimmt. Die Pauschalreise sei daher keine Reise der Klägerin. Eine ergänzende Auslegung lehnt das Gericht ab, weil Art. 29 EGBGB innerhalb der EU rechtseinheitlich ausgelegt werden müsse. Das Gericht hält die Voraussetzung für einen Rücktritt weder nach türkischem Mängelrecht noch nach dem türkischen Verbraucherschutzgesetz für gegeben und bejaht den Zahlungsanspruch der Klägerin.

OLG Düsseldorf 26.10.1999, MDR 2000, 575: Im Zuge einer Pauschalreise besucht die Reisegruppe auch eine Verkaufsveranstaltung in Antalya. Der Beklagte schließt dabei mit der Klägerin einen Kaufvertrag über mehrere Teppiche, die frei Haus nach Deutschland geliefert werden sollen. Die Anzahlung wird per ec-Karte geleistet. Bereits am nächsten Tag erklärt der Beklagte schriftlich den Rücktritt vom Vertrag. Weil eine Rechtswahl weder ausdrücklich noch konkludent erfolgt ist, entscheidet das

Gericht über das anwendbare Recht nach Art. 28 Abs. 1 EGBGB. Als charakteristische Leistung gemäß Art. 28 Abs. 2 EGBGB wird nicht die Geld-, sondern die in der Türkei erfolgte Sachleistung angesehen. Dies soll selbst für den Fall gelten, dass die Parteien eine Bringschuld vereinbart haben. Das Gericht misst aufgrund der Wertung des Art. 28 Abs. 2 EGBGB der Niederlassung größeres Gewicht bei als dem Erfüllungsort. Vertragssprache und Währung seien ungeeignet, eine engere Anknüpfung an die deutsche Rechtsordnung zu begründen. Gleiches gelte für die Bestimmung des Kaufvertrages, nach der die Abnahme der Ware eine Hauptpflicht des Kunden darstellt. Da die Abnahme nach deutschem Recht lediglich eine Nebenpflicht sei, könne in dieser Klausel gerade kein Hinweis auf die Anwendung deutschen Rechts gesehen werden. Die Voraussetzungen des Art. 29 EGBGB seien mangels Absatztätigkeit der Klägerin in Deutschland ebenfalls nicht erfüllt. Eine analoge Anwendung komme nicht in Betracht, da sich der inländische Käufer, der sich auf einen ausländischen Markt begibt, mit dem Schutzstandard dieses Marktes begnügen müsse. Augrund der für den Verbraucherschutz spezielleren Vorschrift des Art. 29 EGBGB greift das Gericht auch nicht über Art. 34 EGBGB auf das HWiG zu. Der in Art. 29 Abs. 1 Nr. 1-3 EGBGB vorausgesetzte Inlandsbezug fehle. Die Nichtanwendung des HWiG beruhe nicht auf einer Lücke, sondern auf einer Wertentscheidung des Gesetzgebers. Die Voraussetzungen für einen Rücktritt sieht das Gericht nach türkischem Recht nicht gegeben.

LG Tübingen 30.3.2005, NJW 2005, 1513: Der Reiseveranstalter E einer Pauschalreise nach Antalya organisiert auch eine Busreise zu einem Teppichknüpfzentrum. Die Reisenden sind auf die Teilnahme an der Rundfahrt angewiesen, weil das abseits gelegene Hotel tagsüber geschlossen wird und andere Unterhaltungsmöglichkeiten in der Nähe nicht gegeben sind. Die Klägerin unterzeichnet im Geschäft der Beklagten einen Kaufvertrag über zwei Teppiche. Sie leistet eine Anzahlung in Höhe von 1000 €. Der Restbetrag soll bei Anlieferung der Teppiche in Deutschland gezahlt werden. Etwas später bemerkt die Klägerin, dass sie sich in der Währung geirrt hat – sie war von DM statt von € ausgegangen. Durch Vermittlung der Reiseleitung wird der Kaufpreis herabgesetzt, den die Klägerin bei Lieferung der Teppiche auch zahlt. Sie lässt die Teppiche von zwei Sachverständigen bewerten, die zu dem Schluss gelangen, dass der Wert der Teppiche deutlich unter dem Kaufpreis liegt. Die Klägerin widerruft und verlangt den Kaufpreis zurück. Das Gericht bejaht zunächst seine internationale Zuständigkeit. Außerhalb des Anwendungsbereichs der EuGVVO, der die Türkei nicht beigetreten ist, sei der Gerichtsstand des § 29c ZPO doppelfunktional. Für die internationale Zuständigkeit sei es irrelevant, ob in der Sache deutsches Recht zu Anwendung komme. Ob ein Haustürgeschäft vorliegt, könne als doppelrelevante Tatsache im Rahmen der Zulässigkeit dahingestellt bleiben. Nach dem Schutzzweck des § 29c ZPO reiche es aus, dass die Klägerin die zuständigkeitsbegründenden Tatsachen schlüssig vorgetragen habe. In der Begründetheit gelangt das Gericht über Art. 29 Abs. 1 Nr. 3; Abs. 2 EGBGB zur Anwendung deutschen Rechts. Es bejaht zunächst das Vorliegen eines Verbrauchervertrages. Zwischen dem Reiseveranstalter E und der Beklagten gebe es enge Verflechtungen bis hin zu Gewinnabsprachen. Nur so lasse sich der extrem niedrige Preis der Pauschalreise erklären. Außerdem sei durch die Lage des Hotels und die besondere Situation vor Ort eine gezielte Zwangslage zur Teilnahme an der Busfahrt geschaffen worden. Daher sei der Besuch des Teppichknüpfzentrums keine fakultativ vorgeschlagenen Zusatzveranstaltung. Die Beklagte habe insgesamt durch die Vereinbarungen mit der Firma E die Reise mitorganisiert und habe bereits im Verbraucherland Absatztätigkeiten entfaltet. Die Voraussetzungen des Art. 29 Abs. 1 Nr. 3 EGBGB seien daher erfüllt. Das Gericht bejaht die Voraussetzungen für einen Widerruf gemäß §§ 313 Abs. 1 S. 1 Nr. 2; 355 Abs. 1 S. 1 BGB und gibt der Klage statt.

Man sieht: Es gibt durchaus mehrere Varianten und Variationen. Fast immer aber ging es um fünfstellige DM- oder gar Euro-Beträge. Das ist für Privatpersonen viel Geld. Die Höhe der Streitwerte erklärt auch, warum es überhaupt zu Gerichtsverfahren gekommen ist: Es lohnte sich von der Summe her für die Kunden, sich zu wehren und zu kämpfen. Apathie wäre nicht rational gewesen. Dafür stand für die Kunden zu viel Geld auf dem Spiel.

III. Internationale Zuständigkeit deutscher Gerichte

A. Anwendbarkeit der EuGVVO

Bei der internationalen Zuständigkeit der deutschen Gerichte ist normhierarchisch bedingt zuerst zu untersuchen, ob die EuGVVO[6] anwendbar ist.[7] Denn die EuGVVO genießt den Anwendungsvorrang einer EG-Verordnung vor nationalem Recht und würde, soweit sie reicht, selbst spezifische Verbraucherschutzgerichtsstände des nationalen Rechts verdrängen.[8] Auf den ersten Blick ist man geneigt, die internationale Anwendbarkeit der EuGVVO schnell abzutun. Schließlich handelt es sich doch um einen Fall, der seine Internationalität nur dem Bezug zu einem Drittstaat, einem Staat, der kein Mitgliedstaat der EU ist, zu verdanken hat. Aber schon insoweit ist große Vorsicht geboten, um nicht vorschnell auf falsche Wege zu geraten.

1. Internationale Anwendbarkeit des Internationalen Verbraucherprozessrechts aus Artt. 15; 16 EuGVVO

a) Beginnen muss die Prüfung bei den Gerichtsständen des Art. 16 EuGVVO. Denn das Internationale Verbraucherprozessrecht der Artt. 15-17 EuGVVO ist

---

[6] Verordnung (EG) Nr. 44/2001 des Rates vom 22.12.2000 über die gerichtliche Zuständigkeit und die Anerkennung und Vollstreckung von Entscheidungen in Zivil- und Handelssachen, ABi. EG 2001 L 12/1.
[7] Die Anwendbarkeit von EuGVÜ oder LugÜ wird nicht gesondert betrachtet. Die Türkei ist nicht Dänemark, der einzige Staat, im Verhältnis zu dem heute noch das EuGVÜ gilt. Die Türkei ist auch kein Mitgliedstaat des LugÜ, sondern ein echter Drittstaat zum gesamten europäischen Regime in allen seinen Spielarten.
[8] Siehe *Jayme,* in: FS Heinrich Nagel, 1987, S. 123, 130; *Börnke,* Rechtsanwendungsprobleme im Zusammenhang mit den sonderprivatrechtlichen Gerichtsstandsregelungen der §§ 7 Abs. 1 HWiG, 6 Abs. 2 AuslInvestmG und 26 Abs.1 FernUSG, 1995, S. 107; *Mankowski,* VuR 1996, 392; *ders.,* VuR 1999, 219, 220; *ders.,* VuR 2001, 259, 260; *Schoibl,* JBl 1998, 700, 707.

ein vorrangiges und abschließendes Regime, welches allgemeinen Gerichtsstand und besondere Gerichtsstände der EuGVVO gleichermaßen verdrängt.[9] Für die Anwendbarkeit der EuGVVO ist grundsätzlich ausschlaggebend, ob der Beklagte gemäß Art. 2 Abs. 1 EuGVVO seinen Wohnsitz in der EU hat. Von diesem Grundsatz macht auch das Internationale Verbraucherprozessrecht keine Ausnahme.[10] Es fügt dem Grundsatz nur eine Modifikation hinzu: Gemäß Art. 15 Abs. 2 EuGVVO wird fingiert, dass die Zweigniederlassung eines Beklagten, der seinen Sitz eigentlich außerhalb der EU hat, für die Zwecke des Internationalen Verbraucherprozessrechts als Sitz in der EU gilt. Man muss im nächsten Schritt danach differenzieren, wer Kläger und wer Beklagter ist. Klagen des Händlers gegen den Kunden sind das erste Betrachtungsobjekt, Klagen des Kunden gegen den Händler das zweite.

b) Verklagt der türkische Händler seinen in Deutschland ansässigen Kunden auf Zahlung, so ist die Grundvoraussetzung aus Art. 2 Abs. 1 EuGVVO erfüllt. Der Kunde hat seinen Wohnsitz in Deutschland, beurteilt sich nach Art. 59 Abs. 1 EuGVVO i.V.m. § 7 BGB. Weitere Anforderungen neben dem grenzüberschreitenden Bezug stellt Art. 2 Abs. 1 EuGVVO für die internationale Zuständigkeit der mitgliedstaatlichen, hier der deutschen Gerichte nicht auf. Dass kein Bezug zu einem weiteren Mitgliedstaat besteht, schadet nicht. Internationalität durch Drittstaatenbezug reicht aus (im übrigen auch für die Zwecke der Artt. 15-17 EuGVVO).[11] Die so genannte Reduktionslehre[12] überzeugt nicht. Der EuGH hat sie vor kurzem in Owusu/Jackson mit Recht endgültig verworfen.[13] Für dieses Ergebnis streitet wesentlich der eine Hauptzweck des Brüssel I-Systems, die Gerichtsstände so weit wie möglich zu vereinheitlichen.[14] Die Reduktionlehre war wohl lange Zeit Rückzugslinie für die nationalen Gerichte, um ihrem nationalen IZPR wenigstens einen kleinen zusätzlichen Spielraum neben dem europäischen System zu eröffnen. Damit sollte es nun vorbei sein. Mit dem zweiten Absatz der Präambel zum EuGVÜ ist die eine Stütze gefallen, welche

---

[9] Nachweise wie letzte Fn.
[10] Siehe nur *Esther Tauber*, Die internationale Zuständigkeit bei Verbraucherstreitigkeiten, 2003, S. 13.
[11] *Esther Tauber* (Fn. 10), S. 13.
[12] Vertreten von *Samtleben*, NJW 1974, 1590, 1593; *dems.*, RabelsZ 59 (1995), 670, 693; *Piltz*, NJW 1979, 1071, 1072; *Christian Kohler*, IPRax 1983, 265, 266; *Benecke*, Die teleologische Reduktion des räumlich-persönlichen Anwendungsbereichs von Art. 2 ff. und Art. 17 EuGVÜ, Diss. Bielefeld 1993, S. 113 ff.; *Wieczorek/Schütze/Hausmann*, ZPO, Bd. I/1: §§ 1-49 ZPO; EuGVÜ, 3. Aufl. 1994, Vor Art. 2 EuGVÜ Rn. 10; *Schack*, Internationales Zivilverfahrensrecht, 3. Aufl. 2002, Rn. 240 f.; *Stein/Jonas/Herbert Roth*, ZPO, Bd. I: §§ 1-40 ZPO, 22. Aufl. 2003, Vor § 12 ZPO Rn. 32 und der Sache nach BGH 20.1.1986, NJW 1986,1438, 1439; BGH 6.12.1988, WM 1989, 355, 358; BGH 12.10.1989, BGHZ 109, 29, 34; BGH 14.11.1991, WM 1992, 87, 88; BGH 21.11.1996, BGHZ 134, 127, 133; östOGH 23.2.1998, JBl 1998, 726, 727 f. = ecolex 1998, 694 m. Anm. *Oberhammer* (dazu *Alfred Burgstaller*, JBl 1998, 691).
[13] EuGH 1.3.2005 – Rs. C-281/02, RIW 2005, 292, 294 f. Rn. 23-35 – *Andrew Owusu/N.B. Jackson*; dazu *Christian A. Heinze/Dutta*, IPRax 2005, 224.
[14] EuGH 1.3.2005 – Rs. C-281/02, RIW 2005, 292, 294 Rn. 25 f. – *Andrew Owusu/N.B. Jackson*; zustimmend *Christian A. Heinze/Dutta*, IPRax 2005, 224, 225.

die Reduktionslehre noch im Normtext gehabt haben mag. Erwägungsgrund (2) S. 2 EuGVVO aber betont nochmals und deutlich den Vereinheitlichungszweck, ohne die Beschränkung auf den innergemeinschaftlichen Rechtsverkehr zu wiederholen.[15] Ganz in die jetzt vom EuGH untermauerte Richtung weist auch Erwägungsgrund (8) S. 1 EuGVVO.[16] Die weitere Konsequenz für die betrachteten Fälle lautet: Für die Klagen des Händlers gegen seinen in der EU ansässigen Kunden scheitert die internationale Zuständigkeit der Gerichte im Wohnsitzstaat des Kunden aus Art. 16 Abs. 2 EuGVVO jedenfalls nicht an der fehlenden internationalen Anwendbarkeit der Artt. 15-17 EuGVVO. Ob die weiteren tatbestandlichen Voraussetzungen des Art. 16 Abs. 2 EuGVVO erfüllt sind, insbesondere ob er situativ anwendbar ist, steht auf einem anderen Blatt (sogleich 2).

c) Art. 2 Abs. 1 EuGVVO ist dagegen für Klagen des Kunden gegen den Händler grundsätzlich nicht gegeben. Der in der Türkei ansässige Händler wird seinen Wohnsitz/Sitz nicht in der EU haben. Sofern er als Gesellschaft organisiert ist, führt keines der Kriterien aus Art. 60 Abs. 1 EuGVVO in die EU. Sofern er Einzelperson ist, wird kein nationales Recht eines EU-Mitgliedstaats ihm unter der Verweisung des Art. 59 Abs. 2 EuGVVO einen Wohnsitz im Gebiet des betreffenden Staates zusprechen. Jedoch darf man nicht bei dieser Betrachtung des Grundsatzes stehen bleiben. Vielmehr kommt jetzt Art. 15 Abs. 2 EuGVVO ins Spiel. Aus ihm ergibt sich die als nächstes zu beantwortende Frage: Hat der türkische Händler eine Niederlassung in der EU?

(1) Jedenfalls bei Auslieferung der Ware in Deutschland hat diese Frage eine gewisse tatsächliche Berechtigung. Denn dann kann der Händler in der Tat zumindest über eine feste Vertriebs- und Auslieferungsstruktur in Deutschland verfügen. In einigen der gerichtskundig gewordenen Fälle bediente sich der türkische Händler Unternehmen, die Teppiche in Deutschland ausliefern sollten. Diese Unternehmen mögen rechtlich selbständig sein. Dies schließt aber nicht aus, dass sie rechtlich als Niederlassungen des türkischen Händlers anzusehen sind. Denn auf Selbständigkeit oder Unselbständigkeit kommt es für den Niederlassungsbegriff des Art. 5 Nr. 5 EuGVVO nicht an. Vielmehr ist konkrete Unterordnung unter die Zwecke des Stammhauses das Entscheidende. Für Art. 15 Abs. 2 EuGVVO gilt derselbe Niederlassungsbegriff wie für Art. 5 Nr. 5 EuGVVO. Eine Niederlassung ist daher ein Mittelpunkt geschäftlicher Tätigkeit, der auf Dauer als Außenstelle eines Stammhauses unter dessen Aufsicht und Leitung hervortritt, eine eigene Geschäftsführung hat und sachlich hinreichend ausgestattet ist, Geschäfte im Außenverhältnis mit Dritten zu betreiben und abzuwickeln, ohne dass diese Dritten sich unmittelbar an das Stammhaus wenden müssten.[17]

---

[15] *Christian A. Heinze/Dutta*, IPRax 2005, 224, 225; *Mankowski*, RIW 2005, 561, 564.
[16] *Christian A. Heinze/Dutta*, IPRax 2005, 224, 225; *Mankowski*, RIW 2005, 561, 564.
[17] EuGH 22.11.1978 – Rs. 33/78, Slg. 1978, 2183, 2193 Rn. 12 – *Somafer SA/Saar-Ferngas* AG; EuGH 18.3.1981 – Rs. 139/80, Slg. 1981, 819, 828 f. Rn. 9, 11-13 – *Blanckaert & Willems PVBA/Luise Trost*; EuGH 9.12.1987 – Rs. 218/86, Slg. 1987, 4905, 4919 Rn. 10 – *SAR Schotte*

Für Art. 15 Abs. 2 EuGVVO muss hinzukommen, dass die Streitigkeit einen Bezug zur Tätigkeit der Niederlassung hat. Wenn die Niederlassung in die Vertragserfüllung eingeschaltet ist, indem die Auslieferung über sie stattfindet oder von ihr organisiert wird, ist ein hinreichender Bezug gegeben. Die Niederlassung war zwar nicht in Vertragsanbahnung und Vertragsabschluss eingeschaltet, dies ist aber nicht nötig. Berührungspunkte zum streitgegenständlichen Vertrag bestehen, in die einzelnen Vertragsphasen wird nicht mehr binnensegmentiert.

(2) Zu überlegen ist des Weiteren, wie es sich bei einer engen Kooperation zwischen dem Händler und einem in Deutschland ansässigen Reiseveranstalter verhält. Man erinnere sich an die nicht wenigen Fälle, in denen die Reiseveranstalter die Kunden in der Türkei "zugeführt" haben, ja im Extremfall sogar am Gewinn beteiligt waren. Rechtliche Selbständigkeit spricht wiederum nicht von vornherein dagegen, dass der Reiseveranstalter für die Zwecke des konkreten Vertrages als Niederlassung des Händlers angesehen werden kann. Der EuGH hat bereits entschieden, dass nach den Kriterien des Art. 5 Nr. 5 EuGVVO beurteilt sogar eine Muttergesellschaft konkret Niederlassung ihrer eigenen Tochtergesellschaft sein kann.[18]

(3) Der Händler kann aber auch auf reinen Transport und reine Auslieferung der Ware in Deutschland setzen, z.B. durch Frachtführer oder organisiert von Speditionen. Im letzteren Fall fehlt es an den Voraussetzungen einer Niederlassung, denn eine feste, lokal fixierte Einrichtung mit persönlicher und sachlicher Ausstattung in Deutschland besitzt der Händler dann nicht. Art. 15 Abs. 2 EuGVVO führt dann nicht weiter. Vielmehr bleibt es bei dem Ergebnis, dass die EuGVVO nicht anwendbar ist.

2. *Internationale Anwendbarkeit der EuGVVO im Übrigen*

Abgesehen von der Besonderheit des Art. 15 Abs. 2 EuGVVO und der durch diesen bedingten Erweiterung gilt für die internationale Anwendbarkeit der EuGVVO im Übrigen nichts anderes als für das Internationale Verbraucherprozessrecht. Die bereits festgestellten Ergebnisse lassen sich übertragen, da ja das Internationale Verbraucherprozessrecht nur in Art. 15 Abs. 2 EuGVVO mit einer Erweiterung eigene Wege geht: Für Klagen gegen den in Deutschland ansässigen Kunden ist die EuGVVO international anwendbar, denn der Beklagte hat bei diesen Klagen seinen Wohnsitz in einem EU-Mitgliedstaat; weitere Voraussetzungen bestehen nicht.[19] Für Klagen des Kunden gegen den in der Türkei ansässigen Händler ohne Niederlassung im EU-Gebiet ist die EuGVVO mangels Wohnsitzes des Beklagten in einem EU-Mitgliedstaat

---

GmbH/Parfums Rothschild SARL; EuGH 6.4.1995 – Rs. C-439/93, Slg. 1995, I-961, I-980 Rn. 18 – *Lloyd's Register of Shipping/Société Campenon Bernard*.
[18] EuGH 9.12.1987 – Rs. 218/86, Slg. 1987, 4905, 4919 Rn. 16 – *SAR Schotte GmbH/Parfums Rothschild SARL*.
[19] Soeben III 1 a, bb.

international grundsätzlich nicht anwendbar.[20] Ausnahmen können sich nur bei einzelnen Gerichtsständen aus deren Besonderheiten ergeben.[21]

B. Art. 16 Abs. 2 EuGVVO für Klagen gegen den Kunden?

1. Internationale, persönliche und sachliche Anwendbarkeit

Hat der Händler gegen seine Kunden den Gerichtsstand aus Art. 16 Abs. 2 EuGVVO? Dies entscheidet sich danach, ob das Internationale Verbraucherprozessrecht der Artt. 15-17 EuGVVO anwendbar ist: Soweit das Internationale Verbraucherprozessrecht einschlägig ist, kann sich der Gerichtsstand gegen den Kunden nur aus Art. 16 Abs. 2 EuGVVO ergeben; soweit es indes nicht anwendbar ist, scheidet auch eine Anwendung des Art. 16 Abs. 2 EuGVVO aus. Diese Norm kann nur als Teil des Ensembles, aber nicht isoliert bestehen. Die Anwendbarkeit des Internationalen Verbraucherprozessrechts setzt mehr voraus als nur dessen generelle internationale Anwendbarkeit. Vielmehr müssen auch der persönliche, der sachliche und der situative Anwendungsbereich der Artt. 15-17 EuGVVO konkret eröffnet sein. Diese bestimmen sich nach Art. 15 Abs. 1 EuGVVO. Bei den Basargeschäften sind der persönliche und der sachliche Anwendungsbereich unproblematisch eröffnet: Es handelt sich um ein B2C-Geschäft, denn der Tourist handelt für private Zwecke, und anders als sein Vorgänger Art. 13 Abs. 1 EuGVÜ/LugÜ enthält Art. 15 Abs. 1 EuGVVO keine echte Beschränkung im sachlichen Anwendungsbereich.[22]

2. Situative Anwendbarkeit

Zu untersuchen bleibt aber der situative Anwendungsbereich. Dabei ist danach zu differenzieren, ob Raten- oder sonstige Teilzahlung vereinbart wurde oder nicht.

a) Bei einer Teilzahlungsabrede greift Art. 15 Abs. 1 lit. a EuGVVO. Dieser stellt keine situativen Anwendungsvoraussetzungen auf. Er verlangt keinen weiteren Bezug zum Wohnsitzstaat des Verbrauchers als eben den gewöhnlichen Aufenthalt des Verbrauchers. Dies zeigt der Umkehrschluss aus Art. 15 Abs. 1 lit. c EuGVVO: Dieser stellt explizit zusätzliche situative Voraussetzungen auf, während lit. a dies gerade nicht tut. Für lit. a und lit. b ist der Vertragstyp charakteristisch, nur bei lit. c spielen die Umstände die entscheidende Rolle.[23] Eine Teilzahlungsabrede liegt vor, wenn die Parteien eine Ratenzahlung zu Finanzierungszwecken vereinbaren und die Ware dem Verbraucher übergeben wird, bevor die letzte Rate bezahlt ist.[24] Eine bloße Anzahlung,

---

[20] Soeben III 1 a, cc vor (1).
[21] Dazu unten III 4 b, c.
[22] Siehe nur *Kropholler*, Europäisches Zivilprozessrecht, 7. Aufl. 2002, Art. 15 EuGVVO Rn. 20; *Magnus/Mankowski/Peter Arnt Nielsen*, Brussels I Regulation, 2006, Art. 15 Brussels I Regulation Rn. 27 f.
[23] *Magnus/Mankowski/Peter Arnt Nielsen* (Fn. 22), Art. 15 Brussels I Regulation Rn. 21.
[24] Siehe nur EuGH 27.4.1999 – Rs. C-99/96, Slg. 1999, I-2277, I-2312 Rn. 33 – *Hans Hermann Mietz/Intership Yachting Sneek NV*; *Rauscher/Ansgar Staudinger*, Europäisches

um Beschaffung und Bereitstellung der Ware durch den Unternehmer zu bewirken, reicht dagegen nicht.[25] Typisch für ein Teilzahlungsgeschäft sind Finanzierungspläne mit mindestens drei Raten,[26] zwei Raten können aber ausreichen, wenn der Kreditierungszweck im Vordergrund steht.[27] Zahl und Ausgestaltung der Raten spielen im Übrigen keine ausschlaggebende Rolle.[28]

b) Für "normale" Warenkaufgeschäfte ohne Teilzahlungsabrede gilt Art. 15 Abs. 1 lit. c EuGVVO. Dieser stellt situative Anforderungen auf. Der Unternehmer muss Geschäftstätigkeit auf den Wohnsitzstaat des Verbrauchers ausgerichtet haben. Werbung in diesem Staat reicht jedenfalls aus.[29] Daran fehlt es aber in den Basarfällen.

(1) Deutschsprachige Angebote und deutschsprachige Verträge indizieren aber klar, dass der Händler seine Tätigkeit zumindest auch auf Touristen aus Deutschland ausgerichtet hat.[30] Hat er aber damit Geschäftstätigkeit auf Deutschland ausgerichtet? Bei regelmäßigem Geschäft und insbesondere bei einer eingespielten Vertriebs- und Auslieferungsorganisation in Deutschland könnte man dies durchaus bejahen, sofern man nur auf die ökonomischen Parameter schaut. Bei Quersubventionierung von Pauschalreisen, in deren Rahmen der Reiseunternehmer dem Händler Kunden als festen Programmpunkt ohne Auswahlmöglichkeit und ohne Entrinnen zuführt, verfolgt der Händler ebenfalls Zwecke, die mit dem Heimatland der Touristen enge Berührungspunkte aufweisen.[31] Der Händler blickt auf Deutschland, weil dort seine potenziellen Kunden herkommen. Insofern ist es zu pauschal, wenn vom Verbraucher auf Auslandsreisen geschlossene Verträge schlechterdings aus Art. 15 Abs. 1 lit. c EuGVVO ausgegrenzt werden.[32] In Art. 15 Abs. 1 lit. c EuGVVO ist das in Art. 13 Abs. 1 Nr. 3 lit. b EuGVÜ/LugÜ enthaltene Erfordernis, dass der Verbraucher seine Vertragserklärung in seinem Wohnsitzstaat habe abgeben müssen, gerade deshalb entfallen, um jede unternehmerseitige Manipulation zu vermeiden, dass der Verbraucher veranlasst würde, ausgerechnet zum Vertragsabschluss seinen Wohnsitzstaat

---

Zivilprozessrecht, 2004, Art. 15 Brüssel I-VO Rn. 5 mwN; *Magnus/Mankowski/Peter Arnt Nielsen* (Fn. 22), Art. 15 Brussels I Regulation Rn. 23.
[25] OLG Oldenburg 14.11.1975, WM 1976, 1288 m. Anm. *Reinhold Geimer*; Czernich/Tiefenthaler/Kodek*(-Tiefenthaler)*, Europäisches Gerichtsstands- und Vollstreckungsrecht, 2. Aufl. Wien 2003, Art. 15 EuGVVO Rn. 17.
[26] *Peter Schlosser*, EU-Zivilprozessrecht, 2. Aufl. 2003, Art. 15 EuGVVO Rn. 5; *Staudinger/Hausmann*, BGB, Artt. 27-37 EGBGB, 13. Bearb. 2002, Anh. II zu Artt. 27-37 EGBGB Rn. 97.
[27] *Peter Schlosser* (Fn. 26), Art. 15 EuGVVO Rn. 5; *Rauscher/Ansgar Staudinger* (Fn. 24), Art. 15 Brüssel I-VO Rn. 5; Reinhold Geimer/Rolf A. Schütze*(-Reinhold Geimer)*, Europäisches Zivilverfahrensrecht, 2. Aufl. 2004, Art. 15 EuGVVO Rn. 29.
[28] *Layton/Mercer*, European Civil Practice, 2. Aufl. London 2004, Rn. 17.018.
[29] Siehe nur Czernich/Tiefenthaler/Kodek*(-Tiefenthaler)* (Fn. 25), Art. 15 EuGVVO Rn. 24.
[30] LG Tübingen 30.3.2005, NJW 2005, 1513, 1514.
[31] LG Tübingen 30.3.2005, NJW 2005, 1513, 1514.
[32] So aber *Christian Berger*, in: Bauknecht (Hrsg.), Informatik 2001, Wien 2001, S. 1002, 1005; *Peter Schlosser* (Fn. 26), Art. 15 EuGVVO Rn. 8a.

zu verlassen.³³ Der Abgabeort der Vertragserklärung des Verbrauchers ist anerkanntermaßen relativ zufällig und für den Vertrag nicht prägend.³⁴

(2) Nicht zu helfen vermag in den Basarfällen andererseits die üblicherweise geführte, gesetzesgenetisch veranlasste Diskussion um die Reichweite des Tatbestandsmerkmals "Ausrichten" bei Websites.³⁵ Denn um Internetauftritte und elektronische Vertragsabschlüsse geht es hier ersichtlich nicht. Diese Diskussion hat aber die Aufmerksamkeit so weit auf sich gezogen, dass bisher kaum anderweitige, allgemeinere Maßstäbe für "Ausrichten" entwickelt worden sind. Auf eine Legaldefinition hat der europäische Gesetzgeber bewusst verzichtet.³⁶ Der Begriff ist vielmehr flexibel gehalten,³⁷ eben um der Vielzahl denkbarer Gestaltungen Herr zu werden, die vielleicht noch gar nicht bekannt waren, ja vielleicht noch gar nicht praktiziert wurden, als man den Verordnungstext schuf. So wollte man richtigerweise Offenheit für zukünftige Entwicklungen der Vermarktungstechniken bewahren.³⁸ Die generelle ratio mag die gleiche sein wie hinter Art. 13 Abs. 1 Nr. 3 EuGVÜ/LugÜ,³⁹ jedoch ist der Wortlaut weiter und eben nicht auf Werbung im Verbraucherstaat beschränkt.⁴⁰

(3) Freilich bleibt ein großes und gewichtiges Bedenken: Für Art. 13 Abs. 1 EuGVÜ/LugÜ wie für Art. 5 Abs. 2 EVÜ lässt sich die Gemeinsamkeit der jeweiligen Einzeltatbestände, das verbindende Band um die Einzeltatbestände, dahin beschreiben, dass der Unternehmer auf dem Vertrags*abschluss*markt im Wohnsitzstaat des Verbrauchers tätig geworden ist.⁴¹ Soll dies bei Art. 15 Abs. 1 EuGVVO anders sein? Es wäre notwendig anders, wenn Art. 15 Abs. 1 lit. c EuGVVO insoweit

---

³³ Begründung der EG-Kommission zum Entwurf einer Verordnung über die gerichtliche Zuständigkeit und die Anerkennung und Vollstreckung von Entscheidungen in Zivil- und Handelssachen, KOM (1999) 348 endg. S. 17 = BR-Drs. 534/99, 16; *Micklitz/Rott*, EuZW 2001, 325, 331; *Kropholler* (Fn. 22), Art. 15 EuGVVO Rn. 27; *Mankowski*, RIW 2005, 561, 570 f.
³⁴ *Senff*, Wer ist Verbraucher im internationalen Zivilprozeß?, 2001, S. 281; *Mankowski*, RIW 2005, 561, 571.
³⁵ Siehe dort z.B. östOGH 7.1.2003 – 9 Nc 110/02d; OLG Dresden 15.12.2004 – 8 U 1855/04; *Mankowski*, in: Internet und Recht, Wien 2002, S. 191, 197-200; *ders.*, in: Ruth Nielsen/Sandfeld Jacobsen/Trzaskowski (eds.), EU Electronic Commerce Law, København 2004, S. 125, 135-140; *ders.*, in: Spindler/Wiebe (Hrsg.), Internet-Auktionen und Elektronische Marktplätze, 2. Aufl. 2005, Kap. 12 Rn. 47-50; *Foss/Bygrave*, (2000) 8 Int. J. L. & Info. Tech. 99; *Debusseré*, (2002) 10 Int. J. L. & Info. Tech. 344; *Øren*, (2003) 52 ICLQ 665, 678-694; *Vasiljeva*, (2004) 10 Eur. L.J. 123.
³⁶ Geänderter Vorschlag der Kommission für eine Verordnung über die gerichtlichen Zuständigkeit und die Anerkennung und Vollstreckung von Entscheidungen in Zivil- und Handelssachen, KOM (2000) 689 endg. S. 6.
³⁷ Czernich/Tiefenthaler/Kodek*(-Tiefenthaler)* (Fn. 25), Art. 15 EuGVVO Rn. 24.
³⁸ Geänderter Vorschlag der Kommission für eine Verordnung über die gerichtlichen Zuständigkeit und die Anerkennung und Vollstreckung von Entscheidungen in Zivil- und Handelssachen, KOM (2000) 689 endg. S. 6.
³⁹ So *Magnus/Mankowski/Peter Arnt Nielsen* (Fn. 22), Art. 15 Brussels I Regulation Rn. 30.
⁴⁰ Czernich/Tiefenthaler/Kodek*(-Tiefenthaler)* (Fn. 25), Art. 15 EuGVVO Rn. 24.
⁴¹ Siehe nur *Mankowski*, RIW 1993, 453, 460; Reithmann/Martiny*(-Martiny)*, Internationales Vertragsrecht, 6. Aufl. 2004, Rn. 810.

ausbräche und eben nicht mehr einen solchen Rückbezug gewährleistete. Dass der Abgabeort der Vertragserklärung des Verbrauchers kein einschränkendes Kriterium mehr ist, hat sicherlich erweitert. Trotzdem hat die dahinterliegende ratio einen deutlichen Bezug zum Vertragsabschlussmarkt im Wohnsitzstaat des Verbrauchers: Umgehungssachverhalte und Herauslocken des Verbrauchers sollten erfolglos bleiben.[42] Orientierungsmerkmal bleibt die Vertriebsstrategie des Unternehmers.[43] Indes kann man gleichwohl eine Öffnung des Konzepts sehen: vom passiven Verbraucher als geschütztem Subjekt hin zum semi-passiven Verbraucher.[44] In dieser Tendenz läge es, sich vom Vertragsabschlussmarkt als striktem Kriterium ein wenig zu lösen.

(4) Zudem liegt hier eine Sondersituation vor: Die fremdsprachigen Angebote sind eigentlich nicht auf den Vertragsabschlussmarkt in der Türkei ausgerichtet. Von der Marktgegenseite in dem Staat, in dem sich das Ladengeschäft befindet, trennt das Angebot eine Sprachbarriere. Der Sprache und der Aufmachung, auch den Auslieferungsbedingungen nach, ist das Angebot gezielt auf Touristen ausgerichtet. Eine lokale Anbindung findet nicht statt, man lässt den absatzgerichteten Blick auf ferne Länder schweifen. Die Touristen sind eine atypische Marktgegenseite, die aber gezielt angesprochen wird. Lokalisierung und Marktausrichtung fallen schon nach der Vertriebsstrategie auseinander. Dabei sollte es keinen Unterschied machen, ob die Zuführung der Touristen seitens des Reiseveranstalters über eine Pflicht- oder eine fakultativ-optionale Veranstaltung im Rahmen des Reiseprogramms stattfindet.[45]

C. Allgemeiner Gerichtsstand aus Art. 2 Abs. 1 EuGVVO für Klagen gegen den Kunden

Die eventuelle Nichtanwendbarkeit des Internationalen Verbraucherprozessrechts schadet dem Händler jedoch im Ergebnis nicht: Gegen seine in Deutschland ansässigen Kunden sind deutsche Gerichte jedenfalls nach Art. 2 EuGVVO i.V.m. Art. 59 Abs. 1 EuGVVO; § 7 BGB international zuständig. Für die Internationalität reicht der Drittstaatenbezug.[46]

D. Kein allgemeiner und kein besonderer Gerichtsstand aus der EuGVVO für Klagen gegen den Händler

1. Grundsätzliches

Mit der internationalen Nichtanwendbarkeit der EuGVVO für Klagen gegen den Händler[47] fällt auch jeder besondere Gerichtsstand aus Art. 5 EuGVVO. Denn Art. 5

---

[42] *Mankowski*, RIW 2005, 561, 571.
[43] Siehe nur *Wulf-Henning Roth*, in: FS Hans Jürgen Sonnenberger, 2004, S. 591, 609.
[44] *Fallon/Meeussen*, Rev. crit. dr. int. pr. 91 (2002), 435, 461; *Sinay-Cytermann*, Mélanges en l'honneur de Paul Lagarde, 2005, S. 737, 743.
[45] Tendenziell anders LG Hamburg 18.2.1999, RIW 1999, 391, 392.
[46] Soeben III 1 a bb.
[47] Oben III 1 a cc, 1b.

EuGVVO setzt nach seinen eindeutigen Eingangsworten voraus, dass der Beklagte seinen allgemeinen Gerichtsstand im EU-Gebiet haben muss.[48] Mag die Warenlieferung in Deutschland erfolgen und damit der Anknüpfungspunkt des Art. 5 Nr. 1 lit. b 1. Lemma EuGVVO auch nach Deutschland weisen, so kommt man doch über diese Hürde nicht hinweg.[49] Art. 5 Nr. 5 EuGVVO kann nur Anwendung finden, wenn der prinzipiell in der Türkei ansässige Händler zwei Niederlassungen in der EU hat, nämlich eine, welche über Art. 15 Abs. 2 EuGVVO das europäische Internationale Verbraucherprozessrecht anwendbar macht, und eben jene zweite, welche nicht als Wohnsitz fingiert wird, sondern Niederlassung bleibt. Art. 5 Nr. 5 EuGVVO ist in Art. 15 Abs. 1 EuGVVO ausdrücklich vorbehalten und kann deshalb auch neben dem europäischen Internationalen Verbraucherprozessrecht Anwendung finden.

2. *Denkbare Ausnahme über Art. 6 Nr. 1 EuGVVO*

In einer Ausnahmesituation mag indes ein besonderer Gerichtsstand gegen den Händler begründet sein: Die Grundlage bietet Art. 6 Nr. 1 EuGVVO, jedoch nur, wenn man für den Gerichtsstand der Streitgenossenschaft genügen lässt, dass mindestens zwei Streitgenossen ihre allgemeinen Gerichtsstände im EU-Gebiet haben,[50] und nicht verlangt, dass jeder der einzelnen Streitgenossen seinen allgemeinen Gerichtsstand im EU-Gebiet hat.[51] Für den Wohnsitz aller Beklagter in der EU als Erfordernis streiten massiv die einleitenden Worte des Art. 6 EuGVVO, die einen Wohnsitz des jeweiligen Beklagten in der EU erfordern. In die gleiche Richtung weist die gewünschte Parallelität mit Art. 5 EuGVVO. Andererseits würde dann das europäische Regime in der EU Ansässige in größerem Umfang gerichtspflichtig machen als Drittstaatsansässige.[52] Freilich könnte sich die Zuständigkeit gegen Drittstaatsansässige ja auch aus dem nationalen Recht ergeben, das anwendbar ist, soweit die EuGVVO keine Anwendung heischt. Dass Art. 6 Nr. 1 EuGVVO nicht angewandt würde, hieße nicht automatisch, dass der mitverklagte Drittstaatsansässige nicht gerichtspflichtig wäre. Man müsste dann nur im nationalen Zuständigkeitsrecht suchen, ob sich konkret ein Gerichtsstand gegen den betreffenden Beklagten gibt. Nationale Prozessrechte,

---

[48] Siehe nur *Rauscher/Leible* (Fn. 24), Art. 5 Brüssel I-VO Rn. 5.
[49] Siehe nur *Atali*, Internationale Zuständigkeit im deutsch-türkischen Rechtsverkehr, 2001, S. 85.
[50] Dafür *Dauses/Kreuzer/Rolf Wagner*, Handbuch des EU-Wirtschaftsrechts, Losebl. 1993 ff., Rn. Q 191 (1997); *Arthur Bülow/Böckstiegel/Reinhold Geimer/Rolf A. Schütze/Stefan Auer*, Internationaler Rechtsverkehr in Zivil- und Handelssachen, Losebl. 1954 ff., Art. 6 EuGVÜ Rn. 15 (1997); *Peter Gottwald*, in: Münchener Kommentar zur ZPO, Bd. III, 2. Aufl. 2001, Art. 6 EuGVÜ Rn. 3; *Kropholler* (Fn. 22), Art. 5 EuGVVO Rn. 7; *Schack* (Fn. 12), Rn. 360; *Rauscher/Leible* (Fn. 24), Art. 6 Brüssel I-VO Rn. 7; Reinhold Geimer/Rolf A. Schütze *(-Reinhold Geimer)* (Fn. 27), Art. 6 EuGVVO Rn. 6.
[51] Für ein solches strenges Erfordernis OLG Hamburg 9.7.1992, IPRspr. 1992 Nr. 193 S. 438; *Brandes*, Der gemeinsame Gerichtsstand: Die Zuständigkeit im europäischen Mehrparteienprozess nach Art. 6 Nr. 1 EuGVÜ/LÜ, 1998, S. 95; *Vogenauer*, IPRax 2001, 256 f.; *Grolimund*, Drittstaatenproblematik des europäischen Zivilverfahrensrechts, 2002, Rn. 460.
[52] *Rauscher/Leible* (Fn. 24), Art. 6 Brüssel I-VO Rn. 7; Reinhold Geimer/Rolf A. Schütze *(-Reinhold Geimer)* (Fn. 27), Art. 6 EuGVVO Rn. 6.

die wie das deutsche keinen Gerichtsstand der Streitgenossenschaft kennen, haben dann schlechte Karten. Überspringt man die Hürde der internationalen Anwendbarkeit und schließt sich der extensiven Anwendung des Art. 6 Nr. 1 EuGVVO gegen drittstaatsansässige Mitverklagte an, so ist man am Ziel. Tatsächlich ist aber natürlich vorausgesetzt, dass neben dem Händler ein in der EU Ansässiger aus einem konnexen Sachverhalt verklagt wird. Bei in der EU ansässigen Auslieferungspartnern oder Kooperationspartnern, die in die Vertragsabwicklung eingeschaltet waren, kann dies ausnahmsweise der Fall sein.

3.   Denkbare Ausnahme bei Widerklage über Art. 6 Nr. 3 EuGVVO

Ein weiterer Ausnahmefall lässt sich denken, wenn der Händler den Kunden verklagt und der Kunde Widerklage erhebt. Ein tatsächliches Szenario kann man sich insoweit wenigstens vorstellen: Der Kunde hat eine Anzahlung geleistet. Später beruft er sich auf einen Widerruf und auf die daraus resultierende Unwirksamkeit des Vertrages. Der Händler verklagt den Kunden in Deutschland auf Zahlung des offen stehenden Restkaufpreises. Der Kunde erhebt Widerklage auf Rückzahlung der Anzahlung. Im Vordergrund steht rechtlich wieder die Frage nach der internationalen Anwendbarkeit: Muss der Widerbeklagte seinen allgemeinen Gerichtsstand in der EU haben, damit Art. 6 Nr. 3 EuGVVO Anwendung findet? Wer bei Art. 6 Nr. 1 EuGVVO den Einleitungsworten des Art. 6 EuGVVO entscheidendes Gewicht beimisst, ist nun aufgerufen, konsequent zu sein. Andererseits wäre es nicht klug, Klage und Widerklage auseinanderzureißen. Dies stritte zumindest für eine Analogie zu Art. 6 Nr. 1 EuGVVO.[53] Freilich ist der Streit letztlich müßig:[54] Denn wenn man Art. 6 Nr. 3 EuGVVO weder direkt noch analog anwendet, kommt das nationale Recht zum Zuge. Wie eigentliche alle EU-Mitgliedstaaten kennt auch das deutsche Prozessrecht einen Gerichtsstand der Widerklage, konkret aus § 33 ZPO.

E.   Gerichtsstand der rügelosen Einlassung aus Art. 24 EuGVVO

Erhebt der in Deutschland verklagte Händler keine Rüge der internationalen Unzuständigkeit, so könnte man an eine internationale Zuständigkeit aus Art. 24 EuGVVO denken. Wieder bereitet allerdings die Drittstaatsansässigkeit des Beklagten Probleme für die internationale Anwendbarkeit. Man gerät in ein weiteres Minenfeld, diesmal jenes um die richtige Konzeption und das richtige Grundverständnis des Art. 24 EuGVVO, des Gerichtsstands der rügelosen Einlassung: Versteht man die rügelose Einlassung als stillschweigende Gerichtsstandsvereinbarung, so sind die internationalen Anwendungsvoraussetzungen entsprechend den für Artt. 23

---

[53] *Reinhold Geimer*, NJW 1986, 2991, 2993; *Dauses/Kreuzer/Rolf Wagner* (Fn. 50), Rn. Q 195 (1997); *MünchKomm ZPO/Peter Gottwald* (Fn. 50), Art. 6 EuGVÜ Rn. 15; *Heinrich Nagel/Peter Gottwald*, Internationales Zivilprozessrecht, 5. Aufl. 2002, § 3 Rn. 94; *Rauscher/Leible* (Fn. 24), Art. 6 Brüssel I-VO Rn. 25.
[54] *Arthur Bülow/Böckstiegel/Reinhold Geimer/Rolf A. Schütze/Stefan Auer* (Fn. 50), Art. 6 EuGVÜ Rn. 47 (1997); *Rauscher/Leible* (Fn. 24), Art. 6 Brüssel I-VO Rn. 25.

EuGVVO; 17 EuGVÜ/LugÜ geltenden zu bestimmen.[55] Versteht man den Gerichtsstand der rügelosen Einlassung dagegen als Präklusionstatbestand, so bestimmen sich die internationalen Anwendungsvoraussetzungen nach Art. 2 Abs. 1 EuGVVO/EuGVÜ/ LugÜ, d.h. der Beklagte muss seinen Wohnsitz im Gebiet eines Mitgliedstaats haben.[56] Für die erste Auffassung spricht die Überschrift des 7. Abschnitts "Vereinbarung über die Zuständigkeit", in dem sich die Norm befindet, ebenso wie die systematische Nachbarschaft zum Prorogationstatbestand, der genau eine Norm vorher im selben Abschnitt steht.[57] In diese Richtung weist auch die genetische Auslegung.[58] Für die zweite Auffassung streitet der sachliche Gehalt. Dem Beklagten wird abgeschnitten, sich auf eine nicht rechtzeitig erhobene Rüge nachher zu berufen. Außerdem erschiene es gekünstelt, einem Beklagten, welcher das Problem der internationalen Zuständigkeit einfach übersehen haben mag, den Willen zu einer – zudem formlosen – Gerichtsstandsvereinbarung zu unterstellen.[59] Die für einen Konsens notwendigen Erklärungen zu finden wäre jedenfalls kein einfaches Unterfangen und käme nicht ohne Hilfsansätze aus. Von Autonomie seitens des Beklagten bliebe nicht viel übrig.[60] In der Klagerhebung ein Angebot des Klägers auf Abschluss einer stillschweigenden Gerichtsstandsvereinbarung zu sehen holt ebenfalls weit aus.[61] Zu radikal ist in jedem Fall ein dritter Ansatz, nur zu verlangen, dass die fehlende Rüge sich in einem Verfahren vor einem mitgliedstaatlichen Gericht ereignet, und auf weitere internationale Anwendungsvoraussetzungen neben der Internationalität des Sachverhalts ganz zu verzichten.[62]

F. Internationale Zuständigkeit aus § 29c ZPO analog für Klagen gegen den Händler

Ist keiner der Tatbestände der EuGVVO und damit die EuGVVO insgesamt nicht anwendbar, so bemisst sich die internationale Zuständigkeit nach dem nationalen Recht der Mitgliedstaaten. In Deutschland werden bekanntlich die Tatbestände

---

[55] Siehe dafür nur EuGH 24.6.1981 – Rs. 150/80, Slg. 1981, 1671, 1684 Rn. 8 – Elefanten Schuh GmbH/Pierre Jacqmain; EuGH 7.3.1985 – Rs. 48/84, Slg. 1985, 787, 798 Rn. 13 – Hannelore Spitzley/Sommer Exploitation SA; BGH 15.10.1992, NJW 1993, 1270, 1272; OLG München 22.3.1974, IPRspr. 1974 Nr. 149 S. 385; OLG Koblenz 9.1.1987, IPRax 1987, 308, 309; LG Frankfurt/M. 15.5.1990, EuZW 1990, 581 m. zust. Anm. *Mittelstaedt*; *Peter Schlosser*, IPRax 1983, 265, 272; *Peter Gottwald*, IPRax 1986, 10, 13; *Kropholler* (Fn. 22), Art. 24 EuGVVO Rn. 17; *Rauscher/Ansgar Staudinger* (Fn. 24), Art. 24 Brüssel I-VO Rn. 2.
[56] Dafür *Walther J. Habscheid*, ZfRV 1973, 262, 266; *Samtleben*, NJW 1970, 1590, 1594; *Piltz*, NJW 1979, 1071, 1072; *Sabine Schulte-Beckhausen*, Internationale Zuständigkeit durch rügelose Einlassung im Europäischen Zivilprozessrecht, 1994, S. 100-106, 121-146.
[57] Siehe nur *Rauscher/Ansgar Staudinger* (Fn. 24), Art. 24 Brüssel I-VO Rn. 2.
[58] Bericht *Jenard* ABl. EG 1979 C 59/38 Art. 18 Bem.
[59] *Sabine Schulte-Beckhausen* (Fn. 56), S. 70 f, 93-96.
[60] *Sabine Schulte-Beckhausen* (Fn. 56), S. 90 f.
[61] *Sabine Schulte-Beckhausen* (Fn. 56), S. 96 f.
[62] Dafür aber *Oberhammer*, IPRax 2004, 204; *Fezer/Hausmann/Obergfell*, UWG, Bd. I, 2005, Einl. I Rn. 391.

der örtlichen Zuständigkeit doppelfunktional für die internationale Zuständigkeit herangezogen.[63] Methodisch eingeordnet handelt es sich um eine analoge Anwendung dieser Tatbestände. Welche Gerichtsstände können dem Kunden nun gegen den türkischen Händler helfen?

1. Grundsätzliches

Erste Adresse ist § 29c ZPO, der besondere Verbrauchergerichtsstand für Haustürgeschäfte. Er setzt voraus, dass die in § 312 Abs. 1 BGB beschriebenen Merkmale vorliegen; er setzt jedoch nicht voraus, dass deutsches materielles Recht in der Sache anwendbar ist.[64] Entsprechende Irrwege sollten sich spätestens mit der Verlagerung des Gerichtsstandes aus § 7 Abs. 1 HWiG in die ZPO augenfällig erledigt haben.[65] Die Bezugnahme auf § 312 Abs. 1 BGB ist nur ein verkürzender Import; an dessen Stelle hätte man genauso gut § 312 Abs. 1 BGB sachlich abschreiben können, ohne dass sich etwas geändert hätte. Seinem Wortlaut nach ist § 29c ZPO voraussetzungsarm. Neben einem Haustürgeschäft verlangt er nur den Wohnsitz des Verbrauchers im Gerichtssprengel. Auf die internationale Zuständigkeit übertragen bedeutet dies, dass der Verbraucher seinen Wohnsitz in Deutschland haben muss. Bei in Deutschland lebenden Kunden ist dies unproblematisch gegeben. Weit problembehafteter ist aber das Vorliegen eines Haustürgeschäfts. Denn die Vertragsabschlüsse erfolgen im Geschäft bzw. am Stand des Händlers im Basar. Insoweit ist der kommerzielle Bezug offensichtlich. Der Abschluss findet in den Geschäftsräumen des Händlers statt. Er findet jedenfalls weder in einer Privatwohnung noch am Arbeitsplatz des Kunden noch in Verkehrsmitteln oder auf öffentlichen Verkehrsflächen statt.

2. Vorliegen einer Freizeitveranstaltung

Allein eine Freizeitveranstaltung im Sinne von § 312 Abs. 1 Nr. 2 BGB vermöchte den Abschluss noch zum Haustürgeschäft zu qualifizieren. Eine Freizeitveranstaltung liegt dann vor, wenn der Verbraucher infolge der Verbindung von Freizeitangebot (Unterhaltungsprogramm, Spiele o.ä.) und Verkaufsveranstaltung in eine unbeschwerte Stimmung versetzt wird, die seine Erwerbsbereitschaft fördert und es ihm erschwert, die eigentliche gewerbliche Zielsetzung der Veranstaltung zu erkennen.[66] Der Gesamteindruck muss aus der intersubjektiv nachvollziehbaren Sicht des Verbrauchers den Geschäftszweck hinter der herbeigeführten freizeitlichen Stimmung und Erwartungshaltung zurücktreten lassen, Preis- und Qualitätsvergleiche dürfen praktisch nicht mehr möglich sein, und die Gelegenheit zu ruhiger Überlegung und

---

[63] Grundlegend BGH 14.6.1965, BGH 44, 46; 30.10.1974, BGHZ 63, 219; 28.2.1996, BGHZ 132, 105.
[64] Näher *Mankowski*, VuR 1996, 392, 393; *ders.* (Fn. 35), Kap. 12 Rn. 56.
[65] *Mankowski*, in: v. Bar/Mankowski, Internationales Privatrecht I: Allgemeine Lehren, 2. Aufl. 2003, § 5 Rn. 150.
[66] BGH 21.6.1990, ZIP 1990, 1276 = NJW 1990, 3265; 26.3.1992, ZIP 1992, 702 = NJW 1992, 1889; OLG Düsseldorf 2.3.1999, MDR 1999, 985; *Kresse/Marco Springer*, WRP 2000, 479, 483.

Umkehr dürfen, wenn überhaupt, nur eingeschränkt gegeben sein.[67] Die attraktive Präsentation und Einbettung muss den Verbraucher über den Hauptzweck der Veranstaltung hinwegsehen lassen und den Absatzanliegen des Unternehmers gewogen machen.[68] Sie muss den Verbraucher von der gewerblichen Absicht des Unternehmers ablenken und den gewerblichen Charakter der Gesamtveranstaltung verschleiern, indem mit der eigentlichen gewerblichen Absicht nicht in Zusammenhang stehende attraktive Leistungen in den Vordergrund gerückt werden.[69] Der Kunde soll der hauptsächlichen Intention des Unternehmers nicht gewahr werden. Vielmehr soll er eben in eine gelöste, freizeitliche Stimmung geraten, in welcher seine Widerstandskräfte gegen dann erfolgende, überraschende Ansinnen nicht voll mobilisiert sind. Die Stimmung soll ihn einem Vertragsabschluß gegenüber gleichsam aufschließen. Diese Konstellation zielt von Seiten des Unternehmers in besonderem Maße darauf ab, Dankbarkeitsgefühle oder soziale Konventionen (insbesondere Gruppenzwänge) auszunutzen.[70] Denn der Unternehmer hat dem Verbraucher schließlich eine Veranstaltung, ein Programm geboten und ist so gleichsam in Vorlage getreten. Der Verbraucher steht unter dem psychologischen Druck, sich seinerseits für diese "Vorleistung" erkenntlich zu zeigen.[71] Auf Freizeitveranstaltungen ist der Verbraucher zudem den Bemühungen des Unternehmers besonders stark ausgesetzt. Der Unternehmer dringt hier zwar nicht unmittelbar in den räumlich geschützten Lebensbereich des Verbrauchers ein. Er lockt den Verbraucher jedoch aus diesem Bereich heraus. Dabei unterlässt er es bewusst, Alertisierungssignale zu senden, indem er die Freizeitveranstaltung nicht als Werbe- oder Verkaufsveranstaltung kennzeichnet. Mit dem Ansinnen eines Rechtsgeschäftsabschlusses musste der Verbraucher nicht rechnen und konnte sich mental darauf nicht einstellen. Seine Widerstandskräfte muss er ad hoc und im Angesicht des "Gegners" sammeln, ohne auf vorbereitete Argumente zur Ablehnung zurückgreifen zu können. Der "Gegner" hat den Vorteil, Zeit und Ort für seinen "Angriff" ausgewählt zu haben; er hat alle Möglichkeiten in der Hand, es dem Verbraucher so schwer wie irgendmöglich zu machen, sich den Absatzbemühungen zu entziehen. Es wirkt eine Kombination von Verschleierung oder Verdrängung der Absatzabsicht einerseits und Überrumpelung des Kunden andererseits.[72] Sie liegt indes nicht vor, wenn der potentielle Kunde der Gesamtveranstaltung einen auf kommerziellen

---

[67] BGH 21.6.1990, ZIP 1990, 1276 = NJW 1990, 3265; 26.3.1992, ZIP 1992, 702 = NJW 1992, 1889; OLG Frankfurt a.M. 8.9.1992, OLG-Report Frankfurt 1993, 25, 26; KG 14.2.1994, NJW-RR 1994, 951 = VuR 1994, 188; OLG Düsseldorf 13.10.1994, OLG-Report Düsseldorf 1994, 274; OLG Schleswig 28.9.1995, OLG-Report Bremen/Hamburg/Schleswig 1996, 1 f.; OLG Karlsruhe 24.1.1997, NJW-RR 1997, 433 (dazu *Hans-Werner Eckert*, EWiR § 1 HWiG 2/97, 709; *Kind*, WuB IV D. § 1 HWiG 2.97, 811); OLG Dresden 28.2.1997, OLG-Report Brandenburg/Dresden/Jena/ Naumburg/Rostock 1997, 243, 244.
[68] OLG Hamburg 20.12.1996, OLG-Report Bremen/Hamburg/Schleswig 1997, 165.
[69] OLG Hamm 3.11.1988, NJW-RR 1989, 117 = VuR 1989, 51; OLG Frankfurt a.M. 24.5.1996, OLG-Report Frankfurt 1996, 193; OLG Düsseldorf 2.3.1999, MDR 1999, 985; AG Altenkirchen 13.12.1988, MDR 1989, 357; AG Hamburg 13.12.1993, VuR 1994, 19, 22.
[70] OLG Brandenburg 11.7.2001, NJW-RR 2001, 1635.
[71] OLG Dresden 28.2.1997, OLG-Report Brandenburg/Dresden/Jena/Naumburg/Rostock 1997, 243, 244. Kritisch dagegen *Kresse/Marco Springer*, WRP 2000, 479, 484.
[72] OLG Düsseldorf 2.3.1999, MDR 1999, 985.

Warenabsatz ausgerichteten Charakter beilegt.[73] Deshalb kommt der Ankündigung der betreffenden Veranstaltung besondere Bedeutung für die Frage zu, welchen Charakter sie sich nach außen erkennbar beilegte, d.h. welchen Eindruck sie beim angesprochenen Publikum hervorrufen wollte.[74] Bedeutsam kann insbesondere eine räumliche Trennung von Unterhaltungsprogramm und Absatzbereich sein; dies gilt vor allem, wenn die betreffende Veranstaltung von einer Vielzahl an Anbietern beschickt wird.[75] Relevanz kann auch gewinnen, wenn das Programm als solches das Entrichten eines Eintrittspreises voraussetzt und weitere Einzelleistungen jeweils nur gegen gesondertes Entgelt erworben werden können, weil dies eventuelle Dankbarkeitsgefühle für Gratisleistungen merklich ausschließt.[76]

G. Internationale Zuständigkeit analog § 29 ZPO für Klagen gegen den Händler?

Jenseits des § 29c ZPO (und der §§ 26 FernUSG; 6 Abs. 2 AuslInvestmG) gibt es in Deutschland kein spezifisches Verbraucherprozessrecht.[77] Bei den generellen Gerichtsstandsregeln könnte man an einen Erfüllungsortsgerichtsstand analog § 29 ZPO denken. Allerdings muss man insoweit aufpassen. Denn anders als Art. 5 Nr. 1 lit. b EuGVVO kennt § 29 ZPO keinen einheitlichen Vertragsgerichtsstand am Erfüllungsort der charakteristischen Leistung. Vielmehr geht es ihm um den Erfüllungsort allein der streitgegenständlichen Verpflichtung. Die Auslieferung der Teppiche in Deutschland löst also nicht automatisch den Erfüllungsortsgerichtsstand aus. Nun muss man sich andererseits ansehen, wann der Kunde klagen wird. Typischerweise wird der Kunde zu einem Zeitpunkt, da er noch nicht vollständig gezahlt hat, widerrufen oder anfechten. Hat er noch überhaupt nichts gezahlt, so wird er sich hinter seinem Widerruf verschanzen, sich passiv verhalten und den Händler "kommen lassen", d.h. abwarten, ob der Händler ihn verklagt. Passiert nichts, so hat er keine Sorgen. Zu eigenen aktiven Schritten hat er hier in aller Regel keine Veranlassung. Er könnte dann nur daran denken, eine negative Feststellungsklage zu erheben mit dem Ziel, feststellen zu lassen, dass der Vertrag durch den Widerruf unwirksam geworden ist. Freilich wird er sich dies genau überlegen und, wenn er beraten ist, den Nutzen einer solchen Klage insbesondere gegen die Mühen einer Auslandszustellung in die Türkei abwägen. Anders kann es sich aber verhalten, wenn der Kunde bereits eine Anzahlung geleistet hat. Dann hat er durchaus Veranlassung, nach dem Widerruf die Anzahlung zurückzufordern. Diese Konstellation ist die wahrscheinlichste für eine Klage des Kunden gegen den Händler. Sie hat auch den einzigen Fall aus der Entscheidungsreihe

---

[73] Siehe nur *Kresse/Marco Springer*, WRP 2000, 479, 483.
[74] OLG Karlsruhe 24.1.1997, WM 1997, 1306, 1307; *Kind*, WuB IV D. § 1 HWiG 2.97, 811.
[75] Siehe OLG Brandenburg 11.7.2001, NJW-RR 2001, 1635, 1636.
[76] Siehe OLG Brandenburg 11.7.2001, NJW-RR 2001, 1635, 1636.
[77] De lege ferenda wollen dem abhelfen z.B. *Gregor Vollkommer/Max Vollkommer*, in: FS Reinhold Geimer, 2002, S. 1367; *Mankowski*, JZ 2003, 1122; *Esther Tauber* (Fn. 10), S. 227-234.

produziert, in dem wirklich der Kunde geklagt hat.[78] Mängelgewährleistungsfälle sind als drittes denkbar, dürften aber ebenfalls keine große Wahrscheinlichkeit besitzen.

H. Internationale Zuständigkeit nach § 23 S. 1 ZPO für Klagen gegen den Händler?

Denkbarer besonderer Gerichtsstand gegen den Händler ist auch jener des Vermögens aus § 23 S. 1 ZPO. Dazu müsste der Händler Vermögenswerte in Deutschland besitzen. Ob dies so ist, ist von den Umständen des Einzelfalls abhängig. Interessant wird es für den Verbraucher, wenn er seine Kaufpreisschuld noch nicht beglichen hat. Dann kann nämlich der Kaufpreisanspruch gegen den klagenden Verbraucher selbst zuständigkeitsbegründend werden. Forderungen sind geeignete Vermögenswerte. Ausweislich § 23 S. 2 ZPO wird fingiert, dass sie am Wohnsitz des Schuldners belegen seien. Dabei wird nicht danach differenziert, wer der Schuldner ist.[79] Schuldner kann also auch der Kläger selbst sein (jedenfalls soweit er die Existenz der betreffenden Forderung nicht bestreitet).[80] Will der Verbraucher aber nach einem von ihm erklärten Widerruf konsequent sein, so kann er sich nicht auf die dann nicht mehr bestehende Kaufpreis(rest)forderung berufen. Vielmehr wird dann der Rückforderungsanspruch des Händlers auf Rückübereignung der Teppiche maßgeblicher Vermögenswert des Händlers in Deutschland.

IV. Internationales Privatrecht

A. Wahl deutschen Rechts und denkbare Motive im Umfeld

Beim anwendbaren Recht gestaltet sich die Lösung einigen Gerichten zufolge einfach: Die Vertragsparteien haben deutsches Recht gewählt.[81] Dies dürfen sie nach Art. 27 Abs. 1 S. 1 EGBGB ohne weiteres tun. Daran ist nichts auszusetzen. Im Ergebnis wird danach deutsches Sachrecht angewendet. Wir müssen den Gerichten mangels besserer eigener Kenntnis der Akten und der Sachverhalte glauben, dass es eine solche Rechtswahl jeweils wirklich gegeben hat.[82] In einem Fall gab es eine Klausel im Vertrag: "Das Recht des Käufers ist anwendbar." Ist der Kunde aus Deutschland, so ist dies eine

---

[78] LG Tübingen 30.3.2005, NJW 2005, 1513.
[79] Siehe nur BGH 15.6.1987, NJW-RR 1988, 173; OLG Düsseldorf 13.5.1991, NJW 1991, 3103; LG Bonn 14.12.1987, NJW 1989, 1225.
[80] Siehe nur OLG Saarbrücken 13.10.1999, NJW 2000, 670, 671 sowie in Österreich zum parallelen § 99 JN östOGH 20.1.1965, EvBl 1965/452; 6.12.1966, EvBl 1967/242; 23.6.1995, SZ 68/118; 20.1.2005, EvBl 2005/116 = ÖJZ 2005, 566.
[81] OLG Düsseldorf 26.10.1989, IPRspr. 1989 Nr. 49 S. 105; OLG Celle 30.1.1991, OLGZ 1991, 485 = NdsRPflege 1991, 110 = IPRspr. 1991 Nr. 32 S. 69 LS.
[82] Nicht auszuschließen ist auch, dass sanfter Druck der Gerichte zu einer Wahl deutschen Rechts im Prozess geführt haben mag.

vollgültige Wahl deutschen Rechts.[83] Soweit Entscheidungen freilich Momente für eine stillschweigende Wahl deutschen Rechts benennen, kann man dies überprüfen.[84]

1. Motive gegen eine Wahl des Rechts des Kunden

Das Erstaunliche freilich steht jenseits der dürren Entscheidungsgründe: Wie wahrscheinlich ist es, dass bei einem Teppichkauf zwischen einem türkischen Händler und einem deutschen Touristen in einem türkischen Basar die Vertragsparteien wirklich deutsches Recht vereinbaren? Würde ein Internationalrechtler dies ergebnisoffen auf den Kopf zu gefragt, so würde er sicherlich dazu tendieren, "Nicht sehr wahrscheinlich" zu sagen. Denn er würde als Tragendes Motiv in der Rechtsanwendungsfrage vermuten, dass die stärker informierte Partei ihr Heimatrecht durchsetzen wird.[85] Dies wäre der Händler. Der Händler hätte eigentlich ein starkes Interesse daran, die von ihm abgeschlossenen Verträge alle demselben Recht unterstellt zu sehen, unabhängig davon, woher seine Kunden kommen und wo seine Kunden ansässig sind.[86] Er ist schließlich repeat player und an der Reduktion der ihm entstehenden Rechtsermittlungskosten interessiert. Standardisierung und Rationalisierung bei den Vertragsbedingungen sind leichter, wenn sie immer auf der Basis desselben Rechts erfolgen.[87] Die Gegenpartei, der Tourist, wird sich andererseits kaum je Gedanken über das anwendbare Recht machen. Die bloße Möglichkeit, dass man eine Rechtswahl treffen könnte, wird ihm in der Regel gar nicht bekannt sein, Würde man ihn fragen, welches Recht denn bei einem Geschäft in einem türkischen Basar anwendbar sein könnte, so würde er wohl meist von der Anwendung des lokalen, also des türkischen Rechts ausgehen und dies auch ganz gerechtfertigt finden. Andere Länder, andere Sitten, if you are at Rome do as the Romans do – ungefähr dies würde seinen Vorstellungshorizont prägen. Wenn man im Ausland ist, gilt eben das Recht dieses Auslandes, Punkt. Die archaische Vorstellung einer Anknüpfung an die lex loci ist tief in den Hinterköpfen der Laien verwurzelt. Auf die Idee, von sich aus eine Rechtswahl des eigenen Heimatrechts vorzuschlagen, wird der normale Tourist kaum kommen. Eine Initiative seitens des Touristen ist sehr unwahrscheinlich. Um so mehr und um so leichter müsste sich dann eigentlich die einzige an einer Rechtswahl – und zwar an der Wahl *ihres* Heimatrechts – interessierte Gegenpartei, der Händler, durchsetzen können. Ein entsprechender Vorschlag dürfte kaum je auf Widerstand treffen. Beim Basargeschäft beginnen die wirklichkeitsbezogenen Hürden allerdings schon früher: Kann man sich wirklich ein Basargeschäft vorstellen, in dem von einer Rechtswahl die reale Rede ist? Man kann sich vorstellen, dass dort viel über die Ware und noch mehr über den Preis gesprochen wird – aber über eine Rechtswahl? Hinsichtlich der benutzten Sprache wird sich der Händler sicherlich auf seine Kundschaft zubewegen

---

[83] OLG Celle 30.1.1991, OLGZ 1991, 485, 486.
[84] Sogleich IV 1 c.
[85] Siehe nur *Mankowski*, RIW 2003, 2, 3 f.; zustimmend insbesondere *Magnus*, BDGesVR 41 (2005), 77, 93.
[86] Siehe nur *Mankowski*, RIW 2003, 2, 3.
[87] Siehe nur *Mankowski*, RIW 2003, 2, 3.

und sich bemühen, deren Sprache zu benutzen, um sich verständlich zu machen. Aber eine Rechtswahl, ausgefeiltes Elaborat juristischer Köpfe?

2. *Motive für eine Wahl des Rechts des Kunden*

Trotzdem mag der Händler ein Interesse daran haben, das Heimatrecht des Kunden zur Wahl vorzuschlagen. Dies kann ein vertrauensbildendes Signal sein. Der Händler signalisiert Entgegenkommen. Er bewegt sich sichtbar auf den Kunden zu. Er zeigt dem Kunden, dass er nicht egoistisch auf jedem nur möglichem Vorteil bestehen wird. Die Rechtswahl kann so zum Marketinginstrument werden. Der Händler kann sogar unterstreichen und damit werben, dass er in rechtlicher Hinsicht mit den Kunden zu deren Heimatbedingungen kontrahiere. Er kann sich so bemühen, den Kunden eine so sichere und so heimische Atmosphäre wie möglich zu schaffen.

3. *Stillschweigende Rechtswahl*

Weiter kommt unter den üblichen Voraussetzungen eine stillschweigende Rechtswahl in Betracht. Indizien wären etwa eine Vereinbarung, dass deutsche Gerichte (ausschließlich) zuständig sein sollen, oder die Vereinbarung eines gemeinsamen Erfüllungsortes in Deutschland für alle Verpflichtungen aus dem Vertrag.[88] Daran wird es beim Vertragsabschluss im Basar in der Regel fehlen.[89] Jedenfalls ist kein veröffentlichter Fall bekannt geworden, in dem solche Momente vorgelegen hätten. Schwache Indizien für eine stillschweigende Wahl deutschen Rechts können auch deutsche Vertragssprache und Kaufpreis in deutscher Währung sein. Jedoch haben diese Indizien nur unterstützenden Charakter; für sich allein tragen sie die Annahme einer Rechtswahl nicht.[90] Die Verwendung der deutschen Sprache trägt selbst dann nicht, wenn im Vertrag außerdem etwas so typisch Deutsches wie die Vereinbarung eines Eigentumsvorbehalts aufscheint.[91] Schließlich wäre aus der Sicht deutscher Gerichte auch möglich, dass die Parteien stillschweigend deutsches Recht wählen, wenn sie im Prozess vor einem deutschen Gericht beide nur auf der Basis deutschen materiellen Rechts vortragen.[92] Gegenüber letzterer Annahme ist allerdings Zurückhaltung geboten.[93] Sauberer ist es jedenfalls, wenn das Gericht – gestützt auf § 139 ZPO – die Parteien fragt, ob deutsches Recht anwendbar sein soll; bejahen beide, so gelangt man zu einer ausdrücklichen Rechtswahl.[94]

---

[88] Näher *Mankowski*, in: Leible (Hrsg.), Das Grünbuch zum Internationalen Vertragsrecht, 2004, S. 63, 65-69, 78 f. mit umfangreichen Nachweisen.
[89] Siehe OLG Naumburg 31.3.1998, IPRspr. 1998 Nr. 30 S. 61.
[90] OLG Düsseldorf 9.6.1994, NJW-RR 1995, 1396; LG Limburg 2.5.1990, NJW 1190, 2206.
[91] OLG Düsseldorf 9.6.1994, NJW-RR 1995, 1396.
[92] Siehe nur BGH 15.1.1986, WM 1986, 527; BGH 30.9.1987, WM 1987, 1501; BGH 12.12.1990, NJW 1991, 1292; OLG Frankfurt a.M. 10.1.1991, RIW 1991, 865; OLG Celle 26.5.1999, IPRspr. 1999 Nr. 31 S. 77; OLG Karlsruhe 29.11.2001, NJW-RR 2002, 1206.
[93] Näher *Mankowski* (Fn. 88), S. 63, 71-74.
[94] Siehe nur *Schack*, NJW 1984, 2736, 2739; *dens.*, IPRax 1986, 272, 274 *Mankowski* (Fn. 88), S. 63, 75 f. MwN.

4. Wahl deutschen Rechts und deutsches Verbraucherschutzrecht

Mit der Wahl deutschen Rechts ist auch das deutsche Verbraucherschutzrecht mitgewählt.[95] Dessen einzelne Gesetze haben keine eigenen Normen zur Bestimmung ihres internationalen Anwendungsbereichs, welche die allgemeinen Kollisionsnormen verdrängen würden. Verbraucherschutzrecht ist nicht generell gesondert anzuknüpfen. Vielmehr kann es auch über eine Rechtswahl berufen werden. Art. 29 EGBGB bedingt nicht, dass deutsches Verbraucherschutzrecht nur bei Vorliegen der dort aufgeführten Bezüge zu Deutschland als Verbraucherstaat anwendbar sein könnte.[96] Eine Rechtswahl ist ein vollgültiger Befehl zur Anwendung deutschen Verbraucherschutzrechts. Eine andere Frage ist sodann auf der sachrechtlichen Ebene, ob die weiteren Anwendungsvoraussetzungen der einzelnen Verbraucherschutzgesetze vorliegen, insbesondere also, ob beim Teppichkauf im Basar ein Haustürgeschäft im Sinne von § 312 Abs. 1 BGB vorliegt.[97]

B. Internationales Verbrauchervertragsrecht

Mancher mag bisher die Einbeziehung des Internationalen Verbrauchervertragsrechts vermisst haben. Indes lässt ja auch Art. 29 Abs. 1 EGBGB die Rechtswahl zu, ja setzt für seine eigene Anwendbarkeit das Vorliegen einer wirksamen Rechtswahl voraus. Daher verschlägt es keineswegs, erst jetzt Art. 29 EGBGB näher zu treten.

1. Art. 29 Abs. 1 Nr. 1 EGBGB

Dies gilt insbesondere, wenn man über weite Strecken nach oben verweisen kann: Für die situative Anwendbarkeit des Art. 29 EGBGB gilt grundsätzlich im Grundansatz nichts anderes als zuvor[98] für jene des Art. 15 Abs. 1 EuGVVO erörtert. Freilich stimmen die Kriterien nicht bis ins Detail überein. Namentlich ist Art. 15 Abs. 1 lit. c EuGVVO (noch) weiter als Art. 29 Abs. 1 Nr. 1 EGBGB (und der diesem parallele Art. 13 Abs. 1 Nr. 3 EuGVÜ/LugÜ): Er stellt auf die Ausrichtung von unternehmerischer Tätigkeit auf den Markt im Verbraucherstaat ab, nicht auf Werbung des Unternehmers im Verbraucherstaat. Dies umfasst zwar Werbung, beschränkt sich aber nicht darauf.[99] Dagegen stellt Art. 29 Abs. 1 Nr. 1 EGBGB nur auf Werbung ab. Eine Aussage lässt sich daher schnell treffen: Wenn schon der weitere Tatbestand des Art. 15 Abs. 1 lit. c EuGVVO nicht erfüllt ist, ist der engere Tatbestand des Art. 29 Abs. 1 Nr. 1 EGBGB erst recht nicht erfüllt. Indes braucht man diese Anleihen konkret nicht, um die anstehenden Fälle zu lösen. Denn in den

---

[95] Siehe nur OLG Celle 30.1.1991, OLGZ 1991, 485, 486 = IPRspr. 1991 Nr. 32 S. 69 LS.
[96] In diese Richtung aber fälschlich OLG Düsseldorf 26.10.1989, IPRspr. 1989 Nr. 49 S. 105.
[97] Insoweit wieder richtig OLG Düsseldorf 26.10.1989, IPRspr. 1989 Nr. 49 S. 105; außerdem OLG Celle 21.6.1990 – 22 U 244/89; OLG Celle 30.1.1991, OLGZ 1991, 485, 486-488; LG Tübingen 30.3.2005, NJW 2005, 1513, 1514 f.
[98] Oben III 2.
[99] Siehe nur Czernich/Tiefenthaler/Kodek*(-Tiefenthaler)* (Fn. 25), Art. 15 EuGVVO Rn. 24; *Rauscher/Ansgar Staudinger* (Fn. 24), Art. 15 Brüssel I-VO Rn. 13 f.

typischen Fällen des Kaufs im türkischen Basar ist zuvor keine Werbung des Händlers in Deutschland erfolgt. Daher ist Art. 29 Abs. 1 Nr. 1 EGBGB nicht erfüllt.[100]

2. Art. 29 Abs. 1 Nr. 3 EGBGB

a) Neben Art. 29 Abs. 1 Nr. 1 EGBGB gibt es indes noch Art. 29 Abs. 1 Nr. 3 EGBGB. Dort wird die grenzüberschreitende Kaffeefahrt normiert. Nach Wortlaut und Genese der Norm setzt der Tatbestand voraus, dass der Unternehmer den Kunden aus dessen heimischer Umgebung gleichsam entführt und zum Vertragsabschluss über die Grenze in einen anderen Staat gelockt hat. Er erfasst nicht den Fall, dass sich der Kunde bereits aus eigenem Antrieb und ohne Beeinflussung durch den Unternehmer ins Ausland begeben hat. Er erfasst nicht den Fall, dass der Händler die Gelegenheit ausnutzt, dass der Kunde vor Ort ist, sei es im Rahmen einer Individualreise, sei es im Rahmen einer Reise, die ein Dritter organisiert hat, mit welchem der Händler aber nicht zusammenarbeitet.[101] Kommt der Kunde nur zufällig zum Händler, d.h. ohne von wem auch immer zum Händler geführt zu werden, ist Art. 29 Abs. 1 Nr. 3 EGBGB jedenfalls nicht anwendbar. Dann steht es dem Kunden nämlich frei, nach seinem Willen und ohne Fremdeinflussnahme vorzugehen.[102] Der Händler hat dann – auch über Dritte – nichts dazu getan, dass der Kunde kommt. Dies gilt auch bei einer Zuführung durch Dritte, wenn sich eine Zusammenarbeit zwischen diesen und dem Händler nicht nachweisen lässt. Es fehlt dann an einem Moment, welches eine Zurechnung der Zuführung zum Händler zu tragen und zu rechtfertigen vermöchte.

b) Freilich bleibt die problematische Grauzone: Der Kunde hat eine Reise gebucht, und der Reiseveranstalter führt die Kunden im Ferienland dem Händler zu, mit dem er zusammenarbeitet. Formell betrachtet ist dies keine vom Händler organisierte Reise. Denn der Reiseveranstalter ist mit ihm weder identisch noch in der Regel ihm rechtlich verflochten, sondern rechtlich selbständig.[103] Andererseits muss man danach fragen, ab welcher Schwelle der Zusammenarbeit die Tätigkeit des Reiseveranstalters dem Händler zuzurechnen ist, soweit sie zum Vertragsabschluss mit dem Händler führt.[104] Arbeitsteiligkeit und formelle Aufteilung auf formell mehrere Unternehmen liegen zu nahe, als dass man erlauben sollte, den kollisionsrechtlichen Verbraucherschutz auf diesem Wege schlechterdings und unter allen Umständen aushebeln zu können. Bei Art. 29 Abs. 1 Nr. 1 EGBGB durchbricht man die Arbeitsteiligkeit, indem man beauftragte Werbung dem vertragsschließenden Unternehmen zurechnet.[105] Gleiches

---

[100] LG Düsseldorf 5.12.1990, NJW 1991, 2220.
[101] LG Hamburg 18.2.1999, RIW 1999, 391, 392; LG Tübingen 30.3.2005, NJW 2005, 1513; *Mankowski*, RIW 1993, 453, 458 f.; *Bamberger/Herbert Roth/Spickhoff*, BGB, Bd. III, 2003, Art. 29 EGBGB Rn. 14; *Palandt/Heldrich*, BGB, 64. Aufl. 2005, Art. 29 EGBGB Rn. 5; *Leible*, in: Anwaltkommentar BGB, Bd. I: Allgemeiner Teil; EGBGB, 2005, Art. 29 EGBGB Rn. 56.
[102] Reithmann/Martiny*(-Martiny)* (Fn. 41), Rn. 815.
[103] LG Hamburg 18.2.1999, RIW 1999, 391, 392.
[104] LG Limburg 2.5.1990, NJW 1990, 2206 = RIW 1991, 339; LG Tübingen 30.3.2005, NJW 2005, 1513 f.
[105] OLG Hamburg 23.6.2004, RIW 2004, 709, 710 (dazu *Heiderhoff*, IPRax 2005, 230); *Mankowski*, RIW 1997, 990; *ders.*, EWiR Art. 13 EuGVÜ 1/97, 657; *ders.* (Fn. 35), Kap. 11

muss vom Grundansatz her bei arbeitsteiligem Vorgehen unter Art. 29 Abs. 1 Nr. 3 EGBGB gelten. Formale Betrachtung verminderte den Verbraucherschutz übermäßig und öffnete cleveren Unternehmern zu viel Gestaltungsspielraum.[106] Die Beweislast für die Zusammenarbeit trifft den Kunden. Denn die Anwendung des Internationalen Verbrauchervertragsrechts ist für den Kunden günstig, und der Kunde muss deshalb darlegen und beweisen, dass dessen Anwendungsvoraussetzungen vorliegen.[107]

(1) Die Zusammenarbeit überschreitet jedenfalls die Zurechnungsschwelle bei einer gesellschaftsrechtlichen Verflechtung von Reiseunternehmen und Händler. Dabei sollte jede Beteiligung des einen am anderen ausreichend. Anteilsmehrheit, Sperrminorität oder wenigstens eine 10%-Schwelle sind nicht zu verlangen. Wer an wem beteiligt ist, ist ebenso unerheblich. Ausreichend ist auch eine stille Beteiligung oder eine sonstige Einlage in ein einzelunternehmerisch geführtes Unternehmen. Ausschlaggebend sind die daraus erwachsenden Einflussmöglichkeiten und das Interesse daran, dass das betreffende Unternehmen seinen Gewinn maximiert. Deshalb ist auch irrelevant, wie viele weitere Gesellschaften möglicherweise dazwischengeschaltet sind.

(2) Gemeinhin sind Reiseunternehmer und Händler einander indes nicht gesellschaftsrechtlich verbunden. Die gesellschaftsrechtliche Beteiligung ist jedoch nur hinreichend, aber keineswegs notwendig für eine Zurechnung. Auch formelle wie informelle Kooperationen zählen insoweit. Der Händler muss eben nicht selber die Reise veranstaltet (und insbesondere die darin enthaltene Beförderungsleistung erbracht haben);[108] er muss aber wesentlichen Einfluss auf die Ausgestaltung der Reise genommen haben.[109] Planmäßige Zusammenarbeit kann tragen.[110] Dem Grundgedanken des Art. 29 Abs. 1 Nr. 3 EGBGB, dass der Unternehmer den Verbraucher aus dessen heimischer Umgebung zum Vertragsabschluss über eine Grenze gelockt hat, würde es entsprechen, Verantwortlichkeit und Initiative des Unternehmers gerade dafür, dass der Verbraucher seinen Aufenthaltsstaat verlässt, zu verlangen.[111] Die entscheidende Grenze würde der Verbraucher bei dieser strikten Sichtweise mit dem Überfliegen der Grenze seines Aufenthaltsstaates, nicht zwischen Kreuzfahrtschiff oder Hotel einerseits und Verkaufsstätte im Urlaubsland andererseits überschreiten.[112] Nun können aber interne Absprachen und insbesondere Gewinnbeteiligungen den

---

Rn. 35-37; *ders.*, RIW 2005, 561, 570; Czernich/Heiss*(-Heiss)*, EVÜ, Wien 1999, Art. 5 EVÜ Rn. 33; Staudinger/*Magnus* (Fn. 26), Art. 29 EGBGB Rn. 72.
Unzutreffend eng OLG Schleswig 29.1.1997, RIW 1997, 955 = WM 1997, 991.
[106] *Nassall*, WuB VII B. Art. 13 EuGVÜ 1.04, 798; *Mankowski*, RIW 2005, 561, 570 gegen OLG Köln 5.11.2003, WM 2004, 1324 (dazu *Kröll*, EWiR Art. 13 EuGVÜ 1/04, 657).
[107] ÖstOGH 20.2.2003, ÖJZ 2003, 647, 648; *Czernich/Tiefenthaler*, ÖBA 1998, 663, 667.
[108] Bericht *Giuliano/Lagarde*, ABl. EG 1980 C 282 Art. 5 EVÜ Bem. (3) 6. Abs.; *Sauveplanne*, NILR 1985, 100, 110.
[109] *Mankowski*, RIW 1993, 453, 459; Czernich/Heiss*(-Heiss)* (Fn. 105), Art. 5 EVÜ Rn. 40; Reithmann/Martiny*(-Martiny)* (Fn. 41), Rn. 815.
[110] Czernich/Heiss*(-Heiss)* (Fn. 105), Art. 5 EVÜ Rn. 40.
[111] *Mankowski*, RIW 1993, 453, 459.
[112] *Mankowski*, RIW 1993, 453, 459.

Veranstalter einer Pauschalreise korrumpieren.¹¹³ Trotzdem bleibt ein Faktum: Die Pauschalreise, die ihn aus seinem Aufenthaltsstaat hinausführt, hat der Verbraucher aus eigenem Antrieb und nicht unter dem Einfluss des Unternehmers oder des mit dem Unternehmer kooperierenden Reiseveranstalters gebucht. Der Verbraucher entschied aus eigenen Stücken: "Ich brauche Urlaub", und er entschied sich ebenso aus eigenen Stücken für die betreffende Pauschalreise. Er befindet sich später aus freien Stücken und aus eigenem Antrieb im Urlaubsland, jedenfalls aber außerhalb ihres Aufenthaltsstaates.¹¹⁴ Der Händler hat nichts dazu getan, dass der Tourist nun gerade im konkret gewählten Urlaubsland ist. Inhaltlich mag der Händler die Reise mitorganisieren,¹¹⁵ über die Grenze lockt er den Kunden trotzdem nicht.

c) Art. 29 Abs. 1 Nr. 3 EGBGB ist im Kern ein Umgehungstatbestand: Er soll Strategien und Taktiken entgegenwirken, mit welchen der Unternehmer den Ort des Vertragsabschlusses künstlich aus dem Aufenthaltsstaat heraus verlegt.¹¹⁶ Auch Gewinnabsprachen mit dem Reiseunternehmen führen indes nicht zu dem Vorwurf, dass der Händler den Verbraucher aus Deutschland herauslocken würde.¹¹⁷ Auch durch eine Zusammenarbeit mit dem Reiseunternehmer kommt der Händler nicht insoweit zum Verbraucher, dass er der Sache nach auf dem Vertragsabschlussmarkt im Aufenthaltsstaat des Touristen tätig würde.¹¹⁸ Quersubventionierungen, die Einfluss auf den Preis der Pauschalreise haben, die dann ihrerseits wieder die Kundenzuführung zum Händler zum festen Bestandteil hat, ändern daran nichts.¹¹⁹ Sie sind weder erforderlich¹²⁰ noch hinreichend.¹²¹ Wirtschaftliche Nutzziehung des Reiseunternehmers genügt nicht,¹²² denn sie vermag die sachliche Markttrennung nicht zu überspielen. Auf dem Vertragsabschlussmarkt im Aufenthaltsstaat des Verbrauchers ist der Reiseunternehmer tätig und präsent. Auf dessen Konditionen hat die Quersubventionierung Einfluss. Das Angebot von Reiseleistungen betrifft aber einen anderen sachlichen Teilmarkt als das Angebot von Waren, konkret Teppichen. Insoweit muss man differenzieren, welches Angebot auf welchem sachlichen Markt dem Verbraucher in dessen heimatlicher Umgebung präsentiert wird. Daher kann man Entgelten, welche der Händler an den Reiseveranstalter zahlt, keinen Indizcharakter für eine

---

¹¹³ Siehe LG Tübingen 30.3.2005, NJW 2005, 1513, 1514.
¹¹⁴ LG Düsseldorf 5.12.1990, NJW 1991, 2220; *Binchy*, Irish Conflict of Laws, Dublin 1988, S. 563; *Frigessi di Rattalma*, Riv. dir. int. priv. proc. 1992, 819, 845; *Mäsch*, Rechtswahlfreiheit und Verbraucherschutz, 1993, S. 113; *Mankowski*, RIW 1993, 453, 459.
¹¹⁵ LG Tübingen 30.3.2005, NJW 2005, 1513, 1514.
¹¹⁶ Siehe nur *Martiny*, in: Münchener Kommentar zum BGB, Bd. 10: IPR; Artt. 1-38 EGBGB, 3. Aufl. 1998, Art. 29 EGBGB Rn. 23; *Looschelders*, Internationales Privatrecht, 2004, Art. 29 EGBGB Rn. 52; *Erman/Hohloch*, BGB, 11. Aufl. 2004, Art. 29 EGBGB Rn. 9.
¹¹⁷ Entgegen LG Limburg 2.5.1990, NJW 1990, 2206.
¹¹⁸ Zu weit daher LG Tübingen 30.3.2005, NJW 2005, 1513, 1514.
¹¹⁹ Wiederum entgegen LG Tübingen 30.3.2005, NJW 2005, 1513, 1514.
¹²⁰ *Soergel/v. Hoffmann*, BGB, Bd. X: EGBGB; IPR, 12. Aufl. 1996, Art. 29 EGBGB Rn. 24.
¹²¹ Czernich/Heiss(-*Heiss*) (Fn. 105), Art. 5 EVÜ Rn. 40; Anwaltkommentar/*Leible* (Fn. 101), Art. 29 EGBGB Rn. 57.
¹²² Anwaltkommentar/*Leible* (Fn. 101), Art. 29 EGBGB Rn. 57.

Veranlassung der Reise des Verbrauchers zusprechen.[123] Wirtschaftlicher Eigennutz des Reiseveranstalters ist ein nicht ausschlaggebendes Moment,[124] denn es beeinflusst nur das Wie, aber nicht das Ob der Reise. Dass der Händler seine Teppiche ebenso gut über Ladengeschäfte in Deutschland verkaufen könnte wie jetzt über Basarläden in der Türkei, ist kein Gegenargument. Denn der Händler hat bewusst eine andere Marketingstrategie und eine andere Absatzorganisation gewählt. Hypothetisches darf nicht zählen, daher dürfen auch hypothetische Alternativen nicht ins Gewicht fallen. Der Händler zielt zwar auf den deutschen Markt,[125] wird auf diesem aber nicht eben direkt tätig. Er zieht den Kunden nicht, auch nicht mit Hilfe des Reiseveranstalters aus dessen Umgebung heraus. Hier stößt die kasuistische Fassung des Art. 29 Abs. 1 Nr. 3 EGBGB an ihre Grenzen. Ihr fehlt es an der nötigen Weite und der Ausrichtung nicht an faktischen Phänomenen, sondern an ökonomischen Vertriebsstrategien, wie man sie Art. 15 Abs. 1 lit. c EuGVVO zuschreiben kann.[126]

d) Für Art. 29 Abs. 1 Nr. 3 EGBGB ist zudem nötig, dass der Verbraucher die Reise in seinem Aufenthaltsstaat angetreten hat;[127] Reisen aus einem anderen Staat in einen dritten Staat, in welchem der Vertragsabschluss erfolgt, sind nicht erfasst.[128] Einige der Basarfälle betreffen Touristen, die von Kreuzfahrtschiffen in der Ägäis aus einen Landausflug in die Türkei gemacht haben. Teilweise wird das Schiff unter nicht-deutscher Flagge dann seinem Flaggenstaat als Gebiet zugeschrieben und der Ausflug in die Türkei als Einreise nicht aus Deutschland, sondern aus dem Flaggenstaat bewertet.[129] Völkerrechtlich ist dies problematisch, wenn man es wörtlich nimmt. Denn völkerrechtlich ist die Flaggenhoheit über Schiffe eine dritte Hoheitsform neben Territorial- und Personalhoheit.[130] Sie ist weder identisch mit der Personalhoheit noch ein Unterfall der Personalhoheit. Völkerrechtlich sind Schiffe kein

---

[123] Anders *Soergel/v. Hoffmann* (Fn. 120), Art. 29 EGBGB Rn. 24; Czernich/Heiss*(-Heiss)* (Fn. 105), Art. 5 EVÜ Rn. 40.
[124] Reithmann/Martiny*(-Martiny)* (Fn. 41), Rn. 815.
[125] Oben III 2 b bb (4).
[126] Oben III 2 b bb.
[127] Siehe nur Czernich/Heiss*(-Heiss)* (Fn. 105), Art. 5 EVÜ Rn. 41; Anwaltkomm/*Leible* (Fn. 101), Art. 29 EGBGB Rn. 58.
[128] Begründung der Bundesregierung zum Entwurf eines Gesetzes zur Neuregelung des Internationalen Privatrechts, BT-Drs. 10/504, 80; OLG Düsseldorf 9.6.1994, NJW-RR 1995, 1396; OLG Naumburg 31.3.1998, IPRspr. 1998 Nr. 30 S. 62; *Staudinger/Magnus* (Fn. 26), Art. 29 EGBGB Rn. 82; *Bamberger/Herbert Roth/Spickhoff* (Fn. 101), Art. 29 EGBGB Rn. 14; *Looschelders* (Fn. 116), Art. 29 EGBGB Rn. 54.
[129] So OLG Düsseldorf 9.6.1994, NJW-RR 1995, 1396.
[130] Siehe nur *Hoog*, Deutsche Flaggenhoheit, 1979, S. 13 f.; *dens.*, Deutsches Flaggenrecht, 1982, S. 236; *v. Münch*, in: FS Rolf Stödter, 1979, S. 231, 244; *O'Connell*, The International Law of the Sea, vol. II; 1984, S. 757-760; *Hasselmann*, Die Freiheit der Handelsschifffahrt, 1987, S. 9; *Dieter Dörr*, Die deutsche Handelsflotte und das Grundgesetz, 1988, S. 55 f.; *dens.*, ArchVR 26 (1988), 366, 375; *Wolfrum*, BerDGesVR 31 (1990), 121, 126; *Nuñéz-Müller*, Die Staatszugehörigkeit von Handelsschiffen im Völkerrecht, 1994, 86 f.; *Mankowski*, Seerechtliche Vertragsverhältnisse im Internationalen Privatrecht, 1995, S. 477.

Hoheitsgebiet ihres Flaggenstaates.[131] Die Zuordnung zum Staatsgebiet aber ist eine völkerrechtliche Vorfrage, deren Beantwortung das IPR dem Völkerrecht zuweist.[132] Dementsprechend sollte das IPR die Antwort beachten, welche das Völkerrecht gibt. Das Völkerrecht ordnet das Schiff seinem Flaggenstaat über einen anderen Modus zu. Insoweit reist der Verbraucher in der Tat von einem Gegenstand, welcher einem Staat zugeordnet ist, aus in den Staat des Vertragsabschlusses ein.

Indes wirkt kann die Frage, welche Flagge das Schiff führt, verkürzend und lenkt von der eigentlich zu stellenden Frage ab. Sie setzt zu spät an und geht nicht weit genug zurück. Es geht nämlich nicht um die Einreisefrage (sie lautet: "Von welchem Staat aus reist der Urlauber in den Staat des Vertragsschlusses ein?"), sondern um die Ausreisefrage (sie lautet: "Von welchem Staat aus tritt der Urlauber seine Reise an?").[133] Entscheidend für diese Ausreisefrage ist vielmehr, ab wann ein mit dem Händler zusammenarbeitender Reiseunternehmer die Reise organisiert hat. Ist der Landausflug in die Türkei fester Bestandteil des Reiseprogramms, das seinerseits beginnt, indem die Urlauber mit organisierten Flügen in Deutschland abgeholt werden, so beginnt die beeinflusste Reise in Deutschland. Transitstationen zählen nicht.[134]

3.   *Analoge Anwendung des Art. 29 EGBGB?*

a) Soweit Art. 29 EGBGB situativ nicht direkt anwendbar ist, steht die Frage im Raum, ob er analog anzuwenden ist. Methodisch bestehen gegen eine Analogie seit jeher schwere Bedenken. Denn die Norm beruht auf Art. 5 Abs. 2 EVÜ. Daher ist sie europäisch einheitlich auszulegen und anzuwenden. Art. 5 Abs. 2 EVÜ ist Ausdruck dessen, was sich 1980 zwischen den Vertragsstaaten des EVÜ an kollisionsrechtlichem Verbraucherschutz erzielen ließ; er stellt einen Kompromiss zwischen den Vertragsstaaten dar und hat wesentlich daraus seine kasuistische Gestalt gewonnen.[135] Mit Analogien sollte man sich daher schwer tun.[136] Analogien setzen zudem Regelungslücken voraus. Diese bestehen aber hier gar nicht. Denn wenn

---

[131] Siehe nur *Colombos*, The International Law of the Sea, 6. Aufl. 1967, § 307; *Verdross/Simma*, Universelles Völkerrecht, 3. Aufl. 1984, § 1206; *Hasselmann* (Fn. 130), S. 9; *Dieter Dörr* (Fn. 130), S. 53-55; *Caron*, in: Encyclopedia of Public International Law, Instalment 11, 1989, S. 289 f.; *Momtaz*, in: Dupuy/Vignes (eds.), A Handbook on the New Law of the Sea, vol. I, 1991, S. 734 f.; *Mankowski* (Fn. 130), S. 472-477.
[132] Siehe nur *Mankowski*, IPRax 2003, 21, 25 f; *ders.*, IPRax 2005, 58, 59 f.
[133] *Staudinger/Magnus* (Fn. 26), Art. 29 EGBGB Rn. 82.
[134] *Staudinger/Magnus* (Fn. 26), Art. 29 EGBGB Rn. 83; *Erman/Hohloch* (Fn. 116), Art. 29 EGBGB Rn. 16; *Looschelders* (Fn. 116), Art. 29 EGBGB Rn. 54; Anwaltkomm/*Leible* (Fn. 101), Art. 29 EGBGB Rn. 58.
[135] Siehe LG Hildesheim 11.12.1991, IPRax 1993, 173, 174; *Taupitz*, BB 1990, 642, 649; *Mankowski*, IPRax 1991, 305, 311; *ders.*, RIW 1993, 453, 459 f.; Anwaltkomm/*Leible* (Fn. 101), Art. 29 EGBGB Rn. 59.
[136] BGH 19.3.1997, BGHZ 135, 124, 133-135; OLG Düsseldorf 26.10.1999, MDR 2000, 575, 576; LG Hamburg 18.2.1999, RIW 1999, 391, 393; *Taupitz*, BB 1990, 642, 649; *Junker*, RabelsZ 55 (1991), 674, 686; *Mankowski*, IPRax 1991, 305, 310-312; *ders.*, RIW 1993, 453, 460; *ders.*, RIW 1998, 287; *Bamberger/Herbert Roth/Spickhoff* (Fn. 101), Art. 29 EGBGB Rn. 15; *Looschelders* (Fn. 116), Art. 29 EGBGB Rn. 58; Anwaltkomm/*Leible* (Fn. 101), Art. 29 EGBGB Rn. 59.

Art. 29 EGBGB nicht anwendbar ist, sind Artt. 27; 28 EGBGB anwendbar und lassen keine Lücke.[137] Insbesondere setzte eine Analogie zu Art. 29 EGBGB im Bereich der objektiven Anknüpfung voraus, dass man die Lücke erst künstlich schaffen müsste, indem man Art. 28 EGBGB teleologisch reduzierte.[138]

b) Auf der anderen Seite friert das Ablehnen einer Analogie das Internationale Verbrauchervertragsrecht auf dem Kompromissstand ein, den man 1980 erzielen konnte. Es verhindert eine dynamische Fortentwicklung. Es verhindert insbesondere, dass man im Wege der erweiternden Auslegung so weit wie möglich versucht, Art. 29 EGBGB wieder in Linie und auf ein Niveau mit Art. 15 EuGVVO zu bringen.[139] Art. 15 Abs. 1 EuGVVO ist nämlich gegenüber Art. 13 Abs. 1 EuGVÜ/LugÜ, der Schwesternorm zu Artt. 5 Abs. 2 EVÜ; 29 Abs. 1 EGBGB, einige wichtige Schritte weitergegangen, insbesondere beim sachlichen Anwendungsbereich. Er spiegelt das wider, was sich heute in Europa als Kompromiss erzielen lässt. Artt. 5 Abs. 2 3. Lemma EVÜ; 29 Abs. 1 Nr. 3 EGBGB ihrerseits muten heute in ihrer extrem kasuistischen Gestalt sehr merkwürdig an. Sie nehmen sich mit ihrem Normalfall, der grenzüberschreitenden Kaffeefahrt,[140] eines Problems an, das Ende der 1970er akut gewesen sein muss, das aber heute als solches keine große Rolle mehr spielt (und das scheinbar nie eine nennenswerte Anzahl publizierter Gerichtsentscheidungen generiert hat). Im sachlichen Anwendungsbereich wiederum bildet die Beschränkung auf Verträge über die Lieferung von Waren und das Erbringen von Dienstleistungen die Informationsgesellschaft mit ihrer steigenden Bedeutung immaterieller Güter nicht mehr richtig ab. Letztlich sollte der richtige Weg zur Fortentwicklung und Dynamisierung trotzdem der legislative Weg über eine Novellierung sein. Art. 5 Rom I-VO ist auf dem Weg. Darum tobt ein erheblicher Kampf der Verbände und Lobbyisten. Dessen Ergebnis sollte man nicht zu sehr vorgreifen. Wenn der europäische Gesetzgeber Art. 15 EuGVVO und Art. 5 Rom I-VO parallel ausgestaltet, ist den Interessen des kollisionsrechtlichen Verbraucherschutzes jedenfalls genügt. Diese Parallelisierung kann man nicht eindringlich genug empfehlen.[141]

Für Analogien zu Art. 29 EGBGB dagegen OLG Stuttgart 18.5.1990, NJW-RR 1990, 1081, 1083 = RIW 1991, 588 = IPRax 1991, 332; LG Koblenz 17.6.1992, NJW-RR 1992, 1332, 1333; AG Bremerhaven 27.6.1990, NJW-RR 1990, 1083, 1084; *Huff*, EWiR § 2 HWiG 1/89, 383, 384; *Kohte*, EuZW 1990, 150, 156; *Lüderitz*, IPRax 1990, 216, 219; *Rolf Sack*, IPRax 1992, 24, 28; *Mäsch* (Fn. 114), S. 166-171; *Staudinger/Magnus* (Fn. 26), Art. 29 EGBGB Rn. 66; Reithmann/Martiny*(-Martiny)* (Fn. 41), Rn. 818.
[137] *Mankowski*, IPRax 1991, 305, 311.
[138] *Mankowski*, IPRax 1991, 305, 311; *ders.*, RIW 1993, 453, 460.
[139] *Staudinger/Magnus* (Fn. 26), Art. 29 EGBGB Rn. 66.
[140] Siehe nur *Lüderitz*, in: FS Stefan Riesenfeld, 1983, S. 147, 159; *Werner Lorenz*, IPRax 1987, 269, 275; *v. Hoffmann*, (1992) 15 J. Cons. Pol. 365, 373; *Mankowski*, RIW 1993, 453, 459 mwN.
[141] *Mankowski*, ZEuP 2003, 483, 486; *Magnus/Mankowski*, ZvglRWiss 103 (2004), 131, 168 f.; ebenso außerdem z.B. *Hans Stoll*, in: FS 75 Jahre Max-Planck-Institut für Privatrecht, 2001, S. 463, 471 f.; *Basedow*, in: FS Erik Jayme, 2004, S. 3, 21.

C. Objektive Anknüpfung

Fehlt es an einer Rechtswahl, so gelangt man immer zur objektiven Anknüpfung. Die Weichenstellung erfolgt auch bei der objektiven Anknüpfung wieder danach, ob ein Verbrauchervertrag vorliegt oder nicht.

1. Internationales Verbrauchervertragsrecht: Art. 29 Abs. 2 EGBGB

Soweit sich die situativen Anwendungsvoraussetzungen des Internationalen Verbrauchervertragsrechts bejahen lassen,[142] ist Art. 29 Abs. 2 EGBGB einschlägig: Anwendbar ist dann das Recht am gewöhnlichen Aufenthalt des Kunden.[143] Bei in Deutschland lebenden Kunden ist dann deutsches Recht anwendbar. Eine Abwägungsmöglichkeit besteht nicht. Art. 29 Abs. 2 EGBGB enthält keine Ausweichklausel. Eine engere Verbindung zu einem anderen Recht vermag sich nicht durchzusetzen.[144] Den Wortlaut bekräftigt der Umkehrschluss aus Art. 30 Abs. 2 Hs. 2 EGBGB. Ein Pendant dazu fehlt eben im Internationalen Verbrauchervertragsrecht. Der europäische und der deutsche Gesetzgeber haben aber mit Artt. 6 Abs. 2 Hs. 2 EVÜ; 30 Abs. 2 Hs. 2 EGBGB eindeutig gezeigt: Sie kennen das Instrument der Ausweichklausel in Schutzregimes. Das Fehlen einer Ausweichklausel ist also beredt und trägt die deutliche Aussage, dass man eine solche Ausweichklausel eben nicht gewollt hat.[145]

2. Art. 28 EGBGB

a) Ist das Internationale Verbrauchervertragsrecht dagegen nicht anwendbar, so gibt Art. 28 EGBGB für die objektive Anknüpfung maß. Art. 28 Abs. 2 S. 2 EGBGB führt dann grundsätzlich zum Recht der vertragsbetreuenden Niederlassung des Händlers, denn der Händler erbringt die für den Vertrag charakteristische Leistung, während dem Kunden nur die nicht prägende Pflicht zur Zahlung obliegt. Die vertragsbetreuende Niederlassung des Händlers liegt in aller Regel in der Türkei, so dass man im Grundsatz zum türkischen Recht gelangt.[146]

b) Zwei Abweichungen davon sind denkbar: (1) Wenn der Händler eine Niederlassung in Deutschland hat und diese in die Vertragsabwicklung tragend eingeschaltet

---

[142] Soeben IV 2.
[143] LG Tübingen 30.3.2005, NJW 2005, 1513.
[144] Siehe nur *Hepting*, in: FS Werner Lorenz, 1991, S. 393, 408; *Kreuzer*, ZfRV 1992, 168, 175; *Martiny*, ZEuP 1995, 67, 79; MünchKomm BGB/*Martiny* (Fn. 116), Art. 29 EGBGB Rn. 40; *Mankowski* (Fn. 35), Kap. 11 Rn. 45, 100.
[145] *Philip*, NTIR 49 (1980), 133, 140; *Hepting*, in: FS Werner Lorenz zum 70. Geb., 1991, S. 393, 408; *Droz*, Rec. des Cours 229 (1991 IV), 9, 260; *Kreuzer*, ZfRV 1992, 168, 175; *Martiny*, ZEuP 1995, 67, 79; *Mankowski* (Fn. 130), S. 462 Fn. 9.
[146] OLG Düsseldorf 9.6.1994, NJW-RR 1995, 1396; OLG Naumburg 31.3.1998, IPRspr. 1998 Nr. 30 S. 62; OLG Düsseldorf 26.10.1999, MDR 2000, 575, 576; LG Düsseldorf 5.12.1990, NJW 1991, 2220; LG Baden-Baden 14.2.1997, IPRspr. 1997 Nr. 31 S. 58; LG Hamburg 18.2.1999, RIW 1999, 391, 392.

ist, ja die Vertragsabwicklung betreibt, kann die deutsche Niederlassung die vertragsbetreuende sein. Dann führt bereits Art. 28 Abs. 2 S. 2 EGBGB zum deutschen Recht, ohne dass für dieses Ergebnis die Ausweichklausel des Art. 28 Abs. 5 EGBGB in irgendeiner Weise bemüht werden müsste. Allerdings ist dies sicher nicht der Fall, wenn der Versand von der Türkei aus organisiert wird.[147]

(2) Und zum zweiten können die Umstände des Einzelfalls so besonders gelagert sein, dass die Ausweichklausel des Art. 28 Abs. 5 EGBGB eingreift und ausnahmsweise zur Anwendung eines anderen Rechts, in den hier zu untersuchenden Fällen wohl des deutschen Rechts führt. Freilich müssen dafür die Dinge so besonders liegen, dass mehrere Momente das Gewicht der vertragsbetreuenden Niederlassung (und der diese verstärkenden, weil in dieselbe Richtung weisenden Aspekte[148]) überwiegen.[149] Art. 28 Abs. 5 EGBGB darf kein billiger Ausweg sein, um gewollte Ergebnisse zu begründen und über einen forum bias den heimischen Verbraucher zu schützen.[150] Effektive Lieferung der Ware in Deutschland und Zahlung in Deutschland können gegenläufige Momente sein. Ohne weitere Unterstützung überwiegen sie das Gewicht der vertragsbetreuenden Niederlassung aber in der Regel nicht, zumal zu dieser bei den hier zu betrachtenden Fällen der Abschlussort des Vertrages verstärkend hinzukommt.[151] Selbst wenn man eine Bringschuld des Händlers annehmen wollte, würde dies kaum zu einer Verschiebung der Gewichte führen.[152] Vertragswährung und Vertragssprache[153] sind sowieso nur schwache Kriterien.[154]

---

[147] LG Hamburg 18.2.1999, RIW 1999, 391.
[148] Siehe nur LAG Niedersachsen 20.11.1998, AR-Blattei ES 920 Nr. 6 S. 5; Rb. Maastricht 14.1.1999, NIPR 2002 Nr. 110 S. 202; LG München I 27.7.2000, ZUM 2001, 79, 80; *Mankowski*, AR-Blattei ES 920 Nr. 6 S. 6, 12 (Nov. 1999); *dens.*, IPRax 2003, 462, 469; *Dundas*, (2002) 68 Arb. 420, 423 f. sowie *Ennstone Building Products Ltd. v. Stanger Ltd.* [2002] 2 All ER 479, 489 para. 42 (C.A., per *Keene* L.J.).
[149] Hoge Raad 25.9.1992, Ned. Jur. 1992 Nr. 750 S. 3263 nr. 3.8 (dazu *Chr. A.J.F.M. Hensen*, Bedrijfsjuridische berichten 1993, 15; *de Boer*, Ars Aequi 1993, 207; *Rammeloo*, IPRax 1994, 243; *van Hudig-van Lennep*, NILR 1995, 259; *T.H.D. Struycken*, [1996] Lloyd's MCLQ 18); BGH 14.1.1999, NJW 1999, 2442, 2443 = IPRax 2001, 333, 334 (dazu *Pulkowski*, IPRax 2001, 306); OLG Brandenburg 25.5.2000, OLG-NL 2002, 3, 5; *Samcrete Egypt Engineers and Contractors SAE v. Land Rover Exports Ltd.* [2002] CLC 533 para. 45 (C.A.); *Ennstone Building Products Ltd. v. Stanger Ltd.* [2002] 2 All ER (Comm) 479, 489 paras. 41 f. (C.A., per *Keene* L.J.);
[150] *Mankowski*, ZEuP 2002, 811, 820; *ders.*, IPRax 2003, 462, 467.
[151] Ebenso im Ergebnis OLG Düsseldorf 26.10.1999, MDR 2000, 575, 576; LG Düsseldorf 5.12.1990, NJW 1991, 2220; LG Hamburg 18.2.1999, RIW 1999, 391 f.
[152] OLG Düsseldorf 26.10.1999, MDR 2000, 575, 576.
[153] Vgl. zu diesen allgemein zuletzt BAG 11.12.2003, AR-Blattei ES 920 Nr. 9 S. 6; BGH 26.7.2004, RIW 2004, 857, 858.
[154] OLG Hamburg 3.3.1989, IPRspr. 1989 Nr. 38 S. 86; OLG Düsseldorf 26.10.1999, MDR 2000, 575, 576; LG Hamburg 15.10.1992, RIW 1993, 144, 145; MünchKomm *BGB/Martiny* (Fn. 116), Art. 28 EGBGB Rn. 78; *Mankowski*, AR-Blattei ES 920 Nr. 9 S. 8, 12 (März 2005); *ders.*, RIW 2005, 481, 493; noch strenger hinsichtlich der Vertragssprache LG Baden-Baden 14.2.1997, IPRspr. 1997 Nr. 31 S. 58; LG Hamburg 18.2.1999, RIW 1999, 391.

D. Sonderanknüpfung deutschen Verbraucherschutzrechts über Art. 34 EGBGB?

Wenn türkisches Recht das Vertragsstatut stellt und der Anwendungsbereich des Internationalen Verbraucherschutzrechts nicht eröffnet ist, könnten Normen des deutschen Verbraucherschutzrechts sich nur noch über eine Sonderanknüpfung gemäß Art. 34 EGBGB gegen das Vertragsstatut durchsetzen. Eine solche Durchsetzung mag zwar manchmal im Ergebnis sympathisch erscheinen. Dogmatisch und systematisch lässt sie sich jedoch nicht umsetzen. Um sie abzulehnen, gibt es zwei Wege, einen pragmatischen und einen dogmatischen: Der pragmatische Weg adaptiert die Lösung, wie Grundsatzentscheidungen des BGH[155] sie entwickelt haben. Art. 34 EGBGB ist danach im verbraucherschutzrechtlichen Bereich nicht anwendbar, soweit Art. 29 EGBGB verdrängende Wirkung entfaltet und Lücken enthält. Diesen Weg gehen die deutschen Gerichte,[156] denn sie sind auf der sicheren, weil rechtsmittelfesten Seite, soweit sie der Rechtsprechung ihres Höchstgerichts Folge leisten. Der dogmatische Weg spricht Verbraucherschutzrecht die notwendige Eingriffsrechtsqualität und damit schon abstrakt die Sonderanknüpfungsfähigkeit ab.[157]

E. Deutscher ordre public (Art. 6 S. 1 EGBGB)

Letzte Auffanglinie könnte aus deutscher Sicht der ordre public sein. Dieser greift in seiner durch Art. 6 S. 1 EGBGB gewonnenen Gestalt jedoch nur ganz ausnahmsweise ein. Die von einem ausländischen Recht konkret erzielten Ergebnisse müssen schlechterdings unerträglich und mit fundamentalen Vorstellungen des deutschen Rechts unvereinbar sein, um den deutschen ordre public auszulösen.[158] Die Schwelle ist sehr hoch. Im vertragsrechtlichen Bereich lässt sie sich kaum erreichen. So gewichtig ist Verbraucherschutz der deutschen Rechtsordnung noch nicht, dass er schon zum Kernbereich des ordre public zählen würde.[159] Außerdem definiert Art. 29 EGBGB Nahebeziehungen zum Aufenthaltsstaat des Verbrauchers, die auch den notwendigen Inlandsbezug bei Art. 6 S. 1 EGBGB konkret zu prägen vermögen.[160]

V. Zusammenfassung

1. Teppichkäufe deutscher Touristen in türkischen Basaren haben das europäische Internationale Prozess- und Privatrecht sehr bereichert. Der Versuch, diese Fälle

---

[155] BGH 19.3.1997, BGHZ 135, 124, 135 f. sowie BGH 26.10.1993, BGHZ 123, 380, 390 f.
[156] OLG Naumburg 31.3.1998, IPRspr. 1998 Nr. 30 S. 62; OLG Düsseldorf 26.10.1999, MDR 2000, 575, 577.
[157] Eingehend zuletzt *Mankowski*, in: v. Bar/Mankowski (Fn. 65), § 4 Rn. 91-103 mit umfangreichen Nachweisen; zuvor insbesondere *Mankowski*, DZWiR 1996, 273.
[158] Siehe nur BGH 28.4.1988, BGHZ 104, 240, 243; BGH 4.6.1992, BGHZ 118, 312, 330; BGH 16.9.1993, BGHZ 123, 268, 270; *Mankowski*, in: v. Bar/Mankowski (Fn. 65), § 7 Rn. 265 f.
[159] OLG Düsseldorf 9.6.1994, NJW-RR 1995, 1396; OLG Naumburg 31.3.1998, IPRspr. 1998 Nr. 30 S. 63.
[160] Vgl. LG Düsseldorf 5.12.1990, NJW 1991, 2220.

schulmäßig zu lösen, zeigt viele internationalrechtliche Schönheiten. Die Fälle sind in sich differenziert, und einzelne Unterfallgruppen sind je gesondert zu behandeln. Ihre nähere Betrachtung stellt manches Tatbestandsmerkmal von Zuständigkeitstatbeständen oder Kollisionsnormen auf die Probe, die allgemein wenig Beachtung gefunden haben und deshalb noch ihrer schärferen Konturierung harren. Der konkrete Fall erweist sich eben als echter Prüfstein.

2. Insbesondere sind die Außengrenzen des europäischen Zuständigkeitsrechts auszuloten. Dies gilt vor allem für das Internationale Verbraucherprozessrecht. Dessen Reichweite in Drittstaatenfällen gilt es zu bestimmen. Daraus ergeben sich wichtige Differenzierungen zwischen besonderem und allgemeinem Zuständigkeitsregime.

3. Die Basarfälle prüfen in erster Linie zwei Normen auf Herz und Nieren: Art. 15 Abs. 1 lit. c EuGVVO einerseits und Art. 29 Abs. 1 Nr. 3 EGBGB andererseits. Beide Male geht es um die innere Teleologie des internationalen Verbraucherschutzrechts und die Frage, wie stark der Bezug auf den Vertragsabschlussmarkt im Wohnsitz- bzw. Aufenthaltsstaat des Verbrauchers sein muss, um den Verbraucherschutz des europäischen Kollisionsrechts auszulösen. Außerdem geht es unterschwellig um Konsistenz zwischen den älteren und den jüngeren Varianten des kollisionsrechtlichen Verbraucherschutzes europäischer Provenienz. Die jüngere Variante besteht den Test, die ältere verfängt sich in ihrem zeitverhafteten Kompromiss.

Familienbeziehungen im Ausländerrecht und im internationalen Familienrecht

*Dieter Martiny**

I. Einleitung

Ich lernte Tuğrul Ansay Anfang der siebziger Jahre kennen, als ich in München an einem rechtssoziologischen Seminar über die "Gastarbeiter"-Problematik teilnahm. Im Anschluss daran veröffentlichten wir zusammen einen Beitrag über die Rechtsprobleme von Migrantenfamilien.[1] Obwohl insgesamt mehr dem Vermögens- und Handelsrecht zugewandt, hat sich Tuğrul Ansay doch – nicht zuletzt in seiner Hamburger Gutachter- und Rechtsberaterpraxis, aber auch wissenschaftlich – stets auch intensiv mit Fragen des nationalen und internationalen Familienrechts[2] sowie den Problemen der Migration[3] beschäftigt. Daher seien ihm die nachfolgenden Überlegungen zum Verhältnis von Ausländerrecht und internationalem Familienrecht gewidmet.

Untersucht werden soll das Zusammenspiel von europäischem und deutschem Ausländerrecht, internationalem und nationalem Familienrecht für die Beurteilung von Familienbeziehungen. Die rechtliche Bewältigung ist nicht ganz einfach, da sowohl europäische, als auch zwischenstaatliche und nationale Normen aus unterschiedlichen

---

* Prof. Dr. *Dieter Martiny*, Europa-Universität Viadrina, Frankfurt (Oder). Für Hilfe bei der Vorbereitung meines Festschriftenbeitrages danke ich meiner wiss. Mitarbeiterin Petja Dimitrova.
[1] *Ansay/Martiny*, Die Gastarbeiterfamilie im Recht, in: *Ansay/Gessner* (Hrsg.), Gastarbeiter in Gesellschaft und Recht (1974) 171-207.
[2] Siehe nur *Ansay*, Familienrechtliche Probleme der türkischen Arbeitnehmer in der Bundesrepublik Deutschland, Mitteilungen 1974, 6 ff.; *ders.*, Die Eheschließung der Türken in der Bundesrepublik Deutschland, Die Welt des Islams 15 (1974) 26 ff.; *ders.*, Neues zur Vaterschaftsanerkennung verheirateter Türken, StAZ 1981, 348 ff.; *ders.*, Ein neues Sondergesetz für die Familie in der Türkei, StAZ 1982, 70 ff.; *ders.*, Zur Scheidung von Türken in der Bundesrepublik Deutschland nach dem Inkrafttreten des neuen IPR-Gesetzes, StAZ 1983, 29 ff.; *ders.*, Zur einverständlichen Scheidung türkischer Eheleute, IPRax 1985, 370 ff.; *ders.*, Die neuere Entwicklung des türkischen Zivilrechts: Beispiele aus dem Personenstandsregister- und Eheschließungsrecht, Festschrift für Ferid zum 80. Geburtstag (1988) 1 ff.; *Ansay/Krüger*, Das neue türkische Scheidungsrecht, StAZ 1988, 252 ff.; *Ansay/Rumpf*, Ehelichkeitsanfechtung durch ein Kind nach türkischem Recht, StAZ 1982, 169 ff.; *Ansay/Wuppermann*, Das Vaterschaftsanerkenntnis in den türkisch-deutschen Rechtsbeziehungen, StAZ 1974, 113 ff., 122.
[3] Dazu *Ansay*, The new UN Convention in light of the German and Turkish experience, International Migration Review 1991, 831 ff.; *ders.*, Legal problems of migrant workers, Recueil des cours 156 (1977-III) 1 ff.

Rechtsgebieten miteinander zu koordinieren sind. Hinzu kommen noch einige Sonderregeln für das Verhältnis zur Türkei. Während sich das Familienrecht mit dem Status und den privaten Beziehungen beschäftigt, geht es im Ausländerrecht vorwiegend um die Reglementierung des Familiennachzugs. In diesem Zusammenhang wurden einige eigenständige Vorschriften geschaffen, welche sich nur teilweise mit den familienrechtlichen Regeln decken. Die Wertungswidersprüche und Konflikte unter den Vorschriften sind so aktuell wie eh und je. Dabei soll vor allem auf Normen eingegangen werden, welche den Nachzug und ganz allgemein den Status von Familienangehörigen regeln.

II. Ausländerrechtliche Normen

A. Europäisches Recht

1. Europäisches Freizügigkeits- und Familienzusammenführungsrecht

Im heutigen Ausländerrecht, das sich in einem noch nicht abgeschlossenen Umgestaltungsprozess befindet, muss man mehrere Rechtsquellen beachten.[4] Ursprünglich ging es bei dem aus dem EWG-Vertrag (EG) fließenden Aufenthaltsrecht der Ausländer um die Ausübung einer wirtschaftlichen Tätigkeit im Sinne der Bestimmungen über die Freizügigkeit der Arbeitnehmer, die Niederlassungsfreiheit sowie den freien Dienstleistungsverkehr. Später wurde bei Schaffung der Europäischen Union die Unionsbürgerschaft in den EG-Vertrag aufgenommen. Nunmehr haben Unionsbürger grundsätzlich das Recht, sich im Hoheitsgebiet der Mitgliedstaaten frei zu bewegen und aufzuhalten (Art. 18 I EG).[5] Dies hat zu einer Erweiterung geführt, die sich auch in der Rechtsprechung des Europäischen Gerichtshofs niedergeschlagen hat.[6] Erhebliche Bedeutung hat auch die Bezugnahme auf den Schutz des Familienlebens nach Art. 8 der Europäischen Menschenrechtskonvention.[7]

Für den Familiennachzug war sekundärrechtlich zunächst die EWG-Verordnung Nr. 1612/68 über die Freizügigkeit von Arbeitnehmern von Bedeutung.[8] Allerdings

---

[4] Zu den völkerrechtlichen Rechtsquellen siehe *Scheer*, Der Ehegatten- und Familiennachzug von Ausländern (1994) 9 ff.
[5] Vertrag zur Gründung der Europäischen Gemeinschaft vom 25.3. 1957 (Konsolidierte Fassung), ABl. EG 2002 C 325.
[6] Siehe *Colneric*, Entwicklungslinien in der Rechtsprechung des Gerichtshofs der Europäischen Gemeinschaften zum Status von Ausländern, in: Zuwanderungsrecht: Vom Provisorium zur Einwanderung? 20 Jahre Hohenheimer Tage zum Ausländerrecht, 28.-30. Januar 2005 Stuttgart-Hohenheim, <www.akademie-rs.de/>
[7] Konvention zum Schutze der Menschenrechte und Grundfreiheiten vom 4.11.1950, BGBl. 1952 II 685. – Vgl. *Stalford*, Concepts of family under EU law – Lessons from the ECHR, Int. J. L. & Pol. Fam. 2002, 411 ff.
[8] Verordnung (EWG) Nr. 1612/68 vom 15.10.1968 über die Freizügigkeit der Arbeitnehmer innerhalb der Gemeinschaft, ABl. EG 1968 L 257/2.

sind deren für den Ehegatten- und Familienangehörigennachzug maßgebliche Art. 10 und 11 zum 1. 7. 2003 aufgehoben worden.[9]

Am 1. Juli 2005 ist ferner die Richtlinie über das Recht der Unionsbürger und ihrer Familienangehörigen sich frei zu bewegen und aufzuhalten (Freizügigkeitsrichtlinie) in Kraft getreten.[10] Außerdem gilt eine Richtlinie über die Familienzusammenführung (Familiennachzugsrichtlinie), die bis zum 3.10.2005 umzusetzen war.[11] Das deutsche Recht setzt die europäischen Vorgaben für die Staatsangehörigen anderer EU-Mitgliedstaaten und ihre Familienangehörigen in einem eigenen Gesetz um. Dies geschieht im Gesetz über die Freizügigkeit von Unionsbürgern (FreizügG/EU).[12] "Unionsbürger" ist jede Person, welche die Staatsangehörigkeit eines Mitgliedstaats besitzt. Danach wird einem EU-Mitgliedstaat angehörenden Familienangehörigen eine Bescheinigung über ihr Aufenthaltsrecht ausgestellt; drittstaatsangehörige Familienangehörige erhalten eine Aufenthaltserlaubnis–EU.

Eine weitere Richtlinie, die bis zum 23.1.2006 umzusetzen war, beschäftigt sich mit dem Status der langfristig aufenthaltsberechtigten Drittstaatsangehörigen (Daueraufenthaltsrichtlinie).[13]

2. Assoziationsabkommen

Im Verhältnis zur Türkei gilt das Assoziationsabkommen von 1963[14] (vgl. klarstellend §4 I Aufenthaltsgesetz [AufenthG]). Es wird erläutert durch einen Beschluss des Assoziationsrates EWG-Türkei (ARB 1/80), der sich auch mit dem Zuzug von

---

[9] Art. 38 I Freizügigkeitsrichtlinie.
[10] Richtlinie 2004/38/EG vom 29.4.2004 über das Recht der Unionsbürger und ihrer Familienangehörigen, sich im Hoheitsgebiet der Mitgliedstaaten frei zu bewegen und aufzuhalten, zur Änderung der Verordnung (EWG) Nr. 1612/68 und zur Aufhebung der Richtlinien 64/221/EWG, 68/360/EWG, 72/194/EWG, 73/148/EWG, 75/34/EWG, 75/35/EWG, 90/364/EWG, 90/365/EWG und 93/96/EWG, ABl. EU 2004 L 158/77.
[11] Richtlinie 2003/86/EG vom 22.9.2003 betreffend das Recht auf Familienzusammenführung, ABl. EU 2003 L 251/12. – Näher *Hauschild*, Neues europäisches Einwanderungsrecht – Das Recht auf Familienzusammenführung, ZAR 2003, 266 ff. – Überblick in Bericht der Beauftragten der Bundesregierung für Migration, Flüchtlinge und Integration über die Lage der Ausländerinnen und Ausländer in Deutschland, Berlin, Juni 2005, 444 ff. <www.integrationsbeauftragte.de/download/LageberichtInternet.pdf>
[12] Gesetz über die allgemeine Freizügigkeit von Unionsbürgern vom 30.7.2004, erlassen als Art. 2 des Zuwanderungsgesetzes, BGBl. 2004 I 1986.
[13] Richtlinie 2003/109/EG vom 25.11.2003 betreffend den Status der langfristig aufenthaltsberechtigten Drittstaatsangehörigen, ABl. EU 2004 L 16/44. – Überblick im Bericht der Integrationsbeauftragten 2005, 449 ff. Näher *Hauschild*, Neues europäisches Einwanderungsrecht – Das Daueraufenthaltsrecht von Drittstaatsangehörigen, ZAR 2003, 350 ff.
[14] Am 12.9.1963 von der Europäischen Wirtschaftsgemeinschaft und ihren Mitgliedstaaten mit der Türkei geschlossenes Assoziationsabkommen (BGBl. 1964 II 509) nebst Zusatzprotokoll vom 23.11.1970 (BGBl. 1972 II 385). – Dazu *Sieveking*, Drittstaatsangehörige in der Europäischen Union – die "neuen" Gastarbeiter?, in: Recht und soziale Arbeitswelt – Festschrift Däubler (1999) 805 ff.

Familienangehörigen zum Arbeitnehmer befasst.[15] Angehörige türkischer Arbeitnehmer erwerben ein besonderes Aufenthaltsrecht mit erhöhtem Ausweisungsschutz.[16] Der Schutz des Art. 7 ARB 1/80 greift allerdings erst dann ein, wenn das Recht auf Familiennachzug bereits nach den innerstaatlichen Rechtsvorschriften über den Familiennachzug ausgeübt worden ist.[17] Begriff und Kreis der "Familienangehörigen, die die Genehmigung erhalten haben, zu ihm zu ziehen", werden allerdings weder in Art. 7 noch an einer anderen Stelle des ARB 1/80 definiert. Eine Bestimmung dieses Begriffs durch den EuGH erfolgte längere Zeit nicht. Mangels assoziationsrechtlicher Vorgaben wurde daher argumentiert, grundsätzlich die Familiennachzugsregeln des deutschen Rechts heranzuziehen.[18] Aus deutscher Sicht gelten als Familienangehörige eines türkischen Arbeitnehmers grundsätzlich nur der Ehegatte (§ 30 AufenthG), der eingetragene Lebenspartner ab dem Zeitpunkt, zu dem die Lebenspartnerschaft begründet, die Lebenspartnerschaft im Bundesgebiet gelebt und dem Lebenspartner für die Herstellung und Wahrung der lebenspartnerschaftlichen Gemeinschaft der Nachzug gestattet wird (§ 27 II AufenthG), sowie die minderjährigen unverheirateten Kinder (§ 32 AufenthG). Der Nachzug sonstiger Familienangehöriger ist unter den Voraussetzungen von § 36 AufenthG (früher § 22 Ausländergesetz [AuslG]) möglich. Inzwischen hat der EuGH allerdings für die Rechtsstellung des Stiefsohns ausgesprochen, dass es auf den gleichen Begriff wie auch sonst nach Gemeinschaftsrecht ankommt.[19]

Im Fall "Eyüp" hatte ein Ehepaar nach der Scheidung weiterhin zusammen gelebt. In dieser Zeit wurden gemeinsame Kinder geboren. Später heirateten die Ehegatten wieder und die Ausländerbehörde erhob während der Zeit des nichtehelichen Zusammenlebens keine Einwände gegen einen weiteren Verbleib der Ehegatten in Deutschland. Hier hat der EuGH die gesamte Zeit des gemeinsamen Zusammenlebens angerechnet.[20] Hieraus können aber nach der Begründung des EuGH keine Schlüsse für andere Konstellationen gezogen werden.

B. Deutsches nationales Recht

Maßgeblich für den Familiennachzug nach deutschem nationalen Recht ist das Aufenthaltsgesetz.[21] Dieses kennt einen Aufenthalt aus familiären Gründen und

---

[15] Beschluss Nr. 1/80 des Assoziationsrats EWG/Türkei über die Entwicklung der Assoziation vom 19.9.1980 (ANBA 1981, 4 = InfAuslR 1982, 33).
[16] Siehe etwa für einen Enkelsohn OVG Mannheim 14.1.2005, InfAuslR 2005, 238. Näher Vorläufige Anwendungshinweise zum AufenthG Nr. 27.0.5 ff.
[17] *Hailbronner*, Ausländerrecht–Kommentar (Loseblatt 2004) D 5.2 Art. 7 Rdn. 8.
[18] So Nr. 3.3.4 Allgemeine Anwendungshinweise des Bundesministeriums des Innern zum Beschluss Nr. 1/80 des Assoziationsrats EWG/Türkei (AAH – ARB 1/80) – Fassung 2002 – vom 2. Mai 2002, <www.aufenthaltstitel.de/aharb180.html> (Besuch der Seite 31.8.2005). Siehe auch *Hailbronner*, Ausländerrecht, Kommentar D 5.2 Art. 7 Rdn. 39.
[19] Siehe EuGH 30.9.2004 – C-275/02 (Engin Ayaz/Land Baden-Württemberg), EuZW 2005, 59 = NVwZ 2005, 73; OVG Mannheim 14.1.2005, InfAuslR 2005, 238.
[20] EuGH 22.6.2000 – Rs. C-65/98 (Eyüp), Slg. 2000 I-4747 = InfAuslR 2000, 329.
[21] Gesetz über den Aufenthalt, die Erwerbstätigkeit und die Integration von Ausländern im Bundesgebiet (Aufenthaltsgesetz – AufenthG) vom 30.7.2004, verkündet als Art. 1 Gesetz

den Grundsatz des Familiennachzugs (§ 27). Dabei unterscheidet es einen Familiennachzug zu Deutschen (§ 28) sowie zu Ausländern (§ 29). Es enthält noch besondere Bestimmungen über den Ehegattennachzug (§ 30) sowie ein eigenständiges Aufenthaltsrecht der Ehegatten (§ 31). Geregelt ist auch der Kindernachzug (§ 32), ferner die Geburt eines Kindes im Bundesgebiet (§ 33) sowie das Aufenthaltsrecht der Kinder (§§ 34 f.) und der Nachzug sonstiger Familienangehöriger (§ 36). Die Einzelheiten werden von Verwaltungsvorschriften geregelt.[22] Die Vorschriften des Aufenthaltsgesetzes werden in ihrem Anwendungsbereich durch das vorrangig anzuwendende Freizügigkeitsgesetz/EU verdrängt.

Für das Asylrecht ist in erster Linie das Asylverfahrensgesetz (AsylVfG) maßgeblich.[23] Für das den Angehörigen eines Asylberechtigten zustehende Familienasyl nach § 26 AsylVfG kommt es darauf an, wer Ehegatte und wer Kind ist. Nach dem Grundsatz der Familieneinheit werden von der Antragstellung auch Kinder erfasst (§ 14a).

Staatliche Leistungen an Asylbewerber regelt das Asylbewerberleistungsgesetz (AsylbLG).[24] Nach seinem § 1 I Nr. 6 sind Leistungsberechtigte auch Ehegatten, Lebenspartner oder minderjährige Kinder. Der § 8 AsylbLG schließt Leistungen für den Lebensunterhalt bei einer Verpflichtung Dritter aus.

III. Begriff des Familienangehörigen

Ehegatte und einzelne Familienangehörige werden in den jeweiligen ausländerrechtlichen Vorschriften genannt. Die Freizügigkeitsrichtlinie gewährt jedem Unionsbürger ein Aufenthaltsrecht von mehr als drei Monaten in einem anderen Mitgliedstaat, wenn er Arbeitnehmer oder Selbständiger im Aufnahmemitgliedstaat ist, oder für sich oder seine Familienangehörigen über ausreichende Existenzmittel verfügt, so dass sie während ihres Aufenthalts keine Sozialhilfeleistungen des Aufnahmemitgliedstaats in Anspruch nehmen müssen, oder wenn er im Aufnahmemitgliedstaat eine Ausbildung verfolgt (Art. 7). Dasselbe Aufenthaltsrecht gilt auch für Familienangehörige der eben genannten Unionsbürger. Familienangehörige von Unionsbürgern sind gemeinschaftsrechtlich freizügigkeitsberechtigt und haben grundsätzlich das Recht auf Einreise und Aufenthalt (§ 2 II Nr. 7 FreizügG/EU).

---

zur Steuerung und Begrenzung der Zuwanderung und zur Regelung des Aufenthalts und der Integration von Unionsbürgern und Ausländern (Zuwanderungsgesetz, BGBl. 2004 I 1950). – Näher *Renner*, Ehe und Familie im Zeichen neuer Zuwanderungsregeln, NVwZ 2004, 792 ff.
[22] Vorläufige Anwendungshinweise des Bundesministeriums des Innern zum Aufenthaltsgesetz und zum Freizügigkeitsgesetz/EU vom 22.12.2004.
[23] Asylverfahrensgesetz (AsylVfG) i.d.F. der Bekanntmachung vom 27.7.1993 (BGBl. 1993 I 1361) zuletzt geändert durch Art. 3 Zuwanderungsgesetz vom 30.7.2004 (BGBl. 2004 I 1950) und durch Art. 6 Nr. 7 des Gesetz zur Änderung des Aufenthaltsgesetzes und weiterer Gesetze vom 14. 3. 2005 (BGBl. 2005 I 721).
[24] Asylbewerberleistungsgesetz, BGBl. 1993 I 1074. Neugefasst durch Bek. v. 5. 8.1997, BGBl. 1997 I 2022 zuletzt geändert durch Ges. v. 21. 6.2005, BGBl. 2005 I 1666.

Das europäische Recht gibt somit grundsätzlich vor, wer zu dem begünstigten Personenkreis gehört. Begriffe wie "Ehegatte" sind einheitlich auszulegen.[25] Eine gewisse Ausnahme gibt es für den Lebenspartner. Er gilt nur dann als Familienangehöriger, mit dem der Unionsbürger auf der Grundlage der Rechtsvorschriften eines Mitgliedstaats eine eingetragene Partnerschaft eingegangen ist, wenn nach den Rechtsvorschriften des Aufnahmemitgliedstaats die eingetragene Partnerschaft der Ehe gleichgestellt ist (Art. 2 II 2 lit. b Freizügigkeitsrichtlinie).

Im deutschen nationalen Recht enthält § 27 AufenthG eine allgemeine Regelung des Familiennachzugs von Ausländern zu Deutschen oder Ausländern. Da hier Aufenthaltszweck die Herstellung und Wahrung der familiären Lebensgemeinschaft ist, müssen insofern auch die entsprechenden Tatsachen nachgewiesen werden.[26] Das Gesetz unterscheidet im Übrigen den Familiennachzug zu Deutschen (§ 28 AufenthG) und zu Ausländern (§ 29 AufenthG). Die jeweiligen ausländerrechtlichen Bestimmungen legen zunächst einmal fest, welche Familienangehörigen gemeint sind. § 27 I AufenthG beschränkt auch den Kreis der geschützten Personen. Erfasst werden nur dem Schutz des Art. 6 Grundgesetz (GG) unterfallende familiäre Lebensgemeinschaften. Besonders geschützt wird die Gemeinschaft von Eltern mit ihren minderjährigen Kindern, da hier regelmäßig eine Beistands- und Betreuungsgemeinschaft besteht. Sonstige Verwandte gehören nicht zu diesem Personenkreis, wenn nur eine "Begegnungsgemeinschaft" besteht.[27] Bei der Eingrenzung des Personenkreises handelt es sich im Ausgangspunkt um eine öffentlichrechtliche Frage. Allerdings wird sie nicht für alle Beziehungen gleich beantwortet, etwa für Verschwägerte und für gleichgeschlechtliche Partner.

Bei der Ausfüllung des jeweiligen Begriffs ist dann zu entscheiden, ob er das gleiche meint wie nach den inländischen sachrechtlichen familienrechtliche Bestimmungen oder ob der Begriff eine weitere oder engere Bedeutung haben soll. Denkbar ist ferner eine Erweiterung der Begriffe des Ehegatten und der Familienangehörigen aus verfassungsrechtlichen Gründen. Beispielsweise hat das Bundesverfassungsgericht in sozialrechtlichem Zusammenhang auch eine in der Nachkriegszeit erfolgte nichtformgültige Eheschließung als "Ehe" gewertet. Es hat sich dafür auf den Schutz von Ehe und Familie nach Art. 6 I GG berufen.[28] Ein ähnliches Vorgehen ist auch im Ausländerrecht für besondere Fälle möglich. Im Allgemeinen wird aber davon ausgegangen, dass grundsätzlich der gleiche Status wie nach inländischem Recht gemeint ist. Es kommt also etwa darauf an, ob jemand rechtswirksam Ehegatte oder Kind ist.[29] Dies wiederum ist

---

[25] EuGH 17.4.1986 – Rs. 59/85 (Reed/Niederlande), Slg. 1986, 1283 (zur VO 1612/68).
[26] Zum Nachweis durch Urkunden s. Vorläufige Anwendungshinweise zum AufenthG Nr. 27.0.4.
[27] Kritik an dieser Unterscheidung bei *Will*, Der Schutz kindlicher Beziehungen im Schnittfeld von Familien- und Ausländerrecht, FPR 2002, 549 ff.
[28] BVerfG 30.11.1982, BVerfGE 62, 323, 329 ff. = IPRspr. 1982 Nr. 44 = NJW 1983, 511.
[29] Zur Eheschließung OVG Rheinland-Pfalz 5.7.1993, IPRspr. 1993 Nr. 54 = DVBl. 1994, 69; OVG Saarbrücken 18. 1. 2002, IPRspr. 2002 Nr. 63 = InfAuslR 2002, 231. – Anders OVG Lüneburg 17.5.2001, InfAuslR 2001, 387.

aber nicht einfach nach deutschem Sachrecht, sondern unter Einschaltung des Internationalen Privatrechts zu bestimmen (s. dazu IV B).

IV. Zusammentreffen von Ausländerrecht und Familienrecht

A. Familienrechtliche Tatbestände und Ausländerrecht

Zunächst einmal haben familienrechtliche Tatbestände Bedeutung für das Ausländerrecht, weil hierfür der Personenstand und das Familienverhältnis ebenfalls zählen. Das Ausländerrecht selbst definiert die familienrechtlichen Verhältnisse allerdings nicht im Einzelnen, sondern überlässt dies – insbesondere ihre Begründung – weitgehend dem Zivilrecht. So gesehen baut das Ausländerrecht auf den familienrechtlichen Tatbeständen auf; es zeichnet gleichsam die familienrechtlichen Verhältnisse nach. Das Ausländerrecht erkennt dabei zwar die Familie sowie den Familiennachzug an und lässt den Familiennachzug zur Herstellung und Wahrung der familiären Lebensgemeinschaft zu (§ 27 I AufenthG). Gleichwohl reglementiert und grenzt es die Familienbeziehungen ein; es kategorisiert die Angehörigen und gewährt Freiheit nur in einem definierten Umfang. So kennt es etwa Wartezeiten für Ehegatten (§ 30 I Nr. 3 AufenthG) und ein bestimmtes Nachzugsalter für Kinder (§ 32 II, III AufenthG). Insofern ist es bedeutend restriktiver als das Familienrecht.

Kennzeichnend für die heutige familienrechtliche Entwicklung ist eine größere Offenheit gegenüber unterschiedlichen Lebensformen, deren Besonderheiten zunehmend geregelt werden. Nicht zuletzt die hohe Scheidungshäufigkeit zwingt zur Beschäftigung mit den entstehenden Patchwork-Familien. Flexible Lösungen, die größere Berücksichtigung bloß faktischer Familienverhältnisse und die Beachtung von Vereinbarungen der Beteiligten kommen hinzu.[30] Insofern ist eine Schematisierung von Familienbeziehungen problematisch. Die Angehörigen werden ausländerrechtlich in bestimmte Kategorien nach Verwandtschaftsgraden eingeteilt. Ihr Engagement etwa bei der Versorgung von Kindern wird honoriert oder auch nicht. Auf der anderen Seite äußern sich die Verwaltungsvorschriften recht detailliert etwa zur Gestaltung der elterlichen Sorge, stellen sie Leitbilder auf. Insoweit besteht ein Widerspruch zur freien Gestaltung der persönlichen Beziehungen, wie sie im Familienrecht immer mehr anerkannt wird.

Das Ausländerrecht setzt die inländische und die ausländische Institution, etwa die Ehe, grundsätzlich gleich. Indem die ausländische Gestaltung anerkannt wird, werden ihr ganz erhebliche (öffentlich-rechtliche) Rechtswirkungen auch im Inland zuerkannt. Insoweit geht es auch um die Einordnung fremdartiger Erscheinungen in die Systematik des deutschen Rechts. Zu entscheiden ist, was jeweils gemeint ist und welche fremdartige Gestaltung noch anerkannt wird. Das Familienrecht regelt die Veränderungen der familienrechtlichen Verhältnisse; seine Voraussetzungen entscheiden über den ausländerrechtlich begehrten Status. Veränderungen in

---

[30] Vgl. *Wegner*, Die nichteheliche Lebensgemeinschaft im deutschen Ausländerrecht (1998) 35 ff.

familienrechtlicher Hinsicht haben daher ausländerrechtliche Auswirkungen. Folglich ist von Bedeutung, wieweit die Veränderungen für ausländerrechtliche Zwecke anerkannt werden. Teilweise setzt das Ausländerrecht seine eigenen Wertungen auch gegen zivilrechtliche Grundsätzen durch. Z.B. wird die Verfahrensfähigkeit unter dem allgemeinen Volljährigkeitsalter angesetzt.[31] Insofern handelt es sich um ausländerrechtliche Normen zu Statusfragen.

Im Übrigen geht es auch um die Rückwirkungen, die das Ausländerrecht hat. Die Beteiligten wissen häufig, welche Gestaltungen für sie vorteilhaft sind und greifen zu ihnen. Gerade die Anerkennungswirkung des Ausländerrechts schafft einen besonderen Anreiz, bestimmte Gestaltungen herbei zu führen, etwa eine Zwangsheirat. Die Gleichsetzung der Rechtsinstitute in- und ausländischen Rechts ermöglicht nicht, etwa eine Ehe minderen Rechts anzunehmen. Familienrechtliche Verhältnisse werden daher auch geschaffen, ohne dass sie wirklich gelebt werden. Dann ist zu entscheiden, wie ein bewusstes Herbeiführen der Ergebnisse allein aus ausländerrechtlichen Gründen, gegebenenfalls auch ein bloßes Vortäuschen, zu behandeln ist. So gesehen, ist die Offenlegung innerfamiliärer Vorgänge unausweichlich, auch wenn die deutschen Verwaltungsvorschriften mahnen, die "Ausforschung der persönlichen Verhältnisse auf das im Einzelfall notwendige Mindestmaß zu beschränken".[32] Deutschland ist nach wie vor ein Einwanderungsland und für viele ein attraktiver Ort. Das Ausländerrecht wird teilweise liberalisiert. Auf der anderen Seite wird häufig nach Erschwernissen gerufen. Die Abgrenzung von Missbrauch und zulässiger Gestaltungsfreiheit wirft stets neue Fragen auf. Wieweit kann eine Instrumentalisierung des Familienrechts zu ausländerpolizeilichen Zwecken gehen? Manche warnen sogar vor einer Hexenjagd gegen Scheinehen.[33]

Zu bewältigen sind auch unterschiedliche Wertvorstellungen und Konzeptionen in den nationalen Familienrechten und vor allem im Eherecht. Schließlich ist zu entscheiden, welches nationale Familienrecht überhaupt entscheiden soll. Das noch vielfach auf dem Staatsangehörigkeitsprinzip aufbauende Internationale Familienrecht weist die Fragen dem jeweiligen Heimatrecht zu (Art. 13 ff. Einführungsgesetz zum Bürgerlichen Gesetzbuch [EGBGB]). Dessen Wertungen werden grundsätzlich hingenommen; Grenzen setzt allerdings der inländische ordre public (Art. 6 EGBGB).

B. Vorfragen

1. Vorfrage im europäischen Recht

Das europäische Recht enthält eine eigene Definition des Familienangehörigen. Ob es sich um ein bestehendes Familienverhältnis handelt, ist allerdings mithilfe des

---

[31] Näher *Gutmann*, Handlungsfähigkeit Minderjähriger im Ausländerrecht und Elternrechte, InfAuslR 2003, 223 ff.
[32] Vorläufige Anwendungshinweise Nr. 27.1.8.
[33] Siehe insbes. *Jessurun d'Oliveira*, "The Artifact of Sham Marriages", Yearbook of Private International Law 1 (1999) 49 ff.

Zivilrechts zu lösen. Dafür bedarf es einer Anknüpfung der Vorfrage. Dies gilt etwa, wenn die Eheschließung zwischen einer Engländerin und einem Nigerianer in Nigeria zu beurteilen ist.[34] Da es (noch) kein einheitliches europäisches Familienrecht gibt, muss die Anknüpfung nach nationalem Kollisionsrecht erfolgen. Dies wird teilweise ausdrücklich bestimmt, so für die Anerkennung von Adoptionsentscheidungen in Art. 4 I lit. b Familiennachzugsrichtlinie. Unbefriedigend ist insoweit, dass bei der Anwendung des jeweiligen nationalen Kollisionsrechts unterschiedliche Ergebnisse eintreten können. Insofern wäre eine Art Herkunftslandprinzip denkbar, indem der Aufnahmestaat (Zweitstaat) keine andere Beurteilung der Rechtsfrage als der Erststaat vornimmt.[35] Freilich ist häufig nicht klar, auf welchen Staat abzustellen wäre. Auch ein eigentlich europäisches Personenstandsrecht ist noch nicht in Sicht.[36]

2. Vorfrage im deutschen Ausländerrecht

Obwohl Rechtsprechung und Literatur dieser Frage nicht immer die gebotene Aufmerksamkeit widmen, kann für das deutsche Ausländerrecht im Allgemeinen davon ausgegangen werden, dass die in ihm genannten Statusverhältnisse aus der Sicht des deutschen Internationalen Privatrechts wirksam sein müssen.[37] Hierfür sind in erster Linie die für Deutschland bindenden staatsvertraglichen Normen heranzuziehen. Beispielsweise ist insbesondere in Asylsachen der Status nach der Genfer Flüchtlingskonvention zu bestimmen.[38] Dazu gehört auch die Beachtung des Ehestatus nach dem Wohnsitz- bzw. Aufenthaltsortsrecht (Art. 12 I Genfer Flüchtlingskonvention). Einschlägig ist häufig Art. 12 II der Genfer Flüchtlingskonvention. Danach kommt es für die von einem Flüchtling bzw. Asylbewerber vor der Flucht oder Vertreibung für seine personenrechtliche Stellung erworbenen Rechte, insbesondere aus einer Eheschließung, auf die Rechtslage im Herkunfts- bzw. Verfolgerstaat an.[39] In zweiter Linie werden die deutschen Kollisionsnormen des EGBGB bzw. die entsprechenden Vorschriften des deutschen Internationalen Verfahrensrechts herangezogen. Nach deutschem Ausländerrecht dominiert die Auffassung, dass eine selbständige Anknüpfung nach dem Maßstab des deutschen Kollisionsrechts vorzunehmen ist.[40] Der

---

[34] Siehe VG Stuttgart 11. 4. 1991, IPRspr. 1991 Nr. 73 = InfAuslR 1991, 224 (Eheschließung nach Stammesrecht in Nigeria).
[35] Anklänge im europäischen Immigrationsrecht finden sich bereits, s. EuGH 23. 9. 2003 – Rs. C-109/01 (Secretary of State/Akrich), Slg. 2003 I – 9607 = EuZW 2003, 752 = FamRZ 2004, 1263 (LS).
[36] Siehe *Pintens*, Familienrecht und Personenstand – Perspektiven einer Europäisierung, StAZ 2004, 353 ff.
[37] In Nr. 28.1.2 Vorläufige Anwendungshinweise fehlt jedoch eine explizite Klarstellung.
[38] Genfer Abkommen über die Rechtsstellung der Flüchtlinge vom 28.7.1951 (BGBl. 1993 II 559).
[39] BVerwG 22.2.2005, AuAS 2005, 188; OVG Lüneburg 9. 12. 2002, IPRspr. 2002 Nr. 71; OVG Rheinland-Pfalz 5.7.1993, IPRspr. 1993 Nr. 54 = DVBl. 1994, 69.
[40] Vgl. nur OVG Saarbrücken 18. 1. 2002, IPRspr. 2002 Nr. 63 = InfAuslR 2002, 231 (Eheschließung).

Schutz von Lebensgemeinschaften durch die Verfassung (Art. 6 I GG) hängt hingegen nicht von den zivilrechtlichen Kollisionsnormen ab.[41]

Für die Hinnahme der Wirkungen ausländischer Entscheidungen gelten die allgemeinen Regeln des internationalen Verfahrensrechts. Insofern kommen die europäischen Verordnungen zur Anwendung, für Gerichtsentscheidungen die nationale Norm des § 328 Zivilprozessordnung (ZPO) sowie für Entscheidungen der freiwilligen Gerichtsbarkeit § 16a Gesetz über die freiwillige Gerichtsbarkeit (FGG).

C. Ordre public

Anstößigen Verhältnissen kann schon kraft Ausländerrecht begegnet werden. Die europäischen Richtlinien kennen eine eigene ausländerrechtliche ordre public-Klausel.[42] Insofern zeichnet sich allerdings die Tendenz ab, den ordre public-Vorbehalt auf die eigentlich ausländerpolizeiliche Störung der öffentlichen Sicherheit und Ordnung zu beschränken. Die Nichtbeachtung nur zum Schein herbeigeführter familienrechtlicher Gestaltungen wird durch eigenständige Tatbestände abgesichert. So bildet das Schließen einer Scheinehe einen Ablehnungs- bzw. Entziehungsgrund nach Art. 16 II lit. b der Familiennachzugrichtlinie. Auch der Abwehr einer bloßen Zweckadoption will die gleiche Bestimmung begegnen. Die Vorschrift greift ein, wenn die Adoption nur vorgenommen wurde, um dem Adoptivkind Einreise oder Aufenthalt zu ermöglichen. Diese Verselbständigung ist zu begrüßen, um der Versuchung zu begegnen, den privatrechtlichen ordre public mit ausländerrechtlichen Erwägungen zu überfrachten.[43]

Früher war die Aufenthaltserlaubnis zu versagen, wenn die Anwesenheit des Ausländers Belange der Bundesrepublik Deutschland beeinträchtigte (§ 2 I 2 AuslG). Es bestand insoweit ein Zusammenhang mit dem ordre public des Privatrechts, als Verstöße hiergegen einen Grund für die sog. Negativschranke bildeten.[44] Nach heutigem Recht zeichnet sich hingegen eine bessere Abgrenzung zum Privatrecht ab. Danach kann dem ausländischen Rechtsverhältnis privatrechtlich die Anerkennung versagt werden, wenn es gegen den deutschen ordre public i.S. des Art. 6 EGBGB verstößt.[45] Eine entsprechende Schranke besteht bezüglich der Anerkennung

---

[41] BVerfG 12.5.1987, BVerfGE 76, 1, 41 = IPRspr. 1987 Nr. 44 (Auszug) = NJW 1988, 626.
[42] Art. 39 III Freizügigkeitsrichtlinie; Art. 6 I, II Familiennachzugsrichtlinie; Art. 6 I Daueraufenthaltsrichtlinie. Dazu *Hailbronner*, Die Unionsbürgerrichtlinie und der ordre public, ZAR 2004, 299 (302 ff.).
[43] Vgl. auch für die Scheinehe *Anwaltkommentar/Andrae*, BGB I (2005) Art. 13 EGBGB Rdn. 31 f.
[44] BVerwG 30. 4. 1985, BVerwGE 71, 228, 230 f. = IPRspr. 1985 Nr. 3 = NJW 1985, 2097 = JZ 1985, 740 Anm. *Kimminich* = IPRax 1985, 351 Bericht *Jayme* (Mehrehe). –Dazu *Hailbronner* ZAR 2004, 302 ff.
[45] VG Berlin 29. 7. 2002, InfAuslR 2003, 472 = PRspr. 2002 Nr. 69.

ausländischer Entscheidungen (Art. 34 Nr. 1 Brüssel I-VO;[46] Art. 22 lit. a, 23 lit. a Brüssel IIa-VO;[47] § 328 I Nr. 4 ZPO, § 16a Nr. 4 FGG). Darauf ist noch bei den einzelnen Statusfragen und Rechtsverhältnissen näher einzugehen.

V. Einzelne Statusfragen und familienrechtliche Verhältnisse

A. Geburt und Alter

Das Alter ist vor allem für den Familiennachzug von Kindern von Bedeutung. Das Ausländerrecht kennt daher bestimmte Alterserfordernisse. Das Alter ist zivilrechtlich eine Frage des Personenstandes; maßgeblich ist das Heimatrecht (Art. 7 I EGBGB). Zwar ist die ausländerrechtliche.

Handlungsfähigkeit Minderjähriger auf 16 Jahre festgesetzt worden (§ 80 AufenthG). Eine entsprechende Altersgrenze kennt auch das Asylrecht (§ 12 AsylVfG). Eine eigenständige ausländerrechtliche Festlegung des Alters ist jedoch, mangels entsprechender Ermächtigung, nicht möglich.[48] Die nach türkischem Recht mögliche Berichtigung des Geburtsdatums ist grundsätzlich zu beachten und hat auch ausländerrechtliche Konsequenzen.[49] Die Anerkennung folgt den dafür maßgeblichen staatsvertraglichen[50] und nationalen Regeln (§ 16a FGG). Die Anerkennung der ausländischen Feststellung hat teilweise zu Schwierigkeiten geführt; Unregelmäßigkeiten im Erststaat müssen gegebenenfalls mit dem ordre public abgewehrt werden.

Für das Minderjährigenasyl kommt es auf den Zeitpunkt der Asylantragstellung an (§ 26 II 1 AsylVfG). Insoweit wird unter Berufung auf Art. 12 Genfer Flüchtlingskonvention auf das deutsche Recht abgestellt.[51]

B. Ehe

1. Eheschließung

Der Ehegatte wird in allen ausländerrechtlichen Vorschriften als nachzugs- bzw. aufenthaltsberechtigt anerkannt. Die Verordnung (EWG) 1612/68 nennt ihn ebenso

---

[46] EG-Verordnung über die gerichtliche Zuständigkeit und die Anerkennung und Vollstreckung von Entscheidungen in Zivil- und Handelssachen vom 22.12.2000 (ABl. EG 2001 L 12/1).
[47] Verordnung (EG) Nr. 2201/2003 über die Zuständigkeit und die Anerkennung und Vollstreckung von Entscheidungen in Ehesachen und Verfahren betreffend die elterliche Verantwortung vom 27.11.2003, ABl. EG 2003 L 338/1.
[48] VG Berlin 30.12.2004, InfAuslR 2003, 160 (für das Asylverfahren).
[49] Vgl. *Ansay*, Zur Berichtigung des Geburtsdatums von Türken, StAZ 1982, 209 ff.
[50] CIEC-Übereinkommen betreffend die Entscheidungen über die Berichtigung von Einträgen in Personenstandsbüchern vom 10.9.1964, BGBl. 1969 II 445. – Vgl. dazu BSG 29.1.1985, IPRspr. 1985 Nr. 203 = InfAuslR 1986, 13 = IPRax 1985, 352 Bericht *Henrich*.
[51] *Koisser/Nicolaus*, Das Familienasyl des § 7a Abs. 3 AsylVfG, ZAR 1991, 31 (35); *Marx*, Kommentar zum Asylverfahrensgesetz (AsylVfG) (5. Aufl. 2003) § 26 Rn. 56 AsylVfG.

wie die Freizügigkeitsrichtlinie.[52] Auf seine Staatsangehörigkeit kommt es nicht an. Die Scheidung oder Aufhebung der Ehe des Unionsbürgers berührt nicht das Aufenthaltsrecht seiner Familienangehörigen, welche die Staatsangehörigkeit eines Mitgliedstaats besitzen.[53] Auch das Gesetz über die allgemeine Freizügigkeit von Unionsbürgern erkennt den Ehegatten als Familienangehörigen an (§ 3 II Nr. 1 FreizügG/EU). Nach deutschem nationalen Recht kann eine Aufenthaltserlaubnis im Wege des Ehegattennachzugs verlangt werden (§ 30 AufenthG). Bei Aufhebung der ehelichen Lebensgemeinschaft besteht ein eigenständiges Aufenthaltsrecht des Ehegatten (§ 31 AufenthG).

Es kommt darauf an, ob eine im Rechtssinne wirksame Eheschließung nach dem jeweils maßgeblichen Recht vorliegt. Dies schließt eine Überprüfung einer im Ausland erfolgten Eheschließung nach dem jeweiligen Ortsrecht (Art. 11 I 1 Alt. 2 EGBGB) bzw. nach dem gleichfalls ausreichenden Heimatrecht der Eheschließenden (Art. 11 I 1 Alt. 1, 13 I EGBGB) ein.[54] Danach können auch dem deutschen Recht unbekannte Eheschließungsformen wie die durch Stellvertretung zustande kommende Handschuhehe[55] oder die Heirat nach Stammesrecht in Afrika[56] anerkannt werden. Soweit das Heimatrecht eingehalten worden ist, kommt ein Verstoß gegen den deutschen ordre public in Betracht. Freilich liegt ein Verstoß gegen die Grundwerte des deutschen Rechts nicht schon in der Eheschließung einer Minderjährigen.[57] Die pauschale Behauptung, eine Handschuhehe verstoße gegen den deutschen ordre public,[58] kann nicht überzeugen. Andererseits wird für die inländische Eheschließung das grundsätzlich bestehende Eheschließungsmonopol der Standesämter durchgesetzt. Damit genügt eine in Deutschland – unter Verstoß gegen Art. 13 III 1 EGBGB – lediglich in religiöser Form erfolgte Eheschließung nicht.[59] Im deutschen Asylrecht kommt es auf das Bestehen der Ehe im Verfolgerstaat an (§ 26 I Nr. 2 AsylVfG). Erfasst wird daher eine bereits im Verfolgerstaat eingegangene und von diesem zivilrechtlich als Ehe anerkannte und registrierte Lebensgemeinschaft. Insoweit wird direkt auf das Recht des Verfolger- bzw. Herkunftsstaats, gegebenenfalls bei Diskriminierung des Verfolgten unter erweiternder Bezugnahme auf völkerrechtliche Grundsätze, abgestellt[60] (vgl. auch den gleichen Ansatz in Art. 12 II Genfer Flüchtlingskonvention).

---

[52] So der aufgehobene Art. 10 I VO 1612/68. Ferner Art. 2 Nr. 2 lit. a Freizügigkeitsrichtlinie von 2004.
[53] Art. 13 I Freizügigkeitsrichtlinie von 2004.
[54] Siehe auch Vorläufige Anwendungshinweise Nr. 28.1.2.
[55] VG Wiesbaden 12. 9. 1994, NVwZ 1995 Beil. S. 14 = IPRspr. 1994 Nr. 72 (Handschuhehe in Pakistan).
[56] VG Stuttgart 11. 4. 1991, IPRspr. 1991 Nr. 73 = InfAuslR 1991, 224 (Eheschließung nach Stammesrecht in Nigeria).
[57] VG Berlin 29. 7. 2002, InfAuslR 2003, 472 = IPRspr. 2002 Nr. 69 (niedrigeres Eheschließungsalter in Marokko).
[58] Vorläufige Anwendungshinweise Nr. 28.1.2.
[59] OVG Saarbrücken 18. 1. 2002, IPRspr. 2002 Nr. 63 = InfAuslR 2002, 231; OVG Lüneburg 1.2.2005, NJW 2005, 1739 = InfAuslR 2005, 196 (islamische Inlandsehe). – Anders OVG Lüneburg 17.5.2001, InfAuslR 2001, 387.
[60] *Koisser/Nicolaus* ZAR 1991, 34; *Marx* § 26 AsylVfG Rdn. 20 ff.

Dementsprechend genügt eine nur nach islamischem Ritus in der Türkei geschlossene sog. Iman-Ehe nicht.[61] Auch die lediglich nach jezidischem Ritus in Syrien erfolgte Eheschließung reicht mangels staatlicher Anerkennung nicht aus.[62]

2. Scheinehe

Die sog. Scheinehe wird zwar nicht nur zum Schein geschlossen. Es handelt sich aber um eine reine Zweckehe; sie wird lediglich eingegangen, um einer Person die Einreise oder den Aufenthalt zu ermöglichen. In der Praxis geht es meist um erfolglose Asylbewerber.[63] Ausländerrechtlich enthält insofern Art. 16 II lit. b der Familiennachzugrichtlinie eine Sanktion; das Schließen einer Scheinehe bildet einen Ablehnungs- bzw. Entziehungsgrund.[64] Das deutsche Aufenthaltsgesetz enthält bislang keine besondere Regelung.[65] Bereits nach altem Ausländerrecht wurde aber angenommen, dass eine ohne den Willen zu einer Lebensgemeinschaft eingegangene Verbindung, welche nur ein sonst nicht bestehendes Aufenthaltsrecht erlangen sollte, keinen aufenthaltsrechtlichen Schutz genießt.[66]

Was die materielle Wirksamkeit der Eheschließung angeht, so ist sie dem jeweils anwendbaren Sachrecht, d.h. dem Heimatrecht (Art. 13 I EGBGB), überlassen. Das danach maßgebende Recht ist daher nach etwaigen zivilrechtlichen Sanktionen zu befragen. Das deutsche Eherecht enthält ein eigenes Ehehindernis (§ 1310 I Bürgerliches Gesetzbuch [BGB]) und einen eigenen Aufhebungsgrund für die sog. Scheinehe (§ 1314 II Nr. 5 BGB). Im Übrigen ist der Standesbeamte gehalten, bei Verdacht einer Scheinehe keine Eheschließung vorzunehmen (§§ 1310 I 2, 1314 II Nr. 5 BGB).[67] Freilich kommt es zivilrechtlich nicht auf den mit der Eheschließung verfolgten Zweck an. Entscheidend ist vielmehr die einverständliche Absicht, keine eheliche Lebensgemeinschaft begründen zu wollen.[68] Stehen die Heimatrechte zweier ausländischer Eheschließender nicht entgegen, so ist zweifelhaft, ob hier der deutsche ordre public

---

[61] OVG Koblenz 5.7.1993, IPRspr. 1993 Nr. 54 = NVwZ 1994, 514.
[62] BVerwG 22.2.2005, AuAS 2005, 188. Ebenso die Vorinstanz OVG Lüneburg 9.12.2002, IPRspr. 2002 Nr. 71.
[63] Näher Bericht der Integrationsbeauftragten 2005, 267 ff.
[64] Vgl. bereits Entschließung des Rates der Europäischen Union über Maßnahmen zur Bekämpfung von Scheinehen vom 4.12.1997, ABl. EG 1997 C 382/1. – Dazu *Jayme/Kohler*, Europäisches Kollisionsrecht 1998, IPRax 1998, 417 (418 f.); *Finger*, Scheinehen – eine Entschließung des Rates der Europäischen Union zum Ausländerrecht, FuR 1998, 289 ff.
[65] *Hailbronner*, Die Richtlinie zur Familienzusammenführung, FamRZ 2005, 1 (6).
[66] BVerwG 23.3.1982, BVerwGE 65, 174, 179 ff. = NJW 1982, 1956. – Siehe zum alten Recht auch *Hailbronner*, Ausländerrecht, A 1 § 17 AuslG Rdn. 24 ff., § 18 AuslG Rdn. 4c.
[67] Näher *Henrich*, Scheinehen im Internationalen Privatrecht, in: Festschr. Rolland (1999) 167 ff.; *ders.*, Internationales Familienrecht (2. Aufl. 2000) 37 f.
[68] MünchKomm/(*Coester*), BGB, X (4. Aufl. 2006) Art. 13 EGBGB Rdn. 59; Staudinger/ Mankowski (2003) Art. 13 EGBGB Rdn. 330. Näher *Conring*, Rechtliche Behandlung von "Scheinehen" nach der Reform des deutschen Eheschließungsrechts (2002).

gegen die Eheschließung mobilisiert werden kann.[69] Da ein Verstoß gegen Grundwerte des deutschen Rechts kaum begründet werden kann, dürfte die Reaktion eher dem Ausländerrecht zu überlassen sein.

3. Zwangsehe

Die Zwangsehe, d.h. die gegen den Willen des Eheschließenden erfolgte Verheiratung, ist zunehmend in das Blickfeld getreten. Nach deutschem Recht ist die Drohung bei der Eheschließung ein Aufhebungsgrund (§ 1314 II Nr. 4 BGB). Ferner ist die erzwungene Eingehung der Ehe neuerdings ein besonders schwerer Fall der Nötigung (§ 240 IV Nr. 1 Strafgesetzbuch [StGB]). Die Familiennachzugsrichtlinie lässt es zu, ein Mindestalter von höchstens 21 Jahren für beide Ehegatten für den Nachzug zu verlangen (Art. 4 V). In Deutschland gab es in der Vergangenheit Bestrebungen mehrerer Bundesländer in Richtung auf erleichterte Aufhebung, aber auch Verschärfungen des Ausländer- und Strafrechts sowie Hilfen für die Opfer.[70] Nicht zu übersehen ist freilich, dass das Ausländerrecht selbst einen besonderen Anreiz schafft. Oft wird der/die Heiratswillige im Migrationsland mit einer Person aus dem familiären Umkreis im Herkunftsland verheiratet, die durch diese Eheschließung dann legal in das entsprechende Land umziehen kann.[71]

An sich ist die Eheschließung auch insoweit dem Heimatrecht überlassen. Auch das türkische Recht geht von einer notwendigen Willensübereinkunft der Eheschließenden aus. Das Problem besteht hauptsächlich in der Durchsetzung dieser Prinzipien. Tief verwurzelte Heiratsgewohnheiten, aber auch die sichtbaren Vorteile solcher erzwungenen Eheschließungen lassen nicht erwarten, dass in den Heimatländern erfolgreich dagegen vorgegangen wird. Selbst im Inland erfolgen Zwangsverheiratungen bei entsprechendem familiärem Druck. Soweit das Heimatrecht die Zwangsverheiratung hinnimmt, ist dies ein Fall für den deutschen ordre public (Art. 6 EGBGB).[72]

4. Mehrehe

Bei der nach ausländischem, insbes. islamischem, Recht wirksam begründeten Mehrehe stellt sich die Frage nach ihrer Berücksichtigung im deutschen Recht, etwa im Steuer- und Sozialrecht. Auch für das Ausländerrecht ist zu beantworten, ob die Einreise mehrerer Ehegatten erreicht werden kann. Die Familiennachzugsrichtlinie lässt einen Nachzug weiterer Ehegatten nicht zu (Art. 4 IV).[73] Die deutsche zivilrechtliche Rechtsprechung nimmt an, dass zwar die Mitwirkung deutscher Stellen beim Abschluss einer Mehrehe ausgeschlossen ist. Ein freiwilliges Zusammenleben

---

[69] So *Staudinger/Mankowski* (2003) Art. 13 EGBGB Rdn. 341 f. m.w.Nachw.
[70] Entwurf eines Gesetzes zur Bekämpfung der Zwangsheirat und zum besseren Schutz der Opfer von Zwangsheirat, BR-Drucksache 767/04.
[71] Siehe Bericht der Integrationsbeauftragten 2005, 294 ff.
[72] *Staudinger/Mankowski* (2003) Art. 13 EGBGB Rdn. 188.
[73] Vgl. *Hailbronner* FamRZ 2005, 2 f.

in Deutschland wird hingegen hingenommen.[74] Auch die Einreise einer zweiten jordanischen Ehefrau ist ausländerrechtlich gestattet und nicht als Verstoß gegen den deutschen ordre public gewertet, allerdings in das Ermessen der deutschen Ausländerbehörden gestellt worden.[75] Keine Nachzugserlaubnis ist hingegen zugestanden worden, wenn der inzwischen eingebürgerte Ehemann schon in erster Ehe mit einer Deutschen verheiratet war.[76] Die vorläufigen Anwendungshinweise lassen die Einreise des zweiten Ehegatten für den Familiennachzug nicht zu.[77] Es gibt immer wieder Fälle, in denen – meist unbemerkt – der Eingebürgerte nach seinem früheren Heimatrecht noch eine Mehrehe begründet hat. Hier hat man mit einer Rücknahme der Einbürgerung reagiert.[78]

Auch für die Eingehung einer Mehrehe kommt es, da es sich um die Beachtung eines materiellrechtlichen Ehehindernisses handelt, kollisionsrechtlich auf das Heimatrecht der Eheschließenden an (Art. 13 I EGBGB). Das deutsche Eherecht lehnt die Mehrehe ab (§ 1306 BGB); die Eingehung einer Doppelehe ist strafbar (§ 172 StGB). Gestattet das ausländische Recht die Mehrehe, so verstößt dies nicht in jedem Fall gegen den deutschen ordre public. Die im Ausland nach dem Heimatrecht der Parteien wirksame Ehe (etwa als Zweitehe) wird regelmäßig als wirksam hingenommen.[79]

C. Gleichgeschlechtlicher Partner und andere Lebensgemeinschaften

1. *Gleichgeschlechtliche Lebenspartnerschaft*

Der frühere Art. 10 der VO Nr. 1612/68 erwähnte lediglich den "Ehegatten", nicht aber den Lebenspartner gleichen Geschlechts. Zwar sei es nicht ausgeschlossen, so der EuGH, den europarechtlichen Begriff der "Ehe" erweiternd auszulegen. Dies würde jedoch voraussetzen, dass eine entsprechende Entwicklung in der gesamten Gemeinschaft und nicht nur in einem einzelnen Mitgliedstaat eingetreten ist.[80] Der Gerichtshof hat jedoch erst vor verhältnismäßig kurzer Zeit in anderem Zusammenhang festgestellt, dass trotz des sich auch auf die sexuelle Orientierung erstreckenden Diskriminierungsverbots des Art. 13 EG eine "Ehe" nach der in allen Mitgliedstaaten geltenden Definition eine Lebensgemeinschaft zweier Personen unterschiedlichen

---

[74] Nachw. bei MünchKomm. (-*Coester*) Art. 13 EGBGB Rdn. 71.
[75] BVerwG 30.4.1985, BVerwGE 71, 228, 230 ff. = IPRspr. 1985 Nr. 3 = NJW 1985, 2097 = JZ 1985, 740 Anm. *Kimminich* = IPRax 1985, 351 Bericht *Jayme*; VG Gelsenkirchen 18.7.1974, IPRspr. 1974 Nr. 5 = FamRZ 1975, 338 m. Anm. *Jayme* und Aufs. *Cullmann* FamRZ 1976, 313 ff. – Vgl. auch *Hailbronner*, Ausländerrecht A 1 § 18 AuslG Rdn. 4c.
[76] OVG Münster 7. 3. 1985, IPRspr. 1985, Nr 2 = IPRax 1985, 351 Bericht *Jayme*.
[77] Vorläufige Anwendungshinweise Nr. 27.1.6.
[78] OVG Lüneburg 14.10.2004, NJW 2005, 524.
[79] BVerwG 4.4.1985, BVerwGE 71, 228, 230 = IPRspr. 1985 Nr. 3; OLG Hamm 12.9.1986, IPRspr. 1986 Nr. 53 = StAZ 1986, 352. – W. Nachw. bei *Staudinger/Mankowski* (2003) Art. 13 EGBGB Rdn. 251.
[80] EuGH 17.4.1986 – Rs. 59/85 (Reed/Niederlande), Slg. 1986, 1283 (zur nichtehelichen Lebensgemeinschaft in der VO 1612/68).

Geschlechts voraussetzt.[81] Damit hat er eine verhältnismäßig restriktive Auslegung gewählt.[82] Dementsprechend wurde in Deutschland entschieden, dass ein taiwanesischer gleichgeschlechtlicher Lebenspartner, der in den Niederlanden eine nach dortigem Recht mögliche Ehe mit einem Niederländer geschlossen hatte, kein nachzugsberechtigter "Ehegatte" i.S.v. Art. 10 Abs. 1 lit. a VO (EWG) 1612/68 war.[83] Ein Aufenthaltstitel nach europäischem Recht konnte nach der damaligen Rechtslage nicht erteilt werden.

Die Freizügigkeitsrichtlinie nennt nunmehr den Lebenspartner, mit dem der Unionsbürger auf der Grundlage der Rechtsvorschriften eines Mitgliedstaats eine eingetragene Partnerschaft eingegangen ist, sofern nach den Rechtsvorschriften des Aufnahmemitgliedstaats die eingetragene Partnerschaft der Ehe gleichgestellt ist und die in den einschlägigen Rechtsvorschriften des Aufnahmemitgliedstaats vorgesehenen Bedingungen erfüllt sind.[84] Eine entsprechende Regelung findet sich in Art. 4 III Familiennachzugsrichtlinie. Dies bedeutet, dass in einigen Mitgliedstaaten auch gleichgeschlechtliche Paare von der Richtlinie erfasst werden. Insoweit ist das europäische Recht erst teilweise angepasst. Die deutsche Umsetzungsgesetzgebung verweist richtlinienkonform auf die für Lebenspartner eines Deutschen geltenden Vorschriften des Aufenthaltsgesetzes (§ 3 VI FreizügG/EU).

Das nationale deutsche Ausländerrecht hat die Gleichstellung der Lebenspartnerschaft mit der Ehe vollzogen.[85] Die Lebenspartnerschaft fällt unter § 27 II AufenthG. Sie muss durch einen staatlichen Akt anerkannt sein und ihre Ausgestaltung muss der deutschen Lebenspartnerschaft im Wesentlichen entsprechen. Eine wesentliche Entsprechung liegt vor, wenn das ausländische Recht von einer Lebensgemeinschaft ausgeht und insbesondere wechselseitige Unterhaltspflichten der Lebenspartner und nachwirkende Pflichten bei Auflösung der Lebenspartnerschaft vorsieht.[86] Die Gleichwertigkeit ist vor allem für die Lebenspartnerschaften der nordischen Rechtsordnungen zu bejahen.[87] Von einer Eingehung der Lebenspartnerschaft nach ausländischem

---

[81] EuGH 31.5.2001 – verb. Rs. C-122/99 P und C-125/99 P (D und Königreich Schweden/Rat der Europäischen Union), Slg. 2001 I-4139 = DVBl. 2001, 1201 Anm. *Szczekalla* = FamRZ 2001, 1053 = Eur. L. Rev. 2002 80 Anm. *Caracciolo di Torella/Reid* (für europäische Zulageregelung). Dazu *Bogdan*, Registered Partnerships and EC Law, in: *Boele-Woelki/Fuchs* (Hrsg.), Legal Recognition of Same-Sex Couples in Europe (Antwerpen 2003) 171 ff.
[82] Zum europäischen Familienbegriff näher *Stalford*, Regulating family life in post-Amsterdam Europe, Eur. L. Rev. 2003, 39 ff.; *Toner*, Immigration Rights of Same-Sex couples in EC Law, in: *Boele-Woelki/Fuchs* (Hrsg.), Legal Recognition of Same-Sex Couples in Europe (Antwerpen 2003) 178 ff.
[83] VG Karlsruhe 10.9.2004, Bericht EuZW 2004, 645.- Vgl. Boele-Woelki/Schrama, Niederlande, in: Scherpe/Yassari (Hrsg.), Die Rechtsstellung nichtehelicher Lebensgemeinschaften (2005) 307 ff.
[84] Art. 2 Nr. 2 lit. b Freizügigkeitsrichtlinie von 2004.
[85] Siehe Vorläufige Anwendungshinweise Nr. 27.2.
[86] Vorläufige Anwendungshinweise Nr. 27.2.2.
[87] Siehe den Überblick bei *Coester*, Same-sex relationships – A Comparative Assessment of Legal Developments across Europe, FamPra.ch 2002, 748 ff.

Recht ist bei einer Eintragung im Ausland auszugehen. Freilich ist nach deutschem Recht eine erneute Eintragung nach inländischem Recht möglich, auch wenn bereits eine Lebenspartnerschaft im Ausland begründet wurde (Art. 17b III EGBGB). Damit steht einer Begründung einer Lebenspartnerschaft nach deutschem Recht nichts im Wege. Bezüglich der nur zum Schein eingetragenen Lebenspartnerschaft empfiehlt sich eine Gleichbehandlung mit der Ehe.[88] Eingetragene gleichgeschlechtliche Paare sind im deutschen Zivilrecht inzwischen den Ehegatten grundsätzlich gleichgestellt (siehe das Lebenspartnerschaftsgesetz – LPartG).[89]

2. *Nichteheliche Lebensgemeinschaft*

Für das europäische Recht ist unter der Geltung der VO Nr. 1612/68 die Gleichstellung des nichtehelichen Lebensgefährten mit dem Ehegatten von der Rechtsprechung abgelehnt worden.[90] Die Familiennachzugsrichtlinie lässt nunmehr die Einreise und den Aufenthalt für nichteheliche Lebenspartner, die nachweislich in einer auf Dauer angelegten Beziehung leben, zu (Art. 4 III). Das bisherige deutsche nationale Ausländerrecht kennt noch keine eigenständige Rechtsposition des nichtehelichen Lebensgefährten.[91]

Das deutsche Familienrecht enthält keine umfassende Regelung der nichtehelichen Lebensgemeinschaft. Es kommt jeweils darauf an, wieweit eine analoge Heranziehung der eherechtlichen Regeln möglich ist und wieweit es bei der Anwendung schuldrechtlicher Normen bleibt.[92]

D. Kindschaft

1. Nachzugsvoraussetzungen

Familienangehörige im Sinne der VO 1612/68 waren Verwandte in absteigender Linie, die noch nicht 21 Jahre alt sind oder denen Unterhalt gewährt wird (Art. 10 I lit. a).

---

[88] *Hoppe*, Die Berücksichtigung der Eingetragenen Lebenspartnerschaft im Aufenthaltsgesetz (2003) 98 ff.
[89] Gesetz über die eingetragene Lebenspartnerschaft (Lebenspartnerschaftsgesetz – LPartG) vom 16.2.2001. Geändert durch das Gesetz zur Überarbeitung des Lebenspartnerschaftsrechts – LPartGÜG, BGBl. I 2004, 3396.
[90] EuGH 17.4.1986 – Rs. 59/85 (Reed/Niederlande), Slg. 1986, 1283 (zu Art. 10 VO 1612/68). Der EuGH hat jedoch aus Art. 7 II VO Nr. 1612/68 ein Aufenthaltsrecht für den nichtehelichen Lebenspartner eines freizügigkeitsberechtigten Arbeitnehmers hergeleitet, soweit das Recht des Aufnahmemitgliedstaates dem nichtehelichen Lebenspartner seiner eigenen Staatsangehörigen ein solches Recht einräumt. Näher *Toner*, Community law immigration rights, unmarried partnerships and the relationship between European Court of Human Rights jurisprudence and community law in the Court of Justice, Web Journal of Current Legal Issues [2001] 5; *Wegner* 188 ff.
[91] Krit. zum alten Recht *Wegner* 132 ff.
[92] Nachw. bei *Martiny*, Rechtsprobleme der nichtehelichen Lebensgemeinschaft während ihres Bestehens nach deutschem Recht, in: Scherpe/Yassari (Hrsg.), Die Rechtsstellung nichtehelicher Lebensgemeinschaften (2005) 79 ff.

Ebenso nennt die Freizügigkeitsrichtlinie die Verwandten in gerader absteigender Linie des Unionsbürgers und des Ehegatten oder des Lebenspartners im Sinne von Buchstabe b, die das 21. Lebensjahr noch nicht vollendet haben oder denen von diesen Unterhalt gewährt wird.[93] Dem entspricht § 3 II Nr. 1, 2 Freizügigkeitsgesetz/EU. Die Familiennachzugrichtlinie erfasst gleichfalls eigene Kinder (Art. 4 I lit. b), im Übrigen setzt sie ein Sorgerecht und Unterhaltsleistungen voraus.[94]

Das nationale deutsche Ausländerrecht trifft eine umfangreiche Regelung des Kindernachzugs (§ 32 AufenthG). Danach kann minderjährigen ledigen Kindern eines Ausländers eine Aufenthaltserlaubnis erteilt werden. Dabei wird auf beide Elternteile oder den allein personensorgeberechtigten Elternteil abgestellt. Ab Vollendung des 16. Lebensjahrs wird die Aufenthaltserlaubnis nur noch erteilt, wenn zu erwarten ist, dass sich das Kind in die deutschen Lebensverhältnisse einfügen kann. Bei der Geburt eines Kindes im Bundesgebiet kann dem Kind eine Aufenthaltserlaubnis unter erleichterten Bedingungen erteilt werden (§ 33 AufenthG). Der ausländische Elternteil eines deutschen Kindes muss personensorgeberechtigt sein.[95] Umgekehrt können Vaterschaft und Mutterschaft gegenüber inländischen Kindern Aufenthalts- und Bleiberechte sichern.

Kollisionsrechtlich stehen für die Beurteilung der Abstammung mehrere Anknüpfungen zur Verfügung. Neben dem gewöhnlichen Aufenthaltsort des Kindes kann auch auf die Staatsangehörigkeit jedes Elternteils sowie bei ehelichen Kindern auf das Ehewirkungsstatut abgestellt werden (Art. 19 I EGBGB). Diese Rechtsordnungen stehen auch für die Anfechtung der Abstammung zur Verfügung (Art. 20 EGBGB).

2. Vaterschaftsanerkennung

Das Vaterschaftsanerkenntnis begründet nach deutschem Recht ein Abstammungsverhältnis zwischen dem nichtehelichen Kind und seinem Vater (§§ 1594 ff. BGB). Ausländerrechtlich führt dies dazu, dass das Kind als Familienangehöriger anzusehen ist und dass einem Vater auch die Möglichkeit des Kontakts mit seinem Kind gegeben sein muss.[96] In letzter Zeit ist freilich der Argwohn der Ausländerbehörden und Innenministerien gewachsen, ob nicht ein erheblicher Teil der Anerkenntnisse falsch ist und nur dem Zweck dient, in Wirklichkeit nicht bestehende Verwandtschaftsverhältnisse vorzutäuschen. Eine die Abstammung klärende Amtsvormundschaft gibt es nicht mehr; ein Anerkenntnis des Mannes mit Zustimmung der Mutter genügt (§§ 1592 Nr. 2, 1595 I BGB).[97] Auf die biologische Vaterschaft kommt es nicht an; teilweise geht ihr sogar die soziale Vaterschaft vor. Auch ein behördliches Anfechtungsrecht besteht nicht (vgl. § 1600 BGB). Der Weg eines Anerkenntnisses kann vor allem von Ausländerinnen beschritten werden, deren Kind

---

[93] Art. 2 Nr. 2 lit. c Freizügigkeitsrichtlinie von 2004.
[94] Art. 4 I lit. c, d. Dazu *Hailbronner* FamRZ 2005, 3.
[95] Vorläufige Anwendungshinweise Nr. 28.1.5.
[96] Vgl. *Dietz*, Zur Stellung des biologischen Vaters im Ausländerrecht, InfAuslR 2004, 102 ff.
[97] Vgl. auch *Kissner*, Identitätsfeststellung und Anerkennung der Vaterschaft, StAZ 2005, 98 ff.

von einem Inländer oder einem aufenthaltsberechtigten Ausländer anerkannt wird. Erkennt ein Ausländer das Kind einer Deutschen an, so sichert ihm dies ebenfalls ein Bleiberecht.[98] Hier ist familienrechtlich ebenfalls keine Überprüfung, ob das Vater-Kind-Verhältnis wirklich gelebt wird, vorgesehen. Immerhin kann nachgeprüft werden, ob der Ausländer seinen Pflichten als Vater nachkommt. Zwar ist die Scheinvaterschaft mittlerweile ein rechtspolitisches Streitthema geworden, doch ist weder eine familien- noch eine ausländerrechtliche Rechtsänderung in Sicht.[99] Das Zivilrecht nimmt bewusst ein Vaterschaftsanerkenntnis auch bei fehlender biologischer Vaterschaft hin.[100] Insbesondere die bloß "soziale Vaterschaft" des nicht leiblichen Vaters soll honoriert werden.

Inzwischen hat die Rechtsprechung auch einen rein ausländerrechtlichen Weg beschritten. Einem falschen Anerkenntnis, das in kollusivem Zusammenwirken mit der Kindesmutter erfolgt ist, um der Mutter und dem Kind den Aufenthalt in Deutschland zu ermöglichen, wird wegen Rechtsmissbrauchs die Wirkung versagt.[101] Dies soll unabhängig von der zivilrechtlichen Wirksamkeit eines solchen Anerkenntnisses nach Zivilrecht der Fall sein.

3. Personensorge

Beim Familiennachzug des ausländischen Elternteils zu seinem deutschen Kind (§ 28 I Nr. 3 AufenthG) sowie beim Kindernachzug zu nur einem ausländischen Elternteil kommt es unter anderem darauf an, dass dieser Elternteil personensorgeberechtigt ist (§ 32 I Nr. 2, II, III AufenthG).[102] Ausländerrechtlich wird im Hinblick auf den Schutz von Ehe und Familie nach Art. 6 I, II GG auch ein Bleiberecht zugunsten eines mitsorgenden nichtehelichen Vaters eines deutschen Kindes angenommen.[103]

Kollisionsrechtlich wird für die Personensorge auf das Recht des gewöhnlichen Aufenthaltsorts des Kindes abgestellt (Art. 21 EGBGB). Häufig wird eine Entscheidung einer ausländischen zuständigen Stelle vorliegen, deren Anerkennung dann zu prüfen ist.[104] Für die Anerkennung solcher Entscheidungen kommen die Art. 21 ff. der Brüssel IIa-Verordnung, Art. 7 Haager Minderjährigenschutzabkommen[105] oder als nationale

---

[98] Vgl. OVG Bautzen 2.11.2004, InfAuslR 2005, 35.
[99] Näher dazu Bericht der Integrationsbeauftragten 2005, 379 ff.
[100] KG 11.12.2001, FamRZ 2002, 1725 (LS) = StAZ 2002, 241; *Palandt/Diederichsen*, BGB, 64. Aufl. 2005, § 1598 BGB Rdn. 1, 2.
[101] VGH Mannheim 3.3.2005, InfAuslR 2005, 258 (Kind ghanaischer Mutter); VG Frankfurt a.M. 1.12.2004, StAZ 2005, 237 (Kind vietnamesischer Mutter).
[102] Kritik bei *Will*, FPR 2002, 549 ff.
[103] BVerfG 30.1.2002, FamRZ 2002, 601 = NVwZ 2002, 849 (erfolgloser türkisch-kurdischer Asylbewerber); OVG Bautzen 2.11.2004, InfAuslR 2005, 35 (gemeinsame Sorgeerklärung).
[104] Vorläufige Anwendungshinweise Nr. 28.1.5.
[105] Haager Übereinkommen vom 5.11.1961 über die Zuständigkeit der Behörden und das anzuwendende Recht auf dem Gebiet des Schutzes von Minderjährigen, BGBl. 1971 II 217; für Deutschland in Kraft seit dem 17.9.1971. – Siehe etwa VGH Mannheim 6.8.2001, IPRspr. 2001 Nr. 91 = InfAuslR 2002, 77 (Nichtanerkennung türkischer Sorgerechtsentscheidung).

Regelung § 16a FGG in Betracht. Sind die jeweiligen Voraussetzungen gegeben, so ist die inländische Behörde an die ausländische Entscheidung gebunden.[106]

4. Adoption

Dass mit Kindern auch adoptierte Kinder gemeint sind, wird von der Familiennachzugsrichtlinie ausdrücklich gesagt (Art. 4 I lit. b, c, d). Nach deutschem nationalem Recht werden Adoptivkinder ebenfalls erfasst.[107] Zu entscheiden ist auch, ob dann, wenn nach ausländischem Recht keine Adoption zulässig ist, ein besonderes Pflegeverhältnis, die Kafala des islamischen Rechts, genügt.[108]

Kollisionsrechtlich unterliegt die Annahme an Kindes Statt dem Heimatrecht des Annehmenden (Art. 22 I 1 EGBGB); bei Ehegatten kommt es auf das Ehewirkungsstatut an (Art. 22 I 2 EGBGB). Beim Kindernachzug geht es um eine wirksame Adoption. Eine Adoption kann nach deutschem Recht erfolgen, vor allem aber kann eine ausländische Adoption anerkannt werden. Hierfür sind, wie die Familiennachzugsrichtlinie ausdrücklich bestimmt (Art. 4 I lit. b), internationale Übereinkommen (Art. 23 Haager Adoptionsübereinkommen[109]), im Übrigen nationale Vorschriften wie § 16a FGG heranzuziehen.[110] Problematisch ist jedoch die Mobilisierung des inländischen ordre public, wenn beispielsweise einer türkischen Adoption die Anerkennung versagt wird, da die Adoption im Hinblick auf die erstrebte Familienzusammenführung erfolgt sei. Das Ausnutzen der ausländerrechtlichen Rechtslage allein kann noch keinen ordre public-Verstoß begründen. Solange ein Eltern-Kind-Verhältnis hergestellt werden soll, ist der auch erstrebte inländische Aufenthaltstitel kein ordre public-Grund.[111]

5. Stiefkindschaft

Auch ein Stiefkind, d.h. das Kind des anderen Ehegatten, kann als Familienangehöriger geschützt sein. Im Fall Ayaz/Land Baden Württemberg ging es um das Aufenthaltsrecht des Stiefkindes eines dem regulären europäischen Arbeitsmarkt angehörenden türkischen Arbeitnehmers. Nach dem Beschluss ARB Nr. 1/80 hat ein Familienangehöriger unter bestimmten Voraussetzungen ein Aufenthaltsrecht. Fällt ein Stiefkind unter die Definition eines Familienangehörigen im Sinne dieses Beschlusses? Der Europäische Gerichtshof sprach sich ebenso wie der Generalanwalt

---

[106] Zum alten Recht *Bälz/Zumbansen*, Ausländerrecht und internationales Privatrecht, ZAR 1999, 37 ff.
[107] Vorläufige Anwendungshinweise Nr. 27.1.5.
[108] Bejahend für das französische Recht Conseil d' Etat 24.3.2004, Recueil Dalloz 2005, 129 zust. Anm. *Boulanger*.
[109] Übereinkommen über den Schutz von Kindern und die Zusammenarbeit auf dem Gebiet der internationalen Adoption vom 29.5.1993 (BGBl. 2001 II 1034)
[110] Für das alte Recht *Renner*, Ausländerrecht (7. Aufl. 1999) § 17 AuslG Rdn. 10.
[111] BVerwG 29.5.1986, IPRspr. 1986 Nr 104 = FamRZ 1986, 381 (LS) = StAZ 1987, 20. Vgl. auch OVG Berlin 22.10.1985, IPRspr. 1985 Nr. 208 = InfAuslR 1986, 137 (türkische Adoption).

für eine solche Lösung aus.[112] Allerdings können die Mitgliedstaaten verlangen, dass ein solches Kind in häuslicher Gemeinschaft mit dem Arbeitnehmer lebt oder über die Dauer von drei Jahren dort gelebt hat, und es sich um ein Kind von unter 18 Jahren handelt. Ist das Stiefkind über 18 Jahre, so kann es ein Aufenthaltsrecht ableiten, wenn sein gesamter Unterhalt von dem Stiefelternteil bestritten wird. Ansonsten muss es Gelegenheit haben, innerhalb eines angemessenen Zeitraums im Aufnahmemitgliedstaat eine Beschäftigung zu suchen. Auch nach deutschem nationalem Recht kann ein Familiennachzug i.S. des § 27 AufenthG für ein Stiefkind in Betracht kommen.[113]

E. Andere Verwandte

Zum Kreis der anderen Verwandten gehören insbesondere die Eltern und Geschwister; auch Verschwägerte werden erfasst. Familienangehörige im Sinne der VO 1612/68 waren Verwandte des Arbeitnehmers und seines Ehegatten in aufsteigender Linie, denen Unterhalt gewährt wird (Art. 10 I lit. b). Entsprechend nennt die Freizügigkeitsrichtlinie die Verwandten in gerader aufsteigender Linie des Unionsbürgers und des Ehegatten oder des Lebenspartners, denen von diesen Unterhalt gewährt wird.[114] Die Mitgliedstaaten müssen auch entfernteren Familienangehörigen die Einreise und den Aufenthalt erleichtern, wenn Krankheitsgründe die persönliche Pflege durch den Unionsbürger zwingend erforderlich machen (Art. 3 II 2 lit. a Freizügigkeitsrichtlinie). Das Gesetz über die allgemeine Freizügigkeit von Unionsbürgern erkennt die Verwandten in absteigender Linie unter 21 Jahren als Familienangehörige an (§ 3 II Nr. 1 FreizügG/EU). Hinzu kommen die Verwandten in aufsteigender und in absteigender Linie des Berechtigten oder seines Ehegatten, wenn ihnen Unterhalt gewährt wird (§ 3 II Nr. 2 FreizügG/EU). Nach § 36 AufenthG kann sonstigen Familienangehörigen zur Vermeidung außergewöhnlicher Härten eine Aufenthaltserlaubnis zum Familiennachzug erteilt werden.

Kollisionsrechtlich ist auch hier das jeweilige Abstammungsstatut zu ermitteln (Art. 19 EGBGB). Wieweit eine Verwandtschaft wirklich besteht, muss das jeweilige nationale Familienrecht entscheiden.

F. Unterhaltsberechtigte und – pflichtige

Verschiedentlich wird zusätzlich zur Familienangehörigkeit darauf abgestellt, dass ausländische Kinder unterhaltsberechtigt sind (§ 2 V 1 AufenthG). Teilweise wird auch für andere Verwandte vom europäischen[115] und entsprechend vom umgesetzten

---

[112] EuGH 30.9.2004 – C-275/02 (Engin Ayaz/Land Baden-Württemberg), EuZW 2005, 59 = NVwZ 2005, 73 noch unter Bezugnahme auf Art. 10 I VO Nr. 1612/68.
[113] Vorläufige Anwendungshinweise Nr. 27.1.5.
[114] Art. 2 Nr. 2 lit. d Freizügigkeitsrichtlinie von 2004.
[115] Siehe den früheren Art. 10 I lit. a, II VO 1612/68. Ferner Art. 2 Nr. 2 lit. c, d Freizügigkeitsrichtlinie; Art. 4 I lit. c, d, II lit. a Familiennachzugsrichtlinie.

nationalen Recht[116] verlangt, dass Verwandtenunterhalt geleistet wird. Nach europäischem Recht ergibt sich die Eigenschaft des Familienangehörigen somit aus der tatsächlichen Situation. Es ist nicht erforderlich, die Gründe für die Inanspruchnahme dieser Unterstützung zu ermitteln und zu fragen, ob der Betroffene in der Lage ist, seinen Lebensunterhalt durch die Ausübung einer entgeltlichen Tätigkeit zu bestreiten.[117] Die Unterhaltsgewährung setzt daher keinen Unterhaltsanspruch voraus. Wäre dies der Fall, so würde die Familienzusammenführung von den nationalen Rechtsvorschriften abhängen, die von einem Staat zum anderen unterschiedlich sind. Dies hätte eine uneinheitliche Anwendung des Gemeinschaftsrechts zur Folge.

Für § 8 Asylbewerberleistungsgesetz (AsylbLG) kommt es auf Unterhaltsverpflichtungen an. Insoweit entscheidet die unterhaltsrechtliche Rechtslage. Dafür kann auch eine dem deutschen Recht unbekannte Unterhaltspflicht unter Geschwistern in Betracht kommen.[118] Das für Unterhaltsverpflichtungen maßgebliche Recht richtet sich nach dem Haager Unterhaltsstatutübereinkommen von 1973[119] (inkorporiert in Art. 18 EGBGB). Danach wird grundsätzlich auf den gewöhnlichen Aufenthaltsort des Unterhaltsberechtigten abgestellt (Art. 4 I HUÜ).

VI. Schluss

Für das Verhältnis von Ausländerrecht und internationalem Familienrecht lässt sich keine einfache Antwort geben. Die Problematik hat vielmehr mehrfache Dimensionen. Das Ausländerrecht reglementiert den Familiennachzug. Dabei muss es großzügig genug sein, um den Kreis der Familienangehörigen nicht zu eng zu ziehen. Insbesondere müssen auch die Veränderungen der Lebensverhältnisse und die faktischen Familienverhältnisse genügend berücksichtigt werden. Insofern befindet sich das europäische Ausländerrecht, das zu einer Erweiterung des Familiennachzugs geführt hat, auf dem richtigen Weg.

Das Internationale Privatrecht regelt die Koordination unterschiedlicher Familienrechte. Die Anwendung des Kollisionsrechts auf im Ausländerrecht auftauchende familienrechtliche Vorfragen sichert den Gleichlauf zwischen öffentlichrechtlichen und privatrechtlichen Fragen. Es kommt somit jeweils auf das Zusammenspiel von Kollisionsrecht und Ausländerrecht an. Freilich ist in jedem Fall zu prüfen, ob die kollisionsrechtlichen Wertungen für das Ausländerrecht herangezogen werden können. Angesichts der zunehmenden Europäisierung des Migrationsrechts macht sich auch hier das weitgehende Fehlen eines einheitlichen europäischen internationalen Familienrechts störend bemerkbar.

---

[116] § 3 II Nr. 2 sowie § 4 S. 2 Nr. 1, 2 FreizügG/EU.
[117] EuGH 18. 6. 1987 – Rs. 316/85 (Lebon), Slg. 1987, 2811.
[118] VG Karlsruhe 18. 3. 2002, IPRspr. 2002 Nr. 87 (zu Art. 315, 316 türk. ZGB).
[119] Haager Übereinkommen über das auf Unterhaltspflichten anzuwendende Recht vom 2.10.1973 (HUÜ), BGBl. 1986 II 837.

Auslandsbezüge können auch von den Sachnormen des Familienrechts nicht ignoriert werden. Das Familienrecht ist die Basis für familienrechtliche Gestaltungen und Veränderungen, die wiederum ausländerrechtliche Folgen haben. Dabei darf es missbräuchlichen Gestaltungen und Statusänderungen nicht Tür und Tor öffnen. Auf der anderen Seite sollte es sich nicht in den Dienst des Ausländerrechts stellen und sonst übliche Gestaltungen auch in Fällen mit Auslandberührung zulassen. Insoweit sollten ausländerrechtliche Zwecke lediglich mit den dafür vorgesehenen Mitteln verfolgt werden.

Enforcement of Conduct Rules in a Condominium or Apartment Ownership Scheme

*Cornelius van der Merwe**
*Luis Muñiz-Argüelles***

I. Introduction

Unit owners living in a condominium often have to accommodate their neighbours to a significant degree. Although they have presumably chosen to join a particular scheme because of commonly shared lifestyles, sentiments and practices; condominium communities in a multi-racial and multicultural society, are rarely homogeneous. In most cases they would include, to some extent even initially, groups which do not represent an ideal fit. Furthermore, market forces[1] and fluctuating membership due to individual mobility and mortality, mean that condominium communities will become less homogeneous in the course of time.[2]

The aim of a condominium is to strive for happiness and harmony in an intensified, diverse community where the objects of ownership, the individual units, are physically interdependent. Since unit owners live in close proximity and use facilities in common, the most extensive freedoms inherent in their ownership or fee simple need to be restricted.[3] Each owner must give up a certain degree of freedom that he might otherwise enjoy in separate, privately owned property.[4] Only by surrendering a measure

---

* Cornelius van der Merwe is Research Professor, University of Stellenboch and Emeritus Professor of Civil Law, University of Aberdeen. E-mail: law226@abdn.ac.uk.
** Luis Muñiz-Argüelles is Professor of Law, University of Puerto Rico. E-mail: munfrat@prtc.net.
[1] An example is where a "seniors only" community is opened up to young married couples with children.
[2] *Michael C. Kim*, Involuntary Sale: Banishing an Owner from the Condominium Community, 31 J. Marshall L. Rev. 429, 435 (1998).
[3] These restrictions can be explained either as servitudes, contractual arrangements or more correctly as regulatory measures emanating from an autonomous body similar to the guilds of medieval times. See *C.G. van der Merwe* and *D.W. Butler* Sectional Titles, Share Blocks and Time-sharing vol. I Sectional Titles (1995- loose-leaf) 13-26 – 13-30; *Amos B. Elberg*, Note: Remedies for Common Interest Development Rule Violations, 101 Colum. L. Rev. 1958, 1977 (2001).
[4] *See* especially, *Hidden Harbour Estates, Inc. v. Norman*, 309 So.2d 180 (Fla.Dist.Ct.App. 1975) at 181-182. *See also Sterling Village Condominium, Inc. v. Breitenbach*, 251 So.2d 685,688 (Fla.

of freedom and autonomy, can unit owners succeed in reaping the benefits of condominium living which include quality common facilities and amenities and community stability.[5] Striking the correct balance between individual and community needs is often very difficult.

In order to obtain harmony; conduct rules in condominium statutes, model bylaws (regulations) and rules restrict a unit owner's use and enjoyment of his unit and the common property and penalise any contraventions. In addition, the condominium association and its board of directors are given powers to amend the rules or enact new rules to cater for changed circumstances.[6] These rules, which are typically very specific and prescribe what unit owners may and may not do, invariably determine the atmosphere and quality of a particular scheme. Thus, conduct rules may control the keeping of pets in a unit,[7] prohibit insulting behaviour and noise at night,[8] specify times when tenants can enter or leave the building and when owners can effect repairs inside apartments. They further determine the times when recreational facilities may be used and identify the location, size and types of commercial signs that may be displayed for commercial premises. Some rules even require residents to be adequately clothed when venturing out on the common areas of the scheme and not to use abusive language.[9]

The South African by-laws provide further illustrations. A unit owner must keep the apartment in a state of good repair; use and enjoy the apartment and the

---

Dist. Ct. App. 1971): "Every man justly considers his home his castle and himself as the king [or queen] thereof; nonetheless his sovereign fiat to use his property as he pleases must yield, at least in degree, where ownership is in common and in co-operation with others. The benefits of condominium living and ownership demands no less. The individual ought not to be permitted to disrupt the integrity of the common scheme through his desire [or disdain] for change."

[5] *Mark F. Grant, Howard D. Cohen* and *Manuel R. Vacarcel*, Democracy or Tyranny – The Supreme Court of Florida properly finds in favour of the Condominium Board, 20 Nova L. Rev. 513, 515 (1995). At 530 the authors compare the condominium community with a democracy: "Ideally the system should provide for the sharing of many amenities in the form of common elements which the owners might not be able to afford individually in exchange for the sharing of common expenses. In reality, the microcosm of condominium government, mirrors the operation of large-scale democracies: there are power struggles and the representatives are challenged when they lose touch with their constituency, exceed their authority and abuse their taxing and spending powers...".

[6] These rule-making powers liken condominiums to small town local governments. The unit owners form a constituency with powers to elect a board of directors that governs the condominium by virtue of its enforcement and rule-making powers. These powers include the power to fix maintenance assessments that can be likened to local taxes. Moreover, similar to local authorities, it has the power to regulate the conduct of unit owners and fine contravention of conduct rules in by laws. In the United States and especially in Latin America, many condominium schemes are so large that they surpass many small towns both in population and land value.

[7] *See* e.g. Mexican statute (note 18) Art. 23 VIII.
[8] *See* the Singapore statute (note 16) Sched. 1 par 14.
[9] *Idem*, Sched. 1 par 19.

common property with due consideration for the rights of other occupants; not use the apartment or allow it to be used for a purpose injurious to the reputation of the building; not make alterations which are likely to impair the stability or harmonious appearance of the building; and not, without the written consent of the condominium council (trustees), keep any animal, reptile or bird in the apartment.[10]

The efficient enforcement of these restrictions preserves stability, fosters harmony, protects the rights of those unit owners who paid a premium to enter a particular condominium scheme and ultimately benefits the condominium community as a whole.[11] Violations of conduct rules should be addressed quickly and uniformly to prevent the defences of waiver or selective enforcement being used against the association. An offending unit owner should be warned appropriately and if required repeatedly, of violation of the rules.[12] Minor or unintentional breaches of conduct rules may attract peer pressure, gentle reprimands and friendly warnings. More serious offences and chronic offenders may, however, make life intolerable and cause grave disharmony. How must the condominium council deal with a drunken and inadequately clothed unit owner who wanders around over weekends insulting his neighbours and threatening them with physical assault?

Some condominium statutes or model bylaws have incorporated nuisance remedies to enable unit owners faced with obnoxious conduct from neighbours to approach the court for redress. Other statutes, like that of Colombia, allow for fines and restrictions on the use of the common property of the scheme.[13] Some statutes go even further in excluding the chronic defaulter from the scheme by forcing him to sell his unit.[14] In terms of the Argentinean condominium provisions, a defaulter can be arrested and imprisoned for up to 20 days for non-compliance with a conduct rule.[15]

---

[10] *See* e.g. the South African Sectional Titles Act 95 of 1986 ss 44(1)(c) and (e); Regulations: Annexure 8 r. 68(1)(i), (iii) and (iv) and Annexure 9 r. 1(1)(i). Further examples of such conduct rules are *inter alia*, not to park or leave any vehicle standing on the common property without the written consent of the management council; not to place or do anything in an apartment or on the common property which in the discretion of the management council is displeasing or undesirable when viewed from the outside and not to deposit or throw any rubbish, including dirt, cigarette butts or food scraps on the common property: Annexure 9 rules 3, 5 and 7.

[11] *See also* Note "Judicial Review of Condominium Rulemaking" 94 Harvard L. Rev. 647, 652, 653 (1981).

[12] *See* Michael R. Fierro, Condominium Association Remedies against a Recalcitrant Unit Owner 73 St. John's L. Rev. 247, 271-272 (1999). Elberg (note 3), at 1977 and 1989 gives the following reasons why associations would like to enforce their rules strictly and without discretion: a desire to maintain low enforcement costs, the development of a reputation for rigid enforcement, non-scrutiny of motivations why rules are not obeyed, a genuine belief in the efficiency of the rule, and fear of waiver.

[13] *See infra* at 256-257.

[14] *See infra* at 259ss.

[15] These remedies are discussed in detail *infra*.

This article will discuss the various ways in which non-compliance with conduct rules are dealt with in various common law,[16] European[17] and South American jurisdictions.[18] All these statutes are recent replacements of older statutes or have been modernised in recent times. We shall firstly examine the extent to which the ordinary courts can be approached for the enforcement of conduct rules and criminal law sanctions for breach of conduct rules. Thereupon we shall determine how many jurisdictions make use of alternative dispute resolution measures to solve the problem of non-compliance with conduct rules. Then we shall evaluate the efficiency of the various minor sanctions found in condominium legislation and in model[19] or amended by-laws and rules[20] of a particular scheme. The article will conclude with an analysis of two more drastic remedies based on the principle that the only manner in which harmony can be restored in a troubled condominium is to exclude a constant offender temporarily, or even permanently, from the scheme.

II. Resort to Non-Judicial or Judicial Proceedings and Criminal Sanctions

A. General

Some condominium statutes allow the management association or an owner to enforce non-compliance of by-laws by injunction or an action for damages. Despite the

---

[16] As representative of common law jurisdictions, we have chosen the highly developed Canadian condominium statutes of British Columbia (Strata Property Act (SBC 1998) c. 43) and Ontario (Condominium Act, 1998 S.O. 1998 chap. 19); the strata title statutes of Singapore (Land Titles (Strata) Act of 1987 cap.158, 1998 Rev. Ed.) and South Africa (Sectional Titles Act 95 of 1986 as amended) and the progressive Uniform Common Interest Ownership Act (UCIOA) (drafted by the National Conference of Commissioners on Uniform State Laws, approved by the American Bar Association on February 14, 1995; this model statute or its essentially simila predecessor, the Uniform Condominium Act of 1984 was by 2000 adopted by at least 23 states). Whenever relevant, reference is made to the new English Commonhold Act (Commonhold and Leasehold Reform Act 2002 ch. 15).

[17] See the French Law No. 65-557 of 10 July 1965, most recently amended by Law 2000-1208 of 13 December 2000; the German Apartment Ownership Law of 15 March 1951 as amended; Spanish Law on Horizontal Property 49 of 1960 as amended;

[18] See Argentine Law of 13 October 1948 as amended; Puerto Rican Law No. 104 of 25 June 1958 as amended; the Mexican Law of 31 December 1998; and the Colombian Law 675 of 3 August 2001

[19] The Colombian statute (note 18) contains a kind of Bill of Rights, which identifies the primary purpose of condominiums. Art. 2 provides that a condominium should fulfil its social and environmental functions, promote peaceful coexistence and social solidarity, respect human dignity, promote free market initiatives in commercial and mixed-use condominiums and respect due process rules in arriving at resolutions.

[20] Owners are typically allowed to amend or add to the bylaws by special resolution: *see* e.g. the Portuguese CC arts 1418 (b) and 1429-A; Spanish statute (note 17) arts 5 and 6; French statute (note 15) Art. 8(1); Puerto Rican statute (note 18) Art. 15 last para.; Mexican statute (note 18) arts 19, 21 and 53(I) and (V).

existence of various measures contained in condominium statutes, by-laws and rules, the management association, or the unit owners themselves, could always resort to non-statutory (common law) remedies to address the violation of bylaws. The most important enforcement measures in this regard are actions based on the tort of nuisance and criminal proceedings.

B. Court Proceedings

An action for the common law tort of nuisance may be brought whenever the management council,[21] or more commonly a neighbour, can prove that noises, smells or unsightly scenes emanating from the offender's unit create a nuisance which a reasonable person could not be expected to tolerate. The court may then, by way of injunction (interdict) order the offender to refrain from a certain course of action, or to perform some positive act in order to rectify an unlawful state of affairs brought about by him.

Alternatively the association could found upon a provision in the statute or bylaws[22] authorising the association to confront non-compliance with bylaws and rules with a court action for damages or injunctive relief.[23] In Spain the president of the condominium association must warn the offender that court proceedings will be instituted if the offender persists in the breach. This must be followed by a resolution at a general meeting authorising an application for an order of compliance or for damages.[24] The Puerto Rican statute expressly mentions court injunctions as a way of forcing compliance with conduct rules. In addition an action for damages or a temporary summary injunction contained in a special statute on provisional remedies, may be sought.[25]

The Ontario statute provides that if efforts to mediate, if available, fail, the condominium association, a unit owner, tenant or mortgage creditor may institute a court action to obtain an injunction for compliance, damages and costs.[26] The Quebec Civil Code allows for similar proceedings, but only if the non-compliance with the conduct rule causes serious and irreparable prejudice to the association (*syndicat*) or individual unit owners.[27]

---

[21] In South Africa the capacity of the management council to act on behalf of an aggrieved owner is provided by Sectional Titles Act 95 of 1986 s. 36(4) read with s. 36(6)(d).
[22] *See* e.g. New York Real Property Law § 339j: "Failure to comply [with the by-laws and rules] shall be ground for an action to recover sums due for damage or injunctive relief or both ... In any case of flagrant or repeated violation by a unit owner, he may be required by the board of managers to give sufficient surety or sureties for his future compliance with the bylaws, rules, regulations and decisions." *See also The 400 Condominium Association v. Tully*, 398 N.E.2d 951, 954 (Ill. App. Ct. 1979).
[23] *See Fierro* (note 12), at 260.
[24] Spanish statute (note 17) Art. 7.1(2).
[25] Puerto Rican statute (note 18) Art. 15 para. 2.
[26] Ontario Act (note 16) s. 134.
[27] Quebec CC Art. 1080.

Depending on the amount of damages claimed, there are no impediments to instituting such an action in the lower courts. The same is not true of an injunction. This remedy usually falls outside the jurisdictional limits of lower courts[28] and even if available, difficulties are experienced in enforcing orders granted by lower courts.[29] The result is that higher courts are the only realistic forums that can be resorted to. On account of the high legal costs involved and the protracted nature of the process, an injunction (interdict) would be of limited value to the association. Furthermore, the interdependence of the owners and occupants of units and the intensified community in which they live necessitates the greatest degree of harmonious co-existence. In the condominium context the bluntness of an injunction renders it an inadequate and indeed inappropriate remedy.

A successful application for an injunction against a neighbour could permanently shatter the harmony in a condominium scheme in which the feuding neighbours would have to continue to live side by side. Furthermore, the courts are not favourably disposed to long-term management of the scheme by way of continual requests for injunctive relief. Repeated visits to the courts to solve petty and unimportant quarrels by injunctive relief will gradually result in judicial exasperation with both the association and the offender and disillusionment on the part of the other residents. All in all, it is much cheaper for the association to send a letter indicating a fine to the offender than to hire an attorney to bring a suit in court for damages or injunctive relief. Such high costs can be avoided if the bylaws contain reasonable penalties or stipulated damage clauses for breach of conduct rules.[30]

If the association had to resort to the court to enforce compliance with the bylaws and rules of the scheme, it can as in the case of costs incurred in the collection of assessments, claim all legal costs, including attorneys" fees, from the non-compliant owner.[31]

C. Alternative Dispute Resolution

Resort to alternative dispute resolution processes such as mediation, conciliation and arbitration may also be an attractive alternative to solve disputes arising from

---

[28] *See* e.g. the South African Magistrate Courts' Act 32 of 1944 ss 29 and 30(1). *See* Erasmus & Van Loggerenberg *Jones & Buckle*. The Civil Practice of the Magistrates" Courts in South Africa 9 ed. vol. I 79-82; *Badenhorst v. Theophanous* 1988 1 SA 793 (C) 798.

[29] In terms of s. 106 of the South African Magistrates" Courts Act 32 of 1944, a person wilfully disobeying or refusing or failing to comply with an order of court, can by way of *criminal prosecution*, be sentenced to payment of a fine or imprisonment for a period not exceeding six months. *See* Erasmus & Van Loggerenberg, *supra* note 233, at 386-390.

[30] *See Kim* (note 2), at 435; *Elberg* (note 3), at 1990-1992.

[31] Annexure 8 to the South African Sectional Titles Act 96 of 1985 r. 5. *See also* for the United States, *James L. Winokur*, "Meaner, Liener" Community Associations: the "Super Priority" Lien and Related Reforms under the Uniform Common Interest Act, 1992 Wake Forest L. Rev. 353, who refers in n. 42 to the Colorado Common Interest Community Act which entitles the successful party to an award for collection costs and attorneys' fees: Colo. Rev. Stat. § 38-33.3-123 (1991).

non-compliance with conduct rules. The advantages of such proceedings are that they are swifter, less cumbersome and cheaper than ordinary court proceedings.

Several Latin American statutes allow non-compliance with conduct rules to be resolved by alternative dispute resolution methods. In terms of the Colombian statute, social disputes may, but need not, be brought before a so-called neighbour committee (*comité de convivencia*). This committee is elected at a general meeting and holds office for a year. Its function is to inform the parties of their respective rights and the duties and remedies available to them. It may use any alternative dispute resolution method available to try and solve the dispute.[32] Since this represents a very recent amendment of the Colombian law, we have no evidence of the frequency of use and success of this method. However, we do not think that an internal administrative process can permanently solve internal complaints about the violation of bylaws. This would amount to displaying one's dirty washing in public. Hearing disputes by a committee consisting of unit owners of the same scheme could easily turn the proceedings into a kangaroo court.

The Mexican statute features far more elaborate alternative dispute resolution proceedings under the supervision of the Public Social Prosecutor of the Federal District of Mexico. The Prosecutor's function is to intervene in any social dispute except where a case has already been brought before a court.[33] Chapter four of the statute regulates the procedure before the Prosecutor. The methods include mediation, conciliation, arbitration and traditional administrative tribunal procedures. After a complaint is lodged, the defendant must be notified to attend a mediation meeting. If no solution is reached at such meeting, the case is referred to arbitration.[34] Although ordinary arbitration may be chosen,[35] the parties are free to determine their own procedure and choose their own arbiter.[36] Both arbitration judgments and negotiated agreements may be enforced by ordinary or summary court proceedings.[37]

The Puerto Rican statute requires that the general meeting should appoint a special conciliation committee, consisting of three members to solve disputes amongst unit owners, tenants and the association relating to the use of apartments and the common property. Resort to a court is only allowed once the dispute has been submitted to the conciliation committee. If the committee does not solve a dispute, the complainant can submit the dispute to the Consumer Affairs Department where an administrative judge will try to solve the dispute subject to judicial review.[38]

The Portuguese Civil Code expressly states that arbitration may be used to solve disputes arising from the alleged non-compliance with conduct rules. It further provides that all disputes between owners and the association may be submitted to arbitration.[39]

---

[32] Colombian statute (note 18) Art. 2(5) and 58.
[33] Mexican statute (note 18) Art. 1.
[34] Arts. 65 to 68.
[35] In terms of arts 70 to 74 prescribed procedures must be followed strictly.
[36] Art. 69.
[37] Art. 75.
[38] Puerto Rican statute (note 18) arts 42(a)(1) and (cc) and 48.
[39] Portuguese CC arts 1418(2)(c) and 1434.

Since 1998, the Ontario statute states that every declaration shall be deemed to contain a provision that the corporation and the owners agree to submit a disagreement between the parties with respect to the declaration, by-laws or rules to mediation and if that fails, to arbitration.[40] The relevant provisions of the California Civil Code[41] actively encourages this by authorising the association to provide a procedure for the resolution of disputes.[42]

D. Criminal Law Sanctions

In some jurisdictions the condominium council or an aggrieved owner are able to rely on criminal procedures to address anti-social behaviour in a condominium scheme.

The Argentine statute contains a criminal sanction against owners and tenants who are in constant breach of conduct rules. Such offenders may be fined or placed under arrest for a period of up to 20 days.[43] This extreme measure is not commented upon other than by remarking that ordinary crimes committed in a condominium would be covered by ordinary criminal procedure.

Another example of such a remedy is contained in section 384 of the old South African Criminal Procedure Act of 1955,[44] which was not repealed by the new Criminal Procedure Act of 1977.[45] This provision applies in the case of serious bodily threats or flagrant instances of nuisance, as where an owner wanders around the condominium complex in his underpants and shouting abuse at and threatening any person he encounters with physical assault. In such a case the management council can make a complaint on oath to the magistrate of the district. The complaint must state that the person concerned is conducting himself violently towards, or is threatening injury to the person or the property of another or that he has used language or behaved in a manner likely to provoke a breach of the peace or assault. It does not matter whether such threat, language or conduct occurred in a public or private place such as in a condominium complex.

On receiving the complaint, the magistrate may order such person to appear before him and, if necessary, may cause him to be arrested and brought before him. Thereupon the magistrate must investigate the complaint and if the complaint is substantiated, may order the offender to keep the peace towards the complainant for a period of

---

[40] Ontario Act (note 16) s. 132(4).
[41] Cal. Civ. Code 1354(b). *See also* for New Jersey, N.J. Stat. Ann. 45:22A-44(c).
[42] *See Kim* (note 2), at 429.
[43] Argentine statute (note 18) Art. 15. Art. 6 of the statute states that an apartment may not be used contrary to good morals or for purposes not sanctioned by the statute or bylaws. Furthermore, an owner or tenant may not cause a nuisance or endanger the welfare of the condominium community or the stability of the building. Reference is usually made to this article when criminal sanctions are intended.
[44] Act 56 of 1955.
[45] Act 51 of 1977.

six months. A guarantee in an amount not exceeding R2 000 with or without sureties is usually exacted from the offender. If the offender refuses to provide the guarantee, or fails to do so, the magistrate may order him to be committed to jail for a period not exceeding six months or until such security is found. If the conditions of the guarantee are not observed, the magistrate may declare the guarantee forfeited and this shall have the effect of a judgment in a civil action in the magistrate's court of the district.[46]

It is questionable whether a condominium association should be allowed to initiate criminal proceedings against any occupants in the scheme. If the non-compliance with rules constitutes a criminal offence, ordinary criminal procedure should be allowed to take its course.

III. Minor Measures to Enforce Compliance with Conduct Rules

A. General

The most frequently encountered minor measures to enforce compliance with conduct rules are deprivation of votes, self-help action by the association, exclusion from facilities, fines contained or later inserted in by-laws and "name and shame" sanctions

B. Deprivation of Votes

As in the case of non-payment of assessments, non-compliance with the conduct rules of a scheme may deprive that unit owner of the right to vote at the general meeting. In terms of the South African model bylaws an owner who persists in breaking a conduct rule notwithstanding written warning by the board of the association (trustees) or the managing agent, can be denied his right to vote in respect of ordinary resolutions at the general meeting.[47]

The suspension of voting rights may be unconstitutional if not preceded by a due process hearing.[48] This consideration is particularly pertinent where resolutions of the general meeting affect the property rights of the unit owner. Many owners who contravene conduct rules care little about the operation of the condominium scheme and seldom attend general meetings. In these cases suspension of voting rights has a minimal effect on encouraging compliance. On the whole the difficulties involved in enforcing the suspension of voting rights outweigh the deterrent value of this sanction.[49]

---

[46] S. 384 (1)-(4).
[47] Annexure 8 to the Sectional Titles Act 96 of 1985 r. 64(b).
[48] It may be argued that resolutions at a general meeting might affect the property rights of a unit owner and that their suspension must follow the requirements of due process.
[49] *See* also *Fierro* (note 12), at 262.

C. Self-Help Action by the Association

The Canadian British Columbia statute provides that the strata corporation may do what is reasonably necessary to remedy a contravention of its bylaws or rules. This includes executing work on the unit (lot), common property or common assets as well as removing objects from the common property or common assets[50] or hiring a third party to maintain a unit owner's area.[51] The strata corporation may then recover the reasonable costs of remedying the contravention from the owner, tenant or subtenant if the unit is sublet.[52] If the owner or landlord pays some or the entire cost levied against the tenant, the tenant owes the owner or landlord the amount paid.[53] As in the case of an imposition of a fine, the rules of due process must be complied with.[54]

Similar sanctions are contained in the model bylaws to the South African Act. A defaulting owner can be given written notice to repair or maintain his unit in a state of good repair or to adequately maintain an area of the common property allocated for his exclusive use by the trustees (management council) or the managing agent on their behalf. If he, thereafter, persists in such failure for a period of 30 days, the management association is entitled to execute the necessary maintenance or repairs and to recover the reasonable cost of such intervention from the owner.[55] Another rule allows the association board (trustees) to have any vehicle parked or abandoned on the common property without their written consent, removed, or towed away at the risk and expense of the vehicle owner.[56]

D. Exclusion from Facilities

Some statutes like the British Columbia and the Colombian statutes provide that non-compliance with conduct rules may be punished by the deprivation of certain facilities.

The British Columbia statute provides that the strata corporation may, for a reasonable length of time deny an owner, tenant, occupant or visitor the use of a common recreational facility if they have contravened a bylaw or a rule relating to it.[57] As in the case of the imposition of a fine, the rules of due process must be followed by the strata corporation.[58]

---

[50] British Columbia Act (note 16) s. 133(1).
[51] *See also Fierro* (note 12), at 260.
[52] British Columbia Act (note 16) s. 133(2).
[53] *Idem*, s. 131.
[54] *Idem*, s. 135 and *see supra*.
[55] Annexure 8 r. 70.
[56] Annexure 9 r. 3(2).
[57] British Columbia Act (note 16) s. 134.
[58] *Idem*, s. 135 and *see supra*. *See also Kim* (note 2), at 429 for the right of a condominium association to restrict or abrogate the use of certain common facilities.

Enforcement of Conduct Rules in Condominiums

The Colombian statute deals with the non-compliance of conduct rules with a similar sanction. It provides that once the defaulter has been notified, he may be deprived of the use of non-essential common facilities such as meeting rooms and sport facilities.[59]

It is submitted that such a rule, which may be included in the by-laws or rules of a scheme if the statute does not contain such a rule, might be a practical means of encouraging compliance with conduct rules. The deterrent effect of a rule threatening suspension of the use of the common swimming pool during summer might prove an effective means to ensure compliance with special rules pertaining to the use of the swimming pool.[60]

E. Name and Shame Sanctions

The Colombian statute also imposes shame sanctions on unit owners who persistently breach conduct rules. The statute provides that the offender must first be warned and given a time period within which to relent. If this is not heeded, the association council may publish in an accessible location a list of offenders together with an explanation of what caused their names to appear on the list.[61]

F. Fines Contained or Inserted in amended By-laws

The British Columbia statute provides that if the owner, tenant, or any person visiting them[62] or occupying the unit (lot)[63] contravenes a bylaw or rule, the strata corporation may fine the owner or the tenant.[64] The offender must first be warned or given a chance to comply with the bylaw.[65] The maximum amounts of fines for the contravention of various bylaws and rules and the frequency at which fines may be imposed for continuing contravention of a bylaw or rule are set out in the bylaws and the regulations.[66] The strata corporation may collect the fine from the tenant, the tenant's landlord if the unit (lot) is sublet, or the owner. If the landlord or owner pays the fine levied against the tenant or a part thereof, the tenant will be liable to repay that amount to the

---

[59] Colombian statute (note 18) Art. 59(3).
[60] *See also Fierro* (note 12), at 262-263.
[61] Colombian statute (note 18) Art. 59. The Spanish text reads that the notice must be placed *en lugares de amplia circulación o conjunto*.
[62] In addition to a visitor, any person who "was admitted to the premises by the owner for social, business or family reasons or any other reason" are included.
[63] "Occupant" here, applies only if the unit (lot) is not rented to a tenant or sublet to a subtenant.
[64] British Columbia Act (note 16) s. 130(1) and (2).
[65] *Idem*, s. 130-132. Other options include to remedy a contravention and demand payment from the owner (*infra*) and to deny access to a recreational facility (*infra*).
[66] British Columbia Act (note 16) s. 132. In Strata Property Regulations s. 7.1(1) the maximum fine is set at $200 for each contravention of a bylaw and $50 for the contravention of a rule. The maximum fine for the rental of a residential strata lot in contravention of a bylaw is $500. The maximum frequency for a fine for a continuing contravention of a bylaw or rule is every 7 days.

landlord or owner.[67] The strata corporation is only allowed to act if it had received a complaint about the contravention and has given the owner or tenant the particulars of the complaint and a reasonable opportunity (including a hearing if requested) to answer to the complaint. Written notice of the complaint must be given to the owner if the offender is a tenant and to the landlord if the offender is a subtenant.[68] The strata corporation must as soon as is reasonably practicable notify the offender in writing of its decision. If the alleged offender is a council member, he is not allowed to participate in the decision.[69] In case of continuing contraventions, the strata corporation may impose a further fine without resort to the foregoing requirements.[70]

The United States Uniform Common Interest Ownership Act, contrary to the position at common law, allows the association, to impose reasonable fines for violations of the declaration, bylaws, rules and regulations of the association after notice and an opportunity to be heard were given to the offender.[71] The fines need not be established in advance of the violation and they need not be based on the expected damage caused by the violation. As in the case of other monetary debts, these fines are not construed as personal obligations but rather as automatic liens against the unit that arise upon notice being given to the offender of the fine and the amount thereof.[72] If the offender fails to pay the fine, the association can take advantage of the expedited foreclosure or holdover tenant procedures available in local jurisdictions to collect the fine.[73] Alternatively, the association can choose to do nothing and simply use the lien to prevent the sale of the unit until the fine is paid.[74]

This power to deter, punish and induce compliance is regarded as necessary for the association to comply with its "governmental" function as the ruling body of a condominium scheme.[75] The imposition of fines furnishes the associations with a more moderate remedy and a less expensive enforcement measure than a court action for compensatory damages or injunctive relief. Apart from the fact that damages may be difficult to ascertain, most of the bylaws of an association that provide a fine for its violation are not aimed at preventing damage to the condominium. Furthermore, the fees that attorneys charge for obtaining injunctive relief or foreclosure are much higher than the fees involved in enforcing a penalty in court. However, the association need not even go to court. The UCIOA's fine and lien provisions enable the association to secure a

---

[67] British Columbia Act (note 16) s. 131. Note that Art. 15(g) of the Puerto Rican statute makes the owner liable in solidum for damage caused by any person he allows into his apartment, be it a tenant, a guest, a maid or anyone whomsoever.
[68] British Columbia Act (note 14) s. 135(1).
[69] *Idem*, s. 136(1). S. 136(2) provides that this does not apply if all the owners are on the council.
[70] Idem, s. 135(2).
[71] UCIOA § 3-102(a)(11) (7 ULA at 572). Both Fierro (note 12), at 263-264 and *Patrick J Rohan* and *Melvin A. Reskin*, Condominium Law & Practice 1A § 43 05[2](c) (1998) place emphasis on the requirements of prior notice and the opportunity for the offender to be heard.
[72] UCIOA § 3-116(a).
[73] UCIOA § 3-116(j).
[74] *See Elberg* (note 3), at 1974-1975.
[75] *See* Comment 5 to UCIOA § 3-102(a)(11).

lien over the offender's property merely by sending him a letter. This is only subject to scrutiny by the courts to the extent of whether the amount of the fine is reasonable.[76]

The Mexican Federal District statute is an example of a Latin American statute that allows the imposition of fines for non-compliance with conduct rules or other provisions of the statute.[77] The statute draws a distinction between three kinds of non-compliance. There are activities that affect the peacefulness and harmony of condominium life. Other activities affect the physical state of the building or present a health risk to occupiers or an obstacle to the adequate use of common facilities. The third type of activity causes material damage to or threatens the stability of the building or the safety of the occupiers. Depending on the harmful nature of the activity concerned, the Social Procurator of the Federal District may impose a fine on the offender ranging from the equivalent of between one and three hundred days the minimum wage in force in the Federal District of Mexico.[78] If the offence is repeated, the fine may be doubled. The Procurator has to follow the prescribed administrative procedure and his resolutions can be challenged by the person fined.[79]

The imposition of fines for breach of conduct rules may not have the desired effect. More affluent offenders may treat the fine as an acceptable price to pay for their non-compliance. Since less affluent offenders will pay the fine grudgingly, the rehabilitative effect of this sanction would be minimal. Instead, a culture of imposing fines in a specific community would lead to suspicion and disharmony between the ordinary residents and the association board.[80] If heavy fines are imposed there may also be an issue of due process. The 2003, amendments to the Puerto Rican statute for example, allow for fines up to US $100 for each breach without making it clear whether fines could be exacted for each day the violation continues.[81]

IV. Exclusion from the Scheme

A. General

Some condominium statutes have adopted more drastic measures to enforce compliance with conduct rules and anti-social behaviour in condominium schemes. These

---

[76] *Elberg* (note 3), at 1975-1976. *Narstedt v. Lakeside Village Condominium Association*, 878P 2D 1275 (Cal. 1994) remanded the question about the legality of ever-escalating fines in the cases of repeated breaches of a bylaw. *See also Fierro, supra* note 11, at 263 for a survey of court decisions on the question of what would constitute a reasonable fine. *Elberg* at 1996-1997 suggests that courts should limit remedies for breach of condominium rules to actual damages in order to permit efficient enforcement. Associations would then stipulate specific amounts (amounting to liquidated damages) for the breach of specific rules. This according to him would result in efficient rule enforcement while increasing the value of the units.
[77] Mexican statute (note 18) Art. 87.
[78] The minimum wage is about 3 USD per day.
[79] Mexican statute (note 18) Art. 89.
[80] *See* in general *infra* and *Kim* (note 2), at 435.
[81] Puerto Rican statute (note 18) Art. 38(j).

include eviction of a disorderly tenant from the scheme and the permanent or temporary exclusion of a unit owner from the scheme.

B. Eviction of Tenant

The statutes of Spain, Argentina, Quebec and Ontario provide for the permanent eviction of tenants who constantly commit serious breaches of conduct rules. The contract of lease is terminated prematurely and the tenant is informed that it would be impossible for him to return to the condominium in the future. Naturally these statutes require sufficient prior notice to the tenant, conformity with other due process requirements and a court order.[82] The Ontario statute affords the judge discretion to order damages instead of an eviction order if such an order would be unduly oppressive or prejudicial to the tenant.[83]

The British Columbia statute provides that a landlord or the strata corporation may serve a notice of eviction on a tenant of a residential strata unit (lot) for a repeated or continuing contravention of a reasonable and important bylaw or rule.[84] Such eviction is only allowed where the contravention seriously interferes with another person's use and enjoyment of a strata lot, the common property or the common assets.[85]

This sanction can be justified on the ground that a tenant does not have ownership rights in respect of the unit he is occupying. The condominium association should have the power to exclude a disorderly and unmanageable tenant from the condominium community. Note, however, that in order to establish a link between the association and the tenant, the contract of lease should expressly provide that the tenant is obliged to comply with the bylaws of the scheme. Without such a link the tenant would be able to sue his landlord for breach of the lease if he is evicted from his apartment.

C. Permanent Exclusion from the Condominium Community

In terms of the German, Austrian and Swiss condominium statutes it is possible to permanently exclude an owner who seriously disrupts the harmony in the scheme. The usual example given of such conduct is where an owner exploits his unit as a brothel.[86] The German statute provides that if an owner has committed such serious breaches of his obligations in terms of the statute and the bylaws that the other owners

---

[82] Spanish statute (note 17) Art. 7.1; Argentine statute (note 16) Art. 15; Quebec CC Art. 1079.
[83] Ontario Act (note 16) ss 134 and 136.
[84] British Columbia Act (note 16) s. 137.
[85] *Idem*, s. 138(1). The eviction does not affect the rights of the landlord under the tenancy agreement (s. 138(2)). In both this and the previous case, the Act requires that such an event must allow the landlord to give the tenant notice under s. 36(1) of the Residential Tenancy Act.
[86] See *Bärmann, Pick and Merle* Kommentar zum Wohnungseigentumsgesetz 7ed. (1997) §18 n. 24.

cannot be expected to tolerate his presence any more ("*unzumutbar*"), these owners may request him to sell his unit.[87] Such a situation would arise where the offender has, despite repeated warnings, persisted in committing gross breaches of his statutory obligations. Another cause for such action is where the unit owner has fallen in arrears with payment of his assessments for a period of more than three months and the arrears exceed 3% of the total value of his unit.[88] If these conditions are present, the other unit owners may by a special majority of all the owners in the scheme, resolve that the offender should be requested to sell his unit.[89] If he fails to comply with this demand, legal proceedings may be instituted to obtain a court order to compel him to sell his unit by private auction.[90] The statute expressly states that this sanction may not be restricted or excluded by an agreement between the unit owners.[91]

The Turkish Law on Apartment Ownership also provides a sanction in cases where an apartment owner is in such serious breach of his or her obligations that the other owners can no longer be expected to tolerate his presence. One instance provided by the Law is where the offender persists in the breach of his or her statutory obligations continuously for a year in spite of an order given by the Justice of the Peace of the place where the condominium is situated. Other instances are where the owner acts against morality and custom by using his unit as a brothel or gambling house or a similar place. In these circumstances the management board can request the owners to pass a resolution to approach the court for an order to transfer the offender's apartment to the other apartment owners proportional to their share values. In the absence of a quorum for such a resolution or where a number of owners refuse to consent to such action, a suit can be filed by the rest of the owners for the unit to be transferred to them.[92]

The decision to introduce such a radical measure in Germany stemmed from the unfortunate experience Germany had with a primitive form of ownership of floors of buildings in medieval times (*Stockwerkseigentum*). This institution lacked a proper management organ and every owner was effectively left to deal with his unit as

---

[87] *See* §§ 18 and 19 of the *Wohnungseigentumsgesetz*. Similar provisions are contained in Art.649(b) and (c) of the Swiss Civil Code, §22 of the Austrian Law of 1975 and §25 of the Turkish Law of 1965. *See* in general C.G. van der Merwe Apartment Ownership in Drobnig *et al.* International Encyclopedia of Comparative Law vol.VI ch.5 s. 259.
[88] § 18(2). With regard to arrears, the offender can prevent exclusion from the community if he pays the full amount of the debt as well as legal costs incurred in the process: § 19(2).
[89] § 18 (3).
[90] § 19. *See Bärmann, Pick* and *Merle* (note 85), at § 19 note 1a. The simplified private sale option is regulated in §§ 53-58 of the German statute.
[91] § 18(4). For a more detailed discussion of this sanction, *see* C.G. van der Merwe Sanctions in terms of the South African Sectional Titles Act and the German Wohnungseigentumsgesetz: Should the South African Statute be Given Equally Sharp Teeth? 1993 Current and International Law of Southern Africa (CILSA) 85.
[92] Law No. 634 on Apartment Ownership (Kanun No. 634 – Kat Mülkiyeti Kanunu) of 23 June 1965, Art. 25. We are indebted to Aysegul Kursun a student of Koc University in Istanbul for providing us with a translation of Art. 25.

he pleased.[93] This experience highlighted the need for effective sanctions to avoid disintegration of a condominium community. Even though this drastic sanction is rarely used in practice,[94] its deterrent effect is widely acknowledged.

A similar provision is contained in the Quebec Civil Code. It applies in cases where the refusal of a unit owner to comply with bylaws causes serious and irreparable damage to the association (*syndicat*) or to another unit owner. In such a case the *syndicat* or the owner may institute acourt action requesting an order of compliance. If the offender does not conform with the injunction, the court may, in addition to other penalties it may impose, order the sale of the unit in accordance with the provision of the Code of Civil Procedure relating to the forced sale of property.[95]

Several arguments can be advanced in favour of such a drastic remedy. First, most statutes provide for the sale or termination of condominium ownership by less than a unanimous decision.[96] This provides authority for forfeiture of ownership without the consent of all owners. Again, when unit owners acquire their units they are presumed to have committed themselves to honour the provisions of the condominium documents. Consequently, no owner should be allowed to conduct himself in a way that is wholly incompatible with the condominium lifestyle. If this is allowed, the very fabric of the community would be threatened. Moreover, the repeated exercise of available remedies such as deprivation of voting rights, monetary fines and injunctive relief may prove to be ultimately ineffective in extreme cases. Such an outcome would leave the offender un-rehabilitated and the morale of the rest of the community shattered. If the non-conforming member claims a right of dissent, the remaining members have an even stronger right to claim that an owner who threatens the very essence of condominium life should be excluded from the community. Generally there is no express statutory bar against inserting an offender exclusion clause in the documents of the scheme. Some statutes urge members to include provisions which "owners may deem desirable in order to promote and preserve the cooperative aspect of the property and to facilitate the proper administration thereof'.[97] This seems to lend implied support for the insertion of such a clause in the declaration or the by-laws of the scheme. Finally, the public interest in stable, harmonious condominium communities should be considered when weighing up the competing property rights of the offender and the remaining owners. The outcome of this would surely be that, provided the rules of due process and the principle of proportionality are complied with, the property

---

[93] *See* C.G. van der Merwe and D.W. Butler (note 3) at 1-3-1-4.
[94] An example is a decision of the Regional Court at Tübingen reported as LG Tübingen NJW-RR 1995, 650 = ZMR 1995, 179. In this case exclusion from the condominium community was considered justified on account of a persistent, stinging faecal odour emanating from the unit of a psychologically ill person. There was no prospect of the odour subsiding in the foreseeable future due to a lack of understanding on the part of the person that treatment was necessary to cure his illness.
[95] Quebec CC Art. 1080.
[96] *See* for instance UCIOA § 2-118.
[97] *See* the adaptation of the UCIOA in the Illinois statute: 765ILCS 605/4(i).

rights of the remaining owners would be regarded as worthier of protection than those of the offender.[98]

The more traditional arguments against excluding a serious offender from the condominium scheme are both economic and dogmatic. Economically, the wrong signals are sent out to prospective purchasers. They would harbour grave suspicions of purchasing a unit with a title that is susceptible to forfeiture. Moreover, institutional lenders may not regard a title with such an inherent potential risk as adequate security. Dogmatically, the inherent defeasibility of title raises doubts as to whether condominium ownership could ultimately be regarded as genuine ownership. For socio-political reasons the perception that condominium ownership approximates home-ownership should be maintained as far as possible. The exclusion of a unit owner from the community has been likened to an attempt to evict an obnoxious neighbouring house-owner. Since a unit owner is also a titleholder of a fee simple, such an option clashes with the notion of ownership and must be dismissed.[99] Note that in Britain, as a matter of principle, only property claims by creditors can result in a forced sale. The British legal culture is best illustrated best by reference to matrimonial disputes where a spouse could be forced to leave the matrimonial home, but is not usually forced to sell his or her property interest. In Britain where mortgage enforcement usually results in private sales, the method and timing of a forced sale could also be a cause for taking the matter to court.

D. Temporary Exclusion from use of a Unit

The Spanish statute and the model rules under the Dutch statute offer a less drastic solution.[100] In terms of the Spanish statute, the president of the condominium council or any of the owners or occupiers of the scheme may require a disorderly owner to stop certain outlawed activities and warn him that court proceedings will follow if

---

[98] An excellent paper by *Kim* (note 2), at 432-437, provides the basis for the above arguments. The author states at 442: "Ultimately the basis of the involuntary sale is the basic right (and duty) of the community to uphold its covenants and codes, with majoritarian principles overriding a misplaced assertion of rugged individualism. To the extent that housing alternatives are available to match the wide range of human preferences (from rural isolation to densely interwoven urban settings), there is no inherent individual entitlement to remain in a private community with which the individual is incompatible, whether by intention or otherwise. Thus while 'everyone has got to be somewhere,' no one has an absolute right to be in a particular place." He concludes at 442: "If extraordinary situations arise, extraordinary responses are wholly justifiable. . . . The overriding principle for a common interest community is the common good, not individual supremacy."
[99] *See Fierro* (note 12), at 250-251: "[S]ince the condominium unit owner is a title holder of the fee simple, eviction per se is never an option" and at 272: "Evicting a condominium owner may continue to be as difficult as expelling an annoying neighbor in the house next door."
[100] *See* the Spanish statute (note 17) Art. 7 para. 2; Dutch CC Art. 5:112 para. 4 and the Model By-Laws of the Dutch Royal Fraternity of Notaries (Koninklijke Notariële Broederschap) Art. 25-27.

he does not comply with the request. Outlawed activities include all contraventions of by-laws which result in damage to the property, all harmful, dangerous or illegal activities and all activities that are dangerous to the health of occupiers or causes a nuisance. If the offender persists in these activities, the president may, if authorised by a resolution of the general meeting especially convened for this purpose, proceed to obtain a court order to interdict the outlawed activities. The application to court must be accompanied by the resolution of the general meeting and evidence that the offender had been warned that judicial steps would be taken. The judge may then order the offender to cease the forbidden activity immediately under penalty of contempt of court. He may supplement this with further measures to ensure the effectiveness of the interdict. The order must be issued against the owner or in his stead, the occupier of the unit.

In addition to interdicting the activity concerned and ordering compensation for any damage caused, the judge may exclude the owner from the use of his unit for up to a maximum period of three years, depending on the seriousness of the offence and the injury caused to the community. If the offender is not the owner of the unit, the judge can immediately terminate all the offender's rights with regard to the unit and order his immediate expulsion therefrom. An order against the owner does not affect the remaining ownership rights and obligations of the offender. The offender and his family would have to leave the apartment but can still rent it out to outsiders or benefit from it in some other way.

The relevant article of the Spanish statute (Art. 7.1) finds it roots in the now amended Art. 19 of the statute, which the Spanish Constitutional Court found valid under the Spanish Constitution in a decision of 1993.[101] Noting that Art. 19 did not sanction the exclusion of the owner, at least one Spanish commentator finds the current draft stronger than the previous version.[102] Another author found it necessary to warn judges that the measure could cause such serious prejudice that they should use their discretion to ensure that the measure is not abused.[103] Commenting on article 15 of the Argentine statute which employs language similar to that used in Art. 7, yet an Argentine commentator requires at least two violations to ground a time-limited eviction order; without requiring that the second offence be identical to the first.[104]

The Spanish solution to deprive a badly behaved owner and his family of the possession of their apartment for a limited period of time seems more appropriate in the context of condominium ownership. Although ownership is no longer regarded as an absolute and exclusive right, but rather as a privilege which must be exercised in the public interest, ownership is still a protected constitutional right which can only be affected radically in exceptional circumstances. As long as the ultimate substance

---

[101] Constitutional Court decision S. 301/1993, *Boletín Oficial del Estado* of 9 Nov. 1993.
[102] *Ventura-Travaset y Gonzales*, Derecho de Propiedad Horizontal (6 ed. 2000) 312-315.
[103] *Daniel Loscertales Fuertes*, Propiedad Horisontal 4 ed. (2000) vol. I 102-106.
[104] *Helena Highton*, Propiedad Horizontal y Prehorizontalidad (2ed. 2000) 317 and the authority cited by her.

of ownership is not infringed, temporary deprivation of two of the entitlements of ownership, namely occupation and use, cannot be regarded as an unconstitutional infringement of ownership. However, as far as occupiers (for example, tenants) as opposed to owners are concerned, the permanent deprivation of the contractual right of a non-owning occupier who persists with his offensive behaviour after he has been repeatedly warned, appears to be justified.[105] It has already been pointed out that abusive use of this power to exclude an offender should be tempered by prudent judicial discretion.

V. Conclusion

From the above it is clear that condominium associations must be given teeth to enforce compliance with the conduct rules contained in condominium documents. Depriving offending owners of their vote would have little deterrent value. However, if compatible with the social *mores* of a country and an owner's human rights,[106] the imposition of fines, the cutting off of services and use of facilities, and the "name and shame" measures discussed above, might well make a sensible owner think twice before he persists in breaching by-laws. Fines and court proceedings for injunctive relief are generally considered too blunt and costly to restore harmony in a scheme,[107] while criminal proceedings against a chronic offender do not seem appropriate in the condominium context.

On the whole there is not such an urgent need for a quick solution for non-compliance with conduct rules as is required for the non-payment of financial contributions levied on owners. Therefore it may be useful to investigate whether some form of alternative dispute resolution proceedings[108] or perhaps resort to an extra-judicial forum such as a Condominium Ombudsman would not be a better course to follow. Such an independent forum could listen to both sides in order to reach an agreed outcome. If an agreed outcome is not obtained, the forum[109] or preferably an independent

---

[105] *See* in general *Reay-Smith* Spanish Real Property and Inheritance Laws (1985) 80; Ventura-Travaset y Gonzales (note 102), at 312-315.

[106] Art. 8 of the ECHR identifies respect for private life and the home as an important human right, which can only be infringed if such an infringement is proportionate to the offence. In principle a condominium association as a non-public, non-governmental body would be generally in a very weak position to justify infringing human rights on the European stage.

[107] For the inadequacies of the judicial system in this sphere, *see* Scott E. *Mollen*, Alternative Dispute Resolution of Condominium and Cooperative Conflicts, 73 St. John's L. Rev. 75, 86-91 (1999).

[108] For the generally accepted achievable goals of Alternative Dispute Resolution, *see* Hadley *Batchelder*, Mandatory ADR in Common Interest Developments: Oxymoronic or just Moronic, 23 T. Jefferson L. Rev. 227.

[109] Mediation assumes that the parties will determine their own disputes assisted by the mediator. Consequently mediations are purely consensual processes, leaving no scope for the mediator to impose a sanction if an agreed outcome can not be reached. Occasionally, in the United States they use a combined mediation-arbitration process ("medarb") in which the mediator becomes

ombudsman who would have an understanding of condominium culture should be armed with the power to order measures commensurate with the seriousness of the anti-social behaviour of, or non-compliance with the by-laws. The advantages of such a system are that it is swifter, less cumbersome and cheaper than ordinary court procedures. The dispute would also be adjudicated upon by experts in the field of condominium matters and the tribunal or ombudsman would have the authority to order compliance with by-laws in certain cases.[110] However, it is doubtful whether this tribunal should be allowed to go so far as to exclude a unit owner permanently, or even temporarily, from his or her unit.

---

adjudicator if agreement is not reached within a reasonable time and process. This has difficulties in that the mediator's independence as a facilitator of discussion between the parties (in which parties might disclose highly confidential information to the mediator) is compromised at the outset if he is ultimately to adjudicate on both sides. On mediation in the condominium sphere in general, *see Mollen* (note 107), especially at 93-97.

[110] Strata Titles Boards operate on these principles in Singapore in terms of the Part VI of the Building Maintenance and Strata Management Act 47 of 2004. *See* further the functions of adjudicators and the Consumer, Trader and Tenancy Tribunal in terms of chapter 5 of the New South Wales Strata Schemes Management Act 138 of 1996 and the Consumer, Trader and Tenancy Tribunal Act 2001. An ombudsman service had been introduced in 1997 in Nevada (Nevada Revised Statutes, Chapter 116) and Florida (Florida Code Art. 718. 5011) and recommended for California in 2004 (Memorandum 2004-39 of August 9 2004).

A Miscellany From a Comparative Lawyer

*Esin Örücü**

I. Introduction

I became acquainted with Professor Tuğrul Ansay first through his work. For a number of years I used his "Introduction to Turkish Law" in my Turkish Law classes in the Netherlands, and various books he has edited on other legal systems as reference works in my comparative law classes in Rotterdam and in Glasgow.

Years later, we developed a scholarly dialogue through telephone conversations. It is only recently, two years ago that I met him in person at Yeditepe University and had the opportunity to talk with him on a number of subjects. He, a true gentleman as well as a learned scholar, then invited me to visit Koç University when he became the Dean of the Faculty of Law. On that occasion, over a most pleasant lunch, we discovered that we indeed had considerable common ground in our academic interests. In addition to many topics related to areas of substantive law such as commercial law, business corporations, law of nationality, Turkish law, private international law and family law, Professor Ansay has a wide area of other interests such as legal theory, comparative law, legal education, transplanted law and legal and social change. It is in these areas that our work is complementary.

Therefore in this article to commemorate his contribution over the years not only to law but to the most valuable and impressive representation of a true Turkish academic in the international arena, I decided to touch upon a number of these fields in which we have common interest. Hence the name of my contribution, "a miscellany".

In this context I will briefly look at comparative law methodology and give my thoughts on how comparative law research should be carried out; European legal integration and convergence through various methods where comparative law is used; transposition as the way forward in cross-border import and export of ideas and institutions; and finally some aspects of Turkish law related to transposition in comparative perspective.

As the legal systems in Europe grow closer together within the ambit of the European Union, important changes take place and as a consequence, in Europe today comparative law is referred to as the science of the 21st century. As the number of European

---

* Prof. Dr. Esin Örücü, Professor of Comparative Law, University of Glasgow and Emeritus Professor of Comparative Law, Erasmus University Rotterdam.

S. Arkan, A. Yongalik (eds.) Liber Amicorum/Festschrift für Tuğrul Ansay, pp. 267-281.
© *2006 Kluwer Law International BV. Printed in the Netherlands.*

Union members increases comparative law becomes indispensable. Methodology of comparative law, transpositions from legal system to legal system and from legal systems to the European Community and from the European Community to the legal systems, and harmonization and convergence are now essential topics. I start here with methodology in comparative law research.[1]

II. Methodology in Comparative Law Research

The ultimate test in evaluating any research method used is: Do the techniques employed adequately or effectively fulfil the objectives that the researcher has decided on? Do they, for example, promote the better understanding of one's own law, the formulation of reliable theories of law, the promotion of law reform or harmonization? Can the results obtained be safely depended on as accurate? If the answer is negative then the method employed was inadequate or unsystematic. As there is no one single method to be used, which methods can and should be used by comparative lawyers?

Obviously comparison itself is a method. Nevertheless, in comparative law there are a number of methodological options. Many are contextual options such as analysis of existing rules and institutions in "historical", "economic", "political" or in "cultural" contexts. However, the most extensively used method is still the functional method which was adopted to replace the local dimensions of rules and to reduce the rules to their operative description "freed from the context" of their own systems. The contextual approaches on the other hand, usually dubbed as post-modern, specifically stress the local dimension.

Comparative legal methodology has been referred to in a number of ways such as "functional equivalence" and the "problem-oriented" approach, "model-building", "common core studies" and the "factual" approach, the "multi-axial method" and "method in action". These approaches to "How to compare?" were put forward in the last century. In our day, we see a plurality of methods being practised, and the availability of a multiplicity of approaches can only enrich research possibilities. Comparative law research is moving towards the exploration of backgrounds, contexts and interrelationships by employing a "system dynamics" approach.

Starting from a basic point, we have to agree with the claim that "things to be compared must be comparable". "Like must be compared with like" and "*similia similibus*", these being well-established maxims of comparative law. But, what is "like" in law? Even if what "like" means can be determined, how much "likeness" do things have to have to be "comparable"?

---

[1] For my thoughts on methodology generally, *see* E. Örücü, The Enigma of Comparative Law – Variations on a Theme for the Twenty First Century (Martinus Nijhoff Publishers, Lieden, 2004), pp. 51-58.

There is nothing in the logic of comparative inquiry dictating that comparison be limited to any specific level or unit. At the macro-level, "comparability" may be relative to the interests of the comparative lawyer. The aims of the specific comparative study determine the choice of legal systems to be compared. In addition, comparative research can be carried out within groups of legal systems that do not share many attributes.

The 1900 Paris Congress is presented as the starting point of methodological and scientific comparative law proper. Then, the assumption might have been that only "similar" things could be compared, but this is not the approach we take today since it is agreed that comparing diverse legal systems, legal institutions or legal rules and coming to the conclusion that they are not "like", is also "meaningful".

Is there agreement on what is to be taken as *tertium comparationis*? Should this be the "common function" between institutions and rules, or the "common goal" they are set to achieve, the "problem" and the "factual situation" they are created to solve or the "solutions" offered?

As already pointed out, at the level of micro-comparison, it is widely held that the true basis of comparative law is "functional equivalence". The "functionalist method" is one of the most commonly used tools in comparative law, and "functionalism" – that law responds to human needs and therefore all rules and institutions have the purpose of answering these needs – is the basis. What is to be undertaken can also be the "functional juxtaposition" of comparable solutions. The functional-institutional approach answers the question, "Which institution in system B performs an equivalent function to the one under survey in system A?"

The other side of the same coin is the "problem-solving approach" which asks the question, "How is a specific social or legal problem encountered both in society A and society B, resolved?" that is, "Which legal or other institutions cope with this problem?"

These approaches have the underlying assumptions that there are shared problems or needs in all the societies under comparison, that they are met somewhere in the society and that the means of solving these problems though different may be comparable and so their functions are equivalent.

Another way of putting the issue is that the approach should be a factual one. Here, similarity of factual needs met by different legal systems makes those legal systems comparable. It is claimed that institutions can only be meaningfully compared if they solve the same factual problem. In addition, in the "universalist approach" the similarity of solutions is paramount. Comparability benefits from the findings of similarity as it can then develop further on *"praesumptio similitudinis"*.

It must be noted that though it has recently gained a special place in common core studies in Europe, the "functionalist method" in any of its forms, is not the only approach used in comparative law research.

The functional approach is useful if by "law" is meant a body of rules only and comparison at the micro-level is directed at these rules. In the context of the European Union for example, where comparative law is a driving force and has a decisive role in the harmonization process, the "functional comparative analysis method" provides the potential for convergence of both the legal systems of and the legal methods used by the member states leading to gradual and eventual legal integration. In such work, building on similarities may be desirable and decisive.

However, issues of comparability such as those between a western legal system and a religious system, or a developing legal system, cannot be solved by the functional-institutional approach. In addition, this approach faces another dilemma if there is a problem in one legal system that has no counterpart in another. There are other fundamental criticisms of this approach such as the limitation of subject areas that can be compared and the fact that many areas of law are beyond the scope of comparison since they are regarded as "not lending themselves to comparison", being determined by specific histories, ethical values, political ideologies, cultural differences or religious beliefs. There is also the problem of "one institution or rule with many functions".

At the start of any comparative law enterprise is the conceptualization process. This process requires that a choice is made between whether one wants to undertake a structural comparison, an institutional comparison, or a functional comparison involving differential explanation in the later stages of the process. These are all valid strategies of comparative inquiry.

The directly comparative phase of the methodology is the explanatory phase. In this phase divergence and resemblance should be accounted for. For the explanation to be accurate, a socio-cultural overview may become essential. Comparison concentrated on textual or formal rules can only give an incomplete or distorted picture.

Mainstream black-letter-law oriented comparative law research is normative, institutional and positivistic, while creative comparative law research may suggest "core concepts" and point the way to "ideal systems", or at least to a "better law" approach. Today the move is away from the mainstream and towards the critical or creative comparative law research.

It must also be remembered that comparative research is carried out for a number of purposes and the methodology and techniques used can differ according to these.

In law reform by legislators or the courts for example, comparative law acts as the provider of a pool of models, using foreign law to modernize and improve the law at home. The aim dictates the choice of models. Looking for legal systems which share the same problem but deal with the problem in different ways, better ways and more efficient ways, guides the comparatist to a specific kind of methodology.

Whether in harmonization or unification, the choice of systems is pre-determined by political choices. The comparative lawyer presents the necessary changes to the legal systems or institutions to be harmonized in order to smooth the process. A thorough knowledge of both systems is required before an approximation is suggested. This activity demands another kind of comparative law methodology.

Legal historian comparatists trace relationships. They study historically related systems, borrowers, colonies, recipients and systems related in any other way. They pitch the received institutions against the institutions that have moved in order to understand the changes that have taken place in the moving institution. Explanations for the movement and the changes are sought. The choice of systems is pre-determined by history and the methodology to be used is different from those used in other activities.

In order to enhance understanding of legal phenomena and create legal knowledge, pure theoretical research is needed and here the choice is open. Extreme positions should be sought, as the more diverse the systems, the more valuable the findings. Again, the methodology used in such research differs from the above.

It becomes obvious that we cannot talk of a single "comparative law methodology" and not even a "methodology of comparative law", but of methods employed in comparative law research. This is so whether one regards comparative law as a method and technique or as a social science.

Whichever approach is used, certain problems will remain such as typology of legal families versus legal culture/social culture; the limits of functional equivalence; language and problems of translation; the extent of knowledge needed to appreciate legal, political, social and cultural contexts; transplants and the use and misuse of foreign models; the appreciation of cross-cultural concepts; cross cultural terminology; and the appreciation of differences.

My next topic as a comparative lawyer is European integration and convergence where we see both comparative lawyers and comparative law methodology at work.

III. European Integration and Convergence

The future lies in a legally integrated Europe.[2] Many areas such as commercial law, trade and labor law, transport by rail, sea and air, copyright and industrial law and procedural law have already been brought closer together and in some cases unified. However, there will be further integration in many fields extending beyond private law, commercial law and procedural law. The mere existence of the European Union implies an active role for comparative lawyers in the development of general principles. There is a plethora of activity in building the groundwork for convergence through a number of "common core" projects and Commissions set up to prepare European Codes, General European Principles, European Case Books, Restatements, and to develop theories of "competing legal systems", in addition to regulations, directives

---

[2] For convergence *see* E. Örücü, "Looking at Convergence through the Eyes of a Comparative Lawyer" EJCL Vol: 9.2 July 2005, pp. 1-25 <www.ejcl.org.92/issue92/art92-1.html>

and conventions of the European Union and the Council of Europe, and the European Convention of Human Rights.

For example, there are moves to create a "common law of human rights" as well as a criminal law for Europe, particularly for crimes that extend beyond the borders of a single nation State. Both the European Union and the Council of Europe act as facilitators for the realization of such aspirations.

If we look at the field of civil law and contract law, we see that there are options. A European Code of Contracts for example, would be a slightly watered down version of a European Civil Code. Another possibility is the unification of the General Principles of Contract law and this has in fact been achieved. Such projects on unifying General Principles that can then be distilled and used as American style restatements, are being undertaken in other fields also. "Common core research" accompanied by functional equivalence seems the most obvious approach here.

The "case-books" approach has already produced its first fruits in tort law,[3] and "law and economics" scholars suggest that when legal systems are in competition in a "market of solutions", the "best solution" will always win the day.[4] As a variation of the "law and economics" approach an "evolutionary theory" has been suggested, whereby gradual and organic convergence could take place based on spontaneous "cultural evolution" without any compulsory principles.[5] Free movement of decisions could also be a solution. At worst, transnational rules could function alongside national rules and eventually become congruent with them. At the level of private law at least, legal education embracing both European and national principles should become compulsory and text books be produced to this end. Today, European Law Schools are being set up and new relationships between universities are being formed.

Convergence will not stop at the boundaries of private law. For instance, administrative law systems in Europe are also converging and common rules, common principles and a common mentality are emerging, though we have not yet reached the stage where we can talk of a *ius commune* of public law.

"Convergence of policy", leading to a convergence of solutions is what is actually desirable. This might also indicate that spontaneous convergence embracing a common intellectual framework for the consideration and resolution of current problems is developing. Needless to say, it is easier to show convergence of solutions but more difficult to claim that there is clear convergence of reasoning. As this develops, we can talk of true convergence. In this process, much falls on the shoulders of comparatists

---

[3] W. van Gerven, J. Lever & P. Larouche (eds) Tort Law, Common Law of Europe Casebooks (Oxford, Hart Publishing, 2000)
[4] A. Ogus, "Competition Between National Legal Systems: A Contribution of Economic Analysis to Comparative Law", (1999) 48 International and Comparative Law Quarterly, p. 405.
[5] J.M. Smits, "The Harmonisation of Private Law in Europe: Some Insights from Evolutionary Theory", (2002) 31 Georgia Journal of International & Comparative Law, pp. 79-99.

in persuading judges that foreign law can be better and in searching for common roots, common principles and common solutions.

One of the most important roles of comparative law in Europe is in harmonization and unification activities and comparative lawyers are involved in the preparation of the many projects to achieve these ends. Such activity is of ever increasing significance. Whether the starting point is "common core" studies or "better law" studies, the areas prepared for harmonization and unification are multiplying.

As pointed out above, in the context of the European Union, the "functional comparative analysis method" provides the potential for convergence, leading to incremental and eventual legal integration. In this, it is necessary to build on similarities. However, as pointed out above, the functional-institutional approach would not solve the problem of comparability such as that between a western legal system and a religious system or a developing legal system, though this is not yet a European problem.

Within Europe today, "common core" projects regard legal systems as being multi-level and consider comparative law enterprise as "integrative". The aim must be to build European culture on a map of multi-level legal systems that regards cultural diversity in law as an asset while not taking a preservationist approach for the sake of taking it. This building of a common culture puts strong emphasis on legal education – education that recognizes the crucial place of comparative law teaching.

Let me reiterate. Any "harmonization" project is integrationist and based on the search for "common cores", that is, common roots, common principles, common solutions and even common reasoning.

We must also remember that *ius commune novum* cannot materialize if Europeanization is restricted to new legislation and scholarly works only. The time will come when national legal systems will be regarded as local variations of uniform European subject matter.

If the drive is towards a common "European identity", this could be achieved by massive cross-border import and export of ideas and collaboration to create a *ius commune novum* in the widest sense. This is the view of the future from the vintage point of a comparative lawyer and takes us into my next topic: transposition.

IV. Transposition for Integration

Legal scholars approach law in many ways: "law as rules", "law as system", "law as culture", "law as tradition", "law as social fact", "law in context", "law and history", "law and economics" and "law and legal theory". Many comparative lawyers share the belief in the reality of mobility of law, seeing law reform to be partly related to a choice from pools of models supplied from a number of legal systems. Some however say that law reform should be from within. They also object to the concept in that since a transplanted institution continues to live on in its old habitat as well as in its new one, the choice of the word "transplant" is inappropriate. As a consequence, variations of terminology have appeared in a number of works and many new concepts have been developed to supplement, if not to replace, the term "legal transplant".

In spite of these concerns, today there is indeed renewed interest in transplants especially in view of new *ius commune* studies and heated debate on convergence versus diversity. I believe that analysis of the paths, methods and consequences of transfrontier mobility of law will be the most significant contribution of comparative law to our century since the future development of law is closely tied to the transmigration of ideas and institutions.

I approach law as a series of transpositions and tuning, replacing the concept of legal transplant with legal transposition.[6] I claim that, in instances of massive change based on competing models, the term "transposition" is more appropriate. As in musical transposition where each note takes the same relative place in the scale of the new key as in the old, the "transposition" being made to suit the particular instrument or the voice-range of the singer, so in law. As each legal institution or rule introduced is used in the system of the recipient, transposition occurs to suit the particular socio-legal culture and needs of the recipient. In fact, there may be a number of "transpositions", since usually no one single model is used by any one recipient. Even what is called "reciprocal influence", a more fashionable term today among the comparatists, is actually a number of transpositions.

Thus, developments of our day can be seen as instances of transposition. The "tuning" that takes place during and after transposition by the appropriate actors of the recipient is the key to success. However, a transplanted legal system not compatible with the culture in the receiving country, without the appropriate transposition and tuning, may be doomed to create a virtual reality. Nonetheless, as has been pointed out, countries adapting transplanted law do further develop their formal sources and build effective legal systems in this process, and have effective economic development.[7]

If we look at a few recent terms employed by some, we can say that terms such as "contaminant", "seepage" and "irritant" may be useful additions to the vocabulary for the analysis of reciprocal influences and transposition. However, in their everyday usage, these words are not neutral. Foreign concepts and structures seep into a domestic legal soil; they seep and contaminate; they seep and irritate. They do not purify or correct. "Contaminant" for example, has the connotation of spoiling the thing it touches, even though it might only leave a mark. Nevertheless, as an expression abstracted from its literal meaning, the term "contaminant" may be used neutrally as

---

[6] E. Örücü, "Law as Transposition" (2002) 51 I.C.L.Q., Issue 2, pp.205-236. Also *see* Örücü, *supra* n. 1, pp. 93-102.
[7] *Berkowitz, D. Pistor, K. and Richard, J-F.* "Economic Development, Legality and the Transplant Effect", Law and Development Paper No: 1, CID Working Paper No: 39, March 2000, Center for International Development at Harvard University at <www.cid.harvard.edu.cidwp/039.pdf>, p. 5.

"leaving a mark". Neither is the word "irritant" neutral. It implies the "production of new and unexpected reactions". This can at the same time trigger creativity however. The metaphor "irritant", taken in its positive sense, could actually bring about the desired result. This is what is needed for successful transposition. This is harmony rather than harmonization, as to converge does not mean to attempt to create sameness, but to accept diversity. Only when diversity is accepted can there be "healthy infusion", a more positive and penetrating infiltration; the transferred norms become "internalized" and thereby work. Interlocking diversities can also lead to convergence.

Such movements, especially when they take place under some kind of "imposed reception", such as is the case under European Directives, cannot be rejected outright. The existing institutions can develop under this "irritation" and so produce workable new sub-categories that can then, in the course of the intermingling that takes place, as for example between the member states of the European Union, interlock to enrich the market of legal systems. Though the identity would be fundamentally altered, the new species could be expertly and creatively handled.

It must be accepted that many problems do arise for recipient legal and social systems as a consequence of transmigration of law. Systems in this situation are evolving, in transition, inter-related or in the process of becoming mixed systems.[8] Particular attention must be paid to legal-cultural convergence and non-convergence that may come about as a result of import, and to any ensuing socio-cultural non-convergence. The consequences can be visualized along a spectrum,[9] and the product depends on conditions such as the size of the transmigration, the characteristics of legal movement, the success or otherwise of transpositions and "tuning", the element of force or choice inherent in the move and the social culture of the new environment.

In our day, the consequences of transmigration of law and the means used are different to those of the past, therefore, now the phenomena must be examined in ways other than the historical. For example, today one of the major differences from the past is that the exporter is in the market packaging his model as the most efficient, the one to be preferred over others. The market is both a buyers' and a sellers' market. It is a buyers' market since there are a large number of models to choose from. It is a sellers' market since the importers have no real freedom of choice as market forces tie them to certain of the models only. Such is the case for importers who want to join the European Union and have to replicate the European directives. They have no choice. The other difference is that although the present time is not a period of imposition since we no longer encounter colonial relationships, neither is it one of

---

[8] *See E.Örücü*, "Mixed and Mixing Systems: A Conceptual Search", in: E. Örücü, E. Attwooll and S. Coyle (eds) Studies in Legal Systems: Mixed and Mixing (London, Kluwer Law International, 1999) pp. 335-352.
[9] For this spectrum *see* E. Örücü, "A Theoretical Framework for Transfrontier Mobility of Law" in: Jagtenberg, R. Örücü E. and de Roo A. (eds) Transfrontier Mobility of Law (Kluwer Taxation Publishers, 1995), pp 10-12.

voluntary reception. The time is rather one of imposed reception, that is, voluntary activity of import under circumstances in which exporters hold all the cards.

Though most "reciprocal influence" in Europe today is within the European Union, transpositions from the Western legal traditions to the Eastern and Central European legal systems are of equal, if not greater, importance, especially in view of the fact that many of these systems are preparing themselves for eventual membership of the European Union. In Europe itself the primary task for comparative legal studies is to facilitate integration and make a case for the success of legal transpositions as the basis for convergence. It must be remembered that often, transnational spread of law does not happen because of the power and the intrinsic or instrumental value of the ideas or institutions themselves, but is determined by extrinsic factors such as the political and the symbolic. The political reputation of the donor, the desire to belong to or harmonize with a particular group, or ease of access are causal factors that seem to determine the pattern of transmigration of legal ideas, institutions and structures.[10]

All the above should be weighed and appreciated in the case of Turkey facing the European Union and poised to join it.

V. Turkey and Transposition Revisited

The example of Turkey can be used to test the role of transposition in a system where "transfrontier mobility of law" has been one between socio-culturally and legal-culturally diverse societies. Such testing is of value both as a historical and a present day exercise. Concepts of "chance" and "historical accident" can be considered in this example. The problems facing this recipient of major borrowings from Switzerland, Italy, Germany and France in the early years of the Republic and their aftermath, and the present influence and the continuing relationship between the model(s) and the recipient can be assessed. At the same time, the tuning required to deal with the residual problems of religion and culture can be studied, and terms such as "reception", "incremental reception", "irritant", "imposed reception", "modernization through borrowing foreign models" and "competing systems" can be analyzed. An emphasis on "legal cultures" and their role in framing national laws may eventually "prevent" or "distort" borrowing, yet this may be the most fruitful of developments since it reflects sensitive tuning in transposition.[11] Recent developments in Turkey can also be viewed within these parameters.

---

[10] There is always a danger of over-transplantation and over-supply. However, other inherent dangers are few since donors like to preserve their own reputation, influence, wealth and pleasure. *See Schauer*, F. "Politics and Incentives of Legal Transplantations" Law and Development Papers No: 2 CID Working Paper No: 44, April 2000, Center for International Development at Harvard University at <www.cid.harvard.edu.cidwp/044.htm>, p. 2-18.
[11] *See* for a discussion of cases reflecting this tuning, E. *Örücü*, Critical Comparative law: Considering Paradoxes for legal Systems in Transition, Nederlandse Vereniging Voor Rechtsvergelijking No: 59 (Kluwer, Deventer, 1999) pp. 80-118.

A Miscellany From a Comparative Lawyer

The borrowings in Turkey between 1924-1930, took place while a new legal system was evolving and was still incomplete and weak. In fact, some of the existing traditional institutions were themselves the object of transplant. Also, since what was imported was not only structure but also content, the legal system acquired strong similarity to the Western legal systems. The non socio- and non-legal culture-bound approach was indifferent to legal history.

In Turkey, at the level of law, the success of the import is not questionable; the mixed layers of modern law from various sources have been successfully adapted to the conditions of the recipient.[12] Whether the import made the desired impact on the whole of the population is however, questionable. It is a truism that for such a reception to be successful it must be backed up by education, pro-active judges and creative academics. Times of reception can also be times for domestic creativity. The "viruses", which then become "irritants" and create their "antibodies", must be carefully and creatively nurtured. The concepts of "habit forming", "contaminant", "legal irritant" and "healthy infusion" are applicable here. The evolutionary dynamic that ensues from these phenomena can be observed by comparative lawyers through the example of Turkish law and how it is adjusted, tuned and homogenized in this process. The divergences and the unintended consequences of these phenomena should also be considered.

In such a case as that of Turkey there are always fears that the social and cultural system and the legal system will not easily accord. However, the results of a number of surveys show that the transplanted legal system has indeed influenced even the rural areas of Turkey.[13]

The formal legal system in Turkey always performs a balancing act. At times it tries to maintain a firm stance, at other times it allows traditionalist views to be heard. Yet, it survives against all odds, thanks to the tuners of the transpositions. Although the legislature and the executive can also act as tuners, the most effective tuners are the judges, the navigators, who dodge between the social realities and the legal framework trying to achieve a balance and an accord.

Recently, in the hope of full membership to the European Union, Turkey has been keen to adopt as much of the *acquis communautaire* as possible within a short period of time. To this end Turkish governments began reviewing the laws and amending those that were of most concern in relation to the further democratization of Turkish institutions.

---

[12] Yet in their economic analysis, *Berkowitz et all.*, place the Turkish legal system in Table 3 as an "unreceptive" transplant with nil adaptation and familiarity. See *Berkowitz et all.*, *supra* n. 7, p. 37.

[13] *Starr*, J. *Pool*, J. "The impact of a legal revolution in rural Turkey", (1974) 8 Law and Society Review, 533. They submit, "our data... suggest that the Turkish revolution is a revolution in more than form". Also *see Banakas*, E.K. "Some thoughts on the method of comparative law: the concept of law revisited", (1981) 67 Archiv fur Recht und Soziale Philosophie, 294. He states that "the determination of Turkish leaders to succeed in their objective, finally caused the desired alteration of the existing socio-economic structure, by the imported legal system".

Seven "harmonization packages" (*uyum paketi*) were initially introduced between February 2002 and July 2003. All were part of the move towards further integration with Europe. Though these packages may be regarded by the cynic as being merely paper changes paying lip service to the demands of the European Union, they are in fact fundamental and in crucial areas of law. The aim is to complete the work started in 2001 with the reforming of thirty four Articles of the 1982 Constitution in the direction required by the European Union, thus bolstering the country's chance of joining it.[14]

Progress is fast towards the fulfilment of the Copenhagen criteria. The hope is that the implementation of changes will be reflected first in secondary legislation and then in practice since the most important issues outstanding were the passing of new legislation to ensure that reforms become fully effective and the strengthening of the climate of human rights, democracy and transparency, creating a "culture of rights and democracy".[15] These packages are firm steps towards this transformation.

In addition, the Civil Code and the Penal Code have already been amended and renewed.[16] Other pieces of legislation have also been amended and additional laws produced as part of the "harmonization packages". More is to come.

It is important to note that no moves have been made away from the vision of the Republic.[17] However, as always, in Turkey the extent of the internalization of these changes by the ruler and the ruled is open to discussion.

The following issues have all been affected by the "harmonization packages": Freedom of expression and freedom of the press, the Penal Code and the law on anti-terrorism, religious freedom, trade union freedom, freedom of association and peaceful assembly, the law on associations, restrictions on the purpose of associations, reforms liberalising association's international activities, restrictions on the right to form associations, supervision of associations by the authorities, the situation of human rights organisations in Turkey, and the status of political parties,

For example a significant development came with the third package. Now, when the European Court of Human Rights determines that a Turkish final decision has been

---

[14] *See* E. Örücü, "Turkey: Seven Packages towards Harmonisation with the European Union", (2004) 10:4 European Public Law, pp. 603-621.
[15] For some of the changes brought about as a result of the Turkish Stability Programmes *see* E. Örücü, "Turkey Facing the European Union – Old and New Harmonies", (2000) 25 E.L.Rev, 523 at pp. 526-532.
[16] The new Civil Code came into force on 1st January, 2002 with fundamental changes to family law introducing full equality between the spouses. For an assessment *see* E. Örücü, "Turkey: Family Law Enters the New Century", in: Bainham, A. (ed), The International Survey of Family Law, 2004 , pp. 469-482. The Penal Code came into force on 1st June 2005.
[17] For an analysis of this vision *see* E. Örücü, "Turkey: A Survey of the Public Law Framework", (1999) 5:2 European Public Law, pp. 30-41. This stance however may create problems in the future if Turkey were to join the EU.

given in violation of the European Convention on Human Rights or its Protocols, the Minister of Justice, the Public Prosecutor for the *Yargıtay* (the High Court of Appeal), the applicant to the European Court or his/her representative can, within one year of the judgment of the European Court, request a re-trial from the Office of the First President of the *Yargıtay*, with the condition that in view of the quality and seriousness of the violation, payment of just satisfaction to be given under Art. 41 would not redress the situation.[18] The *Yargıtay* Plenary Session investigates the matter. If it finds that damages have been paid or the request was not timely, it refuses the case; otherwise the file is sent automatically to the court that gave the initial decision. The text of the two clauses introduced into the Codes on Civil and Criminal Procedure are the same.[19] These amendments came into force one year after the publication of the law, that is, on 9th August 2003. Furthermore, the fifth package reiterated that the period for requesting a re-trial starts from the date of the final decision of the European Court. If however the request for re-trial is related to a decision of that Court finalized prior to this Law coming into effect, then the period of one year starts from the date this Law comes into effect.

This one example should be sufficient to show the impact of the desire to join the European Union on the Turkish legal mentalité. Another field worth considering in this context is the impact of this desire on family law and the total equality between spouses introduced by the new Civil Code. For this development not to remain only a virtual reality considerable effort needs to be put into changing social norms and the mentalité underlying both the social and the legal systems.

Though seen in political terms as part of "the culture of reconciliation" and a major step in the furtherance of democracy, in the months following the 2001 Constitutional amendments the question of whether these changes would in fact lead to any dramatic change in Turkish law or society was asked. Were these amendments merely cosmetic? Would they only partially satisfy the European Union? Such scepticism is always present in Turkey. In response, Turkey requested a screening process from the European Union to thoroughly examine Turkish legislation in need of reform in keeping with European Union criteria, and promptly started to produce the "harmonization packages".

These seven "harmonization packages" are important in showing that the changes are not just on "constitutional paper". Obviously it could now be said that they may remain on "legislative paper" and that internalization by the tuners, especially the judiciary, the public prosecutors and the security forces, let alone the people, may not occur.

---

[18] The possibility of a re-trial was challenged by 123 members of Parliament as unconstitutional, violating the Preamble and Articles 2, 4, 6, 9 and 134 of the Constitution, and being contrary to the independence of the judiciary and the sovereignty of the State. They also pointed out that many European States do not allow for such a possibility in their laws. The Constitutional Court rejected the claim. *See* 2002/146; 2002/201 of 27.12.2002, Resmi Gazete No: 25313; 11.12.2003.
[19] A similar clause was also introduced into the Law on Administrative Procedure by Law No: 4928, Resmi Gazete No: 25173; 19.7.2003.

Indeed, considering that all these legislative amendments have been made within a period of only eighteen months, one cannot help asking the question: How and to what degree are the public aware of and involved in these developments? Awareness and involvement take a much longer time. Expert tuners are needed to help the 'fit'.

One important question is: Should European Law be regarded as a "corrective" or a "contaminant" of Turkish law? This question is worthy of further comment, especially in view of its theoretical importance. However, one should assess the consequences of encounters within the European Union as instances of "reciprocal influence" or "cross-fertilization", rather than only considering the contamination. In the case of Turkey, this question will occupy comparative lawyers for the years to come. For now, we can only say that time will tell.

So we see how states in transition, poised for law reform and modernization, are looking for models from other states that are usually socio-culturally and/or legal culturally diverse from their own. Such models will only be useful if properly transposed, and if in that transposition, local tuning takes place. Since even systems from the same legal tradition have problems when borrowing from each other, obviously, there are more serious problems when legal systems from diverse traditions such as the socialist, religious or traditional look towards civilian or common law systems. This must be of greater concern for legal systems that have never been fully part of a single legal tradition. These issues, which are general problems of comparative law, are of particular interest for legal and social systems at the receiving end of movements from the civilian and the common law models, trying to re-shape their societies and their law. In the case of Turkey, such analysis will prove invaluable in understanding the relationship between law and culture.

Yet, it must be remembered that what actually happens is often not a matter of choice but a matter of chance, if not of necessity and urgency. Turkey for example, poised to join the European Union, must somehow prepare itself to undergo change in "the desired direction", this desire being not necessarily one of the bottom but of the top, or of outside forces. Such a system actually has little choice in the matter. The relationships are negotiated between parties of unequal power and influence. At such times, it is important to remember that harmony as a possibility of conversation can be achieved through appreciating diversity as well as by eliminating diversity. So, hope lies only in carefully tuned transposition. If reciprocity and mutuality between legal and cultural systems are achieved, all should become "contaminants" and "irritants" of each other in the positive sense alluded to above. This is the factor of "fit". To realize this "fit", sensitive tuning at the time of "transposition" by the actors and the organs of the recipient is crucial. Internalization of norms and standards by the people in a recipient system is vital if there are to be fruitful developments. This is when the tuners become indispensable.

In contemporary terms law is the fruit of cross-fertilization and direct transposition. This is strengthened by the fact that many legal systems are interrelated, such as in the European Union where law is created through transposition at points of reconciliation.

We know that very little is original in law; its history is largely the history of legal transpositions, often from a number of sources, law being a constructive synthesis. What is original is in the selectivity in the borrowing, in the ensuing mix and the homogenization process in the courts, that is, successful "tuning".

Today, the most striking convergence is in the acceptance of principles such as the rule of law, equality, legal certainty, fairness, non-discrimination and all the rights and freedoms protected by the European Convention on Human Rights. This convergence is mostly as to content but also as to structure.

It is of course true that structure and substance can be transposed more easily than values and legal culture, itself part of socio-culture. It must be readily admitted that the real difficulties are not in the transposition of techniques and forms, but the transposition of values and content. In addition, as transposition takes place, distortions may occur in order to fit the existing traditions. These in turn may have serious impact on how the structure and substance work. How the transposed become "irritants", what these irritants produce as "anti-bodies", and the health of the systems in transition of today, will be assessed tomorrow and Turkey will remain a testing ground for comparative law theorists for the years to come.

VI. Concluding Remarks

This article for the "Festschrift" prepared by the Department of Commercial Law of the Faculty of Law of the University of Ankara to honour Professor Ansay, is an attempt to offer a *pot-pourri* of topics comprising methodologies employed by comparative lawyers in the course of their work, particularly in their work towards the creation of a legally and socially integrated Europe wherein convergence is taking place, mostly with the help of transpositions and cross-fertilization, and the special case of Turkey in all this. I hope both Professor Ansay and other readers find something to enjoy and to think about in the above miscellany.

Judicial Protection in the EU*

*Norbert Reich**

I. The Principle of "Effective Judicial Protection and Control"

A. Rights, Remedies and Procedures

"*Ubi ius – ibi remedium*" – where there is a right there is a remedy.[1] This important principle of any government of law is true for Community law, too. Where Community law grants rights to a person as Union or market citizen, it must assure that these rights can be effectively protected. This is due to its direct effect, especially in the area of fundamental freedoms and competition.

The Europen Court of Justice (ECJ) developed this principle of "effective judicial control" or, more broadly, effective judicial protection in its early case law, and has continuously refined and specified it.[2] Many cases are linked to the *effet utile* of Community law, especially its fundamental freedoms. As the Court said in *Heylens*:[3]

> Since free access to employment is a fundamental right which the Treaty confers individually on each worker in the Community, the existence of a remedy of a judicial nature against any decision of a national authority refusing the benefit of that right is essential in order to secure for the individual effective protection for his right.... Effective judicial review, which must be able to cover the legality of the reasons for the contested decision, presupposes in general that the court to which the matter is referred may require the competent authority to notify its reasons... (Para. 14-15).

The guarantee of these freedoms consists of both a substantive and a remedial and procedural element. Direct effect is voided of any sense if the beneficiary cannot enforce

---

* The Paper relies heavily on the 2nd edition of my book "Understanding EU Law", (2005) with Intersentia publishing Co.
** Prof. Dr. Dr. h.c. *Norbert Reich*, Universität Bremen, Ex-Rector, Riga Graduate School of Law.
[1] *V. Gerven*, CMLRev 2000, 501 at 521.
[2] An excellent overview of the development of the case law is given by *Tridimas*, The General Principles of Community Law, 1999 at 279-290.
[3] Case 222/86 (*Union nationale des entraîneurs et cadres techniques professionnels du football (Unectef) v. Georges Heylens and others*) [1987] ECR 4097.

it by effective remedies, or if procedures necessary for enforcement are unavailable. As a consequence, the Court developed the principles of *effectiveness* and *equivalence*:[4]

- Effectiveness means that a remedy should not only compensate the victim for a potential loss of or injury to a right, but also deter potential wrongdoers from violating it in the first place.
- Equivalence means that the protection of Community law rights should be equivalent in strength and scope to the protection of similar rights granted under national law. In other terms: nobody should suffer from a lower standard of protection for the simple reason that the right to be protected has its origin in Community rather than in national law.

Case law has also based these principles on Art. 6 of the European Human Rights Convention of 1950 (ECHR). Although this does not have direct effect upon Community law, it must at least be respected as an expression of the common constitutional heritage of the Member States. In *Johnston*,[5] the Court said:

> The requirement of judicial control... reflects a general principle of law which underlies the constitutional traditions common to the Member States. That principle is also laid down in Art. 6 and 13 of the European Convention for the Protection of Human Rights and Fundamental Freedoms of 4 November 1950. As the European Parliament, Council and Commission recognized in their Joint Declaration of 5 April 1977... and as the Court has recognized in its decisions, the principles on which that Convention is based must be taken into consideration in Community law (Para. 18).

Art. 6 (2) EU transferred this case law into Union law. A further step was taken by Art. 47 of the European Charter of Fundamental Rights (EChFR), now Art. II-107 Draft Constitution, which reads:

Everyone whose rights and freedoms guaranteed by the law of the Union are violated has the right to an effective remedy before a tribunal....

Many Community law directives, especially those concerned with preventing discrimination[6] and those protecting legitimate expectations,[7] contain detailed *obligations de moyens* on effective legal protection. These include rights to compensation, collective interest actions, access to tribunals of law, and the like. Although earlier case law of the ECJ stressed that "the Treaty... was not intended to create new remedies in the national courts to ensure the observance of Community law other than already laid down by

---

[4] For details cf. *Tridimas* at 279-290.
[5] Case 222/84 *Marguerite Johnston v. Chief Constable of Royal Ulster Constabulary* [1986] ECR 1651.
[6] Case C-185/97 *Belinda Jane Coote v. Granada Hospitality Ltd.* [1998] ECR I-5199.
[7] Case C-361/88 *Commission v. Germany* [1991] ECR I-2567 concerning environmental protection.

national law,"[8] the notion of practical possibility was later replaced by requirements of adequacy and effectiveness. If Member State law fails to acknowledge the appropriate remedies, courts are obliged to provide for them, as the Court said in *Borelli*:[9]

> Accordingly, it is for the national courts... to rule on the lawfulness of the national measure at issue on the same terms on which they review any definitive measure adopted by the same national authority which is capable of adversely affecting third parties and, consequently, to regard an action brought for that purpose as admissible even if the domestic rules of procedure do not provide for this in such a case (Para. 13).

Clearly, these general principles and broad *obligations de moyens* are of little help to the individual who complains about an injury to their Community law rights. A system of effective protection needs to answer a number of questions. These have to be resolved by the Court as well as by Member State jurisdictions:

– What are the effective remedies to be chosen? Will they consist of granting an injunction, in allowing for compensation, in ordering restitution?[10] Are they limited to traditional civil law remedies, or do they do require action under administrative or even criminal law?
– What are the procedures to be chosen for effective enforcement of remedies attached to a violation of Community law rights?
– Which injuries should be treated by the Community, and which by national jurisdictions? How can they be linked together? How does the duty of co-operation under Art. 10 EC actually work?
– How can the principle of effective judicial protection as a right under Community law be harmonized with the "procedural autonomy" of Member States? The latter has been recognized by the Court in several judgments, for example with regard to the characteristics of civil litigation, where it is up the parties themselves to present evidence and defend their case.[11]

B. Distribution of Responsibilities

In order to understand the Community system of protection of rights, it is useful to follow the distinction developed by the former AG Van Gerven.[12] According to him, this protection works in several ways:

– If a Community law right is violated, the victim should have an effective remedy against the perpetrator, be it a private person, a Member State or one of its bodies,

---

[8] Case C-158/80 *Rewe-Handelsgesellschaft Nord mbH et Rewe-Markt Steffen v. Hauptzollamt Kiel* [1981] ECR 1805.
[9] Case C-97/91 *Oleificio Borelli SpA v. Commission*, [1992] I-6313.
[10] cf. the discussion in *v. Gerven* at 509-521.
[11] Cases C-430-432/93 *Van Schijndel and Van Veen v. Stichting Pensioenfonds* [1995] ECR I-4705 at Para. 21.
[12] *V. Gerven* fn. 1 above, at 526-533.

or the Community institutions themselves. The basic contents of the remedy are shaped by Community law. Unreasonable restrictions on remedies, as for example by unforeseeable limitation periods,[13] or a procedural rule which prohibits the national court, on expiry of a limitation period, from finding of its own motion or following a plea raised by a consumer that a term sought to be enforced by a seller or supplier is unfair,[14] must be disapplied by national courts. On the other hand, the Court has been rather generous towards Member States when they impose time-limits or other procedural restrictions on bringing claims for violation of Community rights, and has left its appropriateness to be decided by the national court.[15]

- These Community-specific remedies should be enforced by legal means, in the very end if necessary by courts of law. Member States, not the Community, have to establish a system of effective procedures. Their procedural autonomy is supplemented by the *effet utile* of Community law, as the Court has clearly shown in *Borelli.*
- Community involvement in procedures – a matter for Member States – becomes deeper in cross-border conflicts of a civil and commercial law nature (II) and in cases involving the interpretation and validity of Community law measures (III).
- Procedures allowing direct access to Community jurisdictions – the Court of First Instance (CFI) and, upon appeal, the Court of Justice – are only available in very limited cases, namely where an individual is directly and individually concerned by a Community measure (sub IV).

C. Protection Against Jurisdiction Clauses in Pre-Formulated Contracts – Legal Aid

Jurisdiction clauses are quite common in standard form contracts, especially those concluded with consumers. They usually impose on the weaker party a jurisdiction away from its place of residence and thereby unilaterally favor the other side, mostly business. EC law has two instruments to cope with them:

- In cross-border litigation, Reg. 44/2001 is applicable and will be studied in the next section.
- In internal relations, this depends on the "procedural autonomy" of the Member State discussed above, although this is limited by Dir. 93/13/EC of 5.4. 1993 on "Unfair Terms in Consumer Contracts".[16]

The latter problem was raised in *Oceano*.[17] Several Spanish clients were sued by a book-club company at its place of business but not at their residence, because a jurisdiction

---

[13] Case C-327/00 *Santex SpA v. Unitá Socio Sanitaria Locale* [2003] ECR I-1877.
[14] Case C-473/00 *Cofidis v. Jean-Louis Fredout* [2002] ECR I-10875.
[15] Case C-261/95 *Palmisani v. INPS* [1997] ECR I-4025: comments by *Craig/de Búrca*, EU Law, 3rd ed., Oxford 2003, at p. 269/270.
[16] Council Directive 93/13/EEC of 5 April 1993 on unfair terms in consumer contracts [1993] OJ L 95/29.
[17] Joined cases C-240-244/98 *Oceano Grupo editorial v. Rocio Murciano Quintero et al.* [2000] ECR I-4491; comment *Stuyck*, CMLRev. 2001, 719.

clause was inserted in the standard contract form. The Spanish judge was not sure whether he could raise the issue of his territorial incompetence *ex officio* because he regarded the jurisdiction clause to be unfair under Art. 3 (2) of Dir. 93/13 and Nr. 1 lit q) of the so called indicative list of the Annex. The Court gave a somewhat unclear answer:

> a jurisdiction clause must be regarded as unfair within the meaning of Art. 3 of the Dir. (93/13) *in so far as*[18] it causes contrary to the requirement of good faith, a significant imbalance in the parties rights and obligations existing under the contract to the detriment of the consumer.

The Court insisted on the protective ambit of Dir. 93/13. This means that the judge should be able to raise *ex officio* the potential unfairness of the jurisdiction clause, and that he should apply and interpret his national law in conformity with Community law. However, the Court did not completely condemn the jurisdiction clause, but left this to the national judge, depending on the circumstances of the case. There is, though, great likelihood that such unilateral clauses are unfair because they contradict the principle of effective judicial protection.

Finally, in 2003, Council Directive 2002/8/EC of 27 January 2003 concerning legal aid in cross-border litigation has been adopted.[19] It contains minimum standards of legal aid in cross border litigation which must be put on an equal footing with national litigation.

II. Cross-Border Judicial Protection: Brussels Convention and Regulation 44/2001

A. The Brussels Convention of 1968 as Amended

Judicial protection presumes that a party subject to a dispute should be able to bring legal proceedings in a court of law (or other body responsible for resolving legal disputes), knowing that the decision taken by such a body will be recognized and enforced. Sometimes this should be done in a State other than the State where the claimant is established or domiciled. Therefore, questions on jurisdiction, recognition and enforcement of judgments throughout the Community are crucial to ensure effective protection of rights derived from Community law. These also form part of an effective internal market presupposing a "free flow of judgments", at least in civil and commercial matters.

Within the EU, the above-mentioned questions have been regulated primarily by the 1968 Brussels Convention on Jurisdiction and the Enforcement of Judgments in Civil

---

[18] *Micklitz* in: Reich/Micklitz (Eds.) 4th ed., Europäisches Verbraucherrecht, Para. 13.22 insists that the words in italics were not translated in the German version and caused some confusion about the ambit and scope of the judgment.
[19] [2003] OJ L 26/41.

and Commercial Matters.[20] The original EEC Treaty was mostly concerned with the establishment of the Common Market and contained virtually nothing about private international law and jurisdiction, except for Art. 220 EEC (now Art. 293 EC) stating that:

> Member States shall, so far as is necessary, enter into negotiations with each other with a view to securing for the benefit of their nationals... the simplification of formalities governing the reciprocal recognition and enforcement of judgments of courts or tribunals and of arbitration awards.

The only instrument that could be adopted under these provisions was an international treaty. Therefore, the Brussels Convention was adopted as an international law instrument and ratified by all Member States. Many legal scholars characterized the Convention as a success in the process of European integration:

> [It was] a well-known success. It went even further than the relevant Treaty provision, because it established a system of direct rules for the jurisdiction of European Member state courts in international cases and did not simply provide for a 'simplification of formalities governing the reciprocal recognition and enforcement of judgments' – thus the expert drafters of the Convention were forerunning the diplomatic drafters of Art. 65 EC by almost 30 years.[21]

As stated above, the Convention provides a set of uniform and directly applicable rules. These form part of the law of every State – member to the Convention. The courts of those States are under an obligation to apply these rules while considering issues on jurisdiction. Moreover, they should give virtually automatic recognition and enforcement of judgments in civil and commercial matters issued in other States – members to the Convention.

Not only is it the national courts of Member states of the European Union that applied the Convention on a regular basis. Indeed, the European Court of Justice has also delivered preliminary rulings on interpreting the Convention. This right was conferred upon the Court by the 1971 Protocol,[22] thus promoting a more uniform application and autonomous interpretation of the Convention throughout Member States. A substantial body of case law exists on the Brussels Convention, from references by the original six Contracting States to the ECJ, and more recently from references from other Contracting States.[23] The Court stressed its interpretative role of the Convention

---

[20] 1968 Brussels Convention on jurisdiction and the enforcement of judgments in civil and commercial matters [1998] OJ C 27/1 (consolidated version).
[21] O. Remien, CMLRev 2001 at 55.
[22] Protocol on the interpretation of the 1968 Convention by the Court of Justice [1998] OJ C 27/28.
[23] J.J. Fawcett, P. North, *Cheshire and North's* Private International Law, 13th edition, 1999, p. 184.

in the recent *HWS* case:[24]

> Only such (autonomous, NR) interpretation (of the concepts of contract and tort in Art. 5 (1) and (3) of the Brussels Convention, NR) is capable of ensuring the uniform application of the Brussels Convention, which is intended in particular to lay down common rules on jurisdiction for the courts of the Contracting States and to strengthen the legal protection of persons established in the Community by enabling the claimant to identify easily the court in which he may sue and the defendant reasonably to foresee in which court he may be sued.... (Para. 20)

The principal objectives of the Convention may be traced through the substantial amount of ECJ case law interpreting the Convention. These include:

– determination of international jurisdiction of (national) courts in the European Community;[25]
– simplification of formalities governing reciprocal enforcement of judgments;[26]
– procedural provisions for these purposes;[27]
– avoidance of multiplicity of jurisdictions;[28]
  – in the courts of the state where the contract obligation was performed (Art. 5 (1)),
  – where a harmful event has occurred (in matters related to delict) (Art. 5 (3)),
  – where a branch or agency is situated (in matters related to operations of a branch, Art. 5 (5)).
– prohibition of the English doctrine of "*forum non conveniens*" where the case has a closer connection with the courts of a non-Member country, or the practice to issue "anti-suit injunctions" against alleged frivolous litigation in other Member countries.[29]
– the need to strengthen the legal protection of the rights of defendants,[30]
– protection of socially or economically weaker parties.[31]

The provisions of the Brussels Convention were repeated in the Lugano Convention concluded between the EEC countries and members of the European Free Trade Association. These have been extended to include Poland.

The well-known international law rule *actor sequitur forum rei* is the general principle of jurisdiction of the Brussels Convention.[32] This means that a person should be sued

---

[24] Case C-334/00 *Fonderie Officine Meccaniche Tacconi SpA v. Heinrich Wagner Sinto Maschinenfabrik* (HWS) [2002] ECR I-7357.
[25] Case 14/76 *A. De Bloos, SPRL v. Société en comandite par actions Boyer* [1976] ECR 1497.
[26] Case 133/78 *Gourdain v. Nadler* [1979] ECR 733 at Para. 3.
[27] Case 48/84 *Spitzley v. Sommer Exploitation SA* [1985] ECR 787 at Para. 21.
[28] Case 14/76 *supra* note 25.
[29] Case C-281/02 *Andrew Owusu v. N.B.Jackson et al* [2005] ECR I-1383, C-159/02 *Gregory Paul Turner v. Felix Fareed Ismail Grovit et al* [2004] ECR I-3565.
[30] Case 125/79 *Denilauer v. SNC Couchet Frères* [1980] ECR 1553 at Para. 13.
[31] Case 150/77, *Bertrand v. Paul Ott KG* [1978] ECR 1431 at Para. 21; 201/82 *Gerling Konzern Speziale Kreditversicherungs-AG v. Amministrazione del Tesoro dello Stato* [1983] ECR 2503 at Para. 17.
[32] Art. 2 of the Convention.

in the court of the place where he is domiciled. This rule may be derogated from and a person may be sued in the courts of other States – parties to the Convention only by virtue of the rules on "special jurisdiction" stated in the Convention. These rules state that person may also be sued:

- in the courts of the state where the contract obligation was performed (Art. 5(1)),
- where a harmful event has occured (in matters related to delict) (Art. 5(3)),
- where a branch or agency is situated (in matters related to operations of a branch), Art. 5(5).

In the *Kronhofer* case,[33] the Court insisted on a narrow interpretation of Art. 5 (3) as an exception to the general rule of Art. 2 Brussels Convention. In tort actions regarding the marketing of financial services, the mere fact that the claimant had its business seat or its assets in one Member country is not sufficient to constitute the "place where the harmful event occurred".

Persons who are not nationals of the State in which they are domiciled shall be governed by the rules of jurisdiction applicable to nationals of that State.[34] In addition, parties to the contract may enter into an agreement on jurisdiction, subject to provisions of Section 6 of the Convention.

The Convention also determines the rules on "exclusive jurisdiction". This, contrary to general and special jurisdiction, is linked not to the courts of the State where the party is domiciled but where immovable property is situated, where the company has its seat, or where the public register is kept.[35] The courts, which have exclusive jurisdiction under the Convention, cannot be excluded from the proceedings by an agreement on jurisdiction.

The Convention also contains some rules on protective jurisdiction, under which economically weaker parties, such as consumers or employees, may sue in the courts of their domicile:

– With regard to consumers, the Convention provides for a set of criteria enabling these persons to enjoy protective provisions, but usually limits them to so-called *passive consumers*. They have been subject to intensive case law concerning "consumer contracts" in Art. 13 ff.[36]

– Two judgements of 20 Jan. 2005[37] continue earlier case law insisting on a strict interpretation of the special jurisdiction of Art. 13 as an exception to the general

---

[33] Case C-168/02 *Rudolf Kronhofer v. Marianne Maier et al.* [2004] ECR I-6009.
[34] Art. 2 of the Convention.
[35] Art. 16 of the Convention.
[36] For a recent case C-96/00 *Gabriel* [2002] ECR I-6367; for details *Reich/Micklitz*, Europäisches Verbraucherrecht, Para. 31.2-31.14.
[37] C-464/01 *Johann Gruber v. Bay Wa AG* and C-27/02 *Petra Engler v. Janus Versand* GmbH, [2005] ECR I-439, 481; critical comment *Reich*, EuZW 2005, 244.

rule "*actor sequitur forum rei*". In the case of so called "mixed contracts", the Court will apply Art. 13 only where the professional activity to which the contract is related is only marginal and ancillary. Should the consumer deceive the other side on the true character of the contract – he pretends the contract to be part of a professional activity even when this is only minor – he has waived his protection and the good-faith contract partner is not subject to the special jurisdiction of Art. 13/14. Art. 13 (1) Para. (3) always requires that a contract is *concluded* for the supply of goods or services. This is not the case, in difference to *Gabriel*, if the trader awards to the consumer a "prize" allegedly won by him without being subject to the ordering of goods.

– With regard to contracts of employment, a special section was added to Art. 5 (1) on the occasion of the accession of Spain and Portugal to the Convention. The Court referred to the place where the work is actually performed by the employee as the place where (active or passive) litigation arising out of the employment contract should take place, including posted workers. If work is done in several places, than the place where the essential part of the worker's duties *vis-à-vis* his employer are in fact performed is decisive.[38]

Prorogation of jurisdiction by agreement is subject to stricter requirements aimed at the protection of the weaker party, Art. 15 Brussels Convention.

It should be noted that, despite its success, the Convention had one inherent flaw. That is, with every round of accession, it had to be ratified again by all Member States. This ratification has become ever more time consuming. As an example, Austria, Finland and Sweden acceded to the European Union in 1996. And as late as in July 1999 the Commission pointed out that the "Brussels Convention, as amended following the accession negotiations with Austria, Finland and Sweden, has not yet entered into force for all the Member states as only a minority of them have ratified it."[39]

B. Brussels Regulation 44/2001

1. Overview

However, such legislation through an international convention remained the only possible way until the Amsterdam Treaty introduced Art. 65 (b) EC, which now contains provisions on:

> measures in the field of judicial cooperation in civil matters having cross-border implications, to be taken ... promoting the compatibility of the rules applicable in the Member States concerning the conflict of laws and of jurisdiction.

---

[38] Cf. Case C-383/95 *Petrus Wilhelmus Rutten v. Cross Medical Ltd.* [1997] ECR I-57; C-437/00 *Giulia Pugliese v. Finmeccanica SpA* [2003] ECR I-3573.
[39] COM (1999) 348 final of 14 July 1999 at 2.1.

Hence, the private international law and jurisdiction rules in the European Union were brought into the context of the First Pillar. This article was used as a basis for adoption of Council Regulation (EC) No 44/2001 of 22 December 2000 on jurisdiction and the recognition and enforcement of judgments in civil and commercial matters (in the following: Reg. 44/2001).[40] The Regulation replaced the Convention as of March 1, 2002, for the then 14 states – Members of the EU. Art. 68 of Reg. 44/2001 provides:

> [The] Regulation shall, as between the Member States, supersede the Brussels Convention.... In so far as this Regulation replaces the provisions of the Brussels Convention between Member States, any reference to the Convention shall be understood as a reference to this Regulation.

However, the Brussels Convention continues to apply in relations between Denmark and the Member States that are bound by the Regulation,[41] and to the territories of the Member States that fall within the territorial scope of the Convention and which are excluded from this Regulation pursuant to Art. 299 of the Treaty.[42]

Despite the fact that the Convention ceased to regulate relations between most of the Member States, it will remain important for the purpose of uniform interpretation and application of the Regulation, since "[c]ontinuity between the Brussels Convention and this Regulation should be ensured."[43] The case law of the ECJ, interpreting provisions of the Brussels Convention that were transferred unchanged into the Regulation, should remain a valid source for interpreting the provisions of the Regulation. For this reason, the case law of the ECJ[44] as well as the Official Reports on the Convention[45] have retained their importance.

2. Consumer Contracts

The Regulation for the most part follows both the structure and the provisions of the Brussels Convention. One of the key changes in the Regulation compared to the Convention is the new approach towards marketing activities in B2C (business to consumer) relations. According to Art. 13 (1) lit. c) of the Convention, the right of the consumer to sue the supplier in the consumer's country of domicile was subject to

---

[40] Council Regulation (EC) No 44/2001 of 22 December 2000 on jurisdiction and the recognition and enforcement of judgments in civil and commercial matters [2001] OJ L 12.
[41] Recital 21 of the Regulation.
[42] Recital 22 of the Regulation.
[43] Recital 19 of the Regulation.
[44] For a recent example cf. case C-167/00 *Verein für Konsumenteninformation v. Karl Heinz Henkel* [2002] ECR I-8111 concerning the question on whether Art. 5 (3) is also applicable to injunctions to prevent an illegal act, which the ECJ answered in the affirmative by referring to the amended text in Art. 5(3) of Reg. 44/2001.
[45] Schlosser Report, [1979] OJ C 59, Jenard Report [1979] OJ C 59; the Evrigenis and Kerameus Report [1986] OJ C 298; The Almeida Cruz, Desanes Real, Jenard Report [1990] OJ C 189.

the existence of advertising or a specific invitation addressed to the consumer. Moreover, the consumer should have taken the necessary steps to conclude the contract in that state. Art. 15 (1) lit c) of Regulation 44/2001 replaced these two conditions with one: the consumer may sue the company if the company:

> by any means, directs such activities to that Member State or several States including that Member State.

This provision has aroused intense debate with regard to e-commerce, since it may be interpreted in such a way that the mere accessibility of the website of a company situated in one Member State by a consumer domiciled in another Member State may give such consumer the right to sue the company in the consumer's domicile – a result which makes marketing in e-commerce subject to different and diverging jurisdictions. Such a rule may on the other hand encourage the establishment of alternative dispute settlement (ADR) mechanisms, which is one of the aims of the directive on electronic commerce. This question will not be developed in the present context.[46]

3. Employment Contracts

With regard to employment contracts, a new section 5 contains special rules on jurisdiction.[47] This gives the employee the choice to sue the employer:[48]

in the courts of domicile of the employer;
in the courts for the place where the employee habitually carries out his work or in the courts for the last place where he did so;
if the employee does not or did not habitually carry out his work in any one country, in the courts for the place where the business which engaged the employee is or was situated.

On the other hand, an employer may bring proceedings only in the courts of the Member State where the employee is domiciled.[49]

4. Other Issues

Art. 60 of Reg. 44/2001 provides for an autonomous definition of the seat of legal persons, whereas the Convention had left this issue to be determined by the rules of the court in which jurisdiction is exercised. The Regulation provides three alternative criteria to define domicile of legal persons:

the statutory seat,
the central administration, or
the principal place of business.

---

[46] *Reich/Micklitz* (Eds.), Europäisches Verbraucherrecht, at Para. 31.5; 32.12.
[47] Art. 19 of the Regulation.
[48] Art. 19 of the Regulation.
[49] Art. 20 (1) of the Regulation.

These criteria correspond to those listed in the Chapter of the EC Treaty concerned with the right of establishment of companies in the European Community.[50]

Another important change gives an autonomous definition to the place of performance of the contract. Art. 5 (1) lit b) of Reg. 44/2001 provides that in the case of sale of goods this place is the place where the goods were delivered or should have been delivered; and in the case of provision of services – the place where the services were provided or should have been provided. The purpose of this modification is, similarly as described above, "to remedy the shortcomings of applying the rules of private international law of the State whose courts are seized."[51] However, problems may still remain for the claimant in proving the place where services, such as consultancy services, should have been provided.

The Regulation has amended the rule on jurisdiction in tort claims. The defendant may be sued not only in the courts of the place where the harmful event has already occurred, but also of the place where it *may occur*. Thus, litigants are given a right to sue for preventive measures via injunctions. This was first recognized in the *Henkel* case concerning cross-border group actions.[52]

Art. 6 of Reg. 44/2001 provides that an action may be brought against a defendant in the court of a co-defendant only in cases when the claims are so closely connected that separate proceedings would risk irreconcilable judgments. Thus, the ruling of the ECJ in the *Kalfelis* case[53] was transposed into a legislative provision.

An important innovation is made to Section 7 related to prorogation of jurisdiction. An agreement on jurisdiction may be concluded in electronic form.[54] However, the restrictive rules on jurisdiction clauses in consumer contracts have not been changed.[55] The question remains how they can be coordinated with the case law of the ECJ on jurisdiction clauses in standard contract terms (*supra* I C). In *Oceano*,[56] the Court did not even mention this problem.

Rules on recognition and enforcement of judgments have been changed so as to make recognition virtually automatic, and simplifying the obtaining of an enforcement declaration. Courts asking for enforcement declarations will no longer be able to raise grounds for non-recognition on their own motion.[57] However, the claimant still has

---

[50] Art. 48 EC.
[51] Proposal for a Council Regulation (EC) on Jurisdiction and the Recognition and Enforcement of Judgments in Civil and Commercial Matters, [1999] OJ C 376 (1999) at p. 17.
[52] Case C-167/00, *supra* note 44 which comes to the same result under the Brussels Convention, thus minimising the changes brought about by Reg. 44/2001.
[53] *See* Case 189/97 *Kalfelis v. Banque Schröder ECR* [1988] 5565.
[54] Art. 23 of the Regulation.
[55] Art. 17 of the Regulation.
[56] Cases C-240-244/98; comment by *Pfeiffer*, ZEuP 2003, 141 at 153.
[57] Art. 33 of the Regulation.

to comply with national procedure rules in order to obtain a declaration that the judgment is enforceable. Thus, the value of automatic recognition may be reduced.

III. Indirect Protection via the Reference Procedure

A. Original Objective: Uniformity of Community Law

The most important element in protecting individual rights and insisting on adequate remedies has been the reference procedure[58] even though, paradoxically, this does not allow direct access of individuals to European courts. It was originally meant to be an interim procedure by which courts of law of the Member countries could ask the ECJ for preliminary rulings on questions of validity and interpretation of Community law. With the exception of courts against whose decisions there is no remedy under national law – which have an obligation to refer[59] – the national court has complete discretion whether to use the reference procedure or not. Therefore, it was not individual protection but uniformity of Community law that was the original objective of the reference procedure.

This perspective can be seen by looking at two important decisions of the eighties. In *CILFIT*[60] the ECJ wrote that Art. 177:

> does not constitute a means of redress available to the parties (Para. 9).

The Court insisted that the reference procedure is based on cooperation. The national courts[61] enjoy full discretion as to whether to refer a case to the ECJ. Where the outcome of a case does not depend on an interpretation of Community law, where there has already been a ruling of the ECJ, or where the meaning of Community law is clear (*acte clair* doctrine), there is no obligation to refer. But the Court made an important qualification: *acte clair* does not depend on the discretion of the *judex a quo*, but it:

> must be convinced that the matter is equally obvious to the courts of the other Member States and to the Court of Justice (Para. 16).

This later requirement is of course difficult to fulfil, especially with first 15 and now 25 present jurisdictions. The Court added several criteria on when this possibility would theoretically exist, always keeping in mind the peculiarity of Community law and its concepts, the different languages used which have equal force of law, and the context in which Community law must be interpreted. These requirements effectively limit

---

[58] Under Art. 234 EC.
[59] Para. 3 of Art. 234 EC.
[60] Case 283/81 *Srl CILFIT and Lanificio di Gavardo SpA v. Ministry of Health*, [1982] ECR 3415.
[61] Including those mentioned in Para. 3 of Art. 234 EC.

frequent application of the *acte-clair* doctrine and insist on the priority of the ECJ in interpreting Community law.

A similar spirit of "exclusivity" can be seen in the later *Foto Frost* case.[62] The preliminary question concerned the power of a national court to invalidate a Community measure. The Court insisted that Member State courts may judge on the validity of a Community act in a positive way, but they:

> do not have the power to declare acts of the Community institutions invalid (Para. 15).

This is due to the "necessary coherence of the system of judicial protection established by the Treaty", which is based upon a clear division of powers and competences. Later case law has clarified the scope of the reference procedure in the interest of uniformity and coherence of Community law:

– Only courts of law, and not (private) arbitration, or consumer complaint tribunals whose jurisdiction is not mandatory, may refer a case to the ECJ;[63] however, if the arbitration award is subject to judicial scrutiny on public policy grounds, the reference procedure is available.[64]
– The court must fulfill judicial, not administrative, functions, as in cases concerning the registration of a company or a commercial agent.[65]
– The questions put forward must not merely be hypothetical but have a genuine relevance to the case at hand.[66]

In general, the ECJ allows a broad margin of discretion to Member State courts to decide on the relevance, on the questions posed, and on the potential application to the specific case at hand. It is not necessary that the date for implementation of the directive should have lapsed. Indeed, early reference may even be necessary in order to allow adequate judicial protection, which is not possible by a direct action challenging the directive.[67] The national courts may even ask preliminary questions in cases where the applicable law has not been enacted, in doing so fulfilling a duty of implementation, but using the same or at least similar terminology in the interest of harmonization of national with Community law.[68]

---

[62] Case 314/85 *Foto-Frost v. HZA LübeckOst* [1987] ECR 4199.
[63] Case 102/81 *Nordsee Deutsche Hochseefischerei GmbH v. Reederei Mond Hochseefischerei Nordstern AG & Co. KG* [1982] ECR 1095; C-125/04 *Guy Denuit et al v. Transorient – Mosaique Voyages et Culture SA*, [2005] ECR I-(27.1.2005).
[64] Case C-126/97 *Eco Swiss China Time Ltd v. Benetton International NV*. [1999] ECR I-3055.
[65] Case C-111/94 *Job Centre Coop. ARL*. [1995] ECR I-3361 at Para. 11.
[66] Case 244/80 *Pasquale Foglia v. Mariella Novello* [1981] ECR 3045 at Para. 16.
[67] Case C-491/01 *The Queen v. Secretary of State for health ex parte: British American Tobacco (Investments) Ltd. et al.* [2002] ECR I-11453 at Para. 40.
[68] Cases C-297/88 + 197/89 *Dzodzi v. Belgium* [1990] ECR I-3763 at Para. 36; C-7/97 *Oscar Bronner GmbH & Co. KG v. Mediaprint Zeitungs- und Zeitschriftenverlag GmbH & Co. KG*.[1998] ECR I-7791.

These cases make clear that the Court insists on its final say to interpret and its monopoly to invalidate Community law in the interest of its uniform application. Its decisions in the reference procedure therefore have a *de facto stare decisis* authority. It is only the Court itself (or the Community legislator) that can "overrule" an interpretation given by the Court.

B. The New Function of the Reference Procedure: (Indirect) Individual Rights Protection

In the meantime, the second function of the reference procedure has become clearer, owing to limited direct access by individuals to European courts (*infra* IV). The basic approach, as recognized by the Court, describes a decentralized *three step procedure* of judicial protection of individual rights in the Union:

The first and decisive step is taken by the national court system. This must meet the requirements of effective protection, as defined by the Court. It includes the grant of effective remedies as *obligation de moyens*.

The Court may – and, in those instances against whose decisions there is no judicial remedy, must – be asked to give a binding ruling on the interpretation or validity of a question of Community law, insofar as it is relevant for the decision of the case; merely "hypothetical" questions should not be referred to the ECJ.

In a third step, the procedure is turned back to the national *judex a quo*, which has to apply the Court ruling to the individual case before it; the ECJ is not allowed to decide the particular case, even though it has given such precise rulings in some cases that the national court could not decide otherwise.[69]

In this decentralized system, it is really the national judge, and not the ECJ or the CFI, which protects Community rights under equal conditions as national rights. The national judge becomes the *European judge*.

These two functions of the reference procedure may conflict in cases where a speedy remedy is sought. If the Court of Justice has exclusive authority to annul a Community act that forms the basis for a Member State measure, a final decision on the validity of the contested Community measure under the reference procedure would now take about 2 years. Thus, no speedy remedy would then be possible.[70] On the other hand, if the national court were allowed to set aside the application of the Community measure, this would infringe the division of competences as defined in *Foto Frost*,

---

[69] Cf. as an example case C-470/93 *Verein gegen Unwesen in Handel und Gewerbe Köln e.V. v. Mars GmbH* [1995] ECR I-1923.
[70] An expedited procedure is now available in urgent and exceptional cases under Art. 104a of the Rules of Procedure of the Court, [2000] OJ L 122/43.

Norbert Reich

and the uniformity of Community law, to the unilateral benefit of individual rights protection. In *Zuckerfabrik*,[71] the Court was asked to balance the interests of a party to proceedings in rapid protection against a presumably illegal Community measure violating its rights, with the interests of the Community in coherence and uniform application of EC law under the final responsibility of the ECJ. The Court allowed the national court to suspend enforcement in order to protect individual rights under the following conditions:

The national court must have serious doubts as to the validity of the Community regulation on which the contested administrative measure is based.

The national court must refer the question of validity of the Community regulation at issue to the ECJ.

The grant of relief must be subject to uniform conditions in all Member States; therefore, a balancing test is required between the Community interest in maintaining the regulation and the individual interest in suspending it.

The national court must take due account of ECJ case law.[72]

However, the national court is not empowered to order positive measures that only a Community institution may take.[73]

It is the reference procedure through which the "great developments" of Community law – such as direct effect, supremacy, proportionality, state liability for infringement of Community rights – have been transformed from an imperfect and incomplete legal order to a coherent system of judicial protection and control. This simple fact shows its inherent potential for the protection of individual rights, even though the individual is in fact denied an independent right of standing. A violation of the duty to refer may therefore provoke state liability if the breach has been sufficiently serious and a causal link can be shown between the violation of the duty to refer and the damage.[74]

C. Protection against Directives

It is not yet clear how the *Zuckerfabrik* doctrine functions in cases involving protection against directives. Under Community law, directives may take vertical direct

---

[71] Joined cases C-143/88 and 92/89 *Zuckerfabrik Süderdithmarschen AG v. Hauptzollamt Ithehoe and Zuckerfabrik Soest GmbH v. Hauptzollamt Paderborn* [1991] ECR I-415.
[72] Case C 465/93 *Atlanta Fruchthandelsgesellschaft et al v. Bundesamt für Ernährung und Forstwirtscahft* [1995] ECR I-3761 at Para. 46. See recently joined cases C-453/03 et al. *ABNA v. Secretary of State for Health* [2005] ECR I-(6.12.2005) at Para. 103.
[73] Case C-68/95 *T. Port GmbH & Co. KG v. Bundesanstalt für Landwirtschaft und Ernährung* [1996] ECR I-6065.
[74] Cf. opinion of AG Leger of 8.4.2003 in case C-224/01 *G. Köbler v. Republic of Austria*, [2003] ECR I-10239. Somewhat more cautious the ECJ in its judgment of 30.9.2003 para. 55.

effect against the State in favor of individuals, but may not impose obligations upon individuals. However, directives may be used for interpretation purposes, thereby indirectly extending existing obligations, or even imposing new ones. Yet from a formal point of view, only the implementing state measures will have a mandatory effect on the individual. On the other hand, the Member State is bound by Community law to enforce a directive under the conditions set out therein, in order to avoid state liability under the governance rules. The mere existence of a directive to be implemented within a specified time frame will have a certain anticipatory effect on the legal position of the individual, on their business strategies, opportunities, and operational planning. Does the individual or undertaking fearing an infringement of its supposed rights by a foreseeable implementation of a directive have a remedy against the directive itself, or does it have to wait until an implementing measure (such as administrative or criminal proceedings) is directed against it, only then contesting the validity of the directive under the conditions of *Foto Frost* via a reference procedure?

Since, as we shall see, the individual has no direct access to Community jurisdiction for the protection of its rights, even if they have a fundamental rights quality, it is up to the national courts to allow for adequate protection before implementation of the directive. The English courts have construed preventive action against the threat of an implementing measure if the national legislator or regulator had no choice of action.[75] A similar remedy does not exist in other jurisdictions.

It can be argued that the national courts are under a requirement to extend standing under their obligation to provide effective remedies. Their "procedural autonomy" is subject to the principle of effective judicial protection and control. This includes the creation of new remedies which so far had not existed under national law.[76]

IV. Limited Direct Access to European Jurisdictions: Art. 230 (4) EC

A. Absence of a Constitutional Complaint in EU Law Against Legislative Acts

Such a distribution of responsibilities as described explains why specific Community law procedures are only available if individuals are *directly and individually* concerned by Community measures.[77] The wording seems to exclude any protection against legislative measures of the Community, be they regulations or directives. The individual

---

[75] Case C-74/99 *The Queen v. Secretary of State for Health and others, ex parte Imperial Tobacco Ltd and Others* [2000] ECR I-8599 *re tobacco* litigation. Reich, EuZW 2006, 120.
[76] V. Gerven fn.1, at 522-526.
[77] Per Art. 230 (4) EC.

has to seek protection of its alleged rights before national courts. In matters of Community law these act, as we have seen, as Community courts and may potentially have to refer a case to the ECJ via the reference procedure.

This is true even in cases where the individual claims a violation of fundamental rights. For Community law, unlike many Member State laws, has not yet developed a constitutional complaint system against legislative measures. In this way, it is far behind the standard of European human rights law and the constitutional traditions common to many Member States (with the exception of some countries, such as the UK, France, and Sweden). Art. 46 lit. d) EU allows protection of fundamental rights under Art. 6 (2) EU against actions of Community institutions only "insofar as the Court has jurisdiction".

The Charter of Fundamental Rights of the EU has not changed this distribution of competences. It does not establish any new powers or tasks for the Community or the Union, nor does it modify the powers and tasks defined by the Treaties.[78] This amounts to a refusal to grant new judicial remedies against violations of the Charter.

B. The Limited Scope of Direct Actions under Community Law

Art. 230 (4) EC – as the basic norm for direct actions of individuals – distinguishes three types of Community measures that may be contested before Community jurisdictions. These are now the Court of First Instance, with possible appeal to the ECJ:

– a decision addressed to a (natural or legal) person;
– a decision not addressed to that person but to another person and which is of direct and individual concern to that person;
– a decision in the form of a regulation being of direct and individual concern to another person.

This *numerus clausus* of Community measures against which direct action by an individual is possible has a number of ambiguities. These have given rise to an abundant and somewhat conflicting case law.[79] As a starting point it should be kept in mind that direct action under Community law has the character of *an administrative law remedy*. It seems completely to exclude actions against general, namely legislative, measures. Only under the qualified circumstances of direct and individual concern may a regulation – which according to the wording of the Treaty must be regarded in substance as a decision – be challenged. Directives seem to be completely excluded from Community jurisdiction.[80] A brief look at Court practice will be concerned with

---

[78] According to Art. 51 Charter = Art. II-111 of the Draft Constitution.
[79] For details cf. *Arnull*, CMLRev 2001, 7; *Reich*, in: Micklitz/Reich (Eds), Public Interest Litigation, 1996 at 12-16.
[80] Under Art. 230 (4) EC.

only whether individual, or also group or general interest actions, are allowed under Community law.

C. Regulations of Direct and Individual Concern

Regulations under Community law are hybrid measures. According to Art. 249 (2) they have "general application" and are "directly applicable". General application seems to indicate their legislative character, thereby excluding individual concern, even if they are able to directly confer rights and impose obligations on individuals.

The case law of the Court was thus concerned with singling out those regulations that are of individual concern to persons directly subjected to them. The formula which had been developed by the famous *Plaumann* case of 1963[81] demands that the measure in question affects natural or legal persons:

> by reason of certain attributes which are peculiar to them or by reason of legal or factual circumstances in which they are differentiated from all other persons and by virtue of these factors distinguishes them individually just as in the case of the person addressed.

The Court seems to use a test based on *equal treatment*. That is, in normal circumstances, a measure of legislative character, like a regulation, treats all potential addressees similarly. Since everybody in the sense of "*quivis ex populo*" is concerned, nobody is entitled to contest the measure because of its general applicability. However, there may be cases – due to legal or factual circumstances – where one individual is singled out from the general public. Then this individual – and only that individual – is entitled to direct action. It is not important whether the legislative measure poses a particular hardship on him. Later case law was concerned with defining certain types of situations where this individual concern could be established under equality criteria:

- EC law may require that the effects of a measure to certain persons be particularly taken into account. That is, even if the measure is of general character in the form of a regulation, it is still of individual concern to those persons whom Community law aims to protect, such as importers or exporters of agricultural products forming a "closed class".[82]
- A Community regulation is only adopted after certain persons or groups have had their right to a hearing, in particular in anti-dumping proceedings, but these rights have been violated.[83]

---

[81] Case 25/62 *Plaumann & Co. v. Commission* [1963] ECR 95.
[82] Case 11/82 *SA Piraiki-Patraiki and others v. Commission* [1985] 207; C-152/88 *Sofrimport SARL v. Commission* [1990] ECR I-2477; C-451/98 *Antillean Rice Mills NV v. Council* [2001] ECR I-8949; for further details *Arnull* at 31-41.
[83] Case 264/82 *Timex Corporation v. Council and Commission* [1985] ECR 849.

- Certain factual situations are of specific concern to individuals, for example to independent importers of products that have to pay a particular anti-dumping tariff,[84] or to the proprietor of a graphic trade mark taken away by a Community regulation.[85]

It appears from this overview that Community courts enjoy a certain amount of discretion whether to admit an action or not, a fact that makes any prediction as to the admissibility of an action difficult. Such legal insecurity violates the principle of effective judicial protection.

The situation is particularly unsatisfactory with regard to group actions, which Community law prescribes the Member States to accept in several areas such as non-discrimination, but does not seem to be willing to allow its own plaintiffs. The Court has repeatedly insisted that for a group action to be admissible it is not sufficient that the members of the group are individually concerned:[86]

> ... moreover one cannot accept the principle that an association, in its capacity as the representative of a category of businessmen, could be individually concerned by a measure affecting the general interests of that category. Such a principle would result in the grouping, under the heading of a single legal person, of the interests properly attributed to the members of a category, who have been affected as individuals by genuine regulations, and would derogate from the system of the treaty which allows applications for annulment by private individuals only of decisions which have been addressed to them or of acts which affect them in a similar matter.

Only if the group itself (for example, a producers' or consumers' association) is individually concerned does it have a right to action.[87] This may be the case if their "procedural participation right" has been violated.[88] But in general the Court has been hostile to group actions.[89]

Community jurisdictions have discussed whether standing should be extended in particular by having regard to fundamental rights developments. In its *Jégo-Quéré* judgment of 3.5.2002,[90] the Court of First Instance referred to Art. 47 of the ECHR, which

---

[84] Case C-358/89 *Extramet Industrie SA v. Council* [1991] ECR I-2501.

[85] Case C-309/89 *Codorniú v. Council* [1994] ECR I-1853.

[86] Case 16 + 17/62 *Confédération nationale des producteurs de fruits et légumes and others v. Council* [1962] 471 at 477.

[87] Under Art. 230 (4) EC.

[88] *Reich*, in: Micklitz/Reich (Eds.) note 79 at p. 15.

[89] Case 246/81 *Nicholas William, Lord Bethell v. Commission* [1982] 2277; C-321/95P *Stichting Greenpeace Council (Greenpeace International) and Others v. Commission* [1998] I-1651; for a broader discussion cf. the contributions of *Reich, Micklitz, Dauses, Gormley, Weatherill, Wenig, Nettesheim, Krämer, Betlem* and *Christianos*, in: Micklitz/Reich *passim*.

[90] Case T-177/01 *Jégo-Quéré & Cie SA v. Commission of the European Communities* [2002] ECR II-2365: *The ECJ set aside the Jégo-Quéré-judgment of the CFI, case* C-263/02P [2004] ECR I-3425

grants the right to an effective legal remedy. As discussed above, the existing system of Community law remedies, in particular the reference procedure, does not allow an effective remedy. The same is true of the potentiality of the injured individual to receive compensation.[91] Therefore, the requirement of "individual concern" should be widened to cases where a Community law provision directly curtails rights or imposes obligations (para. 51 of judgment).

In his opinion of 21 March 2002[92] on *Union de pequeños agricultores* (UPA), concerning a group action of an association of small agricultural producers challenging a regulation which substantially reduced their production quotas of olive oil, AG *Jacobs* critically analyzed existing case law and proposed a more open and flexible solution to the criteria of "individual concern". He argued for the constitutional importance of effective judicial protection and on the evolution of Community law in the direction of responsibility and democratic legitimacy. He also referred to prior case law of the ECJ, acknowledging an evolutionary interpretation of Art. 230 (4) EC. The criteria proposed by him suggest that an:

> applicant is individually concerned by a Community measure where the measure has, or is liable to have, a *substantial adverse effect* (italics NR) on his interest (Para. 60, 102).

However, it must be doubted whether the new criterion of *substantiality* instead of equality is of much help to Community courts and their parties in determining admissibility of an action. Only after having reviewed the substance of a case will one know whether or not a party is substantially concerned by a Community regulation. Substantiality can thereby only be determined *ex post*, not *ex ante*.

In its decision of 25 July 2002, the Court was not convinced of the new criteria proposed by AG Jacobs. It insisted on the one hand on the right of effective judicial protection, but on the other hand made the Member States responsible for granting it (Para. 41). Member States, in their duty of loyal co-operation under Art. 10 EC are:

> required, so far as possible, to interpret and apply national procedural rules governing the exercise of rights of action in a way that enables natural and legal persons to challenge before the courts the legality of any decision or other national measure relative to the application to them of a Community act of general application, by pleading the invalidity of such an act (Para. 42).

The Court no more and no less requires Member States to institute a quasi-constitutional complaint mechanism against Community legislative acts, always keeping in mind that the final decision as to illegality remains within Community

---

because "such an interpretation has the effect of removing all meaning from the requirement of individual concern set out in the fourth paragraph of Art. 230 EC" (Para. 37).
[91] Under Art. 288 (2) EC.
[92] Case C-50/00P *Unión de pequeños agricultures v. Council* [2002] ECR I-6677.

jurisdiction. Within such a system of judicial control, the Court will review the constitutionality of a Community measure.[93]

The Court found no justification for extending standing beyond existing case law. It referred this question to the Member States as "Masters of the Treaty". In turn, they are only entitled to reform the system currently in force by amending the Treaty.

The judgment of the Court can be seen as an attempt to put the responsibility for effective judicial protection back to the Member States. They – not the Community – have to extend their judicial mechanisms. Direct action will remain as before a mainly administrative remedy. The quasi-constitutional remedy against legislative acts is to be provided by Member States within the framework of the reference procedure.

Unfortunately, however, this shifting back of responsibilities does not settle the main problem posed by the Court in its insistence on division of responsibilities between Community and Member State courts, and its exclusive power to annul Community acts. That is, Member State courts are competent to decide on Community law only indirectly via implementing Community measures, and not directly via allowing an action against a Community regulation or decision, as has been correctly pointed out by AG *Jacobs*.[94] In cases where a regulation or decision with substantial effects on third persons is self-executing and does not require additional Member State implementation measures, judicial protection is in effect denied, contrary to the principles declared by the Court.

D. Protection Against Directives

Directives are not mentioned among the acts to be challenged under Art. 230 (4). Therefore, by *argumentum e contrario* the Court has persistently held that there is no direct action against them.[95] As has been held by the Court of First Instance and upheld on appeal by the ECJ:

> (T)he justification for that exclusion (of directives from judicial review – NR) lies in the fact that, in the case of directives, the judicial protection of individuals is duly and sufficiently assured by the national courts, which review the transposition of directives into the domestic law of the various Member States.

> Furthermore, even supposing that it were possible – contrary to the wording of the fourth paragraph of Art. 173 of the Treaty – to treat directives as regulations in order to allow proceedings against a decision 'in the form of' a directive, the directive at issue neither constitutes a 'disguised' decision nor contains any specific provision which has the character of an individual decision. On the contrary, it is a normative measure of general application (Para. 17-18).

---

[93] According to Art. 46 lit. d) EU.
[94] Para. 41-48 of his opinion.
[95] Case T-99/94 *Asociación Espanola de Empresas de la Carne v. Council* [1994] ECR II-871, upheld on appeal Case C-10/95P [1995] ECR I-4149.

Judicial Protection in the EU

This rather formal argument could be supported by the fact that directives do not allow for a direct imposition of duties upon individuals. Therefore, they cannot be of "direct concern" to them. As a result, it not necessary to question their "individual" concern. However, this argument can be challenged from two directions:

– Certain directives leave to Member States such a narrow margin of discretion that they impose *de facto* obligations upon individuals even before enactment of implementing measures; individuals have to adopt their business plans and legal action in expectation of implementation.
– Other directives may in reality be disguised decisions[96] just like regulations, and therefore fulfil the criteria of direct and individual concern.

In the actions brought by tobacco manufacturers and advertisers against Dir. 98/43,[97] the CFI was not convinced of their direct and individual concern. It insisted on a formal reading of direct effect, which by definition is not possible with regard to imposing obligations upon individuals. Again it is left to the Member States to provide for adequate remedies. The individual injured by a measure implementing a (potentially illegal) directive may claim compensation as a remedy of last resort.[98] However, such a conclusion is not satisfactory, because it does not take into account the preventive effect of judicial protection, and gives a remedy only when "it is too late".[99]

E. New Proposals to Extend Standing in the Draft Constitution

The Draft Treaty on a Constitution for Europe has proposed an Art. III-365 (4) which will read:

> Any natural or legal person may, under the same conditions, institute proceedings against an act addressed to that person or which is of direct and individual concern to him or her, *and against a regulatory act which is of direct concern to him or her and does not entail implementing procedures (italics NR).*

This amendment will solve the problem left by the *UPA case* where a regulation or some other Community act did not need implementing measures and therefore could not be attacked before a national court. The decisive criteria will be *direct* concern; individual concern is not necessary any more. Therefore, it will not allow direct actions against directives. It will also not extend standing to group actions.

---

[96] In the sense of Art. 230 (4) EC.
[97] For details cf. *Reich*, in: Festschrift Winter, 2003, 152.
[98] Case T-172, 175-177/98 *Salamander AG, Una Film "City Revue" GmbH, Alma Media Group Advertising SA & Co. Partnership, Panel Two and Four Advertising SA & Co., Rythmos Outdoor Advertising SA, Media Center Advertising SA, Zino Davidoff SA and Davidoff & Cie SA v. European Parliament and Council* [2000] ECR II-2487 at Para. 78.
[99] Cf. the critique by *Arnull*, CM Rev 2001, at 50; *Nettesheim*, Juristenzeitung 2002, 928 at 934.

Immobiliarsachenrecht in Europa – Skizze eines unvermessenen Gebiets –

*Oliver Remien**

In der Türkei und Deutschland gleichermaßen zuhause ist Tugrul Ansay ein wahrer Repräsentant der Rechtsvergleichung, des Internationalen Privatrechts wie auch der Rechtsvereinheitlichung. Daneben verfolgt er die europäischen Entwicklungen mit großem Interesse und Blick auf die Gestaltung der Zukunft. Daher mag es passen, ihm zu seinem Geburtstag einige Gedanken über ein langsam reifendes Zukunftsthema darzubringen, nämlich das Immobiliarsachenrecht in Europa.

I. Einführung

Ausführungen zum Immobiliarsachenrecht in Europa können heute, wie die Dinge liegen, nur eine Skizze eines bisher unvermessenen Gebietes sein. Immobiliarsachenrecht steht nicht, zumindest noch nicht, im Mittelpunkt der Entwicklungen und Diskussionen über Europäisches Privatrecht. Es bewahrt sich vielmehr den Geruch der lokalen Scholle, möglicherweise aus gutem Grund. Einige weisen auf Art. 295 EGV hin, der bestimmt: "Dieser Vertrag läßt die Eigentumsordnung in den verschiedenen Mitgliedstaaten unberührt." Aber Art. 295 EGV ist nur scheinbar eindeutig, sein Anwendungsbereich wurde in der Praxis verwässert und ist alles andere als klar.[1] Möglicherweise erfasst die Vorschrift gar keine privatrechtlichen Fragen, vielmehr die Enteignung und das Unternehmenseigentum. Im Zusammenhang mit der Timesharing-Richtlinie[2] befassten sich das Schrifttum und das Europäische Parlament mit Art. 295 EGV;[3] die Richtlinie überläßt jedoch den Mitgliedstaaten die Definition des Timesharing und zielt ausschließlich auf den Verbraucherschutz. Eigentumsfragen werden von der Richtlinie daher nicht behandelt und ein möglicher

---

* Prof. Dr. Oliver Remien, Universität Würzburg. Der Beitrag ist die erweiterte und aktualisierte deutsche Fassung von Vorträgen, die ich zunächst auf dem European Private Law Forum des Europäischen Hochschulinstituts, Fiesole/Florenz, im Rahmen des Projekts "Real Property Law and Procedure in the European Union" und sodann auf dem 5. Fakultätstag der Rechtswissenschaftlichen Fakultät der Karl-Franzens-Universität Graz gehalten habe.
[1] Vgl. *Oliver Remien*, Zwingendes Vertragsrecht und Grundfreiheiten des EG-Vertrages, Tübingen 2003, S. 208-213, 448-450 und 458.
[2] Richtlinie 94/47/EG des Europäischen Parlaments und des Rates vom 26. Oktober 1994 zum Schutz der Erwerber im Hinblick auf bestimmte Aspekte von Verträgen über den Erwerb von Teilzeitnutzungsrechten an Immobilien, ABl. 1994 L 280/83-87.
[3] Vgl. mit Nachweisen *Remien*, S. 208f.

Konflikt mit Art. 295 EGV wirkt konstruiert. Dennoch lohnt es sich in verschiedenerlei Hinsicht, das Immobiliarsachenrecht in Europa zu betrachten.

II. Grunderwerbsfreiheit und Grundfreiheiten des EG-Vertrages

Auf jeden Fall wird das Immobiliarsachenrecht vom Primärrecht, insbesondere den Grundfreiheiten und dem Grundsatz der Nichtdiskriminierung, beeinflußt. Das hat wichtige Konsequenzen: Grunderwerbsbeschränkungen für Ausländer verletzen regelmäßig die Niederlassungsfreiheit und die Kapitalverkehrsfreiheit. Der EuGH hat sich in einer Vielzahl von Fällen mit diesen Konstellationen beschäftigt[4] – das ist gerade in Österreich bekannt.

Ähnliche Fragen stellen sich, wenn in einem Mitgliedstaat die Entschädigung für enteignetes Eigentum nur für Inländer gesetzlich vorgesehen ist. Die Niederlassungsfreiheit und der Grundsatz der Nichtdiskriminierung verlangen die Gleichbehandlung der Angehörigen anderer Mitgliedstaaten. Dies ist noch nicht überall Gemeingut.

III. Privatrechtssystem und Begriff des Immobiliarsachenrechts

Was bedeutet überhaupt Immobiliarsachenrecht aus Europäischer Perspektive? Die Verordnung Nr. 1346/2000 des Rates vom 29. Mai 2000 über Insolvenzverfahren gibt in Artt. 5 und 8 eine gewisse Art von Antwort. Artikel 5 behandelt dingliche Rechte Dritter. In Art. 5 Abs.2 und 3 heißt es:

"2. Rechte im Sinne von Absatz 1 sind insbesondere

(a) das Recht, den Gegenstand zu verwerten oder verwerten zu lassen und aus dem Erlös oder den Nutzungen dieses Gegenstandes befriedigt zu werden, insbesondere aufgrund eines Pfandrechts oder einer Hypothek;

(b) das ausschließliche Recht, eine Forderung einzuziehen, insbesondere aufgrund eines Pfandrechts an einer Forderung oder aufgrund einer Sicherheitsabtretung dieser Forderung;

(c) das Recht, die Herausgabe des Gegenstands von jedermann zu verlangen, der diesen gegen den Willen des Berechtigten besitzt oder nutzt;

(d) das dingliche Recht, die Früchte eines Gegenstands zu ziehen.

---

[4] EuGH, Urt. v. 22.8.1997, Rs. C-302/97, *Konle./.Republik Österreich*, Slg. 1999 I-3099; Urt. v. 13.7.2000, Rs. C-423/98, *Albore*, Slg. 2000 I-5965; Urt. v. 5.3.2002, Rs. C-515/99, *Reisch und and../.Bürgermeister der Landeshauptstadt Salzburg*, Slg. 2002 I-2157; Urt. v. 15.5. 2003, Rs. C-300/01, *Salzmann*, Slg. 2003 I-4899; kürzlich dazu *Stefan Lange*, Europarechtliche Vereinbarkeit von Grunderwerbsbeschränkungen, EWS 2004, 389-398; *Andreas Knapp*, Diskriminierende Grunderwerbsbeschränkungen in der EU, EWS 1999, 409-417.

3. Das in einem öffentlichen Register eingetragene und gegen jedermann wirksame Recht, ein dingliches Recht im Sinne von Absatz 1 zu erlangen, wird einem dinglichen Recht gleichgestellt."

Belastungen wie die Hypothek (lit. a), der aus dem Eigentum fließende Herausgabeanspruch (lit. c) und die Grunddienstbarkeiten (lit. d) werden wohl als (Immobiliar-) Sachenrechte angesehen. Art. 5 Abs. 3 fügt Rechtsinstitute wie die Vormerkung der §§ 883ff. BGB und wohl der Anmerkung der Rangordnung nach § 53 GBG hinzu. Art. 8 der Verordnung beschäftigt sich mit Verträgen über einen unbeweglichen Gegenstand. Was unter einem unbeweglichen Gegenstand zu verstehen ist, bleibt offen.

IV. Registrierung

Während beim beweglichen Vermögen oft der Besitz eine wichtige Rolle spielt, wird auch in rechtsvergleichender Sicht bei Grundstücken der Besitz oft durch eine Registrierung ersetzt. Registrierung von Grundstücken hat eine lange Tradition,[5] und die Registrierungsarten unterscheiden sich.[6] Europa zeigt hier Vielfalt. Darüber scheint die Europäische Kommission in ihrem neuen Grünbuch Hypothekarkredit leider hinwegzusehen.[7]

Das Objekt der Registrierung ist entweder das Eigentumsrecht am Grundstück – man kann dann von Eintragung der Grundstücksrechte oder "land title registration" sprechen – oder das zwischen den Parteien vorgenommene Rechtsgeschäft, mag es ein Vertrag oder eine Übertragungsurkunde sein; die Eintragung kann konstitutive oder nur deklaratorische Wirkung haben.

Während in Frankreich der Vertrag ausschlaggebend und die Eintragung deklaratorisch ist, hat man sich in der Schweiz angesichts der unterschiedlichen kantonalen Traditionen im Zivilgesetzbuch für ein konstitutives Grundbuchsystem – vergleichbar dem in Deutschland und Österreich[8] – entschieden. Die Einordnung eines nationalen Systems kann aus rechtsvergleichender Sicht schwierig sein.[9] Im Hinblick auf die Rechtseintragungssysteme ("title registration") werden häufig das Torrens-System, das englische und das deutsche Grundbuchsystem unterschieden.[10]

---

[5] Für eine historische und rechtsvergleichende Studie siehe *Murray Raff*, Private Property and Environmental Responsibility, A Comparative Study of German Real Property Law, The Hague 2003. Ebenso *Bernd von Hoffmann*, Das Recht des Grundstückskaufs, Tübingen, S. 50ff.
[6] Für einen internationalen Überblick siehe Raff, S. 8ff.
[7] Grünbuch Hypothekarkredite in der EU, KOM (2005)327 vom 19.7.2005 Rn. 44-46.
[8] Vgl. *Tuor/Schnyder/Schmid*, in: *Peter Tuor/Bernhard Schnyder/Jörg Schmid/Alexandra Rumo-Jungo*, Das Schweizerische Zivilgesetzbuch, 12. Auflage, Zürich etc. 2002, § 90 I, S. 768f.
[9] Siehe beispielsweise zu den Niederlanden *Raff*, S. 14f. und *Jaap Zevenbergen*, Registration of property rights; a systems approach – Similar tasks, but different roles, Notarius International 2003, 125-137 (133ff.).
[10] *Raff*, S. 9ff.

Aufgrund dieser Unterschiede erscheint eine einheitliche europäische Regelung in diesem Bereich utopisch. Obwohl eine Vereinheitlichung theoretisch eine attraktive Idee sein mag, besteht wahrscheinlich kein dringendes praktisches Bedürfnis. Der Grundstückserwerb führt zu einer gewissen Verwurzelung in einem Gebiet. Es ist für den Erwerber daher zumutbar, sich mit der lokalen Regelung vertraut zu machen. Gibt es etwas stärker gebietsbezogenes als Rechte, die den Grund und Boden betreffen?

Ein Projekt mit dem Namen European Land Information System – EULIS – versucht aber Informationen über Grundstücksrechte in einigen Mitgliedstaaten elektronisch verfügbar zu machen.[11] Kenner des Systems geben zu, dass der Informationswert von dem Registrierungssystem des jeweiligen Landes abhängt.[12] Das System kann offensichtlich nicht örtliche Beratung und Nachforschung ersetzen. Dies wirft einen erheblichen Schatten auf den Wert des Systems als Ganzes. Es scheint mir deshalb kühn, anzunehmen, dass der nächste logische Schritt die Harmonisierung oder sogar die Integration der nationalen Registrierungssysteme in einem Europäischen Grundstücksregister sei[13] – dies wird aber vertreten. Erst muss sich m.E. zeigen, dass dies nützlich und lohnend ist. Auch die Kommission scheint neuestens Vorsicht zu zeigen.[14]

V. Verkauf von Immobilien

A. Einfluß von EG-Richtlinien?

Europa hat kein einheitliches Vertragsrecht und der Anwendungsbereich des Übereinkommens der Vereinten Nationen vom 11. April 1980 über Verträge über den internationalen Warenkauf beschränkt sich auf bewegliches Vermögen, schließt also Immobilien aus. Dennoch ist ein Einfluß von Richtlinien auf den Immobilienkauf denkbar; ebenso sollten mögliche Einwirkungen der Principles of European Contract Law (PECL) näher betrachtet werden.[15]

1. Unanwendbare Richtlinien

Einige Richtlinien sind auf den Grundstückskauf unanwendbar. Die Richtlinie 85/577 betreffend den Verbraucherschutz im Falle von außerhalb von Geschäftsräumen geschlossenen Verträgen[16] gilt nach ihrem Art. 1 Abs. 1 "für Verträge,

---

[11] Siehe eine Vorstellung auf <www.eulis.org>; über das Projekt *Hendrik Ploeger/Bastiaan* van *Loenen*, EULIS – At the Beginning of the Road to Harmonization of Land Registry in Europe, ERPL 2004, 379-387.
[12] *Ploeger/van Loenen*, ebenda, S. 385f.
[13] *Ploeger/van Loonen*, ebenda, S. 386f.
[14] Grünbuch Hypothekarkredite (oben Fn. 7) Rn. 46.
[15] Für eine kurze Beschreibung allgemeiner Fakten über die PECL und zu weiteren Nachweisen vgl. meinen Bericht im Rahmen des Mietrechtsprojekts des Europäischen Privatrechtsforums.
[16] Richtlinie 85/577/EWG des Rates vom 20. Dezember 1985 betreffend den Verbraucherschutz im Falle von außerhalb von Geschäftsräumen geschlossenen Verträgen, ABl. 1985 L 372/31-33.

die zwischen einem Gewerbetreibenden, der Waren liefert oder Dienstleistungen erbringt, und einem Verbraucher geschlossen werden." Art. 3 Abs. 2 stellt ausdrücklich klar, dass die Richtlinie nicht gelten soll für "a) Verträge über den Bau, den Verkauf und die Miete von Immobilien sowie Verträge über andere Rechte an Immobilien." Verträge über die Lieferung von Waren und über ihre Einfügung in vorhandene Immobilien oder Verträge über die Reparatur bestehender Immobilien werden gemäß Art. 3 Abs. 2 lit. a) Satz 2 von der Richtlinie erfasst. Richtlinie 97/7 über den Verbraucherschutz bei Vertragsabschlüssen im Internet[17] legt in Art. 3 Abs. 1 Spiegelstrich 4 fest, dass die Richtlinie nicht für Verträge gilt, die "für den Bau und den Verkauf von Immobilien geschlossen werden oder die sonstige Rechte an Immobilien mit Ausnahme der Vermietung betreffen." Die Richtlinie 1999/44 zu bestimmten Aspekten des Verbrauchsgüterkaufs und der Garantien für Verbrauchsgüter[18] ist nur auf den Verkauf von Verbrauchsgütern anwendbar, die in Art. 1 Abs. 2 lit. b) – mit gewissen Ausnahmen – als bewegliche körperliche Gegenstände definiert werden. Die Verbraucherkreditrichtlinie 87/102[19] findet gemäß Art. 2 Abs. 1 lit. a) ebenso keine Anwendung auf Kreditverträge oder Kreditversprechen, die hauptsächlich zum Erwerb oder zur Beibehaltung von Eigentumsrechten an einem Grundstück oder einem vorhandenen oder noch zu errichtenden Gebäude bestimmt sind. Kreditverträge oder Kreditversprechen, die zur Renovierung oder Verbesserung eines Gebäudes bestimmt sind, fallen auch nicht in den Anwendungsbereich der Verbraucherkreditrichtlinie; weiterhin können die Mitgliedstaaten gemäß Art. 2 Abs. 4 notariell oder gerichtlich beurkundete Kreditverträge von den Bestimmungen der Artt. 6 bis 12 ausschließen. Die Richtlinie 2000/35 zur Bekämpfung von Zahlungsverzug im Geschäftsverkehr[20] schließt den Immobilienverkauf offensichtlich auch von ihrem Anwendungsbereich aus. In Art. 2 Nr. 1 dieser Richtlinie werden als "Geschäftsverkehr" nämlich nur die Geschäftsvorgänge definiert, die zu einer Lieferung von Gütern oder Erbringung von Dienstleistungen gegen Entgelt führen. Schließlich ist die Handelsvertreterrichtlinie 86/653[21] gemäß Art. 1 Abs. 2 nur auf Handelsvertreter anwendbar, die "den Verkauf oder den Ankauf von Waren" vermitteln. Auf den ersten Blick könnte man daher den Eindruck haben, dass der Immobilienkauf systematisch vom Anwendungsbereich der Richtlinien ausgeschlossen ist. Das ist aber nicht immer der Fall.

---

[17] Richtlinie 97/7/EG des Europäischen Parlaments und des Rates vom 20. Mai 1997 über den Verbraucherschutz bei Vertragsabschlüssen im Fernabsatz, ABl. 1997 L 144/19-27.
[18] Richtlinie 1999/44/EG des Europäischen Parlaments und des Rates vom 25. Mai 1999 zu bestimmten Aspekten des Verbrauchsgüterkaufs und der Garantien für Verbrauchsgüter, ABl. 1999 L 171/12-16.
[19] Richtlinie 87/102/EWG des Rates vom 22. Dezember 1986 zur Angleichung der Rechts- und Verwaltungsvorschriften der Mitgliedstaaten über den Verbraucherkredit, ABl. 1987 L 42/48-53.
[20] Richtlinie 2000/35/EG des Europäischen Parlaments und des Rates vom 29. Juni 2000 zur Bekämpfung von Zahlungsverzug im Geschäftsverkehr, ABl. 2000 L 200/35-38.
[21] Richtlinie 86/653/EWG des Rates vom 18. Dezember 1986 zur Koordinierung der Rechtsvorschriften der Mitgliedstaaten betreffend die selbständigen Handelsvertreter, ABl. 1986 L 382/17-21.

2. Richtlinien mit Wirkung für Immobilienkaufverträge

Die Richtlinie 93/13 über mißbräuchliche Klauseln in Verbraucherverträgen[22] bezieht sich in ihren Erwägungsgründen manchmal auf den Verkäufer oder den Verkauf von Gütern, ohne Grundstücksverträge vom Anwendungsbereich auszuschließen. Obwohl die Richtlinie nach Art. 3 Abs. 1 nur auf Vertragsklauseln anwendbar ist, "die nicht im einzelnen ausgehandelt wurde(n)", kann dies auch bei einem Grundstückskauf der Fall sein. Deshalb hat die Richtlinie über missbräuchliche Klauseln in Verbraucherverträgen das Potential Grundstücksverkäufe zu beeinflussen. Dennoch scheint dies – abgesehen vom weiter unten behandelten Fall der Freiburger Kommunalbauten – bisher keine praktisch relevante Frage zu sein.

Auch im Bereich der Immobilienfinanzierung hat das Europäische Verbraucherrecht – zumindest in Deutschland – mittels der schon erwähnten Richtlinie 85/577 betreffend den Verbraucherschutz im Falle von außerhalb von Geschäftsräumen geschlossenen Verträgen große Aufmerksamkeit erregt. Es geht um den Fall Heininger. Georg und Helga Heininger kauften eine Eigentumswohnung und nahmen zu diesem Zweck ein durch eine Grundschuld gesichertes Darlehen auf. Fast fünf Jahre später erklärten die Heiningers den Widerruf ihrer Erklärung auf Abschluß des Kreditvertrages und beriefen sich auf die deutsche Umsetzungsnorm zur Haustürwiderrufsrichtlinie 85/577. Darüberhinaus verklagten sie die Bank auf Rückzahlung erbrachter Darlehenszins- und Tilgungsleistungen. Das bedeutet, die Heiningers fordern von der Bank die erbrachten Geldleistungen zurück Zug um Zug gegen Rückübereignung der Eigentumswohnung. Hintergrund des Falles sind unprofitable Steuersparimmobilien und eine angebliche enge Zusammenarbeit zwischen den Banken und bestimmten am Immobilienverkauf beteiligten Vermittlern – Stichwort Schrottimmobilien und Strukturvertrieb. Das damalige Verbraucherkreditgesetz gab den Verbrauchern ein Recht zum Widerruf des Kreditvertrages, nicht jedoch bei Realkreditverträgen. Der Fall kam schließlich vor den Europäischen Gerichtshof, der entschied, dass das Widerrufsrecht gemäß Art. 5 Haustürwiderrufsrichtlinie auch auf Realkreditverträge anwendbar ist und der nationale Gesetzgeber das Widerrufsrecht nicht befristen darf, wenn der Verbraucher nicht ordnungsgemäß über das Widerrufsrecht belehrt wurde.[23] Infolgedessen konnten die Heiningers ihre Erklärung auf Abschluß des Kreditvertrages widerrufen und viele Verbraucherrechtler freuten sich, übersahen aber in ihrer Freude, dass die Kreditvereinbarung und der Immobilienverkauf verschiedene Verträge mit unterschiedlichen Vertragsparteien sind. Oder vielleicht doch nicht?

Das deutsche Recht kennt Fälle, in denen der Widerruf eines Vertrages Auswirkungen auf einen anderen Vertrag hat, der so eng mit ihm verbunden ist, dass sie eine wirtschaftliche Einheit bilden – sei es der Widerruf eines Kauf- oder

---

[22] Richtlinie 93/13/EWG des Rates vom 5. April 1993 über missbräuchliche Klauseln in Verbraucherverträgen, ABl. 1993 L 95/29-34.
[23] EuGH, Urt. v. 13.12.2001, Rs. C-481/99, *Heininger./.Bayerische Hypo- und Vereinsbank AG*, Slg. 2001 I-9945.

Dienstleistungsvertrages, der Auswirkungen auf den Darlehensvertrag hat oder der Widerruf des Darlehensvertrages, der sich auf den Kauf- oder Dienstleistungsvertrag auswirkt. Die Anforderungen an ein verbundenes Geschäft bei finanzierten Immobilienkäufen sind hoch. Ist dies ausschließlich eine Frage des nationalen Rechts oder kommt die Haustürwiderrufsrichtlinie wieder ins Spiel? Hat die Haustürwiderrufsrichtlinie Auswirkungen auf die Frage, ob der Darlehensvertrag und der Immobilienkauf so eng miteinander verbunden sind, dass der Widerruf eines von beiden auch den anderen Vertrag beeinflusst? Das ist das in Deutschland heiß diskutierte Problem in den Heininger nachfolgenden Fällen. Im Fall Schulte – vorgelegt vom Landgericht Bochum[24] – hat der Generalanwalt eine ablehnende Entscheidung vorgeschlagen;[25] die Auswirkungen eines Widerrufs im Rahmen der Haustürwiderrufsrichtlinie sei der mitgliedstaatlichen Regelung vorbehalten. Ein weiteres Vorabentscheidungsersuchen wurde vom Oberlandesgericht Bremen im Fall Crailsheimer Volksbank[26] gestellt; in seinen Schlussanträgen meint der Generalanwalt, die Bestimmungen der Richtlinie 85/577 stünden der Darlehensrückzahlungspflicht nicht entgegen, doch seien im Falle des Widerrufs mangels Belehrung nicht die marktüblichen Zinsen zu zahlen.[27] In Deutschland findet die Heininger Saga ihre Fortsetzung; das Problem der Schrottimmobilien ist wirtschaftlich bedeutsam und wird in der Gesetzgebung heiß diskutiert. Welche Haltung man auch einnimmt, das Problem ist ein Bindeglied zwischen dem Immobiliensektor und dem Europäischen Privatrecht. Allerdings scheint das Problem zumindest bisher ein spezifisch deutsches zu sein. In anderen Mitgliedstaaten hat es offenbar keine besondere Aufmerksamkeit oder Interesse erregt. Ob sich dies ändern wird oder es unterschwellig damit zu tun hat, dass viele der Schrottimmobilien fehlgeschlagene Investitionen in den neuen Bundesländern der ehemals sowjetischen Zone sind, ist eine offene Frage... Immerhin sind inzwischen die Anforderungen an die notarielle Beurkundung verschärft worden – bei Verbraucherverträgen soll nach § 17 Abs. 2a Satz 2 Nr. 2 BeurkG im Regelfall dem Verbraucher der beabsichtigte Text des Rechtsgeschäfts zwei Wochen vor der Beurkundung zur Verfügung gestellt werden. Überrumpelungen soll damit gleich vorgebeugt werden.

B.   Vertrag und Übertragung des Eigentums

Das Übereinkommen der Vereinten Nationen über Verträge über den internationalen Warenkauf erklärt in Art. 4 lit. b) ausdrücklich, dass es keine Regeln für die Auswirkungen des Kaufvertrages auf das Eigentum des verkauften Gutes aufstellt. Das spiegelt die altbekannten und traditionellen Unterschiede in der Frage des Verhältnisses von Kaufvertrag und Eigentumsrecht wieder. Dies ist deshalb auch von Interesse im Zusammenhang mit dem Grundvermögen.

---

[24] LG Bochum, Vorlagebeschluß vom 29.7.2003 (1 O 795/02), NJW 2003, 2612.
[25] Schlussanträge des Generalanwalts *Léger* vom 28.9.2004 in der Rechtssache C-350/03.
[26] OLG Bremen Vorlagebeschluß vom 27.5.2004 (2 U 20/02, 2 U 23/02 und 2 U 53/02), NJW 2004, 2238, siehe auch ABl. L 372/31.
[27] Schlussanträge des Generalanwalts *Léger* vom 2.6.2005 in der Rs. C-229/04.

Einige Rechtssysteme machen eine Unterscheidung, besser ausgedrückt eine Trennung zwischen dem obligatorischen Vertrag und dem dinglichen Vertrag, der die Eigentumsübertragung beeinflußt (Trennungsprinzip).[28] Wird keine Trennung vorgenommen, geht das Eigentum durch bloße Vereinbarung oder durch Erfüllung der weiteren Voraussetzung des Besitzübergangs oder der Grundbucheintragung über.[29] Wird eine Trennung zwischen den Verträgen vorgenommen, kann die Wirksamkeit des obligatorischen und der dinglichen Verträge unabhängig voneinander betrachtet werden (Abstraktionsprinzip) oder eine Verbindung zwischen den Verträgen begründet werden (Kausalitätsprinzip). Ob eine weitere Voraussetzung für die Eigentumsübertragung – wie die Besitzübertragung oder die Grundbucheintragung – notwendig ist, ist durch die Wahl des Abstraktionsprinzips oder des Kausalitätsprinzip logisch nicht entschieden.[30] Frankreich ohne Trennung und mit strikter Kausalität und Deutschland mit Trennungs- und Abstraktionsprinzip und dem weiteren Erfordernis der Besitzübertragung bei beweglichen Sachen und der Grundbucheintragung bei Immobilien sind zwei stark gegensätzliche Systeme in derlei Hinsicht. Die Vorzüge der verschiedenen Systeme sind oft diskutiert worden, besonders im Zusammenhang mit beweglichen Sachen.[31] Trennung und Abstraktion werden oft als künstlich angesehen, aber auch die strikte Kausalität führt zum überraschenden Effekt einer absoluten Wirkung eines an sich relativen Vertrages.[32] Europäisches Privatrecht berührt diese Frage (noch?) nicht. Wie englisches Immobiliarsachenrecht in dieses Bild passt ist eine interessante Frage. Nimmt es eine extremere Position ein als das deutsche Immobiliarsachenrecht, weil die Grundbucheintragung möglicherweise allein entscheidend ist? Falls die fortschreitende Europäisierung des Privatrechts auch das Sachenrecht betrifft, sind dies zu stellende Fragen. Und auch wenn sich der Blick auf bewegliche Güter fokussiert, sollte das Immobiliarsachenrecht nicht vergessen werden: Das für bewegliche Sachen anwendbare System sollte auch für Immobilien gangbar sein.

C. Formvorschriften für den Verkauf

Einige Mitgliedstaaten stellen für den Immobilienkauf bestimmte Formvorschriften auf, etwa in Deutschland § 311b II BGB (ex § 313). Gibt es Formvorschriften, können diese den Verkäufer, den Käufer oder beide schützen. Bei einem Formmangel gibt es Möglichkeiten der Heilung.[33] Hingegen stellen die PECL grundsätzlich kein Formerfordernis auf. Das Formerfordernis findet eine gewisse Form der Unterstützung im bestehenden Europäischen Privatrecht. Art. 9 Abs. 1 der Richtlinie vom 8. Juni 2000 über den elektronischen Geschäftsverkehr[34] regelt, dass die Mitgliedstaaten

---

[28] Vgl. *Fritz Baur/Rolf Stürner*, Sachenrecht, 17. Auflage, München 1999, § 5 Rn. 40ff.
[29] Für bewegliche Sachen vgl. *Baur/Stürner* § 51 Rn. 2.
[30] Vgl. zu beweglichen Sachen und Forderungsabtretung *Baur/Stürner* § 51 Rn. 2 mit Beispielen.
[31] Eine kurze begründete Stellungnahme geben ab *Baur/Stürner* § 5 Rn. 43.
[32] Siehe dazu *François Terré/Philippe Simler/Yves Lequette*, Droit civil, Les obligations, 4. Auflage, Paris 2002, Rn. 492.
[33] Vgl. zu einer vergleichenden Einschätzung *von Hoffmann*, S. 134ff.
[34] Richtlinie 2000/31/EG des Europäischen Parlaments und des Rates vom 8. Juni 2000 über bestimmte rechtliche Aspekte der Dienste der Informationsgesellschaft, insbesondere

sicherstellen, dass ihr Rechtssystem den Abschluß von Verträgen auf elektronischem Wege ermöglicht. Hingegen statuiert Art. 9 Abs. 2 lit. a): "Die Mitgliedstaaten können vorsehen, dass Absatz 1 auf alle oder bestimmte Verträge einer der folgenden Kategorien keine Anwendung findet: a) Verträge, die Rechte an Immobilien mit Ausnahme von Mietrechten begründen oder übertragen;..." Europäisches Privatrecht erlaubt es also, mit einfachen elektronischen Mitteln abgeschlossene Immobilienverträge als ungültig anzusehen und erkennt somit durch mitgliedstaatliches Recht auferlegte Formvorschriften an.

D. Notarielle Urkunde und Rücktrittsrecht

Formerfordernisse für Immobilientransaktionen sollen unter anderem die Vertragsparteien schützen, aber auf europäischer Ebene hat es schwache Versuche gegeben, Immobilienverträge unter dem allgemeinen Blickwinkel des Verbraucherschutzes zu betrachten.[35] Das hat dazu geführt, ein Rücktrittsrecht in Betracht zu ziehen, wie dies in anderen Fällen von Verbraucherverträgen der Fall ist. Diese Ideen scheinen im Moment nicht auf der Tagesordnung zu stehen, was wohl auch richtig ist. Vor Jahren wurde schon in Diskussionen über die Timesharing-Richtlinie darauf hingewiesen, dass das Formerfordernis ein stärkerer Schutzmechanismus ist als ein reines Rücktrittsrecht.[36]

E. Eigentumsrecht

Ein deutscher Rechtsvergleicher erzählte, dass er einst von einem amerikanischen Unternehmen konsultiert wurde, das beabsichtigte in Deutschland ihre "title insurance", eine Versicherung gegen Rechtsmängel bei Immobilienerwerb anzubieten. Leider musste er dem Unternehmen mitteilen, dass aufgrund der Grundbucheintragung kein Bedürfnis für eine derartige Versicherung in Deutschland besteht. Infolge der – neben dem dinglichen Vertrag – konstitutiven Wirkung der Eintragung ist das Grundbuch fast immer richtig und genießt auch öffentlichen Glauben, d.h. eine gutgläubige Person kann sich auf dessen Inhalt verlassen. In England kommt es entscheidend auf die Eintragung an und man schützt damit auch einen bösgläubigen Erwerber. Man könnte diese Regelung als eine Art staatliche Versicherung gegen die bestehenden Gefahren des Eintragungssystems ansehen oder als eine ungerechtfertigte Enteignung des früheren Eigentümers gegen Entschädigung. Hier ist nicht der passende Ort, um zu entscheiden, ob diese Lösung mit dem Verhältnismäßigkeitsgrundsatz vereinbar ist.

---

des elektronischen Geschäftsverkehrs, im Binnenmarkt ("Richtlinie über den elektronischen Geschäftsverkehr"), ABl. 2000 L 178/1-16.
[35] Vgl. *Remien*, S. 328 mit einigen Nachweisen.
[36] *Ulrich Drobnig*, Neue rechtliche Konzepte für den europäischen Verbraucherschutz, Notarius International 1998, 98-106 (103f.); *Michael Martinek*, Das neue Teilzeit-Wohnrechtegesetz – mißratener Verbraucherschutz bei Time-Sharing-Verträgen, NJW 1997, 1393-1399 (1396); allgemein auch *Remien*, S. 329f.

VI. Spezielle Probleme

Der Immobilienkauf kann noch weitere spezielle Probleme mit sich bringen. Einige sollen hier kurz erwähnt werden.

A. Wirksamkeit des Vertrages und Richtigkeit des in der Vertragsurkunde erwähnten Preises

Es ist ein klassisches Thema, dass bei einem Immobilienkaufvertrag der in der Vertragsurkunde erwähnte Preis nicht mit dem von den Vertragsparteien tatsächlich vereinbarten Kaufpreis übereinstimmt. Die Vertragsparteien wollen manchmal Steuern oder Gebühren sparen. Man kann dann nach der Wirksamkeit des Vertrages fragen. In Deutschland ist nicht der simulierte Vertrag (niedriger Preis), sondern der verborgene mit dem richtigen Preis der tatsächlich geschlossene Vertrag; der tatsächlich gewollte Vertrag ist mangels der notariellen Form ungültig, es sei denn der Formmangel wird geheilt. Wird das Grundstück nicht übereignet, wird der Vertrag nicht wirksam. Nach Berichten aus anderen Mitgliedstaaten sind privatrechtliche Sanktionen für Steuer- oder Gebührenhinterziehung unbekannt, das Phänomen selbst hingegen überhaupt nicht... Im Falle einer weiteren Europäisierung des Vertragsrechts wäre dies ein interessantes Thema um zuerst eine europäische Lösung zu finden und dann zu überprüfen, ob die einheitliche Regelung zu einer einheitlichen europäischen Praxis führt.

B. Preis

Die Unverhältnismäßigkeit des Preises ist ebenso ein altes Thema im Bereich des Immobilienverkaufs, wie von der laesio enormis[37] bewiesen und im rechtsvergleichenden Schrifttum untersucht.[38] Art. 4.109 PECL beschäftigt sich mit "Excessive or grossly unfair advantage". Eine weitere Europäisierung des Vertragsrechts in diesem Bereich könnte auch Immobilienverkäufe beeinflußen.

C. Mängelhaftung

Die Sach- und Rechtsmängelhaftung bei Verkäufen ist ein wichtiges Gebiet. Aus Sicht der PECL sind die allgemeinen Regeln über die Nichtleistung anwendbar.

---

[37] Vgl. *Zimmermann*, The Law of Obligations, Roman Foundations of the Civilian Tradition, Cape Town etc. 1990; *Christoph Becker*, Die Lehre von der laesio enormis in der Sicht der heutigen Wucherproblematik, Köln etc. 1993; allgemein zu Preisvorschriften siehe *Remien*, S. 390ff.
[38] *Von Hoffmann*, S. 149ff.

VII. Bauträger

Neben dem Grundeigentumserwerb spielt ebenso die Errichtung eines Gebäudes auf dem Grundstück eine bedeutende Rolle. Für die Privatperson ist der Bauträgervertrag regelmäßig der umfangreichste Vertrag, den er oder sie jemals abschließt. Ein weithin bekanntes Phänomen sind Liquiditätsprobleme und die Insolvenzgefahr des Bauträgers. Schutzmaßnahmen zu Gunsten des Bauherrn sind deshalb erforderlich. Im Rahmen des Falles Freiburger Kommunalbauten, der die Richtlinie 93/13 über mißbräuchliche Klauseln betraf, hat sich der Europäische Gerichtshof mit dieser Materie beschäftigt. Ludger und Ulrike Hofstetter kauften mit notariellem Vertrag einen Stellplatz in einem von der kommunalen Baugesellschaft zu errichtenden Parkhaus. Gemäß § 5 des Vertrages wurde die Gesamtvergütung nach Übergabe einer Sicherheit durch den Bauträger fällig. Die Hofstetters erhielten die Sicherheit in Form einer Bankbürgschaft, sie verweigerten jedoch die Zahlung mit der Begründung, die Fälligkeitsregelung sei unwirksam. Dazu beriefen sie sich auf § 9 AGBG, jetzt § 307 BGB, die Generalklausel für unangemessene Allgemeine Geschäftsbedingungen, das deutsche Äquivalent zu Art. 3 Abs.1 Klauselrichtlinie. Die Hofstetters zahlten die Vergütung erst ein gutes Jahr später, nachdem sie den Stellplatz abgenommen hatten. Die Freiburger Kommunalbauten verlangten daraufhin Verzugszinsen für verspätete Zahlung. Die erst- und zweitinstanzlichen Gerichte kamen zu unterschiedlichen Ergebnissen. Der Bundesgerichtshof setzte das Verfahren aus und legte dem Europäischen Gerichtshof folgende Frage zur Vorabentscheidung vor: "Ist die in Allgemeinen Geschäftsbedingungen eines Veräußerers enthaltene Klausel, nach der der Erwerber eines zu errichtenden Bauwerks den gesamten Preis hierfür unabhängig von einem Baufortschritt zu zahlen hat, wenn der Veräußerer ihm zuvor die Bürgschaft eines Kreditinstituts stellt, welche die Geldansprüche des Erwerbers sichert, die diesem wegen mangelhafter oder unterlassener Erfüllung des Vertrags erwachsen können, als mißbräuchlich im Sinne von Art. 3 Abs. 1 der Richtlinie des Rates vom 5. April 1993 über mißbräuchliche Klauseln in Verbraucherverträgen anzusehen?" Der Europäische Gerichtshof hatte die Gelegenheit die Harmonisierung im Bereich der Kontrolle unangemessener Vertragsbedingungen voranzutreiben. Diese Aufgabe ist nicht einfach, folgt aber aus der Klauselrichtlinie. Aber am 1. April 2004 antwortete der Europäische Gerichtshof:[39] "Es ist Sache des nationalen Gerichts, festzustellen, ob eine Vertragsklausel wie die, die Gegenstand des Ausgangsverfahrens ist, die Kriterein erfüllt, um als mißbräuchlich im Sinne von Artikel 3 Absatz 1 der Richtlinie 93/13 EWG des Rates vom 5. April 1993 über mißbräuchliche Klauseln in Verbraucherverträgen qualifiziert zu werden." Im Fall Océano, der Gerichtsstandsklauseln betraf, war der Europäische Gerichtshof mutiger. Es ist sehr fraglich, ob der Gerichtshof seiner Aufgabe als Hüter des Rechts in Europa gerecht geworden ist. Aber wie auch immer man das sehen mag, so zeigt der Fall doch, dass die Klauselrichtlinie

---

[39] EuGH, Urt. v. 1.4.2004, Rs. C-237/02; vgl. die Anmerkungen von *Michael Volmer*, Klauselkontrolle am Beispiel der MaBV-Bürgschaft, ZfIR 2004, 460-462; *Robert Freitag*, EWiR 2004, 397-398; *Karsten Markward*, Inhaltskontrolle von AGB-Klauseln durch den EuGH – Zugleich Besprechung EuGH, Urt. v. 1.4.2004 – Rs. C-237/02, ZIP 2005, 152-157.

das Potential hat, den Inhalt von grundstücksbezogenen Verträgen zu beeinflußen. Das Ergebnis im Fall Freiburger Kommunalbauten ist vielleicht nur eine Episode.

VIII. Internationales Privatrecht

Immobiliarsachenrechtliche Verträge finden im Römischen EWG-Übereinkommen über das auf vertragliche Schuldverhältnisse anzuwendende Recht besondere Erwähnung. Art. 4 regelt, welches Recht anwendbar ist, wenn die Parteien keine Rechtswahl vorgenommen haben. Der Vertrag unterliegt dem Recht des Staates, mit dem er die engsten Verbindungen aufweist; es wird vermutet, dass der Vertrag die engsten Verbindungen mit dem Staat aufweist, in dem die Partei, welche die charakteristische Leistung zu erbringen hat, im Zeitpunkt des Vertragsabschlusses ihren gewöhnlichen Aufenthalt hat. Diese Vermutung wird in Art. 4 Abs. 3 für Verträge über ein dingliches Recht an einem Grundstück oder die ein Recht zur Nutzung eines Grundstücks zum Gegenstand haben, modifiziert: es wird vermutet, dass der Vertrag die engsten Verbindungen zu dem Recht des Staates aufweist, in dem das Grundstück belegen ist. Formfragen werden in Art. 9 des Übereinkommens geregelt; eine spezielle Regelung für Verträge über ein dingliches Recht an einem Grundstück wird in Absatz 6 aufgestellt. Die Regelungen im Internationalen Insolvenzrecht wurden oben schon vorgestellt.

IX. Hypothekarkredit und Grundpfandrechte

A. Empfehlung Wohnungswirtschaftsdarlehen

Als eine Maßnahme betreffend Finanzdienstleistungen im Binnenmarkt hat die Kommission am 1. März 2001 eine Empfehlung über vorvertragliche Informationen, die Darlehensgeber, die wohnungswirtschaftliche Darlehen anbieten, den Verbrauchern zur Verfügung stellen müssen, veröffentlicht.[40] Die Empfehlung betrifft Verbraucherinformationen für national wie grenzüberschreitend angebotene wohnungswirtschaftliche Darlehen. Darlehensvereinbarungen, die unter die Richtlinie 87/102/EWG fallen, sind vom Anwendungsbereich der Empfehlung ausgeschlossen (Art. 1 Abs. 1 und 2). Für die den Kredit absichernden Grundpfandrechte gibt Art. 2 eine offene Definition: "Im Sinne dieser Empfehlung bedeutet wohnungswirtschaftliches Darlehen ein Darlehen, das einem Verbraucher für den Kauf oder Umbau privaten unbeweglichen (Wohn)Eigentums, das in seinem Eigentum steht oder das er erwerben will, zur Verfügung gestellt wird, und das entweder durch eine Hypothek auf das unbewegliche Eigentum oder durch eine Sicherheit, die in einem Mitgliedstaat gewöhnlich zu diesem Zweck genutzt wird, gesichert ist." Diese Regelung hat zumindest den Vorzug neben der klassischen Hypothek auch andere Sicherungsmittel – wie die abstrakte Grundschuld – einzubeziehen.

---

[40] ABl. 2001 L 69/25-29.

Dadurch wurde den Unterschieden im Bereich der europäischen Realsicherheiten Rechnung getragen. Die Empfehlung betrifft allgemeine und personalisierte Informationen durch den Darlehensgeber (Art. 3) und bedient sich eines Verhaltenskodex, der aus einer Vereinbarung der europäischen Verbraucherverbände und der europäischen Wohnungskreditsektorvereinigung stammt. Für die allgemeinen Informationen wird auf Anhang I verwiesen. Der Anhang I betrifft Informationen zum Darlehensgeber (A 1 and A 2), vor allem aber zum wohnungswirtschaftlichen Darlehen (B 1 to B 12); über gewisse Klauseln ist zu informieren. Die personalisierte Information soll nach Maßgabe des "Europäischen Standardisierten Merkblattes" gemäß Anhang II erfolgen (Art. 3). Es verlangt unter anderem die Information über Zinssatz, Vertragsdauer, Rückzahlung, Kosten und weitere Punkte. Entsprechend Art. 5 wurde ein Zentralregister der Darlehensgeber erstellt. Die Kommission fragt sich nun, ob weitere Schritte angebracht sind.[41]

Zwischenzeitlich wurde auch eine wissenschaftliche Studie veröffentlicht und im März 2003 hat die Kommission das Forum "Hypothekarkredite" eingerichtet, das im Dezember 2004 48 Empfehlungen abgegeben hat. Interessanterweise scheinen die Verbrauchervertreter und die Mehrheit der Branchenvertreter eine Harmonisierung der Vorfälligkeitsentschädigung zu befürworten (Nr. 4); die Verbrauchervertreter geben die Empfehlung ab, den Verbrauchern das Recht einzuräumen, das Darlehen vorzeitig zurückzuzahlen, das heißt die Darlehensvereinbarung jederzeit kündigen zu können (Nr. 10). Die Branchenvertreter empfehlen hingegen, rechtsverbindliche Obergrenzen für Vorfälligkeitsentschädigungen aufzuheben. Einige Branchenvertreter unterstützen einen Vorschlag zugunsten einer vollständigen Vereinheitlichung der Bedingungen, denen die Ausübung des Rechts auf vorzeitige Rückzahlung insbesondere bei festverzinslichen Darlehen unterliegt, und zugunsten einer Beschränkung dieses Rechts auf bestimmte Umstände wie Verkauf der Immobilie, Arbeitslosigkeit oder Tod (Nr. 18). Gemeinsam empfehlen die Vertreter die Berechnungsmethode und die Berechnungsgrundlage des effektiven Jahreszinses zu harmonisieren (Nr. 5); keine Einigung konnte hingegen über die Definition des effektiven Jahreszinses und die Frage einer Mindestharmonisierung oder einer vollständigen Harmonisierung erzielt werden (Nr. 11 und 16). Kollisionsrechtliche Fragen über das auf den Kreditvertrag anzuwendende Recht sind ebenfalls im Streit (Nr. 19ff.). Alle Belastungen einer Immobilie sollen in einem öffentlichen Register eingetragen werden (Nr. 30ff.). Entsprechend Empfehlung Nr. 36 soll "die Verknüpfung von Hypothekenschuld und Sicherungsgegenstand" flexibler gestaltet werden, das heißt die enge, akzessorische Bindung zwischen Kredit und Sicherungsgegenstand sollte durch eine private Vereinbarung zwischen dem Kreditgeber und dem Eigentümer der hypothekarisch belasteten Immobilie ersetzt werden. Weiterhin soll die Kommission die Mitgliedstaaten ermutigen, die Übertragbarkeit von Hypotheken durch Einführung von Instrumenten einer gesamteuropäischen Sicherungstreuhand ("Security Trust") zu verbessern (Nr. 39). Es kann festgestellt werden, dass diese Empfehlungen sich mit wirklichen Kernfragen des Kreditvertrags und des Rechts der Grundpfandrechte beschäftigen – was immer auch ihr Schicksal sein mag.

---

[41] Grünbuch Hypothekarkredite (oben Fn. 7) Rn. 16.

In ihrem Grünbuch Hypothekarkredit vom Juni 2005 geht die Kommission auf einige dieser Empfehlungen ein. Die Kommission meint nun unter anderem, "(e)in gewisses Maß an Übereinstimmung bei der vorzeitigen Rückzahlung, insbesondere bei der Vorfälligkeitsentschädigung, könnte die Integration nach Auffassung der Kommission erleichtern"[42] und auch beim effektiven Jahreszins "könnte ein gewisses Maß an Standardisierung die Marktintegration vorantreiben".[43]

B. Eurohypothek

Die Pläne für eine Eurohypothek sind in der Wissenschaft altbekannt.[44] Schon in den 60er und 70er Jahren des vorigen Jahrhunderts hat die Kommission rechtsvergleichende Gutachten zum Hypothekenrecht eingeholt. Ihr jetziger Standpunkt zum Hypothekenrecht scheint weniger klar zu sein. Der Europäische Gerichtshof hat in einigen Fällen zu Fremdwährungshypotheken eingegriffen.[45] Der Euro hat diese Entscheidungen aber in weitem Umfang zu Rechtsgeschichte werden lassen. Die Union des lateinischen Notariats, der Verband der deutschen Hypothekenbanken, eine in Spanien gegründete Eurohypothec-Studiengruppe und andere forcieren jedoch, unterstützt von den Entwicklungen in den MOEL, die Eurohypothek. Auch die von der Forum-Gruppe gewünschte Schwächung der Akzessorietät geht in diese Richtung. Die Kommission will nach ihrem Grünbuch vor einer endgültigen Bewertung der Euro-Hypothek "auf jeden Fall erst die Ergebnisse der laufenden Projekte abwarten".[46]

C. Globalsicherungsklauseln

Wo bereits abstrakte Grundsicherheiten bestehen wie die deutsche Grundschuld oder im Falle der Einführung einer abstrakten Eurohypothek kann sich aus der Sicht des Europäischen Privatrechts eine weitere Frage stellen. Eine Grundschuld – und vielleicht auch andere Sicherheiten oder eine Eurohypothek – wird meistens gestellt, um eine bestimmte Forderung abzusichern. Es mag jedoch Vertragsklauseln geben, die besagen, dass die Sicherheit auch andere Forderungen abdecken soll, möglicherweise alle aus einer Bankverbindung entstammenden Forderungen. Man kann sich fragen, ob eine solche Vertragsbedingung angemessen im Sinne von Art. 3 Abs. 1 der Klauselrichtlinie 93/13 ist. Zumindest in Deutschland sind solche Fragen gestellt worden und die zögerliche Haltung des Bundesgerichtshofs, solche Klauseln für unangemessen

---

[42] Grünbuch Hypothekarkredite (oben Fn. 7) Rn. 22.
[43] Grünbuch Hypothekarkredite (oben Fn. 7) Rn. 24.
[44] Kürzlich dazu *Peter Meyer*, Einheitliches europäisches Grundpfandrecht oder Wettbewerb der Rechtsordnungen, EuZW 2004, 389-391; monographisch *Otmar Stöcker*, Die Eurohypothek, Berlin 1991.
[45] EuGH, Urt. v. 16.3.1999, Rs. C-222/97, *Trummer und Meyer*, Slg. 1999 I-1661; Urt. v. 11.1.2001 Rs. C-464/98, *Westdeutsche Landesbank Girozentrale*, Slg. 2001 I-173.
[46] Grünbuch Hypothekarkredite (oben Fn. 7) Rn. 48.

zu erklären, hat Kritik im Schrifttum hervorgerufen.[47] Obwohl im Hinblick auf die Entscheidung in Sachen Freiburger Kommunalbauten ein Einschreiten des Europäischen Gerichtshofs als unwahrscheinlich erscheint, kann die gleiche Thematik vielleicht in anderen Mitgliedstaaten auftreten, die vergleichbare Vertragsklauseln kennen. Die Klauselrichtlinie und nationale Praktiken können zumindest eine Quelle der Inspiration sein.

X. Zusammenfassung

Ebenso wie die europäischen Länder einen mannigfaltigen Kontinent formen, tut dies das Immobiliarsachenrecht der Mitgliedstaaten. So unüberschaubar wie der Kontinent aus rechtsvergleichender Sichtweise und vom Standpunkt der europäischen Rechtsharmonisierung sein mag, zeigen sich im Hinblick auf das Immobiliarsachenrecht einige und langsam wachsende Einflüsse des europäischen Gemeinschaftsrechts. Die Verordnung über Insolvenzverfahren gibt einen Hinweis, was Immobiliarsachenrecht bedeutet. Registrierungssysteme sind weiterhin unterschiedlich. Die Klauselrichtlinie hat Einfluss auf Verkäufe und andere mit Immobiliargütern zusammenhängende Verträge. Formerfordernisse für Immobiliargüterverträge werden von der Richtlinie über den elektronischen Geschäftsverkehr toleriert. Der Bereich der Kreditsicherheiten ist bereits seit vielen Jahren Gegenstand von Initiativen und Diskussionen und die Empfehlungen sind sehr interessant. Immobiliarsachenrecht ist im allgemeinen mitgliedstaatliches Recht, doch insbesondere das Grünbuch Hypothekarkredit scheint anzudeuten, dass auch gewisse Fragen des Immobiliarsachenrechts in den Sog der Europäisierungsbestrebungen des Privatrechts geraten.

---

[47] Vgl. Karl *Heinz Schwab/Hanns Prütting*, Sachenrecht, Ein Studienbuch, 31. Auflage, München 2003, S. 367f., Rn. 767.

Das Ende eines türkischen Verlöbnisses vor einem deutschen Amtsgericht

*Christian Rumpf**

I. Vorbemerkung[1]

Als ich im Spätherbst 1979 das erste Mal dem Jubilar an der Juristischen Fakultät der Universität Ankara begegnete, fiel dies zusammen mit dem Beginn meiner beruflichen Geschichte, die mich heute in die Position gebracht hat, für diese Festschrift einen Beitrag leisten zu dürfen. Professor Ansay machte sich seinerzeit meinen Aufenthalt an seiner Fakultät sofort zunutze, um mir einen kleinen Beitrag für die StAZ vorzulegen, in welchem er ein BGH-Urteil rezensierte. Als der Beitrag veröffentlicht wurde, stellte ich zu meiner Überraschung fest, dass er mich als Co-Autor bezeichnet hatte – viel Ehre und Vorschuss dafür, dass ich lediglich die sprachliche Richtigkeit zu bestätigen hatte und zugleich "meine" erste Veröffentlichung, die ich allerdings nicht in mein Publikationenverzeichnis aufzunehmen gewagt habe. Immerhin hat sich daraus aber eine andauernde freundschaftliche Beziehung entwickelt, die sich unter anderem in der gemeinsamen Mitgliedschaft im Vorstand der Deutsch-türkischen Juristenvereinigung seit ihrer Gründung niedergeschlagen hat.

Bei diesem Beitrag handelt es sich um die überarbeitete Fassung eines Gutachtens, das der Autor im Jahre 2004 für ein deutsches Amtsgericht erstattet hat. Es reflektiert typische Problematiken, die vor deutschen Gerichten auftreten. Die Diktion des Gutachtens wurde weitgehend beibehalten. Fakten, Namen und Daten wurden anonymisiert. In den Fußnoten wurden einige Verbesserungen vorgenommen, teilweise wurden Ergänzungen eingefügt, wie etwa zur "Errungenschaftsgemeinschaft", die im Verfahren vor dem Amtsgericht selbst keine Rolle gespielt hatte.

II. Sachverhalt

Die Parteien sind türkische Staatsangehörige. Am 29.6.2002 hat in der Wohnung der Eltern der Klägerin eine familieninterne "Versprechungsfeier" stattgefunden. Eine

---

* Partner bei Diem & Partner Rechtsanwälte GbR, Stuttgart, Honorarprofessor an der Universität Bamberg.
[1] Abkürzungen: ABD: Ankara Barosu Dergisi (Zeitschrift der RAK Ankara); AD: Adalet Dergisi (Zeitschrift der Justiz); AMKD: Anayasa Mahkemesi Kararlar Dergisi (Entscheidungssammlung des Verfassungsgerichts); E. Esas (Rechtssache); GrZS (Großer Zivilsenat); K. Karar (Entscheidung); OGB (Obligationengesetzbuch); YKD: Yargıtay Kararları Dergisi (Entscheidugssammlung des Kassationshofs); ZfRV (Zeitschrift für Rechtsvergleichung); ZS (Zivilsenat).

"Verlobungsfeier" fand hiernach am 19.1.2003 statt, hierzu wurde mit einer Karte eingeladen, auf welcher die Parteien ihre "Verlobung" kundtaten. Ende März löste der Beklagte das Verlöbnis durch Erklärung gegenüber der Klägerin auf, nachdem die Klägerin zuvor dem Beklagten den Verlobungsring zurückgegeben und noch einmal eine Versöhnung stattgefunden hatte.

Die Klägerin verlangt vom Beklagten die Zahlung von Euro 4.500,00, die sich aus verschiedenen Einzelposten zusammensetzt, die nachfolgend aufgeführt werden.

III. Internationales Privatrecht

Für die Beurteilung der Rechtslage unter dem internationalen Privatrecht wird davon ausgegangen, dass der männliche Teil im Zeitpunkt des Verlöbnisses die türkische, der weibliche Teil die deutsche Staatsangehörigkeit hatte.

Das deutsche IPR kennt keine separate Anknüpfung für Verlobung oder Verlöbnis, sondern lehnt sich nach wie vor an die Regelung für Eheschließung bzw. Ehe an mit der Folge, dass eine analoge Anwendung von Art. 13 EGBGB in Betracht kommt.[2] Dies gilt auch für den renvoi.[3]

Das türkische IPR nimmt die Verweisung auf das türkische Recht grundsätzlich an, da Art. 11 IPRG die Verlobungsvoraussetzungen und die Verlobungsfähigkeit ebenfalls dem "jeweiligen" Heimatrecht unterwirft. Insoweit wäre also auf den türkischen Staatsangehörigen bei einer Verlobung türkisches Recht, bei einem deutschen Staatsangehörigen deutsches Recht anwendbar.

Auf die Form der Verlobung ist im vorliegenden Fall wohl deutsches Recht anwendbar.[4] Dies braucht jedoch nicht vertieft zu werden, weil das türkische Verlöbnisrecht, wie unten ausgeführt, keine verschärften Formvorschriften kennt.

Was das Vorliegen der Verlobungsvoraussetzungen und die Verlobungsfähigkeit im hiesigen Fall angeht, so enthält das türkische Recht ebenfalls keine Besonderheiten, die hier Veranlassung gäben, in eine nähere Prüfung einzutreten.

Einer Prüfung bedarf jedoch die Frage, welches Recht auf die Folgen der Beendigung des Verlöbnisses anzuwenden ist. Dazu möchte ich zunächst auf Mankowski Staudinger BGB Rdn. 22 verweisen:

> "Praktisch geworden ist die Anknüpfung von Verlöbniswirkungen bisher eigentlich nur als Frage nach der Anknüpfung von Ansprüchen im Fall eines Verlöbnisbruchs bzw. eines Rücktritts vom Verlöbnis. Seit BGHZ 28, 375 wenden

---

[2] Vgl. *Staudinger/Mankowski*, Anhang zu Art. 13 EGBGB.
[3] Vgl. *Staudinger/Mankowski*, Anhang zu Art. 13 EGBGB Rdn. 15.
[4] Vgl. *Staudinger/Mankowski*, Anhang zu Art. 13 EGBGB Rdn. 16.

zumindest die Obergerichte auf Ansprüche, die aufgrund des Rücktritts vom Verlöbnis geltend gemacht werden, das Heimatrecht desjenigen Verlobten an, gegen den solche Ansprüche von dem anderen (dem verlassenen) Teil geltend gemacht werden. Es gilt das Recht des Anspruchsgegners, nicht das Recht des Anspruchstellers, das Recht des Beklagten, nicht des Klägers (BGHZ 28, 375; BGH FamRZ 1996, 601, 602 = NJW 1996, 1411, 1412 = LM H. 7/1996 § 29 ZPO Nr 8 m Anm Geimer; OLG Düsseldorf FamRZ 1983, 1229 = IPRax 1984, 270 [dazu Fudickar IPRax 1984, 253]; NJW-RR 1993, 650 = FamRZ 1992, 1295; OLG Zweibrücken FamRZ 1986, 354; KG FamRZ 1990, 45; LG Düsseldorf NJW 1967, 2121 m Anm Stöcker; LG Frankfurt IPRspr 1978 Nr 43). Ein Unterschied zwischen dem Ersatz des Vermögensschadens, der Rückforderung von Verlobungsgeschenken und dem Ersatz eines ideellen Schadens (Kranzgeld) wird nicht gemacht."

An dieser Stelle ist es nicht Aufgabe des Gutachters, sich mit den unterschiedlichen Lehrmeinungen dazu auseinanderzusetzen und sich um eine Schlussfolgerung zu bemühen, ob das deutsche IPR nun auf das türkische Recht verweist oder nicht. Dies ist Sache des Gerichts. Dennoch neigt der Gutachter zu der von Mankowski vertretenen und belegten Auffassung, dass das Heimatrecht des Anspruchsgegners maßgeblich ist.

Kommt es, wir hier angenommen, zu einer Verweisung auf das türkische Recht, erhebt sich naturgemäß die Frage der Rückverweisung.

Nach türkischem IPR ist für die Wirkungen des Verlöbnisses die gemeinsame Staatsangehörigkeit maßgeblich (Art. 11 IPRG). Ist diese nicht gegeben, gilt türkisches Recht als *lex fori*.[5] Die gleichen Regeln gelten auch für den Bruch des Verlöbnisses und seine Folgen. Dabei darf der von *Nomer* verwendete Begriff "*lex fori*" allerdings nicht dahin missverstanden werden, dass eine Rückverweisung in den Amtsgerichtsbezirk W. erfolgt. Denn der Gesetzeswortlaut spricht eine andere Sprache (Art. 11 II IPRG):

"Auf die Wirkungen und Folgen der Verlobung ist das gemeinsame Heimatrecht, bei unterschiedlicher Staatsangehörigkeit das türkische Recht anwendbar."

Dies bedeutet lediglich, dass diese Bestimmung eine Abweichung vom Staatsangehörigkeitsprinzip erlaubt, wenn die Verlobten nicht derselben Staatsangehörigkeit angehören. Ob einer der beiden die türkische Staatsangehörigkeit besitzt, spielt dabei keine Rolle.

Da Art. 11 II IPRG nicht zu einer automatischen Rückverweisung führt, ist zu prüfen, ob die allgemeinen Bestimmungen des IPRG dennoch auf eine Rückverweisung hindeuten. Art. 4 b IPRG gibt einen Hinweis. Hiernach ist,

---

[5] *Nomer/Şanlı*, Devletler Hususi Hukuku (Internationales Privatrecht), 12. Aufl. Istanbul 2003, S. 226.

"In den Fällen, in denen aufgrund der Vorschriften dieses Gesetzes das anzuwendende Recht nach dem Staatsangehörigkeitsgrundsatz zu bestimmen ist, ..., falls in diesem Gesetz nichts Anderes bestimmt ist, ...

b) auf Personen mit mehr als einer, darunter der türkischen Staatsangehörigkeit, das türkische Recht"

anzuwenden. Die Botschaft dieser Bestimmung für den vorliegenden Fall ist, dass das türkische Recht, wenn einmal eine Verweisung in seinen Anwendungsbereich führt, dazu neigt, den Fall in seinem Anwendungsbereich zu behalten. Im übrigen gibt es im allgemeinen Teil des IPRG keine Bestimmung, die ausdrücklich zu einer Rückverweisung im vorliegenden Fall führen würde. Führt also eine ausdrückliche Anknüpfung nicht in das deutsche Recht zurück, bleibt das türkische Recht anwendbar. Wenn also das deutsche Recht nur für einen Teil der Parteien auf türkisches Recht verweist, so kommt es nicht zu einer Rückverweisung.

Haben allerdings die Parteien irgendeine gemeinsame Staatsangehörigkeit, so verweist das türkische IPR auf diese Staatsangehörigkeit weiter bzw. zurück.

IV. Türkisches Materielles Recht[6]

A. Rechtsnatur des Verlöbnisses[7]

Das Verlöbnis gilt als notwendige Vorstufe zur Eheschließung.[8] Als familienrechtlicher Vertrag eigener Art,[9] auf den vorbehaltlich der dem Verlöbnis eigenen Besonderheiten die allgemeinen Regeln des Schuldrechts über rechtsgeschäftliche Beziehungen (Willensmängel, Unmöglichkeit usw.) anzuwenden sind (vgl. Art. 5 ZGB), vermittelt es keinen gerichtlich durchsetzbaren Anspruch (Art. 119 I ZGB). Auch eine vereinbarte Vertragsstrafe oder "Entschädigung" ist gerichtlich so wenig durchsetzbar wie die Rückforderung einer dennoch geleisteten Zahlung (Art. 119 II ZGB).

---

[6] Ausführlicher *Christian Rumpf*, ZfRV 1990, S. 178 ff.; *Hilmar Krüger*, StAZ 1990, S. 313 ff.; *Bilge Öztan*, Aile Hukuku (Familienrecht), 5. Aufl., Ankara 2004, S. 19 ff.; *Turgut Akıntürk*, Aile Hukuku (Familienrecht), 8. Aufl., Istanbul 2003, S. 15 ff. Das neue Recht hat hier nur wenige Veränderungen herbeigeführt. Entfallen sind mit der Reform 2001 Rechtspositionen aus dem Verlöbnis wie etwa die Legitimation eines Kindes dann, wenn die Ehe zwar versprochen, aber wegen bestimmter Umstände nicht geschlossen worden war (Art. 249 ZGB a.F.) oder die Vaterschaftsvermutung im Vaterschaftsprozess (Art. 310 ZGB a.F.).
[7] *Öztan*, Aile Hukuku, S. 23 ff.
[8] *Köprülü/Kaneti*, Aile Hukuku (Familienrecht), Istanbul 1989, S. 45; *Zevkliler/Acabey/Gökyayla*, Medeni Hukuk (Zivilrecht), 3. Aufl., Ankara 1997, S. 711.
[9] Umstritten, vgl. *Öztan*, Aile Hukuku, S. 23; *Zevkliler/Acabey/Gökyayla*, S. 711 mwN; dagegen *Feyzioğlu*, Aile Hukuku (Familienrecht), 3. Aufl., Ankara 1986, S. 25. Andere Autoren halten das Verlöbnis im Hinblick auf die zukünftige Ehe für einen Vorvertrag.

Die allein durch Vertrag zwischen den Familien, ggfs. unter Beisein eines Imams oder Hocas geschlossene "Ehe" (Imam-Ehe) ist keine Ehe im Sinne des türkischen Zivilrechts. Da solche "Ehen" nicht auf eine zukünftige Zivilehe geschlossen werden und kein "Eheversprechen" enthalten, können sie auch nicht als Verlöbnis angesehen werden. Sind sich die Parteien im Prozess darüber einig, dass es sich um ein Verlöbnis handeln soll, bestehen hinsichtlich der Anwendung des Verlöbnisrechts nach ZGB keine Probleme. Besteht dagegen Unsicherheit, ob es sich um eine "Imam-Ehe" gehandelt hat, so muss das Gericht eine Klärung darüber herbeiführen und gegebenenfalls die getroffenen Vereinbarungen qualifizieren. Es bestünde dann entweder die Möglichkeit der analogen Anwendung von Verlöbnisrecht, weil dies etwa dem Willen der Parteien am nächsten kommt, oder die Vertrags- und Rückabwicklungsverhältnisse sind nach allgemeinem Vertragsrecht bzw. – auf der Rechtsfolgenseite – nach den Regeln einer ungerechtfertigten Bereicherung zu qualifizieren.

B. Zustandekommen des Verlöbnisses

Ein Verlöbnis kommt zustande, wenn sich Mann und Frau gegenseitig die Ehe versprechen. Das Verlöbnis ist *nicht formbedürftig*. Das Gericht hat gegebenenfalls den Willen der Beteiligten zu erforschen, der ausdrücklich oder konkludent erklärt worden sein kann. Dabei können die Gepflogenheiten des örtlichen und sozialen Umfeldes der Beteiligten zu berücksichtigen sein.[10] Die Wirksamkeit des Verlöbnisses setzt die Verlobungsfähigkeit voraus, die bei Vorliegen der *geschlechtlichen Reife und Urteilsfähigkeit* (Art. 13 ZGB) angenommen wird.[11] Urteilsfähigkeit in diesem Sinne setzt voraus, die tatsächlichen und rechtlichen Folgen des Verlöbnisses erfassen zu können.[12] Geschäftsfähigkeit ist nicht erforderlich, allerdings muss bei fehlender Geschäftsfähigkeit der gesetzliche Vertreter zustimmen (Art. 118 II ZGB).[13] Auch die Ehefähigkeit spielt in diesem Stadium noch keine Rolle.[14] Das Verlöbnis ist ein höchstpersönlicher Vertrag mit der Folge, dass eine Vertretung bei der Abgabe der Willenserklärung nicht in Frage kommt, auch nicht durch die gesetzlichen Vertreter. Die Möglichkeit des Einsatzes von Erklärungsboten ist jedoch nicht ausgeschlossen.[15] Absolute Ehehindernisse (Polygamieverbot, Verwandtschaftseheverbot, permanente schwerwiegende Geisteskrankheit und Urteilsunfähigkeit usw.) und gesetzliche Vertragsschließungshindernisse (Sittenwidrigkeit, Gesetzwidrigkeit) sowie sonstige *schuldrechtliche Nichtigkeitsgründe* sind zugleich

---

[10] *Öztan*, Aile Hukuku, S. 29; *Feyzioğlu*, S. 27. Die Tatsache, dass die Frau ein Kind erwartet, kann für das Bestehen eines Verlöbnisses sprechen.
[11] *Öztan*, Aile Hukuku, S. 32, 35
[12] *Öztan*, Aile Hukuku, S.32.
[13] Das Fehlen der Zustimmung soll aber nur insoweit zur Unwirksamkeit führen, als für den geschäftsunfähigen Teil Verpflichtungen entstehen (*Öztan*, Aile Hukuku, S. 37).
[14] *Öztan*, Aile Hukuku, S. 35.
[15] *Tekinay*, Türk Aile Hukuku (Türkisches Familienrecht), 7. Aufl., Istanbul 1990, S. 13.

Verlobungshindernisse.[16] Im übrigen lassen sich auf wesentliche Elemente des Verlöbnisses die Regeln des allgemeinen Schuldrechts anwenden (z.B. zur Frage von Willensmängeln).[17]

Im vorliegenden Fall dürfte von einem "Verlöbnis" auszugehen sein. Zwar wird in diesem Verfahren einmal vorgetragen, dass es sich hier um eine islamrechtliche Eheschließung gehandelt haben soll. Aus der Sicht der Familien der Parteien mag dies auch so gedacht gewesen sein. Andererseits haben die Parteien zu einer "Verlobungsfeier" eingeladen. Dies ist ein starkes Indiz dafür, dass zumindest die Parteien selbst bewusst die rechtliche Einordnung des Vorgangs als Verlobung im Sinne einer Vorstufe zur standesamtlichen Eheschließung gewollt und verstanden haben.

C. Rechtsfolgen

1. Treue- und Loyalitätspflichten

Das Gesetz hat auf die Regelung bestimmter Rechtsfolgen des Verlöbnisses verzichtet. Solche ergeben sich aus den Regeln das allgemeinen Vertragsrechts unter Beachtung der spezifischen Bedingungen des Verlöbnisses.[18] Dazu gehören Treue- und Loyalitätspflichten wie etwa Geheimhaltungspflichten oder die Rücksichtnahme auf die Ehre der Familie,[19] Unterstützung des hilfsbedürftigen Verlöbnispartners. Diese Pflichten sind, anders als die durch das Gesetz bei vorgesehenen entstehenden Entschädigungspflichten, gerichtlich so wenig durchsetzbar wie das Eheversprechen selbst.

2. Bedingter Ehevertrag

Im Hinblick auf die zukünftige Eheschließung[20] besteht auch die Möglichkeit, einen Ehevertrag zur Regelung der güterrechtlichen Verhältnisse zu schließen (Art. 203 ZGB), der dann aber erst mit Eheschließung in Kraft tritt. Man mag den handschriftlichen Vertrag, der anlässlich der Versprechensfeier abgeschlossen wurde, als solchen verstehen. Rechtswirkungen im *eherechtlichen* Sinne konnte er jedoch nicht entfalten, da es nicht zur rechtsgültigen Eheschließung gekommen ist.

3. Rechte gegenüber Dritten

Im Falle des gewaltsamen Todes eines Verlöbnispartners hat der andere den Anspruch auf Schadensersatz gegen den Schädiger gemäß Art. 45 III OGB wegen Wegfall seiner Unterstützungs- und Unterhaltsansprüche; dem Verlöbnispartner stehen schließlich

---

[16] *Zevkliler/Acabey/Gökyayla*, S. 716; *Tekinay*, S. 19 ff.
[17] Vgl. *Öztan*, Aile Hukuku, S. 40 ff.
[18] Ausführlicher dazu *Rumpf*, ZfRV 1990, 180 f.
[19] *Zevkliler/Acabey/Gökyayla*, S. 721; *Öztan*, Aile Hukuku, S. 56.
[20] *Öztan*, Aile Hukuku, S. 56; vgl außerdem *Tekinay*, S. 25; *Köprülü/Kaneti*, S. 55; *Feyzioğlu*, S. 43.

auch Zeugnisverweigerungsrechte (Art. 245 ZPO; Art. 47 StPO) und die Möglichkeit zu, die Beteiligung als Richter in einem gegen den Partner gerichteten Verfahren zu verweigern (Art. 29 ZPO).

D. Zuwendungen auf die zukünftige Ehe

Zuwendungen auf die zukünftige Ehe werden gemeinhin, auch im ZGB, als Verlobungsgeschenke bezeichnet (Art. 122 ZGB). Diese Bezeichnung passt jedoch nur bedingt auf die nach wie vor weit verbreiteten ländlichen Sitten und Gebräuche,[21] die auch im vorliegenden Fall eine Rolle gespielt haben. Auf diese soll hier kurz eingegangen werden.

1. Zulässigkeit

Obwohl es sich bei Bräuchen wie "Brautpreis" oder "Morgengabe" (wie letztlich bei Verlobung und Hochzeit selbst) in der Regel ursprünglich um Vereinbarungen nicht der Verlobten, sondern der Familienvorstände im Namen der jeweiligen Familien handelt, können diese traditionellen Institutionen so gedeutet werden,[22] dass die Subsumtion unter die einschlägigen Vorschriften des türkischen Familienrechts, gegebenenfalls des Schuldrechts möglich wird. So ist die Vereinbarung eines Brautgeldes dann zulässig, wenn es sich als schenkweise Zuwendung unter Verlobten – dann gelten die Vorschriften über die Herausgabe von Verlobungsgeschenken – oder als gewöhnliche Schenkung (an Verwandte der Braut) darstellen lässt, deren Rückabwicklung nach den Vorschriften des OGB erfolgt, sofern die Geschenke den Umständen im Einzelfall nach nicht als sittenwidrig anzusehen sind.[23]

Für die gerichtliche Praxis ist dabei zu beachten, dass es sich hier nicht um Ansprüche begründendes Gewohnheitsrecht handelt, mit dem eine gesetzliche Lücke zu füllen wäre. Vielmehr dient der Rekurs auf solche Sitten und Gebräuche lediglich dazu, den Inhalt und die Zweckbestimmung der Willenserklärungen der Beteiligten zu bestimmen. Insoweit hat das Gericht also lediglich einen Beurteilungsspielraum zu nutzen,

---

[21] *Rumpf*, Einführung in das türkische Recht, München 2004, § 13 Rdn. 9 ff.
[22] *Feyzioğlu*, S. 51.
[23] Für die *grundsätzliche* Zulässigkeit von traditionellen Zuwendungen spricht eine Entscheidung des Verfassungsgerichts (20.9.1966, AMKD 4, S. 232 ff.), durch die das Gesetz Nr. 55 v. 25.11.1336 (1920) aufgehoben wurde, das u.a. solche Zuwendungen verboten hatte. Vgl. dagegen die Rechtsprechung des 11. ZS des Kassationshofs (YKD 1981, 321 ff., mit Hinweis auf entsprechende eigene "ständige Rechtsprechung") und auch ältere Rechtsprechung des 2. Senats. Kritisch *Tekinay*, S. 34, *Feyzioğlu*, S. 52. Heute stellt die Zulässigkeit dieser Zuwendungen in der Regel kein Problem dar, falls nicht sonstige, allgemein als sittenwidrig erkannte Elemente festzustellen sind.

der ihm bei der Subsumtion des Sachverhalts unter die einschlägigen gesetzlichen Normen zusteht.

2. Empfänger

Zuwendungen erfolgen in der Regel vom Bräutigam an die Seite der Braut, und zwar entweder an die Braut selbst oder an den Familienvorstand. Familienvorstand ist der Vater. Ist der Vater tot oder unfähig, seine Aufgabe als Familienvorstand zu erfüllen, kommen je nach regionalen und familiären Gepflogenheiten die Mutter, das älteste lebende männliche Mitglied der Familie oder der älteste Bruder der Braut in Betracht. Da der Brautpreis jedoch traditionell nicht dem Familienvorstand persönlich zufällt, sondern der Familie insgesamt (falls es nicht überhaupt in das Vermögen der Braut zu überführen ist), ist eine Aufteilung der Zuwendungen – neben dem Familienvorstand – an enge Verwandte der Braut denkbar. Diese kommen dann auch als Gegner von Rückforderungsansprüchen in Frage.

3. Art der Zuwendungen und rechtliche Einordnung

Für Schenkungen, die während der Verlobungszeit gemacht worden sind, besteht eine Vermutung, dass es sich um Verlobungsgeschenke im Sinne von Art. 122 ZGB handelt. Als Verlobungsgeschenke sind Gebrauchsgegenstände zu qualifizieren, die nicht dem baldigen Verzehr dienen, sowie Geldbeträge.[24] Reine Familienzuwendungen können nicht als Verlobungsgeschenke qualifiziert werden, dies gibt der auf die Verlöbnispartner selbst begrenzte Gesetzeswortlaut nicht her. So können *"mehir"* (Brautgeschenk) und *"kalın"* (Beitrag zur Aussteuer) Verlobungsgeschenke sein,[25] während Brautpreis und Morgengabe (*"başlık"* und *"ağırlık"*) als Familienzuwendungen in der Regel nicht als Verlobungsgeschenke zu qualifizieren sind, weil sie nicht in das Vermögen der Braut fallen.[26] Letztlich kommt es jedoch auf den Einzelfall an.[27] In der Praxis deutscher

---

[24] *Tekinay*, S. 63, *Feyzioğlu*, S. 51.
[25] Voraussetzung: Leistung vor Eheschließung; vgl. *Hatemî*, Aile Hukuku (Familienrecht), Istanbul 1999, § 2 Rdn. 59 f.
[26] Die hier genannten "Verlobungsgeschenke" sind von Gegenständen zu unterscheiden, die bei der Hochzeit als Mitgift bzw. Aussteuer (*cihaz, çeyiz*) der Braut zur Mitnahme in die Ehe von der eigenen Familie beigegeben werden. Kommt die Ehe nicht zustande, können jedoch solche Geschenke unter dem Gesichtspunkt der ungerechtfertigten Bereicherung wegen Wegfalls der Geschäftsgrundlage (Art. 61 II OGB) zurückgefordert werden (*Hatemî*, Aile Hukuku § 2 Rdn. 53).
[27] *Gürsel*, AD 1963/1-2, S. 28. Vgl. auch *Feyzioğlu*, S. 51; Kassationshof (6. ZS) YKD 1981, S. 695; Kassationshof ABD 1963, 275: Eine Zuwendung, die auf dem Umweg über die Aussteuer dann doch in das Vermögen der Braut fällt, kann Verlobungsgeschenk sein. Soweit hier zwischen Rechtsprechung und Lehre (z. B. *Tekinay*, S. 34 ff.) Streit über die Qualifizierung als Verlobungsgeschenk herrscht, so beruht dieser auf einer unzureichenden Auswertung der Rolle des Vaters und der Verwandten – etwa als Vertreter oder Empfangsboten – im Rechtsgeschäftszusammenhang.

Gerichte oft auftretende berechtigte Zweifel an dem, was die Parteien vor dem Hintergrund der Sitten und Gebräuche wirklich gewollt haben mögen, sind durch die Anwendung des allgemeinen Zivil- und Schuldrechts bzw. nach den Regeln der Beweislast zu beseitigen.

Zu beachten ist, dass Zuwendungen anlässlich der Verlobung nicht mehr zurückgefordert werden können, wenn die Eheschließung erfolgt ist. Dann gelten die Regeln zu den Scheidungsfolgen und der güterrechtlichen Auseinandersetzung.

Wenn nachfolgend einige der Sitten und Gebräuche beschrieben werden, so ist zu berücksichtigen, dass es regionale Unterschiede geben kann, weshalb absolut geltende Definitionen der Begriffe letztlich kaum möglich sind. Die bekannten Begriffe beschreiben nicht immer eindeutig dasselbe, dagegen gibt es für dieselbe Zuwendungsform hin und wieder mehr als einen Begriff. Im Falle einer "überregionalen" Ehe oder religiösen oder ethnischen "Mischehe" werden sich solche Traditionen nicht mehr konsequent durchhalten lassen.

Auf Hochzeiten werden in der Regel folgende Schenkungsarten zu beobachten sein:

– Den Brautleuten (nicht nur der Braut) werden Geldscheine oder sonstige wertvolle Gegenstände an die Kleidung geheftet *(takı)* oder jeweils dem einen und anderen Partner übergeben. Diese Zuwendungen kommen von den Hochzeitsgästen. Dabei kommt das Geld für die Braut in der Regel von deren Verwandten und Bekannten, dasjenige des Mannes aus dessen sozialem Umfeld. Dies wird häufig dadurch dokumentiert, dass entsprechende Reihen gebildet werden, von denen die eine auf die Braut, die andere auf den Bräutigam zuläuft. Das Geld wird anschließend getrennt gezählt. Die eigentumsrechtliche Behandlung kann dann jedoch differieren und wird stark vom Bewusstsein der Schenker und vor allem der Beschenkten bestimmt. Sehr oft sind sich die Beschenkten darüber einig, dass das Geld für gemeinsame Anschaffungen verwendet wird. In einem solchen Fall entsteht gemeinsames Vermögen, dessen Auseinandersetzung am Ende einer Ehe außerordentlich schwierig ist. Allerdings wird gelegentlich auch Buch über die Zuwendungen geführt, so dass sich nachvollziehen lässt, was aus den Geldzuwendungen später geworden ist. Beweisrechtlich hilfreich sind auch Videofilme. Wird das Geld etwa in Gold oder Wertpapieren angelegt, so lassen sich die Eigentumsanteile nachvollziehen. Dem im Zeitpunkt der Schenkung vorhandenen Willen der Beteiligten wird es in der Regel entsprechen, wenn das durch dieses Geld geschaffene Vermögen anteilsmäßig auseinandergesetzt wird. Unter den Begriff "*takı*" können auch Sachgegenstände fallen. Typisch ist die Zuwendung von Gold. Die Braut wird dann in aller Regel Damenschmuck erhalten, während der Bräutigam Herrenschmuck oder sonstige Sachzuwendungen erhält. Hier wird die eigentumsrechtliche Zuordnung sowohl durch den oben beschriebenen Vorgang als auch durch den Charakter der zugewendeten Gegenstände festgeschrieben. Dass der Goldschmuck der Frau nachher im Schließfach des Mannes landet, ist ausschließlich darauf zurückzuführen, dass der Ehemann nach den Bestimmungen des alten ZGB und nach der Tradition zur Verwaltung auch des Vermögens der Ehefrau berufen war bzw. ist.

– Ein besonderes Gewicht erhält die Zuwendung in Gold, wenn sie als *"mehir"* gedacht ist.[28] Dies ist besonders bei traditionellen Eheschließungen der Fall. Es fällt dann auf, dass Goldzuwendungen der Seite des Ehemannes ausschließlich an die Braut erfolgen. Die Zweckbestimmung ist differenziert und kann von Fall zu Fall unterschiedlich sein. Es dürfte jedoch richtig sein, den Zweck der wirtschaftlichen Absicherung der Braut für den Fall der Beendigung der Ehe durch Tod des Ehemannes oder durch Scheidung in den Vordergrund zu stellen. An die Stelle einer Zuwendung vor oder im Zeitpunkt der Eheschließung treten häufig auch Vereinbarungen über eine spätere Fälligkeit der Zuwendung. So kann die Fälligkeit auch erst für den Fall der Beendigung der Ehe bestimmt sein. Manchmal wird das *mehir* auch geteilt: Eine Hälfte ist mit Eheschließung aufzuwenden, die zweite Hälfte im Fall der Beendigung der Ehe auszuzahlen.

– Die Braut bringt eine Mitgift mit (*cihaz, çeyiz*). Diese wird vor allem in Hausrat und Bettwäsche bestehen. Dies ist ihr Beitrag zu den Familienlasten. Inwieweit diese Gegenstände in ihrem Eigentum verbleiben, ist nicht immer eindeutig zu klären. Da jedoch bei der klassischen Gütertrennung des alten ZGB, die auch dem islamischen System entsprach, es nicht zu einer Verschmelzung beider Vermögen kommt, verbleibt das von der Ehefrau eingebrachte Gut in ihrem Eigentum. Langfristig kann sich dies dadurch ändern, dass das Gut verschlissen und verbraucht und durch Gegenstände ersetzt wird, die mit dem vom Ehemann erwirtschafteten Geld angeschafft werden und daher in dessen Eigentum fallen. Türkische Gerichte haben allerdings auch hier den Test anhand des Gebrauchszwecks gemacht: die vom Einkommen des Mannes angeschaffte Nähmaschine fällt in das Eigentum der Frau, weil der Ehemann mit der Nähmaschine in der Regel nichts anzufangen weiß.

– Der Mann leistet einen Beitrag zur Aussteuer (*kalın, katır*). Wie die Braut hat gelegentlich auch der Bräutigam seinen Beitrag zur Gründung der Familie zu leisten. Dieser besteht dann etwa in der Einbringung einer Wohnzimmereinrichtung oder des Kfz. Auch hier wird die Gütertrennung in der Regel dazu führen, dass die beigesteuerten Gegenstände eigentumsrechtlich beim Mann verbleiben.

– Der Brautpreis ist heutzutage wohl nur noch selten anzutreffen (*başlık, ağırlık*). Er besteht in der Zuwendung von Geld, Gold oder sonstigen Sachwerten des Bräutigams an die Familie der Braut, die insoweit vom Familienvorstand, meist dem Vater, vertreten wird; auch andere Familienmitglieder können berechtigt sein, solche Zuwendungen entgegenzunehmen. Diese Zuwendungen stellen gewissermaßen den Ersatz für die Aufwendungen der Brautfamilie dar, die diese mit der Erziehung und Ernährung der Braut gehabt hat. Zugleich kann diese Form der Zuwendung auch als Versicherung angesehen werden für den Fall, dass die Braut nach dem Tod des Ehemannes oder dem Scheitern der Ehe in den Schoß ihrer Familie zurückkehrt. Es kann auch sein, dass das Brautgeld an die Braut zur eigenen Verwendung weitergereicht wird.

---

[28] Vgl. *Feyzioğlu*, S. 247 f.; *Hatemî*, Aile Hukuku § 2 Rdn. 53; LG Köln FamRZ 1993, S. 198 f.; LG Berlin NJW-RR 1994, S. 200 f.

– Für sonstige Geschenke kommt es für die eigentumsrechtliche Zuordnung auf die äußeren Umstände und den Willen der Beteiligten an. Was in mehr oder weniger verpackter Form auf den gemeinsamen Geschenktisch kommt, kann, wenn der Bedachte nicht identifizierbar ist, eigentumsrechtlich zu gleichen Anteilen den Eheleuten gehören oder im Familienvermögen aufgehen.

4. *Abgrenzung zu den ehebedingten Zuwendungen*

Traditionell sind die beschriebenen Zuwendungsarten eigentlich nicht auf die Verlobung hin geleistet, sondern bereits auf die laufende Ehe. Wird also den Anordnungen des ZGB entsprechend zwischen Verlöbnis und Ehe getrennt, werden solche Zuwendungen in der Regel erst bei Eheschließung erfolgen. In diesem Fall kommen noch die güterrechtlichen Umstände hinzu. Nach altem Recht blieb es bei der Zuordnung nach ausschließlich schuld- und eigentumsrechtlichen Bestimmungen. Nach neuem Güterrecht – es gilt nunmehr der gesetzliche Güterstand der Errungenschaftsgemeinschaft – ist eine andere Ordnung zu beachten. In diesem Güterstand etwa erfolgt eine Qualifizierung nicht mehr nur noch nach der Eigentumsvermutung, sondern ist zu beachten, ob ein zugewendeter Gegenstand in das Eigengut fällt oder in das Gemeinschaftsgut. Dies soll an dieser Stelle jedoch nicht ausgeführt werden.[29]

E. Ende des Verlöbnisses

1. Auflösung

Die Möglichkeit der willentlichen Auflösung oder der nicht durch Eheschließung erfolgten Beendigung der Verlobung aus anderen Gründen ist im Gesetz nicht geregelt, sondern wird von denjenigen Vorschriften, die hieran anknüpfen (Rückgabe von Verlobungsgeschenken, Entschädigung), vorausgesetzt. Für die willentliche Auflösung genügt schon die Erklärung eines der Verlobten. Eines berechtigten Grundes dafür bedarf es nicht.[30] Berechtigte Gründe spielen erst für die Frage nach einem Entschädigungsanspruch eine Rolle. Das Verlöbnis ist in dem Zeitpunkt beendet, in dem die Erklärung dem Erklärungsempfänger zugeht,[31] auf das Einverständnis des Erklärungsempfängers kommt es nicht an. Schließlich gilt das Verlöbnis auch dann als aufgelöst, wenn einer der Verlöbnispartner stirbt oder für verschollen erklärt wird. Die ausdrückliche Nennung dieses Auflösungsgrundes (früher Art. 86 I ZGB a.F.) ist zwar nunmehr entfallen, doch ist er in der insoweit weiteren Neufassung (Art. 122 I ZGB) enthalten. Auch das Eintreten eines absoluten Ehehindernisses – z.B. dauerhafte Urteilsunfähigkeit – führt zur Beendigung des Verlöbnisses.[32]

---

[29] Vgl. stattdessen *Odendahl*, FamRZ 2003, 648 ff.; *Öztan*, Aile Hukuku, S. 249 ff.; *Kılıçoğlu*, Edinilmiş Mallara Katılma Rejimi (Der Güterstand der Errungenschaftsbeteiligung), Ankara 2002.
[30] *Tekinay* S. 26; *Köprülü/Kaneti*, S. 57; *Feyzioğlu*, S. 61.
[31] *Tekinay*, S. 39.
[32] *Öztan*, Aile Hukuku, S. 58.

2. Rückabwicklung der Zuwendungen auf die zukünftige Ehe

a. Rückforderung von Verlobungsgeschenken[33]

Die Rückforderung von Verlobungsgeschenken ist gesetzlich geregelt. Anspruchsinhaber können neben den Verlobten auch die Eltern oder Personen mit elterngleicher Stellung sein. Dabei gilt: Geschenke herausfordern kann nur, wer sie gemacht hat. So kann also ein Verlobter gegen den andern Verlobten nicht wegen Geschenken vorgehen, die diesem durch Verwandte des Klägers gemacht worden sind.[34] Die Aktivlegitimation kann durch Abtretungsverhältnisse verschoben werden.

Soweit Verlobungsgeschenke noch sachlich identifizierbar sind, können sie aufgrund des Art. 122 I ZGB zurückverlangt werden. Andernfalls gelten gemäß Art. 122 II ZGB die schuldrechtlichen Vorschriften über die ungerechtfertigte Bereicherung. Zurückzugeben ist dann dasjenige, was als Ersatz oder Erlös an die Stelle des Verlobungsgeschenks getreten ist. Auf ein Verschulden kommt es nicht an, angeknüpft wird objektiv nur an die Auflösung des Verlöbnisses,[35] auch bei Tod oder Verschollensein.[36] Gegen den Anspruch kann sich nur wehren, wer beweist, dass entweder keine Schenkung vorliegt oder die Schenkung auch erfolgt wäre, wenn das Verlöbnis nicht bestanden hätte.[37]

Herausverlangt werden können nur solche Geschenke, die "gemessen an den anlässlich der Verlobung herrschenden Bedingungen" übertrieben und nicht "gemäß den Sitten und Gebräuchen" gemacht worden sind (mutad dışı, Art. 122 I).[38] Die ehemaligen Verlobten sollen nicht alles herausfordern können, was sie sich anlässlich der Verlobung und während der Verlobungszeit geschenkt haben; dazu dürften auch Geschenke von nur ideellem Wert zählen, etwa Briefe.[39] Nicht angemessen und damit rückforderbar sind insbesondere Schmuckstücke in Gold,[40] sofern sie vor dem Hintergrund der wirtschaftlichen und sozialen Verhältnisse und der Herkunftsregion der Verlobten den üblichen Rahmen eines Geschenks sprengen.[41] Der Begriff "im Rahmen der Sitten und Gebräuche" ist also nicht dahin auszulegen, dass den "Sitten und Gebräuchen"

---

[33] *Öztan*, Aile Hukuku, S. 64 ff.
[34] *Kassationshof* (3. ZS), Urt. v. 21.3.1995, E. 1995/3204, K. 1995/3699; Urt. v. 1.10.2001, E. 2001/8176, K. 2001/8428.
[35] Anders *als* in Art. 94 schweiz. ZGB wird in Absatz 1 nicht ausdrücklich auf das Ende des Verlöbnisses Bezug *genommen*, es wird jedoch selbstverständlich vorausgesetzt.
[36] Anders noch *Art.* 86 ZGB a.F.
[37] Kassationshof (3. ZS) YKD 1985, S. 24 f.
[38] Kassationshof FamRZ 94, S. 571 m. Anm. *Rumpf*; Kassationshof FamRZ 1994, S. 1989 mit Beispielen.
[39] Str., dagegen z.B. *Öztan*, Aile Hukuku, S. 75-76, die einen Herausgabeanspruch auf die Vorschriften des ZGB zum Persönlichkeitsschutz (Art. 23 ff. ZGB) stützt. Zum Streit: *Akıntürk*, S. 42 f.
[40] Kassationshof (3. ZS), Urt. v. 27.5.2002, E. 2002/5584, K. 2002/5991.
[41] Kassationshof (3. ZS), Urt. v. 27.5.2002, E. 2002/5584, K. 2002/5991; Urt. v. 27.2.2003, E. 2003/1674, K. 2003/1826.

entsprechend geschenkter Goldschmuck beim Beschenkten verbleiben soll. Anlässlich der Feier angeheftetes bzw. überbrachtes Gold (*takı*) zählt der Kassationshof ausdrücklich zu den rückforderbaren Geschenken.[42] Auch *başlık*, *kalın* oder *ağırlık* (zu diesen Bezeichnungen siehe oben) werden in der Regel zu den unter diesen Bedingungen rückforderbaren Geschenken gehören.[43] Durch Gebrauch abgenutzte Geschenke können nicht mehr zurückgefordert werden.[44]

Für den Rückforderungsanspruch nach Art. 122 ZGB spielt irgendein Verschulden für die Auflösung des Verlöbnisses keine Rolle.[45]

Kann das Geschenk nicht mehr *in natura* herausgegeben werden, ist Wertersatz zu leisten. Anzusetzen ist der Wert im Zeitpunkt der Klageerhebung.[46] Denkbar ist auch, sofern leistbar, die Herausgabe von Gegenständen "gleicher Art und Güte".[47] Der neue Art. 122 II ZGB verweist für die Rechtsfolgen insoweit auf die Regeln der ungerechtfertigten Bereicherung. Dies kann dann konsequenterweise zur Folge haben, dass ein Herausgabeanspruch vollständig entfällt, wenn der Verlobte das Geschenk in gutem Glauben (Art. 3 ZGB) weggegeben hat, ohne dafür einen Ausgleich erhalten zu haben (Art. 63 OGB). Hat er verkauft, muss er den Kaufpreis an den Anspruchsberechtigten auskehren. Hat er das Geschenk bösgläubig – d.h. z.B. im Wissen um die bevorstehende Beendigung – aus der Hand gegeben, muss er ebenfalls Wertersatz leisten.[48]

b. Rückforderung von Zuwendungen an Verwandte

Die Rückforderung von Geschenken an Verwandte eines Verlöbnispartners ist, mangels Regelung im Verlöbnisrecht, nur nach den Vorschriften des OGB möglich. Während die Voraussetzungen der Vorschriften über den Widerruf der Schenkung (Art. 244, 245 OGB) nur in einem kleineren Teil der Fälle vorliegen dürften, kommt in den meisten Fällen die Herausgabe wegen ungerechtfertigter Bereicherung nach Art. 61 OGB infolge Widerrufs der Schenkung (Art. 244 OGB) oder Wegfalls der Geschäftsgrundlage in Betracht.[49] In diesem Fall sind dann die Regeln zur gutgläubigen Entreicherung (Art. 63 OGB) und der notwendigen oder nützlichen Verwendungen (Art. 64 OGB) zu beachten. Der Ausschluss eines Bereicherungsanspruchs wegen

---

[42] Kassationshof aaO.
[43] *Akıntürk* S. 42; dort zitiert: Kassationshof (6. ZS), Urt. v. 23.10.1961, E. 1961/2547, K. 1961/5719.
[44] Kassationshof (3. ZS), Urt. v. 16.9.2003, E. 2003/9196, K. 2003/10285.
[45] Kassationshof (3. ZS), Urt. v. 27.5.2002, E. 2002/5584, K. 2002/5991.
[46] Kassationshof (3. ZS), Urt. v. 11.10.1993, E. 1993/3716, K. 1993/16194; Urt. gleichen Datums, E. 1993/3340, K. 1993/16200.
[47] Kassationshof (3. ZS), Urt. v. 30.3.1982, E. 1981/5338, K. 1982/1338.
[48] Vgl. *Akıntürk*, S. 43.
[49] Nicht ganz klar insoweit Literatur und Rechtsprechung: *Köprülü/Kaneti*, S. 63, *Tekinay*, S. 32 ff., *Feyzioğlu*, S. 56 f., Kassationshof (3. ZS), YKD 1981, S. 960 f. und YKD 1984, S. 47 f.

gesetz- oder sittenwidriger Bereicherung gemäß Art. 65 OGB kommt nach neuerer Rechtsprechung nur noch ausnahmsweise in Frage.[50]

c. Entschädigung

Entschädigungsvereinbarungen für den Fall der Auflösung des Verlöbnisses sind unwirksam; ein Entschädigungsanspruch kann ausschließlich auf Art. 120 und 121 ZGB gestützt werden. Im übrigen ist Vorbedingung von Entschädigungsansprüchen das Vorliegen eines wirksamen Verlöbnisses.[51]

i. Materielle Entschädigung (Art. 120 ZGB)

Die materielle Entschädigung setzt Verschulden des Anspruchsgegners voraus.[52] Das Verschulden kann entweder in einer unberechtigten einseitigen Auflösung des Verlöbnisses durch den Anspruchsgegner bestehen[53] oder auf einem sonstigen Verhalten beruhen, das zur berechtigten Auflösung des Verlöbnisses durch den Anspruchsinhaber führt.[54] Liegt Verschulden auf beiden Seiten vor, können gegenseitige Ansprüche entstehen bzw. gegebene Ansprüche entsprechend gemindert werden (analog Art. 44 OGB).[55] Liegen rechtfertigende Gründe vor, die keinem der Verlöbnispartner im Sinne eines Verschuldens zugerechnet werden können, entfällt ein Entschädigungsanspruch.

Im Einzelfall kann es zu Verständnisproblemen kommen, wenn es um die "berechtigte" oder "unberechtigte Auflösung" geht, die daraus resultieren, dass der Anspruchsinhaber einmal der Auflösende sein kann, ein anderes mal auch der Auflösungsgegner. Die typische Folge in einem hoch streitig ablaufenden Prozess ist daher, dass nicht nur die Klägerseite, sondern auch die Beklagtenseite eine solche Anspruchsposition zu behaupten und beweisen suchen wird.

---

[50] Vgl. noch Kassationshof (2. ZS), 7.7.1949, zit bei: *Tekinay*, S. 35. Dagegen *Tekinay*, aaO.: Brautgeld "gesellschaftlich bedenklich", aber nicht ohne weiteres sittenwidrig. So dann auch schon Großer Zivilsenat des Kassationshofs, 18.5.1955 (bei *Tekinay*, S. 34) und 6. Senat (mehrere Urteile bei *Feyzioğlu*, S. 52 mN); Kassationshof (11. ZS) YKD 1981, 321 ff.: Sittenwidrigkeit des Brautpreises bei Fremdbestimmung der Braut; Kassationshof (3. ZS) YKD 1987, S. 688 f.: Sittenwidrigkeit bei bestimmten Formen der "wilden Ehe".
[51] *Öztan*, Aile Hukuku, S. 77.
[52] Kassationshof (3. ZS), Urt. v. 16.3.1981, E. 1980/1449, K. 1981/1382.
[53] Kassationshof (3. ZS) YKD 1981, S. 819 ff.
[54] Beispiele bei *Tekinay*, S. 39 ff.; *Feyzioğlu*, S. 65: ansteckende Krankheit; vom einen verursachte Abkühlung der Gefühle beim anderen; Verweigern der Erbringung materieller Leistungen, wie sie den Sitten und Gebräuchen zufolge üblich sind; der nachträglich zu Tage tretende schlechte Ruf; die sich herausstellende mangelnde Jungfräulichkeit der Braut (sofern sie, wie noch weithin üblich, erwartet worden ist); Konkurs; schwere Vorstrafe; Missachtung und schwere Beleidigung des anderen; Verlassen des einen durch den anderen; schwere Versäumnisse, die an der Treue und Zuneigung des Verlobten zweifeln lassen (z.B. das Unterlassen von Besuchen im Krankenhaus); das Verschweigen von Umständen, die dem anderen für die Eheschließung wesentlich sind; das kompromisslose Bestehen des einen Verlobten auf dem Zusammenleben mit seiner Familie auch nach der Eheschließung.
[55] *Feyzioğlu*, S. 66 f.; *Tekinay*, S. 50.

(a) Zunächst ist festzuhalten, dass der Gutachter sich für das "Verschulden" an die Terminologie der türkischen Literatur und des Gesetzes gehalten hat, die hier von "kusur" – Verschulden – sprechen.[56] Richtig wird man von Verschulden sprechen können, wenn die Verlobung ohne berechtigenden Grund auf der eigenen Seite aufgelöst worden ist. Denn hier indiziert die Tatbestandsmäßigkeit das Verschulden, die Verlobung wird sozusagen aus freien Stücken oder aus keinem Grund aufgelöst. Das ist "vorwerfbar" im Sinne eines Verschuldens. Die Exkulpation – berechtigender Grund – erfolgt durch Vorliegen des berechtigenden Grundes, für den derjenige, der die Verlobung gelöst hat, auch den Beweis antreten muss.

Ist dagegen der Auflösende selbst auch Anspruchsinhaber, besteht der Anspruch nur, wenn der Auflösungsgegner die Ursache für die Auflösung gesetzt hat. Dabei mag man in der Tat die Auffassung vertreten, dass es sich hier lediglich um eine objektive Zurechenbarkeit eines Umstandes handelt, der dann den Anspruchsinhaber zur Auflösung berechtigt hat. Aber da das Gesetz die Schadensersatzpflicht wieder an das Verschulden (kusur) knüpft, können hier nur solche Auflösungsgründe eine Ersatzpflicht auslösen, die dem Auflösungsgegner auch vorgeworfen werden können. Ist der Anspruchsgegner etwa krank, ohne dafür eine eigene Verantwortung zu tragen, so kann ihm dies nicht als vorwerfbar zugerechnet werden. Hat er dagegen beispielsweise zu alkoholischen Exzessen geneigt, so ist dieses Verhalten vorwerfbar, so dass man von einem "Verschulden" sprechen kann und eine Ersatzpflicht ausgelöst wird.[57]

Im übrigen spricht auch die von der Klägerseite zitierte Übersetzung von Verschulden ("fault"). Es geht hier jedenfalls nicht um einen "Vertrauensschaden" oder eine völlig verobjektivierte Haftung.

(b) Was den Begriff der "unberechtigten Auflösung" angeht, so finden sich in Lehre und Rechtsprechung in der Türkei keine völlig klaren und schlüssigen Kriterien. Dabei ist allerdings auf den Wortlaut des Gesetzestextes hinzuweisen, der von "ohne wichtigen Grund" oder wörtlich "ohne berechtigenden Grund" spricht. Dies bedeutet, dass, wer auflöst, einen Grund dafür haben muss. Der auflösende Verlöbnispartner muss also vortragen und beweisen, dass ein solcher Grund gegeben ist. Anders ausgedrückt: Der Tatbestand der Auflösung als solcher indiziert zunächst die fehlende Berechtigung (und – s.o. – damit auch das Verschulden).

So ist die Auflösung "unberechtigt", wenn ein Verlöbnispartner sich von dem anderen ohne Begründung abwendet und sich anderweitig verlobt.[58] Berechtigt ist die Auflösung, wenn der auflösende Verlöbnispartner selbst eine ansteckende oder genetisch bedingte Krankheit anführt. Die "Berechtigung" entfällt aber

---

[56] *Tekinay*, S. 37 ff.; *Kemal Oğuzman/Mustafa Dural*, Aile Hukuku (Familienrecht), Istanbul 1994, S. 46; *Akıntürk*, Aile Hukuku S. 45; *Şener*, Türk Medeni Kanunu (Türk. ZGB Kommentar) I, Ankara 1998, S. 311.
[57] *Akıntürk*, aaO.
[58] *Zevkliler/Acabey/Gökyayla*, S. 727.

wieder, wenn er sich diese Krankheit aus eigenem Verschulden zugezogen hat.[59] In einem Fall hat der Kassationshof die Klage eines Mannes zurückgewiesen, der das Verlöbnis aufgelöst hatte, weil die Frau es bei der Verlöbnisfeier abgelehnt hatte, sich zur Entgegennahme von Geschenken in den "Männerbereich" der Verlöbnisfeier zu begeben, wo dem Alkohol zugesprochen wurde.[60]

Zu ersetzen sind z.B. den wirtschaftlichen und sozialen Bedingungen der beiden Verlöbnispartner angemessene Aufwendungen, die guten Glaubens, d.h. im Vertrauen auf das Zustandekommen der Ehe erbracht worden sind und letztlich dazu gedient haben, die Eheschließung zu ermöglichen oder zu fördern.[61] Abzuziehen sind Zugewinne, die dadurch entstehen, dass etwa gekaufte Gegenstände im Besitz des "Geschädigten" bleiben und dort eine Bereicherung für das Vermögen darstellen.[62]

Einen Sonderfall stellen die *Aufwendungen auf die Verlöbnisfeier* dar. Lange Zeit wollte die höchstrichterliche Rechtsprechung – seit 1981 in ständiger Rechtsprechung – solche Aufwendungen nicht ersetzen, weil diese nicht auf den Vollzug des Verlöbnisses gerichtet seien, sondern ihre Zweckbestimmung bereits durch die erfolgreiche Ausrichtung der Feier selbst erfüllt sei.[63] Diese Rechtsprechung wurde aber im Laufe der Zeit wieder durchbrochen.[64] Immerhin hat der 3. Zivilsenat, der für das Verlöbnisrecht zuständig ist, bis zur Neufassung des ZGB unbeirrt an seiner Auffassung, wonach solche Kosten nicht erstattungsfähig sind, festgehalten.[65]

Mit dem neuen ZGB hat der Gesetzgeber – offenbar zunächst teilweise unbemerkt von der Literatur – Klarheit geschaffen. Insoweit trifft der Hinweis der Klägerseite auf Art. 120 Abs. 1 S. 2 ZGB n.F. zu. Hiernach sollen die Kosten für die Verlobung bei Beendigung des Verlöbnisses ersetzbar sein.

Zunächst enthält die amtliche Begründung zum ZGB lediglich einen lapidaren Hinweis auf den neuen Satz und spricht, wie auch die Begründung des Rechtsausschusses, lediglich von "Klarstellungen", die im Verlöbnisrecht vorgenommen worden seien, nicht jedoch von einer "Änderung" oder "Ergänzung" der bisherigen Rechtslage.[66] Dies wäre im Hinblick auf die genannten Mindermeinungen zu erwarten gewesen, hätte der Gesetzgeber eine Neuerung gewollt.

---

[59] *Zevkliler/Acabey/Gökyayla*, S. 733.
[60] 3. ZS, Urt. v. 16.3.1981, E. 1981/1449, K. 1981/1382 (Datenbank *Kazancı*). Das erstinstanzliche Urteil wurde außerdem auch mit der weiteren Begründung aufgehoben, dass ohnehin die Erstattung von Verlobungskosten nicht möglich sei.
[61] *Gürsel*, S. 20; *Tekinay*, S. 42 ff.; *Feyzioğlu*, S. 67 ff. jeweils mit Beispielen.
[62] *Tekinay*, S. 50.
[63] Kassationshof (3. ZS) YKD 1984, 47 f.; 1.5.1985, bei *Şener*, Türk Medeni Hukuku S. 200; Kassationshof (GrZS), Urt. v. 18.2.1987, E. 1986/3-183, K. 1987/106; Kassationshof (3. ZS), Urt. v. 9.5.1994, E. 1994/6159, K. 1994/7437; Öztan, Aile Hukuku (2004), S. 81 f.
[64] *Dafür*: Großer Senat für Zivilsachen, Urt. v. 24.1.1990, E. 1989/3-566, K. 1990/10; *dagegen*: Großer Zivilsenat für Zivilsachen, Urt. v. 18.2.1987, E. 1986/3-183, K. 1987/106.
[65] Öztan, Aile Hukuku (2004), S. 82 f.
[66] Begründung des Rechtsausschusses siehe <www.tbmm.gov.tr/sirasayi/donem21/yil01/ss723m.htm>

Für die Klägerseite spricht indessen, dass Zevkliler im Jahre 1997[67] darauf hinweist, dass der neue Entwurf für ein ZGB "auch" die Ausgaben für die Verlobung umfasse, womit der genannten Meinung bzw. Forderung gefolgt werde. Dagegen übergeht aber zum Beispiel *Kılıçoğlu*, der bisher vom Gutachter als erste Referenz für die Frage nach Änderungen angesehen worden ist und selbst aktiv an der Änderung des ZGB mitgewirkt hat, in seinem umfangreichen Buch über die Änderungen des ZGB im Abschnitt über den Verlöbnisbruch und seine Folgen diesen neuen Satz,[68] möglicherweise eben weil sich in den für die Auslegung der Bestimmung einschlägigen Regierungs- und Ausschussbegründungen nichts dazu findet.

Erst ein Blick in die neueste Auflage des Familienrechtslehrbuchs von Bilge *Öztan* klärt über den Wandel auf, wo eindeutig die Änderung als Klärung des bisherigen Streits begrüßt und die Kosten für die Verlöbnisfeier als nunmehr vom Gesetz erfasst angesehen werden.[69]

Die aus Vorstehendem zu ziehende Konsequenz geht nach meiner Auffassung, also in der Tat in die Richtung der vom Klägervertreter geäußerten Auffassung. Zwar neige ich zu der Feststellung, dass zum gegenwärtigen Zeitpunkt eine zweifelsfreie Feststellung des neuen türkischen Rechts noch verfrüht ist. Allerdings stehen dem deutschen Gericht dieselben Instrumente für die Gesetzesauslegung zu wie dem türkischen Gericht (vgl. Art. 1 ZGB). D.h., das deutsche Gericht wird unter Berücksichtigung der Lehre und des Wortlauts des Gesetzes diejenige Auslegung treffen, die es nach seiner Überzeugung für die richtige hält.

Die Interpretation der Klägerseite wird auch durch eine Auslegung der Bestimmung des Art. 120 Abs. 1 ZGB in ihrem inneren Zusammenhang gestützt. Denn es spricht viel dafür, dass der Gesetzgeber hier eine Änderung herbeiführen wollte und *Öztan* aaO. zum richtigen Ergebnis gekommen ist. Bestätigt wird dies wohl auch durch die mündliche Antwort zweier Richter des zuständigen 3. Senats des Kassationshofs gegenüber einem Mitarbeiter des Gutachters in Ankara; ihrer Aussage zufolge soll es kürzlich eine Entscheidung des Kassationshofs gegeben haben, die – abweichend von der bisherigen Rechtsprechung – nunmehr auch die für die Eingehung des Verlöbnisses aufgewandten Kosten als erstattungsfähig ansieht. Der Umstand, dass im Gesetzestext vorausgehend zunächst die zu erstattenden Kosten im Hinblick auf die erwartete Eheschließung umschrieben werden und es dann heißt "diese Regel gilt *auch* für die Kosten der Verlobung", spricht dafür, dass nunmehr auch diejenigen Kosten zu erstatten sein sollen, die für die Verlobung – d.h. die Verlöbnisfeier selbst – aufgewandt wurden. Kritisch zu sehen ist indessen, dass – wenn man die Eingehung des Verlöbnisses meint – erheblicher Eingrenzungs- und Auslegungsbedarf dadurch entsteht, dass der Zusammenhang zwischen Aufwendungen und Kosten einerseits und Verlöbnis andererseits, zumal wenn man das Verlöbnis objektiv und subjektiv als Vorstufe zur

---

[67] *Zevkliler/Acabey/Gökyayla*, Medeni Hukuk (Zivilrecht), 5. Aufl., Ankara 1997, S. 734.
[68] *Kılıçoğlu*, Medenî Kanun'umuzun Aile – Miras – Eşya Hukukuna Getirdiği Yenilikler (Neuerungen im Familien-, Erb-, Sachenrecht unseres ZGB), Ankara 2003, S. 1 ff.
[69] *Öztan*(2004) aaO.

Eheschließung begreift, nur schwer zu bestimmen sein wird. Nimmt man allerdings den vorangegangenen Meinungsstreit und seinen Gegenstand zum Maßstab, spricht wieder mehr dafür, bei den "Kosten für die Verlöbnisfeier" als Gegenstand einer Erweiterung des Schadensersatzanspruchs durch den neuen Art. 120 Abs. 1 ZGB zu bleiben, so dass man letztlich mit dieser begrenzten Erweiterung zu einem auslegungsbedürftigen Rechtsbegriff kommt, der im Lichte der systematischen und teleologischen Auslegung wieder im Sinne der "Kosten der Verlöbnisfeier" ausgelegt werden kann. So entfaltet der neue Zusatz dann auch Sinn, der durch die Gerichte mit Inhalt gefüllt und eingegrenzt werden muss.

Was die einzelnen Kostenposten bezüglich der Verlobungskosten angeht, so wird das Gericht im Rahmen seines Beurteilungs- und Ermessensspielraums nach den Grundsätzen von Treu und Glauben (Art. 2 ZGB) und der Billigkeit (Art. 4 ZGB) eine Einordnung vornehmen müssen. Hier kann der Gutachter mangels Vorgaben in der türkischen Rechtsprechung leider nicht behilflich sein.

Als Anspruchsinhaber kommen außer dem Verlöbnispartner nicht nur die Eltern in Betracht, sondern all diejenigen, die aufgrund ihrer Verbindung zum Geschädigten "wie die Eltern" Aufwendungen erbracht haben.[70]

ii. Immaterielle Entschädigung (Art. 121 ZGB)

Der immaterielle Entschädigungsanspruch setzt den einseitigen, schuldhaften Verlöbnisbruch durch den Schädiger und auf der anderen Seite Verschuldensfreiheit des Geschädigten voraus. Ferner muss eine schwerwiegende Schädigung in den Persönlichkeitsrechten des Betroffenen vorliegen,[71] z.B. Verletzung der Ehre.[72] Erfüllt wird diese Voraussetzung je nach den Umständen auch durch die Aussetzung der Braut einer sozialen Umwelt, die eine Auflösung spürbar sanktioniert, oder durch den Verfall in eine schwere psychologische Krise bis hin zur Selbstmordgefahr oder Geisteskrankheit, oder durch den Verlust der Jungfräulichkeit.[73]

Die immaterielle Entschädigung kann isoliert oder zusammen mit der materiellen Entschädigung eingeklagt werden. Da es hier um eine Persönlichkeitsverletzung und somit um einen höchstpersönlichen Anspruch geht, ist klagebefugt ausschließlich der Geschädigte auch ohne Zustimmung seines gesetzlichen Vertreters.[74]

---

[70] *Öztan*, Aile Hukuku, S. 85; *Feyzioğlu*, S. 70; *Zevkliler*, Medeni Hukuk (Zivilrecht), 2. Aufl., Ankara 1995, S. 741: sonstige Verwandte wie Geschwister, Großeltern, Onkel und Tante; Institutionen wie Waisenhäuser oder Heime.
[71] *Kassationshof* (GrZS), Urt. v. 18.2.1987, E. 1986/3-183, K. 1987/106; (3. ZS), Urt. v. 1.5.1985, E. 1985/2726, K. 1985/3171; (3. ZS), Urt. v. 18.9.2001, E. 2001/6263, K. 2001/7857.
[72] Weitere Beispiele: Verleumdung, Verlassen oder Aussetzung, Untreue, Verletzung von Geheimnissen (*Öztan*, Aile Hukuku, S. 88 f.).
[73] *Öztan*, Aile Hukuku, S. 88.
[74] *Öztan*, Aile Hukuku, S. 91 f.

iii. Umfang der Entschädigung

Der Umfang der Entschädigung ist durch das Gericht nach pflichtgemäßem Ermessen festzustellen. Dabei wird es nicht nur Gesichtspunkte des Mitverschuldens (Art. 44 OGB), sondern auch die wirtschaftliche Lage des Anspruchsgegners oder die Intensität seines Verschuldens (Art. 43, 98 OGB) berücksichtigen.[75]

3. Verjährungsfragen

Gemäß Art. 123 beträgt die Verjährungsfrist für die Herausgabe von Verlobungsgeschenken ein Jahr ab dem Zeitpunkt, in dem – bei einseitiger Auflösung des Verlöbnisses – die entsprechende Erklärung dem anderen Verlöbnispartner zugeht und er damit vom Ende des Verlöbnisses Kenntnis erlangt.[76] Im übrigen sind auf die Verjährung die allgemeinen Vorschriften der Art. 127 ff. OGB anzuwenden.[77] Beruht der Anspruch auf immaterielle Entschädigung auf einer Straftat, gilt die für diese Straftat durch das Strafgesetzbuch angeordnete Verjährung.[78]

V. Anwendung auf den Fall

Die Anwendung auf den Fall führte zu dem Ergebnis, dass ein Teil der geltend gemachten Forderungen nach türkischem Recht berechtigt war. Dies gilt etwa für die Aufwendungen auf die Verlobungsfeier. Von den Parteien aufgelistete angeschaffte Einrichtungsgegenstände und Kosten im Hinblick auf eine anzumietende gemeinsame Wohnung dürften bereits als auf die Eheschließung hin gemacht qualifiziert werden. Geschenke sind hier nicht erkennbar, so dass als Anspruchsgrundlage nur Art. 120 ZGB in Betracht kommt. Ob hier Verschuldensfeststellungen getroffen werden können, muss das Gericht entscheiden. Der Gutachter tendiert zu der Annahme, dass ein Verschulden jeweils nur schwer feststellbar sein wird. Denkbar wäre allenfalls, leichtes beiderseitiges Verschulden festzustellen mit den entsprechenden Folgen für einen materiellen Schadensausgleich.

Für die Zusprechung von Schmerzensgeld sieht der Gutachter hier keinen Raum. Der klägerische Vortrag ist nicht geeignet, eine "schwere Schädigung" im Sinne der zitierten türkischen Rechtsprechung zu begründen, abgesehen davon, dass sich auch hier die Verschuldensfrage stellt.

---

[75] *Tekinay*, S. 50; *Öztan*, Aile Hukuku, S. 82.
[76] *Köprülü/Kaneti*, S. 64; *Feyzioğlu*, S. 81 f.; *Tekinay*, S. 65. Die Verjährungsfrist beginnt also nicht erst mit Ablauf des Jahres, in dem die Auflösung des Verlöbnisses erfolgt ist.
[77] *Tekinay*, S. 66; Kassationshof (4. ZS), 17.11.1944 (zit. bei *Olgaç*, OGB II S. 704): Unterbrechung gemäß Art. 133 Zif. 2 OGB (Zeitpunkt der Klageerhebung), keine Unterbrechung durch Maßnahmen des vorläufigen Rechtsschutzes oder PKH-Antrag.
[78] *Öztan*, Aile Hukuku, S. 93 mwN.

Der Art. 23 EuGVO als einheitlicher Maßstab für internationale Gerichtsstandsvereinbarungen

Jürgen Samtleben[*]

Wenn zwei Unternehmer in Hamburg und Istanbul einen Vertrag miteinander schließen – welchem Recht unterliegt dann eine darin enthaltene Gerichtsstandsklausel? Die Parteien können Hamburg oder Istanbul als Gerichtsstand wählen oder ein neutrales Forum etwa in Wien oder Zürich vereinbaren. Sie können auch festlegen, dass die Klage jeweils am Sitz des Beklagten erhoben werden soll (sog. flip-flop-Klausel). Die türkischen Gerichte werden solche Vereinbarungen aus der Sicht des türkischen Rechts, d.h. nach ihrem eigenen internationalen Verfahrensrecht beurteilen.[1] In Deutschland ist dagegen zunächst zu prüfen, ob auf diese Fälle deutsches oder europäisches Prozessrecht anzuwenden ist. Zwar ist die Türkei noch nicht Mitglied der Europäischen Gemeinschaft, doch findet das europäische Prozessrecht in gewissem Umfang auch Anwendung gegenüber Drittstaaten. Dieser Frage soll im Folgenden nachgegangen werden.

I. Die Anwendung des europäischen Prozessrechts gegenüber Drittstaaten

Die Abgrenzung des europäischen vom deutschen internationalen Prozessrecht hat gerade hinsichtlich der Gerichtsstandsvereinbarung von Anfang an besondere Aufmerksamkeit erfahren. In Deutschland wie in den anderen fünf alten EWG-Staaten trat 1973 das Brüsseler Übereinkommen über die gerichtliche Zuständigkeit und die Vollstreckung gerichtlicher Entscheidungen in Zivil- und Handelssachen in Kraft, das in seinem Art. 17 auch die Gerichtsstandsvereinbarung regelte. Ein Jahr später erließ der deutsche Gesetzgeber das Gesetz zur Änderung der ZPO, die sog. Gerichtsstandsnovelle, durch die das Recht der internationalen Gerichtsstandsvereinbarung entscheidend umgestaltet wurde. Das Verhältnis beider Regelungen zueinander erwies sich von vornherein als problematisch[2] und gab in der Folge ständig Anlass zu heftigen Diskussionen. Der europäische Gesetzgeber hat demgegenüber mit der Überführung des Brüsseler Übereinkommens in die Verordnung 44/2001 über die gerichtliche Zuständigkeit und die Anerkennung und Vollstreckung

---

[*] Dr. *Jürgen Samtleben*, Max-Planck-Institut für ausländisches und internationales Privatrecht, Hamburg.
[1] Siehe dazu *Ansay/Schneider*, Introduction to Turkish Business Law (2001) 174 f.; eingehend *Krüger*, Gerichtsstandsvereinbarungen nach türkischem Recht, RIW 1998, 946 f. m.w.Nachw.
[2] Vgl. *Samtleben*, Internationale Gerichtsstandsvereinbarungen nach dem EWG-Übereinkommen und nach der Gerichtsstandsnovelle, NJW 1974, 1590 ff.

S. Arkan, A. Yongalik (eds.) Liber Amicorum/Festschrift für Tuğrul Ansay, pp. 343-362.
© 2006 Kluwer Law International BV. Printed in the Netherlands.

von Entscheidungen in Zivil- und Handelssachen vom Dezember 2000 eine neue Rechtsgrundlage geschaffen. In dieser Verordnung, die in ihrem Art. 23 die Gerichtsstandsvereinbarung regelt, wurde das Verhältnis gegenüber Drittstaaten neu definiert. Zum Verständnis der neuen Konzeption ist zunächst ein Rückblick auf die frühere Rechtslage erforderlich.

A. Das Brüsseler Übereinkommen (EuGVÜ)

Mit dem Brüsseler Übereinkommen von 1968 sollte der Auftrag des Art. 220 des alten EWG-Vertrages erfüllt werden, der zugunsten der Staatsangehörigen der Mitgliedstaaten eine Vereinfachung der Anerkennung und Vollstreckung gerichtlicher Entscheidungen im Rahmen der Gemeinschaft auf der Grundlage der Gegenseitigkeit vorsah. Die Zielsetzung des Übereinkommens ging aber in zweifacher Hinsicht über die Vorgaben des Art. 220 hinaus: Zum einen beschränkte es sich nicht auf die Staatsangehörigen der Mitgliedstaaten, sondern wollte generell innerhalb der Gemeinschaft den Rechtschutz der dort ansässigen Personen verstärken (Erwägungsgrund 2), zum anderen regelte es zu diesem Zweck neben der Anerkennung auch die direkte Zuständigkeit der Gerichte in internationalen Fällen (Erwägungsgrund 3). Für die Väter des Übereinkommens war damit klar, dass es in erster Linie den grenzüberschreitenden Rechtsverkehr innerhalb der Gemeinschaft erfassen sollte, was aber gewisse Wirkungen gegenüber Drittstaaten nicht ausschließt, wenn solche dem Schutz der Gemeinschaftsbürger dienen. In diesem Sinne wurde der Anwendungsbereich der Zuständigkeitsvorschriften des Übereinkommens durch drei Grundregeln festgelegt, die an den Wohnsitz des Beklagten anknüpfen.

Für den Fall, dass der Wohnsitz des Beklagten innerhalb der Gemeinschaft liegt, erklärt Art. 2 die Gerichte des Wohnsitzstaates für zuständig, was der geltenden Rechtslage in allen sechs damaligen Mitgliedstaaten entsprach. Die örtliche Zuständigkeit sollte sich dabei für alle in dem betreffenden Vertragsstaat ansässigen Beklagten nach dessen internem Recht bestimmen. Damit wurde einem praktischen Bedürfnis Rechnung getragen: Die Gerichte konnten so in einer großen Zahl von Fällen nach ihrem eigenen Recht entscheiden, ohne sich näher mit dem Übereinkommen zu befassen.[3] Falls der Wohnsitz des Beklagten in einem anderen Vertragsstaat liegt, sind nach Art. 3 die Zuständigkeitsregeln des Übereinkommens maßgebend, die in den folgenden Abschnitten 2-6 (des 2. Titels) enthalten sind. Sie verdrängen also insoweit das nationale Recht, und zwar unabhängig davon, ob der Kläger in einem Vertragsstaat oder in einem Drittstaat wohnt. Schließlich erklärt Art. 4 wiederum das nationale Recht für maßgebend, wenn der Wohnsitz des Beklagten in einem Drittstaat liegt. Allerdings sieht diese Bestimmung zwei Ausnahmen vor: Zum einen enthält sie einen ausdrücklichen Vorbehalt zugunsten des Art. 16, d.h. die ausschließlichen

---

[3] *Jenard*-Bericht, ABl EG 1979 C 59/1 (18 f.).

Gerichtsstände des Übereinkommens sind auch gegenüber einem Beklagten mit Wohnsitz in einem Drittstaat anwendbar. Zum anderen können gegenüber einem solchen Beklagten die exorbitanten Gerichtsstände des jeweiligen Gerichtsstaates von den dort ansässigen Personen unabhängig von ihrer Staatsangehörigkeit geltend gemacht werden. Das Übereinkommen sah also bereits in seiner ursprünglichen Fassung beschränkte Wirkungen gegenüber Drittstaaten zum Schutz der in der Gemeinschaft ansässigen Personen vor.[4]

Die Abgrenzung nach dem Wohnsitz des Beklagten führte zu der Konsequenz, dass die Anwendung der Regeln des Übereinkommens in einem konkreten Fall möglicherweise nach der Rolle von Kläger und Beklagtem unterschiedlich zu beurteilen war. Zwei in verschiedenen Vertragsstaaten ansässige Personen konnten danach in ihrem Staat die jeweils andere in den besonderen Gerichtsständen des Art. 5 EuGVÜ verklagen, selbst aber in diesem Staat nur gemäß dem nationalen Zuständigkeitsrecht verklagt werden.[5] Das galt ähnlich auch im Verhältnis zu Drittstaaten: Für die Klage eines türkischen Unternehmens in Deutschland gegen einen in Belgien ansässigen Beklagten war die Zuständigkeitsordnung des Übereinkommens maßgebend,[6] während umgekehrt auf die Klage gegen das türkische Unternehmen die Regeln der deutschen *lex fori* anzuwenden waren. Diese Inkongruenzen wurden von den Vätern des Übereinkommens gesehen und grundsätzlich in Kauf genommen.[7] Für die Gerichtsstandsvereinbarung erschien ihnen diese Konsequenz aber nicht erträglich, weil deren Gültigkeit nicht von der jeweiligen Kläger- oder Beklagtenrolle abhängen könne. Deshalb wurde es insoweit als ausreichend angesehen, wenn entweder der Kläger oder der Beklagte seinen Wohnsitz in einem Vertragsstaat hat.

Die Vorschrift des Art. 17 EuGVÜ wurde demgemäß bei den Beratungen auf alle Vereinbarungen erstreckt, in denen ein Gericht eines Vertragsstaats für zuständig erklärt und zumindest eine der Parteien in einem Vertragsstaat ansässig ist. Gedacht war dabei an die Konstellationen, in denen der Wohnsitz einer Partei in einem anderen als dem Forumstaat liegt, weil nur in diesen Fällen gemäß Art. 3 die Anwendung des Übereinkommens von der jeweiligen Parteirolle abhängen konnte.[8] Dagegen waren für Kläger oder Beklagte aus Drittstaaten, die mit einer in einem Vertragsstaat ansässigen Partei vor einem dortigen Gericht um dessen vereinbarte Zuständigkeit stritten, in jedem Fall gemäß Art. 2 bzw. Art. 4 die nationalen Vorschriften des Forumstaates maßgebend. Für diese Fälle war Art. 17 daher ohne Bedeutung – was auch darin

---

[4] Mittelbare Drittwirkungen ergeben sich auch aus den nachfolgenden Vorschriften über die Rechtshängigkeit sowie über die Anerkennung und Vollstreckung, da sie unabhängig von Wohnsitz oder Staatsangehörigkeit der daran beteiligten Personen nur auf die Durchführung des Erstverfahrens in der Gemeinschaft abstellen und deshalb auch zugunsten oder zulasten von Parteien aus Drittstaaten wirken; *Jenard*-Bericht, ABl EG 1979 C 59/1 (41, 43).
[5] Siehe dazu die Beispielsfälle bei *Samtleben* (oben Fn. 2) 1591.
[6] Vgl. EuGH 13.7.2000, Rs. C-412/98 (*Group Josi Insurance ./. Universal General Insurance*), Slg. 2000, I-5925: Klage einer kanadischen gegen eine belgische Gesellschaft in Frankreich.
[7] *Droz*, Compétence judiciaire et effets des jugements dans le marché commun (1972) 57.
[8] *Droz*, ebd. 142 f.

zum Ausdruck kam, dass in Art. 4 neben dem Vorbehalt für Art. 16 kein allgemeiner Vorbehalt zugunsten des Art. 17 aufgenommen wurde.[9]

B. Entwicklung und Tendenzen

In der Folgezeit wurde das Übereinkommen mehrfach einer Revision unterzogen, ohne dass dabei die Grundkonzeption als solche verändert wurde. Wesentliche Veränderungen ergaben sich aber durch die Entwicklung im Lauf der nächsten Jahrzehnte, in denen das Übereinkommen sich von seinen historischen Wurzeln zu lösen und als Gegenstand der Rechtsanwendung ein Eigenleben zu entfalten begann. Die erste einschneidende Änderung resultierte aus dem Beitritt Großbritanniens, durch die der Vorschrift des Art. 2 eine neue Bedeutung zuwuchs. Ohne dass der Wortlaut der Bestimmung geändert wurde, wandelte sie sich von einer deklaratorischen Anerkennung des Wohnsitzgerichtsstandes zu einer zwingenden Zuständigkeitsregel, die dem in England ansässigen Beklagten gegenüber Klägern aus den anderen Vertragsstaaten den Einwand des "forum non conveniens" abschnitt.[10] Sollte dies auch gegenüber einem Kläger aus einem Drittstaat gelten? Diese Frage stellte sich im Harrods-Fall, der vom House of Lords dem EuGH vorgelegt wurde.[11] Geht man vom Ziel des Übereinkommens aus, den Rechtsschutz der in der Gemeinschaft ansässigen Personen zu verstärken, so wäre es damit durchaus vereinbar, dem in einem Mitgliedstaat wohnhaften Beklagten selbst zu überlassen, ob er sich gegenüber Drittstaatenklägern auf den Einwand des "forum non conveniens" berufen will oder nicht.[12] Der EuGH wurde im Harrods-Fall durch die Einigung der Parteien einer abschließenden Stellungnahme enthoben und kam erst in anderem Zusammenhang wieder auf das Thema zurück.[13]

Eine Erweiterung des Anwendungsbereichs ergab sich auch aus den neugefassten Artt. 8 II und 13 II EuGVÜ, die in Versicherungs- und Verbrauchersachen für Parteien ohne Wohnsitz in der EG deren Niederlassung in einem Vertragsstaat für Streitigkeiten aus ihrem Betrieb dem Wohnsitz gleichstellen.[14] Diese Vorschriften können sinnvollerweise nicht auf die Fälle beschränkt werden, in denen die Klage in einem anderen Vertragsstaat als dem der Niederlassung erhoben wird, weil sie dann bedeutungslos wären.[15] Vielmehr sollten diese Vorschriften gerade die Möglichkeit eröffnen,

---

[9] Näher *Bülow*, RabelsZ 38 (1974) 262 (266 f.), wonach Art. 17 dem Art. 4 nur vorgehen sollte, wenn das Gericht eines anderen Vertragsstaat prorogiert war.
[10] *Schlosser*-Bericht Nr. 78, ABl EG 1979 C 59/71 (97 f.).
[11] Vorlagebeschluss vom 13.7.1992, ABl EG 1992 C 219/4.
[12] Vgl. *Heinze/Dutta*, Ungeschriebene Grenzen für europäische Zuständigkeiten bei Streitigkeiten mit Drittstaatenbezug, IPRax 2005, 224 (226 f.).
[13] Siehe unten bei Fn. 29.
[14] Während die Regelung des Art. 8 II ähnlich bereits im ursprünglichen EuGVÜ enthalten war (dort Art. 8 III), wurde Art. 13 II erst bei der Revision von 1978 eingefügt.
[15] So aber Generalanwalt *Darmon*, Schlussanträge zu EuGH 19.1.1993, Rs.C-89/91 (*Shearson Lehmann Hutton ./. TVB*), Slg. 1993, I-139 (172 ff. Rz. 58-71 und S.180); ebenso OLG München 21.1.1992, IPRspr. 1992 Nr. 184; dagegen zutreffend Anm. *Geimer*, RIW 1994, 59-62 (61).

Unternehmen mit Sitz in Drittstaaten, aber Niederlassung innerhalb der EG, entgegen Art. 4 in den vom Übereinkommen garantierten Gerichtsständen zu verklagen.[16] Der EuGH hat jedoch klargestellt, dass diese Ausnahme nichts daran ändert, dass auch in Versicherungs- und Verbrauchersachen weiterhin die Grundregel gilt, dass die Gerichtsstände des Übereinkommens nicht auf Beklagte mit Sitz in Drittstaaten anzuwenden sind, wenn diese keine Niederlassung in der EG haben.[17]

Der Streit entzündete sich aber vor allem an dem Wortlaut des Art. 17 EuGVÜ, der losgelöst von den Grundregeln keinen Bezug zu einem weiteren Vertragsstaat vorauszusetzen schien. Hier nahm im Lauf der Zeit die Meinung überhand, dass diese Vorschrift nach ihrem Wortlaut nur davon ausgehe, dass der Wohnsitz einer Partei und das vereinbarte Forum in einem Vertragsstaat liege, und somit auch dann anzuwenden wäre, wenn zwei Vertragspartner mit Sitz in einem Drittstaat und einem Vertragsstaat ein Forum in eben diesem Vertragsstaat vereinbaren.[18] Diese Ansicht schöpfte ihre Überzeugungskraft aus dem Impetus der europäischen Rechtsvereinheitlichung, die nun einmal nicht auf Fälle mit Vertragsstaatenbezug beschränkt sei. Die Konsequenzen einer solchen Konzeption wurden allerdings häufig nicht wirklich bedacht. So wurden etwa von Autoren, die sich abstrakt für die Anwendung des Art. 17 EuGVÜ auch in Drittstaatenfällen aussprachen, bei der praktischen Falllösung doch immer wieder die Vorschriften des nationalen Rechts angewendet.[19] Insbesondere wurde von Anhängern dieser Meinung in Deutschland völlig übersehen, dass bei einer solchen Auslegung des Art. 17 EuGVÜ für § 38 II 3 ZPO kaum noch ein möglicher Anwendungsbereich verbleibt, diese Vorschrift somit als obsolet anzusehen wäre; vielmehr wird sie von denselben Autoren ausführlich und mit besonderem Nachdruck kommentiert.[20] Es handelte sich also bei dieser ganzen Theorie mehr um

---

[16] *Jenard*-Bericht, ABl EG 1979 C 59/1 (21 Fn. 1 und S. 30 f.); *Schlosser*-Bericht Nr. 159, ebd. 71 (119).
[17] EuGH 15.9.1994, Rs.C-318/93 (*Brenner und Noller ./. Dean Witter Reynolds*), Slg. 1994, I-4275 auf Vorlagebeschluss des BGH vom 25.5.1993, IPRspr. 1993 Nr. 142.
[18] Überblick über den Meinungsstand bei *Samtleben*, Europäische Gerichtsstandsvereinbarungen und Drittstaaten – viel Lärm um Nichts?, RabelsZ 59 (1995) 670 (688 ff., 696 ff.); siehe auch die Nachweise bei *Heinze/Dutta* (oben Fn. 12) 224 Fn. 12.
[19] Vgl. *von Hoffmann*, Internationales Privatrecht, 6. Aufl. (1999), der für Art. 17 EuGVÜ keinen Vertragsstaatenbezug verlangt (134 f. Rz. 244), aber im Beispielsfall einer Maschinenlieferung nach Brasilien die Wahl eines deutschen Gerichtsstandes durch ABG dem deutschen Recht unterstellt (84 f. Rz. 74 ff.). Ähnlich *Geimer*, der in IPRax 1991, 31 ff. die Beschränkung des Art. 17 EuGVÜ auf Vertragsstaatenfälle durch das OLG München kritisiert, aber in EWiR 1992, 203 f. mit dem BGH in einem "Drittstaatenfall" gegenüber Griechenland auf das deutsche Recht rekurriert, weil das entsprechende Beitrittsabkommen zum EuGVÜ bei Klageerhebung noch nicht in Kraft war! In Frankreich siehe *Gaudemet-Tallon*, die noch in Rev.crit. 73 (1984) 659 f. die Aussage des Kassationshofs angreift, dass Art. 17 EuGVÜ nicht im Verhältnis zu Parteien aus Drittstaaten gilt, aber in Clunet 118 (1991) 738 ff. in einem komplizierten Fall die Wahl der Pariser Gerichte in einem Vertrag zwischen in Frankreich und Brasilien ansässigen Parteien nur nach französischem Recht prüft.
[20] Vgl. *Geimer*, Internationales Zivilverfahrensrecht, 3. Aufl. (1997): einerseits 421 f., 451 f. (Rz. 1616-1618, 1752), anderseits 341, 428 f., 482 (Rz. 1264, 1643-1646, 1879);

eine virtuelle Ausdehnung des Anwendungsbereichs des Art. 17 EuGVÜ ohne praktische Folgen – die auch in der Rechtsprechung der Vertragsstaaten keinen Anklang fand.[21] Bis zur Jahrtausendwende lassen sich in der veröffentlichten Judikatur nur wenige Entscheidungen nachweisen, in denen Art. 17 EuGVÜ tatsächlich auf einen der genannten Drittstaatenfälle angewendet wurde.[22] Das Bundesarbeitsgericht hielt es wohl grundsätzlich für möglich, die Vorschrift auf einen in der Türkei ansässigen Beklagten zu erstrecken; doch lag im konkreten Fall eine Gerichtsstandsvereinbarung nicht vor.[23] Die Diskussion gewann erst eine neue Dimension, nachdem sich auch der EuGH in einigen obiter dicta zugunsten der uneingeschränkten Anwendung des Art. 17 bei Wohnsitz einer Partei in einem Vertragsstaat ausgesprochen hatte.[24] Damit waren zugleich die Grundlagen dafür gelegt, dass in der im Dezember 2000 erlassenen Verordnung 44/2001 die Frage des Anwendungsbereichs neu überdacht wurde.

C. Die Verordnung 44/2001 (EuGVO)

Die jetzige Verordnung 44/2001,[25] die an die Stelle des EuGVÜ getreten ist, lässt unschwer erkennen, dass ihr hinsichtlich des räumlichen Anwendungsbereichs eine neue Konzeption zugrunde liegt.[26] Als Ziel der Verordnung wird nicht mehr der Rechtsschutz der in der Gemeinschaft ansässigen Personen, sondern die Vereinheitlichung der Zuständigkeitsnormen im Hinblick auf ein besseres Funktionieren des Binnenmarktes genannt (Erwägungsgrund 2). Dabei will sich die Verordnung nach den Prinzipien der Subsidiarität und der Verhältnismäßigkeit auf diejenigen

---

Reithmann/Martiny(-Hausmann), Internationales Vertragsrecht, 5. Aufl. (1996): einerseits 1584 f., 1602 ff. (Rz. 2094 f., 2119-2121), anderseits 1682 f. (Rz. 2251). Näher zu § 38 II 3 ZPO unten II A 1.

[21] Siehe die Rechtsprechungsübersicht bei Samtleben (oben Fn. 18) 683 ff. und weitere Entscheidungen: BGH 26.10.1993, BGHZ 123, 380 (382 f.); OLG Hamburg 9.10.1992, IPRspr. 1992 Nr. 172b); OLG Frankfurt 31.8.1995, WM 1995, 2079 (2080 f.); OLG Brandenburg 22.2.1996, RIW 1997, 424 (426); OLG Rostock 27.11.1996, ebd. 1043; OLG Düsseldorf 2.10.1997, IPRax 1999, 38 (40); OLG Saarbrücken 13.10.1999, NJW 2000, 670. Ausdrücklich ablehnend auch für Art. 17 LugÜ in Österreich: OGH 23.2.1998, JBl. 1998, 726 (727 ff.); 7.5.1998, ZfRvgl. 39 (1998) 209; in Schweden: Svea hovrätt 30.9.1994, wiedergegeben von Pålsson, IPRax 1999, 52 (55 f.).

[22] So OLG Frankfurt 10.6.1992, IPRspr. 1992 Nr. 183b), wo zugleich ein ausschließlicher Gerichtsstand in Frankreich diskutiert wurde; offen gelassen in OLG Düsseldorf 2.7.1993, IPRspr. 1993 Nr. 144 (S. 324). Vgl. in der Schweiz für Art. 17 LugÜ: Kantonsgericht Waadt 17.1.1995, ZIER 6 (1996) 103 (104); Handelsgericht Zürich 9.1.1996, ebd. 7 (1997) 373 = Bl.Zürch.Rspr. 95 (1996) 289 Nr. 96 (S. 290 ff.); offen gelassen in BG 9.9.1993, BGE 119-II 391 (393) und 23.12.1998, BGE 125-III 108 (112).

[23] BAG 17.7.1997, IPRspr. 1997 Nr. 154 (S. 298).

[24] So schon Generalanwalt Darmon, Schlussanträge zu EuGH 15.9.1994 (oben Fn. 17) 4280 Rz. 14; EuGH 13.7.2000 (oben Fn. 6) 5954 Rz. 41 f.; 9.11.2000, Rs. C-387/98 (Coreck Maritime ./. Handelsveem), Slg. 2000, I-9337 (9372 ff. Rz. 17, 21).

[25] Verordnung (EG) Nr. 44/2001 vom 22.12.2000 über die gerichtliche Zuständigkeit und die Anerkennung und Vollstreckung von Entscheidungen in Zivil- und Handelssachen, ABl EG 2001 L 12/1.

[26] Anders noch Schack, Internationales Zivilverfahrensrecht, 3. Aufl. (2002) 109 Rz. 241.

Regelungen beschränken, die durch die einzelnen Mitgliedstaaten nicht in ausreichender Weise getroffen werden können (Erwägungsgrund 4). Die Kontinuität mit dem Brüsseler Übereinkommen und seinen revidierten Fassungen wird ausdrücklich betont, ebenso sollen dabei die späteren Reformarbeiten berücksichtigt werden (Erwägungsgrund 5). Unter diesen Gesichtspunkten ist auch der Anwendungsbereich gegenüber Drittstaaten neu zu bestimmen.

Die Streitfälle, die unter die Verordnung fallen, müssen einen Bezug zum Hoheitsgebiet eines der Mitgliedstaaten[27] aufweisen, die durch die Verordnung gebunden sind[28] (Erwägungsgrund 8). Grundsätzlich soll es danach für die Anwendung der gemeinschaftsrechtlichen Zuständigkeitsregeln genügen, wenn der Beklagte seinen Wohnsitz in einem Mitgliedstaat hat. Im Hinblick auf die oben geschilderte Entwicklung sind deshalb nach Art. 2 EuGVO die Gerichte des Wohnsitzstaates stets als zuständig anzusehen, soweit keine ausschließlichen Zuständigkeiten eingreifen. Da die Vereinheitlichung der Zuständigkeitsregeln zu den Zielen der Verordnung gehört, kann dabei nicht nach Fällen mit Berührung zu Vertragsstaaten oder Drittstaaten differenziert werden. In diesem Sinne hat auch jüngst der EuGH den Wert der Vereinheitlichung "als solcher" betont und daher entschieden, dass die Anwendung des Art. 2 keinen Bezug zu einem anderen EG-Staat voraussetzt; die Entscheidung ist noch zum EuGVÜ ergangen, ihre Argumentation aber deutlich durch die EuGVO inspiriert.[29]

Im Übrigen bleibt es nach der Verordnung dabei, dass für Klagen gegen Personen in einem Drittstaat das jeweilige nationale Zuständigkeitsrecht gilt (Erwägungsgrund 9). Dem Verordnungsgeber erschien also nach dem Grundsatz der Subsidiarität in diesen Fällen eine Vereinheitlichung nicht geboten. Damit bleiben auch die oben dargestellten Inkongruenzen erhalten, wonach im Ergebnis die Anwendung der Verordnung zwischen zwei Vertragspartnern von der jeweiligen Parteirolle abhängen kann.[30] So sind insbesondere die speziellen Zuständigkeitsregeln des Art. 5 der Verordnung nur dann anzuwenden, wenn der Beklagte seinen Wohnsitz in einem anderen Mitgliedstaat als dem Forumstaat hat. Ob dies in gleicher Weise für die folgenden Zuständigkeitsregeln der Artt. 6-21 EuGVO gilt, kann zweifelhaft sein.[31] Jedenfalls finden auch diese Vorschriften grundsätzlich keine Anwendung, wenn der Beklagte

---

[27] So die deutsche Fassung; in anderen Fassungen heißt es nur "zum Territorium der Mitgliedstaaten", was aber nicht bedeutet, dass auch mehrere Mitgliedstaaten betroffen sein müssen.
[28] D.h. mit Ausnahme von Dänemark.
[29] EuGH 1.3.2005, Rs. C-281/02 (*Owusu ./. Jackson*), IPRax 2005, 244 (247 Rz. 34) mit Aufsatz *Heinze/Dutta* (oben Fn. 12). Auf das EuGVÜ zielt dagegen das Argument des EuGH, dass es im konkreten Fall auch um den Rechtsschutz des ebenfalls in der Gemeinschaft ansässigen Klägers ging (247 Rz. 42).
[30] Siehe oben bei Fn. 5 ff.
[31] Soweit in diesen Vorschriften die örtliche Zuständigkeit geregelt wird, stellt sich die Frage, ob sie auch dann eingreifen, wenn der Beklagte seinen Wohnsitz im Forumstaat hat, wofür die Erwägungsgründe 2 und 8 sprechen würden, oder ob insoweit nach dem Grundgedanken des Art. 2 der Verordnung die nationalen Zuständigkeitsregeln gelten; die Antwort liegt außerhalb der Thematik dieses Beitrags.

seinen Wohnsitz in einem Drittstaat hat (Art. 4). Wie bisher können aber Unternehmen aus Drittstaaten, die in der Gemeinschaft eine Niederlassung haben, für Streitigkeiten aus deren Tätigkeit an den besonderen Gerichtsständen in Versicherungs- und Verbrauchersachen verklagt werden (Art. 9 II, Art. 15 II); eine entsprechende Vorschrift wurde auch in den neu eingefügten Abschnitt über Klagen aus Arbeitsverhältnissen aufgenommen (Art. 18 II).

Für Gerichtsstandsvereinbarungen folgt der Verordnungsgeber dagegen der oben darstellten Meinung, wonach der Wohnsitz einer der Parteien in einem Mitgliedstaat zur Anwendung der Verordnung führt, auch wenn das vereinbarte Forum im gleichen Mitgliedstaat liegt. Dies kommt deutlich darin zum Ausdruck, dass Art. 4 EuGVO nicht nur wie früher einen Vorbehalt zugunsten des Art. 22 (bisher Art. 16 EuGVÜ), sondern jetzt ebenso zugunsten des Art. 23 enthält.[32] Diese Vorschrift soll also auch dann Anwendung finden, wenn der Beklagte seinen Wohnsitz in einem Drittstaat hat, und erfasst damit unterschiedslos entsprechende Gerichtsstandsvereinbarungen zwischen einer im Inland und einer im Ausland ansässigen Partei. Auch hier wurden jedoch die Konsequenzen einer solchen Konzeption nicht völlig durchdacht. Der Wortlaut des Art. 23 EuGVO deckt nämlich wie bisher allein den Fall, dass ein Gericht oder die Gerichte eines Mitgliedstaates für zuständig erklärt werden. Diese Beschränkung war nur selbstverständlich, solange die Vorschrift lediglich grenzüberschreitende Gerichtsstandsvereinbarungen zwischen den Vertragsstaaten des EuGVÜ regelte.[33] Sie ist aber nicht auf das Verhältnis zu Drittstaaten zugeschnitten und führt deshalb in diesem Zusammenhang zu theoretischen und praktischen Problemen. Diese können nur im Wege einer erweiternden Auslegung überwunden werden, wie im Folgenden zu zeigen sein wird.

II. Gerichtsstandsvereinbarungen im Rahmen der EuGVO

A. Grundfall

Auszugehen ist von dem Grundfall einer Gerichtsstandsvereinbarung zwischen Parteien mit Wohnsitz in verschiedenen Staaten, von denen gemäß Art. 23 I EuGVO mindestens eine ihren Wohnsitz in einem Mitgliedstaat hat. Ob die andere Partei in einem anderen Mitgliedstaat oder in einem Drittstaat wohnt, ist nach dem oben Gesagten für die Anwendung der Verordnung nicht erheblich. Ausdrücklich geregelt ist in Art. 23 I EuGVO allerdings nur der Fall, dass das vereinbarte Forum ebenfalls in einem Mitgliedstaat liegt. Inwieweit damit zugleich eine Beschränkung des

---

[32] Das übersieht *Schack* (oben Fn. 26) 207 f. Rz. 463 f.
[33] Der Passus "ein Gericht oder die Gerichte eines Vertragsstaates" findet sich schon im Vorentwurf zum EuGVÜ im ursprünglichen Art. 17, der damals noch völlig in die Grundregeln der Artt. 2-4 eingebunden war; siehe den Text in RabelsZ 29 (1965) 594 (598) und dazu *Bülow*, ebd. 473, 493: "Die Prorogation hat die Wirkung, daß die Jurisdiktion eines Vertragsstaates...ausgeschlossen wird...und daß die Jurisdiktion des anderen Vertragsstaates...begründet wird".

Anwendungsbereichs der Verordnung verbunden ist, bedarf näherer Prüfung. Dabei sollen die verschiedenen Fallkonstellationen aus der Sicht des deutschen Richters erörtert werden.

1. Prorogation des inländischen Forums

Haben zwei in verschiedenen Staaten ansässige Parteien, von denen eine ihren Wohnsitz in Deutschland oder einem anderen Mitgliedstaat hat, die Zuständigkeit eines deutschen Gerichts bzw. der deutschen Gerichte vereinbart, so ist diese Vereinbarung an Art. 23 I EuGVO zu messen, unabhängig davon, ob der Wohnsitz der anderen Partei innerhalb oder außerhalb der Gemeinschaft liegt. So eindeutig sich dieses Ergebnis aus der Konzeption der Verordnung ergibt, so wenig ist diese radikale Folgerung noch in das Bewusstsein der deutschen Kommentarliteratur gedrungen.[34] Die räumliche Ausdehnung des Art. 23 EuGVO führt nämlich in der Konsequenz dazu, dass der Anwendungsbereich des § 38 ZPO im Bereich der internationalen Gerichtsstandsvereinbarungen entsprechend eingeschränkt wird. Das betrifft insbesondere die Vorschrift des § 38 II ZPO.

Diese Vorschrift setzt in Satz 1 voraus, dass mindestens eine der Parteien keinen allgemeinen Gerichtsstand im Inland hat. Dabei schwebten dem Getzgeber vor allem die Fälle vor, in denen eine Partei mit ausländischem Wohnsitz und eine Partei mit inländischem Wohnsitz eine Gerichtsstandsvereinbarung treffen.[35] Dies kommt deutlich in § 38 II Satz 3 zum Ausdruck, der gerade für diesen Fall eine zwingende Prorogationsbeschränkung enthält: Wird ein Forum im Inland vereinbart, so kann nur ein Gericht als zuständig vereinbart werden, bei dem die inländische Partei ihren allgemeinen Gerichtsstand hat oder ein besonderer Gerichtsstand besteht. Eben diese Konstellation wird aber nunmehr durch Art. 23 EuGVO erfasst, der eine solche Beschränkung der Wahlmöglichkeiten nicht kennt; eine Anwendung des § 38 II Satz 3 ZPO kommt daneben nicht mehr in Betracht. Gleichwohl wird diese Vorschrift in den gängigen Kommentaren zur ZPO weiterhin als positiv geltendes Recht dargestellt, wobei zugleich auf den Vorrang der EuGVO hingewiesen wird.[36] Insbesondere einige Autoren, die schon früher für Art. 17 EuGVÜ einen durch Vertragsstaatenbezug unbeschränkten Anwendungsbereich postulierten, sehen offenbar auch heute in § 38 II Satz 3 ZPO keinen generellen Widerspruch zu Art. 23 EuGVO.[37] Demgegenüber

---

[34] Unten Fn. 36. Dagegen wird in der Rechtsprechung jetzt auch Art. 17 EuGVÜ in diesem Sinne interpretiert von OLG Celle 14.8.2002, IPRax 2003, 252 (254); anders noch LG Karlsruhe 6.4.2001, IPRspr. 2001 Nr. 19.
[35] Bei den Beratungen zur Gerichtsstandsnovelle von 1974 wurde § 38 II ZPO vom Rechtsausschuss "zur Erleichterung des internationalen Rechtsverkehrs" eingefügt; BT-Drucks 7/1384, S.4.
[36] *Baumbach/Lauterbach/Albers/Hartmann*, ZPO, 63. Aufl. (2005) § 38 Rz. 22, 24; *Zöller (-Vollkommer)*, ZPO, 25. Aufl. (2005) § 38 Rz. 24, 29; *Thomas/Putzo*, ZPO, 26. Aufl. (2004) § 38 Rz. 14, 15 a.E.; Stein/Jonas *(-Bork)*, ZPO, 22. Aufl., Bd. 1 (2003) § 38 Rz. 20, 30.
[37] Siehe die Autoren oben Fn. 20 und entsprechend in den Neuauflagen: *Geimer*, Internationales Zivilprozessrecht, 5. Aufl. (2005) 511 f., 548 f. (Rz. 1615a-1618, 1752) und 519 ff.,

ist festzuhalten, dass § 38 II Satz 3 ZPO mit dem Inkraft-Treten der EuGVO jede Bedeutung verloren hat, da er mit Art. 23 EuGVO unvereinbar ist.[38]

2. Prorogation eines ausländischen Forums

Die Frage, ob die Zuständigkeit eines ausländischen Forums von den Parteien wirksam vereinbart wurde, stellt sich für den inländischen Richter unmittelbar nur im Rahmen der Anerkennung der ausländischen Entscheidung.[39] Dabei ist in unserem Grundfall danach zu unterscheiden, ob die zweite Partei ihren Wohnsitz ebenfalls in einem Mitgliedstaat oder in einem Drittstaat hat. Liegt der Wohnsitz in einem anderen Mitgliedstaat und haben die Parteien dessen Gerichte für zuständig erklärt, so ist Art. 23 EuGVO nach seinem Wortlaut zweifellos anwendbar, da sich der Wohnsitz beider Parteien und das vereinbarte Forum innerhalb der Gemeinschaft befinden. Die Prüfung, ob die Voraussetzungen des Art. 23 EuGVO erfüllt sind, obliegt aber in diesem Fall allein dem ausländischen Richter des betreffenden Mitgliedstaates, in dem der Prozess stattfindet. Dieser entscheidet abschließend darüber, ob eine wirksame Prorogation im Sinne des Art. 23 EuGVO vorliegt. Bejaht er die Frage, so hat der inländische Richter im Rahmen der Anerkennung diese Entscheidung nach Art. 35 III EuGVO grundsätzlich hinzunehmen.

Anders sieht es aus, wenn der Wohnsitz der anderen Partei und das vereinbarte Forum in einem Drittstaat liegen, die Parteien eines deutsch-türkischen Vertrages etwa die Zuständigkeit der Gerichte in Istanbul vereinbaren. Ergeht in diesem Forum eine Entscheidung, so hat der inländische Richter im Rahmen der Anerkennung gemäß § 328 I Nr. 1 ZPO zu prüfen, ob die türkischen Gerichte "nach den deutschen Gesetzen" zur Entscheidung des Rechtsstreits zuständig waren. Die Gültigkeit der Zuständigkeitsvereinbarung ist dabei in spiegelbildlicher Form nach den Rechtsnormen zu beurteilen, nach denen sich im umgekehrten Fall die Prorogation des inländischen Forums richten würde.[40] Diese Vorschriften sind aber heute nicht mehr in der Regelung des § 38 ZPO zu suchen. Denn wie oben dargelegt, würde in Deutschland die Vereinbarung des inländischen Forums dem Art. 23 EuGVO unterliegen, der insoweit das deutsche Recht verdrängt. Diese europäische Rechtsnorm ist deshalb als "deutsches Gesetz" im Sinne des § 328 I Nr. 1 ZPO anzusehen. Im Ergebnis ist daher die Prorogation der drittstaatlichen Gerichte im Rahmen der Anerkennung an den Voraussetzungen des Art. 23 EuGVO zu messen.[41] Dasselbe gilt für die Prorogation

---

585 (Rz. 1643-1646, 1874 f.); Reithmann/Martiny *(-Hausmann)*, Internationales Vertragsrecht, 6. Aufl. (2004) 2038 f., 2055 ff. (Rz. 2950 f., 2971-2976) und 2173 f. (Rz. 3161).
[38] Außerhalb des sachlichen Anwendungsbereichs der EuGVO kommen internationale Gerichtsstandsvereinbarungen in der Praxis wohl kaum vor.
[39] Zur mittelbaren Wirkung der Derogation der inländischen Zuständigkeit siehe unten II A 3.
[40] Vgl. OLG Dresden 18.2.1999, IPRspr. 1999 Nr. 153; OLG Hamm 2.3.2001, IPRspr. 2001 Nr. 176 (S.368). Diese Entscheidungen sind noch zu § 38 ZPO ergangen.
[41] Anders noch BGH 14.4.2005, RIW 2005, 540; allerdings war in diesem Fall die ausländische Entscheidung vor dem In-Kraft-Treten der EuGVO erlassen worden.

des Drittstaatenforums in anderen Fallkonstellationen, sofern bei Vereinbarung des deutschen Forums Art. 23 EuGVÜ anwendbar sein würde.[42]

Auch die Frage, inwieweit zwingende inländische Zuständigkeiten der Anerkennung entgegenstehen, ist unterschiedlich zu beantworten, je nachdem ob auf ein Gericht eines Mitgliedstaates oder eines Drittstaates prorogiert worden ist. Eine gerichtliche Entscheidung aus einem anderen Mitgliedstaat kann nur daraufhin überprüft werden, ob durch die Prorogation die Zuständigkeitsregeln der Verordnung in Versicherungs- und Verbrauchersachen verletzt wurden oder ob eine ausschließliche Zuständigkeit im Sinne des Art. 22 EuGVO bestand; insbesondere kann der Vorbehalt des ordre public nicht gegen die Zuständigkeit des mitgliedstaatlichen Gerichts geltend gemacht werden (Art. 35 I, III EuGVO). Dagegen ist die Prorogation eines Forums in einem Drittstaat als unwirksam anzusehen, wenn nach inländischem Recht eine zwingende Zuständigkeit im Inland gegeben war.[43] Dazu gehören auch die Fälle, in denen der ordre public einer Entscheidung durch ein ausländisches Gericht entgegensteht, weil die Umgehung zwingender materieller Regeln des inländischen Rechts zu besorgen ist.[44] In diesen Fällen kann daher die Prorogation und damit die Entscheidung des drittstaatlichen Gerichts im Inland nicht anerkannt werden.

3. *Derogation des inländischen Forums*

Im Schrifttum wird diskutiert, ob eine ausdrückliche Derogation des inländischen Forums ebenso wie dessen Prorogation unter die Vorschrift des Art. 23 EuGVO fällt.[45] In der Praxis kommen solche isolierten Derogationsvereinbarungen nicht vor. Es stellt sich dagegen die Frage, nach welchen Normen die mit der Vereinbarung eines ausschließlichen Gerichtsstandes im Ausland verbundene Derogation des inländischen Forums zu beurteilen ist. Hier ist wiederum danach zu unterscheiden, ob das vereinbarte Forum in einem anderen Mitgliedstaat oder in einem Drittstaat liegt. Haben die Parteien in unserem Grundfall die ausschließliche Zuständigkeit der Gerichte eines anderen Mitgliedstaats vereinbart, so fällt diese Prorogation unzweifelhaft in den Anwendungsbereich des Art. 23 EuGVO. Liegt danach eine wirksame Vereinbarung des ausländischen Forums vor, so ist diese auch in den übrigen Mitgliedstaaten anzuerkennen und führt daher umgekehrt zur Derogation des inländischen Forums.

---

[42] Dafür genügt Wohnsitz einer Partei in einem Mitgliedstaat, so z.B. bei Vereinbarung des türkischen Forums durch griechisch-türkische oder deutsch-syrische Vertragspartner.
[43] Vgl. insoweit zur unterschiedlichen Behandlung der Prorogation von Gerichten in EuGVÜ-Staaten und Drittstaaten schon *Samtleben*, IPRax 1981, 43 (44). Die Schranken des Art. 23 V EuGVO sind aber auch bei Vereinbarung eines drittstaatlichen Forums zu beachten, vgl. *Kropholler*, Europäisches Zivilprozessrecht, 8. Aufl. (2005) Art. 23 Rz. 83 m.Nachw.
[44] Zu solchen Fällen siehe *Lindenmayr*, Vereinbarungen über die internationale Zuständigkeit und das darauf anwendbare Recht (2002) 360 ff. Das dort genannte Beispiel des § 61 BörsG ist allerdings durch das 4. Finanzmarktförderungsgesetz von 2002 überholt; näher dazu *Samtleben*, ZBB 15 (2003) 69 (75 f.).
[45] Siehe für Art. 17 EuGVÜ bereits *Geimer*, NJW 1976, 441 (443); für Art. 23 EuGVO zuletzt *Kropholler* (oben Fn. 43) Art. 23 Rz. 15 m.w.Nachw.

Haben die Parteien dagegen ein Forum in einem Drittstaat vereinbart, so scheint Art. 23 EuGVO nach seinem Wortlaut nicht einschlägig zu sein. Unter der Geltung des EuGVÜ ging denn auch die überwiegende Meinung davon aus, dass die Derogation eines durch das Übereinkommen gewährten Gerichtsstandes durch die Wahl eines Drittstaatforums nach dem jeweiligen nationalen Kollisionsrecht zu beurteilen sei.[46] Diese Ansicht fand eine Stütze in dem *Schlosser*-Bericht zur Revision des Übereinkommens, der aber insoweit nur die damals bereits bestehende Meinung zum ursprünglichen Übereinkommen wiedergibt.[47] Das Ergebnis wurde im Schrifttum dahin interpretiert, dass Art. 17 EuGVÜ nur die Wahl eines leicht zugänglichen Forums in der Gemeinschaft ermöglichen solle, hingegen die Abwehr entlegener oder dubioser Wahlgerichtsstände in Drittstaaten dem nationalen Recht überlasse.[48] Eine solche These mag mit dem Ziel des EuGVÜ vereinbar sein, den Rechtsschutz der in der Gemeinschaft ansässigen Personen zu verstärken. Unter der Geltung der EuGVO kann sie in dieser Form nicht aufrechterhalten werden. Hier hat ein Paradigmenwechsel stattgefunden: Wenn die Vereinheitlichung der Zuständigkeitsnormen in der Gemeinschaft das Hauptziel der Verordnung bildet, so muss die Derogation eines von der Verordnung vorgesehenen Gerichtsstandes auch einheitlichen Regeln unterliegen, unabhängig davon, ob sich die Derogation aus der Wahl eines Forums in einem anderen Mitgliedstaat oder in einem Drittstaat ergibt.[49]

In unserem Grundfall hat eine Partei ihren Wohnsitz in der Gemeinschaft, so dass für Klagen gegen diese Person stets der zwingende Gerichtsstand des Art. 2 EuGVO gegeben ist, mit dem einzigen Vorbehalt zugunsten der Bestimmungen der Verordnung. Eine Parteivereinbarung, durch welche dieser Gerichtsstand derogiert wird, muss daher an Art. 23 EuGVO gemessen werden. Dabei kann weder nach dem gewählten Forum noch nach der späteren Kläger- und Beklagtenrolle differenziert werden. Vielmehr ist in diesem Fall durch Art. 2 EuGVO grundsätzlich ein Gerichtsstand in der Gemeinschaft begründet; eine davon abweichende Vereinbarung kann deshalb nur einheitlich nach Art. 23 EuGVO beurteilt werden. Es kommt also nicht darauf an, ob durch die Vereinbarung weitere Gerichtsstände der Verordnung abbedungen werden oder ob die Klage im konkreten Fall tatsächlich gegen die in der Gemeinschaft ansässige Partei gerichtet ist.[50] Zugleich werden durch eine solche dem Art. 23 entsprechende Vereinbarung auch etwa bestehende Gerichtsstände des

---

[46] *Kropholler* (oben Fn. 43) Art. 23 Rz. 14 vertritt dies noch für die EuGVO; dort auch weitere Nachweise.
[47] *Schlosser*-Bericht Nr. 176, ABl EG 1979 C 59/71 (124); dem folgend EuGH 9.11.2000 (oben Fn. 24) 9373 Rz. 19.
[48] So *Basedow*, Das forum conveniens der Reeder im EuGVÜ, IPRax 1985, 133 (135 f.).
[49] Im Ergebnis ebenso *Geimer/Schütze*, Europäisches Zivilverfahrensrecht, 2. Aufl. (2004) Art. 23 EuGVO Rz. 42 f.; *Heinze/Dutta* (oben Fn. 12) 228; *Mankowski*, in: Rauscher (Hrsg), Europäisches Zivilprozessrecht (2004) 250 Rz. 3 m.w.Nachw.
[50] *Schack* (oben Fn. 26) 209 Rz. 467 verlangt Derogation von Gerichtsständen der Verordnung in zwei Mitgliedstaaten, hält dies aber selbst für "unnötig kompliziert" (Rz. 468); für *Piltz*, NJW 2002, 789 ff. genügt Ausschluss eines EuGVO-Gerichtsstandes (792), darunter der Wohnsitz des *Beklagten* in einem Mitgliedstaat (790).

nationalen Rechts ausgeschlossen, soweit es sich nicht um zwingende Zuständigkeiten handelt.[51]

Nur eine solche Auslegung führt auch in der Praxis zu sinnvollen Ergebnissen. Wenn wir zum Ausgangsfall einer deutsch-türkischen Handelsbeziehung zurückkehren, so gebietet es die Vertragsgerechtigkeit, dass der deutsche Richter die Wahl eines Gerichtsstandes in Hamburg oder in Istanbul nicht nach unterschiedlichen Regeln beurteilt. Während früher solche Gerichtsstandsvereinbarungen einheitlich dem § 38 ZPO unterlagen,[52] bildet heute in beiden Fällen Art. 23 EuGVO die maßgebende Rechtsgrundlage. Jede andere Ansicht endet letztlich in unauflösbaren Widersprüchen, so wenn die Parteien gerade darüber streiten, ob man sich bei den Vertragsverhandlungen auf den Gerichtsstand Hamburg oder Istanbul geeinigt hat, oder im Fall der sog. reziproken Gerichtsstandsklauseln, bei denen sich das konkrete Forum nach der jeweiligen Prozessrolle bestimmt.[53] Sofern ein Urteil im gewählten Gerichtsstand Istanbul ergeht, ist ohnehin im Rahmen der Anerkennung nach dem Spiegelbildprinzip die Wirksamkeit der Prorogation nach Art. 23 EuGVÜ zu beurteilen.[54] Es ist dann nur folgerichtig, diese Vorschrift auch auf die damit verbundene Derogation des inländischen Gerichtsstandes anzuwenden.

Der Wortlaut des Art. 23 EuGVO steht dem nicht entgegen. Es wurde oben gezeigt, dass die Beschränkung auf die Wahl eines Forums in einem Mitgliedstaat lediglich historische Gründe hat, die mit der ursprünglichen Konzeption des EuGVÜ zusammenhängen.[55] Diese Gründe sind jedoch mit der EuGVO und der entsprechenden Ausdehnung des räumlichen Anwendungsbereichs entfallen. Nach seinem Wortlaut regelt Art. 23 ebenso wie die übrigen Vorschriften des 2. Kapitels der EuGVO nur die positive Zuständigkeit der mitgliedstaatlichen Gerichte, lässt aber die Frage nach dem Ausschluss dieser Zuständigkeit durch Parteivereinbarung grundsätzlich unbeantwortet.[56] Diese Lücke ist durch eine analoge Anwendung der Vorschrift zu füllen.[57] Ebenso wie

---

[51] Siehe oben bei Fn. 43 f.
[52] Vgl. z.B. OLG Frankfurt 31.8.1995 (oben Fn. 21): Gerichtsstand Frankfurt; 17.10.1995, IPRax 1998, 35 (36): Gerichtsstand Antalya.
[53] Zu entsprechenden Fällen aus der Praxis näher *Samtleben* (oben Fn. 18) 699 f. Vgl. aus der neueren Rechtsprechung LG Trier 17.10.2002, IPRax 2004, 249, wo "je nachdem, welche der Parteien den Vertrag zuerst bestreitet, die deutschen oder die griechischen Gerichte zuständig" sein sollten (251).
[54] Oben II A 2.
[55] Oben Fn. 33.
[56] Davon handelt nur Art. 23 V EuGVO, der nach überwiegender Meinung auch für die Vereinbarung eines drittstaatlichen Forums gilt (oben Fn. 43).
[57] Für Art. 17 EuGVÜ wird eine solche Analogie noch abgelehnt von OGH 31.1.2002, IPRax 2004, 261, weil die Vermutung für einen ausschließlichen Gerichtsstand nicht gerechtfertigt sei, wenn die im Drittstaat ergehende Entscheidung im Inland nicht anerkannt werden könnte (262 f.). Dieser Umstand kann aber, wie das Gericht im gleichen Zusammenhang ausführt, durch eine entsprechende Auslegung der Parteivereinbarung berücksichtigt werden (263).

die deutsche Rechtsprechung die einseitigen Kollisionsnormen des früheren EGBGB zu allseitigen Kollisionsnormen "ausgebaut" hat, muss deshalb Art. 23 EuGVO heute als allseitige Zuständigkeitsregel verstanden werden.

B. Sonderfälle

Die vorstehenden Ausführungen beziehen sich auf den Grundfall einer Gerichtsstandsvereinbarung zwischen Vertragsparteien mit Wohnsitz in verschiedenen Staaten, von denen mindestens einer ein Mitgliedstaat ist. Besonderer Behandlung bedürfen daneben die Fälle, in denen beide Vertragspartner ihren Wohnsitz im gleichen Mitgliedstaat oder aber außerhalb der Gemeinschaft haben.

1. Wohnsitz im gleichen Mitgliedstaat

Haben die Vertragsparteien ihren Wohnsitz im gleichen Mitgliedstaat, so ist wiederum zu unterscheiden, ob sie ein Forum in diesem Mitgliedstaat oder in einem anderen Staat gewählt haben.

a. Interne Gerichtsstandsvereinbarungen

Bei Wohnsitz beider Parteien im gleichen Mitgliedstaat ist regelmäßig dessen internationale Zuständigkeit nach Art. 2 EuGVO gegeben.[58] Wird nun durch Vereinbarung der Parteien ein bestimmtes Gericht dieses Staates für zuständig erklärt, so hat dies im Inland nur Bedeutung für die örtliche Zuständigkeit, die aber von Art. 2 EuGVO dem nationalen Recht überlassen wird. Insofern ist für diese Vereinbarung stets das inländische Recht maßgebend, in Deutschland also § 38 I, III ZPO. Es wird nun die Ansicht vertreten, dass auch in einem solchen Fall die Regelung des Art. 23 EuGVO (früher Art. 17 EuGVÜ) anzuwenden ist, wenn durch die Vereinbarung zugleich ein Gerichtsstand in einem anderen Mitgliedstaat abbedungen wird[59] oder wenn nur sonst irgendein Auslandsbezug besteht.[60] Diese Ansicht ist jedoch abzulehnen, da einerseits

---

[58] Vgl. EuGH 1.3.2005 (oben Fn. 29). Ob dies auch für rein nationale Fälle ohne jeden Auslandsbezug gilt, ist eine müßige Frage ohne praktische Bedeutung; das betont schon *Weser*, J.T. 88 (1973) 229 (230) zu Art. 2 EuGVÜ.
[59] So *Kropholler* (oben Fn. 43) Art. 23 Rz. 2; *Schack* (oben Fn. 26) 208; *Mankowski* (oben Fn. 49) 251 Rz. 6 m.w.Nachw. Ebenso zu Art. 17 EuGVÜ schon *H.G.Roth*, ZZP 93 (1980) 156 (161), der allerdings das Ergebnis eher beklagt: "In Kauf nehmen muß man dabei freilich die resultierende Ungereimtheit, daß zwei deutsche Kaufleute sich zwar nach § 38 Abs.1 auf ein bestimmtes deutsches Gericht formfrei festlegen können, daß sie dazu aber nicht mehr in der Lage sind, sobald aus dem Rechtsverhältnis noch irgendeine ausländische Zuständigkeit [Fn.: In einem anderen Vertragsstaat des Übereinkommens] erwächst, die als internationales Element die Anwendbarkeit des Übereinkommens auslöst."
[60] So *Auer*, in: Bülow/Böckstiegel/Geimer/Schütze, Internationaler Rechtsverkehr in Zivil- und Handelssachen, Bd. II Nr. 606 Art. 17 EuGVÜ Rz. 11 ff., 13 (Stand: 1997); *Schlosser*, EU-Zivilprozessrecht, 2. Aufl. (2003) 153 f.; *von Hoffmann/Thorn*, Internationales Privatrecht,

dem inländischen Richter nicht zugemutet werden kann, für die Entscheidung über seine Zuständigkeit zunächst weitere mögliche Gerichtsstände in anderen Mitgliedstaaten und die damit verbundenen Tat- und Rechtsfragen zu prüfen,[61] anderseits kaum verbindlich geklärt werden könnte, welcher Art der sonstige Auslandsbezug sein soll, um die Anwendung des Art. 23 EuGVO zu begründen. Es ist vielmehr festzuhalten, dass es sich bei Wohnsitz beider Parteien und vereinbartem Forum im Inland aus der Sicht des inländischen Richters um eine interne Prorogationsabrede handelt, die grundsätzlich dem inländischen Recht unterliegt.[62]

Wird allerdings in einem solchen Fall die Klage in einem anderen Mitgliedstaat erhoben, so handelt es sich aus der Sicht des dortigen Richters um einen internationalen Fall. Denn nach Art. 3 EuGVO kann der in einem anderen Mitgliedstaat wohnhafte Beklagte nur in den besonderen Gerichtsständen der Verordnung verklagt werden. Ob ein solcher Gerichtsstand besteht und ob er gegebenenfalls durch die Parteivereinbarung wirksam derogiert wurde, kann deshalb auch nur nach den Vorschriften der Verordnung bestimmt werden. Die Gerichtsstandsvereinbarung ist daher in diesem Mitgliedstaat an Art. 23 EuGVO zu messen.[63] Diese Diskrepanz ist nur auf den ersten Blick überraschend. Sie entspricht der Grundkonzeption der Verordnung, deren Anwendung vom Wohnsitz des Beklagten abhängt und deshalb aus der Sicht verschiedener Mitgliedstaaten in bestimmten Fällen unterschiedlich zu beurteilen ist.[64] Ein Konflikt zwischen widersprechenden Urteilen wird in diesen Fällen durch das Prioritätsprinzip des Art. 27 EuGVO ausgeschlossen. Eine Parallele findet sich in den Vorschriften über die Anerkennung und Vollstreckung: Würde im vorgenannten Fall im gemeinsamen Wohnsitzstaat der Parteien ein Urteil ergehen, so wäre dieses Urteil, obwohl es sich um einen rein nationalen Fall handelt, in den übrigen Mitgliedstaaten nach Artt. 33 ff., 38 ff. EuGVO anzuerkennen und zu vollstrecken.[65]

---

8. Aufl. (2005) 154 Rz. 244 a.E.; ähnlich wohl OLG Celle 14.8.2002 (oben Fn. 34) zu Art. 17 EuGVÜ, den das Gericht selbst bei einem "reinen Inlandsrechtsstreit" für anwendbar hält (254). Ebenso zu Art. 17 LugÜ die Botschaft des Schweizer Bundesrates in BBl. 1990 II 265 ff. (311: "Beziehungen zu einem anderen Vertragsstaat oder einem Drittstaat").
[61] Vgl. *Bernasconi/Gerber*, SZIER 3 (1993) 39 (59).
[62] So auch der *Jenard*-Bericht, ABl EG 1979 C 59/1 (37 f.); siehe dazu die Rechtsprechung bei *Samtleben* (oben Fn. 18) 684 oben und 685 f.; weitere Entscheidungen: OLG Frankfurt 13.2.1992, IPRax 1992, 314 (316); OLG Hamm 30.7.1993, RIW 1993, 940; LG Karlsruhe 31.10.1995, NJW 1996, 1417; OLG Celle 26.5.1999, IPRspr. 1999 Nr. 31 (S.77). Eine ausschließliche Zuständigkeit nach Art. 22 EuGVO würde aber der Gerichtswahl vorgehen, vgl. schon LG Aachen 24.10.1975, NJW 1976, 487 (zu Art. 16 EuGVÜ).
[63] Vgl. *Geimer/Schütze* (oben Fn. 49) Art. 23 EuGVO Rz. 36-38. In den Fällen der Artt. 13 Nr. 3, 17 Nr. 3 EuGVO ist zusätzlich das Recht des Wohnsitzstaates zu berücksichtigen.
[64] Siehe oben bei Fn. 5 ff. und 30. Das gilt hier auch für die Gerichtsstandsvereinbarung, da es bei Wohnsitz beider Parteien im gleichen Mitgliedstaat für die Anwendung der Verordnung nicht auf die Kläger- oder Beklagtenrolle ankommen kann.
[65] Eine weitere Parallele bietet das New Yorker Schiedsübereinkommen, wonach Schiedsvereinbarungen und Schiedssprüche ohne Auslandsbezug im Inland dem nationalen Recht, in den übrigen Vertragsstaaten aber den Regeln des Übereinkommens unterliegen. Vgl. *van den Berg*, The New York Arbitration Convention of 1958 (1981) 17 ff., 58, 63.

b.   Grenzüberschreitende Gerichtsstandsvereinbarungen

Umstritten ist, ob bei Wohnsitz der Parteien im gleichen Mitgliedstaat auch ein Forum in einem anderen Mitgliedstaat vereinbart werden kann und ob diese Vereinbarung dem Art. 23 EuGVO unterliegt. Was den früheren Art. 17 EuGVÜ betrifft, so sind die Materialien widersprüchlich. Nach dem Jenard-Bericht ist die Vorschrift "ebenfalls anzuwenden, wenn zwei Personen, die ihren Wohnsitz in demselben Vertragsstaat haben, die Zuständigkeit eines anderen Vertragsstaats vereinbaren."[66] Dagegen soll sie nach dem *Schlosser*-Bericht nur gelten, "wenn das zugrunde liegende Geschäft internationale Bezüge aufweist..., was allerdings durch die Wahl eines Gerichts eines bestimmten Staates keinesfalls hergestellt werden kann".[67] Die Thematik soll hier an einem Fall illustriert werden, der auch den BGH beschäftigt hat:

> Eine türkische Gesellschaft lieferte an ihre deutsche Tochtergesellschaft in Deutschland Heizkörper, die diese bei einer anderen deutschen Gesellschaft einlagerte und von dieser vermarkten ließ. Der zwischen den beiden deutschen Gesellschaften in der Türkei geschlossene Vertrag sah auf Veranlassung der Muttergesellschaft die Zuständigkeit der Schweizer Gerichte als neutrales Forum vor. Im Streitfall ging es darum, ob diese Vereinbarung dem Art. 17 des Lugano-Übereinkommens unterlag. Das OLG Hamm hat dies verneint, weil der Produktionsort in der Türkei keinen ausreichenden internationalen Bezug darstelle, der die Anwendung des Art. 17 rechtfertige; der BGH hat die Frage offen gelassen und dabei die Vereinbarung des Schweizer Forums nur im Sinne einer zusätzlichen Option ausgelegt.[68]

Der Fall macht deutlich, dass es gute Gründe geben kann, auch zwischen inländischen Vertragspartnern einen ausländischen Gerichtsstand vorzusehen. Dabei ist die Gerichtsstandsvereinbarung selbst als hinreichendes Indiz dafür anzusehen, dass der Sachverhalt einen entsprechenden Auslandsbezug hat.[69] Die Parteien werden in der Regel am besten wissen, warum sie ihren Rechtsstreit in einem ausländischen Forum austragen wollen. Für solche Vereinbarungen bildet heute Art. 23 EuGVO die maßgebende Rechtsgrundlage. Dies gilt nach dem oben Gesagten auch unabhängig davon, ob das vereinbarte Forum in einem Mitgliedstaat oder in einem Drittstaat liegt. Vielmehr ist die Derogation der durch Art. 2 EuGVO begründeten inländischen Zuständigkeit in beiden Fällen einheitlich nach Art. 23 EuGVO zu beurteilen.[70]

---

[66] *Jenard*-Bericht, ABl EG C 59/1 (38).
[67] *Schlosser*-Bericht Nr. 174, ABl EG 1979 C 59/71 (123).
[68] OLG Hamm 18.9.1997 und BGH 23.7.1998, IPRax 1999, 244 und 246 = IPRspr. 1998 Nr. 137a) und b).
[69] Anders wohl das türkische Recht, da nach Art. 31 türk. IPR-Gesetz umgekehrt der Auslandsbezug als Voraussetzung für die Zulässigkeit der internationalen Gerichtsstandsvereinbarung angesehen wird; vgl. bei *Krüger* (oben Fn. 1) 947. Zur Beachtung dieser Regelung in Deutschland siehe *Lindenmayr* (oben Fn. 44) 326 f.
[70] Oben II A 3. Speziell im Verhältnis zur Schweiz würde allerdings die Regelung des Art. 17 LugÜ als lex specialis dem Art. 23 EuGVO vorgehen (Art. 54b II a LugÜ, Art. 68 II EuGVO).

Danach unterliegt die Vereinbarung eines ausländischen Gerichtsstandes zwischen im Inland ansässigen Vertragspartnern vor inländischen Gerichten grundsätzlich der Regelung des Art. 23 EuGVO.[71] Auch in den übrigen Mitgliedstaaten ist die Gerichtsstandsvereinbarung an Art. 23 EuGVO zu messen. Das gilt zum einen für den Mitgliedstaat, dessen Gerichte durch die Vereinbarung prorogiert werden.[72] Es gilt aber ebenso für weitere Mitgliedstaaten, deren etwaige Zuständigkeiten zugunsten eines Mitgliedstaates oder eines Drittstaates abbedungen werden. Da in diesem Fall aus der Sicht des Richters beide Parteien in einem anderen Mitgliedstaat wohnhaft sind, kann es sich allein um die Derogation eines Gerichtsstands der Verordnung handeln, die dem Art. 23 unterliegt. Wo jedoch eine solche Vereinbarung erkennbar nur dem Ziel dient, die für den Inlandsverkehr geltenden Prorogationsbeschränkungen zu umgehen, ist ihr die Anerkennung zu versagen. Durch pseudointernationale Vereinbarungen kann auch im Rahmen der EuGVO ein Gerichtsstand nicht begründet bzw. abbedungen werden.[73]

2. Wohnsitz außerhalb der Gemeinschaft

Haben beide Parteien ihren Wohnsitz außerhalb der Gemeinschaft, so richtet sich die Zuständigkeit bei Klagen vor den Gerichten eines Mitgliedstaates gemäß Art. 4 EuGVO nach dem jeweiligen nationalen Recht. Der Vorbehalt zugunsten des Art. 23 EuGVO greift nicht ein, soweit in dieser Vorschrift der Wohnsitz einer Partei in der Gemeinschaft vorausgesetzt wird. Gleichwohl ist die Vorschrift auch für diesen Fall nicht ohne Bedeutung.

a. Vereinbartes Forum in der Gemeinschaft

Für den Fall, dass nicht in der Gemeinschaft ansässige Personen einen Gerichtsstand in einem Mitgliedstaat vereinbaren, enthält Art. 23 III EuGVO eine besondere Regelung. Sie geht auf die erste Revision des EuGVÜ zurück und sollte dem Beitritt Großbritanniens Rechnung tragen, da London als internationales Forum öfter auch von außerhalb der Gemeinschaft ansässigen Personen gewählt wird.[74] Sie sollte nichts daran ändern, dass über die Gültigkeit einer solchen Vereinbarung gemäß Art. 4 das

---

[71] Vgl. die Rechtsprechung zu Art. 17 EuGVÜ bei *Samtleben* (oben Fn. 18) 684 Fn. 62 und 686 Fn. 76. Für die Anwendung des nationalen Rechts dagegen trotz vereinbartem Forum in einem Vertragsstaat des EuGVÜ/LugÜ noch OLG Hamm 18.9.1997 (oben Fn. 68); OLG Stuttgart 19.12.2000, RIW 2001, 228; in Spanien Aud.Barcelona 15.2.1994, Rev.Gen.Der. 1994, 8588; in Italien Cass. 1.4.1985, RDIPP 22 (1986) 863 und 30.12.1998, ebd. 35 (1999) 1012; kritisch dazu *Aull*, Jahrbuch für italienisches Recht 2 (1989) 157 ff.
[72] So zu Art. 17 EuGVÜ schon OLG München 13.2.1985, IPRspr. 1985 Nr. 133 A; offen gelassen in BayObLG 7.2.2002, IPRspr. 2002 Nr. 135. Anders dagegen für Art. 23 EuGVO in Österreich OGH 1.8.2003, JBl. 2004, 187 mit abl. Anm. *Klicka*; siehe dazu auch *Burgstaller/Neumayr*, in: Festschrift Schlosser (2005) 119 (121 ff.).
[73] Siehe zu solchen Missbrauchsfällen schon *Samtleben*, NJW 1974, 1596; zustimmend *Kropholler* (oben Fn. 43) Art. 23 Rz. 89 m.w.Nachw. Vgl. allgemein EuGH 7.7.1992, Rs. C-370/90 (*Singh*), Slg. 1992, I-4265 (4295 Rz. 24).
[74] *Schlosser*-Bericht Nr. 177, ABl EG 1979 C 59/71 (124) zu Art. 17 I 3 EuGVÜ (1978).

nationale Recht entscheidet, und zwar sowohl in dem Staat des gewählten Forums wie in den übrigen Staaten der Gemeinschaft. Allerdings wird in Art. 23 III EuGVO dem Staat des gewählten Forums ein Entscheidungsvorrang eingeräumt: Solange sich dessen Gerichte nicht nach ihrem nationalen Recht für unzuständig erklärt haben, dürfen sich die Gerichte der anderen Mitgliedstaaten nicht nach ihrem nationalen Recht für zuständig erklären. Voraussetzung für diese Rücksichtnahme ist jedoch, dass die betreffende Gerichtsstandsvereinbarung den Voraussetzungen des Art. 23 I EuGVO entspricht. Ebenso wie in den oben behandelten Inlandsfällen ist also auch hier über die Prorogation nach nationalem Recht, über die Derogation nach europäischem Recht zu entscheiden (mit dem Unterschied, dass für die Derogation daneben auch das jeweilige nationale Recht zu berücksichtigen ist).[75]

Diese komplizierte Regelung stellt heute einen Anachronismus dar. Sie war systemgerecht, solange sich das EuGVÜ auf die Regelung von grenzüberschreitenden Gerichtsstandsvereinbarungen zwischen den Vertragsstaaten beschränkte. Eine einheitliche Beurteilung von Prorogation und Derogation war danach nur in den Fällen gegeben, in denen Wohnsitz einer Partei und vereinbartes Forum in verschiedenen Vertragsstaaten lagen. Dagegen war bei Vereinbarung eines inländischen Forums durch eine inländische und eine in einem Drittstaat wohnhafte Partei ebenfalls die Prorogation nach nationalem Recht, die Derogation in den übrigen Vertragsstaaten nach Art. 17 EuGVÜ zu beurteilen.[76] Nachdem nunmehr diese Fälle voll in den Anwendungsbereich des Art. 23 EuGVO einbezogen sind, bildet Art. 23 III einen Fremdkörper, der durch den Grundsatz der Subsidiarität nicht gerechtfertigt werden kann.[77] Wenn die Vereinheitlichung des Zuständigkeitsrecht zu den Zielen der Verordnung gehört, so ist schwer einzusehen, warum für die Prorogation des inländischen Forums gerade in diesem Fall das inländische Recht maßgebend sein soll, obwohl keine der Parteien einen inländischen Wohnsitz hat. Verständlich war dies früher im Rahmen des EuGVÜ, das nur die "europäischen Gerichtsstandsvereinbarungen" im engeren Sinne erfasste und den übrigen Bereich dem nationalen Recht überließ. Da die EuGVO das Recht der Zuständigkeitsvereinbarung weitgehend vereinheitlicht hat, ist es inkonsequent, lediglich für diesen seltenen Grenzfall die Anwendung des inländischen Rechts vorzusehen.[78]

Im Wege der Auslegung kann diese Inkonsequenz nicht beseitigt werden. Anders als bei der Frage der Derogation der gemeinschaftsrechtlichen Zuständigkeiten durch Wahl eines Drittstaatenforums handelt es sich hier nicht um eine Lücke, die durch

---

[75] Näher dazu *Geimer/Schütze* (oben Fn. 49) Art. 23 EuGVO Rz. 222-230; *Kropholler* (oben Fn. 43) Art. 23 Rz. 12-13. Vgl. zu den Inlandsfällen oben II B 1a).
[76] Näher *Samtleben* (oben Fn. 18) 692 ff.
[77] Auch die Frage, ob die Gerichte der Mitgliedstaaten ihre Gerichte überhaupt für solche Verfahren zur Verfügung stellen, sollte auf europäischer Ebene einheitlich entschieden werden. Vgl. zur früheren Diskussion in Deutschland *Kropholler*, in: Handbuch des internationalen Zivilverfahrensrechts I (1982) Kap. III Rz. 545.
[78] Für Deutschland kommt hinzu, dass sich die Regelung des § 38 ZPO mit ihrer Unterscheidung zwischen Vollkaufleuten und anderen Personen gerade für diese Fälle wenig eignet.

analoge Anwendung des Art. 23 EuGVO geschlossen werden könnte. Der Verordnungsgeber hat in Art. 23 III eine ausdrückliche Regelung getroffen, die von der Anwendung des nationalen Rechts ausgeht und sie durch einen Entscheidungsvorrang ergänzt. Er hat damit zugleich deutlich gemacht, dass die Regelung des Art. 23 I in diesem Fall nur für einen Teilaspekt gelten soll. Ein Ausweg könnte darin gefunden werden, dass das nationale Recht seinerseits im Sinne des Art. 23 I geändert oder ausgelegt wird.[79] Bei der Vielzahl der Mitgliedstaaten wäre dies jedoch ein mühsamer Weg, um die erstrebte Vereinheitlichung zu erreichen. Einfacher wäre es, wenn der Verordnungsgeber selbst in Art. 23 das Erfordernis des Wohnsitzes in einem Mitgliedstaat streichen würde, wie dies ein Entwurf der Kommission zu Art. 17 EuGVÜ bereits vorsah.[80] Damit würde die Regelung des Art. 23 III entbehrlich, da eine einheitliche Beurteilung in allen Mitgliedstaaten gewährleistet wäre.[81] Bei einer solchen Neufassung könnte dann auch die Beschränkung auf die Gerichte der Mitgliedstaaten aufgegeben und insoweit die bestehende Rechtslage verdeutlicht werden.

b. Vereinbartes Forum außerhalb der Gemeinschaft

Haben Parteien mit Wohnsitz außerhalb der Gemeinschaft einen Gerichtsstand außerhalb der Gemeinschaft vereinbart, so wird ein solcher Fall nur selten vor die Gerichte eines Mitgliedstaates kommen. Denkbar ist etwa eine Klage im deutschen Vermögensgerichtsstand, wenn ein fremdes Schiff in einem deutschen Hafen arrestiert wird. Hier ist für die Derogation des inländischen Gerichtsstandes nur das nationale Recht maßgebend. Für eine analoge Anwendung des Art. 23 III EuGVO besteht kein Bedürfnis, da die Koordination mit Verfahren in Drittstaaten nicht zu den Zielen der EuGVO gehört.[82] Auch diese Fälle könnten aber durch eine Neufassung des Art. 23 I EuGVO, die auf Wohnsitz und Forum in einem Mitgliedstaat verzichtet, in die einheitliche europäische Regelung der internationalen Gerichtsstandsvereinbarung einbezogen werden.

III. Ergebnis

Der Anwendungsbereich des europäischen Prozessrechts wurde in der EuGVO neu definiert. Er wird grundsätzlich durch den Wohnsitz des Beklagten in der Gemeinschaft bestimmt. Darüber hinaus ist die Regelung des Art. 23 EuGVO über die

---

[79] Siehe zur analogen Anwendung des Art. 17 EuGVÜ in der Rechtsprechung der Vertragsstaaten *Samtleben* (oben Fn. 18) 710 f. Nach Art. 3 II des italienischen IPR-Gesetzes von 1995 finden die objektiven Zuständigkeitskriterien des EuGVÜ auch dann Anwendung, wenn der Beklagte keinen Wohnsitz in einem Vertragsstaat hat; für die Gerichtsstandsvereinbarung fehlt eine entsprechende Bestimmung.
[80] Vorschlag der Kommission vom 22.12.1997, KOM(97) 609 endg., ABl EG 1998 C 33/20(24).
[81] Dagegen wollte der genannte Kommissionsvorschlag die entsprechende Regelung beibehalten; dafür besteht jedoch bei einheitlicher Rechtslage kein Bedürfnis. Vgl. *Kropholler* (oben Fn. 43) Art. 23 Rz. 13.
[82] Anders *Geimer/Schütze* (oben Fn. 49) Art. 23 EuGVO Rz. 231.

Gerichtsstandsvereinbarung stets anzuwenden, wenn nur eine der Parteien ihren Wohnsitz in einem Mitgliedstaat hat. Die mit der EuGVO erstrebte Vereinheitlichung des Zuständigkeitsrechts führt im Ergebnis dazu, dass Art. 23 EuGVO heute in diesen Fällen einen einheitlichen Maßstab für internationale Gerichtsstandsvereinbarungen bildet, unabhängig davon, ob das vereinbarte Forum in einem Mitgliedstaat oder in einem Drittstaat liegt. Diese einheitliche Regelung sollte künftig auch die Fälle einbeziehen, in denen beide Vertragsparteien ihren Wohnsitz außerhalb der Gemeinschaft haben, und die Sonderregelung des Art. 23 III EuGVO gestrichen werden.

Die unternehmerische Erbenhaftung im geltenden und im künftigen Recht

*Martin Schauer**

Tuğrul Ansay ist ein Grenzgänger zwischen Kulturen und Rechtsordnungen. Vielleicht erklärt dies seine breit gefächerten Interessen, die sich auf Bürgerliches Recht und Handelsrecht, auf Sachrecht und Kollisionsrecht, auf mitteleuropäisches Recht ebenso wie türkisches Recht und auf die Rechtsvergleichung erstrecken. Geltendes Recht interessiert ihn ebenso sehr wie künftige Rechtsentwicklung. Tuğrul Ansay pflegt auch Verbindungen zu Österreich. Bei seinen Vorträgen und Besuchen an der Wiener Fakultät war und ist er ein stets gern gesehener Gast. Ich habe mich deshalb bemüht, ein Thema auszuwählen, das Bezugspunkte zu unterschiedlichen Rechtsgebieten und Materien aufweist und dadurch den vielfältigen Interessen des Jubilars nahe kommt. Es geht um die unternehmerische Erbenhaftung, die deutsches und österreichisches Recht verbindet; es geht um die künftige Entwicklung dieses Rechtsinstituts im österreichischen Recht vor dem Hintergrund der Handelsrechtsreform; es geht um Sachrecht und um Kollisionsrecht. Ich gratuliere dem Jubilar, dessen wissenschaftliche und menschliche Qualitäten ich stets hoch geschätzt habe, sehr herzlich zum Geburtstag.

I. Allgemeines

A. Die Problematik des § 27 HGB

Rechtsgrundlage der unternehmerischen Erbenhaftung im deutschen und im österreichischen Recht ist § 27 HGB. Die Bestimmung ist praktisch wichtig und umstritten zugleich. Sie ist praktisch wichtig, weil sie den Erben eines Handelsgeschäfts dem Risiko einer unbeschränkten Haftung für unternehmensbezogene Altverbindlichkeiten aussetzt, die mit den Mitteln der erbrechtlichen Haftungsbeschränkung nicht abgewendet werden kann. Sie ist umstritten, weil sie zahlreiche Probleme aufwirft, die trotz der Geltung dieser Norm seit mehr als einem Jahrhundert immer noch nicht gelöst erscheinen.

B. Die Problematik der ratio legis

Die Zweifelsfragen beginnen schon auf der grundsätzlichen Ebene und betreffen die ratio legis.

---

* Univ.- Prof. Dr. *Martin Schauer*, Universität Wien.

Die Verfasser des HGB schufen § 27 ohne entsprechendes Vorbild im ADHGB.[1] Sie ließen sich von der auch den § 25 HGB bestimmenden Vorstellung leiten, dass der Verkehr "die Firma" als den Eigentümer des Handelsvermögens und als Trägerin der im Handelsbetrieb begründeten Rechte und Pflichten ansehe. Nach der Verkehrsauffassung erkläre der Erwerber durch die Fortführung der Firma seine Absicht, in die Geschäftsbeziehungen des früheren Inhabers soweit wie möglich einzutreten.[2] §§ 25 und 27 HGB beruhen somit nach Ansicht der Redaktoren auf derselben Wertung, ohne dass zu § 27 HGB eine besondere Begründung abgegeben wurde.[3]

In ähnlicher Weise beschreibt die früher herrschende und auch heute noch verbreitete Ansicht die tragende Wertung des § 27 HGB. Auch sie betont die inhaltliche Verknüpfung mit § 25 HGB,[4] wenn sie beispielsweise hervorhebt, dass der Erwerber eines Handelsgeschäfts von Todes wegen nicht weniger streng haften solle als der Erwerber unter Lebenden.[5] Materiell gehe es um die Kontinuität des Unternehmens, der eine Zusammengehörigkeit von Aktiven und Passiven entspreche,[6] und die durch den Tatbestand der Geschäfts- und Firmenfortführung zum Ausdruck gebracht werde.[7] Auf dieser Grundlage wird gesagt, dass § 27 HGB dem Schutz von bestimmten Haftungserwartungen des Verkehrs diene.[8]

Hiervon unterscheidet sich das Kontinuitätsmodell von *K. Schmidt*.[9] Es beruht auf der Überlegung, dass es des § 27 HGB im Erbgang gar nicht bedürfe, um für die

---

[1] *MünchKommHGB/Lieb*, § 27 Rz 2; *Friedrich*, Die Haftung des endgültigen Erben und des "Zwischenerben" bei Fortführung eines einzelkaufmännischen Unternehmens (1990) 67 f; vgl auch *Bolte*, Der Paragraph 27 des neuen Handelsgesetzbuches, ZHR 51 (1902) 413 (414 ff).
[2] Denkschrift zum HGB 219 (abgedruckt in: Schubert/Schmiedel/Krampe [Hrsg], Quellen zum Handelsgesetzbuch von 1897 [1988] II/2, 979).
[3] Zur Entstehungsgeschichte des § 27 HGB näher *Friedrich*, Haftung 67 ff; vgl auch *Bolte*, ZHR 51, 414 ff.
[4] So ausdrücklich *Canaris*, Handelsrecht 23.Aufl, § 7 Rz 101; vgl auch *Baumbach/Hopt/Hopt*, HGB 31.Aufl, § 27 Rz 1; *Schlegelberger/Hildebrandt/Steckhan* 5.Aufl, § 27 Rz 1.
[5] *Canaris*, Handelsrecht 23.Aufl, § 7 Rz 101; *Friedrich*, Haftung 83, 89 f; vgl auch *Schlegelberger/Hildebrandt/Steckhan*, 5.Aufl § 27 Rz 1; abl *Ebenroth/Boujong/Joost/Zimmer*, § 27 Rz 5.
[6] BGH BGHZ 32, 60, 62.
[7] BGH BGHZ 32, 60, 62; vgl auch BGHZ 35, 265 (272); zustimmend *Baumbach/Hopt/Hopt*, HGB 31.Aufl § 27 Rz 1.
[8] Vgl *Canaris*, Handelsrecht 23.Aufl § 7 Rz 101 f (mit ähnlicher rechtspolitischer Kritik am Gerechtigkeitsgehalt der Bestimmung wie gegenüber § 25 HGB); ähnlich *Heymann/Emmerich*, § 27 Rz 1; vgl auch *Schlegelberger/Hildebrandt/Steckhan* 5.Aufl, § 27 Rz 1. Mit dem Gedanken des Verkehrsschutzes erklärt auch *Hüffer* (in Staub 4.Aufl, § 27 Rz 4) die Bestimmung, den er jedoch – anders als bei § 25 HGB – mit der Erwartung des Verkehrs rechtfertigt, dass nach dem Ablauf dreier Monate keine haftungsbeschränkenden Maßnahmen mehr erforderlich sein und deshalb auch nicht ergriffen würden. Ob es eine derartige Erwartung wirklich gibt, so dass ein vom Gesetzgeber wahrzunehmendes Schutzbedürfnis besteht, erscheint jedoch zweifelhaft (kritisch auch *Friedrich*, Haftung 82 f).
[9] Handelsrechtliche Erbenhaftung als Bestandteil des Unternehmensrecht, ZHR 157 (1993) 600; *derselbe*, Handelsrecht 5.Aufl (1999) 265 ff; vgl auch *Krejci*, Handelsrecht 2.Aufl 97; dagegen jedoch *Canaris*, Handelsrecht 23.Aufl § 7 Rz 105; *MünchKommHGB/Lieb*, § 27 Rz 4; *Staub/Hüffer* 4.Aufl, § 27 Rz 4; *Ebenroth/Boujong/Joost/Zimmer*, § 27 Rz 4; *Friedrich*, Haftung 86 f.

Konzentration von Aktiven und Passiven bei demselben Rechtsträger zu sorgen, weil der Erbe die Verbindlichkeiten bereits aufgrund der erbrechtlichen Gesamtrechtsnachfolge übernehme.[10] Die Bedeutung des § 27 HGB liege deshalb darin, dass die Haftung des Erben durch eine handelsrechtliche Haftung ergänzt werde, die nur nach handelsrechtlichen Grundsätzen beschränkt werden könne.[11] § 27 HGB ist demnach für *K. Schmidt* der Ausdruck eines unternehmensrechtlichen Haftungsprinzips, wonach für Alt- und Neugläubiger derselbe Haftungsstatus bestehe. § 27 HGB sei deshalb nicht als Fortsetzung des § 25 HGB zu denken, sondern stehe in konzeptioneller Einheit mit § 130 HGB.[12] § 27 Abs 2 HGB sei als Parallelnorm zu § 139 HGB anzusehen.[13]

Eine weitere, von *Reuter*[14] begründete und im deutschen Recht im Vordringen begriffene[15] Ansicht versteht § 27 HGB vor dem Hintergrund des bürgerlichrechtlichen Systems der Erbenhaftung. Schlägt der Erbe nicht fristgerecht aus (§§ 1942 ff BGB), so wird er bereits mit dem Tod des Erblassers Gesamtrechtsnachfolger (§ 1922 BGB). Für die Nachlassverbindlichkeiten haftet er unbeschränkt (§ 1967 BGB),[16] sofern er nicht von den Möglichkeiten der Haftungsbegrenzung Gebrauch macht. Zu diesem Zweck stehen ihm vor allem[17] die Nachlassverwaltung und die Nachlassinsolvenz (§§ 1975 ff BGB) zur Verfügung. Wird eines dieser Instrumente angewendet, so kommt es zu einer gegenständlich beschränkten Haftung auf den Nachlass (§ 1975 BGB). Der Erbe wird in einem solchen Fall so betrachtet, als habe er von Anfang an fremdes Vermögen verwaltet: Er ist den Nachlassgläubigern für die bisherige Verwaltung des Nachlasses so verantwortlich, als hätte er die Verwaltung als Beauftragter der Nachlassgläubiger geführt; er hat aber Ansprüche auf Aufwandersatz nach den Regeln über den Auftrag und über die Geschäftsführung ohne Auftrag (§ 1978 BGB). Da das Recht des Erben, die Nachlassverwaltung zu beantragen, zeitlich nicht beschränkt ist,[18] hat er die Möglichkeit, unter Umständen noch lange Zeit nach dem Erbfall die Rolle eines auf eigene Rechnung und eigenes Risiko wirtschaftenden Akteurs rückwirkend gegen die eines Treuhänders der Nachlassgläubiger einzutauschen.[19]

---

[10] Ebenso *MünchKommHGB/Lieb*, § 27 Rz 3; *derselbe*, Zu den Grundgedanken der §§ 25 ff. HGB, FS Börner (1992) 747 (760); *Ebenroth/Boujong/Joost/Zimmer*, § 27 Rz 2; vgl auch *Friedrich*, Haftung 79, 88.
[11] *K. Schmidt*, Handelsrecht 5.Aufl. 265 f; *derselbe*, ZHR 157, 603.
[12] *K. Schmidt*, Handelsrecht 5.Aufl. 267; *derselbe*, ZHR 157, 604 ff.
[13] *K. Schmidt*, Handelsrecht 5.Aufl. 267; *derselbe*, ZHR 157, 607 ff.
[14] Die handelsrechtliche Erbenhaftung, ZHR 135 (1971) 511.
[15] Diesem weitgehend folgend *Lieb* in: MünchKommHGB, § 27 Rz 5 ff; *derselbe*, in: Festschrift Börner 760; zustimmend auch *Ebenroth/Boujong/Joost/Zimmer*, § 27 Rz 6; vgl ferner *Dauner-Lieb*, Unternehmen in Sondervermögen (1998) 193 ff; abl *Canaris*, Handelsrecht 23.Aufl § 7 Rz 103; *Friedrich*, Haftung 85; *Lange/Kuchinke*, Erbrecht 5.Aufl. (2001) 1206.
[16] Vgl nur Staudinger/*Marotzke* (2002) Vorbem zu §§ 1967 - 2017 Rz 9, § 1967 Rz 2.
[17] Vgl auch noch die Dürftigkeitseinrede gemäß §§ 1990 ff BGB.
[18] Näher Staudinger/*Marotzke* (2002) § 1981 Rz 10; *MünchKommBGB/Siegmann* 4.Aufl, § 1981 Rz 2.
[19] Vgl *Reuter*, ZHR 135, 515.

Reuters Ansicht[20] beruht auf dem Gedanken, dass dieses Modell auf statische Vermögen passe, aber nicht auf Unternehmen als dynamische Vermögensmassen zugeschnitten sei. Unternehmerische Entscheidungen erforderten einen weiten Ermessensspielraum, der einer nachprüfenden rechtlichen Kontrolle entzogen sei. Das Modell des § 1978 Abs 1 BGB, den Erben für Sorgfaltsverstöße zur Verantwortung zu ziehen, werde deshalb häufig ins Leere laufen. Es bestehe deshalb die Gefahr, dass der Erbe unter Vermeidung eigener Risiken zu Lasten der Nachlassgläubiger wirtschafte.[21] Diese Unzulänglichkeiten des bürgerlichrechtlichen Haftungssystems würden durch § 27 HGB ausgeglichen.[22] Durch diese Bestimmung wird der Erbe gezwungen, sich innerhalb der Frist des Abs 2 für oder gegen die Fortführung des Unternehmens zu entscheiden, und im Falle der Fortführung persönlich und in unbeschränkter Höhe in die Pflicht genommen. Insofern lässt sich sagen, § 27 HGB diene einer zeitlichen Begrenzung der Möglichkeit erbrechtlicher Haftungsbeschränkung.[23]

C. Umstrittene Einzelfragen

Neben diese grundsätzliche Problematik treten mehrere Anwendungsfragen. Denn wirklich klar erscheint bei § 27 Abs 1 HGB nur eines: die Rechtsfolge der unbeschränkten Haftung, die hinreichend deutlich angeordnet wird. Die sonst bestehenden Zweifel gründen sich auf die Verweisung in Abs 1 auf § 25 HGB und betreffen die Voraussetzungen der Haftung sowie die Möglichkeiten ihrer Abwendung durch den Erben. Zu welcher Lösung man im Einzelnen gelangt, hängt auch davon ab, welche Meinung man zur ratio legis des § 27 HGB im Allgemeinen vertritt. Daraus folgt freilich nicht, dass alle Autoren, die hinsichtlich der ratio legis übereinstimmen, stets auch hier zu denselben Lösungen gelangen würden.

Eine wesentliche Frage ist es, ob man § 27 Abs 1 als eine *Rechtsgrund-* oder *Rechtsfolgenverweisung* auf § 25 Abs 1 HGB versteht. Davon hängt ab, ob man die *Fortführung der Firma* ebenso wie in § 25 Abs 1 HGB als Voraussetzung der Haftung betrachtet, wodurch der Erbe aber die Möglichkeit erhält, die strenge Haftung durch eine Änderung der Firma abzuwenden. Die überwiegende Meinung[24] lässt dies zu, wofür

---

[20] Zum Folgenden *Reuter*, ZHR 135, 520 ff.
[21] *Dauner-Lieb* (Unternehmen 201) beklagt, dass diese Erkenntnis bisher nicht angemessen gewürdigt worden sei.
[22] *Lieb* (in MünchKommHGB, § 27 Rz 8 f) führt überdies noch die Gefahr einer Vermögensvermischung zwischen dem Nachlass und dem Erbenvermögen an.
[23] So die komprimierte Formulierung bei *Ebenroth/Boujong/Joost/Zimmer*, § 27 Rz 6; ähnlich *MünchKommHGB/Lieb*, § 27 Rz 6, 11.
[24] *Canaris*, Handelsrecht 23.Aufl, § 7 Rz 109; *Schlegelberger/Hildebrandt/Steckhan*, § 27 Rz 13; *Heymann/Emmerich*, § 27 Rz 9 f; *Ebenroth/Boujong/Joost/Zimmer*, § 27 Rz 13 ff; *Baumbach/Hopt/Hopt*, HGB 31. Aufl, § 27 Rz 1, 3; *MünchKommBGB/Siegmann* 4.Aufl, § 1967 Rz 40 FN 163, Rz 44; trotz rechtspolitischer Bedenken auch *Staub/Hüffer* 4.Aufl, § 27 Rz 10 ff; *Friedrich*, Haftung 52; für die österreichische Lehre *Straube/Schuhmacher* 3.Aufl, § 27 Rz 13; *Jabornegg/Fromherz*, § 27 Rz 8; *Welser* in: Rummel 3.Aufl, § 802 Rz 22; *Hämmerle/Wünsch*,

auch die historische Interpretation spricht.[25] Hiergegen äußern sich *K. Schmidt*,[26] mit dessen unternehmensrechtlichem Haftungskonzept das Erfordernis der Firmenfortführung unvereinbar ist, sowie mancher Vertreter[27] jener Ansicht, die § 27 HGB als Instrument zum Ausgleich von Defiziten des Gläubigerschutzes im bürgerlichrechtlichen System der Erbenhaftung bei der Fortführung eines Unternehmens betrachten.[28]

Hiermit in Zusammenhang steht die weitere Frage, ob § 27 HGB ein (voll-) kaufmännisches Unternehmen voraussetzt oder ob die Bestimmung analog auch auf nicht kaufmännische Unternehmen und – in Deutschland bis zur Handelsrechtsreform 1998[29] – auf minderkaufmännische Unternehmen angewendet werden kann. Die verbreitete Meinung beschränkt § 27 HGB auf (voll-)kaufmännische Unternehmen.[30] Eine in neuerer Zeit vermehrt vertretene Ansicht, zu der vor allem die Vertreter jener Lehre zählen, die in § 27 Abs 1 HGB nur eine Rechtsfolgenverweisung sehen,[31] befürwortet indes die Erstreckung auf alle Unternehmen.[32]

Unklar ist ferner, ob sich die *Verweisung* des § 27 Abs 1 auf § 25 nur auf dessen Abs 1 oder auch auf dessen *Absatz 2* bezieht. Trifft letzteres zu, so stehen dem Erben noch andere Strategien der Haftungsvermeidung zu als die in § 27 Abs 2 HGB angeführten Möglichkeiten oder die von der überwiegenden Ansicht für hinreichend erachtete Firmenänderung.[33] Er könnte dann – trotz der Fortführung des Unternehmens unter Beibehaltung der Firma – die handelsrechtliche Haftung auch

---

Handelsrecht 4.Aufl, I 211; *Krejci*, Handelsrecht 2.Aufl, 98; *Kalss/Schauer*, Allgemeines Handelsrecht (2002) Rz 8/18; *Kralik*, Erbrecht 367.
[25] Denkschrift zum HGB 220 (abgedruckt in: Schubert/Schmiedel/Krampe [Hrsg], Quellen zum Handelsgesetzbuch von 1897 II/2, 980).
[26] Handelsrecht 5.Aufl. 267 f; *derselbe*, ZHR 157, 611 f; nur de lege ferenda zustimmend *Staub/Hüffer* 4.Aufl, § 27 Rz 10.
[27] *MünchKommHGB/Lieb*, § 27 Rz 32; *derselbe*, in: FS Börner 760 f; vgl dagegen *Reuter* (ZHR 135, 516 ff, 520), nach dessen Ansicht das Unternehmen bei einem Firmenwechsel aus dem Nachlass ausscheidet (dazu auch *Dauner-Lieb*, Unternehmen 194 [Fn. 285]).
[28] Dazu soeben oben I. B. 4.
[29] Gesetz zur Neuregelung des Kaufmanns- und Firmenrechts und zur Änderung anderer handels- und gesellschaftsrechtlicher Vorschriften (Handelsrechtsreformgesetz – HRefG) vom 22. Juni 1998, dBGBl I 1998, 1474; zum Wegfall der Minderkaufleute statt vieler *K. Schmidt*, Handelsrecht 5.Aufl, 310; *derselbe* in: MünchKommHGB ErgBd, § 2 Rz 1 f.
[30] Vgl *Baumbach/Hopt/Hopt* 31.Aufl, § 27 Rz 3 (iVm § 25 Rz 2); *MünchKommBGB/Siegmann* 4.Aufl, § 1967 Rz 40; *Bolte*, ZHR 51, 432; RG ZIR 55 (1912) 558 (560); für Österreich *Hämmerle/Wünsch*, Handelsrecht I 205; *Frotz*, Rechtsfragen der "unbeschränkten Erbenhaftung nach Handelsrecht", GedS Schönherr (1986) 339 (341); wohl ebenso *Straube/Schuhmacher* 3.Aufl, § 27 Rz 2; *Jabornegg/Fromherz*, § 27 Rz 2 (die beide vom einzelkaufmännischen Unternehmen sprechen); *Kralik*, Erbrecht 366.
[31] *K. Schmidt*, Handelsrecht 267 f; *MünchKommHGB/Lieb*, § 27 Rz 47.
[32] Außer dem in der vorigen Fußnote angeführten Autor aus teilweise anderen Gründen im Ergebnis ebenso *Staub/Hüffer* 4.Aufl, § 27 Rz 11; *Heymann/Emmerich*, § 27 Rz 4.
[33] Dazu soeben oben I. C. 2.

durch eine entsprechende *Eintragung in das Handelsregister* oder durch *Mitteilung an den Gläubiger* ausschließen. Hier schlägt wiederum das jeweilige Vorverständnis zur ratio legis auf die Lösung durch: Wer in § 27 HGB eine Vorschrift mit dem Ziel erblickt, bestimmte Haftungserwartungen des Verkehrs zu erfüllen,[34] wird eher geneigt sein, auch dem Erben die Zerstörung solches Vertrauens durch eine der Möglichkeiten des § 25 Abs 2 HGB einzuräumen.[35] Nimmt man hingegen an, dass § 27 HGB der Gleichbehandlung von Alt- und Neugläubigern dient[36] oder dass § 27 HGB den Schutz der Gläubiger vor den Defiziten des bürgerlichrechtlichen Systems der Erbenhaftung bei Fortführung des Unternehmens bezweckt,[37] so wird man dem Erben die Berufung auf die Instrumente des § 25 Abs 2 HGB verwehren.[38]

II. Die Entwicklung in Österreich

A. Die Ausgangslage

1. Einführung des HGB in Österreich

Das deutsche HGB wurde 1938 im Zuge des Anschlusses in Österreich eingeführt.[39] Dabei trat jedoch ein Problem auf: Da man die gleichzeitige Einführung des BGB unterließ und das österreichische ABGB in Kraft blieb, fehlte dem HGB seine zivilrechtliche Grundlage. Deshalb wurde die so genannte 4.

---

[34] Dazu oben I. B. 2.
[35] *Canaris*, Handelsrecht § 7 Rz 111; *Staub/Hüffer* 4.Aufl, § 27 Rz 22; im Ergebnis ebenso *Heymann/Emmerich*, § 27 Rz 17 f; *Baumbach/Hopt/Hopt*, § 27 Rz 8; *Friedrich*, Haftung 90 f; *Staudinger/Marotzke* (2002), § 1967 Rz 59; *MünchKommBGB/Siegmann* 4.Aufl, § 1967 Rz 42; aus dem älteren Schrifttum *Bolte*, ZHR 51, 457 ff; aus der österreichischen Lehre *Straube/Schuhmacher* 3.Aufl, § 27 Rz 8 f; *Jabornegg/Fromherz*, § 27 Rz 12; *Krejci*, Handelsrecht 98; *Frotz*, in: GedS Schönherr 353 ff.
[36] Dazu oben I. B. 3.
[37] Oben I. B. 4.
[38] So *K. Schmidt*, Handelsrecht 272; *derselbe*, ZHR 157, 615; *Reuter*, ZHR 135, 524 ff; *MünchKommHGB/Lieb*, § 27 Rz 50; *derselbe*, in: FS Börner 760 f; *Ebenroth/Boujong/Joost/Zimmer*, § 27 Rz 35; ebenso (mit anderen Gründen) *Grote*, Möglichkeiten der Haftungsbeschränkung für den Erben eines einzelkaufmännischen Gewerbebetriebs, BB 2001, 2595 (2596); vgl auch *Dauner-Lieb*, Unternehmen 194; im Ergebnis ebenso *Schlegelberger/Hildebrandt/Steckhan* 5.Aufl, § 27 Rz 14 (unter Berufung auf die historische Interpretation); *Lange/Kuchinke*, Erbrecht 5.Aufl., 1206; gleichsinnig aus der österreichischen Lehre *Hämmerle/Wünsch*, Handelsrecht I 208 f; *Kralik*, Erbrecht 367.
[39] Zur Einführung des deutschen HGB in Österreich *Kalss/Schauer*, Handelsrecht Rz 1/21; aus der zeitgenössischen Literatur vor allem *Brandstetter*, Die Vierte Verordnung zur Einführung handelsrechtlicher Vorschriften im Lande Österreich, DJ 1939, 154; *Hefermehl*, Einheit im Handelsrecht zwischen Oesterreich und Altreich, SozPrax 1939, Sp 107; *Tschadesch*, Die Einführung des deutschen Handelsgesetzbuches im Lande Österreich ZHR 107 (1940) 211; *Demelius*, Die Verweisungen des Handelsgesetzbuches auf das Bürgerliche Gesetzbuch in der Ostmark und im Sudetenland, ZHR 109 (1943) 34.

Einführungsverordnung[40] erlassen, deren Aufgabe in der Schließung zivilrechtlicher Lücken und der Anpassung des deutschen Handelsrechts an das Umfeld des österreichischen Zivilrechts lag. Dies gelang weitgehend, wenngleich nicht vollkommen friktionsfrei.

2. Anpassung des § 27 HGB

Ein Anpassungsbedarf bestand auch bei § 27 HGB. Der Grund liegt im System des Erbschaftserwerbs nach österreichischem Recht, das – anders als das deutsche Recht – keinen Vonselbsterwerb kennt.[41] Vielmehr tritt das Vermögen des Erblassers nach seinem Tod in das Stadium des ruhenden Nachlasses, der nach hA[42] eine juristische Person ist. Zugleich beginnt in der Regel das Verlassenschaftsverfahren durch das Gericht, im Zuge dessen der Erbe eine "Erbantrittserklärung"[43] abgibt oder die Erbschaft ausschlägt. Die Erbantrittserklärung kann bedingt oder unbedingt abgegeben werden. Damit ist jedoch keine Bedingung im technischen Sinn gemeint, sondern die Entscheidung des Erben über seine Haftung: Bei bedingter Erbantrittserklärung haftet der Erbe beschränkt, was aber zur Errichtung eines Inventars führt; bei unbedingter Erklärung haftet er in der Regel unbeschränkt. Tritt der Erbe die Erbschaft an, so erlässt das Verlassenschaftsgericht nach Prüfung die so genannte Einantwortung, die eine doppelte Funktion besitzt: Sie beendet das Verlassenschaftsverfahren und führt den Vermögensübergang auf den Erben herbei. Erst durch die Einantwortung hört der ruhende Nachlass also auf, als selbstständiges Rechtssubjekt zu bestehen, und wird der Erbe zum Gesamtrechtsnachfolger des Erblassers. Erst ab diesem Zeitpunkt kommt es auch zur Haftung des Erben. Auch diesbezüglich gibt es einen wesentlichen Unterschied zum deutschen Recht: Bei beschränkter Haftung haftet der Erbe nicht gegenständlich beschränkt mit den Sachen des Nachlasses, sondern betraglich beschränkt auf den Wert der übernommenen Aktiva, aber mit seinem ganzen Vermögen.

---

[40] Vierte Verordnung zur Einführung handelsrechtlicher Vorschriften im Lande Österreich, RGBl I 1938, 1999.
[41] Zum Erbschaftserwerb nach österreichischem Recht näher *Koziol/Welser*, Bürgerliches Recht 12.Aufl., (2001), 519 ff.
[42] *Welser* in: Rummel, § 547 Rz 2; *Koziol/Welser*, Bürgerliches Recht II 520; *Kralik*, Erbrecht 26; *Frotz*, in: GedS Schönherr 348.
[43] Anlässlich der Einführung des neuen Außerstreitgesetzes (BGBl I 2003/111), das die Angelegenheiten der freiwilligen Gerichtsbarkeit und somit auch das Verlassenschaftsverfahren regelt, wurde der bisher im Gesetz verwendete Ausdruck "Erbserklärung" durch "Erbantrittserklärung" ersetzt. Die beiden Begriffe stimmen jedoch nicht vollkommen überein, weil bisher unter dem Ausdruck Erbserklärung in einem weiteren Sinne sowohl die Erklärung, die Erbschaft anzunehmen (positive Erbserklärung), als auch die Ausschlagung (negative Erbserklärung) zusammengefasst wurden (*Koziol/Welser*, Bürgerliches Recht 12.Aufl., II 521). Unter Erbantrittserklärung ist nur positive Erbserklärung nach alter Terminologie zu verstehen. Zu den – nicht restlos überzeugenden – Gründen für die Änderung näher die Materialien (Erl RV 224 BlgNR 22. GP 102) und *Fucik*, Das neue Verlassenschaftsverfahren (2005) Rz 163.

Bereits vor der Einantwortung hat der Erbe jedoch ein Recht auf Verwaltung des Nachlasses. Es steht ihm zu, wenn er bei Antretung der Erbschaft sein Erbrecht hinreichend ausweist (§ 810 Abs 1 ABGB). Nach bisher geltendem Recht[44] bedurfte es zum Wirksamwerden der Nachlassverwaltung erst eines förmlichen Beschlusses durch das Verlassenschaftsgericht.[45] Das Recht des Erben auf Nachlassverwaltung ändert freilich nichts daran, dass er bis zur Einantwortung insoweit nicht im eigenen Namen, sondern als Vertreter des Nachlasses tätig wird.

Es ist offenkundig, dass § 27 in der Fassung des deutschen HGB auf *dieses* System des Erbschaftserwerbs nicht zugeschnitten ist.[46] Deshalb wurde dessen Abs 2 mit einem durch Art. 6 Nr 6 der 4. EVHGB veränderten Inhalt in Kraft gesetzt.[47] Er lautet:

> "(2) Die unbeschränkte Haftung nach Abs. 1 tritt nicht ein, wenn die Fortführung des Geschäfts vor dem Ablauf von drei Monaten eingestellt wird. Die dreimonatige Frist läuft von der Einantwortung der Verlassenschaft oder, wenn dem Erben die Besorgung und Benützung der Verlassenschaft nach § 810 des österreichischen Bürgerlichen Gesetzbuchs überlassen worden ist, von der Erlassung dieser Anordnung. Ist der Erbe nicht eigenberechtigt und ist für ihn kein gesetzlicher Vertreter bestellt, so endet diese Frist nicht vor dem Ablauf von drei Monaten seit der Bestellung eines gesetzlichen Vertreters oder seit dem Eintritt der unbeschränkten Handlungsfähigkeit des Erben".

Damit wird eine Anpassung an das erbrechtliche Umfeld vorgenommen: Es bleibt zwar bei der Frist von drei Monaten, die dem Erben zur haftungsvermeidenden Einstellung der Geschäftsfortführung eingeräumt wird. Fristbeginn ist aber nicht wie im deutschen Recht der Zeitpunkt, in dem der Erbe vom Anfall der Erbschaft Kenntnis erlangt, sondern die aufgrund der Erbantrittserklärung erlangte Verwaltung des Nachlasses oder die Einantwortung.

3. Zeitpunkt des Haftungsbeginns als spezifisch österreichisches Anwendungsproblem

§ 27 HGB warf im österreichischen Recht noch ein weiteres Problem auf, das auch durch die modifizierte Fassung des Abs 2 nicht ausdrücklich gelöst wird. Wird dem Erben die Verwaltung des Nachlasses überlassen, und führt er das darin enthaltene Unternehmen länger als drei Monate fort, so kann sich die Frage stellen, ob er nach

---

[44] Zur neuen Rechtslage sogleich II. B. 1.
[45] OGH NZ 1992, 11; NZ 2001, 382; *Welser* in: Rummel 3.Aufl, § 810 Rz 5.
[46] Auf die Schwierigkeiten der Abstimmung des § 27 HGB auf die Besonderheiten des österreichischen Erbrechts weist auch im deutschen Schrifttum *Emmerich* (in: Heymann 2.Aufl, § 27 Rz 1a) hin.
[47] Die Bestimmung beruht auf einem bereits 1920 von *Pisko* erarbeiteten Entwurf eines österreichischen Handelsgesetzbuchs (dazu *Frotz*, in: GedS Schönherr 340).

§ 27 HGB selbst dann persönlich haftet, wenn die Einantwortung noch gar nicht stattgefunden hat. Anders gefragt: Kann § 27 HGB eine persönliche Haftung des Erben bereits vor der Einantwortung erzeugen? Der OGH[48] bejahte diese Frage und erntete damit den Beifall eines Teiles der Lehre.[49] Diese Ansicht wird mit dem Argument begründet, dass es sich bei §§ 25 und 27 HGB um eine Rechtsscheinwirkung handle, die aus der Tatsache der Geschäftsübernahme und der Weiterführung des Geschäftes und der bisherigen Firma folge. § 27 Abs 1 HGB normiere die Haftung des Erben, ohne zu unterscheiden, auf wessen Rechnung das Geschäft fortgeführt werde. Es würden vielmehr hinsichtlich der Erbenhaftung die Einantwortung und die Verwaltung des Nachlasses gleichgestellt und von beiden Zeitpunkten an eine dreimonatige Überlegungsfrist eingeräumt.

Die Lösung scheint mit der umstrittenen Frage zusammenzuhängen, ob die Haftung nach § 27 HGB rechtsdogmatisch nur als Modifikation der erbrechtlichen Haftung anzusehen ist,[50] oder ob sie einen eigenständigen Haftungsgrund darstellt, der neben diese tritt.[51] Denn wenn § 27 HGB im Sinne der ersten Ansicht nur die erbrechtliche Haftung verschärfen sollte, so dass die Berufung auf die Haftungsbeschränkung entfällt, aber der Rechtsgrund der Haftung immer noch im Erbrecht liegt, so erscheint es konsequent, dass die Haftung nach § 27 HGB keinesfalls vor der Einantwortung beginnen kann. Die Frage kann vorerst aber offen bleiben.[52] Denn auch wenn man in § 27 HGB eine eigene Anspruchsgrundlage erblickt, so wird man bezüglich des zeitlichen Beginns der Haftung zu derselben Lösung gelangen müssen. Dafür spricht nämlich, dass § 27 HGB die Haftung für bestimmte Nachlassverbindlichkeiten zum Gegenstand hat, die den Erben als Erwerber des Unternehmens trifft. Da sich der Erwerb des Unternehmens aber erst durch die Einantwortung verwirklicht, bedürfte es eines besonderen Grundes, dass die Haftung schlagend werden sollte, bevor es zur Gesamtrechtsnachfolge kommt. Eine solche Begründung ist aber nicht ersichtlich. Denn warum sollte der Erbe für die Verbindlichkeiten aus einem Unternehmen persönlich haften, das noch gar nicht zum Bestandteil seines Vermögens geworden ist? Auch der Wortlaut des § 27 HGB ließ insofern keine eindeutigen Schlüsse zu.[53] Denn aus ihm konnte man nur ableiten, *dass* der Erbe persönlich und unbeschränkt

---

[48] SZ 43/128; wohl ebenso zuvor OGH RZ 1967, 69.
[49] *Straube/Schuhmacher* 3.Aufl, § 27 Rz 6; *Jabornegg/Fromherz*, § 27 Rz 18; *Hämmerle/Wünsch*, Handelsrecht 4.Aufl., I 208; *Krejci*, Handelsrecht 2.Aufl., 97; zustimmend zitiert auch von *Aicher/Ostheim*, OHG und Erbengemeinschaft, ÖJZ 1981, 253 (255); *Welser* in: Rummel 3.Aufl, § 802 Rz 22.
[50] So Staub/*Hüffer* 4.Aufl, § 27 Rz 13; *MünchKommHGB/Lieb*, § 27 Rz 37; wohl ebenso *Canaris*, Handelsrecht 22.Aufl., § 7 Rz 99.
[51] Ausführlich *Friedrich*, Haftung 94 ff, 101 ff (mit reichhaltiger Wiedergabe des Meinungsstandes); *Staudinger/Marotzke* (2002) § 1967 Rz 58; *K. Schmidt*, ZHR 157, 603 f; *Bolte*, ZHR 51, 436 ff.
[52] Vgl dazu aber noch unten II. D. 2.
[53] Es trifft deshalb auch nicht zu, dass der Wortlaut des § 27 Abs 2 HGB "unmissverständlich" für die Lösung der hA spricht (so aber *Straube/Schuhmacher* 3.Aufl, § 27 Rz 6).

haften soll, wenn er nicht innerhalb von drei Monaten nach der Überlassung des Nachlasses zur Verwaltung den Geschäftsbetrieb einstellt, aber nicht, *wann* diese Haftung wirksam werden soll. Deshalb sprachen schon bisher die besseren Gründe für jene Minderheitsmeinung, die die handelsrechtliche Erbenhaftung stets erst frühestens mit der Einantwortung wirksam werden ließ.[54]

B. Die Novelle 2004

1. *Motiv und Inhalt der Änderung des § 27 HGB*

Beinahe unbemerkt ist es erst vor wenigen Monaten zu einer Novellierung des § 27 HGB im österreichischen Recht gekommen. Den Anlass hierfür gab die vollkommene Neugestaltung des Rechts der freiwilligen Gerichtsbarkeit (in Österreich: außerstreitiges Verfahren) durch das Außerstreitgesetz (AußStrG) 2003,[55] das auch das Verlassenschaftsverfahren neu regelt. Zu den diesbezüglichen Neuerungen[56] gehört es, dass die Verwaltung des Nachlasses (jetzt: Benützung, Verwaltung und Vertretung) dem Erben, der die Erbschaft angetreten und sein Erbrecht hinreichend ausgewiesen hat (§ 810 ABGB neue Fassung),[57] ipso iure zusteht;[58] einer förmlichen Überlassung durch den Beschluss des Verlassenschaftsgerichts bedarf es nicht mehr.[59] Erst nach der Schaffung des neuen AußStrG erkannte der Gesetzgeber, dass damit einer der beiden Anknüpfungspunkte für den Fristenlauf in § 27 Abs 2 HGB weggefallen war. Deshalb wurde an versteckter Stelle, nämlich im Rechnungslegungsänderungsgesetz (ReLÄG) 2004,[60] eine Neufassung des § 27 Abs 2 HGB vorgenommen. Die Bestimmung laute jetzt:

> "(2) Die unbeschränkte Haftung tritt nicht ein, wenn die Fortführung des Unternehmens innerhalb von drei Monaten nach Einantwortung eingestellt oder die Haftung in sinngemäßer Anwendung des § 25 Abs. 2 ausgeschlossen wird. Ist der Erbe nicht eigenberechtigt und ist für ihn kein gesetzlicher Vertreter bestellt, so endet diese Frist nicht vor dem Ablauf von drei Monaten seit der Bestellung des gesetzlichen Vertreters oder seit dem Eintritt der unbeschränkten Handlungsfähigkeit des Erben."

---

[54] Ausführlich *Frotz*, GedS Schönherr 350 ff; ebenso zuvor *Kralik*, Erbrecht 368; zustimmend *Schauer*, Rechtsprobleme der erbrechtlichen Nachfolge bei Personenhandelsgesellschaften [1999] 275 [Fn. 866]).
[55] BGBl I 2003/111. Die amtliche Abkürzung lautet "AußStrG".
[56] Die Materialien (Erl RV 224 BlgNR 22. GP 110) und *Fucik* (Verlassenschaftsverfahren Rz 186) scheinen davon auszugehen, dass es sich nur um eine Klarstellung handelt.
[57] Fassung gemäß Familien- und Erbrechtsänderungsgesetz 2004 (BGBl I 2004/58).
[58] Erl RV 224 BlgNR 22. GP 92.
[59] So vor allem Erl RV 471 BlgNR 22. GP 31 (FamErbRÄG 2004; vgl Erl RV 224 BlgNR 22. GP 110 (AußStrG 2003); *Fucik*, Verlassenschaftsverfahren Rz 186; *Sailer* in: Koziol/Bydlinski/Bollenberger (Hrsg), § 810 Rz 2.
[60] BGBl I 2004/161.

2. *Folgerungen*

a. Ausschluss der Erbenhaftung vor der Einantwortung

Mit dieser Novelle wurden zwei Ziele zugleich erreicht. Erstens wurde die durch den Wegfall der förmlichen Überlassung des Nachlassverwaltung an den Erben erforderliche Anpassung herbeigeführt. Inhaltlich ist der Gesetzgeber dabei jener Minderheitsmeinung gefolgt, für die bereits nach alter Rechtslage die besseren Gründe sprachen.[61] Aus der neuen Rechtslage ergibt sich klar, dass die handelsrechtliche Erbenhaftung vor der Einantwortung regelmäßig ausgeschlossen ist[62] und erst nach dem Ablauf von drei Monaten nach der Einantwortung beginnen kann. Zugleich wird es in vielen Fällen aber zu einer Verlängerung der Überlegungsfrist für den Erben kommen. Denn während der Erbe bei einer Überlassung der Nachlassverwaltung nach alter Rechtslage gezwungen war, sich innerhalb von drei Monaten zwischen der Fortführung und der Einstellung des Unternehmens zu entscheiden – und zwar unabhängig davon, welche Ansicht man hinsichtlich des Beginns seiner persönlichen Haftung vertrat –,[63] steht ihm nach neuem Recht stets ein Zeitraum von drei Monaten gerechnet ab der Einantwortung zur Verfügung. Die Dauer des Verlassenschaftsverfahrens spielt also für die Überlegungsfrist keine Rolle mehr. Die Haftung entfällt somit, wenn das Unternehmen zu irgendeinem Zeitpunkt während des Verlassenschaftsverfahrens[64] oder innerhalb der ersten drei Monate nach der Einantwortung eingestellt wird.

Der Schutz der Nachlassgläubiger wird durch ein Zusammenspiel mehrerer Instrumente gewährleistet. Vor der Einantwortung steht ihnen die Herbeiführung einer Nachlassseparation offen (§ 812 ABGB). Sie ist stets möglich, wenn sich aus der Verfügungsgewalt des Erben Gefahren für die Befriedigung der Gläubiger ergeben;[65] beispielsweise bei einer wirtschaftlichen Gebarung, die die Nachlassmasse schmälert.[66] Ihre Rechtsfolge besteht darin, dass der Nachlass vom Erbenvermögen getrennt bleibt[67] – dies ist auch über die Einantwortung hinaus möglich[68] – und für den vorrangigen Zugriff der Separationsgläubiger reserviert ist. Ferner hat der Erbe Sorgfaltspflichten bei der Verwaltung des Nachlasses. Er muss respektieren, dass die Gegenstände des Nachlasses während der Dauer des Verlassenschaftsverfahrens mangels persönlicher Erbenhaftung vorrangig zur Befriedigung der Nachlassgläubiger

---

[61] Soeben oben II. A. 3.
[62] Anderes kann möglicherweise dann gelten, wenn gemäß § 27 Abs 1 iVm § 25 Abs 3 HGB ein besonderer Verpflichtungsgrund vorliegt, was insbesondere bei einer Bekanntmachung der Übernahme der Verbindlichkeiten durch den Erben in handelsüblicher Weise der Fall ist.
[63] Dazu nochmals oben II. A. 3.
[64] Vgl auch JAB 739 BlgNR 22. GP 2.
[65] Näher *Welser* in: Rummel 3.Aufl., § 812 Rz 2; *Koziol/Welser*, Bürgerliches Recht 12.Aufl., II 533.
[66] OGH EvBl 1976/137; NZ 1986, 263; *Welser* in: Rummel 3.Aufl., § 812 Rz 2; *Koziol/Welser*, Bürgerliches Recht 12.Aufl., II 532.
[67] *Welser* in: Rummel 3.Aufl., § 812 Rz 1; *Koziol/Welser*, Bürgerliches Recht 12.Aufl., II 532.
[68] *Welser* in: Rummel 3.Aufl., § 812 Rz 1; *Koziol/Welser*, Bürgerliches Recht12.Aufl., II 532 f.

dienen müssen, und hat sein Verwaltungshandeln am Ziel der Vermögenssicherung zu orientieren; sorgfaltswidriges Handeln kann ihn schadenersatzpflichtig machen.[69] Nach der Einantwortung geht der Nachlass, sofern es nicht zur Nachlassseparation gekommen ist, endgültig im Vermögen des Erben auf, weshalb die Gläubiger nunmehr auf das gesamte Vermögen zugreifen können. Dies gilt auch bei beschränkter Erbenhaftung, weil damit, wie erwähnt, im österreichischen Recht nur eine betraglich, nicht aber gegenständlich beschränkte Haftung gemeint ist.

b. Haftungsausschluss durch Eintragung im Firmenbuch oder Verständigung des Gläubigers

Ferner wurde die Neufassung des § 27 Abs 2 HGB zum Anlass genommen, die "berühmteste Streitfrage im Zusammenhang mit § 27 HGB"[70] zu klären. Die Bestimmung verweist jetzt ausdrücklich auf § 25 Abs 2 HGB und lässt den Ausschluss der Haftung "in sinngemäßer Anwendung" dieser Rechtsnorm zu. Es wird dem Erben also ermöglicht, die Haftung durch Eintragung in das Firmenbuch[71] oder durch Mitteilung an die Gläubiger abzuwenden.[72] Damit ist viel gewonnen, wenngleich noch nicht alles klar. Bei der Auslegung des § 27 Abs 2 HGB ist zu beachten, dass der Gesetzgeber eine Klarstellung "im Sinn der herrschenden Lehre"[73] vornehmen wollte. Jene Ansichten, die sich bereits für die alte Rechtslage zugunsten einer sinngemäßen Anwendung des § 25 Abs 2 HGB im Falle des erbrechtlichen Erwerbs aussprachen, sollten also bei der Klärung von Zweifelsfragen des neuen § 27 Abs 2 HGB berücksichtigt werden. In diesem Sinn kann es also auf das Vorliegen einer Vereinbarung zwischen dem bisherigen Unternehmensträger und dem Erwerber, wie § 25 Abs 2 HGB sie verlangt, beim erbrechtlichen Erwerb nicht ankommen; die einseitige Erklärung des Erben genügt.[74]

Etwas schwieriger verhält es sich hinsichtlich der Frist, die dem Erben für seine Erklärung zur Verfügung stehen soll. § 25 Abs 2 HGB wird nämlich in seinem unmittelbaren Anwendungsbereich so ausgelegt, dass die Registeranmeldung oder die Mitteilung unverzüglich auf den Geschäftsübergang erfolgen sollen.[75] Hingegen räumt

---

[69] Dazu *Schauer*, Rechtsprobleme 312 f; vgl auch JAB 739 BlgNR 22. GP 2.
[70] *Canaris*, Handelsrecht 23.Aufl., § 7 Rz 111.
[71] Firmenbuch ist die österreichische Bezeichnung für das Handelsregister.
[72] Vgl JAB 739 BlgNR 22. GP 2.
[73] JAB 739 BlgNR 22. GP 2.
[74] So schon bisher im Zusammenhang mit § 27 Abs 2 HGB *Canaris*, Handelsrecht 23.Aufl., § 7 Rz 111; *Heymann/Emmerich*, § 27 Rz 18; *Baumbach/Hopt/Hopt*, HGB 31.Aufl., § 27 Rz 8; *Friedrich*, Haftung 91; *Staudinger/Marotzke* (2002) § 1967 Rz 59; *MünchKommBGB/Siegmann*, § 1967 Rz 42; *Jabornegg/Fromherz*, § 27 Rz 12; wohl ebenso *Frotz*, in: GedS Schönherr 355.
[75] Näher *MünchKommHGB/Lieb*, § 25 Rz 115; *Ebenroth/Boujong/Joost/Zimmer/Scheffel*, § 25 Rz 84; *Schlegelberger/Hildebrandt/Steckhan* 5.Aufl, § 25 Rz 18; *Heymann/Emmerich*, § 25 Rz 47; *Baumbach/Hopt/Hopt*, § 27 Rz 15; *K. Schmidt*, Handelsrecht 5.Aufl., 253; *Canaris*, Handelsrecht 23.Aufl., § 7 Rz 35; *Hämmerle/Wünsch*, Handelsrecht 4.Aufl., I 193; *Krejci*, Handelsrecht 2.Aufl., 109; BGH BGHZ 29, 1, 4; OGH SZ 45/30 (zu § 28 HGB); ähnlich, nämlich im Sinne eines unmittelbaren zeitlichen Zusammenhangs mit der Geschäftsübernahme *Straube/Schuhmacher*, 3. Aufl. § 25 Rz 16; *Jabornegg/Fromherz*, § 25 Rz 25; *Zib*, Zur Eintragung von Haftungsausschlüssen

§ 27 Abs 2 HGB dem Erben eine Frist von drei Monaten ab Einantwortung ein; freilich zum Zweck der Einstellung des Unternehmens. Aus der Verweisung auf § 25 Abs 2 HGB alleine lassen sich noch keine zwingenden Schlüsse ziehen, weil § 27 Abs 2 HGB nur eine sinngemäße Anwendung anordnet. Auch die Lehre, die bereits bisher die Anwendung des § 25 Abs 2 zugunsten des Erben zuließ, ist gespalten. Nach der überwiegenden Ansicht ist das Kriterium der Unverzüglichkeit auch bei der sinngemäßen Anwendung des Haftungsausschlusses im Zusammenhang mit § 27 HGB heranzuziehen;[76] nach der Minderheitsmeinung steht dem Erben auch in diesem Fall die Dreimonatsfrist des § 27 Abs 2 HGB zur Verfügung.[77] Die besseren Gründe sprechen für die Meinung der Minderheit: Die längere Frist des § 27 Abs 2 HGB beruht auf der Überlegung, dass der Erbe – anders als der Erwerber unter Lebenden – nichts stets die Gelegenheit hatte, sich bereits zuvor über die Lage des Unternehmens zu informieren.[78] Wenn dem Gesetz die klare Wertung zugrunde liegt, dass der Erbe die Frist durch die Einstellung des Unternehmens wahren kann, dann sollte für die übrigen Instrumente zum Zwecke der Haftungsvermeidung nichts anderes gelten.

c. Ablehnung der Ansicht *Reuters* für das österreichische Recht

Es zeigt sich zugleich, dass die von *Reuter* zum deutschen Recht vertretene Ansicht zur ratio legis des § 27 HGB[79] nicht auf das österreichische Recht übertragen werden kann. Sie beruht, wie erwähnt, auf dem Gedanken, dass § 27 HGB verhindern soll, dass der Erbe zum Nachteil der Altgläubiger in der Weise spekuliert, dass er das Unternehmen nach dem Wirksamwerden der Gesamtrechtsnachfolge weiterführt und sich erst später – unter Umständen erst nach langer Zeit – für eine gegenständlich auf den Nachlass beschränkte Haftung entscheidet. Vergleichbare Gefahren bestehen im österreichischen Recht nicht. Denn hier trifft der Erbe die Entscheidung über seine Haftung (Erbantrittserklärung) und somit stets vor dem Wirksamwerden der Gesamtrechtsnachfolge (Einantwortung). Entscheidet er sich für die beschränkte Haftung, so haftet er nur betraglich beschränkt, so dass die Gläubiger im Ausmaß des Haftungshöchstbetrags stets auch auf sein Privatvermögen greifen können.[80]

---

nach § 25 Abs 2 HGB, wbl 1992, 287 (289); OGH SZ 42/42; möglicherweise großzügiger *Staub/Hüffer* 4.Aufl, § 25 Rz 100 (angemessener Zeitabstand).
[76] *Canaris*, Handelsrecht 23.Aufl., § 7 Rz 112 (der dem Erben aber bei einer Haftungsabwendung durch Änderung der Firma doch drei Monate einräumen will; Rz 110); *Staub/Hüffer* 4.Aufl, § 27 Rz 22; *Heymann/Emmerich* 2.Aufl, § 27 Rz 18 FN 37.
[77] *MünchKommBGB/Siegmann* 4.Aufl, § 1967 Rz 42; wohl ebenso *Staudinger/Marotzke* (2002) § 1967 Rz 59; *Bolte*, ZHR 51, 461.
[78] Vgl nur *Krejci*, Handesrecht 2.Aufl., 98.
[79] I. A. 2. d.
[80] Vgl auch *Dauner-Lieb* (Unternehmen 201 f), nach deren Ansicht die Wurzel des Problems im deutschen Recht nicht erst in einem Versagen des § 1978 BGB, sondern im Konzept der gegenständlichen Haftungsbeschränkung liegt.

C. Die jüngste Reform des Handelsrechts

1. Allgemeines

Die deutsche Handelsrechtsreform 1998 löste auch in Österreich eine Diskussion über den Reformbedarf aus.[81] Sie veranlasste den österreichischen Gesetzgeber zur Einleitung eines entsprechenden Reformprojekts, das nach der Einleitung des parlamentarischen Verfahrens vor kurzer zeit erfolgreich abgeschlossen werden könnte;[82] das Reformwerk tritt am 1.1.2007 in kraft. Die Reform hat auch Auswirkungen auf § 27 HGB. Zwar wird der Wortlaut der Bestimmung weitgehend[83] unverändert bleiben; gleichwohl werden andere, konzeptionelle Änderungen auf sie ausstrahlen.

2. Wesentliche Elemente der Reform

Es ist hier nicht der Ort, das gesamte Reformvorhaben darzustellen. Lediglich jene Änderungen sollen erörtert werden, die – zumindest mittelbar – auch für § 27 HGB relevant sind.

a. Ersetzung des Kaufmanns durch den Unternehmer

Im Mittelpunkt der Kritik am bisher geltenden HGB steht der Kaufmannsbegriff, dem vorgeworfen wird, kompliziert und kasuistisch zu sein sowie modernen wirtschaftlichen Anforderungen nicht mehr zu genügen. Anders als in Deutschland möchte sich aber der österreichische Gesetzgeber nicht mit einem reformierten Kaufmannsbegriff begnügen, sondern den Kaufmann als personellen Anknüpfungspunkt

---

[81] Dazu etwa *P. Bydlinski*, Die Reform des deutschen Handelsgesetzbuchs: Vorbild für Österreich? JBl 1998, 405; *Schauer*, Die Reform des deutschen Handelsrechts und ihr möglicher Einfluß auf das österreichische Recht, in: Rill (Hrsg), FS 100 Jahre Wirtschaftsuniversität Wien, dargebracht vom Fachbereich Rechtswissenschaft (1998); *Winkler*, Kaufmann quo vadis? (1999) insb 121 ff; *Krejci*, Reformbedarf im Handels- und Gesellschaftsrecht, in: FS Handler (2001) 263; *ders*, Methodisches, Dogmatisches und Politisches zur Grundtatbestandsbildung im Handelsrecht, FS F. Bydlinski (2002) 219; *Krejci/K. Schmidt*, Vom HGB zum Unternehmergesetz (2002); *Roth/Fitz*, Eckdaten einer österreichischen HGB-Reform, JBl 2002, 409; vgl auch *Kalss/Schauer*, Allgemeines Handelsrecht (2002) Rz 3/8 ff.

[82] BGBl I 2005/120; vgl. aus der reichhaltigen Literatur zu den Entwürfen beispielsweise *Roth*, Eckpunkte des HGB-Reformentwurfs, RdW 2003, 610/535; *S. Bydlinski*, Das Projekt eines Unternehmensgesetzbuchs – Darstellung der Weichenstellungen im Ministerialentwurf, JBl 2004, 2; *Dehn*, Vom Kaufmann zum Unternehmer, JBl 2004, 5; *Krejci*, Gesellschaftsrechtliche Neuerungen des UGB, JBl 2004, 10; *Schauer*, Das Sondervertragsrecht der Unternehmer im UGB, JBl 2004, 23; *K. Schmidt*, Der Entwurf eines Unternehmensgesetzbuchs – eine rechtspolitische Analyse, JBl 2004, 31; *Schauer*, Grundzüge der geplanten Handelsrechtsreform, ecolex 2004, 4; *U. Torggler*, Abschied vom Handelsrecht? (2005); *Harrer/Mader* (Hrsg), Die HGB-Reform in Österreich (2005).

[83] Vgl aber sogleich unten II. C. 3.

des Handelsrechts durch den Unternehmer ersetzen.[84] Dementsprechend wird das Handelsgesetzbuch künftig "Unternehmensgesetzbuch (UGB)" heißen. Dieses Ziel ließ sich aber nur beim unternehmerischen Sondervertragsrecht des 4. Buchs vollständig verwirklichen.[85] Im Übrigen mussten Kompromisse eingegangen werden, die ihre Ursache zu einem großen Teil in einer von den Vertretern der freien Berufe sowie der Land- und Forstwirtschaft gewünschten Ausnahme aus dem UGB haben.[86] Für das 1. Buch gilt, dass Einzelunternehmer, die in einem freien Beruf oder in der Land- und Forstwirtschaft tätig sind, zwar grundsätzlich ausgenommen sind, sich aber durch eine Eintragung in das Firmenbuch freiwillig dem 1. Buch unterwerfen können.

Hierdurch kommt es im Ergebnis zu einer Annäherung an die deutsche Rechtslage nach dem Handelsrechtsreformgesetz 1998. Gleichwohl weist die österreichische Reform über ihr deutsches Vorbild hinaus. Dies kommt bereits in § 1 Abs 1 UGB[87] zum Ausdruck, der den Anwendungsbereich des Gesetzes auf alle Unternehmer erstreckt und dadurch den programmatischen Kern offen legt, während § 1 dHGB nach wie vor auf den – materiell freilich erweiterten – Kaufmannsbegriff abstellt. Es bestehen aber auch deutliche Unterschiede in den Ergebnissen. Während das österreichische Recht die Freiberufler sowie die Land- und Forstwirte dem 1. Buch entzieht, ihnen aber die freiwillige Unterwerfung gestattet und sie in das 4. Buch bereits ipso iure einbezieht, sind sie in Deutschland aus dem HGB zur Gänze ausgenommen und können nicht einmal "hineinoptieren". Gewerblich tätige Kleinunternehmer werden nach dem neuen österreichischen Recht dem UGB (mit Ausnahme des Rechnungslegungsrechts im 3. Buch) bereits ex lege unterworfen sein, während es nach deutschem Recht einer freiwilligen Unterwerfung durch eine konstitutiv wirktende Eintragung in das Handelsregister bedarf (§ 2 dHGB). Durch den Ansatz der österreichischen Reform sind auch Bestimmungen überflüssig, wie sie der deutsche Gesetzgeber aufstellen musste, um zumindest die Sonderbestimmungen für einzelne Vertragsarten auf nicht eingetragene Kleinunternehmer anwendbar zu erklären (§ 84 Abs 4, § 93 Abs 3, § 383 Abs 2, § 407 Abs 3, § 453 Abs 3, § 467 Abs 3 dHGB).[88]

---

[84] Der Definition des Unternehmens soll in Anlehnung an das Konsumentenschutzgesetz (KSchG) folgendermaßen lauten: "Ein Unternehmen ist jede auf Dauer angelegte Organisation selbständiger wirtschaftlicher Tätigkeit, mag sie auch nicht auf Gewinn gerichtet sein" (§ 1 Abs 2 UGB).
[85] Dort werden in den Unternehmerbegriff auch alle juristischen Personen öffentlichen Rechts einbezogen, weshalb es in Zusammenhang mit dem 4. Buch zu einer Übereinstimmung des Unternehmerbegriffs mit dem Konsumentenschutzgesetz kommt (§ 343 Abs 1 UGB iVm § 1 Abs 2 KSchG).
[86] Vgl zur rechtspolitischen Diskussion gegen die Einbeziehung der freien Berufe in das UGB *Benn-Ibler*, Rechtsanwalt – Unternehmer, AnwBl 2003, 57; *Scheuba*, Gedanken zur Einbeziehung der Rechtsanwälte in das HGB, AnwBl 2005, 75; befürwortend *Krejci*, HGB-Reform und freie Berufe, AnwBl 2003, 67.
[87] Zum Inkrafttreten des UGB vgl. oben Fn. 82.
[88] Dazu kritisch *K. Schmidt*, Das Handelsrechtsreformgesetz, NJW 1998, 2161 (2163 f).

b. Kontinuität der Rechts- und Haftungsverhältnisse beim asset deal

Die zweite für § 27 HGB wesentliche Neuerung betrifft die Bestimmungen über die Unternehmensübertragung in der Form des *asset deal* im Allgemeinen. Sedes materiae des Unternehmenserwerbs unter Lebenden sind bisher §§ 25 f HGB. Sie werden vor allem in vier Punkten grundlegend umgestaltet:

– Künftig wird es nur noch auf den Erwerb und die Fortführung des Unternehmens ankommen, aber nicht mehr auf die Fortführung der Firma. Dieser inhaltlichen Neuerung entspricht es, dass § 25 und § 26 HGB aus ihrer systematisch seit jeher fragwürdigen Stellung im Firmenrecht herausgelöst und in die neuen §§ 38 f UGB-Entwurf verlagert werden. § 27 HGB wird deshalb zu § 40 UGB.
– Die bisher auf die Haftung des Erwerbers und den angenommenen Forderungsübergang beschränkten Rechtsfolgen des § 25 HGB werden durch einen vollständigen Übergang der unternehmensbezogenen Rechtsverhältnisse einschließlich der bisher entstandenen Rechten und Verbindlichkeiten auf den Erwerber verdrängt (§ 38 UGB). Auf diese Weise kommt zu einer Annäherung an den Unternehmensübergang durch Gesamtrechtsnachfolge. Der Übergang der Rechtsverhältnisse kann jedoch durch Vereinbarung zwischen dem Veräußerer und dem Erwerber sowie in bestimmten Fällen durch Widerspruch des Dritten verhindert werden. Es bleibt bei der Haftung des Erwerbers für die bisher entstandenen Verbindlichkeiten, die jedoch wie bisher nach § 25 Abs 2 HGB ausgeschlossen werden kann. Die künftige Regelung lässt ferner andere Bestimmungen, die eine Haftung oder die Übernahme von Rechtsverhältnissen durch den Erwerber begründen, unberührt. Sie tritt also hinter derartige leges speciales zurück und hat insofern einen Auffangcharakter. Gehört zum Unternehmen eine versicherte Sache, so wird der Versicherungsvertrag auch künftig gemäß § 69 VVG – und nicht gemäß § 38 UGB – übergehen.
– Die fortbestehende Haftung des Veräußerers wird in Anlehnung an die im deutschen Recht durch das Nachhaftungsbegrenzungsgesetz geschaffene Lösung[89] neu gestaltet (§ 39 UGB).
– § 28 HGB wird künftig entfallen. Die "Vergesellschaftung" des Unternehmens – also die Einbringung des Einzelunternehmens in eine Personengesellschaft – ist einfach unter den allgemeinen Tatbestand des § 38 UGB zu subsumieren.[90]

3. Neugestaltung der unternehmerischen Erbenhaftung

Diese Änderungen erweisen sich für § 27 HGB als folgenreich. Die unmittelbaren Eingriffe in die Bestimmung fallen freilich gering aus. Auf den ersten Blick fällt auf, dass das Wort "Handelsgeschäft" durch "Unternehmen" ersetzt wird. Im Übrigen beschränken sich die Änderungen auf die Ergänzung einer Überschrift, die neue

---

[89] § 26 HGB idF Nachhaftungsbegrenzungsgesetz, BGBl I 1994, 560.
[90] Bereits bisher zum Verständnis der §§ 25, 28 HGB als Ausdruck eines einheitlichen Kontinuitätsprinzips *K. Schmidt*, Haftungskontinuität als unternehmensrechtliches Prinzip, ZHR 145 (1981) 2 (insb 13 ff); *derselbe*, Handelsrecht 5.Aufl., 220 ff.

Nummerierung, eine geänderte Verweisung und eine geänderte, aber inhaltlich gleichsinnige Formulierung. § 40 UGB wird künftig also lauten:

> "Rechtsstellung des Erben bei Unternehmensfortführung
>
> § 40. (1) Wird ein zu einem Nachlass gehörendes Unternehmen von dem Erben fortgeführt, so haftet er für die unternehmensbezogenen Verbindlichkeiten unbeschadet seiner Haftung als Erbe unbeschränkt.
>
> (2) Die unbeschränkte Haftung tritt nicht ein, wenn die Fortführung des Unternehmens spätestens drei Monate nach Einantwortung eingestellt oder die Haftung in sinngemäßer Anwendung des § 38 Abs. 4 ausgeschlossen wird. Ist der Erbe nicht eigenberechtigt und ist für ihn kein gesetzlicher Vertreter bestellt, so endet diese Frist nicht vor dem Ablauf von drei Monaten seit der Bestellung eines gesetzlichen Vertreters oder seit dem Eintritt der unbeschränkten Handlungsfähigkeit des Erben."

Viel gewichtiger sind jedoch die Konsequenzen, die sich aus dem erweiterten Anwendungsbereich der Bestimmung ergeben. Die bisherige Beschreibung des Reformvorhabens hat gezeigt, dass die Erweiterungen vor allem zwei Ursachen haben: Sie beruhen auf der Ersetzung des Handelsgewerbes durch das Unternehmen als Anwendungsvoraussetzung für unternehmerisches Sonderprivatrecht und auf dem Wegfall der Firmenfortführung als Anwendungsvoraussetzung für den Haftungstatbestand des Erben.

Zugleich ist einer dritten, möglichen Erweiterung der Boden entzogen: Eine analoge Anwendung des künftigen § 40 UGB-Entwurf auf freiberufliche sowie auf land- und forstwirtschaftliche Unternehmen, die nicht im Firmenbuch eingetragen sind, ist ausgeschlossen. Man mag die Entscheidung des Gesetzgebers, diese Unternehmen vom Anwendungsbereich des 1. Buchs auszunehmen, rechtspolitisch oder mit Blick auf den verfassungsrechtlichen Gleichbehandlungsgrundsatz bewerten wie man möchte: Eine *planwidrige* Unvollständigkeit als Voraussetzung analoger Rechtsanwendung liegt gewiss nicht vor. Eine analoge Rechtsanwendung kommt auch deshalb nicht in Betracht, weil sie dem Gesetzgeber angestrebte Wertung, den betreffenden Unternehmern die freie Entscheidung über die Unterwerfung unter das 1. Buch zu überlassen, unterlaufen würde.

D. Konsequenzen für die unternehmerische Erbenhaftung

1. Konsequenzen für die ratio legis

Die Änderung des Handelsrechts wird den Kaufmann als zentralen Anknüpfungspunkt des unternehmerischen Sonderprivatrechts durch den Unternehmer ersetzen. Der Gesetzgeber vollzieht die Entwicklung vom Handelsrecht zum Unternehmensrecht auch durch die Umbenennung des HGB in Unternehmensgesetzbuch nach. Materiell kommt dieses Modell jenen Vorstellungen nahe, wie sie vor allem von *Raisch*[91] und von *K. Schmidt*[92] schon seit langem zum deutschen Recht vertreten werden.

Der Wechsel der Anknüpfung zeigt sich auch bei der Haftung des Unternehmenserwerbers deutlich. Durch den Wegfall des in §§ 25, 27 HGB enthaltenen Merkmals der Firmenfortführung wird ein bisher gegenüber § 28 und § 130 HGB bestehender Unterschied beseitigt. Die Nachfolgebestimmungen in §§ 38, 40 UGB befinden sich insoweit in Übereinstimmung mit den inhaltlich unverändert bleibenden §§ 130 HGB/UGB. Nimmt man die Bestimmungen in §§ 25, 28, 130 und 139[93] UGB zusammen, so erkennt man ein einheitliches Prinzip. Es lässt sich folgendermaßen beschreiben:

§§ 38, 40, 130 und 173 UGB beruhen auf dem Prinzip der Unternehmenskontinuität und, soweit sie die Haftung für Altverbindlichkeiten zum Gegenstand haben, auf dem Prinzip der *Haftungskontinuität beim Unternehmenserwerb*. Der Unternehmenserwerb durch *asset deal* durch Einzelrechtsnachfolge und der Erwerb eines mit persönlicher Haftung verbundenen Anteils an einer unternehmenstragenden Personengesellschaft werden für diese Zwecke gleich behandelt. Beim *asset deal* dienen die Kontinuitätsregeln dem Zweck, die fehlende Rechtspersönlichkeit des Unternehmens zu kompensieren.[94] Es stellt es auch keinen Unterschied dar, ob der Erwerb unter Lebenden oder auf erbrechtlicher Grundlage erfolgt: Während §§ 38, 40 UGB – insoweit im Anschluss an §§ 25, 27 HGB – zwischen diesen beiden Fällen auf tatbestandlicher Ebene unterscheidet, werden sie in §§ 130, 173 UGB zusammengefasst, die auch auf den erbrechtlichen Erwerb anzuwenden sind.[95] Die angeführten Bestimmungen führen zu einer Gleichbehandlung von

---

[91] Geschichtliche Voraussetzungen, dogmatische Grundlagen und Sinnwandlung des Handelsrechts (1965) insb 179 ff.
[92] Handelsrecht 5.Aufl., 47 ff; *derselbe* in: MünchKommHGB, § 1 Rz 96 ff; *derselbe*, Wozu noch Handelsrecht? – Vom Kaufmannsrecht zum Unternehmensrecht, JBl 1995, 341 (344 ff) und in vielen anderen Schriften; vgl auch dessen eigene – mit Blick auf das deutsche Recht verfassten – Bemerkungen und Vorschläge zur Überarbeitung des Handelsgesetzbuchs, DB 1994, 515.
[93] § 139 HGB geht in der in Österreich durch Art 7 Nr 17 der 4. EVHGB modifizierten Fassung in § 139 UGB auf. Die einzige inhaltliche Änderung besteht darin, dass die bisher bestehende Frist von einem Monat ab Einantwortung für die Geltendmachung des Rechts des Erben zur Umwandlung der Einlage in eine Kommanditeinlage durch eine Frist von drei Monaten ersetzt wird. Der Grund dafür ist die Angleichung an § 27 HGB (§ 40 UGB). Dies ist zu begrüßen, weil für die unterschiedliche Dauer der Fristen in § 27 und § 139 HGB iVm Art 7 Nr 17 der 4. EVHGB nach bisher geltendem Recht kein vernünftiger Grund zu finden ist (*Schauer*, Rechtsprobleme 355).
[94] *K. Schmidt*, Handelsrecht 5.Aufl., 211 f, 221.
[95] Zu § 130 HGB *Staub/Habersack* 4.Aufl, § 130 Rz 10; *Staub/Schäfer* 4.Aufl, § 139 Rz 121; *MünchKommHGB/K. Schmidt*, § 130 Rz 14; *Ebenroth/Boujong/Joost/Hillmann*, § 130 Rz 5; *Heymann/Emmerich* 2.Aufl, § 130 Rz 3; *Baumbach/Hopt/Hopt*, HGB 31.Aufl., § 130 Rz 4, 15; *Staudinger/Marotzke* (2002) § 1967 Rz 63; zum österreichischen Recht *Straube/Koppensteiner* 3.Aufl, § 130 Rz 5; *Jabornegg/Jabornegg*, § 130 Rz 7, 11; *Schauer*, Rechtsprobleme 288 ff; zu § 173 HGB *Staub/Schilling* 4.Aufl, § 173 Rz 2, 10; *MünchKommHGB/K. Schmidt*, § 173 Rz 41; *Ebenroth/Boujong/Joost/Strohn*, § 173 Rz 25; *Baumbach/Hopt/Hopt*, § 173 Rz 4; für das

Alt- und Neugläubigern. Dies kommt im Ergebnis dem von *K. Schmidt*[96] entwickelten Kontinuitätsmodell nahe. Eine Erklärung mithilfe von Haftungserwartungen des Verkehrs ist künftig nicht mehr möglich. Dass *Reuters* Vorstellungen vom Gläubigerschutz auf das österreichische Recht nicht übertragbar sind, wurde bereits dargelegt.[97]

Weniger einheitlich präsentiert sich die Rechtslage hinsichtlich der Vermeidbarkeit der Haftung für Altverbindlichkeiten. Die Haftung aus § 38 UGB beim Erwerb unter Lebenden und aus § 40 UGB beim erbrechtlichen Erwerb können, wie erwähnt,[98] ausgeschlossen werden. Die Haftung aus § 130 HGB/UGB ist für den Gesellschafter, der unter Lebenden in die Gesellschaft eintritt, unabdingbar; der Erbe, der aufgrund einer Nachfolgeklausel in die Gesellschaft einrückt, kann die unbeschränkte Haftung jedoch gemäß § 139 HGB/UGB vermeiden. Die Altschuldenhaftung ist für den Kommanditisten, der unter Lebenden eintritt, wiederum zwingend; ob der Erbe eines Kommanditisten die Haftung gemäß § 173 HGB/UGB ausschalten kann, ist umstritten, aber mit der überwiegenden Ansicht zu verneinen.[99] Die Privilegierung des erbrechtlichen Erwerbs lässt sich damit rechtfertigen, dass dem Erben zwischen der Entscheidung, die Erbschaft auszuschlagen oder einer unbeschränkten Altschuldenhaftung ausgesetzt zu sein, noch ein dritter Weg eröffnet werden soll. Dies gilt für § 38 UGB (§ 27 HGB)[100] und für § 139 HGB/UGB.[101] Die Gelegenheit, auch dem Erben des Kommanditisten eine dem § 139 HGB/UGB vergleichbare Möglichkeit zur Haftungsbeschränkung eingeräumt, wurde anlässlich der österreichischen Reform des Handelsrechts nicht genutzt; für diese Entscheidung mag man immerhin ins Treffen führen, dass der Kommanditistenerbe gemäß § 173 HGB/UGB-Entwurf auch gesellschaftsrechtlich nur beschränkt haftet.[102] Der Erwerber unter Lebenden ist nicht vor dieselbe Entscheidungssituation gestellt wie der Erbe, so dass ihm eine zwingend unbeschränkte Altschuldenhaftung eher zugemutet werden kann. Zugunsten einer Beschränkung oder eines Ausschlusses der Altschuldenhaftung kann jedoch ins Treffen geführt werden, dass sich der Gläubiger beim Erwerb unter Lebenden auf die fortbestehende Haftung des Veräußerers berufen kann; diese muss dem Gläubiger aber nicht notwendigerweise dieselbe Sicherheit bieten, wenn das Unternehmen aus

---

österreichische Recht *Schauer*, Rechtsprobleme 291 ff; wohl ebenso *Jabornegg/Jabornegg*, § 173 Rz 4; aA *Staudinger/Marotzke* (2002) § 1967 Rz 69; offen lassend *Straube/Koppensteiner* 3.Aufl, § 173 Rz 3.
[96] Oben I. B. 3.
[97] Oben II. B. 2. c.
[98] Oben II. B. 2. b und II. C. 2. b.
[99] *Staub/Schilling*, 4.Aufl., § 173 Rz 11; *MünchKommHGB/K. Schmidt*, § 173 Rz 44; *Ebenroth/Boujong/Joost/Strohn*, § 173 Rz 26; *Baumbach/Hopt/Hopt*, § 173 Rz 15; für das österreichische Recht de lege lata ebenso *Schauer*, Rechtsprobleme 291 ff; wohl ebenso *Jabornegg/Jabornegg*, § 173 Rz 4; aA *Staudinger/Marotzke* (2002) § 1967 Rz 69; *Heymann/Horn* 2.Aufl, § 173 Rz 8.
[100] Zu § 27 HGB diesbezüglich *Lange/Kuchinke*, Erbrecht 5.Aufl., 1206.
[101] Zu § 139 HGB diesbezüglich *Ebenroth/Boujong/Joost/Lorz*, § 139 Rz 3; *Heymann/Emmerich*, 2.Aufl., § 139 Rz 2; *Schauer*, Rechtsprobleme 352.
[102] Vgl *MünchKommHGB/K. Schmidt*, § 173 Rz 44; *Schauer*, Rechtsprobleme 294.

seinem Haftungsfonds ausgeschieden ist. Aus diesen Gründen wäre zu erwägen gewesen, die Haftung des Unternehmenserwerbers für Altverbindlichkeiten für zwingend zu erklären.[103] Die österreichische Handelsrechtsreform hat diesen Weg jedoch nicht beschritten, sondern hat die diesbezügliche Verschiedenbehandlung der Altschuldenhaftung des Unternehmenserwerbers (§ 25 HGB, § 38 UGB) und des eintretenden Gesellschafters (§§ 130, 173 HGB/UGB) aus der bisherigen Rechtslage übernommen.

2. Konsequenzen für das rechtsdogmatische Verständnis

Die bisher gewonnenen Einsichten erweisen sich auch für das rechtsdogmatische Verständnis des § 40 UGB als hilfreich. Wie bereits erwähnt, ist zu § 27 HGB die Frage umstritten, ob es sich dabei nur um eine Verschärfung der Erbenhaftung oder um einen eigenständigen Haftungsgrund handelt. Ein Vergleich macht es deutlich: § 25 HGB (§ 38 UGB) begründet hinsichtlich der Altverbindlichkeiten einen Schuldbeitritt und stellt in Verbindung mit dem gegen den Veräußerer bestehenden Anspruch eine eigenständige Anspruchsgrundlage dar. Auch §§ 130, 173 HGB/UGB bilden in Verbindung mit § 128 HGB/UGB und dem gegen die Gesellschaft bestehenden Anspruch eine eigene Anspruchsgrundlage. Dies gilt auch dann, wenn der neue Gesellschafter den Anteil als Erbe erlangt: Nach ganz herrschender Ansicht tritt die gesellschaftsrechtliche Altschuldenhaftung *neben* die erbrechtliche Haftung.[104] Ist § 40 UGB Bestandteil desselben Prinzip, so liegt es nahe, ihn in derselben Weise zu verstehen: nämlich als Haftungstatbestand aufgrund eines Unternehmenserwerbs. Pointiert formuliert: Der Erbe haftet gemäß § 40 UGB nicht als Erbe, sondern als Erwerber eines Unternehmens; dass sich der Erwerb kraft Erbrechts vollzieht, ist insofern nur der Anlass, nicht aber der Rechtsgrund der Haftung. Die hier vertretene Ansicht findet im Wortlaut der Bestimmung eine zusätzliche Stütze. Ist in § 27 HGB davon die Rede, dass § 25 *auf die Haftung des Erben* entsprechende Anwendung findet, was man auch als eine bloß erbrechtliche Haftungsverschärfung verstehen könnte, so sieht § 40 UGB klar vor, dass der Erbe *unbeschadet seiner Haftung als Erbe* unbeschränkt haftet. § 40 UGB ist also die Grundlage eines eigenständigen Anspruchs, der *neben* der erbrechtlichen Haftung besteht.

---

[103] De lege ferenda befürwortend *K. Schmidt*, Handelsrecht 5.Aufl., 234 f; *derselbe*, ZHR 145, 25 f; aA *MünchKommHGB/Lieb*, § 25 Rz 12 f.

[104] *MünchKommHGB/K. Schmidt*, § 139 Rz 100, § 173 Rz 44, § 130 Rz 14; *Staub/Habersack* 4.Aufl, § 130 Rz 10; *Staub/Schäfer* 4.Aufl, § 139 Rz 123; *Staub/Schilling* 4.Aufl, § 173 Rz 11; *Ebenroth/Boujong/Joost/Lorz*, § 139 Rz 119; *Ebenroth/Boujong/Joost/Strohn*, § 173 Rz 26; *Schauer*, Rechtsprobleme 276 ff (279); manchmal wird – unpräzise – auch gesagt, dass die gesellschaftsrechtliche Haftung die Erbenhaftung "überlagert" (*Staudinger/Marotzke* [2002] § 1967 Rz 64).

3. Konsequenzen für die kollisionsrechtliche Beurteilung

a. Anknüpfung der unternehmerischen Erbenhaftung

Die rechtsdogmatische Einordnung des § 40 UGB dürfte auch Auswirkungen auf die kollisionsrechtliche Beurteilung haben, die hier nur angedeutet werden können. Soweit ersichtlich, hat die Anknüpfung der handelsrechtlichen Erbenhaftung bisher kaum besondere Beachtung gefunden. Möglicherweise strahlt hier die Unsicherheit über das rechtsdogmatische Verständnis[105] auf die kollisionsrechtliche Ebene aus. Stellt die handelsrechtliche Erbenhaftung nur eine Verschärfung der bürgerlichrechtlichen Haftungsregeln dar, so erscheint es konsequent, sie erbrechtlich zu qualifizieren und nach dem Erbstatut zu beurteilen. Wie sich soeben gezeigt hat, ist diese Prämisse spätestens auf der Grundlage des § 40 UGB nicht mehr haltbar. Ist § 40 UGB ein Bestandteil einer unternehmensrechtlichen Erwerberhaftung, deren ratio legis gemeinsam mit §§ 38 f UGB und §§ 130, 173 HGB/UGB in der Gewährleistung von Haftungskontinuität und der Gleichbehandlung von Alt- und Neugläubigern liegt, so liegt es nahe, ihn kollisionsrechtlich an die übrigen Bestimmungen anzunähern. Als Parallelnorm kommen insofern freilich nur §§ 38 f UGB in Frage, weil §§ 130, 173 HGB/UGB einen Teilaspekt der Gesellschafterhaftung regeln und nach dem Gesellschaftsstatut (§ 10 öst IPRG) zu beurteilen sind. Fraglich ist, wie die kollisionsrechtliche Einordnung der §§ 38-40 UGB erfolgen könnte.

§ 25 HGB, der Vorläufer von § 38 UGB, regelt einen gesetzlichen Schuldbeitritt. Besondere kollisionsrechtliche Normen für die Anknüpfung des Schuldbeitritts sind nicht vorhanden;[106] die hA befürwortet beim gesetzlichen Schuldbeitritt eine Bildung von Fallgruppen.[107] Nach hA unterliegt Haftung gemäß § 25 HGB dem Recht am Sitz des erworbenen Unternehmens;[108] als maßgebend wird dabei überwiegend die Firmenfortführung angesehen.[109] Einen Schuldbeitritt als Folge eines Unternehmenserwerbs

---

[105] Oben II. A. 3.
[106] Anders früher im österreichischen Recht § 45 IPRG über "abhängige Rechtsgeschäfte", der auf rechtsgeschäftliche Schuldübernahmen anwendbar war (*Schwimann* in: Rummel 2.Aufl., § 45 IPRG Rz 2; *v. Bar*, Kollisionsrechtliches zum Schuldbeitritt und zum Schuldnerwechsel, IPRax 1991, 197 [198]); die Bestimmung wurde anlässlich der Einführung des EVÜ aufgehoben (BGBl I 1998/119).
[107] *v. Bar*, IPRax 1991, 198 f; *Staudinger/Hausmann* (2002) Art 33 EGBGB Rz 97.
[108] *v. Hoffmann*, Anmerkung der Redaktion, IPRax 1989, 175; *v. Bar*, Internationales Privatrecht II (1991) Rz 616; *derselbe*, IPRax 1991, 199; *Staudinger/Hausmann* (2002) Art 33 EGBGB Rz 111; *Merkt*, Internationaler Unternehmenskauf 2.Aufl., (2003) Rz 589; *Reithmann/Martiny/Merkt*, Internationales Vertragsrecht 6.Aufl., (2004) Rz 916; *Merkt/Dunckel*, Anknüpfung der Haftung aus Vermögensübernahme bzw. Firmenfortführung beim Unternehmenskauf, RIW 1996, 533 (542); vgl auch *Bamberger/Roth/Spickhoff*, Art 33 Rz 15; *Looschelders*, Internationales Privatrecht – Art. 3-46 EGBGB (2004) Art 33 Rz 25.
[109] RG ZIR 55, 558; vgl auch RG RGZ 60, 296; dazu *Tiedemann*, Die Haftung aus Vermögensübernahme im internationalen Recht (1995) 73 ff; zustimmend *v. Bar*, Internationales Privatrecht II Rz 616; *derselbe*, IPRax 1991, 199; *Merkt*, Unternehmenskauf 2.Aufl., Rz 589; *Reithmann/Martiny/Merkt*, Internationales Vertragsrecht 6.Aufl., Rz 916; *Merkt/Dunckel*, RIW

hat auch § 1409 ABGB zum Gegenstand. Die kollisionsrechtliche Anknüpfung dieser Bestimmung ist umstritten. Der Wert der entsprechenden Ansichten hierzu wird die für die Zwecke der vorliegenden Fragestellung gemindert, weil sich die meisten Stellungnahmen auf die von § 1409 ABGB ebenfalls erfasste Vermögensübernahme beziehen. Dies gilt auch für die Äußerungen zum inzwischen aufgehobenen § 419 BGB, der sich nur auf die Übernahme eines Vermögens bezog. Die geprüfte Frage lautet also: Nach welchem Recht bestimmt sich die Haftung des Übernehmers eines Vermögens? Nach hM knüpft sie an die Belegenheit des Vermögens an.[110] Die Einheitlichkeit der Anknüpfung kann jedoch aus mehreren Gründen durchbrochen werden: Gehören zum übernommenen Vermögen Forderungen, dann soll an das Forderungsstatut anzuknüpfen sein.[111] Besonders umstritten ist die Lösung, wenn sich das Vermögen in unterschiedlichen Staaten befindet. Dazu wird die Ansicht vertreten, es komme dann auf die Rechtsordnung jenes Staates an, in dem der größte oder wertmäßig bedeutendste Teil des Vermögens übertragen wird.[112] Eine andere Meinung will an den Wohnsitz des Veräußerers anknüpfen.[113] Nach einer dritten Ansicht, die zunehmend Verbreitung findet, kommt es zu einer gespaltenen Lösung, die auf der materiellrechtlichen Ebene ansetzt: Die Haftung bestimmt sich nach den jeweils anwendbaren Rechtsordnungen in Bezug auf die Vermögensgegenstände, die sich in ihrem Geltungsbereich befinden; die Haftung solle freilich nach anteilig nach Maßgabe des Wert der Gegenstände bestehen, die nach der jeweiligen Rechtsordnung übertragen werden.[114]

1996, 542; nicht ausdrücklich auf die Firmenfortführung abstellend *Bamberger/Roth/Spickhoff*, Art 33 Rz 15; *Looschelders*, Internationales Privatrecht Art 33 Rz 25.

[110] *Schwind*, Das IPR des Haftungsübergangs bei Vermögensübertragung, in: FS v. Caemmerer (1978) 757 (757 ff); *v. Bar*, Internationales Privatrecht II Rz 616; *derselbe*, IPRax 1999, 199; *Staudinger/Hausmann* (2002) Art 33 EGBGB Rz 113; *Kegel/Schurig*, Internationales Privatrecht 9.Aufl., (2004) 761; *Merkt*, Unternehmenskauf 2.Aufl., Rz 582 ff; *Reithmann/Martiny/Merkt*, Internationales Vertragsrecht 6.Aufl., Rz 914; *Looschelders*, Internationales Privatrecht Art 33 Rz 25; *Merkt/Dunckel*, RIW 1996, 538; ähnlich *Schnelle*, Die kollisionsrechtliche Anknüpfung der Haftung aus Vermögensübernahme im deutschen IPR, RIW 1997, 281 (284); vgl auch *Brugger*, § 1409 ABGB und IPR: Probleme des internationalen Unternehmenskaufes, ZfRV 1993, 94 (96 ff); aA *Busch/Müller*, Das Internationale Privatrecht des Gläubigerschutzes bei Vermögens- bzw. Unternehmensübertragung, ZVglRWiss 94 (1995) 157 (158 ff), die eine kumulative Anknüpfung an das Forderungsstatut und das Heimatrecht des Veräußerers befürworten.
[111] *Merkt/Dunckel*, RIW 1996, 538; *Staudinger/Hausmann* (2002) Art 33 EGBGB Rz 113.
[112] *Brugger*, ZfRV 1993, 97 f.
[113] *v. Hoffmann*, IPRax 1989, 175; *Ebenroth/Offenloch*, Kollisionsrechtliche Untersuchung grenzüberschreitender Ausgliederungen RIW 1997, 1 (8); ähnlich *Tiedemann* (Haftung 120 ff), der eine Anknüpfung an den gewöhnlichen Aufenthalt des Überträgers vorschlägt.
[114] Ausführlich *Merkt/Dunckel*, RIW 1996, 541 f; ebenso *Merkt*, Unternehmenskauf 2.Aufl., Rz 587 f; *Reithmann/Martiny/Merkt*, Internationaler Unternehmenskauf 6.Aufl., Rz 915; *Staudinger/Hausmann* (2002) Art 33 EGBGB Rz 114; *Kegel/Schurig*, Internationales Privatrecht 9.Aufl., 761; für die Anwendung aller Rechtsordnungen, in deren Geltungsgebiet Vermögen übertragen wird, aber ohne ausdrückliche Beschränkung auf der Anteile auf die Wertverhältnisse *Schwind*, FS von Caemmerer 760; vgl auch *Schnelle*, RIW 1997, 284 mit der Einschränkung der Haftung auf jene Rechtsordnungen, die eine derartige Haftung kennen.

Für §§ 38-40 UGB erweisen sich diese Lösungsvorschläge als nicht geeignet. Die im Zusammenhang mit § 25 HGB tragende Begründung der Firmenfortführung geht künftig ins Leere, weil es nach § 38 UGB nicht mehr auf die Firmenfortführung ankommt.[115] Die Beurteilung nach dem Haftungsstatut des Übernehmers eines Vermögens scheint deshalb wenig passend, weil es bei dieser Haftung um die Sicherung des Haftungsfonds zugunsten der Gläubiger geht,[116] während §§ 38-40 UGB der Sicherung der Unternehmenskontinuität dienen.[117] Soweit die These von der Unternehmenskontinuität als Erklärungsmodell des bereits geltenden § 25 HGB Anklang findet, mehren sich deshalb die Stimmen, die sich für eine Anknüpfung der auf dem Kontinuitätsgedanken beruhenden Haftungsregeln am Sitz des Unternehmens aussprechen,[118] ohne dabei einen Zusammenhang mit der Firmenfortführung herzustellen.[119] In diesem Zusammenhang ist auch von einem "Unternehmensstatut" die Rede.[120] Als Rechtsgrundlage für ein solches "Unternehmensstatut" bietet sich im österreichischen Kollisionsrecht eine Analogie zu § 10 IPRG an.[121] Es ist daran zu erinnern, dass der Kontinuitätsgedanke dem Ziel dient, durch die Überleitung von Rechts- und Haftungsverhältnissen auf den Erwerber die fehlende Rechtspersönlichkeit des Unternehmens zu kompensieren.[122] Die Rechtspersönlichkeit der Gesellschaft und die aus der Mitgliedschaft erfließenden Haftungsverhältnisse haben die Funktion, das Kontinuitätsproblem bei der Unternehmensveräußerung zu lösen. Der *share deal* bietet den Gesellschaftern die Möglichkeit, das Unternehmen – wenn auch nur mittelbar, aber mit vergleichbarem wirtschaftlichen Ergebnis – zu veräußern, ohne dass es dazu einer gesonderten Übertragung unternehmensbezogener Rechtsverhältnisse oder eine rechtsgeschäftliche Neubegründung der Haftungsverhältnisse bedarf. Ob und inwieweit Rechtspersönlichkeit der Gesellschaft und eine Haftung der Gesellschafter bestehen, ergibt sich aus dem Gesellschaftsstatut, für das an den Sitz der Gesellschaft anzuknüpfen ist (§ 10 IPRG). Beim *asset deal* kommt es nicht zur Veräußerung von Anteilen an der unternehmenstragenden Gesellschaft, sondern zur Übertragung des Unternehmens als solchem. Die Rechtspersönlichkeit des Unternehmensträgers bietet dann keine Hilfe zur Lösung des Kontinuitätsproblems. Enthält die Rechtsordnung aber besondere Regeln, die das Kontinuitätsproblem auch in diesem Fall lösen und dadurch die fehlende Rechtspersönlichkeit des Unternehmens kompensieren sollen, dann liegt es nahe, sie in vergleichbarer Weise anzuknüpfen. Als Anknüpfungselement bietet sich dann der Sitz des Unternehmens an.

---

[115] Oben II. C. 2. b.
[116] Zu § 1409 ABGB *Ertl* in: Rummel 3.Aufl.", § 1409 Rz 1; *Koziol/Welser*, Bürgerliches Recht 12.Aufl., II 125.
[117] Oben II. D. 1.
[118] *Busch/Müller*, ZVglRWiss 94, 177 ff; *Ebenroth/Offenloch*, RIW 1997, 8; *Schnelle*, RIW 1997, 285; *Staudinger/Hausmann* (2002) Art 33 EGBGB Rz 111.
[119] Ausdrücklich ablehnend *Busch/Müller*, ZVglRWiss 94, 176; *Schnelle*, RIW 1997, 285.
[120] *Busch/Müller*, ZVglRWiss 94, 174; *Ebenroth/Offenloch*, RIW 1997, 8.
[121] Für eine Analogie zum Gesellschaftsstatut im deutschen Recht auch *Ebenroth/Offenloch*, RIW 1997, 8.
[122] Oben II. D. 1.

Diese Überlegungen führen zu folgendem Zwischenergebnis: In analoger Anwendung des § 10 IPRG kann ein "Unternehmensstatut" entwickelt werden. Es bezieht sich auf jene Rechtsvorschriften, die der Sicherung der Kontinuität der Rechts- und Haftungsverhältnisse bei der Übertragung eines Unternehmens durch *asset deal* dienen.[123] Anknüpfungsmoment dieses Statuts ist der Sitz des Unternehmens. §§ 38-40 UGB sind Bestimmungen, die der beschriebenen Kontinuitätssicherung dienen. Die unternehmensrechtliche Erbenhaftung des § 40 UGB ist nach diesem Statut zu beurteilen; sie ist somit anzuwenden, wenn der Sitz des Unternehmens im Inland liegt. Auf das Erbstatut kommt es insoweit nicht an.

b. Exkurs: Anknüpfung des Vertragsübergangs

Im Rahmen eines Exkurses ist aber noch auf eine andere kollisionsrechtliche Frage einzugehen, die durch § 38 UGB aufgeworfen wird. Es wurde bereits erwähnt,[124] dass § 38 UGB nicht nur Haftungsverhältnisse regelt, sondern auch – und sogar primär – den Übergang ganzer Rechtsverhältnisse anordnet. Diesbezüglich droht ein Konflikt mit dem Statut für den gesetzlichen Vertragsübergang. Die hA[125] knüpft den gesetzlichen Vertragsübergang an das Vertragsstatut an und lässt dieses darüber entscheiden, ob und mit welchen Rechtsfolgen ein Vertrag übergehen soll. Deshalb stellt sich im vorliegenden Zusammenhang – mit Blick auf § 38 UGB – die Frage, ob ein gesetzlicher Vertragsübergang bei der Unternehmensveräußerung durch *asset deal* nach dem Vertragsstatut oder nach dem soeben aufgezeigten "Unternehmensstatut" beurteilt werden soll.

Der Grund, warum das Statut des gesetzlichen Vertragsübergangs dem Vertragsstatut folgt, liegt darin, dass der Übergang des Vertrags in der Regel die Funktion hat, einen der Beteiligten – die Neupartei oder die Restpartei – in besonderer Weise zu schützen.[126] Die Beurteilung des Vertragsübergangs nach dem Vertragsstatut bedeutet, diesem Schutzzweck auch auf kollisionsrechtlicher Ebene zum Durchbruch

---

[123] Dies gilt im Wesentlichen für die Unternehmensübertragung durch Einzelrechtsnachfolge. Der Übergang aufgrund eines Tatbestands gesellschaftsrechtlicher Gesamtrechtsnachfolge ist regelmäßig vom Gesellschaftsstatut unmittelbar erfasst (HansOLG IPRax 1993, 391 [392 f]; vgl auch *Grunewald* in: Lutter, UmwG 3.Aufl, [2004] § 20 Rz 11; *Racky*, Die Behandlung von im Ausland belegenen Gesellschaftsvermögen bei Verschmelzungen, DB 2003, 923 [923 f]; zum Vorrang des Gesamtstatuts gegenüber der lex rei sitae allgemein v. Bar/Mankowski, Internationales Privatrecht 2.Aufl., I [2003] § 7 Rz 43 f; *Kegel/Schurig*, Internationales Privatrecht, 9.Aufl, 770; *Kropholler*, Internationales Privatrecht 5.Aufl, 544), so dass insoweit keine Regelungslücke besteht.
[124] Oben II. C. 2. b.
[125] Grundlegend *Zweigert*, Das Statut der Vertragsübernahme, RabelsZ 23 (1958) 643 (656 ff); Staudinger/Hausmann (2002) Art 33 EGBGB Rz 106; *Kegel/Schurig*, Internationales Privatrecht 9.Aufl, 762; *Merkt*, Unternehmenskauf 2.Aufl., Rz 369; *Bamberger/Roth/Spickhoff*, Art 33 EGBGB Rz 13; *Looschelders*, Internationales Privatrecht Art 33 Rz 23; *v. Bar*, IPRax 1999, 200 f; zur Vertragsübernahme allgemein auch *Schwimann*, Internationales Privatrecht 3.Aufl., (2001) 95.
[126] *Zweigert*, RabelsZ 23, 657.

zu verhelfen. Man kann deshalb für die vorliegende Frage an eine zweistufige Lösung denken: Primär ist der gesetzliche Vertragsübergang auch beim Unternehmensübergang durch *asset deal* nach dem Vertragsstatut zu beurteilen. Dafür spricht, dass das Vertragsstatut in der Regel die den Interessen der Beteiligten beim jeweiligen Rechtsverhältnis am besten entsprechenden Rechtsfolgeanordnungen, beispielsweise in Bezug auf einen Fortsetzungszwang oder eine Auflösbarkeit, bereithalten wird. Soweit die aufgrund des Vertragsstatuts berufene Rechtsordnung keine besonderen Regeln hält, ist der Vertragsübergang nach dem Unternehmensstatut zu beurteilen, so dass die Rechtsordnung am Sitz des Unternehmens berufen ist. Das Unternehmensstatut kommt nach dieser Lösung nur subsidiär zur Anwendung. Dies entspricht seiner mit einer analogen Anwendung des § 10 IPRG begründeten Lückenfüllungsfunktion: Hält bereits das Vertragsstatut eine Lösung bereit, die unter Abwägung der beteiligten Interessen die Unternehmenskontinuität gewährleistet, so liegt keine ausfüllungsbedürftige Lücke vor. Im Ergebnis entspricht dieser kollisionsrechtliche Ansatz dem, was § 38 UGB bereits auf sachrechtlicher Ebene vorsieht: Sondervorschriften, die den Übergang von Rechtsverhältnissen anlässlich der Unternehmensübertragung regeln, bleiben durch ihn unberührt.[127] Die in § 38 UGB vorgesehene Subsidiarität der allgemeinen Regel gegenüber Sondertatbeständen wird durch die vorgeschlagene Lösung in vergleichbarer Weise auch auf kollisionsrechtlicher Ebene verwirklicht.

III. Zusammenfassung der wichtigsten Ergebnisse

Sedes materiae der unternehmerischen Erbenhaftung ist § 27 HGB. Die Bestimmung, die im deutschen Recht seit dem Inkrafttreten des HGB gilt, wurde in Österreich im Jahre 1938 eingeführt. Sowohl die ratio legis als auch mehrere Anwendungsfragen sind umstritten.

Anlässlich der Einführung in Österreich wurde eine Anpassung an das System des Erbschaftserwerbs im österreichischen Recht vorgenommen. Gleichwohl entstand die Frage, ob die Haftung des Erben gemäß § 27 HGB bereits vor der Einantwortung beginnen könne. Diese Frage blieb umstritten.

Durch die Novelle 2004 wurde im österreichischen Recht klargestellt, dass die Erbenhaftung gemäß § 27 HGB stets nicht früher als mit der Einantwortung beginnen kann. Zugleich wurde ausdrücklich vorgesehen, dass der Erbe seine Haftung auch durch eine Eintragung im Firmenbuch oder eine Mitteilung an die Gläubiger abwenden kann. Dafür ist ihm richtigerweise eine Frist von drei Monaten ab der Einantwortung einzuräumen.

In Österreich wurde jüngst eine umfassende Reform des Handelsrecht beschlossen. Sie wird den Kaufmann durch den Unternehmer als Anknüpfung für das Handelsrecht ersetzen. Zugleich sind Regeln vorgesehen, die einer Kontinuität der Rechts- und

---

[127] Oben II. C. 2. b.

Martin Schauer

Haftungsverhältnisse beim Unternehmenserwerb durch asset deal dienen. Diese Änderungen werden auch Konsequenzen für die unternehmerische Erbenhaftung haben.

Ratio legis der unternehmerischen Erbenhaftung wird nach künftigem Recht (§ 40 UGB) klar die Sicherung der Haftungskontinuität beim Unternehmenserwerb sein. Die Haftung kann aber unter Beachtung von Publizitätserfordernissen abgewendet werden.

Die unternehmerische Erbenhaftung ist jedenfalls nach künftigem Recht nicht als Verschärfung der bürgerlichrechtlichen Erbenhaftung, sondern als eigenständiger Haftungstatbestand zu verstehen, der seine Grundlage im Unternehmenserwerb hat.

Aus kollisionsrechtlicher Sicht ist die unternehmerische Erbenhaftung gemäß § 40 UGB nach künftigem Recht nicht erbrechtlich zu qualifizieren, sondern an den Sitz des Unternehmens anzuknüpfen.

Zum Kreis sonderanknüpfungsfähiger "Eingriffsnormen" im Internationalen Privatrecht

*Anton K. Schnyder**

I. Vorbemerkung und Glückwunsch

Am 16. und 17. April 1986 hatte das Max-Planck-Institut für ausländisches und internationales Privatrecht aus Anlass seinen 60jährigen Bestehens in Hamburg ein internationales Symposium veranstaltet. Die Tagung, an der ausgewiesene Experten des In- und Auslandes teilnahmen, galt der Thematik "Extraterritoriale Anwendung von Wirtschaftsrecht" und hat wohl erstmalig den komplexen Problembereich so umfassend beleuchtet.[1] Das Hamburger Institut war auch der Ort, an welchem der Jubilar während vieler Jahre gewirkt hat und wo ihm ebenfalls der Schreibende in den 1980er Jahren begegnen durfte. In Erinnerung geblieben sind feinfühlige Gespräche und Gastfreundschaft, für welche zu danken ist und woraus weiterhin die besten Wünsche zum Ausdruck gebracht seien.

Die Begegnungen in Hamburg mögen (erneut) Anlass sein, zu Ehren des Jubilars einen Ausschnitt aus der Extraterritorialitätsthematik anzusprechen.

II. Fragestellung

Die Behandlung "zwingenden" – materiellen und sonstigen – Rechts im Internationalen Privatrecht, unter Einschluss zunehmend auch des Verfahrensrechts sowie der internationalen Schiedsgerichtsbarkeit,[2] ist von weitreichenden Kontroversen geprägt. Ging es früher um die Frage, ob eine kollisionsrechtliche Verweisung auf ausländisches Recht auch Bestimmungen des *öffentlichen Rechts der lex causae* umfasse, so steht heute weitgehend die Problematik möglicherweise *statutsunabhängiger* Anknüpfung von Wirtschafts- und sonstigem Steuerungsrecht im Vordergrund. Auch wenn immer wieder Widerstände gegen die Berufung ausländischen öffentlichen Rechts (als Wirkungsstatut) aufflackern – und inhaltlich gegebenenfalls durchaus legitim sein können, was dann aber grundsätzlich als Anwendungsproblem mit Hilfe der

---

* Prof. Anton K. Schnyder, Dr. iur., LL.M., Ordinarius an der Universität Zürich.
[1] Die Referate sowie Diskussionsbeiträge des Symposiums sind publiziert in RabelsZ 52 (1988) Heft 1-2.
[2] Vgl. *Anton K. Schnyder*, Rechtskollision durch Verfahrenskollision – Herausforderung für die internationale Schiedsgerichtsbarkeit der Schweiz, in: Festschrift für Anton Heini, Zürich 1995, 365 ff.

Vorbehaltsklausel zu bewältigen ist –, so dürfte doch spätestens seit der einschlägigen Resolution des Institut de Droit international vom 11. August 1975 – mit dem Titel *L'application du droit public étranger* – feststehen, dass öffentliches Recht ebenso Anwendung finden kann, wenn und insoweit es zur *relevanten Rechtsfrage* einen sacherheblichen Bezug aufweist.[3] Entsprechend lautet nunmehr Art. 13 des Schweizer IPRG:

> "Die Verweisung dieses Gesetzes auf ein ausländisches Recht umfasst alle Bestimmungen, die nach diesem Recht auf den Sachverhalt anwendbar sind. Die Anwendbarkeit einer Bestimmung des ausländischen Rechts ist nicht allein dadurch ausgeschlossen, dass ihr ein öffentlichrechtlicher Charakter zugeschrieben wird."

Weit umstrittener ist die Frage, ob und inwieweit (inländisches einerseits, ausländisches andererseits) zwingendes Recht Beachtung finden kann, dessen Rechtsordnung an sich durch die kollisionsrechtliche Verweisung *nicht* zur Anwendung berufen wird. Soweit es um inländische Bestimmungen (*lex fori*) geht, schafft die Verfahrensnähe zur erkennenden Behörde unstreitig die normative Möglichkeit und Legitimation, solche Vorschriften unabhängig vom an sich anwendbaren Recht zur Durchsetzung zu bringen. Voraussetzung ist dabei allemal, dass solches zwingendes Recht wegen seines "besonderen Zweckes" "unabhängig" von dem durch das IPR des Forums bezeichneten Recht angewandt sein will (vgl. in diesem Sinne Art. 18 Schweizer IPRG). Nur (aber immerhin) solche Normen des Inlandes sind also *statutsunabhängig* zu beachten, die trotz grundsätzlicher Berufung einer ausländischen *lex causae* beachtet und durchgesetzt sein wollen. Zweifelsfrei muss es sich daher um *qualifiziert* zwingende Normen handeln, denn "einfaches" zwingendes Recht (wie in der Regel vertragsrechtliche Anfechtungsbestimmungen, Verjährungsvorschriften oder das Recht der Haftungsausschlussklauseln) ist grundsätzlich als Teil des Wirkungsstatuts anzuwenden. Man hat qualifiziert zwingende Bestimmungen auch *lois d'application immédiate* oder *Eingriffsnormen* genannt.

Unbestreitbar ist zwischen den beiden Kategorien des "einfachen" zwingenden Rechts und der Eingriffsgesetzgebung ein *Graubereich* von Bestimmungen zu lokalisieren, die gegebenenfalls eine mehrfache Funktion zu erfüllen haben. Erwähnt seien in diesem Zusammenhang die weiten Felder des Arbeitsrechts und des Verbraucherrechts (insbesondere auch des Versicherungsvertragsrechts). Schwierigkeiten für die Qualifizierung als zwingendes Rechts bereiten ebenfalls Bestimmungen aus dem Unternehmens- und Gesellschaftsrecht. Kollisionsrechtlich ergibt sich dabei die problembehaftete *Frage*, ob und – bejahendenfalls – nach welchen Spezialregeln solche (Schutz-)Vorschriften anzuknüpfen sind.

Anschauliches Entscheidungsbeispiel für die hier skizzierte Problematik ist aus neuerer Zeit etwa das Urteil des EuGH vom 9. November 2000 i.S. *Ingmar/Eaton*

---

[3] Vgl. *Pierre Lalive*, L'application du droit public étranger, in: Annuaire de l'Institut de Droit International 56 (1975) 157-186, 219-259, 550-552.

Leonard Technologies.[4] Danach sind die gemeinschaftsrechtlich geschaffenen Schutzvorschriften, die einem Handelsvertreter nach Vertragsbeendigung gewisse Ansprüche gewähren, auch dann anzuwenden, wenn der Handelsvertreter seine Tätigkeit in einem Mitgliedstaat ausgeübt hat, der Unternehmer seinen Sitz aber in einem Drittland hat und der Vertrag gemäss Rechtswahl der Parteien dem Recht dieses Landes unterliegt. Das zwingende Schutzrecht ist also nötigenfalls gesondert vom übrigen Vertragsstatut zu beachten. Gemäss EuGH sind die Vorschriften namentlich deshalb *unbedingt durchzusetzen*, um "über die Gruppe der Handelsvertreter die Niederlassungsfreiheit und einen unverfälschten Wettbewerb im Binnenmarkt zu schützen" (Erwäg. 24). Das Gewicht in Erwäg. 25 wörtlich: "Daher ist es für die gemeinschaftliche Rechtsordnung von grundlegender Bedeutung, dass ein Unternehmer mit Sitz in einem Drittland, dessen Handelsvertreter seine Tätigkeit innerhalb der Gemeinschaft ausübt, diese Bestimmungen nicht schlicht durch eine Rechtswahlklausel umgehen kann. Der Zweck dieser Bestimmungen erfordert nämlich, dass sie unabhängig davon, welchem Recht der Vertrag nach dem Willen der Parteien unterliegen soll, anwendbar sind, wenn der Sachverhalt einen starken Gemeinschaftsbezug aufweist, etwa weil der Handelsvertreter seine Tätigkeit im Gebiet des Mitgliedstaats ausübt." Die *Mehrfachfunktionalität* des genannten Handelsvertreterrechts – mit einem deutlichen, wenn nicht ausschliesslichen Fokus auf dem Funktionieren des Binnenmarktes – zeigt im Weiteren auf, wie die Zielrichtung des kollisionsrechtlichen Sonderanknüpfungsschutzes zu oszilieren und sich gegebenenfalls gar zu verschieben vermag. Eine Verortung als "einfaches" zwingendes Recht bzw. Eingriffsrecht wird dabei zunehmend schwieriger; man könnte freilich auch sagen, das sonderanknüpfungszugängliche Feld der Eingriffsgesetzgebung werde immer weiter.

III. Zulässigkeit der Sonderanknüpfung von Eingriffsnormen

Traditionellerweise konnten sogenannte Eingriffsnormen (namentlich des Wirtschaftsrechts) unter *kollisionsrechtlichem* Blickwinkel im Rahmen der Privatrechtsanwendung grundsätzlich nicht direkt beachtet werden. Das galt namentlich für ausländische Normen, die nicht Bestandteil der nach IPR berufenen *lex causae* sind, wogegen qualifiziert zwingendem Recht des Inlandes mit Hilfe des Ordre public oder anderer Behelfe zur Durchsetzung verholfen werden konnte. Die Abwehr der drittstaatlichen Eingriffsansprüche – d.h. von Anwendungsbefehlen, die weder von der *lex fori* noch von einer ausländische *lex causae* ausgehen – erfolgte in der Praxis mit Hilfe der *Schuldstatutstheorie* und mit gleichen Argumenten, die früher zur Begründung der Nichtanwendbarkeit fremden öffentlichen Rechts benutzt worden waren.

Es hat sich freilich seit langem gezeigt, dass ein System apriorischer Kategorisierung von berufungs- und nichtberufungsfähigen Eingriffsnormen nicht durchzuhalten ist. Zumal für das Gebiet des Schuldvertragsrechts wurde erkannt, dass unter Umständen IPR-statutsfremdes Ordnungsrecht in die Beurteilung vertragsrechtlicher

---

[4] Rs C-381/98, vgl. IPRax 2001, 225.

Rechtsfragen einzubeziehen ist. So wurde und wird allgemein anerkannt, dass einem Schuldner nicht ohne Weiteres zuzumuten ist, in Erfüllung vertraglicher Vereinbarungen Leistungsverbote seines Heimat- oder Aufenthaltsstaates zu missachten. Da aber die Stringenz der Schuldstatutstheorie eine kollisionsrechtliche Anknüpfung solcher Vorschriften ausschliesst, mussten andere Wege zu ihrer Berücksichtigung gesucht werden. Man fand sie auf der Ebene der *materiellen Rechtsanwendung legis causae*.

>Mit Urteil vom 8. Februar 1984 hat der deutsche BGH einen Fall entschieden, in welchem es um die Verbindlichkeit und Aufrechterhaltung eines Vergleichs ging.[5] Dieser betraf eine schon früher vereinbarte Lieferung von Export-Bier durch eine deutsche Brauerei an eine iranische Importfirma. Nachdem die Bestellerin einen Teil des von ihr geschuldeten Preises bezahlt hatte, "übernahm der Ayatollah *Khomeini* nach der Flucht des Schah die Macht im Iran".[6] Die Gründung der Islamischen Republik führte auch zu einem Verbot des Handels mit Alkohol im Iran. Die iranische Firma wurde "daher gehindert",[7] weiterhin Bier zu importieren, und sie unterliess die Bezahlung des Restpreises. Unter Anwendung von *deutschem* Recht als Vertragsstatut gingen Berufungsgericht und BGH davon aus, durch Erlass der iranischen Verbotsnorm sei die *Geschäftsgrundlage* für den von den Parteien geschlossenen Vergleich fortgefallen. Das führte zur Aufrechterhaltung des Vergleichs mit (materiellrechtlich) angepasstem Inhalt, wobei das Risiko, das sich in der Grundlagenstörung verwirklicht hatte, auf beide Parteien je zur Hälfte verteilt wurde.

Der Ansatz der sachrechtlichen Berücksichtigung fremden Eingriffsrechts wurde durch die Praxis schon früh verfolgt und in der Literatur mannigfach abgehandelt. Als materiellrechtliche Rechtsbehelfe bei der Anwendung der in- oder ausländischen *lex causae* standen vor allem die Sittenwidrigkeit eines Vertrages, die Unmöglichkeit bzw. Unzumutbarkeit der Vertragserfüllung sowie die Veränderung der Geschäftsgrundlage im Vordergrund. Der materiellrechtliche Ansatz führte in Einzelfällen oft zu durchaus sinnvollen Ergebnissen, liess aber eine kollisionsrechtliche Dogmatisierung der Thematik vermissen, die im Umgang mit der Problematik angezeigt erscheint.[8]

Seit längerer Zeit haben sich nunmehr nicht nur im Schrifttum zahlreiche Stimmen gefunden, die für die Entwicklung und Anwendung einer kollisionsrechtlichen Sonderanknüpfungslehre eintreten. Auch die Gesetzgebung weist mehr und mehr Normen auf, die im Sinn einer Sonderanknüpfung die besondere Berufung in- und ausländischer Eingriffsnormen – im Sinne qualifiziert zwingenden Rechts – ermöglichen. Dabei handelt es sich immer noch weitgehend um *generalklauselartige* Bestimmungen, welche zwar dem Grundsatz nach die Richtung in Bezug auf Voraussetzungen der Sonderanknüpfung sowie die zu treffenden Rechtsfolgen aufzeigen, im Einzelnen

---

[5] Vgl. IPRax 1986, 154; RabelsZ 53 (1989) 146.
[6] A.a.O. (Anm. 5) 154.
[7] A.a.O. (Anm. 6).
[8] Vgl. zur Kritik u.a. *Anton K. Schnyder*, Wirtschaftskollisionsrecht, Zürich 1990, RdNr. 314 ff.

es aber der Rechtsanwendung und der Lehre überlassen, die spezifischen Kriterien und Grenzen einer Sonderanknüpfung herauszuarbeiten. Der guten Ordnung halber seien aber nachstehend einige Beispiele von Vorschriften genannt, die das Feld für eine kollisionsrechtliche Sonderanknüpfung und damit für eine Dogmatisierung der Eingriffsnormen eröffnet haben. Sie sind zugleich Beleg dafür, dass das Angehen der Handhabung von Eingriffsnormen endgültig nicht mehr nur auf der Ebene der materiellrechtlichen Rechtsanwendung erfolgen darf.

Eine der ersten allgemeinen Bestimmungen der hier relevanten Art brachte Art. 7 Abs. 1 des *EG-Schuldvertragsübereinkommens* vom 19. Juni 1980:

> "(1) Bei Anwendung des Rechts eines bestimmten Staates auf Grund dieses Übereinkommens kann den zwingenden Bestimmungen des Rechts eines anderen Staates, mit dem der Sachverhalt eine enge Verbindung aufweist, Wirkung verliehen werden, soweit die Bestimmungen nach dem Recht des letztgenannten Staates ohne Rücksicht darauf anzuwenden sind, welchem Recht der Vertrag unterliegt. Bei der Entscheidung, ob diesen zwingenden Bestimmungen Wirkung zu verleihen ist, sind ihre Natur und ihr Gegenstand sowie die Folgen zu berücksichtigen, die sich aus ihrer Anwendung oder ihrer Nichtanwendung ergeben würden."

Dem gleichen Mechanismus wie Art. 7 des Schuldvertragsübereinkommens folgt Art. 12 des VO-Vorschlags betreffend das auf *ausservertragliche* Schuldverhältnisse anzuwendende Recht ("Rom II"):

> "1. Bei Anwendung des Rechts eines bestimmten Staates aufgrund dieser Verordnung kann den zwingenden Bestimmungen des Rechts eines anderen Staates, mit dem der Sachverhalt eine enge Verbindung aufweist, Wirkung verliehen werden, soweit diese Bestimmungen nach dem Recht des letztgenannten Staates ohne Rücksicht darauf anzuwenden sind, welchem Recht das ausservertragliche Schuldverhältnis unterliegt. Bei der Entscheidung, ob diesen zwingenden Bestimmungen Wirkung zu verleihen ist, sind ihre Natur und ihr Gegenstand sowie die Folgen zu berücksichtigen, die sich aus ihrer Anwendung oder Nichtanwendung ergeben würden.
>
> 2. Diese Verordnung berührt nicht die Anwendung der nach dem Recht des Staates des angerufenen Gerichts geltenden Vorschriften, die ohne Rücksicht auf das für das ausservertragliche Schuldverhältnis massgebende Recht den Sachverhalt zwingend regeln."

Zunehmend von Bedeutung ist im Rahmen von EU und EWR eine durch das *Europarecht* vorgegebene und veranlasste mögliche Verpflichtung zu einer Sonderanknüpfung vertragsstaatlicher Schutz- und sonstiger Eingriffsnormen, wenn diese nicht unmittelbar der durch das IPR berufenen *lex causae* angehören. Selbst das – traditionell eher sonderanknüpfungskritische – EGBGB muss solcher Sichtweise nunmehr in Art. 29a Abs. 1 Tribut zollen:

"Unterliegt ein Vertrag auf Grund einer Rechtswahl nicht dem Recht eines Mitgliedstaates der Europäischen Union oder eines anderen Vertragsstaats des Abkommens über den Europäischen Wirtschaftsraum, weist der Vertrag jedoch einen engen Zusammenhang mit dem Gebiet eines dieser Staaten auf, so sind die im Gebiet dieses Staates geltenden Bestimmungen zur Umsetzung der Verbraucherschutzrichtlinien gleichwohl anzuwenden."

Betreffend drittstaatliche Eingriffsnormen liegt ebenfalls Art. 19 des *Schweizer IPR-Gesetzes* auf dieser Linie:

"[1] Anstelle des Rechts, das durch dieses Gesetz bezeichnet wird, kann die Bestimmung eines andern Rechts, die zwingend angewandt sein will, berücksichtigt werden, wenn nach schweizerischer Rechtsauffassung schützenswerte und offensichtlich überwiegende Interessen einer Partei es gebieten und der Sachverhalt mit jenem Recht einen engen Zusammenhang aufweist.

[2] Ob eine solche Bestimmung zu berücksichtigen ist, beurteilt sich nach ihrem Zweck und den daraus sich ergebenden Folgen für eine nach schweizerischer Rechtsauffassung sachgerechte Entscheidung."

Es erstaunt daher nicht, dass die *Grundregeln des europäischen Vertragsrechts* (European Principles) der Kommission für Europäisches Vertragsrecht ihrerseits der Thematik Aufmerksamkeit schenken. Art. 1:103 führt zum "zwingenden Recht" aus:[9]

"(1) Soweit das anderweitig anwendbare Recht dies zulässt, können die Parteien ihren Vertrag diesen Grundregeln unterstellen mit der Folge, dass zwingende nationale Vorschriften keine Anwendung finden.

(2) Gleichwohl sollte denjenigen zwingenden Vorschriften des nationalen, supranationalen und internationalen Rechts Wirkung beigelegt werden, die nach den einschlägigen Regeln des internationalen Privatrechts unabhängig von dem für den Vertrag massgeblichen Recht anwendbar sind."

IV. Zum Begriff der Eingriffsnormen

Gegenstand der hier interessierenden kollisionsrechtlichen Sonderanknüpfung bilden Eingriffsnormen. Während das Kollisionsrecht des Privatrechts (IPR) gemäss seiner Konzeption vom Sachverhalt her fragt, welche Rechtsordnung (relativ abstrakt) auf eine *konkrete Rechtsfrage* anwendbar sein soll, ergibt sich die kollisionsrechtliche Fragestellung bei den Eingriffsnormen *vom Gesetz her*. Es handelt sich dabei um Vorschriften, die – vom Ausgangspunkt her betrachtet – unmittelbar und ohne Einschränkung beachtet sein wollen, denn sie wirken im öffentlichen Interesse auf private

---

[9] Vgl. die Übersetzung von *Ulrich Drobnig/Reinhard Zimmermann/Hartmut Wicke*, in: ZEuP 2000, 675 ff.

Rechtsverhältnisse ein oder beschränken die persönliche Freiheit in anderer Weise.[10] Eingriffsnormen enthalten "ordnungspolitische Regeln",[11] die der Verfolgung qualifizierter staatlicher Interessen (namentlich der Wirtschaft und des Sozialschutzes) dienen und aus diesem Grund grenzüberschreitend nicht ohne Rücksicht auf ihren Inhalt austauschbar sind. Für Eingriffsnormen folgt daraus, dass allein die Zugehörigkeit zu einer nach den Regeln des IPR berufenen *lex causae* nicht ausreicht, um ihre Anwendbarkeit zu begründen. Die Statutszugehörigkeit ist nur ein Indiz für die Betroffenheit von Wirtschaftsrechtsordnungen und deren mögliche Anwendungsinteressen. *Umgekehrt* bedeutet die Nichtzugehörigkeit zur internationalprivatrechtlichen *lex causae* noch nicht, dass eine Eingriffsnorm deshalb nicht zu beachten sei. Aus alledem wird ersichtlich, dass die Qualifikation einer Bestimmung als Eingriffsnorm eine *besondere Art kollisionsrechtlicher Anknüpfung* nach sich zieht.

Gegenüber dem dispositiven Recht charakterisieren sich die Eingriffsnormen dadurch, dass sie per definitionem *zwingend* angewandt sein wollen.[12] Ihre zwingende Natur ergibt sich aber nicht – oder nur in beschränktem Ausmass – aus einer dem privaten Interessenausgleich verpflichteten Wertordnung. Es sind vielmehr spezifische Allgemeininteressen, in deren Verfolgung der Staat imperativ die Beachtung solcher Normen verlangt. Sie sollen ohne Rücksicht auf subjektive Rechte gelten, wie sie im Übrigen von der Privatrechtsordnung verliehen werden.

Aus dem qualifiziert zwingenden Charakter und der Unabhängigkeit von der im Übrigen geltenden ("privatrechtlichen") Ordnung der subjektiven Rechte folgt in *grenzüberschreitender Hinsicht*, dass die Eingriffsnormen ohne Rücksicht darauf angewandt sein wollen, ob die nach IPR zuständige Privatrechtsordnung die inländische ist oder nicht. Man spricht daher vom *Sonderanknüpfungscharakter* dieser Normen: Es ist unabhängig vom IPR zu fragen, ob – wirtschaftsrechtliche oder andere – Eingriffsnormen vorhanden sind, die in einem Fall beachtet sein wollen. Die Durchsetzung selbst lässt sich freilich nur realisieren, wenn die Eingriffsnorm über eine entsprechende "Machtbasis" verfügt. Kollisionsrechtlich findet sie diese in der Rechtsanwendungseröffnung der *lex fori*.

Eine nach wie vor treffende Umschreibung der Eingriffsnormen findet sich im Französischen, wie sie von *Francescakis* thematisiert worden ist.[13] Er spricht von "lois

---

[10] Vgl. (m.w.H.) *Schnyder* (Anm. 8), RdNr. 24.
[11] *Ulrich Drobnig*, Das Profil des Wirtschaftskollisionsrechts, in: Symposium (vgl. Anm. 1), 1 ff., 5.
[12] Anderer Ansicht *Kurt Siehr*, Ausländische Eingriffsnormen im inländischen Wirtschaftskollisionsrecht, in: Symposium (vgl. Anm. 1), 41 ff., 44 (wobei der Autor seine "vielleicht etwas überraschende Feststellung" durchaus realisiert). *Siehr* erachtet zwar inländische Eingriffsnormen ebenfalls als stets zwingend – nicht jedoch ausländische, die (z.B. als Erlaubnisnorm) nicht in jedem Fall etwas zwingend geböten. Gleiches müsste aber unter normkategorialen Gesichtspunkten auch für "inländische" Erlaubnisnormen gelten. Mit Bezug auf die jeweilige Gestaltung *ihrer* Rechtsordnung lassen sich in- und ausländische Eingriffsnormen nicht unterscheiden.
[13] Vgl. Ph. *Francescakis*, Quelques précisions sur les "lois d'application immédiate" et leurs rapports avec les règles de conflits de lois, in: Revue critique de droit international privé 1966, 1 ff.

d'application immédiate"; sie zeichnen sich dadurch aus, dass ihnen ein eigenständiger "domaine d'application" zukommt,[14] der der Norm selber zu entnehmen ist, sei dies (zu Beginn lediglich ausnahmsweise) durch ausdrückliche territoriale bzw. extraterritoriale Anordnung des Anwendungsbereichs in der Norm selbst oder durch Ermittlung desselben mit Hilfe des ordnungspolitischen Gehalts der Norm, der unter Umständen – und sehr häufig – an den Grenzen des Erlassstaates nicht Halt machen will.

Da der Gesetzgeber Eingriffsnormen häufig ohne Rücksicht auf deren grenzüberschreitende Implikationen erlässt, ergibt es sich von selbst, dass die kollisionsrechtliche Dogmatisierung dieser Vorschriften erhebliche Probleme und Kontroversen mit sich bringt. Der Verfasser dieser Zeilen hat vorgeschlagen, die kollisionsrechtliche Handhabung von Eingriffsnormen einer eigenständigen Dogmatik zuzuführen und den Anwendungsbereich in- und ausländischer qualifiziert zwingender Bestimmungen im Sinne einer wirtschaftskollisionsrechtlichen *Rule of Reason* zu bestimmen.[15] Die Auseinandersetzung um die "richtige" Anknüpfung von Eingriffsnormen mag sich dort teilweise entschärfen, wo Gesetzgeber (unter Einschluss der rechtsetzenden Instanzen der EU) zunehmend daran gehen, den internationalen Anwendungsbereich von Ordnungsrecht explizit zu umschreiben, wobei sich nämlich ergeben kann, dass bei der legislatorischen Festlegung des extraterritorialen Anwendungsbereichs durchaus auch ausländische Ordnungsinteressen mit in die Formulierung der Anwendungsnorm einbezogen werden können.[16]

V. Konkretisierung des Kreises von Eingriffsnormen

Wie ausgeführt wurde, kennzeichnen sich Eingriffsnormen durch ihren "zwingenden" Charakter.[17] Die fehlende Abdingbarkeit kann aber noch nicht hinreichendes Kriterium für die Sonderanknüpfung solcher Bestimmungen sein, denn es gibt zwingendes Recht, das ebensowenig zur Disposition der Parteien steht und dennoch keiner besonderen Anknüpfung bedarf. So gelangen beispielsweise zwingende Vorschriften über die Anfechtung von Schuldverträgen oder die Wegbedingung der Haftung regelmässig als Teil der internationalprivatrechtlichen *lex causae* zur Anwendung.[18] Ebenso werden andererseits "exorbitante" (öffentlichrechtliche)

---

[14] A.a.O. (Anm. 13), 9.
[15] Vgl. *Schnyder* (Anm. 8), RdNr. 224 ff., 322 ff.
[16] Vgl. beispielsweise § 44 Abs. 3 des deutschen Börsengesetzes. Danach findet die kapitalmarktrechtliche Prospekthaftung des deutschen Rechts auf einen Emittenten mit Sitz im Ausland nur Anwendung, wenn dessen Wertpapiere auch im Ausland zum Börsenhandel zugelassen sind und die Wertpapiere entweder infolge eines im Inland abgeschlossenen Geschäfts oder einer ganz oder teilweise im Inland erbrachten Wertpapierdienstleistung erworden wurden. § 44 Abs. 3 BörsG führt in räumlich-internationaler Hinsicht zu einer teleologischen Reduktion des Anwendungsbereichs deutschen Haftungsrechts: Den ausländischen Emittenten trifft die deutsche Prospekthaftung nur, wenn die der Haftung zugrunde liegende Transaktion einen qualifizierten Inlandbezug aufweist.
[17] Vgl. hiervor bei Anm. 12.
[18] Vgl. die Hinweise bei *Schnyder* (Anm. 8), RdNr. 13.

Normen, die ausschliesslich staats- und wirtschaftspolitischen Zielen dienen, durch die privatkollisionsrechtliche Verweisung an sich nicht erfasst. Als Beispiel hierfür sei die Feindhandelsgesetzgebung genannt. Allerdings mag im Rahmen einer "traditionellen" Dogmatik des IPR und der Eingriffsnormen diskutierbar sein, ob qualifiziert zwingendes und daher in der Regel öffentliches Recht nicht stets dann zur Anwendung gelangen kann – freilich unter Vorbehalt des Ordre public –, wenn es der ausländischen *lex causae* angehört; in diesem Sinn könnte etwa Art. 13 des schweizerischen IPR-Gesetzes verstanden werden.[19] Indessen wird vorliegend davon ausgegangen, dass Eingriffsnormen (als qualifiziert zwingendes Recht) in *jedem Fall* einer besonderen Anwendungsdogmatik und daher einer besonderen kollisionsrechtlichen Grundlage für ihre Anwendbarkeit bedürfen. Dabei ist der eigenständige Ansatz für sämtliche Konstellationen der Anwendbarkeit von Eingriffsnormen zu beachten – unabhängig davon, ob es sich um in- oder ausländische Normen handelt und/oder ob diese Bestandteil der internationalprivatrechtlichen *lex causae* sind oder nicht.

Damit wird ersichtlich, dass es für die kollisionsrechtliche Zuordnung zum "qualifiziert" zwingenden bzw. "einfachen" zwingenden Recht auf die *inhaltliche Ausgestaltung* und die *ordnungsrechtliche Bedeutung* der jeweiligen Bestimmungen ankommt. Liegt deren Funktion im Interessenausgleich zwischen Privaten, wie er sich aus der inneren Ordnung des Privatrechts her aufdrängt, ist eine zwingende Norm, zumal des Vertragsrechts, IPR-statuts-zugehörig anzuknüpfen. Wirkt eine Bestimmung dagegen aus anderen Gründen – Schutz der Zahlungsbilanz, Herstellung einer Wettbewerbsordnung, Verteilung der Produktionsmittel, Kulturgüterschutz u.a. –, d.h. "exogen",[20] auf die Vertragsfreiheit und sonstige Privatautonomie ein, so hat man es mit einer sonderanknüpfungswilligen Eingriffsnorm zu tun.[21]

---

[19] Art. 13 lautet: "Die Verweisung dieses Gesetzes auf ein ausländisches Recht umfasst alle Bestimmungen, die nach diesem Recht auf den Sachverhalt anwendbar sind. Die Anwendbarkeit einer Bestimmung des ausländischen Rechts ist nicht allein dadurch ausgeschlossen, dass ihr ein öffentlichrechtlicher Charakter zugeschrieben wird."
[20] *H.E. Kroeger*, Der Schutz der "marktschwächeren" Partei im Internationalen Vertragsrecht, Frankfurt a.M. 1984, 98.
[21] Vgl. demgegenüber die Systematisierung der "ordnungsrechtlichen Normen" bei *Jürgen Basedow*, Wirtschaftskollisionsrecht, in: Symposium (vgl. Anm. 1), 8 ff., 16 ff., 27 ff.: Als "statuta institutionalia" werden ordnungspolitische Normen des *Institutionenschutzes*, als "statuta interventionalia" solche des *Gruppenschutzes* bezeichnet. Erstere beinhalten die grundlegende Verfassung des Wirtschaftssektors und sollen nicht – was inbes. für die Wettbewerbsregeln gilt – als Eingriffsnormen bezeichnet werden, da sie "gerade nicht von aussen her punktuell und mit artfremdem Inhalt in ein als selbstgenügsam gedachtes Privatrechtssystem hereingreifen", sondern vielmehr (systemgerecht) dessen "wirtschaftliche Infrastruktur" konstituieren. Eingriffsnormen im eigentlichen Sinn seien jedoch die Normen des Gruppenschutzes; ihre Notwendigkeit – etwa als zwingendes Privatrecht im AGB-Gesetz oder im Reisevertragsgesetz – ergebe sich aufgrund eines Versagens des Wettbewerbssystems oder aus wirtschaftsfremden Zwecken. Die Normen der letzteren Gruppe seien grenzüberschreitend eher austauschbar als die grundlegenden Vorschriften des Institutionenschutzes. Trotz wertvoller Erkenntnishilfe, welche die Basedow'sche Analyse zu leisten vermag, sind dagegen an dieser Stelle zwei Vorbehalte anzubringen. Einmal "greifen" auch Normen des Instituionenschutzes in den

Es leuchtet allerdings ein, dass es zwischen diesen beiden Idealtypen zwingenden Rechts einen "Graubereich" von Normen gibt, die eine doppelte oder gar *mehrfache Funktion* zu erfüllen haben. Vor allem die Auseinandersetzung um eine gesonderte Anknüpfung von Schutznormen auf dem Gebiet des Verbraucherrechts haben deutlich gemacht, dass zwingendes Verbraucherschutzrecht auch makroökonomische Bedeutung haben kann. Daraus ergibt sich etwa die Frage, ob bei Fehlen besonderer Schutzvorschriften innerhalb der *lex causae* solche einem anderen Recht – z.B. am Wohnsitz des Abzahlungskäufers – zu entnehmen seien. Schon etwas älter ist die Kontroverse, die um eine gesonderte Anknüpfung des sogenannten absolut zwingenden Versicherungsvertragsrechts entstanden war.[22]

Besondere Abgrenzungsschwierigkeiten sind im Weiteren aus dem *Arbeitsrecht* bekannt. Während für den ordentlichen Kündigungsschutz und das Tarifvertragsrecht entschieden wurde, die damit zusammenhängenden Fragen seien grundsätzlich nach dem subjektiv oder objektiv angeknüpften Vertragsstatut zu beurteilen, liegen hinsichtlich des deutschen Betriebsverfassungsgesetzes und des Schwerbehindertengesetzes Entscheidungen vor, die im Ergebnis auf Grund einer Sonderanknüpfung ergangen sind.[23] Indessen ist es ebenfalls für das eigentliche (privatrechtliche) Arbeitsvertragsrecht denkbar, dass dieses über zwingende Bestimmungen verfügt, die auch grenzüberschreitend und ohne Rücksicht auf das Vertragsstatut zur Anwendung gelangen wollen. Jedenfalls ergibt sich dies auch aus der Rechtsprechung des EuGH in Zusammenhang mit der Anwendung zwingenden Arbeitsschutzrechts im Licht des Allgemeininteresses.[24] Die Problematik kann sodann anhand der üblichen Bestimmungen eines Arbeitsrechts verdeutlicht werden, welche im *internen* Recht den Kreis der arbeitsrechtlichen Vorschriften umschreiben, die entweder absolut zwingend sind *oder* zumindest nicht zu Ungunsten des Arbeitnehmers abgeändert werden dürfen. Entsprechend lauten die Artikel 361 und 362 des schweizerischen Obligationenrechts:

Art. 361

[1] Durch Abrede, Normalarbeitsvertrag oder Gesamtarbeitsvertrag darf von den folgenden Vorschriften weder zuungunsten des Arbeitgebers noch des Arbeitnehmers abgewichen werden:
Artikel 321*c*: Absatz 1 (Überstundenarbeit)
Artikel 323: Absatz 4 (Vorschuss)

Privatrechtsverkehr ein, indem sie durch Gebots-, Verbots- und Erlaubnisbestimmungen das wirtschaftliche Verhalten der Marktteilnehmer steuern und der Privatautonomie Grenzen setzen. Sodann kann solcher Unterscheidung der ordnungspolitischen Normen keine Antwort auf die Frage entnommen werden, in welchen Fällen diese Normen sonderanknüpfungsbedürftig (im Verhältnis zum IPR-Statut) sind und in welchen nicht.
[22] Dieses kann sowohl zum Schutz der Versicherungsnehmer als auch zum Schutz übergeordneter Allgemeininteressen erlassen werden.
[23] Vgl. die Hinweise bei *Schnyder* (Anm. 8), RdNr. 14.
[24] Vgl. die Fälle *Arblade* und *Mazzoleni*; EuGH v. 23.11.1999, C-369/96 und C-376/96, Slg. 1999, I-8453, EuGH v. 15.3.2001, C-165/98.

Artikel 323b: Absatz 2 (Verrechnung mit Gegenforderungen)
Artikel 325: Absatz 2 (Abtretung und Verpfändung von Lohnforderungen)
Artikel 326: Absatz 2 (Zuweisung von Arbeit)
Artikel 329d: Absätze 2 und 3 (Ferienlohn)
Artikel 331: Absätze 1 und 2 (Zuwendungen für die Personalfürsorge)
Artikel 331b: (Abtretung und Verpfändung von Forderungen auf Vorsorgeleistungen)
Artikel 334: Absatz 3 (Kündigung beim langjährigen Arbeitsverhältnis)
Artikel 335: (Kündigung des Arbeitsverhältnisses)
Artikel 336: Absatz 1 (Missbräuchliche Kündigung)
Artikel 336a: (Entschädigung bei missbräuchlicher Kündigung)
Artikel 336b: (Geltendmachung der Entschädigung)
Artikel 336d: (Kündigung zur Unzeit durch den Arbeitnehmer)
Artikel 337: Absätze 1 und 2 (Fristlose Auflösung aus wichtigen Gründen)
Artikel 337b: Absatz 1 (Folgen bei gerechtfertigter Auflösung)
Artikel 337d: (Folgen bei ungerechtfertigtem Nichtantritt oder Verlassen der Arbeits-stelle)
Artikel 339: Absatz 1 (Fälligkeit der Forderungen)
Artikel 339a: (Rückgabepflichten)
Artikel 340b: Absätze 1 und 2 (Folgen der Übertretung des Konkurrenzverbotes)
Artikel 342: Absatz 2 (Zivilrechtliche Wirkungen des öffentlichen Rechts)
Artikel 346: (Vorzeitige Auflösung des Lehrvertrages)
Artikel 349c: Absatz 3 (Verhinderung an der Reisetätigkeit)
Artikel 350: (Besondere Kündigung)
Artikel 350a: Absatz 2 (Rückgabepflichten)

² Abreden sowie Bestimmungen von Normalarbeitsverträgen und Gesamtarbeitsverträgen, die von den vorstehend angeführten Vorschriften zuungunsten des Arbeitgebers oder des Arbeitnehmers abweichen, sind nichtig.

Art. 362

¹ Durch Abrede, Normalarbeitsvertrag oder Gesamtarbeitsvertrag darf von den folgenden Vorschriften zuungunsten der Arbeitnehmerin oder des Arbeitnehmers nicht abgewichen werden:
Artikel 321e: (Haftung des Arbeitnehmers)
Artikel 322a: Absätze 2 und 3 (Anteil am Geschäftsergebnis)
Artikel 322b: Absätze 1 und 2 (Entstehung des Provisionsanspruchs)
Artikel 322c: (Provisionsabrechnung)
Artikel 323b: Absatz 1 zweiter Satz (Lohnabrechnung)
Artikel 324: (Lohn bei Annahmeverzug des Arbeitgebers)
Artikel 324a: Absätze 1 und 3 (Lohn bei Verhinderung des Arbeitnehmers)
Artikel 324b: (Lohn bei obligatorischer Versicherung des Arbeitnehmers)
Artikel 326: Absätze 1, 3 und 4 (Akkordlohnarbeit)
Artikel 326a: (Akkordlohn)
Artikel 327a: Absatz 1 (Auslagenersatz im Allgemeinen)
Artikel 327b: Absatz 1 (Auslagenersatz bei Motorfahrzeug)
Artikel 327c: Absatz 2 (Vorschuss für Auslagen)

Artikel 328: (Schutz der Persönlichkeit des Arbeitnehmers im Allgemeinen)
Artikel 328*a*: (Schutz der Persönlichkeit bei Hausgemeinschaft)
Artikel 328*b* (Schutz der Persönlichkeit bei der Bearbeitung von Personendaten)
Artikel 329: Absätze 1, 2 und 3 (Freizeit)
Artikel 329*a*: Absätze 1 und 3 (Dauer der Ferien)
Artikel 329*b*: Absätze 2 und 3 (Kürzung der Ferien)
Artikel 329*c*: (Zusammenhang und Zeitpunkt der Ferien)
Artikel 329*d*: Absatz 1 (Ferienlohn)
Artikel 329*e*: Absätze 1 und 3 (Jugendurlaub)
Artikel 329*f*: (Mutterschaftsurlaub)
Artikel 330: Absätze 1, 3 und 4 (Kaution)
Artikel 330*a*: (Zeugnis)
Artikel 331: Absätze 3 und 4 (Beitragsleistung und Auskunftspflicht bei Personalfürsorge)
Artikel 331*a*: (Beginn und Ende des Vorsorgeschutzes)
Artikel 332: Absatz 4 (Vergütung bei Erfindungen)
Artikel 333: Absatz 3 (Haftung bei Übergang des Arbeitsverhältnisses)
Artikel 336: Absatz 2 (Missbräuchliche Kündigung durch den Arbeitgeber)
Artikel 336*c*: (Kündigung zur Unzeit durch den Arbeitgeber)
Artikel 337*a*: (Fristlose Auflösung wegen Lohngefährdung)
Artikel 337*c*: Absatz 1 (Folgen bei ungerechtfertigter Entlassung)
Artikel 338: (Tod des Arbeitnehmers)
Artikel 338*a*: (Tod des Arbeitgebers)
Artikel 339*b*: (Voraussetzungen der Abgangsentschädigung)
Artikel 339*d*: (Ersatzleistungen)
Artikel 340: Absatz 1 (Voraussetzungen des Konkurrenzverbotes)
Artikel 340*a*: Absatz 1 (Beschränkung des Konkurrenzverbotes)
Artikel 340*c*: (Wegfall des Konkurrenzverbotes)
Artikel 341: Absatz 1 (Unverzichtbarkeit)
Artikel 345*a*: (Pflichten des Lehrmeisters)
Artikel 346*a*: (Lehrzeugnis)
Artikel 349*a*: Absatz 1 (Lohn des Handelsreisenden)
Artikel 349*b*: Absatz 3 (Ausrichtung der Provision)
Artikel 349*c*: Absatz 1 (Lohn bei Verhinderung an der Reisetätigkeit)
Artikel 349*e*: Absatz 1 (Retentionsrecht des Handelsreisenden
Artikel 350*a*: Absatz 1 (Provision bei Beendigung des Arbeitsverhältnisses)
Artikel 352*a*: Absatz 3 (Haftung des Heimarbeiters)
Artikel 353: (Abnahme des Arbeitserzeugnisses)
Artikel 353*a*: (Ausrichtung des Lohnes)
Artikel 353*b*: Absatz 1 (Lohn bei Verhinderung an der Arbeitsleistung).

[2] Abreden sowie Bestimmungen von Normalarbeitsverträgen und Gesamtarbeitsverträgen, die von den vorstehend angeführten Vorschriften zuungunsten des Arbeitnehmers abweichen, sind nichtig.

Es muss einleuchten, dass nicht sämtliche "zwingenden" Vorschriften der vorstehend aufgeführten Artikel auch grenzüberschreitend ohne Rücksicht darauf anzuwenden sind, welcher Rechtsordnung im Übrigen das Vertragsstatut zu entnehmen ist. Es ist daher *kollisionsrechtlich*, im Wege einer (teleologischen) Reduktion, zu evaluieren, welche der genannten Bestimmungen von solchem ordnungspolitischen Gehalt sind, dass sie bei entsprechender Beziehung des Sachverhalts zum Schutzlandrecht unabhängig durchzusetzen sind. Kollisionsrechtliche Grundlage für eine entsprechende Durchsetzung der *lex fori* ergibt sich in der Schweiz aus Art. 18 IPR-Gesetz; für ausländische, statutsfremde Schutzvorschriften des Arbeitsrechts mag alsdann Art. 19 IPRG die Grundlage abgeben, wobei im Sinne der Sonderanknüpfungsnorm eine Lösung zu finden ist, die "nach schweizerischer Rechtsauffassung" eine "sachgerechte Entscheidung" mit sich bringt (Art. 19 Abs. 2 IPRG). Dabei kann zur Konkretisierung der für die Anknüpfung relevanten inländischen, d.h. schweizerischen Standards der gesetzgeberische Wille betreffend die Art. 361 und Art. 362 OR herangezogen werden. So ist denkbar, dass Bestimmungen über den Ferienbezug und eine Entschädigung bei missbräuchlicher Kündigung sowie generell Bestimmungen über Ferien und Freizeit einer Sonderanknüpfung (als Eingriffsnormen) zugänglich werden. Für die Zukunft sicher sinnvoll wäre es, wenn Gesetzgeber daran gingen, den Kreis der zwingenden Vorschriften nicht nur für die inländische Rechtsanwendung zu *explizieren*, sondern zusätzlich Normenkataloge aufzustellen, die angeben würden, welche Bestimmungen auch *grenzüberschreitend* zwingend zu beachten wären.

Die Tragweite des zwingenden Charakters von Normen lässt sich beim heutigen Rechtszustand und im Ergebnis häufig nicht mittels allgemeiner Kriterien bestimmen. Vielmehr ist in jedem einzelnen Fall durch *Auslegung* des jeweiligen Sachrechts und durch Analyse des Gesetzeszwecks zu ermitteln, ob eine Bestimmung Eingriffsnorm und gesondert anzuknüpfen ist oder nicht. Aus Sicht des IPR lässt sich auch eine *Zweifelsfallregel* rechtfertigen, wonach bei (abstrakten) Abgrenzungsschwierigkeiten im Bereich des zwingenden Rechts solange statutszugehörig anzuknüpfen wäre, als man es nicht eindeutig mit einer Eingriffsnorm zu tun hätte. Nicht zuletzt unter praktischen Gesichtspunkten dürfte es allerdings in Fällen, in denen eine Sachnorm unter "Eingriffsverdacht" gerät, angezeigt sein, die Möglichkeit und Notwendigkeit einer Sonderanknüpfung zu prüfen. Das gilt zumal dort, wo potenziell anwendungswillige zwingende Bestimmungen nicht derjenigen Rechtsordnung angehören, die durch das IPR für anwendbar erklärt wird. Entfällt dann die Notwendigkeit einer speziellen Behandlung als Eingriffsnorm, ist bei einer Privatrechtsstreitigkeit ohne Weiteres nach den Regeln des IPR – insbesondere nach der Schuldstatutstheorie – zu verfahren.

Auf dem Weg zu einer vertieften Dogmatisierung der Eingriffsnormen und zu einer Bestimmung von deren Anwendungsbereich durch Gesetzesvorschriften empfiehlt es sich schliesslich, innerhalb einzelner Sachbereiche *Kernfelder* und *Kernbestimmungen* zu umschreiben, die nach Ansicht von Lehre und Rechtsprechung zumindest diskussionshalber in den Kreis unverzichtbarer Ordnungsvorstellungen zu gehören vermögen. Im Rahmen des *europäischen Versicherungsrechts* ist beispielsweise an einzelne Gruppen von Bestimmungen zu denken, die nach allgemein geltender Auffassung bestimmte Anordnungen treffen und nicht zur Disposition gestellt werden sollten. Gedacht wird in diesem Zusammenhang etwa an Vorschriften, die eine bestimmte Versicherungsdeckung umschreiben (beispielsweise Diebstahl, Leben); Bestimmungen, die ausdrücklich eine Deckungsmöglichkeit ausschliessen (absichtliches

Vorgehen des Versicherungsnehmers, Nichtversicherbarkeit von Straftaten); Regeln, die eine Bereicherung des Versicherungsnehmers ausschliessen wollen (Über- und Doppelversicherung); Schutznormen zugunsten durch eine Versicherung betroffener Drittpersonen (etwa direktes Forderungsrecht des Geschädigten).[25] Ebenfalls in die Richtung einer positiven Umschreibung und *gleichzeitig* einer Reduktion der in Frage kommenden Eingriffsnormen weist die Rechtsprechung des EuGH zum "Allgemeininteresse", welches als Beurteilungsmassstab für die grenzüberschreitende Sonderanknüpfung autonomer Bestimmungen der Vertragsstaaten entwickelt und durchgesetzt worden ist.[26]

Nur durch solche zunehmende Bestimmung und Explizierung der Kerngehalte sowie von Einzelbestimmungen für spezifische Sachbereiche wird es gelingen, vermehrte Rechtssicherheit in den Fragenkomplex der Sonderanknüpfung von Eingriffsnormen zu bringen. Selbstredend ist auch der Gesetzgeber gefordert, sich bei der Legiferierung vermehrt ausdrücklich mit den sich hier stellenden Anwendungsproblemen zu beschäftigen und entsprechende Sonderanknüpfungsnormen zu erlassen.

---

[25] Vgl. etwa *Dubuisson*, zitiert bei *Vincent Brulhart*, Le choix de la loi applicable – questions choisies, Bern 2004, 309.
[26] Vgl. zusammenfassend etwa *Anton K. Schnyder*, Europäisches Banken- und Versicherungsrecht, Heidelberg 2005, RdNr. 119 ff.

Policy and Fairness in the Assisted Reproduction Process: The Indispensable Requirement of Continuous Mutual Parental Consent (A Critique of the *Nachmani* Decision)

*Amos Shapira**

I. The Case

Danny and Ruthi Nachmani were married in 1984. Three years later, as a result of surgery, Ruthi lost the ability to conceive and give birth. In 1988, the couple decided to attempt to have a child by retrieving eggs from Ruthi's ovaries, fertilizing them in a laboratory with sperm taken from Danny, freezing the fertilized eggs, and then implanting them in the womb of a surrogate who would carry the pregnancy to term, give term, and deliver the newborn to the Nachmanis. The couple planned to carry planned to carry out the *in vitro* fertilization and cryopreservation phases in Israel and the surrogacy stage in California (as, at the time, surrogate motherhood arrangements had not yet been recognized formally under Israeli law). Over a period of eight months, Ruthi underwent a series of medical treatments, culminating in the extraction of eggs from her body, eleven of which were fertilized and frozen. In the meantime, the couple engaged the series of an establishment in California for the purpose of locating and hiring a surrogate. The entire process up to that point progressed with Danny's full support and cooperation. But then the Nachmanis began having marital difficulties.

In 1992, the couple separated. Danny left home and started cohabiting with another woman. Two children resulted from this relationship. Ruthi requested from the hospital where the frozen fertilized eggs were stored to release them to her, so that she would be able to go ahead with the initial plan and complete the process by implantation of the pre-embryos into the womb of a surrogate in California. Danny objected to the release of the frozen fertilized eggs into Ruthi's care and, as a consequence of his objection the hospital refused her request. Ruthi then filed suit in the District Court of Haifa. The District Court ruled in her favor, holding that the hospital was bound to enable her to make use of the fertilized eggs as initially planned and that Danny had to refrain from interfering in the continuation of the process. Danny appealed to the Supreme Court, which, by a majority of four to one, overturned the District Court decision and found in Danny's favor.[1] Ruthi petitioned the President of the Supreme Court for a further hearing in the matter. Her petition was granted, and

---

* The K. Lubowski Chair of Law and Biomedical Ethic Faculty of Law, Tel Aviv University.
[1] Civil Appeal 5587/93 *D. Nachmani v. R. Nachmani*, Supreme Court Judgements Vol. 49(1), p. 485.

the controversy was brought for a further hearing before an unprecedentedly expanded panel of eleven justices. Reversing itself, the Supreme Court, by a majority of seven to four, decided to grant Ruthi's petition and instructed the hospital to release the frozen eggs to her care thus enabling her to carry on with the assisted reproduction process even in the face of Danny opposition.[2]

II. Consent to Assisted Reproduction: Policy and Fairness in Support of a Continuous Joint Parental Enterprise

Let me open with my ultimate conclusion: in my opinion, the final decision of the Israeli Supreme Court in the Nachmani case was wrong and regrettable.

To begin with, a responsible legal system should instruct interested couples to deliberate and formulate meticulously detailed Informed Consent forms before they begin IVF treatment and as a condition precedent to such treatment. The parties involved should be asked to consider and specify in advance what ought to be done with the anticipated pre-embryos in a variety of possible future situations (such as separation, divorce, death, illness, disagreement or disappearance of one of the spouses). The parties must be made to ponder these matters, even against their natural inclination to ignore them, and to provide solutions to situations deemed, at the time, cryingly hypothetical. The solutions may include destruction of the pre-embryos, donating them to another couple, making them available for scientific research purposes, or releasing them for the reproductive use of one of the parties. A responsible legal system should also establish *ex ante* normative arrangements for the disposition of such contingencies in the absence of clear and undisputed advance directives from the parties themselves. Society may opt to prescribe its own preferred normative solutions for such possible future situations, irrespective of whether or not the parties involved considered the matter at the onset of the assisted reproduction process. The point is that an appropriate solid normative foundation must be laid prior to setting the assisted reproduction apparatus into motion.

The situation in Israel regarding the requirement of a meaningful and comprehensive Informed Consent process as a precondition to resorting to assisted reproduction technologies often seems to be unsatisfactory, occasionally tainted by improvisation and intuition, not to say light-mindedness and frivolousness bordering on irresponsibility on the part of the infertile couples and professionals who offer their assisted reproduction services. Typically, it appears that Ruthi and Danny Nachmani were not guided, prior to the onset of the IVF and cryopreservation procedures, to consider and consolidate a joint position concerning possible future contingencies, such as divorce. I do not contend that such a prior common decision, if it had existed, necessarily would have offered a ready-made solution to the controversy that later

---

[2] Civil Further Hearing 2401/95 *D. Nachmani v. R. Nachmani*, Supreme Court Judgements Vol.50(4), p.661. The factual account of the *Nachmani* affair is based on *Shulamit Almog*, "Law Versus Justice?", 11 *Justice* 35-36 (December 1996).

erupted between them. My claim is that the very absence of a serious, responsible Informed Consent process, as an obligatory condition-precedent to resorting to IVF and freezing procedures, testifies to the improper overeagernes and light-headedness of all concerned. And the lack of preformulated statutory guidelines for dealing with such controversies, in the absence of party-sponsored solutions, only aggravates the situation.

The absence of an explicit agreement between the spouses as to the proper resolution of possible future disputes concerning the various steps of the assisted reproduction process did not hinder some of the justices from trying to approach the controversy from the perspective of the law of contract. Surely, the spouses initially agreed to embark upon a process of assisted procreation with a view to materializing their then common will to become parents. What are the legal nature and effect of such an agreement? Is it an ordinary binding contract? A unique, *sui generis* "loose" or "soft" contract (akin to a "gentlemen's agreement")? Or an agreement devoid of any formal legal validity? Even if one assumes that it is a legally valid contract, its enforceability could still be challenged on grounds of frustration of its underlying purpose (the expectation jointly to bear and rear a child) or of the common reluctance to enforce a distinctly personal obligation (such as a contract for personal service). I tend to believe that the *Nachmani* joint initial understanding does not indicate an intention to form a legally binding and enforceable relationship. Hence one is faced here with an extra-legal agreement that falls outside the domain of contract law.

What would or could have been the Nachmanis' position had they been asked to consider the possibility of a future divorce before embarking on the IVF path? Several majority justices, believing that Ruthi would likely not have another chance to fulfill her wish for biological motherhood, were prepared to assume an implied mutual consent to go ahead with the assisted reproduction process even in the event of seperation. In their view, Danny's initial willing participation in the procreation scheme created a representation from which Ruthi could infer his readiness to go all the way, irrespective of any possible future disruption of their marital relationship. I beg to differ. In my view, the parties' joint decision to start the process does not necessarily imply an unconditional commitment to proceed to the end or an absolute renouncement of the possibility of a future change of mind (or heart) by one of them. It is unreasonable to assume that Ruthi in fact embarked upon the assisted reproduction path in reliance on such a presumed commitment and that she would have shied away from it had she actually considered the risk of a future refusal to continue on Danny's part.

Deciding on a protraced, complex, and burdening extracorporeal reproduction (coupled with surrogacy) is implicitly conditioned on a shared assumption of an ongoing common relationship and actual ability to achieve the ultimate goal – joint parenthood. The expectation is for a common familial future in which a child will hopefully and happily be born. Once a radical change occurs in the family situation, in consequence of which the said fundamental assumption is shattered, the initial common understanding ceases to exist. There is no longer an agreement to go ahead that is amenable to and worthy of governmental enforcement. There is no long run intent-based legal ground to compel the continuation of the process. Marriage is grounded in a mutual expectation of a common bond for ever and ever. And yet, the law refrains from attempting to enforce such a mutual promise when the circumstances substantially change. Likewise, the law avoids forcing a spouse to procreate, to materialize *in vivo* fertilization, even though one may assume an initial joint understanding to have children as an integral part of the marital relationship and even if one of the spouses may have no other opportunity to enjoy genetic parenthood. In short: child-bearing is an intimate, joint enterprise that ought not to be coerced forcefully by the government on an unwilling party. Parenthood should not be forced on a man or a woman, against his or her will, particularly in a situation where one cannot attribute to him or her a clear-cut undertaking to realize the parenthood desires of the other party under all circumstances and at any cost. In a liberal socio-political culture, coercive legal interference with intimate family relationships is forever complex, habitually problematic, and frequently undesirable. To be sure, the protection of vital private concerns or overriding community values may occasionally necessitate, as a last resort, normative regulation of certain aspects of family life.[3] Still, the general presumption ought to be against governmental intervention in sensitive family matters.

III. The Right to Procreation, Coerced Parenthood, and the Principle of Continuous Mutual Parental Consent

The democratic-liberal state strives to gurantee its citizens pervasive and meaningful freedom in the basic spheres of life. Such freedom evidently means protection from undue interference, by means of proscription and restriction, by others – first and foremost the government. This aspect of individual liberty is sometimes referred to as "negative freedom". A comprehensive freedom may also entail a "positive" dimension by extending it to affirmative claims to governmental support in facilitating the satisfaction of citizens' fundamental needs and desires. Such claims to state affirmative assistance, including the provision of necessary resources, become more pressing, and legitimate, as individuals find it beyond their own capacity to cpoe with rudimentary life predicaments. Parenthood, including, arguably, assisted reproduction, definitely falls within the domain of people's basic spheres of life. Indeed, it appears that the claim of a right to parenthood (motherhood, in particular) is distinctly assertive in the Israeli cultural ethos:

> "The cultural atmosphere is such that the centrality of the values of family and childbearing go unchallenged. At times, it seems as if the consumption of medical technology under social pressure borders upon an irrational obssession. The option of childlessness and its acceptance does not exist. Even alternative solutions such as inter-country adoption recede in the face of an unspoken imperative to realize genetic parenthood at whatever cost. It seems that, in Israel, the value of biological parenthood would justify all means for its attaintment..."[4]

---

[3] *See Daphne Barak-Erez*, "Symmetry and Neutrality: Reflections on the Nachmani Case," 20(1) Tel Aviv University Law Review 197, 204 (1996) (in Hebrew).

[4] *Carmel Shalev*, "Halakha and Patriarchal Motherhood – An Anatomy of the New Israeli Surrogacy Law," 32 (1) Israel Law Review 51, 53 (1998).

The asserted right to parenthood (as a procreative liberty that protects the individual from undue governmental proscriptive interference as well as, arguably, an affirmative entitlement to be adequately assisted by the state in realizing parenthood) is anchored in the constitutional tenets of autonomy, choice, and human dignity. But so also is the right not to be a parent, and therefore, the former should not trump the latter as a matter-of-course. Ruthi's right to become a mother ought not to impose on Danny a legally enforceable obligation to genetically father a child who will then be estranged from him and raised by his ex-spouse. Coercing parenthood entails gross governmental interference with individual liberty in perhaps the most personal, delicate, and intimate sphere of one's life. The realization of Ruthi's aspired motherhood, worthy and desparate as it may be, should not be accomplished through forcing Danny into undesired fatherhood, even though he initially agreed to the onset of the assisted reproduction process and participated in it.

The insistence on an ongoing joint agreement at every step of the assisted reproduction procedure stems from the obvious fact that, unlike ordinary, natural *in vivo* procreation, here we face a complex, protracted, costly, not without risks, sometimes experimental process that requires serious, occassionally fateful, decision-making at various crossroads (extracorporeal fertilization, freezing, implantation, surrogacy). The requirement of continuing mutual consent means, of course, that none of these assisted reproduction technologies (such as implanting a pre-embryo) may be applied in the face of a party's refusal to go on with the process (up to the point of implantation for gestation purposes). Namely, each of the parties involved holds veto power, the authority to terminate the process. What has started with mutual consent may not proceed and be completed except with ongoing joint decision-making. The Nachmanis initial goal was to rear a child biologically related to both of them. Their common will initiated the process. Once a common will ceases to exist, the process may not unfold and the once common goal is no longer attainable.

The principle of continuous mutual parental consent does not purport to stem from any "balancing of conflicting rights" paradigm. In the *Nachmani* situation, there is no room for such a balancing. The case presents a zero-sum dilemma as to which the requirement of mutual consent necessarily leads to the result that the claim not to be coerced into unwanted fatherhood trumps the diametrically opposed claim to assisted genetic motherhood. This is simply because the realization of one's right to procreate necessitates the cooperation of the other partner, whereas the right not to become a parent does not. Alas, the equally autonomous but totally contradictory aspirations of Ruthi and Danny can be neither both accommodated nor balanced.

The requirement of ongoing joint parental consent as a tie-breaker in the conflict between the parties also spares the arbiter the dubious assessment of the intrinsic merits of each of the contending claims. It saves the decision-maker from a highly speculative weighing of the relative loss, or pain, or burden of one party *vis-à-vis* the other. Indeed, by what normative yardstick can one contend (as some of the majority justices did) that becoming a parent is more meaningful, or valuable, or worthy than avoiding undesired parenthood? Was it appropriate to base the decision in favor of Ruthi on a declared preference for procreation, as a manifestation of a general endorsement of "Life", over the alternative of refraining from parenthood? Even if one assumes that the right to procreation is inherently weightier and worthier, does it necessarily follow that it should create a correlative duty to procreate imposed by law on the party who wishes to avoid undesired parenthood? And, again, is it so self-evident that Ruthi's deprivation would be decisively greater if she were to lose as compared to Danny's sould she prevail?

IV. Equality and the Principle of Continuous Mutual Parental Consent

It is my opinion that the majority decision of the Israeli Supreme Court in the *Nachmani* affair violates rudimentary precepts of equality. Ruthi and Danny had an equal legal and moral status with regard to the frozen pre-embryos – the product of their combined gametes, of their joint genetic heritage. This inherent genetic equality of both spouses is appropriately supported by the principle requiring mutual consent of both parties at each phase of the assisted reproduction process. By deviating from this principle, the majority opinion of the Supreme Court fails to pay heed to the equal status of Danny and Ruthi. Let me remark, in passing, that I have serious doubts as to whether that same majority would have ruled similarly in favor of continuing the assisted reproduction process in the reverse situation, that is, had Ruthi objected to the implantation of the pre-embryos in the womb of a surrogate, while Danny insisted on it. I doubt that a majority could be found to force unwanted genetic motherhood on Ruthi, even if going on with the reproduction process were Danny's last chance of becoming a biological father and even, furthermore, if Danny were to take it upon himself to be the prospective child's sole custodian parent. And, needles to emphasize, in an ordinary IVF situation not coupled with surrogacy, that is, where the pre-embryo is destined to be implanted for gestation and birth in the womb of the genetic mother herself (Ruthi, in our case), it is utterly inconceivable that a court of law would order such implantation at the request of the father and in the face of the mother's opposition. To do so would be, among other things, to coerce unwanted motherhood through assisted reproduction devices. This is clearly reprehensible. But coercing unwanted fatherhood by assisted procreation means is, to me, also unacceptable. Only if the couple retains joint decision-making authority throughout the process can equality be guaranteed.

But should Ruthi and Danny have been treated equally regarding their frozen preembryos? It goes without saying that a woman's investment in child bearing – in terms of effort, discomfort, pain, sacrifice, and risk – is far more significant than that of a man. Such is the case in ordinary, natural pregnancy and even more so where invasive procedures of assisted reproduction are involved. The unique female contribution to childbirth, and the disproportionate burden borne by women in this regard, are an inevitable natural-biological reality. Yet what should the normative significance of this reality be? Do we, for instance, take notice of it in giving mothers *a priori* preference over fathers in child custody disputes? As already mentioned, we are told also that Ruthi's loss would be greater than Danny's, as going on with the process is probably her last chance to attain genetic motherhood, while he is already blessed with genetic children of his own. Once the eggs retrieved from her had been feritilized by Danny's sperm, Ruthi lost the alternative of fertilisation with donor sperm. Thus she altered her situation irreversibly, in reasonable reliance on her husband's own conduct. In this view, Danny's initial consent and participation in the assisted reproduction scheme should have prevented him from later changing his mind. Such a comparative impairment calculus is redundant if one accepts the requirement of continuing mutual consent at each and every stage of the assisted reproduction process as the properly controlling ethical and legal principle. But even on its own merits, such a comparative damage assessment seems problematic and highly speculative. It is hardly a foregone conclusion that Ruthi's score on the comparative hardship scale is higher than Danny's. Her claimed loss (of an opportunity to gain genetic motherhood through surrogacy) is at least somewhat mitigated by the possible alternative of adoption. And Danny's putative damage is not limited to the financial burden of having to support his undesired offspring. Far more troubling are the agony, emotional distress, and psychological upheaval that could be his fate day in and day out for the rest of his life, knowing that somewhere his genetic child exists, whom he did not want and with whom he has no contact. Fatherhood, like motherhood, imports life-long emotional bonds and commitments. Who could foretell which of the two is destined to suffer more over time and in the face of unpredictable vicissitudes of fate?

I have already indicated that the principle of ongoing mutual consent throughout the assisted reproduction process applies up to the point when a pre-embryo is implanted in a woman's womb for gestation and birth. From then on, the pregnant woman's right to bodily integrity becomes prevalent and decisive. A person's right over his own body is fundamental and crucial. We all possess a basic right to protect our body from unwanted penetration with its attendant physical impact, risk to life and limb, invasion of privacy, and violation of individual autonomy and human dignity. Interruption of pregnancy (whether procured *in vivo* or through *in vitro* fertilization) characteristically involves an invasive, frequently surgical, intervention in the pregnant woman's body and can have far-reaching consequences for her physiological, psychological and emotional health and well-being, as well as regarding her privacy and autonomy. These significant factors are absent in a Nachmani-type situation. In an actual pregnancy situation, the male partner may indeed be drawn into unwanted fatherhood when the pregnant women refuses to undergo an abortion. In the case at hand, however, no one is pregnant. What we have are Ruthi's and Danny's frozen pre-embryos stored in an IVF clinic.

V. The Welfare of the Prospective Child

Assisted reproduction technologies are designed to facilitate the birth of children who could not otherwise be brought to life. In making decisions concerning resort to complex, costly, and frequently experimental procreation techniques, should we not take into account the putative future interests of the anticipated child? If a right to parenthood is a legitimate derivative of the constitutional precept of human dignity, is this not so regarding considerations (even if speculative in nature) of the welfare of the child who is expected to come into existence as a consequence of the realization of the right to parenthood?

The "welfare" or "best interest" of the child is a common, and paramount, consideration in determining the future of existing children for purposes such as the adjudication of custody following divorce or the decreeing of adoption. It is, however, debatable whether such a normative yardstick is at all applicable where at stake is the bringing into life, the very prospective existence, of a yet unborn child. Still it can be argued that the hypothesized predicaments possibly facing the future child in a *Nachmani*-type situation may lead one to conclude that the child is better-off not being brought into existence at all.

In the debate on "wrongful life" tort actions, most philosophers and many jurists have shied away from the endeavor to compare an impaired life with no-life. Some claim that no-life can have no assessable value and may never be deemed preferable to life, even if severely handicapped or burdened. Most justices of the Israeli Supreme Court in the *Nachmani* case ignored altogether the "best interest of the child" consideration. It is admittedly questionable whether the welfare of the anticapted newborn should be regarded as a relevant decision-making factor in *Nachmani*-type situations and, if so, what relative weight ought to be accorded to such a factor. To be sure, an entirely pessimistic assessment of the prospective child's future life is hardly the only, or most likely, scenario one can sketch. It is quite conceivable that the child, if born, will enjoy a happy existence, a loving and supportive family and social environment, and proper education, and will grow to lead a meaningful, rewarding life. Yet I believe that the issue should have been addressed. Recalling the specific factual background, the Nachmani child, if born, will come to life not only against the will of his estranged father, but also through the services of a female stranger, the surrogate. The child Ruthi may ultimately get will be the product of a process consisting of IVF, pre-embryo cryopreservation, and then implantation in the womb of a surrogate who is expected to carry the fetus to term, give birth, and deliver the newborn to Ruthi – all in the face of opposition from Danny, the resentful genetic father.

I tend to believe that "welfare of the child" considerations (even if speculative in essence) should figure – among other relevant considerations – in shaping society's overall normative posture on assisted reproduction technologies. In a *Nachmani*-type situation, we are faced with a pre-planned design to bring a child to life by means of assisted procreation devices. This is, of course, entirely different from adoption, where a decision must be taken *post hoc* concerning the fate of an already existing child. Is it indeed sensible, just and proper for a governmental organ – a court of law – to decree the gestation and birth, through surrogacy, of a child in the face of a bitter dispute between its genetic parents and despite the determined objection of one of them? The Court neglected to give this dilemma the serious consideration it warrants.

VI. The Moral/Legal Status of the Frozen Pre-Embryos

What about the frozen pre-embryos themselves? Are they endowed with any moral or legal status that might be relevant to the case at bar? Are they to be treated as living persons? Or like unique entities that embody a potential and symbolism of life? Do they possess independent rights and interests of their own, separate from the rights and interests of the man and woman who contributed the gametes necessary for their creation? Can a "right to life" be claimed on their behalf? The first Supreme Court judgment in the *Nachmani* affair does not lay stress on these questions. It notes briefly and categorically, almost in passing, that a fertilized ovum lacks any independent legal status, does not possess any protected rights and interests of its own, and hence its fate as such should not figure in the decision-making process. Likewise, several of the dissenting justices in the second Nachmani judgment emphasize the pre-embryonic stage of the fertilized ova that does not accord them an independent moral status worthy of legal protection. In contrast, however, some of the majority justices, when referring to the *Nachmani* fertilized eggs, do not refrain from invoking terms like "the right to life" and "the value of life". One justice even resorts to such phrases as "the life" of the fertilized eggs and "the life potential of the fertilized egss".

One must take notice of such judicial utterances. If, indeed, a frozen fertilized egg stored in an IVF clinic is endowed with "life" in any meaningful sense of this term, then a more developed fetus at an advanced stage of actual pregnancy must, *a fortiori*, be recognized as enjoying such independent status. It goes without saying that such thinking may have far-reaching repercussions on abortion and scientific embryo research. A flat recognition of a fertilized egg's independent right to life is patently incompatible with a liberal pro-choice stance on abortion. It is instructive to note, in this context, that throughout the Nachmani saga, both in the judicial arena and in the theatre of public opinion, Ruthi and her supporters insistently referred to the subject-matter of the litigation as "children" or "fetuses" whereas Danny and his protagonists were careful to characterize it in terms of "fertilized eggs" or "genetic material".

VII. A Final Remark

The *Nachmani* affair bears witness to the complexities of the interface of modern bio-medical technology, morality, and law. I side with those who strongly believe that scientific feasibility is not necessarily tanatmount to normative desirability. What is technologically possible must not *ipso facto* be regarded as socially endorsable. Similarly, morality and law are hardly synonymous. One can be convinced that Danny was morally bound to allow Ruthi to make use of their shared frozen pre-embryos, while at the same time be persuaded that the law does not, and should not, provide Ruthi with enforcement means to coerce Danny into unwanted parenthood.[5]

---

[5] *See David Heyd*, "Legal and Moral Justice: The *Nachmani* Case Reconsidered". 29(2) Mishpatim, The Hebrew University Law Review 507, 527 (1998) (in Hebrew).

Handel mit türkischen Kulturgütern

*Kurt Siehr**

Die Türkei beheimatet nicht nur Persönlichkeiten wie *Tugrul Ansay*, dem diese Zeilen in alter Freundschaft und Verbundenheit gewidmet sind, sondern auch andere wertvolle Schätze in Form von Kulturgütern verschiedenster Zivilisationen und Epochen.[1] Seit vielen tausenden von Jahren haben zahlreiche Kulturen ihre Spuren in Kleinasien hinterlassen und machen aus der heutigen Türkei ein Eldorado für archäologische Forschung – aber auch ein Paradies für Grabräuber und Schmuggler. Solche Spitzbuben sind deshalb so gefährlich und schädlich, weil sie den Kontext archäologischer Funde zerstören und damit deren Bestimmung für immer verhindern. Wissen um die Vergangenheit und interessante Erkenntnisse der Vorzeit gehen verloren. Die geraubte Kunst wird heimlich gehandelt, unter Ausschluss der Öffentlichkeit gesammelt, Museen zum Kauf angeboten und schliesslich in einem Magazin von Raubkunst aufbewahrt. Diese Bilanz ist traurig und eignet sich insofern wenig für eine Festschrift. Doch Tuğrul Ansay ist kein Mensch, der angesichts der rauen Wirklichkeit den Mut verliert und nicht über eine Abhilfe nachdenkt. Deshalb wird er auch diese Zeilen so lesen, wie sie gedacht sind: Es ist nie zu spät. Auch kleine Schritte bringen uns dem Ziel näher. Und dieses Ziel ist der Schutz türkischer Kulturgüter.

I. Schutz türkischer Kulturgüter in der Türkei

Wenn Kulturgüter im Inland gar nicht oder zu wenig schützt und deshalb ins Ausland geschmuggelt werden, müssen sie – wenn ihre Rückkehr ins Inland gewünscht wird – in teuren Prozessen herausgeklagt werden. Um die Ungewissheit solcher Prozesse zu vermeiden, kann man im Inland durchaus einige Massnahmen ergreifen und in kleinen Schritten den Schutz von Kulturgüter im Inland verbessern.

A. Information und Mithilfe der Bevölkerung

Vor mehr als zehn Jahren veranstaltete die deutsch-türkische Juristenvereinigung unter Leitung ihres Gründers Tuğrul Ansay eine Veranstaltung über den Schutz von Kulturgütern in Bergama.[2] Zu dieser Veranstaltung hatte u. a. auch die Tatsache

---

* Dr. iur., MCL., Emeritierter Professor für Privatrecht, Internationales Privatrecht und Rechtsvergleichung an der Universität Zürich, Rechtswissenschaftliche Fakultät; freier Mitarbeiter des Max-Planck-Instituts für ausländisches und internationales Privatrecht, Hamburg.
[1] Vgl. *Ekrem Akurgal,* Ancient Civilizations and Ruins of Turkey, 8. Aufl. Istanbul 1993.
[2] Die auf der Tagung vom 9.-12.10.1995 gehaltenen Referate von *Hans W. Baade, Wolf-Dieter Heilmeyer, Erik Jayme, Bahri Öztürk, Lyndel V. Prott, Kurt Siehr und Bilge Umar* sind abgedruckt in der Zeitschrift für vergleichende Rechtswissenschaft 95 (1996) 117-202.

S. Arkan, A. Yongalik (eds.) Liber Amicorum/Festschrift für Tuğrul Ansay, pp. 413-427.
© 2006 Kluwer Law International BV. Printed in the Netherlands.

beigetragen, dass kurze Zeit vorher der Bürgermeister von Bergama und einige Bürger dieser Stadt im Berliner Pergamon-Museum mit Plakaten die Rückgabe des Pergamon-Altars nach Bergama verlangt hatten.[3] Diese Aktion hatte natürlich keinen Erfolg; denn Karl Humann hatte die Trümmer der Überreste des Pergamon-Altars legal erhalten sowie nach Berlin gebracht,[4] und dies war den Bürgern aus Bergama offenbar unbekannt. Besser wäre es gewesen, den Bürgern von Bergama die vom Deutschen Archäologischen Institut betreute grossartige Akropolis von Bergama nahe zu bringen, diese Stätte ihrem Lokalpatriotismus anzuvertrauen und sie auch ihrem Schutz zu empfehlen; denn nichts schützt ein Gebäude, eine Ruine und ein Grabungsfeld so gut wie die wohl informierte Teilhabe der örtlichen Bevölkerung an der Erhaltung dieser Kulturgüter.[5]

Kulturgüter sind Gegenstände, die nicht nur Kunsthistoriker, Archäologen und Denkmalschützer interessieren. Sie sind ausserdem Teil des jeweiligen örtlichen Lebens und Webens. Die lokale Bevölkerung muss über den kulturhistorischen Wert ihrer Umwelt informiert sein und aus diesem Wissen heraus Verantwortung für diese Umwelt freiwillig und mit Lokalstolz übernehmen. Dass dies möglich ist, zeigen nicht nur viele örtliche Kulturvereine, sondern auch die unorganisierte Anteilnahme der Bevölkerung an dem Aufbau und der Erhaltung lokaler Kunstwerke. Diese kulturelle Hingabe kann selbstverständlich mit kommerziellen Interessen des Fremdenverkehrs, des Souvenirhandels und der medienwirksamen Selbstdarstellung verbunden werden; denn Kulturgüter müssen erhalten werden, und die Erhaltung kostet Geld. Die Verwirklichung solcher Ziele erfordert Phantasie, und dieser sind keine Grenzen gesetzt. Nur entmutigen lassen sollte man sich nicht, wenn nicht gleich alles so verläuft, wie man es sich erhofft hat.

B. Grabungserlaubnisse und Fundteilungen

Die Türkei ist zu gross und zu reich an archäologischen Fundstätten, als dass jede dieser Fundstätten bewacht und vor Hobby-Archäologen geschützt werden könnte. Deshalb ist der Schutz heimischer Kulturgüter in der Türkei so schwierig und finanziell kaum zu bewältigen. Dieses Problem wird heute in manchen Orten wie z.B. in Bergama, Ephesus und Troja dadurch gelöst, dass die Grabungsstätten in- oder ausländischen Archäologen anvertraut werden, die sich um die Pflege der Altertümer und den Schutz der Grabungsstätten kümmern. Wahrscheinlich könnten für noch mehr Fundstätten in der Türkei Grabungserlaubnisse erteilt werden; denn jede Universität und jedes archäologische Institut braucht für sich und den archäologischen

---

[3] Darüber berichtete *Wolf-Dieter Heilmeyer*, Direktor des Antikenmuseums Berlin, auf der Tagung in Bergama.
[4] Vgl. *Wolfgang Radt,* Pergamon. Geschichte und Bauten einer antiken Metropole, Darmstadt 1999, 309 ff.
[5] Vgl etwa den offenen Brief der türkischen Archäologen vom 18.6.1996 an Präsident Demirel und ihren Protest gegen Bauspekulationen nahe der Grabungsstätte von Troja: International Journal of Cultural Property 5 (1996) 315-317.

Nachwuchs Grabungsstätten.[6] Selbst wenn die Erteilung von Grabungserlaubnissen keine Finanzquelle darstellt, um Altertümer besser zu schützen als zuvor, so könnte das bei der Teilung gewisser Fundobjekte anders sein. Sobald alle Funde bestimmt, registriert und veröffentlicht sind, brauchen sie nicht unbedingt im örtlichen Museum oder in einem archäologischen Nationalmuseum ausgestellt oder aufbewahrt zu werden. Viele Dubletten und auch viele Einzelstücke könnten an fremde Museen, in- und ausländische Sammler und spezialisierte Auktionshäuser verkauft werden. Das würde den Hunger vieler Museen und Sammler nach Antiken stillen, den Plünderern archäologischer Fundstätten das Leben sauer machen und Geld für den Schutz der im Inland verbleibenden Kulturgüter einbringen. Sicherzustellen wäre lediglich, dass die durch diesen legalen Antikenhandel eingenommenen Gelder dem inländischen Kulturgüterschutz zugute kommen. Abschied zu nehmen ist deshalb von einem sehr nationalistisch geprägten Verständnis des Kulturgüterschutzes, und zu begrüssen wäre eine weltoffene Pflege der Vergangenheit derart, dass man sie gerne auch mit anderen Nationen und Liebhabern teilt, nachdem die Wissenschaftler ihre Forschungsarbeit verrichtet haben. So liessen sich nationale Interessen an vollständigem Wissen der eigenen Vergangenheit mit den weltweiten Interesse an allen Gegenständen des Kunstschaffens versöhnen.[7]

Eine solche weltoffene Haltung hätte ausserdem den grossen Vorteil, dass auch das Ausland über die inländischen Schätze unterrichtet wird und sie in begrenztem Umfang schon im Ausland bewundern kann, um bei den so angeregten Besuchen in der Türkei andere Kulturgüter voll geniessen zu können. Wer die Elgin-Marbles im British Museum in London gesehen hat, will auch die Akropolis in Athen besuchen; wer die Nofretete im Berliner Ägyptischen Museum bewundert hat, möchte nach Kairo reisen; und wer die Antiken aus Ephesus im Wiener Museum besichtigt hat, führe am liebsten gleich am nächsten Tag nach Ephesus in die Türkei. Wer nämlich den Schutz inländischer Kulturgüter touristisch attraktiv und finanziell einträglich gestalten will – und nichts spricht gegen eine konservatorisch gut überwachte "Vermarktung" der Kultur –, der muss dafür sorgen, dass auch im Ausland inländische Kulturgüter gezeigt und gesammelt werden. So richtig der Satz sein mag "Was ich nicht weiss, macht mich nicht heiss", zu zutreffend ist auch die Feststellung "Was ich sah, das geht mir nah".

C. Nationale Gesetzgebung zum Kulturgüterschutz

Kulturgüterschutz scheint eine Materie zu sein, die nur die Archäologen, Denkmalschützer und Polizisten etwas angeht. Tatsächliche Vorgänge stehen offenbar im Vordergrund. Und doch gibt es auch juristische Probleme, die bereits vor

---

[6] Zur Zahl der amerikanischen Universitäten, die in der Türkei Grabungserlaubnisse haben, vgl. *Karl E. Meyer*, The Plundered Past, London 1974, 70. Dort auch zur "Dorak Affair" und zum Schmuggel türkischer Antiken. Vgl. auch *Kenneth Pearson/Patricia Connor*, Die Dorak Affaire, Wien/Hamburg 1968.
[7] Vgl. hierzu *John Henry Merryman*, Cultural Property Internationalism: International Journal of Cultural Property 12 (2005) 11-39.

solchen Vorgängen und danach geregelt werden müssen. Deswegen hat die Türkei eine in die osmanische Zeit zurückreichende Tradition, Kulturgüter gegen Diebstahl, Unterschlagung und Schmuggel zu schützen.[8] Das jetzt geltend Gesetz Nr. 2863 vom 21.7.1983 ist seit 1983 in Kraft[9] und soll in absehbarer Zeit geändert werden. Vor allen drei Fragen sollten in solchen nationalen Gesetzen des Kulturgutschutzes klar geregelt sein.

1. Eigentum an archäologischen Funden

Archäologische Funde werden von nationalen Rechtsordnungen sehr unterschiedlich behandelt. Ohne spezielle Gesetzgebung gehören die Funde dem Eigentümer des Grundstückes, in dem die Sache gefunden wurde. Beispiel hierfür ist das deutsche BGB[10] oder das englische Recht des Treasure Trove.[11] Häufig jedoch wird diese Regel speziell für archäologische Funde von wissenschaftlichem Wert geändert. Spezialvorschriften sehen vor, dass solche Funde automatisch Staatseigentum sind. Erst kürzlich hat die Schweiz in ihrem Gesetz zur Umsetzung des UNESCO Übereinkommens von 1970[12] klargestellt, dass archäologische Funde von wissenschaftlichem Wert Eigentum desjenigen schweizerischen Kantons sind, in dem sie gefunden werden,[13] und hat Artikel 724 ZGB entsprechend geändert.[14] Andere Staaten haben bereits vorher dasselbe geregelt und sich zu Staatseigentum an archäologischen Funden bekannt.[15]

---

[8] Vgl. *Hans W. Baade*, Zur Geschichte des türkischen Antiquitätenrechts: Zeitschrift für vergleichende Rechtswissenschaft 95 (1996) 127-140.
[9] Kültür ve Tabiat Varlıklarını Koruma Kanunu (Gesetz über den Schutz kultureller und natürlicher Güter), T.C. Resmî Gazete 1983 Nr. 18113 vom 23.7.1983. Hierzu vgl. *Bilge Umar*, Das türkische Recht des Kulturgüterschutzes in der heutigen Theorie und Praxis: Zeitschrift für vergleichende Rechtswissenschaft 95 (1996) 141-146.
[10] § 984 BGB lautet: "Wird eine Sache, die so lange verborgen gelegen hat, dass der Eigentümer nicht mehr zu ermitteln ist (Schatz), entdeckt und infolge der Entdeckung in Besitz genommen, so wird das Eigentum zur Hälfte von dem Entdecker, zur Hälfte von dem Eigentümer der Sache erworben, in welcher der Schatz verborgen war." Nach Art 73 EGBGB gilt. "Unberührt bleiben die landesgesetzlichen Vorschriften über Regalien."
[11] Sect. 4 (1) Treasure Act 1996 (c. 24) sagt: "When treasure is found, it vests, subject to prior interests and rights, (a) in the franchisee, if there is one, (b) otherwise in the crown." Hierzu vgl. die Berichte in: Art Antiquity and Law 3 (1998) 73-99; 4 (1999) 191-203, and 6 (2001) 347-387.
[12] Übereinkommen vom 14. November 1970 über die Verhinderung der unrechtmäßigen Einfuhr, Ausfuhr und Übertragung von Eigentum an Kulturgütern, 823 U.N.T.S. 231; SR 0.444.1.
[13] Bundesgesetz vom 20. Juni 2003 über den internationalen Kulturgütertransfer (Kulturgütertransfergesetz, KGTG), AS 2005, 1869; SR 444.1.
[14] Art. 724 I ZGB lautet seit dem 1.6.2005 folgendermaßen: "Herrenlose Naturkörper oder Altertümer von wissenschaftlichem Wert sind Eigentum des Kantons, in dessen Gebiet sie gefunden worden sind."
[15] Vgl. z.B. Ägypten: Gesetz Nr. 117 von 1983 über den Schutz der Altertümer, bei: *Lyndel V. Prott/Patrick V. O'Keefe*, Manuel des réglementations nationales relatives à l'exportation des biens culturels, UNESCO 1988, 63; Griechenland: Gesetz Nr. 3028 vom 28.6.2002 über den Schutz der Altertümer und das kulturelle Erbe im allgemeinen; engl. Übersetzung in: Koinodikion 9 (2003) 239 ff.; Italien: Decreto legislativo 22.2.2004, n. 42: Codice dei beni culturali

Die türkische Regelung in Art. 697 ZGB scheint zumindest für ausländische Juristen unklar zu sein. Unklar ist hierbei, ob der Staat sofort Eigentümer der Fundobjekte wird oder erst später ein Aneignungsrecht ausüben kann. Dieser Unterschied mag für die Türkei unerheblich sein, weil sich derjenige, der einen Fund nicht meldet, in jedem Fall strafbar macht. Strafvorschriften jedoch sind ausserhalb der Türkei nur von beschränkter Bedeutung. Im Ausland will man bei einem Herausgabeprozess nämlich wissen, ob der Kläger Eigentümer war, der Finder eine Fundunterschlagung begangen hat, und zwar mit der Folge, dass die gefundene Sache abhanden gekommen ist und deswegen vielleicht nur in Ausnahmefällen gutgläubig erworben werden kann oder deswegen als gestohlen gilt.[16] Strafrecht ist nur in diesen Fällen und bei der Rechtshilfe in Strafsachen von Bedeutung.[17] In Zivilsachen geht es um die Herausgabe der Sache auf Grund privatrechtlicher Vorschriften, und eine solche Herausgabe ist bereits im Ausland unter anderem auch an der angeblichen Unklarheit türkischer Rechtsquellen gescheitert.[18] Die Kulturgüterschutzgesetze der Türkei aber sind klar und begründen eindeutig Staatseigentum.[19]

So vorteilhaft das Staatseigentum an archäologischen Funden auch sein mag, nicht vergessen werden darf, dass eine solche Regelung auch Nachteile hat. Wenn nämlich der Finder an seinem Fund nicht profitiert, wird er – wenn er der wenig begüterten Landbevölkerung angehört – wenig Anreiz verspüren, die gefundene Sache abzugeben oder zu melden. Vielmehr wird er der Versuchung unterliegen, den Fund zu verheimlichen, und ihn in der nicht ganz aussichtslosen Hoffnung, nicht entdeckt zu werden, verkaufen. Aus diesem Grund sollte man den Finder belohnen. Doch ist das in der Türkei überhaupt finanzierbar? Auch in diesem Zusammenhang sollte man realistisch sein und sich zu realisierbaren Lösungen durchringen. Finder sollten aus dem Fond belohnt werden, der aus den Einkünften des legalen Antikenhandels gespeist wird.

Ein anderer Nachteil ist seit kurzem beseitigt worden. In den Vereinigten Staaten von Amerika war umstritten, ob originäres Staatseigentum an archäologischen Funden anerkannt werden darf und nicht als unzulässige Enteignung der Grundeigentümer

---

e del paesaggio [Codice Urbani]: Gazzetta ufficiale 24.2.2004, n. 45, Supplemento ordinario n. 28.
[16] Vgl. *United States v. Schultz*, 178 F.Supp.2d 445 (S.D.N.Y. 2002); affirmed 333 F.3d 393 (2d Cir. 2003). Vgl. hierzu *Martha B.G. Lufkin*, End of the Era of Denial for Buyers of State-Owned Antiquities – *United States v. Schultz*: International Journal of Cultural Property 11 (2002) 305-322; *Kelly Elizabeth Yasaitis*, National Ownership Laws as Cultural Property Protection Policy – The Emerging Trend in *United States v. Schultz*: International Journal of Cultural Property 12 (2005) 95-113; note, In *Schultz* we Trust: Cardozo Journal of International and Comparative Law 11 (2003) 211-238; und unten bei B I 2 b.
[17] Vgl. *Bahri Öztürk*, Strafrechtlicher Schutz von Kulturgütern im türkischen Recht: Zeitschrift für vergleichende Rechtswissenschaft 95 (1996) 147-157; und unten bei B I 2 a.
[18] Appellationsgericht Basel-Stadt 18.8.1995, Basler Juristische Mitteilungen 1997, 21, und Schweizerische Zeitschrift für internationales und europäisches Recht (SZIER) 7 (1997) 492 mit Anm. *Ivo Schwander*. Vgl. unten bei B II 2 a.
[19] *Ergun Özsunay*, Protection of Cultural Heritage in Turkish Private Law: International Journal of Cultural Property 6 (1997) 278-290; *Özel*, unten N. 59.

unbeachtet bleiben muss.[20] Vor drei Jahren ist nämlich auch für den Bundesstaat New York anerkannt, dass der Handel mit Kunstwerken, die im Ausland illegal ausgegraben wurden und dort Staatseigentum sind, als strafbarer Handel mit gestohlenen Sachen gilt.[21]

2. Handel mit inländischen Kulturgütern

Normalerweise lernt man: Je knapper eine Ware ist, desto wahrscheinlicher ist eine staatliche Regulierung des Handels mit ihr und ihrer Verteilung. Das scheint im Kunsthandel anders zu sein. Gerade diejenigen Staaten, die reich an Kulturschätzen sind, sehen in ihren Gesetzen zum Schutz heimischer Kulturgüter vor, dass diese Kulturgüter ohne staatliche Genehmigung nicht gehandelt werden dürfen und dass sie weder dem gutgläubigen Erwerb unterliegen, noch einem anderen Verlust durch Zeitablauf (z.B. Verjährung) ausgesetzt sind. Die Kulturgüter werden damit zu *res extra commercium*.[22] Die türkische Regelung ist nicht klar; denn sie ergibt sich nicht unmittelbar aus einer Vorschrift, sondern muss aus verschiedenen Regelungen abgeleitet werden.[23]

Frage ist, ob eine solche Regelung zu empfehlen ist. Aus verfassungsrechtlichen Gründen sollte man zwischen Kulturgütern in Staatseigentum und privaten Kulturgütern unterscheiden. Der Staat kann über sein Eigentum frei verfügen, und zwar innerhalb gesetzlicher oder verwaltungsinterner Schranken. Das Privateigentum jedoch unterliegt verfassungsrechtlichen Garantien. Ein gesetzliches Verbot, Privateigentum nur mit staatlicher Genehmigung verkaufen zu können, dürfte in vielen Ländern einen enteignungsgleichen Eingriff darstellen und zur Entschädigung für diese Eigentumsbeschränkung berechtigen.[24] Um dies zu vermeiden, hat der schweizerische Gesetzgeber in seiner jüngsten Gesetzgebung zur Ausführung des UNESCO Übereinkommens von 1970 von einer solchen Beschränkung des Privateigentums abgesehen und sich damit begnügt, Kulturgüter im Eigentum des Bundes für unveräusserlich zu erklären.[25]

---

[20] Vgl. hierzu *John Henry Merryman,* The Retention of Cultural Property: University of California Davis Law Review 21 (1988) 477-513; *ders.,* Limits of State Recovery of Stolen Artifacts – Peru v. Johnson: International Journal of Cultural Property 1 (1992) 169-173 (170 f.); *John Henry Merryman/Albert E. Elsen,* Law, Ethics and the Visual Arts, 4. Aufl. London u.a. 2002, 200 f.
[21] Vgl. *United States v. Schultz,* oben Fn. 16, und die dortige Anwendung des National Stolen Property Act (s. unten N. 56) auf archäologische Kulturgüter, die in Ägypten illegal ausgegraben worden waren. Vgl. unten bei B I 2 b.
[22] Vgl. hierzu: *Marc Weber,* Unveräusserliches Kulturgut im nationalen und internationalen Rechtsverkehr, Berlin/New York 2002.; *Amalie Weidner,* Kulturgut als res extra commercium im internationalen Sachenrecht, Berlin/New York 2001.
[23] Vgl., *Özsunay,* oben Fn. 19, 284.
[24] Hierzu vgl. *Jörg Sprecher,* Beschränkungen des Handels mit Kulturgut und die Eigentumsgarantie, Berlin 2004.
[25] Art. 3 II KGTG, oben Fn. 13.

Zweifelhaft mag sein, ob es notwendig ist, Objekte von Staatseigentum für unveräusserlich zu erklären. Im Inland entscheidet der Staat sowieso, ob eine Gegenstand seines Vermögens veräussert werden soll oder nicht, und das Ausland hat es bislang abgelehnt, fremde Veräusserungsverbote hinsichtlich der ins Inland gelangten fremden Kulturgüter anzuwenden. Wer in Frankreich spanische *res extra commercium* veräussert, erwirbt Eigentum, [26] und wer in Italien französische Objekte des *domaine public* gutgläubig kauft, darf sie behalten und braucht sie nicht herauszugeben.[27] Das kann sich in Zukunft ändern. Das Institut de Droit international hat auf seiner Session in Basel im Jahre 1991 vorgeschlagen, auf das Sachenrecht der Kulturgüter nicht mehr die jeweilige *lex rei sitae* anzuwenden, sondern die *lex originis,* also das Recht des Staates, der es zu seinem nationalen Kulturerbe zählt.[28] Nach dieser Regel hätten in den beiden oben genannten Fällen das spanische bzw. französische Kulturgut an Spanien und an Frankreich zurückgegeben werden müssen; denn diese Gegenstände waren nach ihrer *lex originis* unveräusserlich. Was das Institut de Droit international vorgeschlagen hat, ist nicht mehr blosse Zukunftsmusik. Der belgische Code de droit international privé von 2004 sieht in seinen Artikeln 90 I und 92 I vor, dass geschmuggelte Kulturgüter und gestohlene Sachen – zumindest gemäss der Wahl des ursprünglichen Eigentümers – nach ihrer *lex originis* oder ihrer gegenwärtigen *lex rei sitae* beurteilt werden.[29] Ist die *lex originis* anwendbar, wird ein Kulturgut im Ausland genau so geschützt wie im Herkunftsstaat, aber u.U. auch nicht mehr. Wer also im Inland sein Kulturgut rechtlich nicht genug schützt, kann sich nicht beklagen, wenn das Ausland dieselben unzulänglichen Gesetze des Herkunftsstaates anwendet.

3. *Verbot des Exports von Kulturgut*

Selbst wenn man den Handel mit nationalem Kulturgut nicht verbietet, wenn man also z.B. aus verfassungsrechtlichen Gründen das Sachenrecht privater Kulturgüter unverändert lässt und weiterhin dem normalen Vertrags- und Sachenrecht unterstellt, fragt sich, ob man auch insofern den internationalen Handel unbeschränkt zulässt oder ob man für den Export nationaler Kulturgüter, einerlei ob in Staats- oder Privateigentum, eine staatliche Ausfuhrgenehmigung verlangt und einen Export ohne eine solche Erlaubnis verbietet. Die Türkei kennt ein solches Ausfuhrverbot,[30] hat aber auch erfahren müssen, dass es im Ausland als eine Vorschrift des Kulturverwaltungsrechts, also des ausländischen öffentlichen Rechts unbeachtet bleibt.[31]

Trotz dieser bisher wenig erfreulichen Erfahrungen mit nationalen Exportverboten, sollte die Türkei diese Exportverbote – liberalisiert durch einen legalen

---

[26] Tribunal civil de la Seine 17.4.1885, Clunet 13 (1886) 593 (*Duc de Frias c. baron Pichon*).
[27] Corte di cassazione 24.11.1995, Foro italiano 1996, I, 1, 907 = Rivista di diritto internazionale 80 (1997) 515 (*Governo di Francia c. De Contessini*).
[28] La vente internationale d'objets d'art sous l'angle de la protection du patrimoine culturel: Annuaire de l'Institut de Droit international 64 II (1992) 402 ff.
[29] Code du droit international privé du 24 juin 2004, Moniteur belge 2004, 57344.
[30] Art. 32 des Gesetzes von 1983, oben Fn. 9.
[31] Appellationsgericht Basel-Stadt, oben Fn. 18.

Antikenhandel – beibehalten, und zwar aus zwei Gründen. Zum einen ist die Türkei Vertragsstaat des UNESCO Übereinkommens von 1970.[32] und dieses Übereinkommen verpflichtet die Vertragsstaaten, die Exportverbote anderer Vertragsstaaten zu beachten und unzulässigerweise exportierte Kulturgüter in den Herkunftsstaat zurückzuführen.[33] Allerdings müsste die Türkei das UNESCO Übereinkommen von 1970 in nationales Recht umsetzen; denn dieses Übereinkommen ist weitgehend nicht unmittelbar anwendbar, sondern bedarf zu seiner Verwirklichung nationaler Vorschriften, die das inländische Sachrecht den international übernommenen Verpflichtungen anpasst. Die Schweiz z.B. würde geschmuggelte Kulturgüter türkischer Herkunft nur dann in die Türkei zurückführen, wenn die Türkei in einer bilateralen Vereinbarung garantieren kann, dass die Türkei ihre Verpflichtungen aus dem UNESCO Übereinkommen von 1970 erfüllen kann.[34]

Der andere Grund dafür, ein liberal gehandhabtes Exportverbotes beizubehalten, ist auf nationales Recht zurückzuführen. Denn nicht nur Art. 90 I des belgischen IPR-Gesetzes von 2004 wendet auf die Rückführung geschmuggelter Kulturgüter die *lex originis* an,[35] sondern auch auf andere Weise kann die unrechtmäßige Ausfuhr von Kulturgütern sanktioniert werden.[36]

Nationale Exportverbote mögen in manchen ausländischen Staaten durchsetzbar sein und ihren Nutzen unter Beweis stellen. Nicht vergessen werden darf jedoch, dass die Ablehnung, private Kulturgüter exportieren zu dürfen, das Privateigentum über seine Sozialpflichtigkeit hinaus einschränkt und wegen eines enteignungsgleichen Eingriffs die Entschädigungspflicht des Staates nach sich ziehen kann.[37] Deswegen sollte der Staat die Ausfuhr privater Kulturgüter im Zweifel gestatten.

D. Zwischenergebnis

Jeder Staat schützt seine Kulturgüter nach seinen eigenen Vorstellungen und Möglichkeiten. Internationale Konventionen und ausländische Vorschriften können bestenfalls nur fremde Schutzvorschriften durchsetzen, aber wollen nicht eigene Prinzipien über den Schutz fremder Kulturgüter formulieren. Deshalb sollte die Türkei ihr Kulturgüterschutzgesetz reformieren, das UNESCO Übereinkommen von 1970 umsetzen und einen legalen Antikenhandel gestatten.

---

[32] S. oben Fn. 12.
[33] Art. 7 (a) UNESCO Übereinkommen, s. oben Fn. 12.
[34] Art. 7 KGTG, oben Fn. 13.
[35] S. oben Fn. 29.
[36] Vgl. die Entscheidung des deutschen BGH 22.6.1972, BGHZ 59, 92 = NJW 1972, 1575 = International Law Reports 73, 226, über die Nichtigkeit der Transportversicherung geschmuggelter nigerianischer Kulturgüter.
[37] Vgl. die französische Cour de cassation 20.2.1996, La Semaine Juridique. Juris-classeur périodique 1996, Jur., 22672 mit Anm. *Jean-François Poli* (Agent judiciaire du Trésor c. Walter); *Sprecher*, oben Fn. 24, 91.

II. Schutz türkischer Kulturgüter im Ausland

Sind türkische Kulturgüter unrechtmässig ins Ausland gelangt und sollen sie wieder in die Türkei zurückgeführt werden, so müssen in aller Regel ausländische Gerichte und Behörden angerufen und um Hilfe gebeten werden. Diese ausländischen Instanzen gehen von ihrem Recht aus und wenden türkische Vorschriften nur dann an, wenn ihr Recht auf türkisches Recht verweist. Gerade weil im Ernstfall ausländische Instanzen türkisches Recht anwenden müssen und wollen, muss das türkische Recht klar und deutlich sagen, wem Kulturgüter gehören und was mit ihnen getan werden darf.

A. Gestohlene Kulturgüter

1. Historische Erinnerungen

Der wohl berühmteste Fall abhanden gekommener türkischer Kulturgüter liegt mehr als hundert Jahre zurück. Heinrich Schliemann (1822-1890), der Entdecker von Troja, stiess im Jahre 1873 auf den so genannten Schatz des Priamos und brachte ihn heimlich von Troja nach Athen, ohne vorher den Fund – wie in der Grabungsgenehmigung vorgesehen – mit der Hohen Pforte geteilt zu haben. Deshalb beschloss die Regierung in Konstantinopel, Schliemann in Athen zu verklagen. Das geschah auch im März 1874. Die unterste Instanz erklärte sich für einen Prozess zwischen Ausländern für unzuständig, die Berufungsinstanz verurteilte Schliemann zur Herausgabe des Schatzes, und schliesslich zahlte Schliemann 50.000 Franken.[38] Der "Schatz des Priamos" blieb in Athen, obwohl Schliemann auf ihn verzichtet haben soll,[39] und gelangte schliesslich als Geschenk Schliemanns an das deutsche Volk nach Berlin.[40] Heute befindet er sich in Russland, wohin er als "Kriegstrophäe" oder "Beutekunst" entführt wurde.[41] Nachdem der Schatz einige tausend Jährchen im Verborgenen geschlummert hatte, sollte man heute nicht nervös werden, wenn nicht binnen weniger Jahre oder Jahrzehnte entschieden werden kann, ob er in Athen, Berlin, Moskau oder Troja endgültig aufbewahrt wird.[42]

Sollte der "Schatz des Priamos" nach Berlin zurückkehren und die Türkei Ansprüche auf Rückgabe an die Türkei geltend machen, stehen die Chancen für eine solche Rückkehr schlecht. Denn selbst wenn der Schatz dem Finder Heinrich Schliemann nicht oder nicht alleine gehört haben sollte, hat der beschenkte deutsche Staat zumindest

---

[38] *Ernst Meyer,* Heinrich Schliemann. Kaufmann und Forscher, Göttingen 1969, 274: *David A. Traill,* Schliemann of Troy. Treasure and Deceit, London 1995, 130, 135.
[39] *Traill,* oben Fn. 38, 135.
[40] *Michael Stiebler,* Troia. Geschichte-Grabungen-Kontroversen, Mainz 1994, 47 ff.
[41] *Klaus Goldmann/Wolfgang Schneider,* Das Gold des Priamos, Geschichte einer Odyssee, Leipzig 1995.
[42] Die deutsche Beutekunstpolitik ist gescheitert: Frankfurter Allgemeine Zeitung 27.4.2005, S. 41.

durch Ersitzung Eigentum an ihm erworben[43] und seitdem nicht verloren; denn das Beutemachen durch russische Truppen verschaffte der UdSSR weder im Jahre 1945 noch später Eigentum an dem Schatz.[44]

2. Raue Gegenwart

Leider werden heute immer wieder Antiken in der Türkei gestohlen und ins Ausland geschafft. Insoweit unterscheidet sich also die Gegenwart nicht von der Vergangenheit. Was sich allerdings geändert hat, ist das Geflecht internationaler Konventionen und nationaler Gesetze, die einem bestohlenen Eigentümer zu Hilfe kommen.

a. Internationale Konventionen

Die Türkei hat das UNESCO Übereinkommen von 1970 ratifiziert,[45] aber nicht umgesetzt, und sie ist Vertragsstaat der Übereinkommen des Europarates über die gegenseitige Rechtshilfe in Strafsachen von 1959[46] und über Geldwäsche sowie Ermittlung, Beschlagnahme und Einziehung von Erträgen aus Straftaten von 1990.[47] Diese Konventionen scheinen bisher bei der Rückführung gestohlener türkischer Kulturgüter keine Rolle gespielt zu haben. Die Vereinigten Staaten von Amerika, wohin die meisten türkischen Kulturgüter gebracht wurden, haben die UNESCO Konvention und das amerikanische Gesetz zur Umsetzung der Konvention[48] nicht angewandt; denn es besteht zwischen den USA und der Türkei keine bilaterale Vereinbarung über den Schutz von Kulturgütern.[49] Amerikanische Gesetze haben vielmehr geholfen (s. unten B I b).

Zwischen den meisten Mitgliedstaaten des Europarates, zu denen auch die Türkei gehört, gelten die oben genannten Übereinkommen über die gegenseitige Rechtshilfe und die Zusammenarbeit in Strafsachen.[50] Beide Übereinkommen haben bereits zwischen anderen Europarats-Staaten gute Hilfe bei der Rückführung gestohlener Kulturgüter dann geleistet, wenn sich die Beute noch in Händen der Räuber oder ihrer Komplizen befand. Ist das nämlich der Fall, dann kann der bestohlene Staat

---

[43] Vgl. § 937 BGB, vorher galt in Berlin das Allgemeine Preußische Landrecht von 1794, das in I 9 §§ 579 ff. die "Verjährung durch Besitz" vorsah.
[44] *Ronald Pienkny,* Das Kulturgütergesetz der Russischen Föderation und seine völkerrechtliche Vereinbarkeit, Berlin 2003; *Susanne Schön,* Der rechtliche Status von Beutekunst, Berlin 2004; *Eva Stoll,* Kulturgüterschutz im internationalen Recht unter besonderer Berücksichtigung der deutsch-russischen Beziehungen, Frankfurt am Main 2003.
[45] S. oben Fn. 12.
[46] Europäisches Übereinkommen vom 20.4.1959 über die gegenseitige Rechtshilfe in Strafsachen, European Treaty Series No. 30; BGBl. 1964 II 1369.
[47] Europäisches Übereinkommen vom 8.11.1990 über Geldwäsche sowie Ermittlung, Beschlagnahme und Einziehung von Erträgen aus Straftaten, European Treaty Series No. 141; BGBl. 1998 II 520.
[48] 19 U.S.C.A. §§ 2601 ff. (1999 und 2005 Pocket Part).
[49] Vgl. die Liste der Staaten, mit denen Vereinbarungen bestehen, in 19 C.F.R. § 12.104g (2005)
[50] S. oben Fn. 46 und 47.

denjenigen Vertragsstaat um Rechtshilfe ersuchen, in dem sich die Beute befindet. Die Beute wird dann beschlagnahmt, und in einem anschliessenden Gerichtsverfahren über die Rechtmässigkeit der Beschlagnahme geht es nur noch darum, ob die Sache im ersuchenden Staat unter Verletzung des Strafrechts gestohlen wurde, ob diese Tat auch im Inland als dem ersuchten Staat strafbar ist und ob in der Zwischenzeit kein gutgläubiger Erwerb des Beuteobjekts stattgefunden hat. Werden alle diese Fragen bejaht, wird die Beute dem ersuchenden Staat zurückgegeben. Auf diesem kurzen, schnellen und billigen Weg gab Deutschland einen in Griechenland ausgegrabenen und verheimlichten Münzschatz an Griechenland als dem Eigentümer heraus,[51] und die Schweiz gab ein gestohlenes Gemälde nach Frankreich zurück.[52] Hat jedoch im ersuchten Staat ein gutgläubiger Erwerber die Beute zu Eigentum erworben, kann die Beute nur als Beweismittel und lediglich vorübergehend in den ersuchenden Staat überführt werden. Insofern ist die Rechtshilfe in Strafsachen sachlich limitiert.

b. Nationale Gesetze

Abgesehen von den allgemeinen Zivilgesetzen, die sich mit der Rückgabe gestohlener Sachen befassen und die manchmal für den Bestohlenen günstiger sind als sein Heimatrecht,[53] gibt es in manchen Staaten Spezialgesetze, die den Handel mit gestohlenen Sachen verbieten und einen Verstoss gegen dieses Verbot mit der Einziehung der gehandelten Sache und Bestrafung des Händlers sanktionieren. Das beste Beispiel bilden die Vereinigten Staaten von Amerika. Dort gibt es nicht nur den Racketeering Influenced and Corrupt Organizations Act (RICO),[54] der zur Rückführung eines Münzschatzes, der im Jahr 1984 in der Türkei illegal ausgegraben worden war, in die Türkei beigetragen hat,[55] sondern auch den National Stolen Property Act (NSPA).[56] Nach diesem Gesetz ist der Handel mit gestohlenen Sachen verboten. Offen war lange die Frage, ob auch solche Gegenstände als "gestohlen" gelten, die im Ausland illegal ausgegraben und dem Staat, in dem sie gefunden worden waren und der sie als Eigentümer für sich in Anspruch nimmt, nicht abgegeben worden waren. Nach langem Hin und Her ist nun auch für den wichtigen zweiten Bezirk des Bundesgerichtsbarkeit entschieden worden, dass ägyptische Antiken, die in Ägypten illegal ausgegraben wurden und automatisch mit dem Fund Staatseigentum

---

[51] OLG Schleswig 10.2.1989, NJW 1989, 3105 = IPRspr. 1989 Nr. 75.
[52] Bundesgericht 1.4.1997, BGE 123 II 134 (L. c. Chambre d'accusation du canton de Genève).
[53] Das ist z.B. in den USA der Fall, wo es keinen gutgläubigen Mobiliarerwerb durch Veräußerung oder Ersitzung gibt, und wenn die Verjährung von Herausgabeansprüchen – wie in New York – erst dann zu laufen beginnt, wenn der Besitzer der Sache es ablehnt, sie dem Eigentümer herauszugeben. Dieses normale Zivilrecht genügte der Türkei, die "Lydian Hoard", bestehend aus 363 Gold- und Silberobjekten eines in der Türkei illegal ausgegrabenen Schatzes, vom New Yorker Metropolitan Museum of Art, das den Schatz in den Jahren 1966-1970 für $ 1.5 Millionen gekauft hatte, im Jahre 1993 zurückzuerhalten. Vgl. *Republic of Turkey v. Metropolitan Museum of Art,* 762 F.Supp. 44 (S.D.N.Y. 1990), und außerdem *Meyer,* oben N. 6, 66 ff.; *Ilknur Özgen/Jean Öztürk,* Heritage Recovered: The Lydian Treasure, Istanbul 1996, 12 f.
[54] 18 U.S.C.A. §§ 1961 ff. (2000 und 2005 Pocket Part).
[55] *Republic of Turkey v. OKS Partners*, 797 F.Supp. 64 (D.Mass. 1992).
[56] 18 U.S.C.A. §§ 2311 ff. (2000 und 2005 Pocket Part).

wurden, als "gestohlen" im Sinne des NSPA gelten und dass Kunsthändler, die mit solchen Antiken handeln, sich nach dem National Stolen Property Act strafbar machen.[57] Diese Feststellungen gelten auch für türkische Kulturgüter, die in der Türkei gefunden werden und kraft Gesetzes Staatseigentum der Republik Türkei sind. Deswegen ist diese Entscheidung so wichtig für die Türkei.

B. Geschmuggelte Kulturgüter

1. Historische Erinnerungen

Wer den grenzüberschreitenden Personen- oder Warenverkehr durch Verbote oder Abgaben regelt, ermuntert zu den verschiedensten Methoden, diese Grenzhindernisse zu vermeiden. Deswegen ist der Schmuggel von Menschen und Gegenständen so alt wie die Praxis von Staaten, Städten und anderen Gemeinschaften, den Grenzverkehr zu regulieren. Schmuggler gehören damit zu den ältesten Gruppen, die sich einer "Deregulierung" – wenn auch verbotener Art – verschrieben haben.

Seitdem das Osmanische Reich die Ausfuhr von Kulturgütern von staatlichen Genehmigungen abhängig macht, versuchten Schmuggler diese Beschränkungen ihres Gewerbes zu vermeiden. Selbst Ausgräber wie Heinrich Schliemann verbargen ihre Funde vor den staatlichen Behörden, um die Schätze nicht teilen oder abgeben zu müssen. Bis in unsere Tage wird geschmuggelt und wird solange andauern, bis durch einen legalen Antikenhandel der Anreiz für Schmuggel und Diebstahl schwindet.

2. Raue Gegenwart

Der illegale Handel mit türkischen Antiken scheint effektiv organisiert zu sein. Freche Spezialisten entwenden die Kulturgüter, gerissene Schmuggler sorgen für eine heimliche Ausfuhr, obskure Händler im Ausland sammeln die Ware und veräussern sie Mittels eines Netzes von windigen Agenten an interessierte Abnehmer. Wie das funktioniert, hat der Raub byzantinischer Mosaiken aus einer Kirche in Nordzypern durch türkische Diebe und der Verkauf dieser Schätze an naive Kunsthändler aus Indianapolis auf dem Flughafen Genf gezeigt.[58] Solche Machenschaften sind nur möglich,

---

[57] *United States v. Schultz,* oben N. 16. Ebenso für andere Gerichtsbezirke *United States v. Hollinshead,* 495 F.2d 1154 (9th Cir. 1974); *United States v. McClain,* 593 F.2d 658 (5th Cir. 1979).
[58] *Autocephalous Greek Orthodox Church of Cyprus v. Goldberg & Feldman Fine Arts Inc.,* 717 F.Supp. 1374 (S.D.Ind. 1989), affirmed 917 F.2d 278 (7th Cir. 1990); *Michel van Rijn,* Hot Art – Cold Cash, London 1993, 420 ff.. Vgl. auch Hof 's-Gravenhage 7.3.2002, Nederlands Internationaal Privaatrecht 2002 Nr. 248; Netherlands Yearbook of International Law 34 (2003) 394 *(De Autocefale Grieks-Orthodoxe Kerk te Cyprus./.Lans),* und hierzu *Stephan Matyk,* The Restitution of Cultural Objects and the Question of Giving Effect to the Protocol of the Hague Convention for the Protection of Cultural Property in the Event of Armed Conflict 1954: International Journal of Cultural Property 9 (2000) 341-346.

weil internationale Konventionen häufig nicht oder noch nicht eingreifen und diesen Umtrieben einen Riegel vorschieben, vielmehr nationales Recht dem hilflos zusieht.

a. Nationales Recht

Wie nationales Recht auf den Schmuggel von Kulturgütern reagiert, zeigt modellhaft der Baseler Prozess um die Rückführung von türkischen Grabstelen.[59] Diese Stelen waren aus der Türkei ohne Exportgenehmigung verschwunden und tauchten ca. 1975 als Geschenk in der Sammlung Ludwig des Antikenmuseums in Basel auf. Die Türkei klagte in Basel auf Rückgabe der Grabstelen und machte als Eigentümer aller Grabungsfunde von wissenschaftlichem Wert den sachenrechtlichen Herausgabeanspruch des Eigentümers geltend. Diese Vindikationsklage scheiterte; denn die Baseler Gerichte hielten es nicht für erwiesen, dass der türkische Staat automatisch mit dem Entdecken eines archäologischen Objektes dessen Eigentümer wird. Die Gerichte stützten sich dabei auf die ihrer Ansicht nach nicht ganz klaren Vorschriften des Art. 697 türk. ZGB, der dem Art. 724 schweiz. ZGB entspricht, und auf die türkischen Gesetze zum Schutz nationaler Kulturgüter. Die Türkei hatte vor allem deswegen ihre Klage sachenrechtlich begründet, weil sie kaum eine Chance sah, ihr Exportverbot für Kulturgüter in der Schweiz durchsetzen zu können. Diese Einschätzung erwies sich als richtig; denn die Baseler Gerichte lehnten es ab, ausländische Exportverbote durchzusetzen, und stellten sich damit auf denselben Standpunkt wie das House of Lords bezüglich des englischen Rechts.[60] Die Anwendung des Art. 19 des schweizerischen Bundesgesetzes über das Internationale Privatrecht (IPRG)[61] wurde nicht einmal erwogen, und in der Schweiz fehlt eine Vorschrift wie Art. 90 I des belgischen IPR-Gesetzes,[62] wonach bei illegalem Export von Kulturgütern die *lex originis* angewandt und deshalb das geschmuggelte Kulturgut zurückgegeben werden kann.

Der Baseler Fall zeigt zweierlei sehr deutlich. Zum einen muss nationales Recht der Kulturgüter so formuliert sein, dass auch für ausländische Juristen klipp und

---

[59] Appellationsgericht Basel-Stadt, oben N. 18, und hierzu *Sibel Özel*, The Basel Decisions: Recognition of the Blanket Legislation Vesting State Ownership over the Cultural Property Found within the Country of Origin: International Journal of Cultural Property 9 (2000) 315-340; *Kurt Siehr/Çagla Üstün*, Antike Grabstellen aus der Türkei bleiben in der Schweiz: Praxis des Internationalen Privat- und Verfahrensrechts 1999, 489-492.
[60] *Attorney General of New Zealand v. Ortiz*, [1984] 1 Appeal Cases 1, 35 (H.L.), bezüglich der Exportverbote von Neuseeland.
[61] SR 291. Art. 19 IPRG lautet: "(1) Anstelle des Rechts, das durch dieses Gesetz bezeichnet wird, kann die Bestimmung eines anderen Rechts, die zwingend angewandt sein will, berücksichtigt werden, wenn nach schweizerischer Rechtsauffassung schützenswerte und offensichtlich überwiegende Interessen einer Partei es gebieten und der Sachverhalt mit jenem Recht einen engen Zusammenhang aufweist, (2) Ob eine solche Bestimmung zu berücksichtigen ist, beurteilt sich nach ihrem Zweck und den daraus sich ergebenden Folgen für eine nach schweizerischer Rechtsauffassung sachgerechte Entscheidung."
[62] Vgl. oben Fn. 29.

klar feststeht, wer Eigentümer von Fundobjekten ist und worauf sich ein Exportverbot bezieht. Zum anderen beweist der Baseler Fall, wie wichtig im grenzüberschreitenden Rechtsverkehr das international austauschbare Privatrecht im Vergleich zum öffentlichen Recht ist, das nur territorial gilt und im Ausland nicht durchgesetzt werden kann.

b. Internationale Konventionen

Angesichts dieser Rechtslage nach nationalem Recht ist es kein Wunder, wenn internationale Organisationen und Gemeinschaften um Abhilfe bemüht sind. Das UNESCO Übereinkommen von 1970[63] verpflichtet die Vertragsstaaten in seinem Art. 7 (b) (ii) dafür zu sorgen, dass auf Ersuchen eines Herkunftsstaates diejenigen Kulturgüter zurückgegeben werden, die unzulässigerweise den Herkunftsstaat verlassen haben und in den ersuchten Staat eingeführt wurden. Diese Vorschrift hätte der Türkei im Baseler Fall zum Erfolg verholfen, wäre sie damals bereits zwischen der Türkei und der Schweiz in Kraft getreten und wenn die Schweiz schon damals das UNESCO Übereinkommen in nationales Recht in Gestalt des Kulturgütertransfergesetzes[64] umgesetzt hätte.

Heute würde auch das Unidroit Übereinkommen vom 24.6.1995 über gestohlene oder rechtswidrig ausgeführte Kulturgüter gute Dienste leisten.[65] Diese moderne Konvention, die unmittelbar anwendbar formuliert ist, soll sicherstellen, dass rechtwidrig ausgeführtes Kulturgut unter den Vertragsstaaten dieser Konvention zurückgegeben wird, und zwar gegen Entschädigung gutgläubiger Erwerber. Im Baseler Fall hätte das Antikenmuseum Basel die Grabstelen in die Türkei zurückgeben müssen und entschädigt werden müssen, wenn es von der illegalen Herkunft der Stelen nichts wusste oder wissen musste. Vielleicht hätte man auch mit der Türkei vereinbaren können, dass wenigstens eine Grabstele für immer oder als Dauerleihgabe in Basel bleibt.

Für Schätze der Unterwasserarchäologie, die nach türkischem Recht ebenfalls als Kulturgüter geschützt sind,[66] gilt das UNESCO Übereinkommen vom 2.11.2001 über den Schutz von Kulturgütern unter Wasser[67] und harrt seiner Ratifizierung sowie Umsetzung durch die Vertragsstaaten.[68]

Zu erwähnen sind schliesslich noch die Richtlinie 93/7/EWG des Rates vom 15.3.1993 über die Rückgabe von unrechtmässig aus dem Hoheitsgebiet eines Mitgliedstaates verbrachten Kulturgütern[69] und die nationalen Vorschriften, welche diese Richtlinie

---

[63] Oben Fn. 12.
[64] Oben Fn. 13.
[65] Uniform Law Review New Series 1 (1996) 110; International Journal of Cultural Property 5 (1996) 155.
[66] Art. 3a (1) des Gesetzes vom 21.7.1983, oben Fn. 9.
[67] Abgedruckt in: International Journal of Cultural Property 11 (2002) 107.
[68] Die Türkei hat seinerzeit gegen das Übereinkommen gestimmt: vgl. UNESCO Webpage zum Übereinkommen.
[69] Amtsblatt der EG 1993 Nr. L 74/74.

umsetzen.[70] Diese Vorschriften der Mitgliedstaaten der Europäischen Union und der Staaten des Europäischen Wirtschaftsraums (EWR) gelten nur zwischen Mitgliedstaaten, geben also einem Nichtmitgliedstaat wie der Türkei keinen Anspruch auf Rückführung von türkischen Kulturgütern, die aus der Türkei in einen Mitgliedstaat der Europäischen Union oder des EWR geschmuggelt wurden.

C. Zwischenergebnis

Es ist schwer und mühsam, das ins Ausland gelangte türkische Kulturgut, das in der Türkei gestohlen und/oder aus der Türkei rechtswidrig ausgeführt wurde, zurückzuerhalten. Am einfachsten fällt noch die privatrechtliche Herausgabeklage (Vindikation). Sie setzt allerdings voraus, dass das türkische Recht sehr klar und verständlich die Eigentumssituation bei Kulturgütern regelt. Ungenügend ist eine Regelung, bei der unklar ist, ob der Staat automatisch mit einem Fund Eigentümer der gefundenen Gegenstände wird oder ob er nur ein Aneignungsrecht hat.

Die Türkei kann nicht damit rechnen, dass ausländische Staaten das türkische Verbot honorieren, Kulturgüter ohne staatliche Genehmigung auszuführen. Die Ratifizierung des UNESCO Übereinkommens von 1970 genügt nicht. Selbst gegenüber Vertragsstaaten dieses Übereinkommens ist es erforderlich, dass die Türkei ihre übernommenen Verpflichtungen in nationalen Vorschriften niederlegt und erfüllt. Ausserdem sollte die Türkei das Unidroit Übereinkommen von 1995 ratifizieren und damit ihre Chancen bei Rückführungsklagen vergrössern.

III. Zusammenfassung

1. Kulturgüterschutz beginnt zu Hause. Wer sein Kulturgut zu Hause nicht genügend schützt, muss ihm hinterherlaufen. Die Türkei kann ihr Recht zum Schutz des nationalen Kulturgutes noch verbessern und verdeutlichen, sollte aber auch – nicht zuletzt zur finanziellen Sicherung des Kulturgüterschutzes – einen legalen Antikenhandel fördern.
2. Gestohlene Kulturgüter können im Ausland herausgeklagt werden, sofern kein gutgläubiger Erwerb stattgefunden hat. Voraussetzung für eine solche Vindikation ist jedoch stets der Nachweis, dass der Kläger – sei es der Staat oder eine Privatperson – Eigentümer der gestohlenen Sache ist.
3. Rechtswidrig aus der Türkei ausgeführte Kulturgüter lassen sich ohne Hilfe internationaler Konventionen nur schwer ins Inland zurückführen. Deshalb sollte die Türkei das UNESCO Übereinkommen von 1970 in nationales Recht umsetzen und das Unidroit Übereinkommen von 1995 ratifizieren.

---

[70] Vgl. die Liste dieser Vorschriften bei *Kurt Siehr*, Europäisches Recht des Kulturgüterschutzes und die Schweiz. Auswirkungen des Rechts unserer Nachbarstaaten auf die Schweiz: Aktuelle Juristische Praxis 1999, 692-670 (693 Fn. 14); *ders.,* A Special Regime for Cultural Objects in Europe: Uniform Law Review New Series 8 (2003) 551-563 (556 Fn. 25).

Staatsangehörigkeitsverlust durch Legitimation: Deutsch-Türken unter dem verfassungswidrigen Fallbeil des RuStAÄndG 1974

*Fritz Sturm**

I. Integration durch Doppelpass

In seiner Schrift "Deutschland als neue Heimat" vertritt *Hakki Keskin*[1] die These, Haupthindernis für die Integration der Türken sei das deutsche Staatsangehörigkeitsrecht. Ohne Zulassung von Doppelstaatsangehörigkeit käme man nicht weiter, sondern verhärte nur die Fronten. Für Menschen aus dem Mittelmeerraum sei der Verzicht auf ihre Heimatstaatsangehörigkeit eine Art Verrat. Man kehre Verwandten und Freunden in der Heimat den Rücken und sehe sich dem Zwang ausgesetzt, jede Rückkehr auszuschließen.

Ich war stets ein entschiedener Befürworter des Doppelpasses,[2] sehe aber eine weit größere Härte darin, dass Kinder aus deutsch-türkischen Ehen, die nach Außerkrafttreten aller gleichberechtigungswidriger Vorschriften[3] und vor Inkrafttreten des RuStAÄndG 1974[4] geboren wurden, die deutsche Staatsangehörigkeit nicht in complexu verliehen wurde, und man heute sogar soweit geht, Kinder, die in dieser Zeit bei Geburt a matre Deutsche geworden waren, dieser Staatsangehörigkeit für verlustig zu erklären, wenn der Vater die deutsche Mutter im fraglichen Zeitraum heiratete.[5]

II. Das verfassungswidrig ausgestaltete Optionsmodell

Das BVerfG[6] zwang den Gesetzgeber nicht zu einer Regelung, die allen im fraglichen Zeitraum geborenen Kindern rückwirkend zur deutschen Staatsangehörigkeit

---

* Professor Dr. Dr. h.c. Fritz Sturm, Emeritus der Universität Lausanne.
[1] Eine Bilanz der Integrationspolitik, Wiesbaden 2005, besprochen von *Luft*, Ohne jede Selbstkritik, Frankfurter Allgemeine Zeitung Nr. 212 vom 12. 9. 2005, S. 8. *Keskin* ist Bundesvorsitzender der Türkischen Gemeinde in Deutschland, gehörte für die SPD der Hamburgischen Bürgerschaft an und war bei der Bundestagswahl als Kandidat der Linkspartei/PDS in Berlin erfolgreich.
[2] Europa auf dem Wege zur mehrfachen Staatsangehörigkeit, StAZ 1999, 225, 231 f.
[3] Nach Art. 117 Abs. 1 GG am 1. 4. 1953.
[4] Gesetz zur Änderung des Reichs- und Staatsangehörigkeitsgesetzes vom 20. 12. 1974 (BGBl. I 3714).
[5] So der gleich zu besprechende Entscheid des OVG Nordrhein-Westfalen 28. 1. 2005, StAZ 2005, 208.
[6] BVerfG 21. 5. 1974, BVerfGE 37, 214, 263 f. = FamRZ 1974, 579, 591 = StAZ 1974, 236, 246 f. = IPRspr. 1974 Nr. 205.

verhilft. In die Gestaltungsfreiheit des Gesetzgebers dürfe nicht eingegriffen werden. Eine Novelle könne sich auch damit begnügen, ein Optionsmodell zu schaffen, freilich müsste diesen Kindern einschränkungslos ermöglicht werden, Deutsche werden zu können.

Im Gesetzgebungsverfahren setzten sich aber eigenartiger Weise gerade SPD und FDP für ein fristgebundenes Optionsmodell ein,[7] das zahllose Kinder gemischtnationaler Eltern entweder aus der deutschen Staatsangehörigkeit ausschloss oder sie einer zunächst erworbenen deutschen Staatsangehörigkeit wieder beraubte.[8]

Nur während einer Frist von drei Jahren konnten Kinder, die im genannten Zeitraum geboren wurden, erklären, die deutsche Staatsangehörigkeit erwerben zu wollen.[9] Gleiches galt für Legitimierte, die nach altem Recht[10] die deutsche Staatsangehörigkeit bei Eheschließung ihrer Eltern eingebüßt hatten.

Die Frist wurde als Ausschlussfrist behandelt. Nachholbar war die Option nur, wenn dem Erklärenden oder seinen Eltern kein Verschulden anzulasten war. Auch musste innerhalb von sechs Monaten nach Fortfall des Hindernisses gehandelt werden.

Ich hatte schon vor Inkrafttreten des RuStAÄndG an Beispielen aufgezeigt,[11] dass eine Optionslösung das Unrecht nicht zu beseitigen vermag, das die jetzt außer Kraft gesetzten Vorschriften 21 Jahre lang verursachten.

Nur wenn man bereit gewesen wäre, die jahrelang Benachteiligten ex tunc in den Kreis der Begünstigten aufzunehmen, hätte man eine echte Wiedergutmachung erreichen können. Mit einem Optionsrecht ex nunc musste das vom BVerfG selbst gesteckte Ziel verfehlt werden, nämlich Kindern deutscher Mütter *uneingeschränkt* die deutsche Staatsangehörigkeit zu verschaffen.[12]

Erst recht musste Unrecht fortwirken, wenn man das Optionsrecht befristete und Nachholen nur zuließ, wenn die Beteiligten kein Verschulden an Nichteinhaltung der Frist traf.

---

[7] Einzelheiten bei *Sturm*, Zur Staatsangehörigkeitsnovelle 1974, FamRZ 1975, 198, 200.
[8] Der CDU-Entwurf wünschte rückwirkenden Erwerb der deutschen Staatsangehörigkeit aller Betroffenen.
[9] Art. 3 Abs.1 Satz 1 i.Verb.m. Abs. 6 RuStAÄndG.
[10] Art. 3 Abs. 1 Satz 2 i.Verb.m. Abs. 6 RuStAÄndG und § 17 Nr. 5 RuStAG a.F.
[11] Deutsch wie Vater oder Mutter – Zum Beschluß des BVerfG vom 21. 5. 1974 und einer lex ferenda, FamRZ 1974, 617, 619 f., 627 f.
[12] Man denke an Amtshaftungsansprüche, die Ausländern nach § 839 BGB i.Verb.m. Art. 34 GG nur gewährt werden, wenn Gegenseitigkeit verbürgt ist. Man denke an Erbrechte, bei denen es auf den Todeszeitpunkt ankommt; war das Kind hier Ausländer, so gingen der Mutter unter Umständen andere Erben vor; vgl. meine Ausführungen FamRZ 1974, 620 Fn. 20.

Mit dieser Frist wurde der Gleichheitssatz, wie Löwer[13] zeigte, ja erneut verletzt: Deutsche Väter brauchen sich um den Erwerb der deutschen Staatsangehörigkeit nicht zu kümmern, deutschen Müttern und ausländischen Vätern wird diese Last auferlegt. Im Ausland wird ersteren nicht aufgegeben, fortlaufend ihr Konsulat aufzusuchen, um sich über allfällige Gesetzesänderungen zu informieren; letzteren obliegt hingegen eine Informationspflicht, die sie am besten dadurch erfüllen, dass sie das Bundesgesetzblatt abonnieren. Deutsche Konsulate gibt es nicht überall. Auch gehen sie recht patzig mit Besuchern um, die ständig nach Gesetzesänderungen fragen.

Gravierender ist noch, dass Kinder, die der Verfassungsverstoß vom Erwerb der deutschen Staatsangehörigkeit ausschloss, für ihre Eltern bestraft werden.[14] Sie zahlen für Informationsdefizite, Unerfahrenheit oder Gleichgültigkeit ihrer Eltern einen hohen Preis: Aufgabe von Lebenschancen und Hoffnungen. Der Gesetzgeber räumte ihnen ja bei Erreichung der Volljährigkeit nicht einmal ein selbständiges Erklärungsrecht ein. Der Gesetzgeber verletzte damit das verfassungsrechtlich geschützte Recht zur individuellen Selbstbestimmung.

Gesetzliche Vertretungsmacht gestattet den Eltern nicht, die persönliche Lebenssphäre ihrer Kinder durch Eingehen von Verbindlichkeiten in einer Weise einzuschränken, dass diese lebzeitig unzumutbar belastet werden.[15] Muss ihnen nicht erst recht versagt bleiben, durch Nichtwahrnehmung eines Optionsrechts Lebenschancen ihrer Kinder zu verspielen, Lebenschancen, bei denen es nicht um Geld geht, sondern um die Zugehörigkeit zu einem Staatsverband, um Niederlassung, Freizügigkeit und Recht zur Arbeitsaufnahme in der Europäischen Gemeinschaft?

Die Rechtsprechung der VGHe und OVGe[16] wollte von alledem nichts wissen und folgerte mehrheitlich aus Unkenntnis Verschulden, für das minderjährige Kinder einzustehen haben. Ebenso hart blieben BVerwG[17] und BVerfG.[18] Gebetsmühlenhaft wurden Argumente wiederholt, die im Schrifttum längst als abwegig gebrandmarkt wurden.

---

[13] Staatsangehörigkeitserwerb durch Kinder aus gemischt-nationalen Ehen nach Ablauf der Erklärungsfrist des Art. 3 RuStAÄndG 1974, FamRZ 1992, 23, 26.
[14] Vgl. *Löwer* (Fn. 13), FamRZ 1992, 29 f.
[15] BVerfG 13. 5. 1986, BVerfGE 72, 155 = FamRZ 1986, 769 = NJW 1986, 1589 (Eingehung von Verpflichtungen bei Fortführung eines ererbten Handelsgeschäfts, die weit über die Haftung mit ererbtem Vermögen hinausgehen).
[16] VGH Baden-Württemberg 12. 1. 1987, StAZ 1987, 226; 2. 10. 1989, NJW 1990, 1438; OVG Bremen 31. 8. 1990, NJW 1991, 2231; OVG Nordrhein-Westfalen 14. 12.1992, StAZ 1994, 14; VGH Hessen 1. 11. 1993, FamRZ 1994, 1175.
[17] BVerwG 24. 10. 1995, BVerwGE 99, 341 = StAZ 1996, 305; 4. 5. 1999, StAZ 2000, 111.
[18] BVerfG 22. 1. 1999, NVwZ-RR 1999, 403. Der Entscheid des BVerfG war ein Kammerentscheid. Die drei Richter Sommer, Proß und Osterloh nahmen die sorgfältig begründete Verfassungsbeschwerde Professor Löwers nicht zur Entscheidung an. Der Kammerbeschluss hat als solcher keine Gesetzeskraft, hatte aber verheerende Folgen.

a) Die dreijährige Erklärungsfrist diene der Rechtssicherheit. Mit ihr solle bewirkt werden, dass alsbald Gewissheit darüber erlangt wird, wer Deutscher werden wollte und wer nicht. Bei einem staatsangehörigkeitsrechtlichen Status könne man die Schwebezeit nicht auf Lebenszeit fortdauern lassen.

Diese Behauptung ist, wie schon Löwer[19] betonte, nicht nachvollziehbar. Eine Anwartschaft "beunruhigt" die Rechtssicherheit nicht. Sonst müsste man Anwartschaftsrechten generell zeitliche Grenzen setzen. Rechtsunsicherheit kann es schon deshalb nicht geben, weil die Voraussetzungen des Staatsangehörigkeitserwerbs eindeutig bestimmt sind und der Schwebezustand keine öffentlich-rechtlichen Belange verletzt. Löwer meint, eigentlich sei bei dem ganzen Gerede um Rechtssicherheit nur Verwaltungspraktikabilität im Spiel. Die verfassungswidrig vorenthaltene Staatsbürgerschaft wird bürokratischer Bequemlichkeit geopfert.

Die vom BVerwG und vom BVerfG geschützte Minimallösung dürfte auf trotzigen Ressentiments beruhen. Ehen deutscher Frauen mit Ausländern begegnete man in der Nachkriegszeit nicht mit besonderer Sympathie. Dass die Kinder nicht Deutsche wurden, hielt man, wie ich als Zeitzeuge bekunden kann, auch in Juristenkreisen für eine gerechte Strafe. Wer sich 21 Jahre nicht geschämt hatte, deutsche Frauen und ihre Kinder zu benachteiligen, ja die verfassungswidrige Lösung mit Zähnen und Klauen verteidigte, war nicht bereit, im Büßergewand umzukehren.

Nur so erklärt sich, dass der Bundesminister des Innern, Auslandsvertretungen abriet, auf die Neuregelung in der ausländischen Presse hinzuweisen und die Betroffenen einzeln durch Rundschreiben zu informieren.[20]

b) BVerwG und BVerfG erkennen zwar, dass ignorantia iuris nicht ausnahmslos auf Verschulden beruht. Ein Verschulden entfalle aber nur, wenn eine sachgerechte Auskunft nicht eingeholt werden konnte und die Beteiligten weiterhin von der überholten Rechtslage ausgehen durften. Welchen Anlass sollten denn auslandsdeutsche Mütter haben, 21 Jahre regelmäßig beim zuständigen deutschen Konsulat vorzusprechen und nach Entscheiden und Gesetzesänderungen zu fragen? Die Geburt eines Kindes? Bei jeder Vorsprache wurde ihnen doch 21 Jahre lang erklärt, dass die Rechtslage klar und für das Kind ein Pass oder Eintrag auf dem mütterlichen Pass nicht zu erreichen war.

---

[19] (Fn. 13), FamRZ 1992, 28.
[20] So das vom VGH Hessen in seinem Urteil vom 1. 11. 1993 (Fn. 16) erwähnte Rundschreiben vom 12. 8. 1975. Hinterhältig die Begründung: Durch solche Hinweise könnten die Interessen des Betroffenen beeinträchtigt werden. Aushang nur in deutschen Schulen, deutschen Clubs oder im Goethe Institut! Als ob zu solchen Einrichtungen Frauen aus einfachen Kreisen und in Entwicklungsländern Zugang gehabt hätten. Im Urteilsabdruck fehlt diese Passage. Sie steht aber in der mir vorliegenden Urteilsausfertigung.

Auch gab es Generalkonsulate, die selbst nach Ergehen der Entscheidung des BVerfG falsch belehrten[21] oder bei Passanträgen nicht darüber aufklärten, dass Ablauf der Optionsfrist droht oder die Option schleunigst nachzuholen ist.[22]

Wie Löwer in seiner Verfassungsbeschwerde zutreffend hervorhob, läuft alles auf den Satz hinaus: Opfer passe gefälligst auf, ob der Täter sich zur Wiedergutmachung bereitfindet. Das kann freilich 20 Jahre oder mehr dauern – Geduld, Geduld. Kommt es aber so weit, dann laufe, laufe, laufe und informiere Dich, sonst hast Du Dein Recht verwirkt. Im Grunde wollen wir Dich nicht! Aber ganz dürfen wir die Tür nicht zuschlagen. Ein Spalt bleibt für Dich kurze Zeit offen! Nutze ihn!

c) Überhaupt nicht eingegangen wurde auf die Verletzung von Art. 16 Abs. 1 GG, die Löwer in seiner Verfassungsbeschwerde zu Recht rügte.

Ehelichen Kindern deutscher Mütter wurde zwar die deutsche Staatsangehörigkeit nicht entzogen. Sie erwarben sie nach altem Recht gar nicht. Mit dem Optionsrecht trat jedoch an Stelle vorenthaltener Staatsangehörigkeit ein Anwartschaftsrecht auf Erwerb dieser Staatsangehörigkeit. Dieses Anwartschaftsrecht war ebenso stark wie das Vollrecht, denn den Benachteiligten war ja auf ihren Wunsch hin *einschränkungslos* Zugang zur deutschen Staatsbürgerschaft zu verschaffen. Kann das Vollrecht ohne Willen des Berechtigten nicht entzogen werden, dann kann auch das Anwartschaftsrecht, das an seine Stelle trat, dieses Schicksal nicht ereilen. Verlust des Optionsrechts mangels Kenntnis des Erwerbstatbestands wird durch Art. 16 Abs. 1 GG ebenso untersagt wie Entzug der deutschen Staatsangehörigkeit.

III. Nichtigkeit von § 17 Nr. 5 RuStAÄndG

Art. 3 Abs. 1 Satz 2 RuStAÄndG scheint Nichterwerb und Verlust der deutschen Staatsangehörigkeit durch Legitimation gleichzustellen. Aus dieser Sicht entfiel § 17 Nr. 5 RuStAÄndG nicht nach Art. 117 Abs. 1 GG am 1. 4. 1953, sondern galt bis zum Inkrafttreten des RuStAÄndG weiter. Nichtehelich geborene Kinder deutscher Mütter, die in der Zwischenzeit durch Heirat ihrer Mutter legitimiert wurden, verlieren ihre deutsche Staatsangehörigkeit, wenn sie die ihres ausländischen Vaters erwarben. Art. 3 Abs. 1 Satz 2 ermöglichte ihnen aber zu optieren, nur musste dies fristgerecht geschehen. Dies kurz zusammengefasst der soeben ergangene, bereits erwähnte Entscheid des OVG Nordrhein-Westfalen.[23]

---

[21] Prof. *Löwer* vertrat in diesem beim VG Freiburg anhängigen Verfahren den geschädigten Ausländer.
[22] Fall aus meiner Beraterpraxis.
[23] Fn. 5.

Dieser Entscheid widerspricht Lehre[24] und Rechtsprechung.[25] Er ist aus dreifachen Gründen zu verwerfen.

a) Einmal deshalb, weil hier aus rein äußerlicher Symmetrie zweier Vorschriften des einfachen Rechts gefolgert wird, zwischen Entzug und Nichterwerb der deutschen Staatsangehörigkeit sei nicht zu unterscheiden, es handele sich um zwei völlig gleichwertige Phänomene.

Entfallen kraft Verfassungsnorm Vorschriften, die der Gleichbehandlung widersprechen, so treten völlig verschiedene Rechtsfolgen ein: Der Verlustgrund wird beseitigt. Ein Erwerbsgrund wäre aber nur gegeben, wenn die benachteiligte Gruppe ohne weiteres in den Kreis der Berechtigten aufsteigen könnte. Hierzu bedarf es aber einer gesetzlichen Grundlage.

Hinzu kommt, dass Personen, die einmal im Besitz eines deutschen Passes waren oder als Deutsche behandelt wurden, darauf vertrauen können, dass ihnen dieser Status verbleibt. Auslandsdeutschen die Verpflichtung aufzuerlegen, sich ständig nach dem Fortbestand dieses Status und einer etwaigen Reparatur zu erkundigen, ist grotesk.

b) Nach Art. 16 Abs. 1 GG kann die deutsche Staatsangehörigkeit gegen den Willen des Berechtigten nur entzogen werden, wenn hierfür eine gesetzliche Grundlage besteht.

---

[24] *Makarow,* Deutsches Staatsangehörigkeitsrecht, 2. Aufl., Frankfurt 1971, 224; *Makarow/von Mangoldt,* Deutsches Staatsangehörigkeitsrecht, 3. Aufl., Frankfurt 1981, § 17 RuStAG 1974 Rdn. 10, Art. 3 GG Rdn. 23 f., Art. 3 RuStAGÄndG 1974 Rdn. 20 f.; *Marx,* Kommentar zum Staatsangehörigkeitsrecht, Neuwied 1997, § 17 RuStAG Rdn. 18; *Sturm/Sturm,* Das deutsche Staatsangehörigkeitsrecht, Frankfurt 2001, Rdn. 233, 346, wo im Hinblick auf den möglichen Verstoß gegen Art. 16 Abs. 1 GG sogar auf den 24. 5. 1949 (Inkrafttreten des GG) abgehoben wurde; *Hailbronner/Renner,* Staatsangehörigkeitsrecht, 4. Aufl., München 2005, § 17 StAG Rdn. 6.
[25] OVG Rheinland-Pfalz 23.4.1993, InfAuslR 1993, 276; VG Stuttgart 5.3.1997, StAZ 1997, 346. Im ersten Fall ging es um das nichteheliche Kind einer deutschen Mutter, die den türkischen Vater des Kindes geheiratet hatte. Dem Kind wurde der deutsche Personalausweis entzogen. VG und OVG stellten die aufschiebende Wirkung des Widerspruchs wieder her (§ 80 Abs. 5 VwGO). Das OVG führte dazu aus, dass das VG im Hauptsacheverfahren nicht gehindert sei, die Nichtigkeit von § 17 Nr. 5 RuStAG ohne Vorlageverfahren nach Art. 100 Abs. 1 GG zu berücksichtigen.
Der BGH prüfte in seinem Urteil vom 8. 6. 1983, StAZ 1983, 273 = IPRax 1984, 271 = IPRspr. 1983 Nr. 11, den Verlust der deutschen Staatsangehörigkeit nur inzident. In dem Entscheid ging es um die *Anknüpfung des Namens* eines legitimierten Kindes. Soll Heimatrecht oder Legitimationsstatut zum Zuge kommen? Der BGH entschied sich für Heimatrecht und bemerkte, dass gegen den vorübergehenden Verlust der deutschen Staatsangehörigkeit durch Legitimation in Hinblick auf die Übergangsregelung in Art. 3 RuStAGÄndG 1974 keine durchgreifenden verfassungsrechtlichen Bedenken bestehen. In unserem Fall war fristgerecht für die vermeintlich verlorene deutsche Staatsangehörigkeit optiert worden.

Der § 17 Nr. 5 RuStAG a.F. verstieß gegen Art. 3 Abs. 2 GG.[26] Die Vorschrift durfte also nicht mehr angewandt werden. Für sie galt dasselbe wie für § 17 Nr. 6 RuStAG a.F.: Nach dem 1. 4. 1953 verlor keine Deutsche mehr ihre Staatsangehörigkeit, wenn sie die Ehe mit einem Ausländer einging.

Diese Nichtigkeit konnte durch das RuStAÄndG nicht beseitigt und in schwebende Unwirksamkeit umgewandelt werden. Das hier eingeführte Optionsrecht war freilich nicht gegenstandslos. Es stellte klar und begünstigte Kinder, die zwischenzeitlich einen Verlusttatbestand geschaffen hatten, diese Folgen aber für die Zukunft wieder beseitigen wollten.[27]

c) Auf mangelhafter IPR-Kenntnis beruhen zwei weitere Feststellungen:

– Die vaterrechtliche Ausrichtung des Legitimationsstatuts werde ohne Verstoß gegen den Gleichberechtigungsgrundsatz durch Art. 22 Abs. 2 EGBGB ausgeglichen.[28]
– Eine möglicherweise erforderliche Einwilligung der Mutter liegt darin, dass sie den Kindsvater nach Abgabe des Vaterschaftsanerkenntnisses geheiratet habe.

Bei Legitimation durch Heirat kam Art. 22 Abs. 2 EGBGB überhaupt nicht zum Zuge. Nach deutschem Recht bedurfte es keiner Einwilligung der Mutter oder irgend einer anderen mit dem Kind in einem familienrechtlichen Verhältnis stehenden Person.[29] Damit war weder ein Ausgleich gegenüber der Anknüpfung an Vaterrecht möglich noch eine stillschweigende Einwilligung nötig.

Was das OVG Nordrhein-Westfalen zur Option und Nichteinhaltung der Erklärungsfrist ausführt, ist nichts anderes als kritikloses Aufwärmen in der Rechtsprechung stereotyp wiederholter Argumente.

IV. Was bleibt?

Sind in unseren Fällen die Abkömmlinge deutscher Mütter endgültig ausgestoßen? Oder bleibt noch ein Hoffnungsschimmer?

---

[26] Vgl. das oben Fn. 24 genannte Schrifttum.
[27] *Makarow/von Mangoldt* (Fn. 24) Art. 3 RuStAÄndG 1974 Rn. 21; *Hailbronner/Renner* (Fn. 24) § 17 RuStAG Rdn. 7.
[28] Dass dem nicht so war, zeigte ich in meinem Beitrag Gleichberechtigungsfeindliche Rechtsprechung des BGH in Sachen Legitimation, StAZ 1978, 318.
[29] *Raape*, Internationales Privatrecht, 5. Aufl., Berlin 1961, S. 377; *Makarow*, Grundriß des internationalen Privatrechts, Frankfurt 1970, S. 170; *Soergel/Kegel*, BGB VII, 10. Aufl, Stuttgart 1970, Art. 22 EGBGB Rdn. 4; *Kegel*, Internationales Privatrecht, 5. Aufl., München 1985, S. 581; BGH 8. 6. 1983, IPRax 1984, 271, 272.

Es bleibt mehr, nämlich die Möglichkeit einer Ermessenseinbürgerung, die ehemalige Deutsche auch vom Ausland her betreiben können.[30] Der Antrag ist weder von einem Unterkommen noch von finanzieller Leistungsfähigkeit abhängig.[31] Die insoweit nicht überholten Einbürgerungsrichtlinien[32] bejahen sogar öffentliches Interesse bei Personen, die die deutsche Staatsangehörigkeit als Minderjährige einbüßten. Für Türken, die als Kinder ihrer deutschen Staatsangehörigkeit verlustig gingen, ist also noch nicht alles verloren.

Jedoch bleibt auch ein bitterer Tropfen. Der Einbürgerungsbewerber muss auf seine gegenwärtige Staatsangehörigkeit verzichten. Deutschland lässt Doppelstaatigkeit nur in Ausnahmefällen zu. So bleibt auch das Integrationshindernis, das so leicht zu beseitigen wäre und nur Verstocktheit, koste es was es wolle, aufrechterhält.

---

[30] Dies gilt erst recht, wenn der Einbürgerungsbewerber erst nach Einreise in Deutschland einen entsprechenden Antrag stellt. Die sinnwidrige Rechtsprechung des BVerwG 22. 6. 1999, StAZ 2000, 50, ist abzulehnen. Der Halbsatz "der sich nicht im Inland niedergelassen hat", begrenzt die Wiedereinbürgerung nicht, sondern will im Ausland lebende ehemalige Deutsche und ihre Abkömmlinge begünstigen; vgl. *Makarow/von Mangoldt* (Fn. 24) § 13 RuStAG Rdn. 6; *Sturm/Sturm* (Fn. 24) Rdn. 158; *Hailbronner/Renner* (Fn. 24) § 13 StAG Rdn. 7. *Marx* (Fn. 24) § 13 StAG Rdn. 12 f. meint, der "Erst-recht-Schluss" sei unnötig; auch im Rahmen von § 8 StAG könnten die besonders günstigen Ermessenskriterien des § 13 StAG herangezogen werden.
[31] § 13 Satz 1 StAG.
[32] Nr. 6.5.2.2 EinbRL.

Die Grundzüge der ungarischen Privatrechtsreform

*Lajos Vékás**

Unser Jubilar ist durch seine wissenschaftliche Tätigkeit auf dem Gebiet des Privatrechts und der Rechtsvergleichung europaweit bekannt und geschätzt. Nicht weniger anerkannt ist seine Tätigkeit als Mitherausgeber der erfolgreichen Serie beim Verlag *Kluwer Law International: Introduction to the law* einzelner Staaten. Dieser Beitrag ehrt den überzeugten Rechtsvergleicher mit einem Bericht über die umfangreiche Reform des ungarischen Privatrechts.

I. Einführung

Die ungarische Regierung hat im April 1998 den Beschluss gefasst, ein neues Zivilgesetzbuch (ZGB) zu schaffen.[1] Die von der Regierung ins Leben gerufene Kodifikationskommission hat zuerst die wichtigsten theoretischen Problemstellungen für die Neukodifikation (eine sog. *Konzeption*) zusammenstellen lassen. Insgesamt mehr als hundert Abhandlungen wurden dazu geschrieben und sieben Arbeitsgruppen waren mit der Ausarbeitung dieser Grundlage für ein neues ZGB beschäftigt. Das aus den Vorsitzenden dieser Arbeitsgruppen bestehende Gremium hat schließlich die Teilvorschläge miteinander abgestimmt, zusammengefügt und im Frühjahr 2002 einen Entwurf der Konzeption für eine Fachdiskussion vorgelegt.[2] Nach einer mehrmonatigen Diskussion unter den ungarischen Juristen wurde die endgültige Fassung der Konzeption sowie eine ausführliche Regelungsthematik von der Kodifikationskommission angenommen und – in mehr als 200 Druckseiten – Anfang 2003 veröffentlicht.[3] Diese Materialien bilden die Grundlage für die Ausarbeitung eines Entwufs zum neuen Gesetzbuch. Mit diesen Arbeiten hat das Justizministerium Anfang 2003 begonnen. Der erste Gesetzesentwurf ist Ende 2005 vorzulegen.[4]

---

* Prof. Dr. *Lajos Vékás*, Collegium Budapest, Institut for Advanced Studies, Budapest.
[1] Beschluss 1050/1998 von 24. April 1998, geändert durch Beschluss 1061/1999 von 28. Mai 1999, Beschluss 1009/2002 von 31. Januar 2002 sowie durch Beschluss 1003/2003 von 25. Januar 2003.
[2] Regierungsbeschluss Nr. 1009/2002 von 31. Januar 2002.
[3] Regierungsbeschluss Nr. 1003/2003 von 25. Januar 2003.
[4] Beschluss 1050/1998 von 24. April 1998, geändert durch Beschluss 1061/1999 von 28. Mai 1999, Beschluss 1009/2002 von 31. Januar sowie durch Beschluss 1003/2003 von 25. Januar 2003.

II. Gründe für die umfangreiche Reform und Bedenken zu einer Kodifikation auf nationaler Ebene

Das ungarische ZGB vom Jahre 1959, welches zu einer Zeit der beinahe vollständigen Liquidierung des Privateigentums geschaffen wurde, hat die Ära des Umbruchs nach 1990,[5] die Privatisierung[6] und den Übergang zur Marktwirtschaft[7] überlebt. Es ist vielleicht nicht falsch, diese Tatsache mit der gründlichen Vorbereitung und der Anwendung der rechtsvergleichenden Methode bei der damaligen Kodifikation zu erklären. Der Verzicht auf eine sofortige und komplette Neukodifizierung in Ungarn wurde dadurch erleichtert, dass das bestehende Gesetzbuch im großen Umfang der europäischen Privatrechtstradition entsprach und deshalb vorerst nur von ihren sozialistischen Überschattungen zu befreien war. Man muss deshalb den Vätern des gültigen ZGB großen Respekt zollen, denn ohne ihre Weitsicht wäre dieses Gesetzbuch schon längst zur Makulatur geworden. Ausschließlich der Bildung der Kodifikationsväter sowie der Qualität der Kodifikationsarbeit ist es zu verdanken, dass sich das ZGB auf die veränderten Verhältnisse im Privatrechtsverkehr, zwar nicht ganz ohne Probleme, aber zu einem Großteil zufriedenstellend anwenden lässt.

Trotz des beachtlichen juristischen Niveaus des gültigen Gesetzbuches machte die gänzlich veränderte Rolle des Privateigentums und der Marktwirtschaft nach der Wende eine Neufassung des ZGB unbedingt notwendig. Bereits die mehr als fünfzig Änderungen in den letzten zwölf Jahren zeigen, dass Gelegenheitsreformen und die Beseitigung einzelner Schwachstellen nicht mehr ausreichen.

Die Diktatur hat nämlich nicht nur das öffentliche Recht zu ihren eigenen Zwecken missbraucht, sondern auch das Privatrecht seiner wirtschaftlichen Grundlage beraubt.

---

[5] Vgl. dazu *Frankowski/Stephan III* (eds.), Legal Reform in Post-Communist Europe. Dordrecht 1995; Wolfram *Gärtner*: Die Neugestaltung der Wirtschaftsverfassungen in Ost-Mitteleuropa. Berlin 1996; Kaj *Hobér*, Transforming East European Law. Uppsala 1997; Marc-Tell *Mádl*, Investitionsschutz und Transformation in Mittel- und Osteuropa. Diss. Giessen 2001.

[6] Zur Problematik der Privatisierung siehe Petar *Šarčević*: Privatization in Central and Eastern Europe. London 1992; *Dallago/Ajani/Grancelli*, Privatization and Enterpreneurship in Post-Socialist Countries. New York 1992; *Borić/Posch*: Privatisierung in Ungarn, Kroatien und Slowenien im Rechtsvergleich. Wien 1993; *Roggemann/Kuss*, Unternehmensumwandlung und Privatisierung in Osteuropa. Berlin 1993; *Frydman/Rapaczinsky*, Privatization in Eastern Europe: Is the State Withering Away? Budapest 1994; *Smit/Pechota* (eds.), Privatization in Eastern Europe: Legal, Economic, and Social Aspects. Dordrecht 1994; Tomislav *Borić*, Eigentum und Privatisierung in Kroatien und Ungarn. Wien/Berlin 1996; *Herwig/Roggemann*, Eigentum in Osteuropa. Berlin/Wien 1996; Tamás *Sárközy*, Rendszerváltozás és a privatizáció joga (Systemwechsel und Privatisierung). Budapest 1997; *ders.*: Die Modelle der Privatisierung in den ehemaligen sozialistischen Ländern, in: *Basedow/Hopt/Kötz* (Hrsg.), Festschrift Drobnig. Tübingen 1998, S. 661-675; Mathias *Hink*, Vergleich der Gesetze zur Privatisierung der staatlichen Unternehmen in der ehemaligen DDR, Polen, Ungarn und der Tschechischen Republik. Diss. Berlin 1995; Jens *Lowitzsch*, Privatisierung und Beteiligung. Berlin 2002; *Roggemann/Lowitzsch*, Privatisierungsinstitutionen in Mittel- und Osteuropa. Berlin 2002.

[7] Zum Stand des ungarischen Privatrechts nach dem Systemwechsel siehe *Attila Harmathy* (ed.): Introduction to Hungarian Law, The Hague 1998.

Die Grundzüge der ungarischen Privatrechtsreform

Zu den politischen und verfassungsrechtlichen Grundlagen einer freien Wirtschaftsordnung – und damit zu denen des Privatrechts – sind bekanntlich der Schutz des Privateigentums auch an Produktionsmitteln sowie die Vertragsfreiheit und die sonstige wirtschaftliche Handlungsfreiheit unerlässlich. Diese Voraussetzungen aber fehlten – mehr oder weniger – in allen ehemaligen sozialistischen Staaten, so auch in Ungarn. So entstand eine paradoxe Situation: etwas zugespitzt formuliert, existierte ein *Privatrecht ohne Privateigentum*.[8] Innerhalb des vorherrschenden staatlichen Eigentums war die Vertragsfreiheit aufgehoben oder stark zurückgedrängt. In den Beziehungen zwischen den staatlichen Unternehmen verkümmerten deshalb auch die vertragsrechtlichen Lösungen – ganz zu schweigen von der schieren Bedeutungslosigkeit mancher Rechtsinstitute, wie etwa der Kreditverträge oder der Kreditsicherheiten. Der klassische Kern des Privatrechts war größtenteils auf die Verhältnisse der Bürger untereinander und auf die Beziehungen zwischen staatlichen Unternehmen und Bürgern beschränkt. Hier kamen die Regeln des Sachenrechts und des Schuldrechts und bei den Verhältnissen der Bürger untereinander darüber hinaus die Normen des Familien- und des Erbrechts zur Geltung. Als Konsequenz der Eigentumsordnung wurden ganze Gebiete des Zivilrechts, wie etwa das Gesellschaftsrecht, unwichtig oder sie spielten höchstens in internationalen Wirtschaftsbeziehungen eine gewisse Rolle. Staatliche Unternehmen durften miteinander keine Gesellschaft gründen, sie unterstanden keinem Insolvenzrecht u.s.w.

Die *Änderungen in den 1990-er Jahren* waren verständlicherweise gewaltig, und dieser Prozess ist bis heute nicht zu Ende.[9] Es fehlte damals ein modernes Recht für Handelsgesellschaften und Konzerne;[10] es musste auch ein Wertpapierrecht geschaffen werden; es bestand ein dringender Bedarf an einem Wettbewerbs- und Kartellrecht,[11] an einem Insolvenzrecht und an vielen anderen Rechtsinstitutionen, die in einer funktionsfähigen Marktwirtschaft unerlässlich sind. Auch einige Kerngebiete des klassischen Privatrechts mussten reformiert werden. Das Verlangen nach einem funktionsfähigen

---

[8] So schon von mir in einem früheren Aufsatz: Privatrecht und Wirtschaftsverfassung in Ungarn, in: Peter Schlechtriem (Hrsg.), Privatrecht und Wirtschaftsverfassung. Baden-Baden 1994, S. 43-50 (43). Zum Wesen des sozialistischen Privatrechts siehe nach wie vor Norbert *Reich*, Sozialismus und Zivilrecht. Frankfurt/M. 1972.
[9] S. dazu *Ginsburgs/Barry/Simons* (eds.), The Revival of Private Law in Central and Eastern Europe. The Hague 1996; *Norbert Horn* (Hrsg.), Die Neugestaltung des Privatrechts in Mittelosteuropa und Osteuropa (Polen, Russland, Tschechien, Ungarn). München 2002; Stoyan *Stalev*, Transformation der Rechts- und Wirtschaftsordnung Bulgariens. ZEuP 4 (1996), S. 444-451; *Attila Harmathy*, Zivilgesetzgebung in mittel- und osteuropäischen Staaten. ZEuP 6 (1998), S. 553-563; *Jerzy Poczubut*, Zur Reform des polnischen Zivilrechts. ZEuP 7 (1999), S. 75-90; *Lajos Vékás*, Über die Neugestaltung des ungarischen Zivilrechts, in: Festschrift Drobnig (Fn. 6), S. 713-724; *ders.*: Privatrechtsreform in einem Transformationsland, in: *Basedow/Drobnig/Ellger/Hopt/Kötz/Kulms/Mestmäcker*, Aufbruch nach Europa: 75 Jahre Max-Planck-Institut für Privatrecht. Tübingen 2001, S. 1049-1064.
[10] S. dazu *Gralla/Sonnenberger*, Handelsgesellschaften in Osteuropa. München 1993; *Hopt/Jessel-Holst/Pistor* (Hrsg.), Unternehmensgruppen in mittel- und osteuropäischen Ländern. Tübingen 2003.
[11] S. dazu *Ulrich W. Schulze*, Die Wettbewerbs- und Kartellgesetzte der osteuropäischen Staaten, Berlin/Wien, 1994.

Kreditwesen machte etwa die Modernisierung der Kreditsicherheiten notwendig.[12] Die vier Jahrzehnte, die seit dem Inkrafttreten des ZGB vergangen sind, hätten auch ohne den Systemwechsel solche Entwicklungen mit sich gebracht, die eine Reform erfordern. Nur beispielhaft sei auf den elektronischen Handel hingewiesen. Auch das Privatrecht außerhalb des Gesetzbuches, d.h. die privatrechtliche Sondergesetzgebung ist in diesem Zusammenhang mitzuberücksichtigen. Schließlich sind auch noch die Änderungen zu erwähnen, die durch die Rechtsprechung zum ZGB erfolgt sind und deren Inkorporation in das ZGB ebenfalls wünschenswert ist.

Die EU-Mitgliedschaft macht die laufenden Kodifikationsarbeiten eher schwerer als leichter. Es wird immer häufiger die Frage gestellt, ob eine Gesamtkodifikation des Privatrechts auf nationaler Ebene in der Zeit noch vernünftig sei, wenn das *Gemeinschaftsprivatrecht* immer neue und wichtige Gebiete erobert, und hoch angesehene Vorhaben (sog. *Principles*) ein einheitliches Vertragsrecht,[13] gar ein einheitliches Vermögensrecht für die Union anstreben. Diese wissenschaftliche "Privatunternehmen" stellen sich sogar immer mehr anspruchsvolle Ziele. Neben der Erarbeitung von Regelung der wichtigsten Vertragstypen sowie der persönlichen und dinglichen Vertragssicherungen werden inzwischen mit rechtsvergleichender Methode ausgearbeitete Entwürfe auch zu sonstigen Fragen des Schuldrechts (Schadensersatzrecht, Bereicherungsrecht, etc.) erstellt.

Man kann heute insgesamt trotzdem davon ausgehen, dass die Privatrechtsvereinheitlichung in Europa einen andauernden Prozess darstellt und eine auf nationaler Ebene notwendig gewordene umfangreiche Reform auch dann durchgeführt werden muss, wenn die Rolle der nationalen Privatrechtsgesetzgebung in der heute noch nicht sichtbaren Zukunft allmählich durch das Gemeinschaftsprivatrecht ersetzt werden wird. Zu dieser Frage kommen wir noch (im Punkt V.) zurück.

III. Vorbilder und Regelungsbereiche der Kodifikation

Es versteht sich von selbst, dass die Konzeption und die laufenden Kodifikationsarbeiten kein Privatrecht als eine Art "Gesamtvorbild" nehmen können. (Einige Kollegen, vor allem aus dem Ausland, haben das neue niederländische Gesetzbuch[14] für eine solche Rolle oder sogar für eine totale Übernahme vorgeschlagen.) Die Erfahrungen

---

[12] Vgl. dazu *Horn/Pleyer* (Hrsg.), Handelsrecht und Recht der Kreditsicherheiten in Osteuropa. Berlin 1997; *Drobnig/Hopt/Kötz/Mestmäcker* (Hrsg.), Systemtransformation in Mittel- und Osteuropa und ihre Folgen für Banken, Börsen, Kreditsicherheiten. Tübingen 1998; *Drobnig/Roth/Trunk* (Hrsg.), Mobiliarsicherheiten in Osteuropa, Berlin 2002.
[13] Principles of European Contract Law, Parts I and II., edited by *Ole Lando* and *Hugh Beale*, Part III, edited by Ole Lando, Eric Clive, André Prüm and Reinhard Zimmermann, Kluwer Law International, The Hague/London/Boston 2000, bzw. The Hague/London/New York 2003.
[14] Burgerlijk Wetboek, siehe dazu *Arthur S. Hartkamp*, Das neue niederländische Bürgerliche Gesetzbuch aus europäischer Sicht. RabelsZ 57(1993) 664-684; sowie die Aufsätze von *van Dijk, Hondius, Hartkamp* und *Vranken* in: Bydlinsky/Mayer-Maly/Pichler (Hrsg.): Renaissance der Idee der Kodifikation. Das neue niederländische Bürgerliche Gesetzbuch, Wien/Köln/Weimar 1991.

älterer ausländischer Gesetzgebungswerke (wie die des Code civil, des ABGB, des BGB und des schweizerischen Obligationenrechts bzw. ZGB) sind bereits in die ungarischen Vorläufer-Entwürfe (1900/1913, 1915, 1928) und damit auch in das geltende ZGB weitgehend eingearbeitet worden. Man kann natürlich auch heute viel von diesen und genauso von den neueren Kodifikationen (Code civil in Quebeck, Burgerlijk Wetboek in den Niederlanden) lernen. Die behutsame Einarbeitung der Ergebnisse darf aber nicht durch die einfache Übernahme ersetzt werden. Ähnliches lässt sich über die bereits erwähnten Modellgesetze (European Principles, bzw. UNIDROIT-Principles) im Vertragsrecht sagen.

Das neue ZGB soll zunächst das gegenwärtige Privatrecht (*law in action*) als Grundlage haben. Der Gesetzgeber erfüllt seine Aufgabe dann am besten, wenn er das sich in der Rechtsprechung bildende Privatrecht nur dort ändert oder ausbessert, wo die hier (in Punkt II.) zusammengefassten Ursachen eine Modifikation zwingend erfordern. Anders ausgedrückt, wird das neue ZGB kein gänzlich neues Recht sein; das wäre auch absurd. Es wird eher eine Erneuerung und Verbesserung des bisherigen Privatrechts darstellen, gleichzeitig jedoch – neben redaktionellen und strukturellen Änderungen – auch wesentliche inhaltliche Änderungen mit sich bringen. Aus den Letzteren kann man die geplanten allgemeinen Regeln für die juristische Personen (darunter auch für die Handelsgesellschaften), ein neues Ehegüterrecht, die Modifikationen im Abtretungsrecht und bei zahlreichen anderen Institutionen im Vertragsrecht und die Neuregelung der Haftung für Vertragsverletzungen im Schadenersatzrecht als Beispiele nennen.

Die Konzeption geht davon aus, dass das neue Gesetzbuch inhaltlich über den Regelungsbereich des jetzigen hinausgehen und Vorschriften über den größtmöglichen Bereich des Privatrechts enthalten soll. Diese Konzeption verfolgt das Ziel, dass die Vorteile eines umfangreichen Gesetzbuches[15] in möglichst vielen und breiten Gebieten des Privatrechts zur Geltung kommen. Diese Vorteile sind aus der Erfahrung mit klassischen Gesetzbüchern bekannt:

– Durchsetzung einheitlicher Grundsätze,
– methodische Homogenität,
– einheitlicher Aufbau von den allgemeinen zu den besonderen Vorschriften,
– Vermeidung von Normenwiederholungen,
– Anwendung von Abkürzungen mit Verweisungen und ähnlichen Gesetzgebungstechniken und viele andere.

---

[15] Siehe dazu *Franz Bydlinsky*, System und Prinzipien des Privatrechts. Wien 1996.; *Karsten Schmidt*, Die Zukunft der Kodifikationsidee: Rechtsprechung, Wissenschaft und Gesetzgebung vor den Gesetzeswerken des geltenden Rechts. Heidelberg 1985.; vgl. auch die Argumente gegen die Zeitmäßigkeit einer Kodifikation: *Franz Wieacker,* Aufstieg, Blüte und Krisis der Kodifikationsidee, in: FS Boehmer, Bonn 1954, S. 34 ff., 47 ff.; *Wolfgang Fikentscher,* Methoden des Rechts, Bd. IV, 1977, S. 135 ff.

Der Vorteil einer richtigen Kodifikation (und nicht einer bloßen Kompilation) kommt verständlicherweise nur dann zum Tragen, wenn jede Rechtsnorm auf dem Grad der erforderlichen Abstraktion erscheint.

In das neue ungarische ZGB wird demnach das Familienrecht wieder eingebaut werden, wie es in den Entwürfen des Vorkriegszeit immer der Fall war. Auch andere, heute mit Sondergesetzen geregelten Gebiete des Privatrechts wie das Individualarbeitsrecht (der Dienstvertrag), das Gesellschaftsrecht und das Urheber- und Patentrecht sollen zwar hauptsächlich außerhalb des Gesetzbuches bleiben, jedoch enger als heute an das ZGB angeknüpft werden. Diesen Zweck dienen etwa bei Handelsgesellschaften die bereits erwähnten allgemeinen Regeln für die juristischen Personen.

IV. Monistisches oder dualistisches Prinzip für die neue Kodifikation?

Die Kodifikation hat auch in Ungarn die alte Diskussion darüber entfacht, ob der Gesetzgeber dem monistischen oder eher dem dualistischen Prinzip der Privatrechtskodifikation folgen soll; mit anderen Worten: ob das Handelsprivatrecht (vor allem die Handelsgeschäfte) innerhalb und als Teil des bürgerlichen Gesetzbuches oder in einem eigenständigen Handelsgesetzbuch geregelt werden sollen.

Ungarn hat im 19. Jahrhundert den damals üblichen letzteren Weg eingeschlagen. Das Handelsgesetzbuch (Kereskedelmi Törvény: Kt.) von 1875 hat – dem ADHGB folgend – einen Kaufmannsbegriff formuliert, die Handelsgesellschaften und die Handelsgeschäfte aus dem Gewohnheitsprivatrecht herausgetrennt und ein eigenständiges Handelsprivatrecht geschaffen. Es ist nicht verwunderlich, dass nach den großen gesellschaftlichen Veränderungen nach 1990 und der Wiedereinführung der Marktwirtschaft einige Juristen reflexartig eine ähnliche Kodifikation verlangten.[16] Diese Meinung hat natürlich auch nostalgische Gründe. Sie war aber auch nicht frei vom Einfluss des sozialistischen Wirtschaftsrechts und wurde von der ein Jahrhundert dauernden (allerdings Jahrzehnte "ruhenden") Wirkung[17] des Kt. von 1875 gestärkt. In diese Richtung zeigte auch, dass die im Wirtschaftsleben wichtigen Verträge nicht oder nur ungenügend geregelt waren und dass das Gesellschaftsrecht außerhalb des ZGB kodifiziert worden ist. Im Rahmen der konzeptionellen Überlegungen zum neuen ZGB war deshalb das Handelsprivatrecht bei einigen Autoren nicht mit einzubeziehen, sondern

---

[16] So etwa *Péter Bárdos*, A kereskedelmi jog alapjairól, Gazdaság és Jog 4 (1996), S. 13-17. Der Streit um ein eigenständiges Handelsrecht (Unternehmensrecht) ist auch im Zusammenhang mit anderen Themen geführt worden, siehe dazu *László Kecskés*, A civilisztikai és gazdasági jogalkotás irányairól (Über die verschiedenen Richtungen der zivil- und wirtschaftrechtlichen Kodifikation). Magyar Jog XXXVIII (1991), 199-204 (202ff); *Tamás Sárközy*, A társasági törvény felülvizsgálatáról (Über die Novellierung des Gesetzes über Kapitalgesellschaften). Magyar Jog XXXVIII (1991) S. 416-418 (417f).

[17] Viele Teile des HGB von 1875 waren – allerdings größtenteils nur formell – auch während der sozialistischen Periode in Kraft.

Die Grundzüge der ungarischen Privatrechtsreform

getrennt zu kodifizieren. Es ist als modifizierte Fassung der handelsrechtlichen Gesetzgebung aus dem 19. Jahrhundert auch ein "Unternehmensgesetzbuch" vorgeschlagen worden.[18] Nach Diskussionen in der Literatur hat sich die Konzeption zum neuen ungarischen ZGB eindeutig für eine monistische Kodifikation und gegen ein separates HGB (mit Regeln über die Handelsverträge) entschieden.[19] Wie erwähnt, wird zwar das Recht der Handelsgesellschaften (wie bis jetzt)[20] voraussichtlich in einem separaten Gesetz geregelt, das sonstige Privatrecht (vor allem das ganze Vertragrecht, die typischen Handelsverträgen inbegriffen) ist jedoch Regulierungsgegenstand einer einheitlichen Privatrechtskodifikation geblieben. Für diese Lösung sprachen sowohl die historischen Erfahrungen als auch die Lehren der Rechtsvergleichung.

Dieser kodifikationstheoretische Streit geht bekanntlich in die zweite Hälfte des 19. Jahrhunderts zurück. Scharfsinnige Beobachter haben schon in der Blütezeit der eigenständigen Handelsrechtskodifikation[21] die historische Bedingtheit dieser Entwicklung gesehen.

---

[18] In der deutschen Rechtswissenschaft hat *Karsten Schmidt* die Theorie des "Außenprivatrechts der Unternehmen" ausgearbeitet, welches das bisherige Handelsrecht ersetzen sollte: Das HGB und die Gegenwartsaufgaben des Handelsrechts, Heidelberg 1993; *derselbe,* Handelsrecht, S. Aufl., Köln 1999, § 3, 47ff. Zu den gegensätzlichen Meinungen in der deutschen Literatur und zur Reaktion des Gesetzgebers in der jüngsten Reform des HGB (HRefG: Gesetz zur Neuregelung des Kaufmanns- und Firmenrechts und zur Änderung anderer handels- und gesellschaftsrechtlicher Vorschriften, v. 22.6.1998, BGBl. I, 1474-1484.) siehe: *Jürgen Treber*, Der Kaufmann als Rechtsbegriff im Handels- und Verbraucherrecht, AcP 199(1999), 525-590. Zur Konzeption eines "Unternehmensprivatrechtsrecht" in Ungarn siehe *Tamás Sárközy*, A Kereskedelmi Törvény esetleges koncepciója (Eine mögliche Konzeption zu einem Handelsgesetzbuch). Gazdaság és Jog 7(1999), S. 3-6; den entgegen gesetzten Standpunkt, mit Beispielen aus dem Ausland, siehe: *Éva Domján,* A polgári jog és a kereskedelmi jog szerkezetéről (Über die Struktur des Privat- bzw. des Handelsrechts), Magyar Jog XXXVIII (1991), S. 751-755, des weiteren *Lajos Vékás,* Szükség van-e kereskedelmi magánjogra? (Ist ein Handelsprivatrecht separat zu kodifizieren?) Magyar Jog XLV(1998) S. 705-714.
[19] In: Fn. 3, S. 798 f.
[20] So bereits das Gesetz Nr. VI vom Jahre 1988 und genauso das Gesetz Nr. CXLIV vom Jahre 1997 (in Kraft seit dem 16. Juni 1998). Im ungarischen Gesellschaftsrecht hat das gültige ZGB für die Handelsgesellschaften eine subsidiäre Geltung: § 9 Abs. 2 des Gesetzes Nr. CXLIV vom 18. 12. 1997 über Wirtschaftsgesellschaften.
[21] Eine rechtshistorische und rechtsvergleichende Analyse des eigenständigen Handelsrechts siehe bei *Peter Raisch,* Die Abgrenzung des Handelsrechts vom Bürgerlichen Recht als Kodifikationsproblem des 19 Jahrhunderts, Encke Verlag: Stuttgart 1962; *derselbe*, Geschichtliche Voraussetzungen, dogmatische Grundlagen und Sinnwandlung des Handelsrechts, Karlsruhe 1965. Es ist hier zu erwähnen, dass es auch im "Hochkonjunktur" der selbständigen Handelsgesetze Ausnahmen gab: der Codice civile des Herzogtums von Parma, Piacenza und Guastalla vom Jahre 1820 und genauso der Codice civile von Modena vom Jahre 1851 dem monistischen Konzept gefolgt sind. Vgl. dazu *P. Ungari*, Profilo storico del diritto delle società anonime in Italia, Roma 1974; *Gábor Hamza*, Die Entwicklung des Privatrechts auf römischrechtlicher Grundlage unter besonderer Berücksichtigung der Rechtsentwicklung in Deutschland, Österreich, der Schweiz und Ungarn, Budapest 2003, S. 192.

Als erster hat dies der Berner Professor und Ausarbeiter des schweizerischen Handels- und Obligationenrechts, Walther *Munzinger* klar erkannt. Wie es den im Jahre 2000 veröffentlichten Materialien zum schweizerischen Handels- und Obligationenrecht[22] zu entnehmen ist, wollte man auch in der Schweiz zuerst lediglich ein Handelsgesetzbuch schaffen. Dieses Kodifikationsprojekt wurde jedoch bald auf das gesamte Obligationenrecht ausgedehnt und zwar, anders als in Deutschland, "nicht als ein Zusatzprogramm, sondern von Anbeginn an als eine Ausweitung des bereits laufenden Vorhabens auf eine die beiden Rechtsgebiete vereinigende Kodifikation".[23] Ausschlaggebend war bei dieser Lösung Munzingers Gutachten von 1862. Er ging von der folgenden These aus: "Rein theoretisch aufgefasst ist die Ablösung des Handelsrechts vom allgemeinen Civilrecht ungerechtfertigt." Es wird "weder dem Nationalökonomen noch dem Juristen je gelingen, Handelsrecht und Civilrecht theoretisch exakt von einander auszuscheiden". Munzinger hat auch seinen Entwurf zu einem "Schweizerischen Obligationenrecht" 1871, Jahre also vor der Verfassungsrevision von 1874, die eine Bundeskompetenz für Privatrechtssetzung geschaffen hat, vorgelegt.[24] Mit berechtigtem Stolz stellt heute Eugen *Bucher* fest, dass diese "Novität", die "lange Zeit eine helvetische Besonderheit blieb" und "in der Schweiz seit Munzinger selbstverständlich ist", "niemals irgend welche Nachteile hat erkennen lassen".[25]

Ganz im Sinne Munzingers argumentierte zwanzig Jahre später der herausragende ungarische Rechtsgelehrte, Béni *Grosschmid*.[26] Er hat 1884 aus dem Beispiel des schweizerischen Obligationenrechts die Lehre gezogen und darauf hingewiesen, dass es für die Trennung des Handelsrechts vom übrigen Privatrecht keine solchen Gründe gebe, die unbedingt mit der Natur des Handels oder des Handelsrechts zusammenhingen. Deshalb könne man bei einer solchen Trennung nicht von inneren, absoluten, sondern nur von äußeren, relativen, konkreten und historischen Gründen sprechen.[27]

---

[22] *Urs Fasel* (Hrsg.), Handels- und obligationenrechtliche Materialien. Bern/Stuttgart/Wien 2000. Vgl. dazu *Eugen Bucher,* Die Entwicklung des deutschen Schuldrechts im 19. Jahrhundert und die Schweiz, ZEuP 11(2003), S. 353-374.
[23] *Bucher* (vorige Fn.), S. 356.
[24] *Fasel* (Fn. 22), S. 17-71, (25). *Munzinger* wollte sogar seinen Standpunkt auch mit der – in der Wirklichkeit nicht existierenden – identischen deutschen Auffassung "untermauern": a. a. O., S. 30, vgl. *Bucher* (Fn. 22), S. 362 ff. Die bis heute allgemein vertretene Ansicht [siehe etwa zuletzt *Martin Schauer:* Integration des Handels- und Unternehmensrechts in das ABGB? in: Fischer-Czermak/Hopf/Schauer (Hrsg), Das ABGB auf dem Weg in das 3. Jahrtausend, Wien 2003, S. 137-156 (148)], die durch die Verfassungsbestimmung von 1874 ermöglichte Bundesgesetzgebungszuständigkeit hätte in der Schweiz zu einem monistischen System geführt, ist also in dem hier verfeinerten Sinne zu verstehen. Vgl. *Bucher* (Fn. 22), S. 356.
[25] *Bucher* (Fn. 22), S. 356., 364.
[26] Sein Neffe, der weltberühmte ungarische Schriftsteller, hat die Persönlichkeit von Grosschmid in einem literarischen Porträt verewigt. *Sándor Márai*, Bekenntnisse eines Bürgers. Berlin/Sankt Petersburg 1999, Kapitel 2.
[27] *Béni Grosschmid*: A kereskedelmi jognak különválásáról (Über die Verselbstständigung des Handelsrechts), in: Magánjogi tanulmányok, Budapest 1901, S. 719-725, (723).

Die Grundzüge der ungarischen Privatrechtsreform

Die Abgrenzung des Handelsrechts vom übrigen Privatrecht beruhe auf einem gewissen Positivismus und sei willkürlich. Daraus folge, dass in der Praxis ähnliche Sachverhalte zum Teil zu sehr verschiedenen Rechtsgebieten gehörten, nämlich einerseits zum Handelsrecht, andererseits zum "normalen Privatrecht", wobei im Einzelfall die Abgrenzung zwischen beiden Gebieten ziemlich schwierig sei. All dies gefährde die Rechtssicherheit.[28] Grosschmid's Meinung nach gebe es keine Hindernisse im Wege einer Vereinheitlichung der beiden Rechtsgebiete, falls man solche Regeln schaffen würde, die auch den Ansprüchen des Handelsverkehrs entsprächen.[29]

Das 20. Jahrhundert zeigte eindeutig den Prozess der Zurückdrängung der eigenständigen handelsrechtlichen Kodifikationen und der Integration handelsrechtlicher Regelungen in das allgemeine Privatrecht. Die ehemals separaten Handelsgesetzbücher wurden in Italien in den *Codice civile* (1940/1942),[30] neuerdings in den Niederlanden in das *Burgerlijk Wetboek* vom Jahre 1992[31] integriert.

Die neuesten Entwicklungen im Handelsrecht machen deutlich, dass der Inhalt der klassischen Handelsgesetzbücher zusammengeschrumpft ist, bzw. mit neuen Materien ergänzt wird. So wurde beispielsweise das deutsche HGB mit dem Bilanzrecht "erfrischt". Diese Tendenz ist auch in jenen Rechtssystemen zu beobachten, die, wie etwa in Frankreich,[32] Deutschland[33] oder Österreich,[34] vor allem wegen der Tradition, an einem separaten Handelsgesetzbuch festhalten. So wurden etwa in den französischen Code Civil im Zuge der Reform im Jahre 1978[35] allgemeine Vorschriften eingefügt (Art. 1832 ff), die für alle Gesellschaften gelten.[36] Auch der 1998 neu gefasste

---

[28] ebd., S. 724.
[29] ebd., S. 725.
[30] *Mario Rotondi*: Entstehung und Niedergang des autonomen Handelsrechts in Italien, AcP 167 (1967), S. 29-63.; *derselbe:* L' unification du droit des obligations civiles et commerciales en Italie, Rev. trim. dr. civ. 67(1968) S. 1-24.
[31] Die ersten beiden Bücher (Buch I.: Personen und Familienrecht bzw. Buch II.: Juristische Personen) sowie der größte Teil des Buches VIII. über das Transportrecht des seit 1947 in Vorbereitung befindlichen Gesetzbuches sind bereits 1970, 1976 bzw. 1991 in Kraft getreten. Am er-sten Januar 1992 sind dann das Buch III. (Allgemeines Vermögensrecht), das Buch V. (Sachenrecht), das Buch VI. (Allgemeines Schuldrecht) sowie einige Titel des Buches VII. (Einzelne Vertragstypen) in Kraft getreten. Die Bücher VII. und VIII. werden kontinuierlich ergänzt. Das Buch IV. (Erbrecht) ist erst am er-sten Januar 2003 in Kraft getreten. Es sind außerdem noch Bücher über das Urheber- und Patentrecht sowie über das Internationale Privatrecht geplant.
[32] Zur Ausdünnung des Code de Commerce siehe *Ulrich Magnus*, Die Gestalt eines Europäischen Handelsgesetzbuches, in: Festschrift Drobnig (Fn. 6), S. 65: "Für das Recht der Handelsverträge spielt der Code de Commerce insgesamt nur noch eine geringe Rolle."
[33] Vgl. *Claus-Wilhelm Canaris*, Handelsrecht. München 2000 23. Aufl, Rn. 16-19; *Karsten Schmidt*, Handelsrecht. Köln 1999 3. Aufl, S. 47 f.
[34] Zur möglichen Integration des 4. Buches des HGB und der Normen der 4. EVHGB in das ABGB siehe *Schauer* (Fn. 24), S. 145 ff., 152 ff.
[35] Loi n. 78-9 du 4 janv. 1978.
[36] *Yve Chartier*, La société dans le Code civil aprés la loi du 4 janvier 1978, JCP 1978 I., S. 2917. Zu einer ähnlichen Rolle der gesellschaftsrechtlichen Regeln des ABGB für Handelsgesellschaften siehe *Kastner/Doralt/Nowotny,* Gesellschaftsrecht 5. Aufl, 53; *Kalls/Burger/Eckert,*

Kaufmannsbegriff im deutschen HGB lockert wohl die Grenze zwischen Handelsrecht und Privatrecht. Diese Entwicklungen beweisen, dass solange die Rechtsgeschäfte im Unternehmensbereich im "allgemeinen" Privatrecht geregelt werden können, gibt es keinen Grund für ein Sonderprivatrecht für Kaufleute.

Aus den neueren Kodifikationen in der ost- mitteleuropäischen Region haben sich allein die Tschechoslowakei (HGB von 1991)[37] und Bulgarien (im dritten Teil des HGB von 1996) für eine umfangreiche (auch die Handelsverträge beinhaltende) Handelsrechtsgesetzgebung entschieden.

Das tschechoslowakische Gesetzbuch ist – mit Änderungen – sowohl in Tschechien als auch in der Slowakei[38] weiterhin in Kraft. Es ist an die Stelle des ehemaligen Wirtschaftsgesetzbuchs aus dem Jahre 1964 getreten und regelt neben einigen wettbewerbsrechtlichen Vorschriften[39] das Unternehmensrecht und das Handelsregister[40] sowie das Gesellschaftsrecht. Zudem enthält das tschechoslowakische HGB allgemeine Vertragsregeln und Vorschriften für die einzelnen Handelsvertragstypen.[41] Diese dualistische Struktur der Regelung des Zivilrechts könnte sich allerdings nach der Verabschiedung eines geplanten neuen bürgerlichen Gesetzbuches in Tschechien grundsätzlich ändern. Dann nämlich soll das HGB von Doppelregelungen im Hinblick auf das bürgerliche Gesetzbuch bereinigt und dessen Geltungsbereich hauptsächlich auf das Gesellschafts- und Unternehmensrecht beschränkt werden.[42]

Auch das bulgarische Handelsgesetzbuch enthält ein komplettes Vertragsrecht. Der Erste Teil aus dem Jahre 1991 hat die Vorschriften für Kaufleute und

---

Die Entwicklung des österreichischen Aktienrechts. 2003, S. 47 ff. Zur Berücksichtigung der besonderen Bedürfnisse des unternehmerischen Geschäftsverkehrs im ABGB siehe *Schauer* (Fn. 24), S. 138 f.

[37] HGB: Gesetz Nr. 513/1991 SlG, in der Fassung des Gesetzes Nr. 370/2000. Kritisch dazu *Anton Kanda*, Zur Rekodifizierung des tschechischen Privatrechts. WiRO 12 (1997), S. 441-443. *Verny* spricht dagegen über eine "in Tschechien schon traditionelle dualistische Konzeption": *Arsène Verny*, Die Entwicklung des Zivilrechts in der Tschechischen Republik, in: Horn (Hrsg) (Fn. 9), S. 106 f.

[38] Siehe etwa das Gesetz Nr. 500 vom Jahre 2001 und dazu *Katarina Andova,* in: Osteuropa Recht 2001, S. 580f.

[39] Die umfangreiche Regelung des Wettbewerbsrechts erfolgte in Tschechien durch das Gesetz Nr. 143 vom Jahre 2001, in der Slowakei durch das Gesetz Nr. 136 vom Jahre 2001.

[40] Die Neuregelung des Handelsregisterrechts erfolgte in der Slowakei durch das Gesetz Nr. 530 vom Jahre 2003 (in Kraft seit 1. Februar 2004). Freundliche Information von *Katarina Andova* (Institut für Rechtsvergleichung der Universität Wien).

[41] Es gibt allgemeine Regeln (§§ 261-408) sowie besondere Vorschriften für Warenkauf und ähnliche Verträge, Darlehen, Lizenzvertrag, Lagervertrag, Aufbewahrung, Werkvertrag, Auftrag, Kommission, Beförderungs- und Frachtvertrag, Handelsvertretervertrag, Bankverträge usw. (§§ 409-755).

[42] *Verny* (Fn. 37). Zur ähnlichen Auffassung in der Slowakei siehe *Ján Lazar*, Kodifikation und Europäisierung des slowakischen Privatrechts, in: Fischer-Czermak/Hopf/Schauer (Hrsg) (Fn. 24), S. 229-231, (229 f.); siehe auch *Zemánek/Paschke* (Hrsg.): Das tschechische Privat- und Wirtschaftsrecht unter dem Einfluss des europäischen Rechts. Münster 2004.

Handelsgesellschaften, der Zweite Teil aus dem Jahre 1994 das Insolvenz- und Konkursrecht zum Inhalt. Der dritte Teil vom 27. September 1996 regelt die allgemeinen Bestimmungen für den Vertrag (Artt. 286-317) sowie die wichtigsten Handelsverträge: Handelskauf (Artt. 318-341), Leasingvertrag (Artt. 342-347), Kommissionsvertrag (Artt. 348-360), Speditionsvertrag (Artt. 361-366), Beförderungsvertrag (Artt. 367-379), Versicherungsvertrag (Artt. 380-418), Bankgeschäfte (Artt. 419-454) sowie den Wechsel (Artt. 455-538), den Scheck (Artt. 539-562) und den Lizenzvertrag (Artt. 587-599).[43]

Das HGB Estlands von 1995 enthält die grundlegenden Vorschriften für das Einzelunternehmen und die Handelsgesellschaften sowie das Handelsregister, nicht hingegen ein Sondervertragsrecht für Kaufleute oder Unternehmer.

In Polen (genauso wie in Ungarn) wurde die Einheit des Privatrechts auch vor 1990 erhalten und – im Gegensatz zu der ehemaligen Tschechoslowakei und der ehemaligen DDR – das sozialistische Wirtschaftsrecht nicht separat kodifiziert. In Polen ist nach der Wende zuerst als eine Übergangslösung teilweise das Handelsgesetzbuch vom Jahre 1934 wieder belebt worden. In dessen Fassung waren jedoch die Handelsgeschäfte nur in einem einzigen Artikel (Art. 531) behandelt. Von diesem mehrfach geänderten Gesetzbuch waren also praktisch nur noch die Vorschriften zu den Handelsgesellschaften in Kraft. Als 2001 ein neues Gesetz über das Gesellschaftsrecht in Kraft trat, wurde das alte Handelsgesetzbuch – wie eine Hülle ohne Inhalt – vollständig außer Kraft gesetzt.[44] Hierzu gehört auch das Litauische Bürgerliche Gesetzbuch von 2000, welches – ähnlich wie seine Vorbilder aus Italien und den Niederlanden – eindeutig dem monistischen Prinzip folgt.[45]

Insgesamt kann also festgehalten werden, dass die neuen Privatrechtskodifikationen Ost- Mitteleuropas in die Richtung der monistischen Kodifikationsstruktur gehen und vor allem eine Verdoppelung der Regelung im Vertragsrecht vermeiden wollen.[46] Freilich darf man die Bedeutung der kodifikatorischen Einteilung nicht überschätzen.[47] Gleichwohl ist unserem Ermessen nach ein Handelsgesetzbuch mit

---

[43] Siehe: WOS, III/2: Bulgarien (I.), IV. 2a, Seite 1-84. Vgl. hierzu *Stalev* (Fn. 9), S. 447f.
[44] Gesetz vom 15. September 2000 (Dz. U. Nr. 94., 1037), in Kraft seit dem 1. Januar 2001.
[45] Siehe dazu *Valentinas Mikelenas*, Unification and Harmonisation of Law at the Turn of Millennium: the Lithuanian Experience. Unif. L. Rev/Rev. dr. unif. V (2000), S. 243-261 (249).
[46] Vgl. hierzu auch *Luboš Tichý, in:* Zemánek/Paschke *(Hrsg) (Fn. 42)*, S. 18ff. Es ist hier zu erwähnen, dass auch die russische Privatrechtskodifikation in den 1990-er Jahren dem monistischen Prinzip gefolgt ist. Vgl. dazu *Oleg Shadikov*, Das neue Zivilgesetzbuch Russlands. ZEuP 4 (1996), S. 259-272; ZeuP 7 (1999), S. 903-919; *E. A. Suchanov*, Das Privatrecht in der modernen russischen Zivilgesetzgebung, in: Horn (Hrsg) (Fn. 9), S. 129-152; Das bulgarische Handelsgesetzbuch enthält keine vertragsrechtliche Vorschriften; sein Erster Teil (1991) gibt Regelungen für die Kaufleute und die Handelsgesellschaften, der Zweite Teil (1994) regelt das Insolvenz-Konkursrecht. Zum bulgarischen HGB siehe *Stalev* (Fn. 9), S. 447 f.
[47] So mit Recht *Eugen Bucher*: Der Gegensatz von Zivilrecht und Handelsrecht: Bemerkungen zur Geschichte und heutigen dogmatischen Bedeutung der Unterscheidung, in: Festschrift Meier-Hayoz Band 1: Zürich 1972, S. 1-14. (2 f., 12.)

Sondervertragsrecht für Kaufleute oder Unternehmer in den Reformstaaten nicht zu empfehlen.[48]

Für ein integriertes Vertragsrecht sprechen auch die Entwicklungen im Verbraucherprivatrecht. Verbraucherverträge sind gleichzeitig auch Unternehmerverträge: nach der Auffassung von *Grundmann* etwa könnten die Verbraucherverträge als einseitige Unternehmerverträge qualifiziert werden.[49] Auf der anderen Seite sind in einigen traditionellen Handelsverträgen, wie beispielsweise in Transportverträgen, typischerweise auch Verbraucher involviert. Sollten die Verbraucherverträge in die Privatrechtskodifikation integriert werden, wie es von vielen Verfassern richtigerweise vorgeschlagen und inzwischen auch vom Gesetzgeber in zahlreichen Staaten praktiziert wird,[50] dann ist dies ein Grund mehr, das Handelsvertragsrecht nicht in einem separaten Gesetz zu regeln.

V. Integration des Gemeinschaftsprivatrechts

Wie schon (im Punkt II. 4.) erwähnt, ist das Privatrecht in Europa in einem Umbruch; und zwar vor allem innerhalb der Europäischen Union. Ein Europäisches Privatrecht ist im Entstehen begriffen. Die Verordnungen, die Richtlinien, die Rechtsprechung des EuGH, die von international zusammengesetzten Wissenschaftlergruppen geschaffenen Grundregeln zum Europäischen Vertragsrecht[51] und zu anderen

---

[48] Die Integration des Handelsgeschäftsrechts und der Normen für besondere (auch für die so genannte "modernen") Vertragstypen wird befürwortet bereits von *Eichler*, Die Einheit des Privatrechts, ZHR 126(1964) 181 ff. (197) und auch von *Ernst Kramer*, Handelsgeschäfte – eine rechtsvergleichende Skizze zur rechtsgeschäftlichen Sonderbehandlung unternehmerischer Kontrahenten, in: Festschrift Ostheim, 1990, S. 299ff. (319ff.) sowie von *Schauer* (Fn. 24), S. 152ff.
[49] *Stefan Grundmann,* Generalreferat: Internationalisierung und Reform des deutschen Kaufrechts, in: Grundmann/Medicus/Rolland (Hrsg.): Europäisches Kaufgewährleistungsrecht – Reform und Internationalisierung des deutschen Schuldrechts, Köln/Berlin/Bonn/München 2000, S. 281-321 (284 ff.); *derselbe,* Verbraucherrecht, Unternehmensrecht, Privatrecht – warum sind sich UN-Kaufrecht und EU-Kaufrechts-Richtlinie so ähnlich? AcP 202(2002), S. 40-71. (68).
[50] Zu erwähnen ist vor allem das deutsche Gesetz zur Modernisierung des Schuldrechts vom 11. Oktober 2001 und die umfangreiche Literatur zu dieser Reform. In der geänderten Fassung des BGB finden sich nunmehr im wesentlichen unverändert auch die Regelungen der früheren verbraucherrechtlichen Spezialgesetze. S. außerdem in Österreich: Brigitta *Lurger:* Integration des Verbraucherrechts in das ABGB? in: Fischer-Czermak/Hopf/Schauer (Hrsg) (Fn. 24), S. 110-136. (128 ff.); Ungarn: *Vékás,* in: Fischer-Czermak/Hopf/Schauer (Hrsg) (Fn. 24), S. 213-228 (221 ff.).
[51] Principles of European Contract Law (PECL) Parts I and II, edited by Ole Lando and Hugh Beale; Part III, edited by *Ole Lando, Eric Clive, André Prüm and Reinhard Zimmermann,* The Hague/London/New York 2000 bzw. 2003. Deutsche Ausgabe der Teile I-II, Text samt den Motiven in: von Bar/Zimmermann (Hrsg.):Die Grundregeln des Europäischen Vertragsrechts. München 2002; den Text siehe auch in: Schulze/Zimmermann (Hrsg.): Basistexte zum Europäischen Privatrecht, Baden-Baden 2002 2.Aufl, Es arbeiten mehrere wissenschaftliche Gruppen in Europa an einem gemeinsamen Vertragsrecht: in Pavia die Akademie Europäischer

Privatrechtsgebieten[52] sowie die umfangreiche Literatur[53] zu dieser Rechtsetzung – dies alles trägt zu diesem Schöpfungsprozess bei.

Heute lässt sich die Frage noch nicht beantworten, auf welchem Weg das europäische Privatrecht voranschreiten wird. Der jüngste, nach einer europaweiten Diskussion entworfene Aktionsplan der EU-Kommission ist (im Vergleich zu der Mitteilung vom 2001)[54] eher zurückhaltend. In seiner unklaren Formulierung gibt er widersprüchliche Signale. Er schlägt "eine Mischung aus nicht-gesetzgeberischen und gesetzgeberischen Maßnahmen" vor und stellt die Konsolidierung und die Erhöhung der Kohärenz des bestehenden Gemeinschaftsvertragsrechts in den Vordergrund.[55]

Erwägt man auch die Frage der "Kosten und Nutzen" der Rechtsangleichung[56] und bedenkt man, dass diese Frage mit Sicherheit erst in der Praxis beantwortet

---

Privatrechtswissenschaftler [s. dazu *Giuseppe Gandolfi* (Hrsg.): Code européen des contrats – Avant-projet, Livre premier. Milano 2001]; das Common Core Projekt (Trento Gruppe); in Osnabrück die Study Group on European Civil Code (s. dazu *Christian von Bar*, in: Festschrift Henrich, Bielefeld 2000, S. 1-11); die Society of European Contract Law (SECOLA); das Forschungsnetzwerk "Common Principles of European Private Law" im Rahmen des TMR-Programms der Europäischen Kommission [s. dazu *Schulze/Ajani* (Hrsg.): Gemeinsame Prinzipien des Europäischen Privatrechts – Common Principles of European Private Law. Baden-Baden 2003]; vgl. neuerdings auch das Forschungsnetzwerk "Uniform Terminology for European Private Law" (s. dazu *Martin Ebers*: Uniform Terminology for European Private Law – Ein neues Forschungsnetzwerk der Europäischen Union. ZEuP 2003, S. 185 f.).

[52] So zum Deliktsrecht und zum Treuhandrecht. Die Grundregel eines europäischen Treuhandrechts, ZeuP 7 (1999) S. 745 ff.

[53] S. aus der umfangreichen Literatur: *Hein Kötz*, Europäisches Vertragsrecht, Band I, Tübingen 1996; *Hartkamp/Hesselink et al.* (Hrsg.): Towards a European Civil Code. Nijmegen 1998 2.Aufl, *Martin Gebauer*, Grundfragen der Europäisierung des Privatrechts. Heidelberg 1998; *Brigitta Lurger*, Vertragliche Solidarität – Entwicklungschancen für das allgemeine Vertragsrecht in Österreich und in der Europäischen Union, Baden-Baden 1998; *Peter-Christian Müller-Graff* (Hrsg.), Gemeinsames Privatrecht in der Europäischen Gemeinschaft. Baden-Baden 1999 2.Aufl; *Stefan Grundmann*, Europäisches Schuldvertragsrecht, Berlin 1999; *derselbe* (Hrsg.), Systembildung und Systemlücken in Kerngebieten des Europäischen Privatrechts, Tübingen 2000; *Martijn W. Hesselink*, The New European Private Law (Essays on the Future of Private Law in Europe. The Hague/London/New York 2002; *Bussani/Mattei*, The Common Core of European Private Law (Essays on the Project), The Hague/London/New York 2002.

[54] Ein kohärentes europäischen Vertragsrecht – ein Aktionsplan, Mitteilung der Kommission an das Europäische Parlament und den Rat vom 12.2.2003, KOM (2003) 68 endgültig. In diesem Sinne auch der Rat: Council Resolution on, A More Coherent European Contract Law' (2003/C 246/01), bzw. Mitteilung der Kommission zum europäischen Vertragsrecht vom Juli 2001, KOM (2001) 398 endgültig = Abl. EG 2001, C 255.

[55] So auch schon *Ivo E. Schwartz*, Perspektiven der Angleichung des Privatrechts in der Europäischen Gemeinschaft, ZEuP 2(1994), S. 559-584 (576); *Christiaan W. A. Timmermans*, Zur Entwicklung des europäischen Zivilrechts, ZEuP 7(1999), S. 1-5 (4).

[56] *Hein Kötz*: Rechtsvergleichung – Nutzen, Kosten, Methoden, Ziele, RabelsZ 50 (1986), S. 1-18; *Ott/Schäfer:* Die Vereinheitlichung des europäischen Vertragsrechts: Ökonomische Notwendigkeit oder Akademisches Interesse? In: *dies.*, Vereinheitlichung und Diversität des Zivilrechts in transnationalen Wirtschaftsräumen, Tübingen 2002, S. 203-245.

werden kann, so scheint die Mahnung zur Vorsicht hinsichtlich einer allzu schnellen Vereinheitlichung des materiellen Privatrechts begründet zu sein. Unproblematisch dagegen ist – zumindest in Hinsicht auf die "Kosten-Nutzen-Analyse" – die Vereinheitlichung des internationalen Privatrechts, denn durch dieses wird ein Mindestmaß der Rechtssicherheit erreicht, ohne die Lösungsvielfalt der nationalen Privatrechte zu berühren.

Eine Sachrechtsvereinheitlichung ist m. E. zunächst nur dort unentbehrlich, wo – wie im Verbraucherrecht – die Bedürfnisse des Rechtsverkehrs (etwa die Sicherung der Mindestschutzrechte für die Verbraucher) die Anwendung und Durchsetzung international zwingender Normen erfordern. Eine solche Rechtsangleichung kann verständlicherweise nur punktuell ausfallen. Damit werden zwar die Bildung und die Bewahrung des Privatrechtssystems vorerst größtenteils den nationalen Rechtsordnungen belassen. Es besteht aber trotzdem die Möglichkeit (wie zuletzt die europaweite Fachdiskussion um die Verbrauchsgüterkaufrichtlinie deutlich vor Augen geführt hat), die grundsätzlichen Wertungen des europäischen Vertragsrechts gemeinsam, grenzüberschreitend wissenschaftlich zu erörtern. Dazu bietet auch der jüngste Aktionsplan der Kommission eine gute Gelegenheit. Er fordert uns auf, "gemeinsame Grundsätze und Begriffe im Bereich des europäischen Vertragsrechts" festzulegen.

Die Vereinheitlichung des dipositiven Vertragsrechts kann also heute noch nicht in den Vordergrund gestellt werden. Ein von den Parteien wählbares Europäisches Vertragsgesetzbuch – als eine, die nationalen Rechte ergänzende zusätzliche Option, sei es eine opt-in oder eine opt-out Regelung – stellt in meinen Augen nur *ein Esperanto* auf dem Wege der europäischen Rechtsvereinheitlichung dar.[57] Es fragt sich außerdem, wie das zwingende Verbraucherprivatrecht mit einem opt-in Vertragsrecht zur Geltung gebracht werden kann. Ein optionelles europäisches Vertragsrecht kann eher als wählbares Leitbild zur Fortentwicklung der nationalen Vertragsrechte – nicht zuletzt in den neuen Mitgliedsstaaten – dienen.[58]

Bei einer nationalen Neukodifikation des Privatrechts muss man heute auch die Rechtssetzung der Europäischen Gemeinschaften auf diesem Gebiet: das Gemeinschaftsprivatrecht mitberücksichtigen. Ungarn hat sich im Assoziationsabkommen mit der Europäischen Union (dem sog. Europa Abkommen vom Jahre 1994) zur Harmonisierung seines Rechts verpflichtet. Obwohl die Gemeinschaftsprivatrechtsetzung bislang sehr bruchstückhaft ist, und Kernbereichen des Privatrechts nur selten berührt, erfordert die Rechtsangleichung Jahr für Jahr neue nationale Gesetzgebung

---

[57] Eine gegensätzliche Meinung vertritt *Stefan Grundmann*, Harmonisierung, Europäischer Kodex, Europäisches System der Vertragsrechte, NJW 55(2002), S. 393-396.
[58] Nach einem originellen Vorschlag von *Basedow* könnte jedoch das vereinheitlichte europäische Vertragsrecht eine echte Funktion auf dem Gebiet des Versicherungsvertragsrechts finden. *Jürgen Basedow*, Insurance Contract Law as Part of an Optional European Contract Act, ERA-Forum 2/2003, S. 56-65.

Die Grundzüge der ungarischen Privatrechtsreform

auch im Bereich des Zivilrechts.[59] Das Privatrecht ist also auch wegen der Gemeinschaftsrechtsetzung ständig "reformbedürftig".

Wie das stetig wachsende Gebiet des Privatrechts europäischen Ursprungs in eine nationale Kodifikation am besten eingearbeitet und integriert werden kann, ist eine der schwierigsten Fragen – mit *Savigny* zu sprechen – *"unsrer Zeit für Gesetzgebung und Rechtswissenschaft"*.

Was die Rechtssetzung innerhalb der EU betrifft, wage ich zu behaupten, dass man nach ein paar Jahrzehnten auf die Anfänge der Richtlinienrechtsetzung, auf ihre "pointillistische" Methode,[60] auf ihre dogmatischen Schwächen als *Kinderkrankheiten* des Europäischen Vertragsrechts zurückblicken wird. Selbst die EU-Organe fordern wiederholt die Verbesserung der Qualität der geltenden Rechtsvorschriften und die einheitliche Anwendung des Gemeinschaftsrechts; selbst sie äußern sich kritisch über die bruchstückhafte Vereinheitlichung auf dem Gebiet des Privatrechts.[61]

Die Übernahme von Tausenden von EU-Vorschriften (der *acquis communautaire*) hat dazu jedenfalls Möglichkeit geboten, über die Methoden der Rechtsangleichung, vor allem über die Alternativen der Richtlinienumsetzung nachzudenken. Aus den bisherigen Erfahrungen mit den Umsetzungsmethoden in den Mitglieds- und Kandidatenstaaten kann man einige Schlussfolgerungen ziehen.

In der in Einzelgesetzen erfolgten Umsetzung ist zwar die europarechtliche Herkunft der Regeln leichter zu erkennen, und auch den nötigen Konsequenzen (z.B. einheitlicher Auslegungs- und Vorabentscheidungspflicht) ist am einfachsten Rechnung zu tragen. Diese Methode führt jedoch zu einer unerträglichen Zersplitterung des Privatrechts. Deshalb ist diese Methode in einem kodifizierten Rechtssystem nicht zu empfehlen.

Meiner Meinung nach sind etwa die privatrechtlichen Verbraucherrichtlinien in einer kontinentaleuropäischen, kodifizierten Rechtsordnung entweder in einem Sondergesetz für Verbraucherschutz zusammenzufügen oder noch mehr in das bürgerliche Gesetzbuch thematisch zu integrieren. Die erste Methode wird von der österreichischen, teilweise auch von der französischen Legislatur praktiziert, die zweite hingegen vom niederländischen und seit neuestem auch vom deutschen Gesetzgeber. Beide Lösungen haben neben ihren Vorteilen auch Nachteile. Erstere Lösung entspricht eher

---

[59] Art. 68 des am 16. Dezember 1991 in Brüssel unterzeichneten Europavertrags zur Erstellung einer Assoziation zwischen der Republik Ungarn und der Europäischen Union und ihren Mitgliedstaaten verpflichtet Ungarn seine Rechtsvorschriften u. a. auf dem Gebiet des Verbraucherschutzes, des geistigen Eigentums, des Gesellschaftsrechts und des Kartellrechts an das Gemeinschaftsrecht anzugleichen. Den Text des Übereinkommens siehe: ABl. EG Nr. L 32 v. 5. 2. 1994, S. 3 ff., verkündet in Ungarn durch das Gesetz Nr. I von 1994.
[60] So auch schon *Kötz* (Fn. 56), S. 3, 5.
[61] So etwa die in Fn. 54 zitierte Mitteilung der Kommission (Punkt 3.3. ff., 5.7. ff.); genauso der ebenso in Fn. 54 zitierte Aktionsplan der Kommission (Punkt 4.1.).

den Transparenzerfordernissen des Verbraucherschutzes, vermengt jedoch Normen unterschiedlichen Charakters und nimmt gleichzeitig das heute so wichtige Gebiet des Privatrechts aus dem Kodex heraus. Die zweite Methode hebt den grundsätzlich privatrechtlichen Charakter der Richtliniennormen hervor und bevorzugt die Einheit des Privatrechts, vernachlässigt jedoch das Transparenzgebot. Die gemeinsame Schattenseite beider erwähnten Lösungen besteht darin, dass der Gesetzgeber die europarechtliche Herkunft der Regelungen in irgendwelcher Form eigens klarstellen muss, um damit ihre einheitliche Auslegung zu sichern.

Auch innerhalb des Einbaus der Richtliniengesetzgebung in die nationalen bürgerlichen Gesetzbücher kann man zwischen zwei Möglichkeiten wählen: Einerseits kann man die Umsetzung in das bürgerliche Gesetzbuch auf Verbraucherverträge beschränken, d. h. die Richtlinie nur obligatorisch umsetzen. Diese Lösung verdoppelt gegebenenfalls die Regelung des betroffenen Vertrags (beispielsweise des Kaufvertrags) innerhalb des Gesetzbuches. Eine überobligatorische Integration hat dagegen augenfällige Vorteile: Vor allem können so die aus der Umsetzung der Richtlinie entstehenden Chancen zur Modernisierung des alten Rechts genützt werden. Diesen Vorteil haben z.B. der deutsche, der österreichische und auch der ungarische Gesetzgeber bei der Umsetzung der Verbrauchsgüterkaufrichtlinie wahrgenommen. Anders als bei den früheren Verbraucherrichtlinien haben diese Gesetzgeber den Weg der Integration in das bürgerliche Gesetzbuch gewählt. Insbesondere die schwerpunktmäßige Stellung des Themas innerhalb des Schuldrechts hat zu einem Umdenken geführt. Trotz des privatrechtsfremden Charakters der Unabdingbarkeit der Regelungen für Verbraucherverträge und anderer Schwierigkeiten inhaltlicher und systematischer Art wollte man ein derart wichtiges Gebiet des Vertragsrechts nicht in einem Sondergesetz regeln. Über die allgemein bekannten Vorteile einer Kodifizierung hinaus bringt die Integration in das Gesetzbuch auch jenen zusätzlichen Vorteil, dass sich die ansonsten unvermeidlichen Widersprüche zwischen den Bestimmungen der einzelnen Richtlinien verringern. So würden etwa nicht unterschiedliche Fristen für das Rücktrittsrecht des Verbrauchers festgelegt werden, wie es gegenwärtig in den Richtlinien und in den umgesetzten zerstreuten nationalen Rechtsnormen immer wieder vorkommt. Ebenfalls können Probleme bei der Rechtsanwendung vermieden werden, die sich aus einer etwaigen Überschneidung der Regelungsbereiche der Richtlinien ergeben.[62] Man muss aber gleichzeitig sehen, dass bei der hier bevorzugten und vorgeschlagenen Lösung das Transparenzgebot zu kurz kommt. Für das europarechtliche Erfordernis der einheitlichen Auslegung ist naturgemäß auch bei einer Integration in das bürgerliche Gesetzbuch und bei einer überobligatorischen Umsetzung zu sorgen. Bei einer überobligatorischen Umsetzung obliegt zwar die einheitliche Auslegungspflicht dem nationalen Richter nur bei Anwendung des Richtlinienrechts für Verbraucherverträge; die Einheit des nationalen Privatrechts macht jedoch die einheitliche Auslegung der überobligatorisch umgesetzten Normen auch bei Nichtverbraucherverträgen wünschenswert.

---

[62] Dieses Problem wird treffend durch die im Urteil des EuGH vom 22. April 1999 (C-423/97) aufgetauchte Frage illustriert. In dieser Rechtsangelegenheit kollidieren die sachlichen Anwendungsbereiche der Haustürwiderrufs-Richtlinie und der Fernabsatzrichtlinie.

Die Grundzüge der ungarischen Privatrechtsreform

Die bisherige ungarische Umsetzungspraxis zeigt ein ähnlich buntes Bild wie es anfangs in den meisten Mitgliedsstaaten der Fall war. Sie werden in der nachstehend angeführten Tabelle mit den jeweiligen ungarischen Umsetzungsnormen aufgezählt:

Richtlinie	*Umsetzung ins ungarische Recht*
85/374/EEC on approximation of the laws, regulations and administrative provisions of the Member States concerning *liability for defective products*, amending by directive 1999/34/EC	Gesetz Nr. X. von 1993 über die Produkthaftung, geändert durch die §§ 11-13 des Gesetzes Nr. XXXVI von 2002.
85/577/EEC to protect the consumer in respect of *contracts negotiated away from business premises*	§ 377 ZGB n. F. und die Regierungsverordnung Nr. 44/1998 vom 11 März 1998 über die Haustürgeschäfte.
87/102/EEC for the approximation of the laws, regulations and administrative provisions of the Member States concerning *consumer credit*, amended by Directive 90/88/EEC	§ 7 des Gesetzes Nr. CLV. von 1997 über den Verbraucherschutz und die §§ 212-214 des Gesetzes Nr. CXII. von 1996 über die Kreditinstitute und Finanzunternehmen
90/314/EEC on package travel, package holidays and package tours	Regierungsverordnung Nr. 213/1996 vom 23. Dezember 1996 über die Reiseveranstaltungs- und Reisevermittlungtätigkeit und die Regierungsverordnung Nr. 214/1996 vom 23. Dezember 1996 über den Reise- und Reisevermittlungsvertrag.
93/13/EEC on unfair terms in consumer contracts	§ 205 Abs. 3, 5 u. 6; § 207 Abs. 2; §§ 209-209/D; ZGB n. F. sowie §§ 5/A-5/C Ptké.II. (Gesetzesdekret Nr.2 von 1978 über das Inkrafttreten der ZGB-Novelle von 1977); sowie Regierungsverordnung Nr. 18/1999 vom 5. Februar 1999.
94/47/EC on the protection of purchasers in respect of certain aspects of contracts relating to the purchase of the right to use immovable properties on a *timeshare* basis	Regierungsverordnung Nr. 20/1999 vom 5. Februar 1999 über den Teilzeit-Wohnrechtevertrag.
97/7/EC on the protection of consumers in respect of *distance contracts*	Regierungsverordnung Nr. 17/1999 vom 5. Februar 1999 über den Fernabsatzvertrag.

Richtlinie	Umsetzung ins ungarische Recht
99/44/EC on certain aspects of the sale of consumer goods and associated guarantees	Gesetz Nr. XXXVI. von 2002 über die Änderung des ZGB und der Verbraucherschutzregeln einiger anderen Gesetze aus dem Zweck der Harmonisierung mit dem EG-Recht

Allein die Klausel- und die Verbrauchsgüterkaufrichtlinie sind in das ungarische ZGB integriert worden. Die Umsetzung der übrigen Verbraucherrichtlinien ist durch Sondergesetze erfolgt. Die Eingliederung der Verbrauchsgüterkaufrichtlinie in das Gesetzbuch wurde auch in Ungarn durch jenen Umstand erleichtert, dass in dieser Richtlinie Lösungen gewählt worden sind, die zur Verallgemeinerung geeignet sind und in verallgemeinerter Form, teils auch überobligatorisch, eine wahre Kodifizierung und eine echte inhaltliche Reform ermöglicht haben. Diese Integration stellt meines Ermessens eine zukunftsweisende Methode dar und dient als ein gutes Beispiel für die Umsetzung der anderen Richtlinien in das neue, in Vorbereitung befindliche ungarische Zivilgesetzbuch.

Die Verbraucherrichtlinien zeigen ihrerseits solche gemeinsamen Lösungsansätze auf, welche ihren thematisch-organischen Einbau in das neue Gesetzbuch erleichtern. Als solche können vor allem die folgenden privatrechtlichen Schutzmaßnahmen betrachtet werden:

- erhöhte Informationspflichten gegenüber dem Verbraucher;[63]
- Rücktrittsrecht für den Verbraucher innerhalb einer bestimmten Frist ("Bedenkzeit" zu Gunsten des "überrumpelten" Verbraucher);
- Sicherung von anderen Mindestrechten (beispielsweise von Gewährleistungsrechten) für den Verbraucher;
- günstigere Fristen für den Verbraucher zur Geltendmachung seiner Rechte; und
- Sicherung dieser Rechte durch zwingendes Recht.

Nach Abwägung aller Vor- und Nachteile der möglichen Umsetzungsmethoden scheint mir in Ungarn die langfristige Integrierung des privatrechtlichen Richtlinienrechts in das neue Zivilgesetzbuch die bestmögliche Lösung zu sein. Wo es die Materie der Richtlinie erlaubt, ist eine überobligatorische Umsetzung zu empfehlen. Der zwingende Charakter der Vorschriften zugunsten des Verbrauchers muss natürlich klar zum Ausdruck gebracht werden.

---

[63] Vgl. dazu *Schulze/Ebers/Grigoleit* (Hrsg.), Informationspflichten und Vertragsschluss im Acquis communautaire, Tübingen 2003.

The International Practise of Law and the Anglo-Internationalisation of Law and Language

*Nedim Peter Vogt**

I.

In 1983 Professor Tuğrul Ansay published one of the first comprehensive introductions to Swiss Law in English. The book, which is now in its third edition,[1] has introductions to their specialised fields by a large number of Swiss academics and also provides the reader with a first systematic Bibliography on English Language Materials related to Swiss Law.[2]

With this pioneering single volume presentation of the basic principles of Swiss Law, Professor Ansay gave the English language reader a first (English language) *Access to Swiss law*.[3]

Switzerland and its legal profession are indebted to Professor Ansay for having initiated this project and continuing to have it updated and expanded.

II.

Notions such as the *"international practise of law"* and the *"international lawyer"* are a clear indication of the changing role of the use of the English language in the legal professions outside the Anglo-American world.

An interesting new perspective in this context is that a country's legal system, its legal profession and the capability of its international practitioners to deal with international transactions and cross-border litigation have all become key factors in assessing

---

* *Nedim Peter Vogt*, Dr. iur. (Zurich), LL.M. (Harvard), Partner Bär & Karrer (Zurich, Switzerland), Lecturer University of Zurich (Switzerland).
[1] *Tuğrul Ansay/François Dessemontet* (eds.), Introduction to Swiss Law, 3rd edition, *Den Haag/Zurich* 2004.
[2] *See also Walter Stoffel*, in: International Encyclopedia for Comparative Law, Vol. I, (1997), 177-204.
[3] *Access to Swiss Law* is a new series (in continuation of the *Swiss Commercial Law Series* published between 1994 and 2004 with a total of 15 volumes) of introductions to relevant areas of Swiss law edited by *Nedim Peter Vogt* and published by Helbing & Lichtenhahn, Basel. The first volume by *Rolf Watter* and *Ralph Malacrida* on Merger, Acquisitions and Corporate Restructuring was published in August 2005.

the political and economical relevance of a country. Thus, as English has become the language of law, particularly in the areas of business and commercial law, the ability of a country and its legal community to effectively communicate the varying aspects of its legal system to the global (legal) community in English has become a prerequisite for participation in the ongoing competition between different national legal systems.

III.

At the dawn of the new millennium, a large number of players can claim to be *international lawyers*. First, there are the traditional international lawyers working for governments and international organisations who are concerned with questions of public international law such as treaties, conventions, boundaries and the like. The second major group of international lawyers is comprised of partners and associates of law firms engaged in the international practise of law. To this group, one has to add, lawyers employed by multinational accounting and management consulting firms who now perform many services for their clients which were traditionally performed by lawyers in private practise. Another increasingly important group of lawyers in international practise are members of the in-house legal staff of multinational corporations. On the dispute resolution side of international practise, one finds a growing number of lawyers dealing with international legal disputes. This is especially true in international centres of dispute resolution such as Zurich, Geneva, Paris, London and New York. And as the internationalisation of economic activities increases, the number of legal practitioners involved in the international practise of law can only be expected to grow.

IV.

Addressing cross-border or multi-jurisdictional legal issues is likely to require not only an understanding of the civil law system, but also of the Anglo-American common law system. While these two widespread bodies of law share numerous similarities, many of the approaches to legal issues differ fundamentally and are an indication of what is often called *"the difference between two legal cultures"*.[4]

V.

It is equally true for international lawyers practicing in Turkey, Switzerland or anywhere in Europe that they are not only required to deal with multiple legal regimes

---

[4] It appears, however, that in many areas the differences are overemphasised and the similarities often neglected. For instance, the commonplace observation describing Anglo-American law as being case law, and civil law as being codified is, if at all, only a rough rule of thumb. For years now, the observation can be made that Anglo-American law is increasingly codified, whilst civil law increasingly relies on case law, *see Nedim Peter Vogt*, The Anglo-Internationalisation of Law and Language, 29 International Legal Practitioner (2004), p. 115.

and different cultures, but to relate successfully to people, be they clients, opposing counsel, or arbitrators/judges from socio-economic cultures other than their own. They have to relate comfortably to persons and institutions in other cultures and with different values in order to succeed in their international endeavors.[5]

VI.

Law follows the language, and language often carries the law, or as the nursery rhyme would say: "Law piggy-backs the language".[6]

In today's legal world, it appears that form (language) is increasingly governing substance (law). This is also demonstrated in the process of translation where the very essence of the Anglo-American terminology, through which legal concepts of e.g. Turkish law are expressed in English, takes on a life of its own that is driven by Anglo-American perceptions and legal concepts.

Once a legal concept such as "breach of contract" is introduced – by translation or otherwise – into the legal lexicon of e.g. one of the continental European legal systems, the notion of how "breach" is perceived in the Anglo-American legal system gradually affects the way in which "breach" is viewed under the applicable substantive (continental European) law.[7]

Lawyers who have a better mastery of the language of the potentially applicable law naturally tend to apply the legal concepts of such law that they either know best and/or feel would better serve their clients' interests.

VII.

Procedure has already been privatised (through arbitration) and we are now witnessing that the law as such (the actual substance of law) is also being privatised by what is commonly referred to as *lex mercatoria* and – as it has been alleged – its "creeping codification".[8] This again is largely an English language-driven development, and therefore dominated by Anglo-American legal concepts.

---

[5] Amongst the various special competences of an "international lawyer", certainly the aspect of a specific emotional intelligence will have to be studied in more detail. *See Jens Drolshammer*, The Effects of Globalisation on Legal Education – An Agenda for the Interdisciplinary Education of a New International Commercial Lawyer, Zurich/The Hague 2002, p. 41.
[6] *Nedim Peter Vogt*, The Importance of Being Earnest, in: Festschrift für Peter Forstmoser, Schulthess, Zurich 2003.
[7] For example, fascinating distortions can be observed with regard to the absorption of the Anglo-American concept of trust by civil law systems; *see Nedim Peter Vogt*, Disputes Involving Trusts, Beck/Helbing & Lichtenhahn, Basle/Munich etc. 1999, pp. 1 ff.
[8] *Klaus Peter Berger*, The Creeping Codification of Lex Mercatoria, Kluwer, The Hague 1999, pp. 200 et. seq.

The internationalisation of legal practise has not, however, brought about a comparable internationalisation of substantive legal developments as such;[9] the predominant use of English as a legal language continues to blur the conceptual and institutional differences between the various legal systems and legal cultures of the world. Unfortunately, this blurring has been accompanied by a decline in comparative law[10] and international law as teaching and professional subjects in the Anglo-American world.[11]

VIII.

It would be wrong to argue that the dominance of English in professional matters exclusively expresses a tendency towards Anglo-Americanisation. The need for English goes far beyond dealing with this Anglo-American challenge.[12] Internationalisation has brought with it the need to have English as the *lingua franca* among the many different members of the legal profession and with the

---

[9] *Arthur T. von Mehren*, The Rise of Transnational Legal Practice and the Risk of Comparative Law, Tulane Law Review, Volume 75, 2001, pp. 1215-1224.

[10] *Basil Markesinis*, Comparative Law in the Courtroom and in the Classroom, Hart Publishing, Oxford/Portland (Oregon) 2003, pp. 35 et. seq.

[11] *Ernst Stiefel/James Maxeiner*, Why Are US-Lawyers not Learning from Comparative Law, in: *Nedim Peter Vogt*, The International Practice of Law, Liber Amicorum für Thomas Bär und Robert Karrer, Zurich 1997.

[12] The substantial effect of the Americanisation, even hegemonisation, of the commercial world by the United States has generated some concern in the global (legal) community. On a more general level, this issue has been addressed by *Christian Mair* in an essay entitled "The Continuing Spread of English: Anglo-American Conspiracy or Global Grassroots Movement?", in: Perspectives on English as a World Language: *D.J. Allerton, Paul Dranstera, Cornelia Tschichold* (eds.), Schwabe/Basle 2002, pp. 159-170.

In this essay, *Christian Mair* pits an exploitation theory against a grassroots theory in an effort to account for the widespread adoption of English in the commercial world. *Christian Mair* summarises these theories by the following table:

	Political Value of English	Chief Cause for Post World War II Spread	English is the language of ...	English ...	Chief Beneficiary of "global English"	Evidence for view proposed
Exploitation Model	Imperialist language	Organised/ centralised language planning following Anglo-American master plan	Anglo-American capital interests	Is a language that conveys an Anglo-Saxon Western World view Transforms recipient societies (usually for the worse)	British and American capital interests	Historical analyses pointing out open and hidden continuities; evaluation of official statements of policy; and expert opinion (EFL, professionals, writers, etc.)

Anglo-Internationalisation of law, a new phenomenon has arisen: English as the Language of Law.[13]

IX.

The advent of English as the Language of Law within the context of the Anglo-Internationalisation of the practise of law has required the advantages and qualities of a national legal system to be continuously communicated in English in order to make a legal system and its underlying law accessible to the international practitioner and allow an English language access to domestic law.[14]

It appears that communication of the content of a national law to the global (legal) community is quickly becoming a necessity for any country that hopes to maintain the competitiveness of its legal system in times of a continuous Anglo-Internationalisation[15] of the practise of law. It is therefore essential for every country

	Political Value of English	*Chief Cause for Post World War II Spread*	*English is the language of ...*	*English ...*	*Chief Beneficiary of "global English"*	*Evidence for view proposed*
Grassroots Model	Post-imperial language	Demand-driven; decentralised rational choices by individuals and groups	Modernisation and globalisation	Is an ideologically neutral lingua franca Is transformed by recipient societies (rise of New Englishes)	Usually some segments of local users	Strictly chronic and descriptive sociometric analysis

---

[13] *Jens Drolshammer/Nedim Peter Vogt*, English as the Language of Law? An Essay on the Legal Lingua Franca of a Shrinking World, in: Transatlantica – Culture, Language and Law in a Transatlantic Context, Vol. 1, Schulthess, Zurich 2003.

[14] For Turkey *see* e.g. *Tuğrul Ansay/Don Wallace* (eds.), Introduction to Turkish Law (5th edition), Den Haag/Zurich 2005; *Ismail Esin* (et. al.), Merger and Acquisition Transactions under Turkish Law, Istanbul 2003.

[15] In addition, many Continental European lawyers (in practise and in academia) have published a large number of country reports in English for the express purpose of providing their colleagues in the international legal community with a better understanding of issues of their national law which are of relevance to the international practise of law.

On the whole however, efforts made by private or governmental entities to publish important new laws and statutes in English must be furthered. One of the first steps taken in the process of translating national laws and statutes into English should be the creation of a unified thesaurus that formulates the base vocabulary for such translations. Equipped with such a reference tool, a certain unity and compatibility of the translations of the various laws and statutes would be provided for.

and its (international) legal practitioners not only to ensure that its internal laws and regulations reflect the developments of a globalised world, but also that a country's relevant (national) statutes, laws and regulations are accessible in English.[16]

X.

It will become increasingly important for non-English speakers from non-Anglo-Saxon jurisdictions to be able to communicate their own values and legal concepts in English in order to make themselves heard and understood by the English speaking legal community.[17] This form of internationally orientated self-defence or self-assurance will be an important and very considerable challenge.

Promoting or defending your own law and your own legal system necessitates mastering the communication of one's law (and one's values) in the *lingua franca* of the international legal profession and of course the same applies if one wishes to promote a particular choice of law in international transactions.

---

[16] E.g. there are a large number of publications in English on Swiss law which have been published since World War II which deal predominantly with matters of constitutional law, commercial law, procedural law, enforcement and mutual assistance. At present, a first bibliography of English legal materials on Swiss law (Swiss Law Bibliography) is being prepared and is expected to be published in late 2005. The Swiss Law Bibliography will list approximately 3,000 English language publications (books, country reports, articles, notes) and will also contain a section dealing with English translations of Swiss statutes, laws and ordinances. In addition, important websites containing information in English on Swiss law will be listed in a separate section of the Bibliography. *Nedim Peter Vogt, Jens Drolshammer, Anne Wildhaber, Urs Watter, Michele Bernasconi*, Swiss Law Bibliography – English Language Materials on Swiss Law, Basel 2005.

[17] As to the question of a special professional language, a more in-depth analysis would have to deal with the fact that certain markets for legal and financial services are linguistically standardised to the point that the same *lingua franca* or *speaking entre nous* (as described by *Mary Jane Morrison*, Excursions in the Nature of Legal Language, 37 Cleveland State Review, 1989, p. 334), is being used by all members of a specific professional sub-community in the major economic centers of the world.

The EC Court Case Law on the Right of Establishment of Companies and its Impact on the Law Applicable to Legal Persons

*Spyridon Vrellis**

I. Introduction

Greek Private International Law includes two basic rules on the law applicable to legal persons. The first rule, that of Art. 10 of the Greek Civil Code, is long established. It provides that the legal person is governed by the law of its seat, and in addition, according to the generally prevailing opinion in the Greek system, in theory as well as in case law, by the law of its "real" seat and not its registered office.[1] This rule covers all categories of legal persons, except for certain ones, mainly those falling within the scope of the second rule, of Law 791/1978. This law refers to certain categories of shipping companies and provides that the law applicable to these companies is the law of the place of their incorporation, i.e. their registered office. The scope of the latter rule was broadened with the inclusion of certain other categories of shipping companies (Law 2234/1994, Art. 4). So, with the exception of these shipping companies and certain others covered by international Conventions, all other legal persons fall within the scope of Art. 10 of the Greek Civil Code. This article, which is cordially dedicated to our distinguished Colleague T. Ansay, shall focus on Art. 10 of the Greek Civil Code and on the eventual impact of Community Law on this rule.

The system of the law of the "real" seat is also followed by other European jurisdictions, such as Germany (by case law) or Austria (Para. 10 of the Austrian Law of Private International Law of 15.6.1978), and, notwithstanding the difficulties and doubts

---

* Professor Spyridon Vrellis, Faculty of Law of the University of Athens.
[1] This is the place where the management of the legal person is really exercised, the most important expressions of its substance are carried out and the basic decisions regarding the functioning of the legal person are taken; the place where the control is performed or where the financial results are concentrated etc. *See* G. *Maridakis*, Private International Law I (2nd ed., 1967) pp. 437-438 [in Greek]; *E. Krispis*, Legal Persons and especially Companies Limited by Shares in Private International Law (1950) pp. 60-62 [in Greek]; *E. Krispis*, Private International Law – Special Part, vol. A' (1967-1968) pp. 106-107 [in Greek]; *Sp. Vrellis*, Private International Law (2nd ed., 2001) pp. 148-149 [in Greek]. –The same opinion was followed in the Greek Private International Law before the Civil Code; *see* G. *Streit/P. Vallindas*, Private International Law II (1937), pp. 79-82 [in Greek]; *I. Spyropoulos*, Private International Law (1938) pp. 184-185 [in Greek].

S. Arkan, A. Yongalik (eds.) Liber Amicorum/Festschrift für Tuğrul Ansay, pp. 461-483.
© 2006 Kluwer Law International BV. Printed in the Netherlands.

surrounding the definition of the "real" seat,[2] it is accepted that on the one hand it prevents possible fraudulent activities, and on the other hand it protects (together, of course, with the substantive law provisions of the States following this system, e.g. Germany[3]) the interests of the corporation's creditors, its minority shareholders and its employees. In contrast with this system lies the Anglo-Saxon system, pursuant to which the law applicable to legal persons is that of its incorporation, in other words, the law of its registered office. This law ensures legal certainty and facilitates transactions and the cross-border mobility of companies,[4] as the registered office is easily and quickly located and therefore the applicable law is with certainty defined, while this law corresponds to the interests of the incorporators. However, on the other hand, this system facilitates "fraudulent" or malicious activities, something that was especially emphasized in many cases brought before the EC Court, in that the incorporators of a legal person can choose the law of a State that is more "advantageous" to them, that is less costly, that is more lenient (such as, e.g., English Law), so that they place the registered office in that State and follow its law for the incorporation, although the "real" seat is located in another State. Moreover, it is likely that the law of incorporation may not provide specific protection to the shareholders and the creditors, the interests of which are possibly more completely protected with the application of the law of the State of the "real" seat.

The system of the application of the law of the "real" seat of a legal person, as it has evolved from Art. 10 of the Greek Civil Code, leads to the following result: If a legal person is incorporated according to English Law, its registered office is in England and its "real" seat is in Greece, this legal person is not recognized in Greece, because Greek Law, as the law of the "real" seat, should have applied to its incorporation, a condition not satisfied in this example. The application of English Law is legally irrelevant, because English Law, as the law of incorporation and not the law of the "real" seat, is inapplicable to the legal person of this example pursuant to Art. 10 of the Greek Civil Code.[5]

In order to somehow salvage the situation and correspond to the needs of trade, Greek theory and case law accepted that the aforementioned legal person of our example, although non-existent *de jure*, constitutes however a *de facto* legal person, a *de facto*

---

[2] *See*, e.g., *I. Papadimopoulos*, The end of the theory of the seat and the dominance of the theory of incorporation in Community Law: in light of the EC Court decision of 5.11.2002, in: Dikaio Etaireion kai Epicheiriseon (DEE) 2003 p. 395 [in Greek], and in EC Court decision of 5.11.2002 [Case C-208/00, *Überseering* BV v. *Nordic Construction Company Baumanagement GmbH* (NCC)], [2002] ECR I-9919 ff., Para. 51.
[3] *See* EC Court decision of 5.11.2002 (Case C-208/00, *Überseering*), Para. 16.
[4] This last advantage is especially appealing to those seeking the enhancement of the freedom of establishment at Community level.
[5] *See also E. Krispis*, Private International Law – Special Part, vol. A', pp. 117-118 [in Greek]. This non-recognition created problems for the shipping companies and finally led to Law 791/1978 and to the introduction of the law of incorporation for these corporations.

personal company[6] or civil company or an unregistered general partnership,[7] without it being certain what this exactly means, and certainly without providing a satisfactory resolution to the situation.

The question to be examined herein is whether European Community Law has effected changes to the Greek system as described above.

The Treaty of Rome contains certain provisions regarding legal persons, which remain in force today, in the EC Treaty, in the exact same wording. These provisions are not choice-of-law rules concerning legal persons, but are rules regarding one of the basic Community freedoms, the freedom of establishment of persons, especially companies.

Today's Art. 43 Para. 1 EC (ex Art. 52 Para. 1 EEC), "one of the fundamental principles of the Community directly applicable since the end of the transitional period",[8] provides that "within the framework of the provisions set out below, restrictions on the freedom of establishment of nationals of a Member State in the territory of another Member State shall be prohibited. Such prohibition shall also apply to restrictions on the setting-up of agencies, branches or subsidiaries by nationals of any Member State established in the territory of any Member State".[9]

For the application of this provision as well as the other provisions of the chapter on the right of establishment, the same treatment as to the natural persons who are nationals of the Member States is also provided for "companies or firms formed in accordance with the law of a Member State and having their registered office, central administration or principal place of business within the Community" (Art. 48 EC = ex Art. 58 EEC).[10]

---

[6] *See* Ch. Pamboukis, Legal Persons and especially Companies in the Conflict of Laws (2nd ed., 2004), pp. 132-134 [in Greek].
[7] *See* E. Krispis, Private International Law – Special Part, vol. A', p. 118 [in Greek]; *Al. Metallinos*, The end of the theory of the "real" seat in the framework of the European Union, in: Epitheorisi Emporikou Dikaiou (EEmpD) vol. 54 (2003), p. 195 [in Greek]. – Similar solutions were also adopted in Germany. *See*, e.g. *J. Kropholler*, Internationales Privatrecht (5th ed., 2004), pp. 559 and 565.
[8] EC Court decision of 10.7.1986 (*D.H.M. Segers* v. *Bestuur van de Bedrijfsvereniging voor Banken Verzekeringswezen, Groothandel en Vrije Beroepen*), Case 79/85, [1986] ECR 2375 ff., Para. 12. *See also* EC Court decision of 27.9.1988 (*The Queen* v. *H.M. Treasury and Commissioners of Inland Revenue*, ex parte *Daily Mail* and *General Trust PLC*), Case 81/87, [1988] ECR 5483 ff. Para. 15.
[9] Para. 2 of said article adds that: "Freedom of establishment shall include the right to take up and pursue activities as self-employed persons and to set up and manage undertakings, in particular companies or firms within the meaning of the second paragraph of Art. 48, under the conditions laid down for its own nationals by the law of the country where such establishment is effected, subject to the provisions of the chapter relating to capital".
[10] "Companies or firms means companies or firms constituted under civil or commercial law, including cooperative societies, and other legal persons governed by public or private law, save for those which are non-profit-making." (Art. 48 Para. 2 EC).

These provisions were interpreted by the EC Court in a series of decisions and its case law is especially interesting, it has also been characterized, rightly in my opinion, as "almost revolutionary",[11] on the specific topic of this presentation. The other aspects of this case law, such as, for example, the dealing with fraudulent activities or abusive invocation of Community Law, lie beyond the scope of this article, and shall not be examined herein.[12] It is however useful to briefly note the following:

(i) In the case of companies, the right of establishment is commonly practiced with a setting of a secondary establishment, i.e. an agency, a branch or a subsidiary,[13] but also with a "main" establishment, as occurs with the formation of a company in another Member State or with its participation in the formation of such a company[14] or with the transfer of the central management of the company to another Member State which often is equated to the "real" seat.[15] Yet furthermore, the right of free establishment also entails the right of free departure of a company from the Member State in which it was incorporated.[16]

(ii) Restrictions to the freedom of establishment may be placed by Member States under the conditions of Art. 46 EC (ex Art. 56 Para. 1 EEC), i.e. if they are

---

[11] R. Geimer, Gesellschaften und Juristiche Personen auf Wanderschaft in Europa (Ludwig Boltzmann Institut für Europarecht, Vorlesungen und Vorträge, Heft 20, Wien 2004), p.6; St. Leible/J. Hoffmann, "Überseering" und das (vermeintliche) Ende der Sitztheorie, RIW 2002, p. 925.

[12] It suffices to note here that the EC Court, although *in abstracto* disapproves of such activities [see, e.g., EC Court decision of 9.3.1999 (Case C-212/97, *Centros Ltd* v. *Erhvevs-og Selskabsstyrelsen*), Para. 24], is however particularly prudent in taking action *in concreto*. In none of the decisions presented herein did the Court not accept that national measures taken to eradicate these phenomena were capable of precluding the practice of the right of free establishment of companies (see, e.g. decision *Centros* Para. 17, 18, 27, 29 and 38; decision *Inspire Art*, Para. 139 and 142).

[13] *See also* EC Court decision of 9.3.1999 (Case C-212/97, *Centros Ltd* v. *Erhvevs-og Selskabsstyrelsen*), [1999] ECR I-1459 ff., Para. 20: "The immediate consequence [...] [of Art. 52 and 58 EEC] is that those companies are entitled to carry on their business in another Member State through an agency, branch or subsidiary. The location of their registered office, central administration or principal place of business serves as the connecting factor with the legal system of a particular State in the same way as does nationality in the case of a natural person".

[14] "In that regard Art. 221 of the Treaty [today's Art. 294 EC] ensures that it will receive the same treatment as nationals of that Member State as regards participation in the capital of the new company" (EC Court decision of 27.9.1988, Case 81/87, *Daily Mail*, Para. 17).

[15] EC Court decision of 27.9.1988, (Case 81/87, *Daily Mail*), Para. 17. *See also* Opinion of Advocate General *M. Darmon* in Case 81/87, *Daily Mail*, Para. 4, 5, 8 and 15.

[16] EC Court decision of 27.9.1988, (Case 81/87, *Daily Mail*), Para. 16. – Advocate General *Ant. La Pergola*, in his Opinion on the *Centros* case, C-212/97, Para. 12, argues that three further rights are a logical corollary of the fundamental freedom provided in Art. 43 and 48 EC: (a) "company business may be conducted in a Member State through a company incorporated in that State or in another Member State", (b) "companies have the right to decide whether a secondary establishment is to be a subsidiary or a branch", and (c) "foreign companies have the same rights in the State in which the secondary establishment is set up as the companies of that State".

The Right of Establishment of Companies

justified "on grounds of public policy, public security or public health". This provision, inasmuch as it constitutes "a derogation from a fundamental principle of the Treaty, it must be interpreted strictly",[17] in light of the case law of the EC Court on imperative reasons of general interest.[18]

On the specific topic under examination in this article, the EC Court, while its starting point was that the national systems of Private International Law concerning the applicable law to legal persons is of equal force to the Treaty and are not affected by the right of free establishment of companies (decision in *Daily Mail*), it arrived, after a phase of relative confusion which was expressed by a restriction of the *ratio decidenti* of *Daily Mail* (decision in *Centros*), at the different conclusion, that Community Law restricts the application of the law of the "real" seat, i.e. it restricts the function of (national) Private International Law of the host State of the company, since that State is obligated to recognize the companies having their "real" seat in their territory but have been incorporated according to the law of a Member State of their registered office (decision in *Überseering*).

II. The Principle of Non Intervention of Community Law in the National Private International Law of the Member States

The first case in which the EC Court clearly approached the problem of the relation of Community Law with the national Private International Law concerning legal persons was in the *Daily Mail* case.[19]

---

[17] Opinion of Advocate General *Ant. La Pergola* in the *Centros* case, C-212/97, Para. 14.
[18] According to this case law "national measures liable to hinder or make less attractive the exercise of fundamental freedoms guaranteed by the Treaty must fulfil four conditions: they must be applied in a non-discriminatory manner; they must be justified by imperative requirements in the general interest; they must be suitable for securing the attainment of the objective which they pursue; and they must not go beyond what is necessary in order to attain it". See EC Court decision of 9.3.1999 (Case C-212/97, *Centros*) Para. 34; EC Court decision 30.9.2003, Case C-167/01, *Inspire Art*, Para. 133. In the *Überseering* case, the EC Court found that although it may not be excluded that "overriding requirements relating to the general interest, such as the protection of the interests of creditors, minority shareholders, employees and even the taxation authorities, may, in certain circumstances and subject to certain conditions, justify restrictions on freedom of establishment" (Para. 92); however, "such objectives cannot [...] justify denying the legal capacity and, consequently, the capacity to be a party to legal proceedings of a company properly incorporated in another Member State in which it has its registered office. Such a measure is tantamount to an outright negation of the freedom of establishment conferred on companies by Art. 43 EC and 48 EC" (Para. 93). *See also Centros*, Para. 35 and 37, and *Inspire Art*, Para. 141-142. – On the suitability and necessity of the application of the theory of the "real" seat for the achievement of the goal for protection of the general interests, in order to assess the compatibility of this theory with the right of establishment, *see D. Tzouganatos*, Freedom of Establishment of Legal Persons According to Art. 52 and 58 EEC and International Company Law, Nomiko Vima (NoV) vol. 42 (1994), pp. 28-32 [in Greek].
[19] EC Court decision of 27.9.1988 (*The Queen* v. *H.M. Treasury and Commissioners of Inland Revenue*, ex parte *Daily Mail* and *General Trust PLC*), Case 81/87, [1988] ECR 5483 ff. – In an

Daily Mail and General Trust PLC, an English investment holding company, having its incorporated (and also its "real") seat in London, asked, in 1984, for consent provided by English Law, "in order to transfer its central management and control to the Netherlands, whose legislation does not prevent foreign companies from establishing their central management there".[20] According to the tax law of the United Kingdom, corporations tax of this State is imposed in principle only on companies which are "resident for tax purposes" in the United Kingdom, while the term "resident for tax purposes" is defined as the place where "the centre of management and control of the company" is located.[21] So, in terms of taxation, the consequence of the transfer of *Daily Mail's* "real" seat would have been that from that time the company, as seated in the Netherlands, would not be subject to the relevant taxes for companies in the United Kingdom but to the Netherlands' company tax.[22] On the other hand, according to United Kingdom company law, a company incorporated according to the law of that State and having its registered office there, "may establish its central management and control outside the United Kingdom without losing legal personality or ceasing to be a company incorporated in the United Kingdom".[23] Moreover it was certain, according to the EC Court, that the main reason for which the company wished to transfer its central management, was to elude tax legislation of the United Kingdom.[24] After extended negotiations, without result, with the competent British tax authority, the company initiated proceedings before the English Courts, seeking recognition mainly that by virtue of the Treaty it has the right to transfer its seat to the Netherlands without consent provided by United Kingdom (tax) law, and secondly, that the tax authorities are obligated, by virtue of the Treaty, to provide such consent without any prerequisites.[25] The English Court then referred various preliminary questions to the EC Court, the first of which interests our topic.

From the wording of the question,[26] it is evident that the basic issue brought before the EC Court was in reality an issue of *fraus legis* or fraudulent invocation of the Treaty,

---

earlier state, the EC Court had dealt with the problem of freedom of establishment of legal persons without directly involving the issue of the applicable law. *See* EC Court decision of 10.7.1986 (*D.H.M. Segers v. Bestuur van de Bedrijfsvereniging voor Bank en Verzekeringswezen, Groothandel en Vrije Beroepen*), Case 79/85, [1986] ECR 2375 ff. – On the relation of the *Daily Mail* decision to previous EC Court case law, *see* D. Tzouganatos, in NoV vol. 42 (1994) pp. 20-23 [in Greek].
[20] EC Court decision of 27.9.1988 (Case 81/87, *Daily Mail*), Para. 6.
[21] EC Court decision of 27.9.1988 (Case 81/87, *Daily Mail*), Para. 4.
[22] Report on the hearing in Case 81/87, Para. I.3.
[23] EC Court decision of 27.9.1988 (Case 81/87, *Daily Mail*), Para. 3.
[24] EC Court decision of 27.9.1988 (Case 81/87, *Daily Mail*), Para. 7.
[25] Report on the hearing in Case 81/87, Para. I.5.
[26] The question posed was as follows: "Do Art. 52 and 58 of the EEC Treaty preclude a Member State from prohibiting a body corporate with its central management and control in that Member State from transferring without prior consent or approval that central management and control to another Member State in one or both of the following circumstances, namely where: (a) payment of tax upon profits or gains which have already arisen may be avoided; (b) were the company to transfer its central management and control, tax that might have become chargeable

in order to avoid the application of national provisions of tax legislation of a Member State. If, in fact, one was to overlook the problem relating to *fraus legis*, in reality the question was whether a provision of national legislation that, for reasons of taxation, depends the transfer of central management of a national company from its territory to another Member State on the grant of consent, is compatible with the Community right of establishment. However, the EC Court, by "revising" the question, regarded that in essence the question posed concerned primarily "whether Art. 52 and 58 of the Treaty give a company incorporated under the legislation of a Member State and having its registered office there the right to transfer its central management and control to another Member State [...]".[27] In this way, the EC Court engaged, without, in my opinion, being asked to do so, upon the difficult task of harmonizing the serious disparity between the national systems of Private International Law.

The EC Court began its reasoning with the thought that the provision of United Kingdom law at issue in the main proceedings "imposes no restriction on transactions such as those described above [...] nor does it stand in the way of a partial or total transfer of the activities of a company incorporated in the United Kingdom to a company newly incorporated in another Member State, if necessary after winding-up and, consequently, the settlement of the tax position of the United Kingdom company. It requires Treasury consent only where such a company seeks to transfer its central management and control out of the United Kingdom while maintaining its legal personality and its status as a United Kingdom company" (Para. 18 of judgement). In this way, however, the Court overlooked what it itself had determined, i.e. that according to United Kingdom company law, a company incorporated in England may freely (without consent) transfer abroad its central management without losing its legal personality.[28] And this is reasonable, since according to English Private International Law, the applicable law to a legal person is not the law of the State of its central management, but the law of the State of its incorporation. The place of central management is therefore irrelevant as regards the legal personality of a company where the United Kingdom is concerned. If the central management of a company is transferred abroad without consent by the tax authority, the possible sanctions shall be of a taxation nature and shall not affect the legal personality of the company.[29] The EC Court also did not examine if in the Netherlands (i.e. pursuant to Dutch Private International Law), the company ceased to exist or was not recognized. The only issue raised was if, when the United Kingdom tax law demanded consent for such a transfer, for tax purposes, this demand constituted a restriction of the right of establishment which was not tolerated by Community Law.[30] And in this respect, the

---

had the company retained its central management and control in that Member State would be avoided?"

[27] EC Court decision of 27.9.1988 (Case 81/87, *Daily Mail*), Para. 11.
[28] *See* in EC Court decision of 27.9.1988 (Case 81/87, *Daily Mail*), Para. 3.
[29] This, it seems, was sensed by the EC Court as well, as it may be shown in the wording of Para. 20 of its judgment.
[30] *See* the opinion of the Commission in the Report for the hearing in Case 81/87, *Daily Mail*, Para. II.3.

answer, normally, could be nothing other than positive, while the applicant company had argued[31] that the fact that the transfer of the management of a company may lead to a loss in tax revenue cannot justify derogation from the right of free establishment.[32]

After mentioning the differences between national jurisdictions concerning the connecting factor, on the basis of which the law applicable to the creation of legal personality is defined,[33] the Court maintained that "the Treaty has taken account of that variety in national legislation. In defining, in Art. 58 [today's Art. 48 EC], the companies which enjoy the right of establishment, the Treaty places on the same footing, as connecting factors, "the registered office, central administration and principal place of business of a company".[34] In this way the EC Court considered the elements of the said article as "connecting factors of choice-of-law rules" and, furthermore, as equal, which means that, according to the EC Court, the Treaty treats as equal or as on the same footing the two basic national systems of Private International Law of the Member States, i.e. the system of the law of incorporation and that of the law of the "real" seat. The issue, however, is if Art. 48 EC mentions or had a reason to mention the definition of the law granting legal personality to a company. That is, if the article, by referring to the above factors, makes mention of the connecting factors of the different national systems of Private International Law, which lead to the applicable law on the question if a company was validly founded and if it continues to exist or not as a legal person. Or maybe, on the contrary, what the above provision solely wanted to regulate and provide, was to define those connecting factors the existence of which between a legal person and a Member State allow this legal person to exercise its right of establishment in other Member States. I believe that the latter is more probable, under the condition, however, that the company exists (is recognized) in the State of establishment, according to the applicable law, as defined by the Private International Law of that State;[35] however, the text of the provision takes no position on what is the applicable law to the specific legal person, thus does not impose upon the Member States the obligation to recognize all legal persons having in (any) Community territory their registered office or central management or main offices.

---

[31] The Commission also concurred as regards this point (*see* the Report for the hearing in Case 81/87, *Daily Mail*, Para. II.3).
[32] *See* the Report for the hearing in Case 81/87, *Daily Mail*, Para. II.1.
[33] EC Court decision of 27.9.1988 (Case 81/87, *Daily Mail*), Para. 20.
[34] EC Court decision of 27.9.1988 (Case 81/87, *Daily Mail*), Para. 21. And the Court goes on in the same paragraph: "Moreover, Art. 220 of the Treaty [today's Art. 239 EC] provides for the conclusion, so far as is necessary, of agreements between the Member States with a view to securing inter alia the retention of legal personality in the event of transfer of the registered office of companies from one country to another [naturally when the "crucial" seat is transferred, either the registered office or the central management, according to the Provisions of Private International Law]. No convention in this area has yet come into force".
[35] Without this condition, a Canadian company having its central Management ("real" seat) in Greece, would possibly have the right of free establishment in other Member States, e.g. in Germany, although neither Greece nor Germany would recognize this company as legally existent, since both countries adopt the law of the "real" seat.

Based on the notion of equality of the two abovementioned systems of Private International Law towards the Treaty, the EC Court concluded that "it must [...] be held that the Treaty regards the differences in national legislation concerning the required connecting factor and the question whether – and if so how – the registered office or real head office of a company incorporated under national law may be transferred from one Member State to another as problems which are not resolved by the rules concerning the right of establishment but must be dealt with by future legislation or conventions" (Para. 23) and that "under those circumstances, Art. 52 and 58 [today's Art. 43 and 48] of the Treaty cannot be interpreted as conferring on companies incorporated under the law of a Member State a right to transfer their central management and control and their central administration to another Member State while retaining their status as companies incorporated under the legislation of the first Member State" (Para. 24).

This verdict, in its absolute wording,[36] does not seem right. The issue is whether these provisions allow this right, in cases when according to the applicable law as defined by the national choice-of-law rules, the company maintains its legal personality. If, in Member State A, which adopts the system of the law of incorporation, a company is incorporated according to the law of State A having its registered office there, is it possible for one to accept that this company cannot freely (by exercising the right provided by the Treaty) establish its central management in Member State B, which also accepts the system of the law of incorporation, and therefore in both States the company continues even after the transfer of its central management, to be considered in both States as maintaining its identity as a company of State A?[37]

In other words, in the *Daily Mail* case, the EC Court essentially held that the United Kingdom could demand, without being in breach of the fundamental Community provisions on freedom of establishment, consent for the transfer to another Member State of the central management and control (i.e. the "real" seat) of an English company, not because in this way fraudulent activities could be hindered, but because every Member State, in the present phase of evolution of Community Law, may designate on its own the terms of such a transfer without change of nationality of a company or without loss or change of its legal personality.[38]

---

[36] The conclusion of the decision has an even more absolute and problematic wording, as it does not repeat the phrase on maintaining the identity of a company as a company of a Member State according to the law of incorporation. This allows the thought that even in cases where, by transfer of its "real" seat the company is dissolved and re-incorporated again, this situation is not covered by Art. 43 and 48 EC. This is something that possibly the EC Court did not want, but it is not impossible from the wording of the conclusion of the Court's decision.

[37] At least insofar as the establishment of the central management of a company constitutes an establishment as meant in Art. 43 and 48 EC.

[38] According to *R. Geimer, op. cit.*, p. 15, "die Quintessenz von *Daily Mail* wird gemeiniblich dahin zusammengefasst dass der Gründungsstaat der Wegzug blockieren kann. M.a.W.: Insofern kann er noch an der Sitzentheorie festhalten".

The Court did of course stress in two passages of its decision that the solution provided applies "during the present stage of the evolution of Community Law". The meaning of this phrase, which was also used by the Commission during the adjudication of the case,[39] is doubtful. It is possible that it means (as it would be possible for one to presume from the wording of the operative part and of Para. 25 of the judgment), that Community Law, in a later stage of its evolution shall grant the right of free establishment to companies falling under Art. 48 EC, in the meaning that those companies that have been incorporated according to the law of a Member State in which they maintain their registered office, shall be able to transfer their central management (="real" seat) to another Member State, and maintain their legal personality and identity, without any hindrances by the Member State of incorporation. In this way, the EC Court prepared the ground for its future case law on the matter.[40]

It seemed for a moment that this opportunity was given to the Court 10 years later, with the *Centros* case.[41]

III. The Change of Direction in the Case Law

A. The Confusion – The "Dwindling" of *Daily Mail*

Centros was a private limited company created in May 1992 according to English law, having as its only shareholders two Danes, spouses, resident in Denmark, the Brydes. The share capital of *Centros* was 100 GBP, which in reality was never paid up.[42] From its formation the company had no activity. In the summer of 1992, Bryde requested with the competent Danish authority the registration of a branch of *Centros* in Denmark. His request was denied, "on the grounds, *inter alia*, that *Centros*, which does not trade in the United Kingdom, was in fact seeking to establish in Denmark, not a branch, but a principal establishment, by circumventing the national rules concerning, in particular, the paying-up of minimum capital fixed at DKK 200.000".[43] The Danish

---

[39] *See* the opinion of the Commission in Para. 14 of the EC Court judgment and in the Report for the hearing in Case 81/87, *Daily Mail*, Para. II.3.
[40] B. Grossfeld/Th. König, Das Internationale Gesellschaftsrecht in der Europäischen Gemeinschaft, Riw 1992, p. 435, had early expressed the opinion, that the decision in *Daily Mail* had only temporarily insured the survival of the system of the law of the "real" seat and that in order to avoid great surprises it may be necessary to seek new solutions. – According to R. Geimer, *op. cit.*, p. 12, it is doubtful whether, following its decisions in *Überseering* and *Inspire Art*, the EC Court would continue to follow the solution it adopted in the *Daily Mail* case, i.e. that the terms of transfer of the (real) seat without change to the nationality (legal capacity) of a corporation depend exclusively on the Private International Law of the Member States which is not influenced in this point by the Community right of establishment.
[41] EC Court decision 9.3.1999 (*Centros Ltd* v. *Erhvervs-og Selskabsstyrelsen*, Case C-212/97, [1999] ECR I-1459 ff.).
[42] Opinion of Advocate General *Ant. La Pergola* in Case C-212/97, Para. 2.
[43] EC Court decision of 9.3.1999 (Case C-212/97, *Centros*) Para. 7.

The Right of Establishment of Companies

Court, before which the company initiated proceedings referred a preliminary question to the EC Court, with which it "is in substance asking whether it is contrary to Art. 52 and 58 [today's Art. 43 and 48] of the Treaty for a Member State to refuse to register a branch of a company formed in accordance with the legislation of another Member State in which it has its registered office[44] but where it does not carry on any business when the purpose of the branch is to enable the company concerned to carry on its entire business in the State in which that branch is to be set up, while avoiding the formation of a company in that State, thus evading application of the rules governing the formation of companies which are, in that State, more restrictive so far as minimum paid-up share capital is concerned." (Para. 14).

The issue therefore in this case as well was the problem of disapproval or not of a fraudulent behaviour or an abusive invocation of Community provisions, in order to avoid the application of national provisions of a Member State.

The EC Court, with its decision commended for its "pleasing simplicity to the argument in the *Centros* judgment",[45] and after repeating its previous position according to which, if the conditions of Art. 58 EEC (now Art. 48 EC), "it is immaterial that the company was formed in the first Member State only for the purpose of establishing itself in the second, where its main, or indeed entire, business is to be conducted",[46] held that "Where it is the practice of a Member State, in certain circumstances, to refuse to register a branch of a company having its registered office in another Member State, the result is that companies formed in accordance with the law of that other Member State are prevented from exercising the freedom of establishment conferred on them by Art. 52 and 58 [today's Art. 43 and 48] of the Treaty" (Para. 21) and "consequently, that practice constitutes an obstacle to the exercise of the freedoms guaranteed by those provisions" (Para. 22).[47]

---

[44] "And exists according to the legislation of that Member State", added the question of the Danish Court.
[45] Opinion of Advocate general *Ruiz-Jarabo* in Case C-208/00, *Überseering*, Para. 34.
[46] *Centros* judgment Para. 17, Segers judgment Para. 16. This thought which is directed to allow a corporation which has no business activity in the State of its incorporation to establish branches in other Member States by practicing its right of establishment, led the German and Austrian Governments in the case *Inspire Art* to argue that Art. 43 EC and 48 EC do not aim at enhancing "letterbox companies", i.e. companies which have no activity in the State of incorporation (in which they have their registered office) and that, therefore, the Member States are allowed to take measures at national level against these companies (*see* in Opinion of Advocate General *S. Alber* in Case C-167/01, *Inspire Art*, Para. IV.27). The EC Court however again insisted, in its decision in *Inspire Art* (Para. 105), on what it had accepted in its previous decisions, i.e. that "the reasons for which the company was formed in that other Member State, and the fact that it carries on its activities exclusively or almost exclusively in the Member State of establishment, do not deprive it of the right to invoke the freedom of establishment guaranteed by the Treaty, save where abuse is established on a case-by-case basis".
[47] This conclusion was also reached by Advocate General *Ant. La Pergola* in his Opinion in Case C-212/97, *Centros*, Para. 22.

471

There are two differences between the cases in *Daily Mail* and in *Centros*:

(i) Contrary to the *Daily Mail* case, in *Centros* the issue before the Court concerned the establishment of a branch and not the transfer of its "real" seat to another Member State. However, as it was observed,[48] the recognition of a broad freedom in the establishment of branches, to which, in reality, all the corporate activity is concentrated and therefore resemble the "real" seat of a company and not a branch, would offer the interested parties "a form of evasion [...] of its own case-law [of the EC Court], namely the *Daily Mail* judgment", since they could establish a branch instead of transferring the seat to another Member State.

(ii) In *Daily Mail* the issue concerned the ability or not "of the State *of origin* to restrict the freedom of establishment of companies incorporated in accordance with its law, whilst the *Centros* judgment addresses the obstacles which the *host* State could impose".[49] This difference is considered by some as far too "technical" so that it may excuse a different judicial approach.[50] However, this distinction, in connection with the previous difference, allowed the EC Court in *Daily Mail* to recognize the right of the State of origin of a company to regulate the terms for transfer of the company's seat without minimizing this power by the Community freedom of establishment, whereas in *Centros* to limit itself to placing the terms of establishment of a branch under the Community Law provisions, without examining whether the recognition or non-recognition of the foreign company from the host State of the branch depends solely on its own national law or is affected by the provisions of Community Law.

At first sight it seems that, with the *Centros* case, there was no development on the issues under examination.[51] In this case the Court was asked to examine and indeed only examined the issue, whether an attempt to avoid national provisions on the incorporation of companies, by incorporating a foreign company (in a Member State) and subsequently establishing a branch in another Member State, justifies national restrictions on the right of free establishment of corporations (of Art. 52 and 58 EEC). The answer provided was negative. Certainly, if Denmark followed the system of the "real" seat, the facts of the case could have led to the issue whether this foreign company, incorporated in the United Kingdom according to English Law, where it had its registered office and not (possibly) its "real" seat, would have been recognized in Denmark, so that it could establish a branch there. In any case, this issue was not submitted and the Court did not directly deal with it. For this reason, *Centros* has been

---

[48] *See* Opinion of Advocate General *Ruzi-Jarabo* in Case C-208/00, *Überseering*, Para. 36.
[49] Opinion of Advocate General *Ruzi-Jarabo* in Case C-208/00, *Überseering*, Para. 37. A similar difference exists between the cases in *Daily Mail* and in *Überseering* (*see Überseering*, Para. 66), as well as between the cases in *Daily Mail* and in *Inspire Art* (*see Inspire Art*, Para. 103).
[50] Opinion of Advocate General *Ruiz-Jarabo* in Case C-208/00, *Überseering*, Para. 26 and 37.
[51] On the contrary, according to an opinion (e.g. *R. Geimer, op. cit.*, p. 6), this decision, and even before the judgment in *Überseering*, already adopts in terms of EC Court case law the theory of incorporation of a legal person.

interpreted by many in many ways.[52] Essentially, the EC Court with this decision held that the host State in which the "real" seat of a company is located, may not prevent the establishment of a branch of this company, which has been incorporated according to the law of another Member State, in which the company had only its registered office. This possibly means that the host State cannot prevent the establishment of a branch in its territory of such a company, on the grounds that it does not recognize the company, due to the fact that it adopts the system of the "real" seat, the law of which was not applied.[53]

The EC Court moved in the same direction as in *Centros* when, in 2003, it was called to answer preliminary questions concerning a dispute between the Chamber of Commerce and Industry of Amsterdam and the company *Inspire Art Ltd*, which was incorporated as a "private company limited by shares" according to English Law, having its seat in Folkestone (United Kingdom) and with a sole director, a resident of the Netherlands (The Hague). The company maintained branches in Amsterdam, and conducted its business activities exclusively in the Netherlands. The dispute between this company and the Chamber in Amsterdam concerned the obligations of its branch in the Netherlands, pursuant to Dutch legislation on formally foreign companies of 17.12.1997 (e.g. regarding the minimum capital requirement, or regarding the joint liability, together with the company and of its directors, in case of non conformance to the obligations imposed by Dutch Law or, furthermore, regarding certain entries in the commercial registrar).[54] The purpose of this law was to limit the tendency of clearly Dutch companies to assume the form of foreign companies,[55] regarding them as "a formally foreign company" which is "a capital company formed under laws other than those of the Netherlands and having legal personality, which carries on its activities entirely or almost entirely[56] in the Netherlands and also does not have any real connection with the State within which the law under which the company was formed applies"[57] and imposes certain obligations on this type of company. It must

---

[52] See, e.g. the different views in *P. Behrens*, Reaktionen mitgliedstaatlicher Gerichte auf das *Centros*-Urteil des EuGH, IPRax 2000 p. 384 ff.
[53] *See* the opinions of the company *Überseering*, the Government of the United Kingdom, the Commission and the Supervising Authority of the EFTA, in EC Court Case *Überseering*, Para. 41 and 43. *See also infra* Para. 52 of *Überseering*. It seems that something like this was already foreseen by the Federal Court of Germany, when it later, in the *Überseering* case wondered if, "[...] *in view of Centros* [our italics], the Treaty provisions on freedom of establishment preclude [...] application of the rules on conflict of laws in force in the Member State in which the actual centre of administration of a company validly incorporated in another Member State is situated when the consequence of those rules is the refusal to recognise the company's legal capacity and, therefore, its capacity to bring legal proceedings in the first Member State to enforce rights under a contract" (*see* in Para. 20 of *Überseering*).
[54] EC Court decision of 30.9.2003, Case C-167/01, *Inspire Art*, [2003] ECR I 10155 ff.
[55] *See* Opinion by Advocate General *S. Alber* in Case C-167/01, *Inspire Art*, Para. III.8 and IV.31.
[56] In the Opinion of Advocate General *S. Alber* in Case C-167/01, *Inspire Art*, Para. V.151, the vagueness of the Netherlands law regarding this matter and the uncertainty to which it leads are emphasized.
[57] *See* Para. 22 of *Inspire Art*.

be noted that *Inspire Art* was incorporated in the United Kingdom because English legislation was more favourable than the relevant legislation in the Netherlands with respect to the formation and functioning of corporations.

The basic question put to the EC Court was if the provisions of the aforementioned law of the Netherlands are compatible or not with the Community right of establishment of Art. 43 and 48 EC.

The Court found that the legislative regulation through the above national, Dutch, provisions "[...] has the effect of impeding the exercise by those companies of the freedom of establishment conferred by the Treaty" (Para. 101).[58] This decision is in accordance with the judgment in *Centros*, despite the differences between these two cases[59] and rejected the argument (by the Netherlands Chamber and the Netherlands and German Government[60]), that the judgment in *Daily Mail*, to the extent that the provisions on freedom of establishment have not proceeded to harmonization of the provisions of Private International Law of the Member States, recognizes the competence of the member States to determine the applicable law to a company.

B. The Preference of the Law of Incorporation

Three years after the decision in *Centros*, the problem under examination clearly arose in the *Überseering* case.[61] German Law, like Greek Law (in Art. 10 of the Greek Civil Code), adopts the application of the law of the "real" seat[62] concerning the formation (hence in the legal capacity) of the legal person and accepts (pursuant to Art. 50 Para. 1 of the German Code of Civil Procedure) that every person, including companies, having legal capacity also has capacity to bring proceedings before Court. Therefore, an action brought by someone who does not have capacity to sue is rejected as inadmissible. The same applies when a company has been validly incorporated in another State and transfers its "real" seat to Germany, without applying the provisions of German Law. Furthermore, in Germany it is accepted, [like in Greece where Art. 62 subpara. B' and 64 Para. 3 of the Greek Code of Civil Procedure provide that unions of persons which are not body corporate, and companies having no legal personality

---

[58] In this way, the EC Court "directly confronted", according to *K. Pamboukis*, Observation on EC Court decision of 30.9.2003 [*Inspire Art*] in: Episkopissi Emporikou Dikaiou (EpiskED) 2003, p. 1039 [in Greek], "the idea underlining the theory of concealing".
[59] This difference was noted in the Opinion of Advocate general *S. Alber* in Case C-167/01, *Inspire Art*, Para. V.77 ("[...] the Netherlands legislation does not exclude the registration of the company, but it imposes the signaling of the company as a formally foreign company, a fact which also has legal consequences"), without however it being able to lead to a different legal evaluation (par. V.82).
[60] *See* Opinion of Advocate General *S. Alber* in Case C-167/01, *Inspire Art*, Para. IV.42-43.
[61] EC Court decision of 5.11.2002, Case C-208/00, *Überseering BV* v. *Nordic Construction Company Baumanagement* GmbH (NCC).
[62] *See, inter alia, G. Kegel/Kl. Schurig*, Internationales Privatrecht (9th ed. 2004) pp. 572-576, *J. Kropholler, op. cit.* p. 557.

The Right of Establishment of Companies

can be parties to judicial proceedings and have the ability to appear in court], at least regarding the *offene Handelsgesellschaften*, that they have the capacity to bring proceedings before Court, albeit not considered legal persons (Para. 124.1 of the German Code of Commerce).

In this case, a company formed according to the Law of the Netherlands, *Überseering BV*, had bought immovable property in Germany and had hired the services of a German company for certain works to this property. The services were provided but *Überseering* considered that they were defective and upon a failed attempt to ask the German company to rectify the default, *Überseering* brought action against the German company, asking for damages for the faulty works and restitution of the expenses incurred for their repair. In the meantime, two Germans, residing in Germany, had obtained the total amount of the shares of *Überseering*[63] and so (let us accept this, as the German Courts accepted it) the "real" seat of the company had been transferred to Germany.[64] "As a company incorporated under Netherlands law, *Überseering* did not [anymore] have legal capacity in Germany and, consequently, could not bring legal proceedings there".[65] The Federal Court of Germany, which the case reached, wondered whether, "[...] on the basis that the company's actual centre of administration has been transferred to another country, the freedom of establishment guaranteed by Art. 43 EC and 48 EC does not preclude connecting the company's legal position with the law of the Member State in which its actual centre of administration is located".[66] This question provided the opportunity to the EC Court (or forced it) to directly examine "whether -and to what extent- Community law directly impacts on the organisation of national private international law rules on the international personality of companies".[67]

Given that according to German Law a "non existent" foreign capital company is characterized (almost like in Greece) as a national personal company or as a civil company etc., normally the German Courts should have recognized *Überseering*'s capacity in Court and not have addressed a question to the EC Court.[68] However the

---

[63] EC Court decision of 5.11.2002 (Case C-208/00, *Überseering*), Para. 6-8.
[64] This was accepted by the Court of Appeal of Düsseldorf but was taken for granted by the Federal Court of Germany as well. At the hearing before the EC Court it was stressed (e.g. by the Government of the Netherlands) that "it is wrong to consider the present case on the premise that *Überseering*'s actual centre of administration has moved to Germany merely because there has been a transfer of shares to German nationals residing in Germany" since "there is nothing to suggest that *Überseering* intended to move its actual centre of administration to Germany" (Para. 49). This argument did have some effect with the Court as it seems from Para. 62 *in fine* and Para. 63 of its judgment.
[65] EC Court decision of 5.11.2002 (Case C-208/00, *Überseering*), Para. 9.
[66] *See* EC Court decision of 5.11.2002 (Case C-208/00, *Überseering*), Para. 17.
[67] Opinion of Advocate General *Ruiz-Jarabo* in Case 208/00, *Überseering*, Para. 3.
[68] This element of recognition of some capacity in the foreign company by German Law, was presented by the German Government during the hearing, but it did not suffice to attract the attention of the Court. *See* Opinion of Advocate General *Ruiz-Jarabo* in Case 208/00, *Überseering*, Para. 55. Perhaps this matter was not properly understood or maybe the Court

question was finally referred and with a very broad wording. The Court did answer and its answer has an unavoidable effect on Greek Law as well.

The Court considered that with the question posed "the national Court is, essentially, asking whether, where a company formed in accordance with the legislation of a Member State ('A') in which it has its registered office is deemed, under the law of another Member State ('B'), to have moved its actual centre of administration to Member State B, Art. 43 EC and 48 EC preclude Member State *B* from denying the company legal capacity, and therefore the capacity to bring legal proceedings before its national Courts in order to enforce rights under a contract with a company established in Member State *B*".[69] In this way, the Court limited, on the one side, the question, the wording of which was broader, since it did not concern only the case of a company validly incorporated in a Member State *in which it maintained its registered office*, but also covered the case in which a company had been validly incorporated, concerning a State which adopts the application of the law of the "real" seat, but with the transfer of its seat to another country, the continuation of its legal capacity could not be accepted.[70]

During adjudication of this case before the EC Court, an attempt was made by some participants to establish a negative answer to the above question based on certain thoughts of the EC Court in the *Daily Mail* case.

According to Art. 293 Para. c EC (ex Art. 220 EEC), "Member States shall, so far as is necessary, enter into negotiations with each other with a view to securing for the benefit of their nationals [...] the mutual recognition of companies or firms within the meaning of the second paragraph of Art. 48, the retention of legal personality in the event of transfer of their seat from one country to another, and the possibility of mergers between companies or firms governed by the laws of different countries".

---

was not content with such a provision of national law but preferred recognition of the foreign company by the host State "as foreign".

[69] EC Court decision of 5.11.2002 (Case C-208/00, *Überseering*), Para. 22. – On the other hand, both the Court raising the question and the EC Court, seem to limit the issue to the case where the company is the plaintiff. But what if it were the defendant in a Member State different from that of its incorporation? Could it then renounce its "right" of freedom of establishment, and although exercising it by transferring its "real" seat to another Member State, claim that it has no judicial capacity in that Member State, and have the action against it rejected? It should be noted that *Überseering* had been sued before the German Court and had been obligated to pay the fee for the architects [*see* EC Court decision of 5.11.2002 (Case C-208/00, *Überseering*), Para. 12].

[70] The first preliminary question addressed to the EC Court by the Federal Court of Germany was worded as follows: "Are Art. 43 EC and 48 EC to be interpreted as meaning that the freedom of establishment of companies precludes the legal capacity, and capacity to be a party to legal proceedings, of a company validly incorporated under the law of one Member State from being determined according to the law of another State to which the company has moved its actual centre of administration, where, under the law of that second State, the company may no longer bring legal proceedings there in respect of claims under a contract?".

The fact that no Convention and no Directive for the retention of legal personality in the event of transfer of the seat of a company have been drafted or published, means, according to this opinion, that this issue is not regulated by Community Law on the freedom of establishment and that therefore the application of the law of the "real" seat in a Member State, with the consequences it may have, is not incompatible with Community Law. In this respect, the EC Court found, and by reversing its reasoning in *Daily Mail* that "[...] although Art. 293 EC gives Member States the opportunity to enter into negotiations with a view, inter alia, to facilitating the resolution of problems arising from the discrepancies between the various laws relating to the mutual recognition of companies and the retention of legal personality in the event of the transfer of their seat from one country to another, it does so solely "so far as is necessary",[71] that is to say if the provisions of the Treaty do not enable its objectives to be attained" (Para. 54). Therefore, "[...] although the conventions which may be entered into pursuant to Art. 293 EC may, like the harmonising directives provided for in Art. 44 EC, facilitate the attainment of freedom of establishment, the exercise of that freedom can nonetheless not be dependent upon the adoption of such conventions" (Para. 55).

The German Government submitted that, despite the differences between the *Daily Mail* case and *Überseering*, the reasoning followed by the Court in the first case, could be adopted in this recent case, i.e. concerning the relations between a company legally incorporated in a Member State (State of origin) and another Member State (host State) to which said company has transferred its "real" seat, to reach the conclusion that "the question whether, in the host Member State, the law applicable under the rules on conflict of laws allows the company to continue to exist does not fall within the scope of the provisions on freedom of establishment" (Para. 30).[72]

The Court in this point also, if it did not reverse, it indeed limited significantly the ambit of its rationale in *Daily Mail*. It firstly recalled that in that older decision "[...] the Court confined itself to holding that the question whether a company formed in accordance with the legislation of one Member State could transfer its registered office or its actual centre of administration to another Member State without losing its legal personality under the law of the Member State of incorporation and, in certain circumstances, the rules relating to that transfer were determined by the national law in accordance with which the company had been incorporated" (Para. 70). The Court further announced that "[...] despite the general terms in which paragraph 23 of *Daily Mail and General Trust*[73] is cast, the Court did not intend to recognise a Member State as having the power, *vis-à-vis* companies validly incorporated in other Member States and found by it to have transferred their seat to its territory, to subject those companies' effective exercise in its territory of the freedom of establishment to compliance with its domestic company law" (Para. 72). "There are, therefore, no grounds for concluding from *Daily Mail and General Trust* that, where a company formed in accordance with the law of one Member State and with legal personality in that State exercises its

---

[71] This was also argued by the Commission (*see* Para. 37 of the judgment).
[72] A similar view was taken by the Italian Government.
[73] *See supra* in p. 8.

freedom of establishment in another Member State, the question of recognition of its legal capacity and its capacity to be a party to legal proceedings in the Member State of establishment falls outside the scope of the Treaty provisions on freedom of establishment, even when the company is found, under the law of the Member State of establishment, to have moved its actual centre of administration to that State" (Para. 73).

In its decision the Court, from the very beginning, with a rather unequivocal and dry wording which allows the reader of the decision to immediately sense where the Court is going, considers that it "[...] must make clear that where a company which is validly incorporated in one Member State ('A') in which it has its registered office is deemed, under the law of a second Member State ('B'), to have moved its actual centre of administration to Member State B following the transfer of all its shares to nationals of that State residing there, the rules which Member State B applies to that company do not, as Community law now stands, fall outside the scope of the Community provisions on freedom of establishment" (Para. 52). If the Court considers, (it seems that it truly considers so), as "rules" which the host State applies, also rules of Private International Law, then, despite its distinctions and "clarifications", the Court is reversing its ruling in the *Daily Mail* case.

The essential notion which led to this new view by the Court is, as it seems, that "a necessary precondition for the exercise of the freedom of establishment is the recognition of those companies by any Member State in which they wish to establish themselves" (Para. 59).[74] Of course, in terms of legal policy it cannot be easily accepted that a company validly incorporated in a Member State, is not recognized (is considered non existent) in other Member States.[75] It is however doubtful if the EC Court had the authority to express this view, when at the same moment the Treaty was aware of this problem and the diversity of national laws in this aspect and had offered or indicated the means for a solution via Art. 293 EC (ex Art. 220 EEC).[76]

---

[74] It is worth noting Para. 81 of the judgment: "Indeed, its very existence [of *Überseering*] is inseparable from its status as a company incorporated under Netherlands law since, as the Court has observed, a company exists only by virtue of the national legislation which determines its incorporation and functioning [...]. The requirement of reincorporation of the same company in Germany is therefore tantamount to outright negation of freedom of establishment".

[75] See the thoughts of Advocate General *S. Alber* in his Opinion in Case C-167/01, *Inspire Art*, Para. V.99-100 and V.102-104.

[76] The thought that it is not possible for a company to enjoy its right of establishment provided in Art. 48 EC, when it (only) has its registered office in a Member State without being recognized in the host State [see e.g. Al. Metallinos, in EEmpD vol. 54 (2003) p. 199] is very reasonable. However, nothing excludes the freedom of establishment to be granted by Art. 48 EC to companies satisfying its conditions, and under the "additional" condition that these companies are recognized by the host State. A condition which one may reasonably suspect is included in the Treaty, according to the will of its drafters, since the Treaty, in Art. 293 EC (ex Art. 220 EEC) having knowledge of the differences between national laws provided that: "Member States shall, so far as is necessary, enter into negotiations with each other", in order to ensure, *inter alia*, "the mutual recognition of companies or firms within the meaning of the second paragraph

After rejecting the arguments derived from the *Daily Mail* case, the Court concluded, without in reality providing any other substantive arguments, besides its doctrinally worded views, that "it follows from the foregoing considerations that *Überseering* is entitled to rely on the principle of freedom of establishment in order to contest the refusal of German law to regard it as a legal person with the capacity to be a party to legal proceedings" (Para. 76),[77] while "[...] it is of little significance [...] that, after the company was formed, all its shares were acquired by German nationals residing in Germany, since that has not caused *Überseering* to cease to be a legal person under Netherlands law" (Para. 80).[78] The Court however overlooks that if the existence of a company is dependent upon the (national) law of its incorporation, its recognition has no other basis than the will of the other State as to which it is examined if that company exists. It is not self-evident, however useful it may be for a group of Countries of the type of the European Community/Union, that a company existent in a State according to the law of which it has been validly incorporated, is also existent *vis-à-vis* all the States, i.e. that it shall be recognized in all the States.[79]

The Federal Court of Germany also referred the following second question to the EC Court: 'If the Court's answer to that question [i.e. the question examined above] is affirmative does the freedom of establishment of companies (Art. 43 EC and 48 EC) require that a company's legal capacity and capacity to be a party to legal proceedings is to be determined according to the law of the State where the company is incorporated?'.

---

of Art. 48". In this case it may be unnecessary to conclude such a Convention, when both State of origin and host State adopt the system of the law of incorporation (registered office). It is, however, necessary to have such negotiations leading to a Convention, regardless of the opposite view of the Court in *Überseering* (Para. 54), when the host State adopts the system of the "real" seat.

[77] It only adds in the next paragraph (Para. 77) that, "[...] as a general rule the acquisition by one or more natural persons residing in a Member State of shares in a company incorporated and established in another Member State is covered by the Treaty provisions on the free movement of capital, provided that the shareholding does not confer on those natural persons definite influence over the company's decisions and does not allow them to determine its activities. By contrast, where the acquisition involves all the shares in a company having its registered office in another Member State and the shareholding confers a definite influence over the company's decisions and allows the shareholders to determine its activities, it is the Treaty provisions on freedom of establishment which apply [...]".

[78] The legal capacity, though, was lost according to German Law, which in every case ceased to consider *Überseering* as a Netherlands corporation. Germany considered this company as such only when it had its "real" seat in the Netherlands, without (from the beginning) being interested as to where its registered office is located. Therefore, the issue is what law regulates the formation and function of the corporation. Is it the applicable law as defined by German or by Netherlands' Private International Law? The Court considered that in this case the law applicable according to the Netherlands' Private International Law was crucial. It does not, however, explain why this law should be preferred, when there is a given differentiation of the (Private International) Laws of the States, and since Community Law does not interfere in such a dispute, as was held by the EC Court in *Daily Mail*.

[79] *See* the opinion of the Italian Government in *Inspire Art* case, in the Opinion of Advocate General *S. Alber* in Case C-167/01, *Inspire Art*, Para. IV.28.

I believe that there are serious doubts as to whether this second question should have been raised as well.[80]

The Court did not opt, in this respect, to follow the sensible opinion of the Advocate General, who had proposed that this question should not be answered or, if an answer was given, it should have been negative,[81] and found that "where a company formed in accordance with the law of a Member State ('A') in which it has its registered office exercises its freedom of establishment in another Member State ('B'), Art. 43 EC and 48 EC require Member State B to recognise the legal capacity and, consequently, the capacity to be a party to legal proceedings which the company enjoys under the law of its State of incorporation ('A')".[82]

At first sight, the Court seemed more contained than the Federal Court of Germany, which had raised the question. It did not directly define which law should govern the legal capacity and capacity to bring proceedings in Court in the State to which the "real" seat is transferred. One could therefore suggest (or even hope) that we are not facing here a wording of a choice-of-law rule or a preference between two different systems of Private International Law, but with an issue of recognition of capacity which has been obtained pursuant to some law. But which law should or could this law be? At this point the Court proceeds even further, by accepting that not only the legal capacity and capacity to bring proceedings are recognized in such a company, something that could occur by applying the substantive law of the *forum*, but it is that legal capacity and that capacity to bring proceedings which the company has on the basis of the law of the State of its incorporation that is recognized. This is a very important point, as from this it seems that the Court excludes the possibility of Member States (such as Greece and Germany) accepting through special provisions or legal constructions (e.g. *de facto* partnerships, *offene Handelsgesellschaften*) to provide some legal capacity and some capacity to appear in court for foreign companies (otherwise non existent according to the applicable law to these companies by virtue of the Private International Law of these States).[83] According to the EC Court the host State must recognize a company incorporated in another Member State according to the law of that other Member

---

[80] And according to *P. Behrens*, IPRax 2000, p. 388, "diese Formulierung der Vorlagefragen ist höchst unglücklich". *See* also *M.-Ph. Weller*, Das Internationale Gesellschaftsrecht in der neusten BGH-Rechtsprechung.
[81] *See* Opinion of Advocate General *Ruiz-Jarabo* in Case 208/00, *Überseering*, Para. 65 and 68-70.
[82] The same apply to a great extent even beyond the European Community, in the framework of the European Economic Area. *See* Court of Appeal of Frankfurt decision of 28.5.2003 IPRax 2004, p. 56 ff. and, on this decision, *C. Baudenbacher/D. Buschle*, Niederlassungsfreiheit für EWR-Gesellschaften nach *Überseering*, IPRax 2004, pp. 29-31. *See* also *R. Geimer, op. cit.*, pp. 7-8; *Al. Metallinos*, in: EEmpD issue 54 (2003), p. 194 and Fn. 1 [in Greek].
[83] *R. Geimer, op. cit.*, pp. 11 and 17-18.

The Right of Establishment of Companies

State, *as it was created by that law*.[84] The crucial connecting factor, therefore, is the State of incorporation.

There still, however, exist doubts as to what matters are governed by the law of incorporation. In the *Überseering* case the EC Court only dealt with legal capacity and capacity to appear in court. Should the other issues relating to matters known as "*interna corporis*" also be governed by the law of incorporation or should they continue to be governed by the law of the "real" seat in the Member States adopting this system? A primary response would be that the application of the law of the "real" seat in these other issues would not be tolerated by Community Law, to the extent that it would induce restrictions on the right of establishment. Moreover, in *Inspire Art* the Court has already held that provisions by the host State on minimum capital requirements and joint liability of company members with the company constitute disallowed restrictions on the freedom of establishment. In reality, we are most likely being led to a general application, in these relations, of the law of incorporation,[85] as the application of different laws to a formation of a legal person (to the genesis of its legal personality) on the one hand, and to the *interna corporis* matters on the other hand, besides its doubtful logical consistency, will cause important practical difficulties. On the other hand, a possible invocation, as regards specific matters, of special connecting factors (*Sonderanknüpfungen*)[86] does not seem (in light of the tendencies traced in EC Court case law) to always lead to solutions compatible with Community Law.

However, following the decision in *Überseering*, there may be something which has survived from *Daily Mail*, at least for the time being and as long as a more recent decision of the EC Court does not reverse this decision in this respect: The Private International Law of the State of origin of a company seems to remain intact and unaffected by Community Law, to the extent that it defines the applicable law to the formation and existence of the company. If we assume that, according to Greek Law, a company was formed, which later transferred its "real" seat to another State (even a member State of the European Union), this company, though at first existent, has later ceased to exist as per Greece (which applies the law of the "real" seat), at least when the provisions of the law of the new seat have not been satisfied.[87] Since this company

---

[84] *R. Geimer, op. cit.*, p. 6, who in fact adds (p. 11) that this occurs not only with respect to the legal capacity of the corporation, but also as regards the so called "advantages of responsibility". Thus the personal liability of members of a company accepted in the host State (with any legal construction) but ignored in the State of origin, constitutes an unacceptable restriction to the right of establishment of companies.
[85] *See also F. Kozyris*, Jurisdiction and applicable law in the internal relations of a company – Proposals for Greece after the Decisions in *Centros* and *Überseering*, EpiskED 2003, p. 625 [in Greek].
[86] *See*, e.g., *M.-Ph. Weller*, Scheinauslandsgesellschaften nach *Centros*, *Überseering* und *Inspire Art*: Ein neues Anwendungsfeld für die Existenzvernichtungshaftung, IPRax 2003, pp. 207 ff.; *St. Leible/J. Hoffmann*, RIW 2002 pp. 929-930.
[87] *See also M.-Ph. Weller*, Das Internationale Gesellschaftsrecht in der neusten BGH-Rechtsprechung, IPRax 2003, p. 327; *G. Argyros*, The "immigration" of companies and

is considered non-existent as a legal person by the country of its origin (Greece), it should normally be considered as non-existent as a Greek company also by the host State to which the "real" seat has been transferred, even if this State follows the system of the law of incorporation (e.g. United Kingdom).[88] One such partial survival of the reasoning in *Daily Mail*, however, does raise the question whether as a matter of legal policy the variety within the European area of the regulation of companies of Member States, depending on whether they have been formed in States adopting the law of the "real" seat or in States adopting the law of incorporation, can be accepted.[89]

C. Impact on Greek Private International Law

It must be accepted that positive Greek Private International Law has already unavoidably been affected by the EC Court case law, in that the applicable law of the "real" seat according to Art. 10 of the Greek Civil Code does not apply in the cases of companies of Member States exercising their right of establishment in Greece,[90] at least as regards recognition of the legal capacity and capacity to appear before court of such companies (*Überseering*) and the minimum capital requirements and the joint liability of the members of the company, and the company itself (*Inspire Art*). In parallel, the Greek legislature is called to assess whether the system of the law of the "real" seat should be followed (by virtue of the generally adopted theory and case law on the interpretation of Art. 10 of the Greek Civil Code), thus accepting a dual system of choice-of-law rules (depending on whether the State of origin is a Member State of the E.U. or of the E.E.A.), a dual system which is in any case applied today in Greek Private International Law (which distinguishes between shipping companies falling under the provisions of Law 791/1978, and other legal persons covered by Art. 10 of the Greek Civil Code) or whether the system of the law of incorporation should be adopted in general, as was done (by exception) in the case of shipping companies.[91] In this assessment, the legislature must also bear in mind that nothing precludes, in the

---

European Law: Case law trends and normative action, DEE 2002 p. 32 [in Greek]. On the contrary, according to another opinion, after *Centros*, the exclusion of the system of the "real" seat applies not only concerning the host State but also as to the State of origin, which "would indirectly limit the freedom of establishment of its national companies if it considered, by applying the law of the real seat, that these are dissolved" when they transfer their "real" seat to another Member State (*K. Kyriakakis*, DEE 1999, p. 617 [in Greek]).

[88] *I. Papadimopoulos*, DEE 2003, p. 400 [in Greek], has an opposite opinion on this point, by arguing that the system of the "real" seat now only applies when it is accepted by both State of origin and host State of the company.

[89] See St. Leible/J. Hoffmann, RIW 2002, p. 933.

[90] Therefore the application of the law of the "real" seat remains intact as to the legal persons not falling under Art. 48 Para. 2 EC. *Per* I. Papadopoulos, DEE 2003, p. 401 [in Greek], the solution provided by *Überseering* does not apply to personal companies "as to the cross-border transfer of the seat [... of which] the theory of the 'real' seat continues to apply".

[91] It does not seem likely that Greek case law shall attempt such a conversion, if one considers the effort already made by Greek Courts to reduce the ambit of the law of incorporation with respect to shipping companies.

The Right of Establishment of Companies

lasting phase of the creation of a type of United European Federation, the option to reserve a special treatment for the companies of the "Sister-States" in relation to the companies of third Countries.

And one final observation: The EC Court, with its case law, practically opened Pandora's Box also in the field of substantive company law.[92] It is possible that we shall face in Europe the same phenomenon already known in the United States as the "race to the bottom",[93] although to a smaller extent than there, due to the Community harmonization of the substantive company law of Member States. The interested parties shall seek the more favourable law for them (and most possibly shall find it), in order to form, according to that law, a Pseudo-foreign-corporation, a *Scheinauslandsgesellschaft* (which the Netherlands legislature tried in vain to limit in the *Inspire Art* case), thus ignoring the protection of third parties, of the minority shareholders, or of the employees. New types of "havens", not tax havens but corporate havens shall emerge, while the already existing ones shall become even more attractive, as a *jus societatis shopping* will evolve, similar to *forum shopping*, which is so much disapproved of by the EC Court (albeit not always so "bad"). But, as it was eloquently said, *Luxembourg locuta, causa finita.*[94]

---

[92] *See also R. Geimer, op.cit.*, p. 13.
[93] *Al. Metallinos*, in EEmpD vol. 54 (2003), p. 206 [in Greek], does not seem to fear this possibility.
[94] Per *R. Geimer, op. cit.*, p. 23.

Ironies of Foreign Direct Investment Protection: The Privatization of Dispute Settlement and Public Protest

*Don Wallace, Jr.**

I have known and admired Tugrul Ansay for more than forty years. We first met in Ankara when he was dean of the Ankara University Law Faculty, and have collaborated on various books and other projects since that time. I know something of his varied interests and I hope that this paper will be of interest to him.

Writing as an American, I think back to a seemingly simpler time. In 1977,[1] *Richard N. Cooper*, then Undersecretary of State for Economic Affairs announced the United States' policy with respect to foreign direct investment: we were unequivocally in favor of it, both outward from the US and inward into it. With respect to remedies for disputes arising from such investments, Secretary *Cooper* stated,

> "No matter how flexible and adaptable American companies are,... there will inevitably be some investment disputes between foreign investors and host governments.
>
> On the one hand, we have no desire to take an interventionist stance in our dealings with other countries. We assume that private investors will weigh their vulnerability to political risk as part of the economic calculation they make when they are deciding whether or not to invest in any particular country, and some will conclude that their efforts are better exerted elsewhere. Moreover, we anticipate that most investment disputes that do occur will be settled with the host country without the need for U.S. Government intervention. Indeed many businessmen, including a number from the council's own ranks, tell us that official intervention on our part can be counter-productive.
>
> On the other hand, the U.S. Government has an obligation to protect the rights of its citizens abroad. Thus, we expect to keep ourselves closely informed about the

---

* Prof. *Don Wallace, Jr.* [BA (Yale), LL.B. (Harvard),] Chairman, International Law Institute, and Professor of Law, Georgetown University Law Center; Of Counsel, Morgan Lewis & Bockius, Washington, DC. Once again, I wish to thank Borzu Sabahi for his invaluable research assistance.

[1] The Role of Investment in Expanding an Open International Economic System, Address by *Richard N. Cooper*, Undersecretary for Economic Affairs, made before the Council of the Americans at Washington, D.C., on June 27, 1977, The Department of State Bulletin, Vol. LXXVII, No. 1987 (July 25, 1977) 105, 127 [hereinafter "*Cooper*'s Remarks"].

course of investment disputes that do arise and, where necessary, will offer our assistance in facilitating a mutually acceptable settlement between the parties, but wherever possible, we shall seek to limit the direct involvement of the U.S. Government."[2]

Today, in 2005, the number and importance of investment disputes being arbitrated is growing, but the subject has become controversial even in the United States and other developed, capital exporting countries.

I. History

The settlement of disputes "across borders" with respect to commercial matters between private individuals has a long history. In Roman times, *jus gentium*, which was the law governing the relations between Roman citizens and foreigners, was used by Roman judges to resolve such disputes.[3] In 506 AD(CE), the Visigoth king Alaric proclaimed a law which provided how such disputes might be resolved by reprisals.[4] The era of reprisals including 'gunboat diplomacy' lasted into the beginning of the twentieth century.[5] Slowly less disruptive means of solving problems, by diplomatic protection by the home state of a national who claimed a loss of property or liberty became more common.[6] However, diplomatic protection, including so-called

---

[2] *Id.* at 128. *See also* text at footnotes 22-8 *infra*.

[3] *T. A. Walker*, A History of Law of Nations 45, Cambridge: University Press 1899, c2004. *See also* H. S. Maine, Ancient Law 43, London, Toronto, J.M. Dent & Sons, Ltd.; New York, E.P. Dutton & Co. 1917 ("It was therefore probably half as a measure of police and half in furtherance of commerce that jurisdiction was first assumed in disputes to which the parties were ... a native and a foreigner ... [Romans] refused ... to decide the new cases by pure Roman Civil Law ... [rather they selected] the rules of law common to Rome and to the different Italian communities in which the immigrants were born. In other words, they set themselves to form a system answering to the primitive and literal meaning of Jus Gentium....")

[4] *Hans W. Spiegel*, "Origin and Development of Denial of Justice," 32 AJIL 63, 65 (1938). *See also S. P. Scott*, Visigothic Code, The Boston Book Company (1910), pp. xxiii-xxiv, 24, 27.

[5] *M. Sornarajah*, The International Law on Foreign Investment 8-9 (1994); *M. Sornarajah*, "Power and Justice in Foreign Investment Arbitration, 14 J. Int'l Arb. 103, 103 (1997); *J. Cable*, Gunboat Diplomacy: Political Applications of Limited Force (1981).

[6] *F. S. Dunn*, The Protection of Nationals 56-8, The John Hopkins Press (1932, 1970c). *See also Richard B. Lillich*, Duties of States Regarding Civil Rights of Aliens, in: 161 Recueil des Cours 343-50 (1978). The Don Pacifico episode was something of a watershed. It marked the commencement of the development of the customary international law of "state responsibility for injuries to nationals of other states." In 1847, Don Pacifico, a British subject living in Greece, lost his property during an anti-Semitic riot. As a result, he asked for the protection of the British government. Lord Palmerston, then Foreign Secretary, sent the British navy to blockade Greek ports. In support of his order he said later that "As the Roman, in days of old, held himself free from indignity when he could say "Civis Romanus Sum" [I am a Roman citizen], so also a British subject in whatever land he may be, shall feel confident that the watchful eye and the strong arm of England will protect him against injustice and wrong." *See L. Sohn & T. Buergenthal*, International Protection of Human Rights 40-58, The Bobbs-Merrill Co. Inc 1973.

"espousal" of investment claims, did not prove wholly satisfactory to injured investors.[7] And while many countries had treaties of amity, or friendship, commerce and navigation, among themselves, and these might include among their provisions some dealing with investment, they were thought by many to be largely toothless.[8] Beginning in the late 1950's Germany and Switzerland and then somewhat later the United States and others embarked on a program of negotiating bilateral investment treaties ("BITs") with developing and other host countries. These treaties, intended to promote and protect foreign investment, typically contained provisions dealing with the resolution of disputes. Rather than relegating an injured investor to the "inconstant attention of its foreign office,"[9] these treaties gave the investor direct remedies. Thus Art. 11(2) of the 2000 Treaty concerning the Promotion and Protection of Investment between Germany and Sri Lanka provides that

"If the Divergency [concerning investments between a Contracting State and a national or company of the other Contracting State] cannot be settled within six months of the date when it has been raised by one of the parties in dispute, it shall, unless the parties in dispute agree otherwise, be submitted at the request of the national or company of the other Contracting State for settlement under the Convention of 18 March 1965 on the Settlement of Investment Disputes between States and Nationals of Other States."

There are now more than 2200 such BITs, a majority of which contain such an investment dispute provision.[10] Aggrieved investors are now able to resort directly to arbitration against host countries, without having to resort to their own governments in

---

[7] So much so, that in the United States the Congress enacted legislation, for example the so-called Hickenlooper Amendment, Foreign Assistance Act, section 620(e)(2)[1961], requiring the President to cut-off foreign assistance to a country which did not take steps to compensate an investor whose property had been expropriated; the purpose of 620(e)(2) was to put pressure on the President and the executive branch, which did not wish to give up the foreign policy instrument of foreign assistance, to more vigorously take up and protect the investor's claim.
[8] *See, e.g., Kenneth J. Vandevelde*, Bilateral Investment Treaties of the United States, 21 Cornell Int'l L. J. 201, 204 (1988) ("Investment protection provisions did not play a prominent part in these early FCNs."); *Susan D. Franck*, The Legitimacy Crisis in Investment Treaty Arbitration: Privatizing International Law through Inconsistent Decisions, 73 Fordham L. Rev. 1521, 1525-6(2005) ("In order to avoid the historical difficulties associated with "gunboat diplomacy," countries have promulgated treaties to promote foreign investment and instill confidence in the stability of the investment environment. This movement began with Treaties of Friendship, Commerce and Navigation, but soon moved beyond this as these treaties were limited commitments that did not have a forum for resolving disputes.").
[9] Governments have discretion in espousing claims of their citizens. And they usually are not generous in exercising this right due to a variety of factors of a political nature. *See* Digest of the United States Practice in International Law 333 (1973) ("the diplomatic protection afforded by the Government of the United States to its nationals... is not a legal right. Such protection instead is in effect an extra-ordinary legal remedy which is employed by the Department [of State] in its discretion...").
[10] Starting from late 1980s, countries inserted investor-state dispute settlement clauses in their BITs. *Jennifer Tobin* and *Susan Rose-Ackerman*, Foreign Direct Investment and

any way. Such dispute settlement provisions have also been included in the multilateral Energy Charter Treaty[11] and in agreements creating free trade areas;[12] the most prominent, at least to an American, is that creating the 1994 North American Free Trade Area ("NAFTA").[13]

II. NAFTA

The provisions of NAFTA, and some of the cases that have been brought under them, illustrate well the subject of this paper, the "privatization" of investment dispute settlement.

NAFTA has helped to create a free trade area, of Canada, Mexico and the United States, the volume of whose trade is second only to that of the EU.[14] NAFTA covers many matters other than exports and imports; Chapter 11 deals with investment disputes. It is, in effect, a more elaborate, an evolved BIT,[15] with three parties. Art. 1120[16] indicates how a claim may be commenced, either at ICSID or under the UNCITRAL

---

the Business Environment in Developing Countries: The Impact of Bilateral Investment Treaties, Yale Law & Economics Research Paper No. 293 (2004), at <http://papers.ssrn.com/sol3/papers.cfm?abstract_id=557121>, p. 7 referring to an email communication with Thomas W. Wälde. ("such disputes only began to be covered in the late eighties, and this change was essential in giving the treaties real bite.") Since then close to 2000 BITs have been concluded. *See* Bilateral Investment Treaties 1959-1999, UNCTAD/ITE/IIA/2, *available at* <www.unctad.org/en/docs/poiteiiad2.en.pdf>; World Investment Report (WIR) 2004, p. 6, *available at* <www.unctad.org/Templates/webflyer.asp?docid=5209&intItemID=3235&lang=1&mode=downloads>. With the entry into force of the Convention for the Settlement of Investment Disputes, the so-called Washington Convention, in 1966, creating the International Centre for the Settlement of Investment Disputes("ICSID"), at the World Bank in Washington, many BITs began to provide for it as an optional venue for hearing such disputes. *See Rudolf Dolzer & Margrete Stevens*, Bilateral Investment Treaties 129-30, The Hague; Boston: M. Nijhoff; Norwell, MA, U.S.A., 1995; *see also Ibrahim F. Shihata*, ICSID 2000 Annual Report, *available at* <www.worldbank.org/icsid/pubs/2000ar/4.htm> ("[Between 1983-2000] [s]ome 1,000 bilateral investment treaties containing ICSID clauses were concluded.)" Other recent BITs also provide for ad hoc arbitration under the Arbitration Rules of UNCITRAL <www.uncitral.org>. Dolzer et al. *id*.

[11] The Energy Charter Treaty, 33 I.L.M. 360 (1995).
[12] *See, e.g.,* United States-Chile Free Trade Agreement, *available at* <www.ustr.gov/Trade_Agreements/Bilateral/Chile_FTA/Final_Texts/Section_Index.html>; *see also* Free Trade Agreement between Canada and Chile, *available at* <www.sice.oas.org/Trade/cancr/English/cancrin.asp>.
[13] North American Free Trade Agreement, *available at* <www.nafta-sec-alena.org>.
[14] *See* International Trade Statistics 2004 (World Trade Organization 2004) pp. 7-11, *available at* <www.wto.org/english/res_e/statis_e/its2004_e/its2004_e.pdf>.
[15] We shall see that there has been further evolution, since NAFTA.
[16] Art. 1120 with respect to submission to arbitration provides that:

> 1. Except as provided in Annex 1120.1, and provided that six months have elapsed since the events giving rise to a claim, a disputing investor may submit the claim to arbitration

rules.[17] Investment arbitrations, like all arbitration, requires the consent of both parties for arbitrators to have jurisdicition; Art. 1120, like comparable sections in BITs, constitutes the consent of the host or 'sued' government. The unique contribution of NAFTA Chapter 11 is in the burgeoning of its substantive provisions, and the controversy it has generated, especially in the United States, among certain NGOs, media, academics and even judges (who possibly should know better).[18] This uniqueness derives from the relative speed with which NAFTA case has followed NAFTA case, and the consequent refinement of arguments in successive cases.[19] Whereas in the past such few investment arbitrations as there were (usually involving oil or solid mineral concessions) typically sounded in "expropriation",[20] NAFTA's articles 1102 (denial of

---

under:
(a) the ICSID Convention, provided that both the disputing Party and the Party of the investor are parties to the Convention;
(b) the Additional Facility Rules of ICSID, provided that either the disputing Party or the Party of the investor, but not both, is a party to the ICSID Convention; or
(c) the UNCITRAL Arbitration Rules.
2. The applicable arbitration rules shall govern the arbitration except to the extent modified by this Section.

---

[17] Because neither Canada or Mexico are parties to ICSID, possibly because of their fear that the United States might too readily use it against them, and possibly in the case of Mexico because of the lingering legacy of the Calvo Doctrine, *see generally Donald R. Shea*, The Calvo Clause: A Problem of Interamerican and International Law and Diplomacy 17 (1955)); claims involving either are brought under the so-called Additional Facility of ICSID.

[18] See Statement by *Lori Wallach*, Director of Public Citizens Global Trade Watch, at November 24, 1998, that NAFTA is a "direct attack on democracy," <www.citizen.org/pressroom/release.cfm?ID=907>; *Bill Moyers* Reports: Trading Democracy, broadcast on February 5, 2002 at PBS; transcript is available at <www.gwu.edu/~nsarchiv/NSAEBB/NSAEBB65/transcript.html>; *Robert Stumberg* ("NAFTA's Chapter 11 is tantamount to a constitutional amendment.") quoted by *Nikos Valance*, NAFTA Effects, CFO Magazine March 1, 2000, *available at* <www.cfo.com/printable/article.cfm/2988284>, Chief Judge of the Massachusetts Supreme Judicial Court *Margaret Marshall*. Judge *Marshall*, a South African by birth, and no stranger to controversy having written her court's opinion holding the prohibition of "gay marriage" a violation of the Massachusetts constitution, declared to The New York Times, that: "To say I was surprised to hear that a judgment of this court was being subjected to further review would be an understatement." *Adam Liptak*, Review of U.S. Ruling by NAFTA Tribunals Stirs US Worries, New York Times April 18, 2004. But of course it can be.

[19] *Don Wallace, Jr.*, Case Study Under NAFTA: Lessons for the Wise? In: Arbitrating Foreign Investment Disputes: Substantive and Procedural Aspects, Horn (ed.), Kluwer 2004; *Don Wallace, Jr.*, Fair and Equitable Treatment and Denial of Justice: Loewen v. US and Chattin v. Mexico, in International Investment Law and Arbitration: Leading Cases from the ICSID, NAFTA, Bilateral Treaties and Customary International Law, Weiler ed. Cameron May 2005 [hereinafter "*Weiler Ed.*"]. A sophisticated bar follows the cases, comments on them and helps accelerate doctrine and possibly adds fuel to the fire, *see, e.g., Weiler Ed.*

[20] Or possibly repudiation of a stabilization clause or other contractual undertaking, or comparable violation of the principle of pacta sunt servanda, *See, e.g.,* in 1950s and 60s Aramco Arbitration, 27 I.L.R. 117 (1958) (breach of contract.) Sapphire, 35 I.L.R. 136 (1963)(breach of contract) in the 1970s and 1980s BP, 53 I.L.R. 297 (1973) (nationalization, repudiation of the

national treatment), 1105(denial of fair and equitable treatment, and full protection and security) and 1110(expropriation), not to mention 1103 (giving claimants the benefit of the most favored national treatment granted by the respondent state in any of its other BITs), present injured investor claimants with a broad panoply of possible theories on which to proceed. And indeed this was the intention of the negotiators: an open ended set of norms, to be defined and delimited case by case by arbitrators, responding to the needs of a treaty regime designed, after all, to stimulate investment, and in the case of NAFTA, trade as well.[21] And some of the NAFTA cases are testing the outer limits of the meaning of investment, some have challenged environmental and other regulatory measures as constituting expropriation, and some have even assailed court decisions including those of a jury, as such, as constituting measures barred by Chapter 11.[22]

As I have already suggested, these NAFTA chapter 11 cases have elicited a variety of reactions. Notwithstanding that in the first decided in favor of an American investor, *Metalclad v. Mexico*, Metalclad recovered USD 16 million, its owner Mr. Keller has said the dispute system is unsatisfactory and he would never use it again.[23] The United States, Mexican and Canadian governments, confronted with the prospect of losing cases, have sought to interpret some of chapter 11's provision in ways thought to be more favorable to government respondents.[24] And in FTAs of theirs more recent

---

agreement, taking of property rights. *Id.* at 328); TOPCO, 53 I.L.R. 389 (1978) (nationalization in breach of a stabilization clause); LIAMCO, 62 I.L.R. 140 (1977) (nationalization); Aminoil, 66 I.L.R. 518 (1982) (nationalization).

[21] *Daniel M. Price*, NAFTA Chapter 11-Investor-State Dispute Settlement: Frankenstein or Safety Valve? 26 Can.-U.S. L.J. 107 (2001).

[22] *See Noah Rubins*, Notion of "Investment" in International Investment Arbitration, in: Arbitrating Foreign Investment Disputes: Substantive and Procedural Aspects 283 Horn (ed., Kluwer Law International 2004); *see also Methanex Corporation v. United States of America*, Award of 15 January 2001 (hereinafter "*Methanex*") (claim brought in response to a Californian environmental Executive Order banning use or sale of the gasoline additive, MTBE, which allegedly has substantially affected the value of the investment of the claimant in the United States); *Loewen Group Inc. v. United States*, ICSID Case No. ARB(AF)/98/3 (registered on November 19, 1998), Award of June 25, 2003 (hereinafter "*Loewen*") (claim was brought against the United State government as a result of a $US 500 million judgment, $US 400 million of which was a punitive damages verdict rendered by a jury in Mississippi); *Mondev International Ltd. V. United States of the American*, Award of October 11, 2002, ICSID Case No. AF/99/2 (claim brought against the United States with respect to losses sustained as a result of a decision by the Massachusetts Supreme Court in upholding a state law providing immunity for Boston Redevelopment Authority). All the cases are available at <www.naftaclaims.com>. The *author* has been involved in some of these cases as counsel.

[23] Mr. Keller said Metalclad had lost $65 million (expectancy damages I suspect), had $4 million in legal fees, and next time he would look for a political solution. Remarks in fall 2004 meeting of the ABA Section of International Law in Houston – The Americas and Beyond, "Future of the Americas- the Next Ten Years".

[24] *See* Free Trade Commission's interpretation of July 31, 2003, pursuant to NAFTA Art. 1128, stating inter alia that "fair and equitable" treatment was within customary international law and not free standing (and presumably therefore more susceptible to expansion to favor claimants),

than NAFTA, there has also been an effort by both the United States and Canada to narrow some of the substantive investment protection provisions[25].

These many matters are the subject of ceaseless discussion on a listserve OGEMID[26] which I follow; its moderator Professor Thomas Wälde shares my skepticism about some of these reactions and is generally of the view that BITs with reliable investment dispute machinery promote investment in the host, usually developing, countries. Studies seem to bear this out;[27] significantly, Hugo Cameron Perezcano, the chief Mexican defense counsel in NAFTA investment cases, believes that NAFTA has resulted in much additional US (and some Canadian) direct investment in Mexico.[28]

III. Privatization of Dispute Settlement and Public Protest

The controversy surrounding BITs is not limited to NAFTA, and indeed not even to BITs. It is part of the anti-globalization hullabaloo about the "democratic deficit" that is said to afflict many international institutions. Thus the dispute settlement machinery of the WTO is criticized for its secrecy.[29] But there are other explanations as well, some

---

available at <www.dfait-maeci.gc.ca/tna-nac/NAFTA-Interpr-en.asp>; some lawyers maintain that this is an "amendment" and not an interpretation and therefore not allowed under 1128, *see, e.g.*, Methanex, *supra* note 22, Fourth Opinion of Sir Robert Jennings, "The Meaning of Art. 1105(1) of the NAFTA Agreement," Sept. 6, 2001, pp. 4–5 ("In the present case, without even asking for leave, one of the actual Parties to the arbitration has quite evidently organized a demarch intended to apply pressure on the tribunal to find in a certain direction by amending the treaty to curtail investor protections.").

[25] *See, e.g.* Art. 10.5 of Dominican Republic-Central America- United States FTA, *available at* <www.sice.oas.org/Trade/CAFTA/CAFTADR_e/CAFTADRin_e.asp.>

[26] This electronic discussion list has been set up under the auspices of the *Centre for Energy, Petroleum & Mineral Law & Policy* (CEPMLP) "to provide professionals with a special interest in Oil-Gas-Energy-Mining and Infrastructure investment, legislative reform, contracting, arbitration and other forms of Dispute management with a forum for peer discussion." See <www.dundee.ac.uk/cepmlp/journal/html/ogemidannounce.html>.

[27] *Tobin* et al. *supra* note 10.

[28] USD 12 billion FDI as a result of NAFTA. Remarks in fall 2004 meeting of the ABA Section of International Law in Houston – The Americas and Beyond, "Future of the Americas- the Next Ten Years". Of course NAFTA is a lot more than an investment treaty, providing for many other measures which might make investment in Mexico more attractive. *Wälde* is of the view that BITs are a good thing in that they provide an international standard and test, driving countries towards good governance, *Thomas W. Wälde*, Investment Arbitration as a Discipline for Good Governance, in, NAFTA Investment Law and Arbitration: Past Issues, Current Practice, Future Prospects 475, Weiler (ed.), Transnational Publishers, Ardsley, NY 2004.

[29] Created by the Dispute Settlement Understanding; *see Joseph J. Nye* et al, The "Democracy Deficit" in a Global Economy: Enhancing the Legitimacy and Accountability of Global Institutions, Washington, D.C.: published by the Trilateral Commission: [distributed by the Brookings Institution Press], 2003; *see also Paul Schiff Berman*, The Globalization of Jurisdiction, 151 Univ. Penn. L. Rev. 131, 398-9 (2002) ("WTO panel members are selected through an obscure process, and no democratically accountable official is involved. Thus, we see a *democratic*

ironic. Remember Undersecretary Cooper's statement of what has been US policy for decades, and indeed a policy which the United States more than any other country has led, indeed cajoled, the world to accept.[30] That was back when we had not yet signed many BITs and before the United States had been sued.[31] Apparently what is sauce for the goose (e.g. developing countries) is not sauce for the gander (e.g. the US having seen itself only as an exporter of capital, when in fact it is by far the largest importer of capital as well).

Then we have the irony of the pre-eminent capitalist nation, and others as well of course, being assailed by its own citizens, including its NGOs, for agreeing to trade and investment treaties which may compromise its ability to regulate the environment and health and pursue other social policies, in the name of promoting an open and growing world economy, notwithstanding that such trade and investments are generally agreed to be the only way to move the bulk of the world's people out of poverty.[32]

Portions of the media have assailed cases such as Loewen as a grab by multinational corporations of small, local businesses, with their power and rights enforced by arbitrators sitting in secrecy, enforcing "undemocratic treaties".[33] At one level this is silly: Loewen lost; the arbitrators were distinguished former judges from several countries whose proceedings as in other cases were increasingly open to the public and the submission of amicus briefs among other evolutions in the process,[34] and NAFTA

---

deficit"); Russell Mokhiber & Robert Weissman, 10 Reasons to Dismantle the WTO, available at <www.aidc.org.za/?q=book/view/161>; Susan Tiefenbrun, Free Trade and Protectionism: The Semiotics of Seattle, 17 Az. J. Int'l & Comp. L. 257, 281 ("The WTO's current policy of secrecy in the dispute settlement procedure should be supplanted by the adoption of more transparency.").

[30] See Cooper's Remarks, *supra* note 1.

[31] Although the US has yet to lose a NAFTA or BIT case, as of the writing of this paper.

[32] See, e.g., Howard Mann, Private Rights, Public Problems: A Guide to NAFTA's Controversial Chapter on Investor Rights (IISD & World Wildlife Fund 2001); see generally International Institute for Sustainable Development at <www.iisd.org/>. NAFTA and BIT awards, of which there are relatively few condemning regulatory measures, provide for damages for the injured investment, not injunctions against the measures' enforcement. It might be noted that, in the case of NAFTA, the regulatory measures at issue come from local state or provincial governments; it is the central or national governments who enter the treaties and are sued. Of course there are dissenters about the unmitigated good of economic growth, *see, e.g., Oxfam, Growth with equity is good for the poor*, available at <www.oxfam.org.uk/what_we_do/issues/debt_aid/growth_equity.htm>.

[33] *See Bill Moyer* Reports, *supra* note 18; *see also William Grider in id.* (" I think of it actually as kind of an exclusive court for capital. American citizens not admitted, even American legislators not admitted. And if that doesn't up-end democracy, I don't know what does."). The *Loewen* case, *supra* note 22, involved a Canadian funeral home company, consolidated out of many small Canadian and American companies, seeking to acquire a small Mississippi company, and failing. The disappointed owner of the Mississippi company, *Jerry, Keefe*, in the Mississippi court action, essentially for breach of contract with possible damages of a few hundred thousand dollars at most, recovered USD 500,000,000 from a jury!

[34] In the context of NAFTA disputes, Methanex tribunal was the pioneer in accepting *amicus curiae* submissions. See <www.naftaclaims.com/disputes_us.htm>.

and the BITs are all entered into with the approval of popularly elected (in most countries) legislatures as provided by the constitutions of the countries party to them.

While much of the "public protest" is overdrawn, some points should be made. As foreign direct investment grew enormously in recent years,[35] so too have the number of cases filed. ICSID which averaged one or two new cases a year in its early decades registered 30 cases in the fiscal year of 2004.[36] There is a strain on secretariats, and questions are increasingly raised about the suitability of the qualifications of all the arbitrators chosen.[37] Individual arbitral tribunals are given great power, after all. While we are seeing the continuous evolution of the investment arbitration system, its derivation from commercial arbitration-its rules and procedures are essentially the same- has made it vulnerable to the charge that, concerned as it can be with important questions of public policy, it should somehow be different. Also the amounts involved in awards (typically against governments, often of relatively poor countries) can be large: for example the USD 362 against the Czech Republic in the CME case, and USD 360 against Indonesia in the Karaha Bodas case[38] With a government as one party, and the arbitration procedure typically created by a treaty, as opposed to a commercial arrangement such as a sales contract or franchise agreement, there may be plausible arguments for letting interested NGOs, media and public know what is happening in these cases- and increasingly they do.[39] Similar pressures have been put on WTO to "open up" its purely state vs. state dispute hearings, hearings which do not represent the "privatization of dispute settlement"[40]. Many governments, especially

---

[35] According to UNCTAD statistics, from 1990 to 2001, FDI inflows increased from an annual USD 200 billion to a record high of USD 1400 billion. In the past couple of years, FDI inflows have decreased; nevertheless, the inflows stay high in comparison to the pre-mid-1990s. Moreover UNCTAD predicts that the inflow of FDI will recover soon. WIR 2004, *supra* note 10, at 3. There have been hiccups, in the power and other sectors; developing countries, except China, continue to get a relatively small share of the total FDI flows.

[36] World Bank Group, Annual Report 2004, *available at* <www.worldbank.org/annualreport/2004/world_bank_group.html>.

[37] Realize of course that in each case the respondent government must, in effect, agree to two of the three arbitrators, that being the typical number of an arbitral tribunal.

[38] The CME case involved the taking of a TV license, by an agency of the government of Czech Republic. *CME Czech Republic B.V. v. The Czech Republic (The Netherlands v. Czech Republic)*, Final Award of March 14, 2003, *at* <www.cetv-net.com/arbitration.asp>. Karaha Bodas concerned breach of a contract to supply electricity to an agency of the government of Indonesia. *Karaha Bodas Company L.L.C. v. Perusahan Pertambangan Minyak Dan Gas Numi Negara* (Indonesia), UNCITRAL Arbitration (1999), *Mealey's* Publications, King of Prussia, PA, Vol. 16, No. 3, 3/01, Doc. C (2001).

[39] The United States government, for instance, provides public information about the cases in which it is involved, *see* <www.state.gov>. In addition, ICSID, apart from making some of the awards available online, in several occasions has made its hearings open to public. *See* <www.worldbank.org/icsid/cases>; finally several individual websites provide the awards available to the public (*see, e.g.,* <www.investmentclaims.com>) and provide information about new developments in the field. *See, e.g.,* <www.iisd.org>.

[40] *James Bacchus*, former chairman of the WTO Appellate Body, argues for maximization of transparency; "sunlight will be the great disinfectant", possibly curing the paranoias that come

of developing countries, seem reluctant to open up either WTO or investment dispute proceedings, possibly fearing they will be "outgunned" by NGOs and others from the 'North'.[41]

Conclusion

Ironies abound. What of solutions? One further problem needs to be mentioned before getting to solutions: some of the difficulties with investment arbitrations come from the increasing realization, with the increase in cases, that the substantive doctrine in the BITs, in NAFTA, may require work: what exactly is an expropriation? when can a regulation constitute expropriation? what is national treatment with respect to a foreign investor? what is "fair and equitable treatment"? And so forth. Possibly in part for this reason, one suggestion is that there should be an "appellate body" for investment, as there is in the WTO, to unify doctrine and the jurisprudence.[42] Of course the situation is different: specifically the existence of thousands of investment treaties not providing for such a body.[43]

---

from lack of knowledge of what happens in these trade (and investment) arbitrations, both generally and in particular cases. This is the "gold fish bowl policy". Incidentally, the WTO state-state proceedings typically engage the economic interests of the private sectors, industries, companies and entrepreneurs of the state parties.

[41] See South Center's Analytical Note at footnote 43 *infra*. And *see Wälde*, point about the BITs and these cases creating pressures for good governance, *supra* note 28; the publicity increasingly surrounding these cases may in fact be embarrassing to the respondent government.

[42] The WTO appellate body is generally deemed a success. *James Bacchus, Lone Star*: The History Role of the WTO, Symposium: Globalization and the Judiciary: Key Issues of Economic Law, Business Law, and Human Rights Law, 39 Tex. Int'l L.J. 401, 409 (2004).

[43] The US Congress has instructed the United States Trade Representative to examine the practicalities of such an appellate body in new free trade agreements, Trade Act of 2002- Trade Promotion Authority- Division B, 21 §2102 (b)(3)(G); separately, ICSID has circulated a paper on the features of such a body, Possible Improvement of the Framework for ICSID Arbitration, ICSID Secretariat Discussion Paper, October 22, 2004, *available at* <www.worldbank.org/icsid/improve-arb.pdf> Among possible practical difficulties in giving such a body jurisdiction, is the fact that the existing BITs, and NAFTA, already apply (it might be argued) to myriads of investment and investors who have no expectation of such appeal possibilities, and the MFN provisions of such treaties might seem to make available procedural and substantive rights under other treaties, contemplating binding and final arbitration decisions, and making no provision for appeals. See, e.g., *Jurgen Kurtz*, Delicate Extension of MFN Treatment to Foreign Investors: *Maffezini v. Kingdom of Spain* in: Weiler (Ed)., *supra* note 19, 523. *See also* comments of NGOs on the ICSID proposal for creating an Appellate Mechanism, Comments on ICSID Discussion Paper, Possible Improvements of the Framework for ICSID Arbitration, IISD's International Investment and Sustainable Development Team, December 2004, available at <www.iisd.org/pdf/2004/investment_icsid_response.pdf>; Developments on Discussions for the Improvement of the Framework for ICSID Arbitration and the Participation of Developing Countries, South Centre Analytical Note, SC/TADP/AN/INV/1 (February 2005).

What outcome can we predict? Surely we will not return to the Visigoths and reprisals, not do I expect that we will return to the era of the "pinstriped diplomat" and diplomatic protection and espousal. As an American saying goes, "once the boys have seen the bright lights of the city, it is hard to keep them down on the farm". Investors and their lawyers have seen the new world of investment arbitration and will want to keep it; wise policy makers will too.[44] What the ultimate equilibrium or exact resting point between the existing privatization and the public reaction will be, remains to be seen.

---

[44] Notwithstanding *Mr. Keller, supra* note 23; *Senor Perezcano*, policy views would suggest wisdom, see *supra* note 28.

Lücken der Foundation Governance und ihre Ausfüllung[*]

W. Rainer Walz[**]

I. Problemstellung: die lückenhafte Satzung

A. Corporate Governance und Foundation Governance

Die Regierungskommission Deutscher Corporate Governance Kodex hat kürzlich, am 2.6.2005, eine Reihe von Änderungen des Deutschen Corporate Governance Kodex beschlossen. Ziel ist insbesondere die Stärkung des Aufsichtsrats durch größere Unabhängigkeit seiner Mitglieder.[1] Im Jahr 2001 hatte diese Kommission ihre Vorstellungen in einem Bericht vorgelegt.[2] Vorausgegangen waren spektakuläre Unternehmenspleiten, die auf mangelnde Aufsicht und Kontrolle im Unternehmensbereich zurückgeführt wurden.[3] Obwohl der Nonprofit Sektor nicht Gegenstand der Betrachtungen war, findet sich im Endbericht ein bemerkenswerter Hinweis: "Die Regierungskommission ist der Auffassung, dass rechtspolitischer Diskussionsbedarf vor allem hinsichtlich solcher Vereine besteht, die steuerliche Privilegien in Anspruch nehmen, Spenden einsammeln oder als Idealvereine im Rahmen des sog. Nebenzweckprivilegs als Wirtschaftsunternehmen tätig sind." Das Thema wird also demnächst auch für Vereine und – das muss man hinzufügen- für Stiftungen akut. Und das nicht nur national. In Europa haben viele Länder in jüngster Zeit verschärfte Regelungen über Rechnungslegung in Gang gebracht.[4] Seit zwei Jahren arbeitet der Finanzausschuss des Amerikanischen Senats an einem Gesetzesprojekt zur Verbesserung der Leitungs-, Kontroll- und Transparenz-strukturen im

---

[*] Für umfangreiche Recherchen und Vorarbeiten danke ich meiner wissenschaftlichen Mitarbeiterin Antje Kampfenkel.
[**] Prof. Dr. W. Rainer Walz, LL.M., Bucerius Law School Hamburg.
[1] Zum RegE eines Vorstandsvergütungsoffenlegungsgesetzes ZIP-aktuell Heft 21/2005, Nr. 138.
[2] *Regierungskommission Corporate Governance*. Bericht der Regierungskommission Corporate Governance: Unternehmensführung, Unternehmenskontrolle, Modernisierung des Aktienrechts, von Th. Baums (Hrsg), 2001, S. 6.
[3] *Schuhen*, Kontrollprobleme in Nonprofit-Organisationen und Lösungsansätze, in: Hopt/v. Hippel/Walz (Hrsg.), Nonprofit-Organisationen in Recht, Wirtschaft und Gesellschaft, 2005, S. 221, 222.
[4] Nachweise in den Beiträgen von *Dawes, Grünberger* und *Runte*, S. 75 ff., 119 ff. und 129 ff in: Walz (Hrsg.), Rechnungslegung und Transparenz im Dritten Sektor, 2004.

Nonprofit Sektor.⁵ Der Finanzausschuss des Amerikanischen Senats schlägt u.a. folgende legislative Maßnahmen vor:

- Verbesserung der Transparenz – Umfangreiche Veröffentlichungspflichten im Internet.
- Verstärkte Kontrollen des einzelnen Vorstandshandelns durch den Board insgesamt, der aus mehreren unabhängigen Personen bestehen muss; dessen Verantwortlichkeit für Rechnungslegung und Prüfung; Einsetzung unabhängiger Wirtschaftsprüfer, Aufstellung eines überprüfbaren Aktionsplans zur Verwirklichung des Satzungszwecks sowie die Umsetzung einer auf die Vermeidung von Interessenkollisionen innerhalb der Organisation abzielenden Politik (Inkompatibilitätsregeln); Sicherstellung der Kenntnis und Befolgung der einschlägigen Gesetze durch die verantwortlichen Organe.
- Verstärkung der Außenkontrolle durch Einräumung von
    a. Klagrechten an Mitglieder des Board beim Finanzgericht (Tax Court) zur Sanktionierung oder Ersetzung anderer Mitglieder des Vorstandes bzw. Boards.
    b. Klagrechten an Destinatäre oder andere Individuen zur Überprüfung, ob die Organisation ihren satzungsmäßigen Zwecken nachkommt.
- Zusätzliche Berichtspflichten bei Überschreitung einer Obergrenze für Verwaltungskosten.

B. Weitgehend ungeregelte Foundation Governance in Deutschland

Die besondere Problematik der Vorstandskontrolle bei Stiftungen liegt darin begründet, dass Verbandsmitglieder fehlen, die sie ausüben könnten.⁶ Gesetzlich zwingend vorgeschriebenes Organ der Stiftung ist in Deutschland nur ein Vorstand, §§ 86, 26 BGB. Auf Grund weitgehender Gestaltungsfreiheit steht es dem Stifter allerdings offen, weitere Organe oder Gremien mit ganz unterschiedlichen Repräsentations-, Beratungs- und Kontrollaufgaben vorzusehen.⁷ Die Satzung kann den Vorstand wirkungsvoller Führungskontrolle unterwerfen, muss es aber nicht. Der Stifter möchte sich oft nicht von Dritten daran messen lassen, ob er effizient schenkt. Er möchte sich und seinen Nachfolgern im Vorstand Spielräume erhalten. Auch das Steuerrecht enthält keine zusätzlichen Voraussetzungen – die oben geschilderte amerikanische rechtspolitische Diskussion ist in Deutschland noch nicht angekommen.

---

⁵ The complete draft of the Finance Committee's discussion document is available at <http://finance.senate.gov/hearings/testimony/2004test/062204stfdis.pdf>
⁶ Nach ganz herrschender Meinung können auch etwaige Destinatäre nicht in eine kontrollierende Mitgliederposition geschoben werden.
⁷ Das sog. Kuratoriumsmodell zeichnet sich durch eine Funktionenteilung zwischen dem Vorstand und mindestens einem anderen Gremium aus. Bleibt der aus einer oder mehreren Personen bestehende Vorstand das alleinzuständige Organ, spricht man vom Vorstandsmodell.

C. Lückenhafte Satzungen als Gegenstand dieses Beitrags

Die Diskussion über wirkungsvolle Führung und Kontrolle im Stiftungsrecht nimmt aktuell jedoch zu.[8] Einmal müssen sich Berater Gedanken für die Ausgestaltung von Satzungen machen: Gerade wegen der großen privatautonomen Offenheit können viele Fehler gemacht werden. Wenn die Satzung mehrere Organe vorsieht, sind deren Aufgaben, Rechte und Pflichten genau zu beschreiben und gegeneinander abzugrenzen, wenn nicht später erhebliche Funktionsstörungen auftreten sollen. Diese können so weit gehen, dass sich die Organe wechselseitig lahm legen. Darüber hinaus kann die Ausgestaltung der Aufgaben des Kuratoriums in der Satzung auch mittelbare Wirkungen nach außen entfalten: So lässt sich z.B. das Eingreifen der staatlichen Stiftungsaufsicht durch ein funktionierendes stiftungsinternes Kontrollorgan, welches eine ansonsten der externen Stiftungsaufsicht überlassene Rechtmäßigkeitskontrolle vornimmt, minimieren.[9] Von Bedeutung sind die Überlegungen zur "Foundation Governance" aber auch hinsichtlich bereits bestehender Satzungen, die aufgrund fehlender Vergleichsmöglichkeiten und Vorgaben bei der Satzungsgebung häufig unklare Bestimmungen enthalten und daher der Auslegung bedürfen. Besonders letzterer Aspekt ist Gegenstand dieses Beitrags.

D. Ein Beispiel

Die Satzung sieht vor, dass der Vorstand das jährliche Budget der Stiftung entwickelt sowie eine Vorschau über die verfügbaren Mittel im Sinne einer Jahresplanung und Budgetierung vorlegt. Aufgabe des Kuratoriums ist es, das Budget zu kontrollieren. Mehr Worte macht diesbezüglich die Satzung nicht. Sie bestimmt aber, dass 2/3 der Mitglieder wirtschaftliche Erfahrung besitzen müssen. Welchen Umfang haben die daraus folgenden Kontrollaufgaben des Kuratoriums und welche Sanktionsmöglichkeiten bestehen, wenn sich der Vorstand der Kontrolle verweigert oder sie als nicht angemessen zurückweist?

E. Wirklicher Wille oder objektiv erklärter Wille?

Hätte der Stifter vorher erkannt, dass solche Probleme im Innenverhältnis der Organe zueinander auftreten würden, hätte er eine Regelung getroffen. Da er es nicht tat, muss durch Auslegung ermittelt werden, was gelten soll. Als oberster und bestimmender

---

[8] *Saenger/Veltmann*, Corporate Governance in Stiftungen, ZSt 2005, 67; *Koch/von Holt*, Überlegungen zur verantwortungsvollen Führung von Stiftungen – Von der Corporate zur Nonprofit Governance, in: Die Roten Seiten zum Magazin Stiftung & Sponsoring 1/2005; vgl. noch die Beiträge von *Koss, Schuhen, Hopt, Walz* und *Sprengel* auf S. 197 ff., 221 ff., 243 ff., 259 ff., 283 ff. in: *Hopt/von Hippel/Walz* (Hrsg.), a.a.O.

[9] *Schwintek*, Vorstandskontrolle in rechtsfähigen Stiftungen bürgerlichen Rechts, 2001, S. 374. Viele Landesstiftungsgesetze erlauben eine Zurücknahme der Staatskontrolle, wenn geeignete Kontrollorgane geschaffen sind.

Auslegungsmaßstab ist der Wille des Stifters zugrunde zu legen.[10] Uneinigkeit besteht allerdings in der Frage, wie der Stifterwille zu ermitteln ist. Klar ist nur, dass nicht auf einen gegenwärtigen Willen des Stifters abzustellen ist, sondern auf den historischen Stifterwillen zur Zeit der Stiftungserrichtung. Gestritten wird darüber, ob man der Willenstheorie[11] entsprechend schlicht und gegebenenfalls außerhalb des schriftlich Niedergelegten erforschen muss, was der Stifter gewollt hat. Andere stehen auf dem Standpunkt, dass man sich objektivrechtlich auf das in der Stiftungsurkunde Enthaltene beziehen muss, ohne Einbeziehung außerhalb der Urkunde nachweisbarer Motive des Stifters, weil es sich um eine Organisationssatzung handelt.

F. Objektive Auslegung des mutmaßlichen Willens

Lässt sich der relevante Stifterwille – also je nach Standpunkt der wirkliche bzw. der durch die Satzung objektiv fixierte Wille – nicht ermitteln, weil sich überhaupt keine Anhaltspunkte mehr finden lassen oder weil der Stifter bestimmte Situationen nicht einmal ansatzweise bedacht hat, ist auf den hypothetischen Stifterwillen abzustellen.[12] Es ist zu fragen, wie der betreffende Stifter die offen gebliebene Frage vernünftigerweise beantwortet hätte. Aber auch hier bleibt unklar, ob die unter der Herrschaft von §§ 157, 242 BGB dafür übliche Formel, was vernünftige Parteien in Kenntnis und unter Berücksichtigung von Treu und Glauben und der Verkehrssitte vereinbart hätten, passt. Die Formel setzt eigentlich voraus, dass der Ausleger zwischen unterschiedlichen Interessen, die je für sich ihren Vorteil im Auge haben, sinnvoll vermitteln kann. Es ist hier nur ein einziger Interessenträger vorhanden. Dispositive Regeln, an denen sich der Ausleger orientieren könnte, fehlen. Da die ergänzende Auslegung von Rechtsgeschäften immer erst einsetzt, wenn die Interpretation des "wirklichen" Willens an ihr Ende gelangt ist, kommt sie ohne objektivrechtliche Wertungen nicht aus.[13] Welche objektivrechtlichen Gesichtspunkte sind bei der Auslegung zu berücksichtigen?

II. Gesetzauslegung und Satzungssauslegung zur Schließung von lückenhaften Satzungen

A. Problemstellung: Gesetzauslegung oder Satzungsauslegung bei Satzungslücken ?

Stiftungssatzungen bauen sich aus dem Willen des Stifters auf; sie sind keine Verträge, aber ähnlich wie Gesellschaftssatzungen stehen sie als auf Dauer angelegte Organisationsverfassungen auf rechtsgeschäftlichem Fundament. Sie sind in ihrem

---

[10] *Seifart/v. Campenhausen – Hof*, Handbuch des Stiftungsrechts, 2. Auflage 1999, § 7 Rn. 109 m.w.N.
[11] Gegenbegriff ist die Erklärungstheorie, wonach der Erklärende sich aus Gründen des Verkehrsschutzes an dem festhalten lassen muss, was er objektiv erklärt hat.
[12] Vgl. *Werner*, Stiftung und Stifterwille, in: von *Campenhausen/Werner/Kronke* (Hrsg.), Stiftungen in Deutschland und Europa, 1998, S. 253 ff
[13] Sie ist normbezogen, deshalb keiner Beweiserhebung zugänglich.

zukunftsgerichteten Ausblick notwendig unvollkommen. Sie sind deshalb wie Gesellschaftssatzungen durch Auslegung und Fortbildung problemadäquat fortzuentwickeln.[14] Die Lückenfüllung geschieht in beiden Fällen durch direkte Ableitung aus Rechtsgeschäft oder Satzung, durch ergänzende Auslegung oder durch objektives Recht. Um die Ausrichtung der ergänzenden Auslegung richtig zu bestimmen, muss festgestellt werden, wann das Recht sich üblicherweise auf individualvertragliche Abreden verlässt und wann es objektivrechtliche Wertungen vorschreibt.

B. Vergleichender Blick ins Gesellschaftsrecht

1. Zum Vergleich: Objektives Recht im Gesellschaftsrecht

Dazu zunächst ein Blick ins Gesellschaftsrecht: Das Gesellschaftsrecht verlässt sich auf individualvertragliche Regeln, wo erwartet werden darf, dass die Gewährung der Privatautonomie über den Ausgleich der verschiedenen beteiligten Interessen sowohl für die Partner des Rechtsgeschäfts wie für den gesellschaftlichen Wohlstand materiell und/oder freiheitlich vorteilhaft ist. Der freien Ausgestaltung setzt das Recht dort zwingende Regeln entgegen, wo entweder zwischen den Beteiligten erhebliche, strategisch nutzbare Informationsunterschiede bestehen, so dass zwischen den Beteiligten kein "richtiges" Recht entstehen kann – hier bildet das objektive Recht Treuepflichten aus.[15] Oder dort, wo den Vorteilen, die zwischen den Beteiligten erreicht werden, erhebliche Nachteile von nicht beteiligten Dritten entgegenstehen, vor allem gefährliche Täuschungsrisiken – das betrifft etwa die Frage, wer nach außen für was zuständig ist, wer beschränkt oder unbeschränkt haftet, durch welche Mechanismen die Gläubiger geschützt werden, wer sich, wenn Gesellschaftsanteile fungibel sind, mit welcher Mehrheit in entscheidenden gesellschaftsrechtlichen Fragen durchsetzen kann.[16] Solche Regeln sind immer auch Eingriffe in die verfassungsrechtlich gewährleistete Vertragsautonomie oder spezieller in die Vereinigungsfreiheit und dürfen das verfassungsrechtliche Übermaßverbot nicht verletzen.[17]

2. Der numerus clausus der Organisationsformen

Einen wichtigen Aspekt zwingenden und dennoch gestaltbaren Rechts bildet der numerus clausus der Organisationsformen. Zumindest als Ausgangspunkt müssen

---

[14] Zutreffend *Münch Komm/Reuter*, Ergänzungsband zur 4. Auflage 2005, § 85 Rn. 8: Stiftungsorgane und Stiftungsbehörden sind nicht an das historische Verständnis des Stiftungstexts gebunden, sondern an dasjenige Verständnis, das sich im Lichte des Zwecks aus heutiger Sicht ergibt. Wenn eine Veränderung so erheblich ist, dass der Stiftungszweck unter den satzungsmäßigen Vorgaben nicht mehr dauernd und nachhaltig erfüllt werden kann, ist eine Fortbildung der Satzung zulässig und geboten.
[15] Vgl. *Heymann-Emmerich*, HGB, 2. Aufl. 1996, § 109 Rn. 5.
[16] Es gibt noch andere als die genannten Gründe für zwingendes Recht; die hier genannten sind aber für den hier vorgenommenen Vergleich von Gesellschaftsrecht und Stiftungsrecht besonders wichtig.
[17] *Fleischer*, Gesetz und Vertrag als alternative Problemlösungsmodelle im Gesellschaftsrecht, ZHR 168 (2004), 673, 688 f.

Gesellschaftsgründer eine Wahl aus den Aktstypen treffen, die der Gesetzgeber zur Verfügung stellt.[18] Trotz der Kombinierbarkeit der verschiedenen Rechtsformen in der Weise eines Instrumentenbaukastens, schränkt der numerus clausus die individuelle Gestaltbarkeit der Gesellschaftsverhältnisse ein. Der Grund dafür ist wie im Sachenrecht mit Täuschungsgefahren des Verkehrs und Gläubigerschutzgesichtspunkten verbunden. Durch juristische Personen wird die Abgrenzung der Vollstreckungssphären zwischen Privatgläubigern der Gesellschafter und Gläubigern der Gesellschaft herbeigeführt. Das ist – wie im Sachenrecht – nur mit den vom Gesetzgeber zur Verfügung gestellten Formen möglich – mit dem ihnen innewohnenden Mindestmaß an zwingenden Strukturen.[19] In diesen Kontext gehört der Regelungsauftrag des § 81 BGB und seine Kontrolle durch die Anerkennungsbehörde.

3. *Dispositive Normen im Gesellschaftsrecht*

Dispositives Gesellschaftsrecht hingegen hat eine andere Funktion.[20] Es sammelt privatautonome Erfahrung über ausgewogene Interessengestaltung und bietet sie den Parteien als Regelungsmodell an. Das entlastet die Verhandlungen, die Verträge können kürzer werden, sich auf die essentialia konzentrieren und sich auf Konfliktschlichtung über angepasste Anwendung des dispositiven Rechts verlassen. Das unterscheidet die Herausbildung dispositiven Rechts von den vielen guten oder wohlfeilen Gestaltungsvorschlägen, die man in der stiftungsrechtlichen Literatur in Überfülle findet.

4. *Die ergänzende Auslegung*

Bei der ergänzenden Auslegung der Satzung handelt es sich um einen normgesteuerten Verständnisakt für eine konkrete Situation.[21] Die (normative) ergänzende Auslegung im Gesellschaftsrecht setzt früher ein, wo man für die Auslegung des Willens auf den Text selbst zurückgeworfen ist. Sie wird dagegen zurückgedrängt, wenn alle (beweisbaren) relevanten Umstände außerhalb der Urkunde beigezogen werden können. Dieser letzteren Auffassung ist allerdings zu widersprechen: Hat ein Text materiell Satzungscharakter – und das ist bei Stiftungsurkunden unbestreitbar[22] – kommt es auf das subjektive Verständnis des Stifters nicht mehr an.[23] Das erweitert den Raum für eine (normativ orientierte) ergänzende Auslegung.

---

[18] *Fleischer*, a.a.O., ZHR 168 (2004), 673, 678; *K. Schmidt*, Gesellschaftsrecht, 4. Auflage 2002, § 5 II 1, S. 96-98.
[19] *Fleischer*, a.a.O., ZHR 168 (2004), 673, 678 f.
[20] Siehe *Schäfer/Ott*, Lehrbuch der ökonomischen Analyse des Zivilrechts, 4. Aufl. 2005, S. 426 ff.
[21] Vgl. *Larenz/Wolf*, Allgemeiner Teil des Bürgerlichen Rechts, 9. Auflage 2004, § 33 Rn. 9.
[22] Anderes gilt womöglich für die Vermögensverfügung zwischen Stifter und Stiftung. Im vorliegenden Corporate Governance Kontext ist das irrelevant.
[23] Sofern allerdings die Stellung von Organmitgliedern untereinander betroffen ist, ist nicht allein die Satzung bestimmend, sondern auch konkrete Abreden und besonders übernommene Treupflichten. Hier kommen die §§ 133, 157 BGB voll zum Zuge.

C. Blick ins Stiftungsrecht

1. Keine Informationsasymmetrie

Jetzt zum Stiftungsrecht. Seine breite Offenheit für privatautonome Gestaltung und die fast völlige Abwesenheit von dispositivem Recht geht wohl darauf zurück, dass die Errichtung einer Stiftung unilateral erfolgt, nicht mit Vertragspartnern abgestimmt werden muss und dass man davon ausgehen kann, dass der Stifter ein eigenes Interesse daran hat, eine für die Zweckverfolgung geeignete Organisation zu schaffen. Der Stifter ist – davon ist zunächst auszugehen[24] – die zuverlässigste Instanz für die Konzeption, Ingangsetzung und Organisation des Stifterwillens. Dennoch ist die Gestaltungsfreiheit nicht total. Wie im Gesellschaftsrecht, freilich deutlich schwächer ausgeprägt, findet die Privatautonomie ihre Grenze im Verkehrsschutz, wenn also Interessen Dritter berührt werden.[25] Der andere Grund für Objektivierung im Gesellschaftsrecht, die fehlende Informationssymmetrie zwischen den Beteiligten, greift bei einem einseitigen Geschäft nicht.

2. Ableitungen aus dem Stiftungsbegriff

An seine Stelle treten jedoch stiftungsspezifische Besonderheiten. Sie stützen sich rechtsdogmatisch auf Anforderungen, die aus dem Stiftungsbegriff[26] und dem numerus clausus der Rechtsformen[27] abgeleitet werden. Der Schutz der Stifterfreiheit durch Schutz der Eigenart der Stiftung bildet ein traditionelles Reservoir an objektiven stiftungsrechtlichen Wertungen.[28] Hinzu treten neuerdings Anforderungen aus der rechtlichen Verfassung des sog. Dritten Sektors zwischen Privatwirtschaft und Staat, als dessen wesentliches Fundament (neben den Idealvereinen) die Stiftungen dienen. Alle gemeinnützigen Nonprofit-Organisationen, zu denen 95% aller Stiftungen gehören, sind, um ihre ideelle Mission ausüben und sich finanzieren zu können, auf langfristiges öffentliches Vertrauen von Seiten der Geldgeber, der freiwilligen Mitarbeiter und der für die Schaffung angemessener rechtlicher Rahmenbedingungen sorgenden Politiker angewiesen.[29] Der besondere Schutz, den das Grundgesetz

---

[24] Bei diesem Ausgangspunkt jedoch bleibt es nicht. Vgl. unten im Text.
[25] *Thymm*, Das Kontrollproblem der Stiftung, unveröffentlichtes Dissertationsmanuskript Hamburg 2005, nennt auf S. 226 als Dritte die Destinatäre, die Personen, die unentgeltlich Leistungen beziehen könnten, die Vertrags- und Deliktsgläubiger, die an der Solvenz der Stiftung interessiert sind, die Spender und den Fiskus.
[26] Vgl. die Kommentierungen zu § 81 BGB.
[27] Vgl. *Staudinger/Rawert*, BGB, 13. Bearb. 1995, Vorbem zu §§ 80 ff Rn. 42, 45.
[28] Zusätzliche Argumente gewinnt *Thymm, a.a.O.*, S. 226 ff. aus der Begründung des Gesetzes zur Modernisierung des Stiftungsrechts.
[29] Expansion auf über 12 000 Stiftungen; das verändert die Relevanz und die gesellschaftliche Sichtbarkeit, macht anfälliger gegen Missdeutungen und immer wieder aufflackerndes Misstrauen. Zur Notwendigkeit von Vertrauen im genannten Sinn, vgl. *Walz*, Die Selbstlosigkeit gemeinnütziger Nonprofit-Organisationen im Dritten Sektor zwischen Staat und Markt, JZ 2002, 268, 274; *ders.*, Rechnungslegung für Nonprofit-Organisationen in: *Hopt/von Hippel/Walz* (Hrsg.), a.a.O., S. 259, 271; *Saenger/Veltmann* a.a.O., S. 69.

der Stifterfreiheit angedeihen lässt, hängt eng damit zusammen, dass Stiftungen (ohne darauf festgelegt zu sein) ein geeignetes Instrument für bürgerschaftliches Engagement sind. Um es als solches zu erhalten, muss die Gestaltungsfreiheit objektivrechtlich eingebunden und gegen Fehlgebrauch geschützt werden.

3. *Zentrales geschütztes Interesse und Sonderinteressen*

Rechtsdogmatischer Ansatzpunkt zur Umsetzung dieser Wertung ist der zentrale Unterschied von Stiftung und Vertrag. Zentrales Schutzobjekt des Stiftungsrechts ist der mit der Errichtung der Stiftung in die Selbstständigkeit entlassene objektive Stifterwille. Von diesem Ausgangspunkt betrachtet verfolgen alle Beteiligten, ob Management, ob Kuratoriumsmitglieder, ob staatliche Stiftungsaufsicht oder Destinatäre, ja selbst ob lebende Stifterpersönlichkeit potentiell Sonderinteressen. Da die Verhältnisse in Deutschland – durchaus mit bewusster Duldung durch den Gesetzgeber – sehr intransparent ausgestaltet sind, wird diese Tatsache seltener offenbar, z.B. als Gegenstand von Zeitungsartikeln. Sie ergibt sich schlicht aus der akzeptierten ökonomischen Grundannahme,[30] dass jedes Individuum seinen persönlichen Vorteil verfolgt, wo die Chancen die Risiken deutlich überwiegen. Das ist nichts Neues, wird aber doch manchmal vergessen, wenn gegenüber der Staatsaufsicht nach Autonomie der Stiftung gerufen, die Autonomie der Stiftungsmanager aber gemeint ist. Dass Destinatäre Sonderinteressen verfolgen und deshalb üblicherweise keine Klagrechte eingeräumt bekommen, ist bekannt. Dass auch die Anerkennungs- und Aufsichtsbehörde potentiell eigene Interessen verfolgt, wird weniger deutlich gesagt; aber eben diese Vermutung gibt der Reduktion der Aufsicht auf eine reine Rechtsaufsicht erst ihren Sinn.

4. *Sonderinteressen des lebenden Stifters*

Auch der lebende Stifter verfolgt potentiell Sonderinteressen – und das nicht nur in seltenen Sonderfällen. Solche Sonderinteressen können daraus erwachsen, dass sich der subjektive Stifterwille im Lauf der Zeit ändert, während der in die eigene Freiheit entlassene, autonom gewordene objektive Stifterwille nur noch nach rechtsimmanenten Regeln verändert werden kann. Das rechtfertigt unter Umständen Überlegungen zur Beschränkung späterer Änderungs- oder auch schon Zweckkonkretisierungsbefugnisse durch den lebenden Stifter. Dem soll an dieser Stelle nicht weiter nachgegangen werden.

Noch gewichtiger ist allerdings die Einsicht, dass bereits im Zeitpunkt der Abfassung der Stiftungssatzung in keiner Weise abgesichert ist, dass der Stifter den Zweck, den er in die Stiftungssatzung schreibt, wirklich ausschließlich fördern will. Die tatsächlichen Motive zur Errichtung von Stiftungen sind überaus vielfältig: nicht alle, auch nicht alle zentralen Zwecke, wie z.B. die Erhaltung eines Unternehmens, die steuerprivilegierte Ansammlung von Kapital bei minimaler Ausschüttung, die Umgehung des

---

[30] In die gleiche Richtung *Koschmieder*, Plädoyer für eine ökonomische Analyse von Stiftungen, ZSt 2004, 179, 181.

Erbrechts, werden als objektivierter Stiftungszweck formuliert, obwohl sie subjektiv maßgeblich sind. Der Grund dafür, auch nach h.M. legal zulässige Stiftungszwecke wie die Erhaltung eines Unternehmens nicht in die Satzung aufzunehmen, ist der, dass dann der gleichzeitig erstrebte gemeinnützigkeitsrechtliche Steuervorteil verloren ginge. Um die Widersprüchlichkeit der Zwecksetzung zu verdecken, schreibt man sie nicht in die Satzung. Sie ist aber da und wirkt sich aus, wenn der Stifter und seine privatautonome Gestaltungsfreiheit zum alleinigen Maßstab darüber werden, ob eine angemessene Kontrolle der Verfolgung des Stiftungszwecks durch die Stiftungsorgane in der Stiftung eingerichtet oder stiftungsintern durchgeführt wird.

5. *Spannungen zwischen objektivem und subjektivem Stifterwillen*

Ähnlich wie im Vertragsrecht objektives Recht dadurch entsteht, dass unterschiedliche Interessen nach Treu und Glauben mit Rücksicht auf die Verkehrssitte zum Ausgleich gebracht werden müssen, ist es hier. Es steht die zu bewahrende Dominanz des fremdgesetzten Stiftungszwecks gegen eine Reihe von Sonderinteressen. Die Abwägung hat zu berücksichtigen, dass eine häufig angemahnte praxisfreundliche Laxheit der Maßstäbe das Instrument Stiftung in Misskredit bringt und seine verfassungsrechtliche Basis schwächt, während eine zu strenge Handhabung, die individuellen Präferenzen der Handelnden wenig Spielräume belässt, eine stiftungsunfreundliche, unerwünschte Abschreckungswirkung gegenüber potentiellen Stiftern entfalten könnte.

In den Auswirkungen am einschneidendsten und deshalb umstritten ist die Frage, welche objektiv-rechtlichen Grenzen aus der Spannung zwischen objektivem und subjektivem Stifterwillen zu ziehen sind. Je unbedenklicher eine Vermischung zwischen beiden zugelassen wird, desto vielfältiger lässt sich die Stiftung (steuersparend) einsetzen. Das erklärt, warum die Vertreter der Kautelarpraxis hier seit je auf Großzügigkeit drängen. Der Stifter wird in solchen Fällen eine allein am ausgewiesenen Stiftungszweck ausgerichtete Kontrolle eher nicht wollen. Aber die Gründe dafür sind stiftungsrechtlich illegitim, deshalb nicht schutzwürdig und als bloße Motive ohne rechtliches Gewicht.[31]

Diese Wertung hat schwerwiegende Folgen für satzungsrechtliche Bestimmungen der Leitungsstruktur, die z.B. eine unauflösliche Verbindung zwischen der Stiftungsleitung und der Leitung des Unternehmens herstellen, das der Stiftung als Dotationsquelle zugewiesen ist, aber sonst nichts mit ihrem Zweck zu tun hat. Diese Gestaltung ist ein starkes Indiz dafür, dass außerhalb des Satzungszwecks andere nicht ausgewiesene Zwecke wie die Erhaltung des Unternehmens verfolgt werden sollen, an denen die beteiligten Personen ein Eigeninteresse haben. Zur Problemlösung muss man zum Quellgrund des objektiven Stiftungsrechts hinuntersteigen, wo die Einsicht gewonnen werden kann, dass ein nachweisbar enger Schutzzusammenhang besteht zwischen

---

[31] Durchaus legitim sind hingegen Kostenerwägungen zum Verhältnis von Aufwand und Nutzen bei kleineren Stiftungen.

(1) Verkehrsschutzinteressen Dritter, z.B. den Gläubigern des Stifters,
(2) den Vertrauensanforderungen, die die Stiftungsform als geeignetes Vehikel gemeinwohlfördernder Aktivität für bürgerliche Mäzene erhalten sollen und
(3) den Interessen des auf Steuereinnahmen verzichtenden Gemeinwesens.[32]

Dieser rechtliche Schutzzusammenhang eröffnet für stiftungswillige Personen einen Gestaltungsraum; aus ihm erwachsen aber auch rechtliche Grenzen. Aus ihm lässt sich ableiten, dass organisatorische Bestimmungen so auszulegen sind, dass sie einer effizienten (nachhaltigen) Verfolgung des ausgewiesenen Stiftungszwecks dienlich sind. Restriktive Auslegung ist dort geboten, wo eine Satzungsbestimmung dem übergeordneten Ziel eher schadet. Solche Anordnungen, die sich letztlich nur dadurch erklären lassen, dass neben oder hinter dem ausgewiesenen Zweck ein anderer Zweck verfolgt wird, können nur insoweit aufrecht erhalten bleiben, als sich für sie auch unter der Regie des satzungsmäßig ausgewiesenen Zwecks ein eigenständiger Sinn ergibt. Ist das nicht der Fall, ist die Satzung insoweit in sich widersprüchlich und unbeachtlich.

Führen solche inneren Widersprüche dazu, dass bei ihrer Entdeckung die Stiftung von der zuständigen Behörde nicht anerkannt werden kann? Die Antwort darauf ist negativ. Es wäre hochgradig unzweckmäßig und für die Stifterfreiheit gefährlich, wollte man solche unter Umständen schwierigen Auslegungsfragen zum Gegenstand des Anerkennungsverfahrens machen, nachdem nun gerade die bloße Rechtmäßigkeitsprüfung durch die Behörde durchgesetzt worden ist. Deren Prüfung beschränkt sich auf die Voraussetzungen des § 81 BGB – eine widerspruchslose Satzung gehört dazu nicht. Praktisch folgt daraus, dass Stiftungen mit widersprüchlichen Satzungsklauseln rechtlich lebensfähig sind, dass freilich die Klauseln selbst an der stiftungsrechtlichen Ewigkeitsgewährleistung nicht teilhaben.

6. *Textauslegung statt Willensauslegung*

Während im Gesellschaftsrecht – insbesondere bei den Personengesellschaften – der Gesichtspunkt der vertragabändernden tatsächlichen Übung eine große Rolle für die Auslegung spielt,[33] sind für die Fortbildung der Stiftungssatzung allein rechtliche Maßstäbe relevant, insbesondere solche der wertungsmäßigen Konsistenz der Satzung – der objektive Stifterwille wird so interpretiert wie ein Gesetz, so dass möglichst alle Einzelteile als Teile eines mit sich selbst einigen Gesamtwillens ein wertungsmäßig stimmiges Ganzes ergeben. Man hat vom Erstarrungsprinzip gesprochen, um die Loslösung der Person des Stifters und damit zugleich die Verewigung des Stifterwillens in der Stiftungsurkunde zu charakterisieren.[34] Das ist freilich missverständlich: eine mit ständigem Leben gefüllte Satzungsnorm erstarrt nicht – gemeint ist die Ersetzung eines natürlichen Willens durch die methodischen Regeln unterworfene Auslegung eines in der Vergangenheit formulierten verbindlichen Textes. Durch

---

[32] *Thymm*, a.a.O., S. 11 ff. Zur Begründung, dass Zivilrecht und Steuerrecht im Recht der Non-Profit Organisationen viel enger als sonst verzahnt sind, vgl. *Walz*, a.a.O., JZ 2002, 268, 274.
[33] *K. Schmidt*, a.a.O., § 5 I 4, S. 87-93.
[34] Nachweise bei *Bösch*, Liechtensteinisches Stiftungsrecht, 2005, S. 247 ff.

den Stifterwillen ist dieser Text in die Autonomie entlassen: die Autonomie ist der Preis für das organisatorische Ewigkeitsgerüst, das die Rechtsordnung zur Verfügung stellt und das Steuerrecht begünstigt. Dieser Text hat Normcharakter. Wie das staatliche Gesetz steht die Stiftungssatzung "ständig im Kontext der sozialen Verhältnisse und der gesellschaftlich-politischen Anschauung, auf die sie wirken soll; ihr Inhalt kann und muss sich unter Umständen mit ihnen wandeln."[35] Deshalb ist es auch nicht ausgeschlossen, dass in der stiftungsrechtlichen Praxis später entwickelte Lösungsmöglichkeiten in die Lückenschließung einer älteren Satzung einbezogen werden, wenn sie der vorgeordneten Zweckverwirklichung in besonders geeigneter Weise dienen.

7. Verweisungen ins Verbandsrecht

Anders als die bundesrechtlichen oder landesrechtlichen Stiftungsgesetze kommen die Regeln des Körperschaftsrechts im Stiftungsrecht entweder durch Verweisung oder durch Analogie zur Anwendung. § 86 BGB überträgt vereinsrechtliche Vorschriften auf die rechtsfähige Stiftung zur "entsprechenden" Anwendung. Entsprechende Anwendung heißt "sinngemäß", entsprechend der Eigenart der stiftungsrechtlichen Form. Die Verweisung betrifft die Verfassung der Stiftung, insbesondere die Vertretung durch den Vorstand und die Geschäftsführung, die Haftung auf Schadensersatz sowie die Wirkungen der Eröffnung eines Insolvenzverfahrens. Nicht ganz einheitlich wird beurteilt, ob über ausdrückliche Verweisung hinaus Vereinsrecht und darüber hinaus Aktien- und GmbH-Recht analog angewendet werden können.[36] Nach h.M. spricht nichts dagegen, die in den Normen des Vereins- und Gesellschaftsrechts eingegangene Organisationserfahrung auf das Stiftungsrecht zu übertragen.[37] Hilfreich ist ferner die Orientierung an allgemeinen Prinzipien des Gesellschaftsrechts, z.B. über den Ausschluss des Stimmrechts bei Interessenkollision.[38] So kann sich die ergänzende Auslegung bei wachsender Erfahrung an einem gesetzlich nicht vorformulierten, lose gefügten Leitbild ausrichten,[39] das vielerlei Ausprägungen haben kann, die aber darin übereinstimmen, die Organisation auf die effektive Verwirklichung des Stiftungszwecks zuzuschneiden.

8. Die Bedeutung der Verkehrssitte

Dabei spielt dann auch die Verkehrssitte eine Rolle als Sammelbegriff für übliche und bewährte Praxis, von der man sagen kann, dass sie im Zweifel gewollt war

---

[35] So wörtlich *Reuter* in: Münch Komm, a.a.O., 2005, § 85 Rn. 8 unter Übernahme von BVerfG NJW 1973, 1221, 1225 (betr. Gesetzesauslegung).
[36] Skeptisch *Kronke*, Organkompetenzen in Stiftung, Kapital- und Personengesellschaft, ZGR 1996, 18, 36 f.
[37] *Scholz/Langer*, Stiftung und Verfassung, 1990, S. 78; *Küntzel*, Die Haftung des Kontrollorgans bzw. von Kontrollorganmitgliedern einer Stiftung, DB 2004, 2303, 2305.
[38] *K. Schmidt*, a.a.O., § 21 II 2, S. 608-612; *Kübler*, Gesellschaftsrecht, 5. Auflage 1998, 15 V 4 b aa, S. 200.
[39] So bereits geschehen für die sog. Publikums-KG, für die sich das Regelgerüst des HGB als unzureichend erwies; vgl. *Heymann-Horn*, a.a.O., § 161 Rn. 161 ff, 177.

oder jedenfalls, dass es vernünftig gewesen wäre, sie zu wollen.[40] Die Bestimmungen, mit denen die Stiftungssatzung organisatorische Regeln aufstellt, stehen nicht im luftleeren Raum. Die wirtschaftliche Realität, wie sie vom Stifter wahrgenommen wird, und die gängige stiftungsrechtliche Praxis nehmen Einfluss darauf, was der Stifter als regelungsbedürftig ansieht und was andererseits möglicherweise so selbstverständlich ist, dass es gar nicht gesondert geregelt zu werden braucht. Besonders dann, wenn sich später eine gewisse Lückenhaftigkeit der Regelung herausstellt, wird eine Orientierung an der zum Zeitpunkt der Stiftungserrichtung bestehenden allgemeinen Gestaltungspraxis für die Ermittlung dessen, was die Stiftungssatzung anordnet, hilfreich sein.

III. Möglichkeiten und Schranken der Aufgabenzuweisung an Kuratorium/Beirat

A. Die Gestaltungstypik der Praxis

Anfangs habe ich gefragt, was es bedeutet, wenn eine kurze Satzung sagt, Aufgabe des Kuratoriums ist es, das Budget zu kontrollieren. Um eine Basis für die Antwort zu gewinnen, ist weiterzufragen: Worauf erstrecken sich in der Praxis die Aufgaben eines Beirats oder Kuratoriums?

In der Literatur werden Beratungsaufgaben, Ernennung, Abberufung und Wahl neuer Vorstandsmitglieder,[41] Feststellung des Jahresabschlusses, Beschlussfassungen über und Prüfungen des Haushaltsplans und die Entlastung der Vorstandsmitglieder genannt,[42] die sich in vielen Satzung wiederfinden. Die Satzung kann dem Kontrollorgan vorbehalten, dass bestimmte Geschäfte nur mit seiner Zustimmung vorgenommen werden dürfen. Im Gegensatz zu staatlichen Aufgaben kann das Kuratorium auch die Zweckmäßigkeit und Wirtschaftlichkeit überprüfen.[43] Besonders hervorgehoben wird die Bedeutung des Kontrollgremiums ferner insoweit, als es bei hinlänglicher Funktionstauglichkeit ein Einschreiten der Stiftungsaufsicht entbehrlich machen kann.[44] Da hierin der Gedanke der Subsidiarität steckt,[45] dem das moderne Stiftungsrecht besondere Bedeutung zumisst, könnte dieser Zusammenhang Bedeutung für die Auslegung entfalten.

---

[40] *Larenz/Wolf*, a.a.O., § 28 Rn. 47 ff; *Münch Komm/Busche*, BGB, 4. Auflage 2001, § 157 Rn. 15 ff.; *Erman – Armbrüster*, BGB, 11. Auflage 2004, § 157 Rn. 8 ff.
[41] *Pues/Scheerbarth*, Gemeinnützige Stiftungen im Zivil- und Steuerrecht, 2. Auflage 2004, S. 39.
[42] *Seifart/v. Campenhausen – Hof*, a.a.O., § 9 Rn. 56; ferner auch *Schwintek*, a.a.O., S. 368 f.
[43] *Schwintek*, a.a.O., S. 368.
[44] Vgl. die einschlägigen landesrechtlichen Gesetze. Siehe dazu auch *Kronke*, Stiftungstypus und Unternehmensträgerstiftung, 1988, S. 49: Im geregelten Umfang schließt die Satzung aufsichtsrechtliche Ingerenz aus. Dies selbst dann, wenn das einschlägige Landesstiftungsgesetz das nicht ausdrücklich so regelt.
[45] So auch *Strickrodt*, Stiftungsrecht, 1977, S. 808: Ersetzung der staatlichen Zweckerfüllungskontrolle.

Da alle genannten Aufgaben und Kompetenzen jedoch sowohl angeordnet sein wie auch fehlen können, lässt sich aus einer solchen Aufzählung für die Auslegung einer lückenhaften Satzung erst dann etwas gewinnen, wenn sich eine gewisse Gestaltungstypik dergestalt herausbilden lässt, dass bestimmte Aufgaben regelmäßig mit bestimmten Kompetenzen und Durchsetzungsmitteln verbunden sind, so dass es nahe liegt, vom einen – dem geregelten Punkt – zum anderen (dem ungeregelt gebliebenen) zu schließen.

B. Drei Beiratstypen

Das stiftungsrechtliche Schrifttum unterscheidet drei Typen von Beiräten bzw. Kuratorien: einen Beratungsbeirat, einen Kontrollbeirat und einen Repräsentationsbeirat.[46] Diese Typen finden sich nicht nur in Stiftungen wieder, sondern in allen privatrechtlichen Organisationsformen, in denen nicht gesetzlich ein Aufsichtsrat vorgeschrieben ist, so vor allem bei der nicht mitbestimmungspflichtigen GmbH und der GmbH & Co.[47] Aufschlussreich für die gewollte Funktion ist stets auch, welche Positionen oder Anforderungen die Mitglieder des Kuratoriums erfüllen müssen, welche Fähigkeiten sie haben sollen und durch wen sie bestimmt werden.

C. Der Typ des Kontrollbeirats

Aus zwei Gründen liegt bei der hier zugrunde gelegten Gestaltung der Typus des Kontrollbeirats vor: einmal wegen der angeordneten Kompetenz zur Budgetkontrolle und zweitens, weil diese Kompetenz auch durch die Art seiner Zusammensetzung von den Mitgliedern wahrgenommen werden kann. Aus Raumgründen sei deshalb nur auf den Kontrollbeirat eingegangen.

Die Übertragung von Kontrollmacht eines Organs über ein anderes impliziert mindestens, dass sich das kontrollierte Organ der Kontrolle, wie weit auch immer sie reicht, nicht einseitig entziehen kann. Die Kontrolle kann sich auf die Legalität des Vorstandshandelns beschränken, d.h. darauf ob die Handlungen des Leitungsorgans im Rahmen des Stifterwillens und der Gesetze bleiben. Zusätzlich kann die Kontrolle der Zweckmäßigkeit der Vorstandsentscheidungen gelten und somit das Kontrollorgan eine Funktion ausfüllen, die die moderne Stiftungsaufsicht als bloße Rechtsaufsicht nicht mehr wahrnehmen kann. Ist durch ausreichende Einbeziehung und Erörterungstermine für eine ständige Information des Kontrollgremiums gesorgt, so kann einesolche Überwachung dank erhöhter Sachkenntnis effektiver sein als eine von

---

[46] Hierzu und zum folgenden ausführlich *Kilian*, Die Stellung des Beirats in der Stiftung, 2002, S. 47 ff.; *Küntzel*, a.a.O., DB 2004, 2303, 2305.
[47] *Wälzholz*, Der Beirat im mittelständischen Unternehmen – Chancen, Grenzen und Probleme, DStR 2003, S. 511 ff.

außen kommende Prüfung.[48] Je stärker jedoch der Vorstand auf die Besetzung einwirken kann, desto eher ist bloße Beratung das Ziel.

D. Die Einwirkungsmöglichkeiten eines Kontrollbeirats[49]

Um seiner Kontrollfunktion gerecht zu werden, muss dem Kuratorium ein gewisses

Einflusspotential gegenüber dem Vorstand verschafft werden. Dieses ist unterschiedlich stark, je nachdem, ob eine ex post Kontrolle von Ergebnissen, eine laufende Überwachung oder aber eine vorsteuernde Kontrolle angeordnet ist.[50]

Ist Ergebniskontrolle gewollt, müssen Ergebnisberichte und Jahresabschluss vorgelegt werden. Häufig ist mit der Feststellung der Jahresabrechnung auch die Entlastung verbunden. Der Kontrolleinfluss des Kuratoriums ist bei dieser Gestaltung eher gering.

Stärkere Einwirkungen erlaubt eine laufende Kontrolle in bestimmten Abständen. Ein unmittelbarer Zugriff auf die Entscheidungsfindung findet zwar auch hier nicht statt. Der Vorstand bleibt dafür letztlich verantwortlich. Aber die Befugnis regelmäßiger Einsicht in die Geschäftsunterlagen, die Genehmigung von Haushaltsplänen und das Recht, vom Vorstand unaufgefordert in regelmäßigen Abständen Berichte über die Erfüllung des Stiftungszwecks zu erhalten, ist – in Verbindung mit den zugehörigen Erörterungen und Aussprachen – dazu gedacht und geeignet, das Vorstandshandeln über eine bloße Legalitätskontrolle hinaus zu beeinflussen. Je umfassender das Kuratorium unterrichtet werden muss, desto stärker wächst die Präklusionswirkung einer Entlastung durch das Kuratorium.

Die meisten Befugnisse sind mit einer vorsteuernden Kontrolle verbunden. Das Kuratorium wird auch hier nicht zum zweiten Geschäftsführungsorgan. Es bleibt in erster Linie ein Beratungs- und Kontrollorgan. Es kann aber, soweit nicht schon von der Satzung dem Kontrollorgan unmittelbar zugeordnet, ähnlich wie der Aufsichtsrat einer Aktiengesellschaft nach § 111 Abs. 4 S. 2 AktG, die Vornahme bestimmter Handlungen unter Kuratoriumsvorbehalt stellen.[51] Wird die Zustimmung versagt, hat die Handlung zu unterbleiben. Verbinden sich schließlich die Kontrollbefugnisse mit denen eines Bestell- und Abbestellungsorgans für den Vorstand, so wächst die stiftungsrechtliche Mitverantwortung des Kuratoriums deutlich über die eines bloßen Beratungsorgans hinaus, was freilich auch schadensersatzbewehrte Pflichten

---

[48] Vgl. *Andrick*, Stiftungsrecht und Staatsaufsicht unter besonderer Berücksichtigung der nordrhein-westfälischen Verhältnisse, 1988, S. 145: Die Aufsichtsbehörde hat in der Regel zunächst abzuwarten, ob die Missstände stiftungsintern beseitigt werden. Wenngleich hier mit *Reuter* in: Münch Komm, a.a.O., § 85 Rn. 16 festzuhalten ist, dass auch die Mitglieder des Kontrollorgans der Kontrolle bedürfen.
[49] Der Text folgt weitgehend Kilian, a.a.O., 2002, S. 52 ff.
[50] *Küntzel*, a.a.O., DB 2004, 2303, 2306.
[51] *Seifart/v. Campenhausen – Hof*, a.a.O., § 9 Rn. 59; a.A.: *Schwintek*, a.a.O., S. 370 f.

für die Mitglieder des Kontrollorgans nach sich zieht.[52] In Ausnahmefällen kann das Innenorgan Kuratorium in die Rolle eines Außenorgans und somit eines besonderen Vertreters nach §§ 86 S. 1, 30 BGB hineinwachsen, wenn es notwendig wird und vom objektiven Stifterwillen gedeckt ist, Ansprüche der Stiftung gegen Vorstandsmitglieder geltend zu machen.

IV. Konkretisierung des Kontrollumfangs

A. Leitlinien für die Konkretisierung

Aus diesen Gestaltungsalternativen ist in ergänzender Auslegung unter Berücksichtigung der oben dargestellten objektivrechtlichen Wertungen des Stiftungsrechts die Kontrollkompetenz des Kuratoriums im konkreten Fall abzuleiten. Das gewollte Machtgefüge ist zu respektieren, soweit es aus der Sicht des Stifters zu einer effektiven Zweckverwirklichung beiträgt. Als Ertrag der Ausführungen unter II oben ergibt sich: Sonderinteressen, einschließlich denen des Stifters, sind zu ignorieren, die Satzung muss als in sich stimmig ausgelegt werden und die Regeln des Vereins-, GmbH- und Aktienrechts können zur Lückenfüllung herangezogen werden, soweit sie ohne direkten mitgliedschaftlichen Bezug nur Ausdruck effizienter Organisation sind. Auch der notwendige Verkehrsschutz und bewährte Praxis können auslegungsrelevant werden.

B. Berichtspflicht des Vorstandes

Grundlage einer laufenden wie vorsteuernden Budgetkontrolle ist die Berichtspflicht des Vorstandes. Daraus folgt ein Anhörungs- und Erörterungsrecht des Kuratoriums bei der Planung der Vermögensverwaltung. Eine Kontrolle ohne eine anschließende Anhörung wäre sinnlos, weshalb ein solches Recht auch ohne ausdrückliche Verankerung in der Satzung anzunehmen ist. Dennoch bleibt die Entscheidungs- und Verantwortungsmacht bei dem Vorstand.[53] Hält das laufend kontrollierende Kuratorium eine Maßnahme für unzweckmäßig, kann es wie ein fakultativer Aufsichtsrat einer GmbH eine Stellungnahme abgeben, es kann formell beanstanden und widersprechen.

C. Zustimmungsvorbehalt

Fraglich ist, ob dem Kuratorium ein Zustimmungsvorbehalt für das Budget zukommt. Das wollen viele nur annehmen, wenn dafür deutliche Anhaltspunkte in der Satzung

---

[52] Vgl. zum Vereinsrecht *Reichert*, Handbuch Vereins- und Verbandrecht, 10. Aufl. 2005, Rn. 2672. Analog dazu haften der Stiftung demnach die Beiratsmitglieder für Kontrollmängel genau wie die Vorstände auch schon für leichte Fahrlässigkeit. Neuerdings *Schwintek*, Die Haftung von Organmitgliedern gegenüber der Stiftung für fehlerhafte Vermögensverwaltung und Ertragsverwendung, ZSt 2005, 108 ff.
[53] *Hüffer*, AktG, 6. Auflage 2004, § 111 Rn. 18.

gefunden werden. Bejaht man das, muss man weiterfragen, ob es mit diesem Grundsatz noch vereinbar ist, wenn zum Teil angenommen wird, dass ein Zustimmungsvorbehalt zu bestimmten Fragen auch von dem Kontrollorgan selbst beschlossen werden kann.[54] Vielfach wird hierfür eine ausdrückliche Ermächtigung in der Satzung gefordert.[55] Dies erscheint jedoch als zu eng.

Hof,[56] der die Gegenmeinung vertritt, konnte sich auf die alte Fassung des § 111 Abs. 4 AktG berufen, wonach dem Aufsichtsrat zwar keine Maßnahmen der Geschäftsführung übertragen werden können (S. 1), wohl aber u.a. durch den Aufsichtsrat selbst bestimmt werden kann, dass bestimmte Arten von Geschäften nur mit Zustimmung des Aufsichtsrates vorgenommen werden dürfen (S. 2). Ob eine solche Verweisung zulässig ist, hängt von der konkreten Ausgestaltung der Satzung ab. Wenn diese dem Kuratorium weitreichende und in vielen Hinsichten an das Aktienrecht angelehnte Kompetenzen zuspricht, so ist durchaus denkbar, dass eine ergänzende Auslegung der Satzung dazu kommt, die Schaffung eines Zustimmungsvorbehaltes durch das Kuratorium als vom Stifterwillen umfasst anzusehen. Vielfach wird sich die Deutung, dass ein fehlender ausdrücklicher Zustimmungsvorbehalt darauf schließen lässt, dass er die mit dem Vorbehalt verbundene starke Stellung des Beirats nicht wollte, als der nachhaltigen und effizienten Verfolgung des Stiftungszwecks nicht dienlich erweisen. Es muss somit geprüft werden, wie stark die Befugnisse des Kuratoriums in der gesamten Satzung ausgestaltet sind und ob es dem Stiftungszweck nicht eher schadet als nützt, wenn grundsätzlich davon ausgegangen wird, dass kein Zustimmungsvorbehalt besteht. Die ratio des objektiven Stiftungszwecks setzt sich gegen die subjektiven, lückenhaften Vorstellungen des Stifters zu den Kompetenzen der einzelnen Organe, wie sie in der Satzung manifestiert sind, durch. Darüber hinaus trifft das Kontrollorgan sogar die Pflicht, einen Zustimmungsvorbehalt zu beschließen, wenn eine durch das Kontrollorgan nachgewiesene drohende gesetzeswidrige oder satzungswidrige Handlung nur auf diese Weise verhindert werden kann.[57] Die Anwendbarkeit dieses aus dem GmbH-Recht stammenden Gedankens liegt nahe, wenn die Subsidiarität der Eingriffsbefugnisse der Stiftungsaufsicht und das Prinzip einer möglichst umfassenden Autonomie der Stiftung gegen staatliche Fremdbestimmung ernst genommen werden.

Inzwischen wurden die Kontrollaufgaben des Aufsichtsrats einer Aktiengesellschaft durch das Transparenz und Publizitätsgesetz (TransPuG) verschärft. Der Aufsichtsrat hat ein zwingendes Mitspracherecht hinsichtlich besonderer Geschäfte. Dies wird man auf Stiftungsbeiräte nur dann übertragen, wenn sich aus der Satzung deutlich ergibt, dass die Stellung des Beirats weitgehend der starken Stellung eines aktienrechtlichen Aufsichtsrats angeglichen ist.[58]

---

[54] *Seifart/v. Campenhausen – Hof*, a.a.O., § 9 Rn. 59.
[55] *Schwintek*, Vorstandskontrolle in rechtsfähigen Stiftungen bürgerlichen Rechts, 2001, S. 371.
[56] *Seifart/v. Campenhausen – Hof*, a.a.O., § 9 Rn. 59.
[57] BGHZ 124, 111, 126 ff; *Lutter/Hommelhoff*, GmbHG, 16. Auflage 2004, § 52 Rn. 10 a (für den fakultativen Aufsichtsrat einer GmbH).
[58] vgl. *Küntzel*, a.a.O., DB 2004, 2303, 2307.

D. Pflicht, die Stiftungsaufsicht zu unterrichten

Bei drohenden Verstößen gegen Gesetz oder Satzung hat das Kuratorium, für welches kein Zustimmungsvorbehalt gilt und dem selbst nach Anwendung der oben genannten Grundsätze keine Schaffung eines solchen erlaubt ist, die Pflicht, die Stiftungsaufsicht zu unterrichten.[59] Dies ist – im Gegensatz zum intern wirkenden Zustimmungsvorbehalt – insofern als nachteilig anzusehen, als dass das Kuratorium als Innenorgan ausgestaltet ist und sein Handeln nach außen nicht unbedingt wünschenswert ist.[60] Diese Bedenken bestehen jedoch nicht, wenn die Satzung das Kuratorium in verschiedener Hinsicht ermächtigt, die Stiftung nach außen zu vertreten, z.B. bei der Berufung neuer Vorstandsmitglieder oder der Bestellung eines Wirtschaftsprüfers. Selbst wenn dies nicht der Fall sein sollte, muss das Kuratorium, das zum Teil die Stiftungsaufsicht ersetzt, seine Pflichten ernst nehmen und die Aufsichtsbehörde informieren. Die Behörde ist darauf angewiesen, dass die Stiftungsorgane informationell mit ihr zusammenwirken.[61] Auch in der weiteren corporate governance Diskussion gewinnt die Einsicht an Boden, dass das sog. "whistle blowing" ("Verpfeifen") von Insidern ermutigt werden sollte und nicht durch Treuepflichten zurückgedrängt werden darf.

E. Abberufungsbefugnisse

Als nachträgliche Sanktionsmöglichkeit obliegt es dem Kuratorium, den Vorstand abzuberufen. Auch ohne eine entsprechende Satzungsbestimmung ist dies nach den allgemeinen Grundsätzen aus wichtigem Grund möglich.[62] Der aktienrechtliche Grundsatz, dass der Widerruf der Bestellung bis zur rechtskräftigen Feststellung des Gegenteils gemäß § 84 Abs. 3 S. 4 AktG wirksam ist, gilt nach der Rechtsprechung aber nicht für Stiftungen.[63] Vor allen Dingen ist die stiftungsinterne Abberufung dann zulässig, wenn sie durch ein Kuratorium erfolgt, welches das Organmitglied zuvor selbst berufen hat.[64] Nicht gefolgt wird der Auffassung, dass eine Abberufung durch das Kuratorium anstatt durch die Stiftungsaufsicht ohne ausdrückliche Satzungsermächtigung aufgrund fehlender Kompetenztitel im Bundes- und Landesrecht nicht möglich sei.[65] Die Möglichkeit der Abberufung aus wichtigem

---

[59] vgl. zum fakultativen GmbH-Aufsichtsrat: *Scholz – Schneider*, GmbHG, 9. Auflage 2002, § 52 Rn. 63 ff.
[60] vgl. *Scholz – Schneider*, a.a.O., § 52 Rn. 76 a.
[61] *Andrick/Suerbaum*, Stiftung und Aufsicht, 2001, S. 142 ff.
[62] *Münch Komm/Reuter*, a.a.O., § 86 Rn. 4 f., 8; *Staudinger – Rawert*, a.a.O., § 86 Rn. 2 ff.; *Ebersbach*, Handbuch des deutschen Stiftungsrechts, 1972, S. 105; *Seifart/v. Campenhausen – Hof*, a.a.O., § 9 Rn. 112 f.
[63] BGH StiftRspr. III (1985), 5, 8 f.
[64] *Seifart/v. Campenhausen – Hof*, a.a.O., § 9 Rn. 112; *Saenger*, Anm. zu Thüringer OLG, ZSt 2003, 24, 25; *Thomsen*, Probleme "staatsnaher" Stiftungen unter besonderer Berücksichtigung ihrer Autonomie, 1992, S. 60.
[65] *Schwintek*, a.a.O., S. 365; ähnlich *Soergel – Neuhoff*, a.a.O., § 86 Rn. 9, der bei fehlender Satzungsregelung eine Anrufung der Stiftungsaufsicht für notwendig hält.

Grund muss stiftungsintern generell eröffnet sein, wobei die Rechtsprechung einem Missbrauch dadurch vorbeugt, dass das Kuratorium den wichtigen Grund anhand von sehr strengen Maßstäben darlegen und beweisen muss.[66]

F. Geltendmachung von Schadensersatz gegen den Vorstand

Die Vorstandsmitglieder haften der Stiftung grundsätzlich auf Schadensersatz gemäß §§ 86 S. 1, 27 Abs. 3, 662 ff BGB und ggf. aus Anstellungsvertrag i.V.m. § 280 Abs. 1 BGB.[67] Ob das Kuratorium als Innenorgan einen solchen Schadensersatzanspruch für die Stiftung geltend machen kann, ist fraglich. Dafür spricht, dass der Stifter, der ein Kontrollorgan über das Budget einsetzt, zugleich die Durchsetzung der Kontrollfunktion anstreben wird, so dass angenommen werden kann, dass die Kontrollaufgabe über das Vorstandshandeln die entsprechende Vertretungsbefugnis für die Stiftung impliziert.[68] Als ein besonderes Indiz dafür, dass der Stifter die Vertretung der Stiftung durch das Kuratorium gegenüber dem Vorstand gewollt hat, ist es anzusehen, wenn die Satzung dem Kuratorium die Aufgabe überträgt, den Vorstand zu entlasten: die Entlastung beinhaltet, dass auf Sanktionsmöglichkeiten verzichtet wird, sei es durch ordentlichen Verzicht oder Präklusion, so dass dem betreffenden Organ, dem die Entlastung obliegt, Sanktionen gegen den Vorstand grundsätzlich zugestanden werden. Dementsprechend muss auch dem Stifter, der eine Entlastung des Vorstandes durch das Kuratorium in der Satzung vorgesehen hat, der Wille unterstellt werden, dem Kuratorium Sanktionsmaßnahmen nach den gesellschaftsrechtlichen Vorbildern an die Hand zu geben. Die Auslegung einer Satzung, die die Entlastung des Vorstands vorsieht, wird in aller Regel ergeben, dass für außergewöhnliche Eventualsituationen die Geltendmachung von Schadensersatz gegen den Vorstand im Begriff "Kontrolle" enthalten ist und Sanktionsmaßnahmen vom Stifterwillen umfasst sind.

V. Zusammenfassung

Die Ausgestaltungsmöglichkeiten einer Foundation Governance sind gestaltungsoffen dem Stifterwillen unterstellt und aufgrund fehlender gesetzlicher Regelungen äußerst weitreichend. Entscheidet sich der Stifter für das Kuratoriumsmodell und schafft mit diesem eine stiftungsinterne Kontrollinstanz, so sollte er hohe Sorgfalt auf die Ausgestaltung der Kontrollkompetenzen legen und für eine möglichst weitgehende Eindeutigkeit bei der Niederlegung seines Willens sorgen. Hat er das nicht ausreichend getan, muss das objektive Recht einspringen. Bei lückenhaften Satzungen ist eine auf den objektivierbaren Stiftungszweck abgestellte ergänzende Auslegung nach §§ 133, 157 BGB vorzunehmen. Diese nehmen eine stiftungsrechtlich spezifische Färbung an, die daraus folgt, dass hier im wesentlichen nicht gleichberechtigte unterschiedliche Interessen nach Treu und Glauben auszugleichen sind,

---

[66] Thüringer OLG, ZSt 2003, 24.
[67] *Staudinger – Rawert*, a.a.O., § 86 Rn. 13; *Schwintek,* a.a.O., ZSt 2005, 108 ff.
[68] *Andrick*, a.a.O., S. 145, 148.

sondern dass der Stiftungszweck gegen Sonderinteressen abgeschirmt werden muss – auch Sonderinteressen des Stifters selbst. Verkehrsschutzinteressen Dritter sind ebenso zu wahren wie besondere Vertrauensanforderungen an das Stiftungswesen, das zwar nicht ausschließlich auf gemeinwohlbestimmte Zwecke festgelegt ist, aber als geeignetes Vehikel für individuelles und doch dauerhaftes, steuerprivilegiertes, ideelles Engagement funktionsfähig erhalten werden muss. Diese Aufgabe kann nur im Zusammenwirken von Steuerrecht und Zivilrecht adäquat gelöst werden. Bestimmungen, die dazu dienen sollen, einen anderen als den statuarischen Zweck zu verfolgen, sind schon zivilrechtlich nicht zu beachten. Die Zivilrechtsordnung hält Maßstäbe der Lückenfüllung bereit, über die die stärker als alle anderen Rechtsformen vom Willen natürlicher Personen abgelöste Rechtsform in wertungsmäßigen Einklang mit anderen Organisationsformen gebracht werden kann. In diesem Rahmen sind die kapitalgesellschaftsrechtlichen Regeln und allgemeinen Grundsätze des Gesellschaftsrechts wertend heranzuziehen, soweit sie organisations- und nicht mitgliedschaftsbezogen sind.

Testiergebot, Testierverbot und Vermächtnis einer fremden Sache im österreichischen Recht

*Rudolf Welser**

Tugrul Ansay kenne ich seit Jahrzehnten als Teilnehmer mancher unserer Türkisch-Österreichischen Juristenwochen. Die Schärfe seines Denkens und die Präzision seiner Sprache machen jede Diskussion mit ihm zum Vergnügen. Der folgende Beitrag ist ein bescheidener Geburtstagswunsch, verbunden mit herzlichen Grüßen aus Wien.

I. Die Problematik

Das österreichische Testamentsrecht ist vom Grundsatz der Testierfreiheit[1] beherrscht: der Erblasser kann über seinen Nachlaß frei verfügen. Eine Schranke bildet das Pflichtteilsrecht, das gewissen nahen Angehörigen ein Recht auf eine bestimmte "Wertquote" gibt.[2] Weiters müssen die sonst durch Gesetz und gute Sitten vorgegebenen Schranken eingehalten werden. Nun kommen immer wieder Fälle vor, in denen ein Erblasser jemandem den testamentarischen Auftrag gibt, bei seinem eigenen Tod bestimmte Sachen jemand anderem zu hinterlassen. Sind solche "Aufträge" verpflichtend? Die Antwort lautet grundsätzlich "Nein", weil sie eben gegen das Prinzip der Testierfreiheit verstoßen.

Auszugehen ist davon, daß wegen des Prinzips der Testierfreiheit ein Erblasser sich nicht einmal selbst wirksam verpflichten kann, in einer bestimmten Weise zu testieren.[3] Das Versprechen wäre gesetzwidrig, er wäre daran nicht gebunden. Auch ein bereits errichtetes Testament kann jederzeit widerrufen werden. Daß man dann umso weniger andere Personen verpflichten kann, in bestimmter Weise letztwillig zu verfügen, leuchtet ein. Und das kann auch nicht anders sein, wenn der Erblasser das Testiergebot an eine Person richtet, die er selbst zum Erben einsetzt.

Was eben für Testiergebote gesagt wurde, gilt auch für Testierverbote:[4] der Erblasser kann niemandem, auch nicht seinem Erben, verbieten, einen letzten Willen zu

---

* O. Univ.- Prof. Dr. *Rudolf Welser*, Universität Wien.
[1] *Koziol/Welser*, Bürgerliches Rechts 12.Aufl. II (2001) 410; *Welser* in: Rummel, Kommentar zum Allgemeinen Bürgerlichen Gesetzbuch 3.Aufl. I (2000) § 553 Rz 1.
[2] *Koziol/Welser*, Bürgerliches Recht 12.Aufl. II 503 ff.
[3] OGH in SZ 49/136.
[4] *Koziol/Welser*, Bürgerliches Recht 12.Aufl. II 478.

errichten. Die Wirksamkeit eines solchen Verbots hätte zur Folge, daß auf jeden Fall die gesetzliche Erbfolge zum Tragen käme, die Erbschaft also an bestimmte Personen fallen müßte, was einem Testiergebot gleichkäme. Das Gesetz läßt allerdings für Gebote eine Ausnahme zu (§ 608 ABGB), die von Lehre und Rechtsprechung auch auf Testierverbote erstreckt wird:[5] Die Anordnung ist gültig, wenn sie sich auf Vermögenswerte bezieht, die der Erblasser selbst dem Erben (an den das Testiergebot gerichtet ist) hinterlassen hat. Ihre Zulässigkeit beruht darauf, daß das Testiergebot oder Testierverbot in eine fideikommissarische Substitution (Nacherbschaft) umgedeutet wird (Konversion).[6] Ein Erblasser kann ja allgemein innerhalb gewisser Schranken seinen Erben verpflichten, das ererbte Vermögen ganz oder teilweise einem weiteren Erben oder Vermächtnisnehmer zu hinterlassen.[7] War dies die Absicht des Erblassers, kann der Testamentstext umgedeutet werden. Unbedingte Voraussetzung ist jedoch erstens, daß der "Beauftragte" selbst Erbe (oder Vermächtnisnehmer) des Erblassers wird, weil ja die "fideikommissarische Konstruktion" einen Vorerben und einen Nacherben braucht, und zweitens, daß sich, wie erwähnt, die Pflicht zur Weitergabe auf Vermögen bezieht, das dem ersten Erblasser gehörte und das er dem ersten (beauftragten) Erben hinterlassen hat.[8]

Diese Regeln sind im Prinzip auch heute noch unbestritten. Vor allem aus Anlaß eines wichtigen praktischen Erbrechtsfalles, der seit einigen Jahren die österreichische Öffentlichkeit beschäftigt,[9] ist aber unter Berufung auf einzelne höchstgerichtliche Entscheidungen die Behauptung aufgetaucht, das an einen Erben gerichtete Testiergebot könne auch noch auf andere Weise in eine wirksame Anordnung umgedeutet werden. Dabei solle angenommen werden, daß ein fideikommissarisches Legat des (ersten) Erblassers vorliege, das wirksam sei, wenn die vom Belasteten (dem ersten Erben) einem Dritten zu hinterlassende Sache dem (ersten) Erben selbst gehört. Dazu muß man wissen, daß nach österreichischem Recht Legate eines Erblassers sich nicht nur auf eigene Sachen dieses Erblassers, sondern auch auf Sachen eines vom Erblasser eingesetzten Erben beziehen können (§ 662 ABGB).[10] Da der Erbe die Vermächtnisse des Erblassers zu erfüllen hat, muß er bei dessen Tod die ihm (dem Erben) gehörige Sache dem dritten Vermächtnisnehmer herausgeben, was er natürlich dadurch vermeiden kann, daß er die Erbschaft ausschlägt. Die Anwendung dieser Konstruktion auf Testiergebote erweckt allerdings Zweifel. Einmal ist natürlich fraglich, ob man dem ersten Erblasser, der eigentlich den Erben veranlassen wollte, dessen (des Erben) Sache weiterzugeben, unterstellen darf, er hätte auch selbst (eventuell gegen Willen des

---

[5] *Welser* in: Rummel 3.Aufl. § 610 Rz 1.
[6] *Koziol/Welser*, Bürgerliches Recht 12.Aufl. II 478.
[7] Genaueres zB bei *Kletečka,* Das Nachlegat der Sache des Erben, NZ 1999, 68; *Eccher* in: Schwimann, Praxiskommentar zum Allgemeinen Bürgerlichen Gesetzbuch 2.Aufl. III (1997) § 608 und § 652.
[8] *Kletečka*, NZ 1999, 68; *Koziol/Welser*, Bürgerliches Recht 12.Aufl. II 478; *Welser* in: Rummel 3.Aufl. § 610 Rz 2.
[9] *Welser/Rabl*, Der Fall Klimt (2005); *Rabl*, Der Fall Klimt/Bloch-Bauer, NZ 2005, 257; *Welser*, Der Fall Klimt/Bloch-Bauer, ÖJZ 2005, 689.
[10] Dazu vor allem *Welser*, Das Legat einer fremden Sache, NZ 1994, 203 ff.

Eigentümers) direkt eine letztwillige Verfügung vorgenommen, wenn ihm die Problematik bewußt gewesen wäre. Das ist aber doch die Voraussetzung der Konversion.

Der "springende Punkt" ist allerdings der folgende: Während die Fälligkeit eines Vermächtnisses normalerweise an den Tod des Erblassers (des "Vermächtnisgebers") anknüpft, also sofort oder später fällig wird, soll nach der vorgeschlagenen Lösung das Vermächtnis erst nach *dem Tod des belasteten Erben* zu entrichten sein, aus dessen Nachlaß ja die Sache stammt.

Zur Erläuterung des bisher Gesagten einige Beispiele:

1. Beim "normalen" fideikommisarischen Legat (§§ 608ff, § 652 ABGB) hinterläßt der Erblasser E_1 eine ihm gehörige Sache dem Legatar L_1. Beim Tod des L_1 soll sie L_2 erhalten. Das Legat ist wirksam.
2. Beim "normalen" Vermächtnis einer fremden Sache (§ 662 ABGB) bestimmt der Erblasser, daß bei seinem (des Erblassers) Tod der Legatar L eine Sache erhalten soll, die nicht aus dem Vermögen des Erblassers, sondern aus dem Vermögen des Erben E stammt. Der Legatar ist auf Grund der letztwilligen Verfügung des Erblassers berechtigt, es handelt sich also um ein Legat dieses Erblassers, Anknüpfungspunkt für die Fälligkeit ist dessen Tod.
3. Im hier untersuchten Fall müßte unter Zugrundelegung der erwähnten problematischen Auffassung zuerst das Testiergebot des Erblassers E (Gebot, ein Legat zu hinterlassen) in ein eigenes Legat dieses Erblassers umgedeutet werden, was an sich denkbar ist. Doch dürfte das Legat nicht beim Tod des Erblassers, sondern es müßte beim Tod des "belasteten Erben" fällig sein. Im Ergebnis könnte damit der Erblasser E_1 bestimmen, wie das Vermögen des Erben (Erblassers E_2) bei dessen Tod zu verteilen ist. Voraussetzung wäre nur, daß E_1 den E_2 zum Erben einsetzt und dieser die Erbschaft antritt. Läßt sich dies mit der Testierfreiheit von E_2 vereinbaren? Das soll nun genauer geprüft werden.

II. Das Vermächtnis einer fremden Sache nach § 662 ABGB

Gemäß § 662 Satz 1 ABGB ist das Vermächtnis einer fremden Sache[11] die weder dem Erblasser noch dem Erben oder Legatar gehört, welcher sie einem Dritten leisten soll, wirkungslos, wenn der Erblasser nicht deutlich genug dem Erben die Verpflichtung auferlegt hat, die fremde Sache zu erwerben (sog "Verschaffungsvermächtnis" § 662 ABGB letzter Satz).

Daß das Gesetz Sachen, die dem Erben gehören, jenen des Erblassers gleichstellt, so daß das Vermächtnis wirkt, ist merkwürdig. Sie befinden sich ja genausowenig im Nachlaß wie Sachen sonstiger Personen. Ihre Herausgabe an den Legatar ist für

---

[11] Nach unbestrittener Auffassung bezieht sich diese Bestimmung nur auf Speziesvermächtnisse und auf Gattungen, die nach der Anordnung des Erblassers aus einer bestimmten Masse zu leisten sind: vgl nur *Welser* in: Rummel 3.Aufl. § 662 Rz 1.

den Belasteten dasselbe Vermögensopfer, wie wenn er eine Sache anschaffen müßte. Konsequenterweise zählt daher das deutsche BGB Sachen des Beschwerten zu den "fremden Sachen".[12] Ebenso entscheidet das Schweizer ZGB (Art. 484 Abs 3). Der gegenteilige Standpunkt des ABGB dürfte auf das Preußische Allgemeine Landrecht zurückgehen,[13] ohne daß dafür eine tragfähige Begründung gegeben wurde.[14]

Besonders zweifelhaft ist, ob das Vermächtnis einer Sache des Erben auch dann wirksam ist, wenn sie der Erblasser irrtümlich für seine eigene gehalten hat. Ein Erblasser, der meint, die vermachte Sache gehöre ihm selbst, würde nämlich kaum dasselbe Vermächtnis errichten, wenn er wüßte, daß die Sache im Eigentum seines Erben steht. Er wäre als anständiger Mensch von der Wirksamkeit eines solchen Vermächtnisses ziemlich überrascht. Insofern ist die gesetzliche Regel weder sachgerecht noch im Sinne des typischen Erblassers. Dennoch hat die Literatur bisher nicht versucht, § 662 ABGB durch Auslegung zu "entschärfen". Vielmehr ist herrschende Meinung, daß der Irrtum des Erblassers die Anwendung des § 662 ABGB nicht hindert, so daß das Legat der Sache des Erben auch dann wirkt, wenn sie der Erblasser für seine eigene gehalten hat.[15] Allerdings kann der Erbe eine unter einem solchen Irrtum zustandegekommene Verfügung gemäß § 572 ABGB anfechten.[16] Dieses Recht zur Anfechtung unterliegt allerdings der Verjährung. Diese ist nicht von Amts wegen wahrzunehmen, sondern muß eingewendet werden (§ 1501 ABGB).[17]

Für die Fälligkeit des Vermächtnisses einer Sache des Erben bestehen keine besonderen Regeln. Sie richtet sich nach § 685 ABGB. Danach sind Vermächtnisse einzelner Verlassenschaftsstücke (Speziesvermächtnisse) sofort nach dem Tod, andere aber erst ein Jahr später fällig. § 685 ABGB hat aber keinen zwingenden Charakter, wird also durch einen abweichenden Erblasserwillen verdrängt.[18] Der Erblasser kann daher den Fälligkeitstag von Vermächtnissen selbst bestimmen. Dieser Zeitpunkt muß nicht kalendermäßig feststehen, sondern kann auch anders zu ermitteln sein.

Umstritten ist allerdings, ob die Fälligkeit auch mit dem Tod des beschwerten Erben festgelegt werden kann. Hiezu ist jetzt Stellung zu nehmen.

---

[12] Vgl *Otte* in: Staudinger, Kommentar zum Bürgerlichen Gesetzbuch 13.Aufl. (2003) Rz 5 zu § 2169 BGB.
[13] Teil I, 12. Hauptstück § 374.
[14] Auch nicht in den Protokollen der Gesetzgebungskommission, während deren Beratungen *Zeiller* die heutige Fassung des § 662 ABGB vorgeschlagen hat: siehe dazu *Ofner*, Urentwurf und Beratungsprotokolle I 396 f.
[15] *Unger*, System des österreichischen allgemeinen Privatrechts IV: Erbrecht 4.Aufl. (1894) 289; *Pfaff/Hofmann*, Commentar zum österreichischen allgemeinen bürgerlichen Gesetzbuche II (1877) 435 und 397, die diese Regel allerdings für "legislativ bedenklich" halten; *Ehrenzweig*, System des österreichischen allgemeinen Privatrechts II/2: Familien- und Erbrecht 2.Aufl. (1937) 547 Fn 9; *Rappaport* in: Klang, Kommentar zum Allgemeinen Bürgerlichen Gesetzbuch 1.Aufl. III (1934), 662; *Kralik*, Das Erbrecht (1983) 223 Fn 5; *Welser* in: Rummel 3.Aufl. § 662 Rz 2; *derselbe*, NZ 1994, 198.
[16] *Welser* in: Rummel 3.Aufl. § 662 Rz 2 und *Kralik*, Erbrecht 223 FN 5.
[17] *Koziol/Welser*, Bürgerliches Recht 12.Aufl. I (2002) 208.
[18] Vgl nur *Welser* in: Rummel 3.Aufl. § 685 Rz 1.

III. Das Vermächtnis einer Sache des Erben mit Fälligkeit bei dessen Tod

Vereinzelt wird unter Berufung auf die Entscheidung OGH in NZ 1998, 146[19] die Fälligkeit eines auf Sachen des Erben bezogenen Legats mit dem Tod dieses Erben für möglich gehalten. Dem kann jedoch nicht gefolgt werden. Das Legat eines Erblassers, das erst mit dem Tod eines anderen Erblassers fällig wird und aus dessen freiem (nicht fideikommissarisch gebundenen) Vermögen entrichtet werden muß, ist ungültig, weil bei seiner Wirksamkeit die Testierfreiheit des zweiten Erblassers beeinträchtigt würde: Über das Schicksal seines Vermögens bei seinem Tod könnte ein Dritter bestimmen. Im Extremfall könnte die Testierfreiheit eines – zunächst von einem ersten Erblasser bedachten – Erblassers sogar ganz beseitigt werden. Wäre es nämlich möglich, daß ein Erblasser über alle Sachen seines Erben so verfügt, daß sie beim Tod dieses Erben den vom Erblasser bestimmten Personen zufallen, so könnte der Erbe über sein eigenes (freies) Vermögen überhaupt nicht mehr letztwillig bestimmen.

Sind aber Vermächtnisse angeordnet, die sich auf das Vermögen des Erben beziehen und bei dessen Tod fällig werden, unwirksam, so kann man auch einem ausdrücklichen Testiergebot nicht dadurch Gültigkeit verleihen, daß man es in ein Legat des Erblassers selbst umdeutet, das beim Tod des Erben fällig wird.

Die Gültigkeit eines Legates, das sich auf das Vermögen des Erben bezieht und bei dessen Tod fällig wird, kann auch nicht mit dem Hinweis darauf begründet werden, daß der Erbe die Erbschaft nicht annehmen muß,[20] sich vielmehr ihrer entschlagen kann, so daß er weder zu etwas "gezwungen" wird, noch ihm etwas weggenommen wird. Dieses Argument übersieht vor allem, daß sich der Erblasser nicht einmal selbst verpflichten kann, in bestimmter Weise letztwillig zu verfügen. Noch weniger kann es dann verbindlich sein, wenn sich der mit einem Legat (aus seinem eigenen Vermögen) belastete Erbe "implizit" – durch Antretung der Erbschaft – mit dem Gebot des Erblassers einverstanden erklärte, von Todes wegen in bestimmter Weise zu verfügen.[21] Abgesehen davon geht es nicht darum, daß dem Gesetz unterstellte unsinnige und widersprüchliche Ergebnisse durch ein bestimmtes (ablehnendes) Verhalten

---

[19] SZ 70/102.
[20] *Eccher* in: Schwimann 2.Aufl. § 652 Rz 1 zum Fall des belasteten Hauptvermächtnisnehmers.
[21] Das Argument, der Belastete könne seine Begünstigung und damit die Belastung ja auch ausschlagen, überzeugt übrigens noch weniger bei einem mit dem Legat belasteten Hauptvermächtnisnehmer, der die eigene Sache als Sublegatar entrichten soll, weil es beim Legat gar keine formelle Annahme oder Entschlagung gibt.
Man kann auch nicht sagen, daß ein schon beim Tod des Erblassers fälliges Vermächtnis einer Sache des Belasteten mit dem (der Testierfreiheit gleichwertigen) Grundsatz der Freiheit des Eigentums im Widerspruch zu stehen scheine, worin das Gesetz aber kein Hindernis für die Anordnung des § 662 ABGB sehe. Darauf ist zu erwidern, daß es zwar das Gesetz (§ 609 ABGB) ablehnt, daß eine Person (der Erblasser) über das freie Vermögen einer anderen (des Erben) bei deren Todesfall bestimmt, jedoch sonstige vielfältige schuldrechtliche und sachenrechtliche Belastungen des Vermögens (des Eigentums) eines anderen zuläßt. Das Eigentumsrecht selbst ist privatrechtlich in vielfacher Weise eingeschränkt, den Grundsatz der uneingeschränkten

des Erben vermeidbar sind, sondern darum, der Rechtsordnung nicht unsinnige Anordnungen zu unterstellen. Die Umdeutung eines auf das Vermögen des Erben bezogenen Testiergebotes in ein Legat des Erblassers mit Terminisierung durch den Tod des Erben ist eine solche unsinnige Konsequenz, die in § 662 ABGB nicht hineingelesen werden darf. Wie *Kletečka*[22] gezeigt hat, führte dies zu unerklärlichen Wertungswidersprüchen. Wäre es doch nicht einzusehen, warum es zwar unzulässig ist, daß der Erblasser seinem Erben (für dessen Vermögen) einen Erben bestimmt (so ausdrücklich § 609 ABGB[23]), aber zulässig sein soll, daß der Erblasser den Erben verpflichtet, eine oder mehrere Sachen (die auch sein ganzes Vermögen ausmachen können) nach seinem Tod jemandem als Vermächtnis zu hinterlassen. Von der Testierfreiheit bliebe nur ein "nudum ius", die formale Möglichkeit, ein eigenes Testament zu errichten.[24]

Daß der Auftrag an den Erben, eine ihm gehörige Sache bei seinem Tod herauszugeben, ungültig ist, wurde auch sonst in der Literatur mehrmals begründet.[25]

Eine Entscheidung des österreichischen Obersten Gerichtshofs[26] hat allerdings die Tragweite der Problematik völlig übersehen und in einem obiter dictum die Verpflichtung eines Legatars zugelassen, eine eigene Sache bei seinem Tod herauszugeben.[27] Es ist aber fraglich, ob die Entscheidung überhaupt die hier behandelte Problematik genauer trifft. Nach ihrem Sachverhalt lautete die Verfügung des Erblassers: "2. Zugleich setze ich folgende Vermächtnisse aus: a) Meiner Frau Maria A vermache ich die mir gehörige Hälfte des Wohnhauses mit der Auflage, an der Gesamtliegenschaft unserer Enkelin Gerda L an dieser Liegenschaft das Nachvermächtnis einzuräumen". Der Erblasser hat also selbst ein fideikommissarisches Vermächtnis angeordnet, was sich auch aus der Verwendung des Ausdruckes "Nachvermächtnis" ergibt. Weil der Erblasser über beide Liegenschaftshälften in gleicher Weise (Nachvermächtnis) verfügte, ist anzunehmen, daß er sich auch für die Haushälfte seiner Frau als denjenigen

---

Eigentumsfreiheit gibt es im Zivilrecht überhaupt nicht. Daher kann zwar ein Eigentümer grundsätzlich Belastungen seines Eigentums zugunsten Dritter zustimmen, sich aber nicht einmal ausdrücklich verpflichten, über seinen eigenen Nachlaß in bestimmter Weise zu verfügen. Noch weniger kann die Übernahme einer derartigen Verpflichtung "stillschweigend", durch Annahme der Erbschaft möglich sein. Aus der Zulässigkeit eigentumsrechtlicher Beschränkungen kann daher kein Schluß auf die Zulässigkeit der Einschränkung der Testierfreiheit gezogen werden.

[22] *Kletečka,* NZ 1999, 68.
[23] Eine fideikommissarische Substitutionsbindung des Vermögens des Erben ist gem § 609 ABGB ausgeschlossen. Das Gesetz ordnet dies, und zwar keinesfalls als Ausnahme, ausdrücklich für das Verhältnis zwischen Eltern und Kindern an. § 652 ABGB erstreckt diese Grundsätze auf das Vermächtnisrecht.
[24] Vgl *Kletečka,* NZ 1999, 68.
[25] *Welser,* NZ 1994, 203 ff; *Koziol/Welser,* Bürgerliches Recht 12.Aufl. II 478; *B. Jud,* Anm zu OGH in NZ 1998, 146; *Kletečka,* NZ 1999, 66. Dagegen nur *Eccher* in: Schwimann 2.Aufl. § 650 Rz 4.
[26] OGH in NZ 1998, 146.
[27] Kritisch zu Recht die Anmerkung von *B. Jud*, NZ 1998, 146.

betrachtete, der das Vermächtnis anordnet. Bei der hier untersuchten Problematik geht es hingegen nicht um ein eigenes Vermächtnis des Erblassers, vielmehr um die Anordnung, daß sein Erbe ein Vermächtnis machen soll, also um das Gebot, ein solches zu errichten.

Nach dem Sachverhalt der weiteren Entscheidung, NZ 1999, 91 übergab der spätere Erblasser seiner Ehegattin eine Liegenschaft durch gemischte Schenkung unter Lebenden. Die Ehegattin verpflichtete sich, das Grundstück an eines der gemeinsamen Kinder ihrer Wahl entweder zu Lebzeiten zu übergeben oder im Erbwege zu hinterlassen. Zur Sicherung des künftigen Übernehmers wurde ein Veräußerungs- und Belastungsverbot vereinbart. Später errichtete der Erblasser ein Testament, in dem er anordnete, daß die Liegenschaft nach dem Tod seiner Frau eine bestimmte Tochter erhalten sollte. Die Ehegattin schenkte die Liegenschaft allerdings schon nach dem Tode des Erblassers nicht dieser, sondern einer anderen Tochter. Nach dem Tod der Ehegattin klagte die im Testament des Erblassers bedachte Tochter ihre Schwester auf Herausgabe der Liegenschaft. Der OGH hielt zunächst fest, daß die Rechtsprechung auf zu Lebzeiten begründete "Besitznachfolgerechte" sinngemäß die Regeln der fideikommissarischen Substitution anwendet.[28] Ferner vertrat er die (fragwürdige) Meinung, der Erblasser habe trotz der vertraglichen Bindung das Wahlrecht seiner Frau durch eigene Bestimmung des Begünstigten beseitigen können, solange die Frau das Recht noch nicht ausgeübt habe.[29] Daher sei das Legat des Erblassers zugunsten der Klägerin gültig. Der OGH stellte sich dann die Frage, ob diese Begünstigung wegen eines Eingriffs in die Testierfreiheit unwirksam sei. Nach Wiedergabe der von *Welser*[30] vertretenen Ansicht enthielt sich der OGH einer eigenen Stellungnahme: Die Richtigkeit der Ausführungen *Welsers* könne dahinstehen, weil der Fall so oder so gleich zu entscheiden sei. Dies ergebe sich aus der Besonderheit des Sachverhaltes, wonach es der Ehegattin freistand, wann sie die Liegenschaft übergeben wollte. Sie habe nicht bis zu ihrem Tod warten müssen, sondern auch schon unter Lebenden übergeben können. Auch sei das Legat der Klägerin bereits beim Tod des Erblassers angefallen und nur die Fälligkeit hinausgeschoben, weshalb kein Eingriff in die Testierfreiheit vorliege.

Der Kritik *Klečeckas*[31] an dieser Entscheidung ist zuzustimmen. Wie er richtig hervorhebt, kann es für einen Eingriff in die Testierfreiheit auf die konstruktive Erfassung von Anfall und Fälligkeit nicht ankommen. Entscheidend ist, ob der Belastete (seine Erben) die Sache nach seinem Tod (als Vermächtnisschuldner) herausgeben muß. Der Eingriff in die Testierfreiheit werde auch nicht dadurch beseitigt, daß es dem Belasteten freisteht, die Sache bereits früher, also unter Lebenden, herauszugeben.[32]

---

[28] Neben OGH in: NZ 1999, 91 zB SZ 51/65; weitere Nachweise bei *Welser* in: Rummel 3.Aufl. § 608 Rz 5.
[29] Zu Recht kritisch *Klečecka,* NZ 1999, 66 f.
[30] NZ 1994, 197 ff.
[31] NZ 1999, 66 ff.
[32] *Klečecka,* NZ 1999, 67. – Die Entscheidung kann nur mit einer anderen, etwas komplizierten Begründung gerechtfertigt werden, die auf der (allerdings fragwürdigen) Annahme des OGH

Vollkommen richtig ist hingegen die Entscheidung OGH in GlUNF 1179. Nach ihrem Sachverhalt war die Erblasserin zu einer Quote freie Eigentümerin zweier Häuser, zu einer anderen Quote war ihr Miteigentum mit einer fideikommissarischen Substitution zugunsten ihrer beiden Töchter belastet, und schließlich stand eine dritte Quote im Miteigentum der Töchter selbst. In ihrem Testament setzte die Erblasserin die Töchter als Erben ein und bestimmte wörtlich: "Auch wünsche ich, daß die Häuser Y und X nach dem Tode meiner Töchter an arme Schauspieler und Kaufleute einer unseren Namen führenden Stiftung verwendet werden." Der OGH erblickte in der Anordnung über die "ganzen Häuser" nur einen unverbindlichen Wunsch, betonte aber überdies, daß der Erblasserin das "Dispositionsrecht bezüglich derjenigen Anteile dieser Häuser, welche ihre Töchter zur Zeit der Testamentserrichtung schon besaßen, und derjenigen, welche ihnen nach dem Ableben ihrer Mutter aus einem Substitutionsvermögen zufallen sollten, nicht zustand." Das entspricht der hier vertretenen Auffassung.

Zusammenfassend ist zur Judikatur zu sagen, daß sie in der hier relevanten Frage keine klare Haltung einnimmt. In der Literatur überwiegen die Stimmen, die in der Anordnung eines Legats des Erblassers mit Fälligkeit beim Tod des Erben den Versuch der Umgehung der Testierfreiheit des Erben sehen. Dieser Ansicht ist zu folgen.

IV. Ergebnis

Die Umdeutung eines Testiergebotes an einen Erben (Befehl zur Errichtung eines Legats) in ein vom Erblasser selbst errichtetes Legat, das sich auf eine im Eigentum des Erben stehende Sache bezieht (§ 662 ABGB), ist nur dann möglich, wenn das Legat schon *beim Tod des Erblassers* und nicht erst beim Tod des Erben zu entrichten ist, weil dies ein Eingriff in die Testierfreiheit des Erben wäre. Eine solche Anordnung ist nicht einmal dann wirksam, wenn sie ein Erblasser ausdrücklich vornimmt. Umso mehr muß die bloße "Umdeutung" eines Testiergebots in eine solche Verfügung unzulässig sein.

Im einzelnen heißt dies:

1. Nach § 662 ABGB kann ein Erblasser einen Erben (der die Erbschaft annimmt) verpflichten, eine diesem Erben gehörige Sache nach seinem (des Erblassers) Tod an einen Legatar zu leisten.

---

aufbaut, daß der Erblasser berechtigt war, noch nachträglich das vertragliche Wahlrecht seiner Ehegattin zu konkretisieren. Darauf aufbauend könnte das Recht der vom Erblasser begünstigten Schwester als *Besitznachfolgerecht aus dem Vertrag* zwischen dem Erblasser und seiner Ehegattin abgeleitet werden (siehe den Fall OGH in: NZ 2001, 190). Die daraus folgende Belastung der Ehegattin hätte sich somit auf eine Sache des Erblassers bezogen, weil dieser im Zeitpunkt des Vertragsabschlusses Eigentümer der Liegenschaft war, und hätte die Ehegattin das Eigentum von vornherein mit dieser Belastung erworben. In sinngemäßer Anwendung der Regeln über die fideikommissarische Substitution wäre dann die begünstigte Tochter als Nachlegatarin anzusehen gewesen, die eine *Sache des Erblassers* nach der erstbegünstigten Ehegattin erhielt.

2. Ein Erblasser kann aber seinen Erben nicht dazu verpflichten, in bestimmter Weise zu testieren (Zuwendungen für den Fall des eigenen Todes des Erben zu machen), weil dies der Testierfreiheit widerspräche. Soll ein Erbe dazu verpflichtet sein, eine vom Erblasser selbst erhaltene Sache bei seinem Tod einem Dritten zu hinterlassen, so kann dieser Auftrag in ein fideikommissarisches Legat des Erblassers umgedeutet werden, wenn der Erbe diese Sache vom Erblasser im Erbweg erhalten hat. Gehört die zu hinterlassende Sache zum freien Vermögen des Erben, so ist die Umdeutung ausgeschlossen, weil sonst ein Erblasser seinen Erben dazu verpflichten könnte, über sein Vermögen in bestimmter Weise letztwillig zu verfügen, was der Testierfreiheit widerspricht.
3. Auch daß der Erbe sich durch die Übernahme der Erbschaft vielleicht mit dem Legat an den Dritten einverstanden erklären möchte, ändert an der Wirkungslosigkeit der Verpflichtung nichts, weil sich jemand zu seinen Lebzeiten nicht einmal ausdrücklich verpflichten kann, über seinen Nachlaß in bestimmter Weise zu verfügen.[33]

---

[33] Eine den Erblasser selbst bindende Verfügung ist nur die Schenkung auf den Todesfall. Zu dieser *Schubert* in: Rummel 3.Aufl. §956; *Koziol/Welser*, Bürgerliches Recht 12.Aufl. II 500 ff; *Binder*, Zum Erfordernis des Widerrufsverzichts bei der Schenkung auf den Todesfall, in: Festschrift Welser (2004) 77; *B. Jud*, Die bedingte Schenkung auf den Todesfall, NZ 2004, 321 und *Welser*, Schenkung auf den Todesfall – Widerrufsverzicht und Bedingungen, NZ 2005, 161.

Die gleichgeschlechtliche Ehe im deutschen IPR und im europäischen Verfahrensrecht[*]

Peter Winkler v. Mohrenfels[**]

Einen beachtlichen Teil seiner Veröffentlichungen hat der Jubilar dem türkischen und ausländischen – u.a. auch dem deutschen – Familienrecht gewidmet. Im europäischen – wie z.T. auch im außereuropäischen[1] – Familienrecht findet derzeit wieder eine bemerkenswerte Weiterentwicklung statt. War es zu Beginn der 60er Jahre des vorigen Jahrhunderts die Idee der Gleichberechtigung der Geschlechter, so ist es derzeit die Beseitigung der jahrhundertealten Diskriminierung gleichgeschlechtlich orientierter Partner, die die Entwicklung des europäischen Familienrechts beherrscht. Die Entwicklungsskala reicht dabei in den EU-Staaten[2] von der Anerkennung faktischer gleichgeschlechtlicher Lebensgemeinschaften (Belgien,[3] Frankreich,[4] Portugal,[5] Schweden,[6] Ungarn[7]) über die Zulassung registrierter gleichgeschlechtlicher

---

[*] Abgekürzt zitiert werden: *Bergmann/Ferid/Henrich*, Internationales Ehe- und Kindschaftsrecht, Stand: 162. Ergänzungslieferung August 2005 (zit.: B/F/H); Münchener Kommentar zum BGB, 4. Aufl. (zit.: *MüKo/Bearbeiter*); *Räther*, Der Schutz gleich- und verschiedengeschlechtlicher Lebensgemeinschaften in Europa, 2003 (Diss. Freiburg 2002) (zit.: *Räther*); *Wasmuth*, Eheschließung unter Gleichgeschlechtlichen in den Niederlanden und deutscher ordre public, Liber Amicorum Gerhard Kegel, 2002, S. 237-259 (zit. *Wasmuth*).
[**] Prof. Dr. *Peter Winkler v. Mohrenfels*, Universität Rostock.
[1] USA (Massachusetts; dazu *Funk*, DAJV-Newsletter 2/2005, S. 49), Kanada (dazu *Jakob*, StAZ 2003, 74), Australien (dazu *Schlüter/Heckes/Stummel*, FamR 2000, 1, 4 f.).
[2] Vgl. in Europa bisher ferner Andorra, Kroatien (G. Nr. 01-081-03-2597/2 v. 14.07.2003), Island (G. Nr. 564/1995-96 über die anerkannte Partnerschaft, vgl. *Räther* 295 ff.); Norwegen (§ 3 Abs. 1 Gesetz 1993:40 über die registrierte Partnerschaft, vgl. B/F/H, Norwegen S. 93; *Räther* 292 ff.) und die Schweiz (G. v. 18.6.2004 über die registrierte Partnerschaft, tritt voraussichtlich am 1.1.2007 in Kraft).
[3] Art. 1475 ff. c.c. idF. des G. v. 23.11.1998 zur Einführung der cohabitation légale (B/F/H, Belgien, S. 116 f.).
[4] Art. 515-8 c.c. idF. des G. Nr. 99-944 v. 15.11.1999 (JO v. 16.11.1999, S. 16959) (B/F/H, Frankreich, S. 118a).
[5] Ges. Nr. 7/2001 v. 15.3.2001 über die Uniões de Facto (Diário da República No. 109 de 11/5/2001, página 2797) und Nr. 6/2001 v. 15.3.2001 über die Uniões de Economia Comum (Diário da República No. 109 de 11/5/2001, página 2796).
[6] § 1 Abs. 1 Gesetz 2003:376 über Zusammenlebende (B/F/H, Schweden, S. 102).
[7] § 685A ZGB (B/F/H, Ungarn, S. 78).

S. Arkan, A. Yongalik (eds.) Liber Amicorum/Festschrift für Tuğrul Ansay, pp. 527-539.
© *2006 Kluwer Law International BV. Printed in the Netherlands.*

Partnerschaften (Dänemark,[8] Deutschland,[9] Finnland,[10] Frankreich,[11] Luxemburg,[12] Niederlande,[13] Schweden,[14] Slowenien,[15] Vereinigtes Königreich[16] sowie einige spanische Foralrechte[17]) bis hin zur "gleichgeschlechtlichen Ehe", nämlich zur Beseitigung des Erfordernisses der Geschlechtsverschiedenheit als Voraussetzung der Ehe (Belgien,[18] Niederlande,[19] Spanien[20]). Dies wirft im Bereich des internationalen Privatrechts die Frage auf, welches Recht auf diese neuartigen Formen des partnerschaftlichen Zusammenlebens anzuwenden ist. Im Bereich des europäischen Prozeßrechts stellt sich die Frage, inwieweit es sich bei Streitigkeiten um die Auflösung derartiger Partnerschaften um Ehesachen iSv. Art. 1 (1) der VO (EG) Nr. 2201/2003 (EheVO II) handelt.

I. Die "gleichgeschlechtliche Ehe" im materiellen Recht

A. Niederlande

Am 1.4.2001 ist in den Niederlanden das Eheöffnungsgesetz vom 21. Dezember 2000[21] in Kraft getreten, wonach Art. 1:33 Burgerlijk Wetboek (BW) nunmehr wie folgt lautet:

| BW Boek 1 Art. 33. Een persoon kan tegelijkertijd slechts met één andere persoon door het huwelijk verbonden zijn. | BW Buch 1 Art. 33. Eine Person kann zu gleicher Zeit nur mit einer anderen Person verheiratet sein. |

---

[8] § 3 Abs. 1 Gesetz 1989:372 über die registrierte Partnerschaft (B/F/H, Dänemark S. 69; *Räther* 266 ff.).
[9] § 1 LPartG v. 16. Februar 2001.
[10] Gesetz 950/2001 über registrierte Partnerschaften, engl. Übersetzung abrufbar über <www.finlex.fi/pdf/saadkaan/E0010950.PDF>.
[11] Art. 515-1 ff. c.c. idF. des G. Nr. 99-944 v. 15.11.1999 (JO v. 16.11.1999, S. 16959) (B/F/H, Frankreich, S. 117 ff.; s.a. *Winkler v. Mohrenfels*, in: Festschrift Sonnenberger (2005), 155, 160 ff.).
[12] Loi du 9 juillet 2004 relative aux effets légaux de certains partenariats (Memorial A – No. 143 du 6 août 2004, abrufbar über <www.gouvernement.lu/dossiers/justice/partenariat/loi_partenariat.pdf>).
[13] Art. 1:80a BW (B/F/H, Niederlande S. 82).
[14] Kap. 3 § 1 Gesetz 1994:1117 über die registrierte Partnerschaft (B/F/H, Schweden, S. 109; *Raether* 277 ff.).
[15] G. v. 22.06.2005.
[16] Civil Partnership Act 2004 (2004 Chapter 33), abrufbar unter <www.opsi.gov.uk/acts/acts2004/20040033.htm>.
[17] Näher dazu *Winkler v. Mohrenfels*, in: Festschrift Sonnenberger, 2004, S. 155, 158 f.
[18] Art. 143 Abs. 1 Code civil idF von Art. 3 der Loi du 13 février 2003 (Moniteur Belge S. 9880).
[19] Art. 1:30 Abs. 1 BW idF. des Gesetzes v. 21.12.2000 (B/F/H, Niederlande S. 75).
[20] Art. 44 Abs. 2 Código Civil idF. der Ley 13/2005 (BOE S. 23632).
[21] Wet van 21 december 2000 tot wijziging van Boek 1 van het Burgerlijk Wetboek in verband met de openstelling van het huwelijk voor personen van hetzelfde geslacht (Wet openstelling huwelijk), Staatsblad 2001, 9.

Die Niederlande wurden damit das erste Land der Welt, in dem gleichgeschlechtliche Paare nicht nur eine registrierte Partnerschaft, sondern wahlweise auch eine Ehe eingehen können.

B. Belgien[22]

In Belgien trat am 1.6.2003 das Eheöffnungsgesetz vom 13.2.2003[23] in Kraft. Das I. Kapitel des V. Titels des belgischen c.c., welches sich mit den Ehevoraussetzungen befaßt, beginnt nunmehr mit folgendem Art. 143:

Art. 143 c.c. – Deux personnes de sexe different ou de même sexe peuvent contracter mariage.	**Art. 143 c.c.** – Eine Ehe kann durch zwei Personen verschiedenen oder gleichen Geschlechts geschlossen werden.

Anders als in den Niederlanden ist aber in Belgien die Adoption durch ein gleichgeschlechtliches Ehepaar ausgeschlossen, was durch die Neufassung des Art. 346 belg. c.c. klargestellt wird:

Art. 346 al. 1 c.c. – Nul ne peut être adopté par plusieurs si ce n'est par deux époux de sexe différent.	**Art. 346 Abs. 1 c.c.** – Keiner kann von mehreren Personen adoptiert werden, es sei denn durch zwei Ehegatten verschiedenen Geschlechts.

Entsprechende Klarstellungen finden sich auch in Art. 345 Abs. 2, 361 § 2 Abs. 1 und 368 § 3 Abs. 1. In diesem Punkt ist die gleichgeschlechtliche Ehe im belgischen Recht der herkömmlichen – verschiedengeschlechtlichen – Ehe also nicht gleichgestellt. Welche Konsequenzen dies in kollisionsrechtlicher Hinsicht hat, bleibt zu untersuchen.

C. Spanien

Als vorerst letzter Staat hat Spanien die gleichgeschlechtliche Ehe eingeführt. Das Gesetz zur Änderung des Eherechts vom 1. Juli 2005[24] trat am 3.07.2005 in Kraft. Art. 44 span. Código Civil wurde um einen 2. Absatz ergänzt:

Art. 44 CC. – El hombre y la mujer tienen derecho a contraer matrimonio conforme a las disposiciones de este Código.	**Art. 44 CC.** – Mann und Frau haben das Recht, gemäß den Bestimmungen dieses Gesetzbuches die Ehe zu schließen.

---

[22] Dazu *Pintens*, StAZ 2003, 321-292. Vgl. auch *Post*, StAZ 2002, 335-337.
[23] Wet tot openstelling van het huwelijk voor personen van hetzelfde geslacht en tot wijziging van een aantal bepalingen van het Burgerlijk Wetboek, Nr. 2003-820, Belgisch Staatsblad 2003 S. 9880.
[24] Ley 13/2005, de 1 de julio, por la que se modifica el Código Civil en materia de derecho a contraer matrimonio, B.O. num. 157 p. 23632.

El matrimonio tendrá los mismos requisitos y efectos cuando ambos contrayentes sean del mismo o de diferente sexo.	Die Ehe hat dieselben Voraussetzungen und Wirkungen, ob die Eheschließenden gleichen oder ob sie verschiedenen Geschlechts sind.

Unverändert blieb Art. 175 Abs. 4 S. 1 CC, wonach Ehegatten gemeinschaftlich adoptieren können.

II. Die kollisionsrechtliche Qualifikation der gleichgeschlechtlichen Ehe

A. Die Anknüpfungsalternative

Bei der gleichgeschlechtlichen Ehe handelt es sich um ein Institut, das im deutschen materiellen Recht nicht existiert. Die Qualifikation solcher dem eigenen Recht unbekannter Institute gestaltet sich stets besonders schwierig. Sie sind kollisionsrechtlich derjenigen Verweisungsnorm zuzuordnen, die ihnen inhaltlich am nächsten kommt. Im deutschen IPR könnte die gleichgeschlechtliche Ehe entweder dem Partnerschaftsstatut (Art. 17b EGBGB) oder den einschlägigen Ehestatuten (Art. 13 bis 17 EGBGB) zugeordnet werden. Dem deutschen Gesetzgeber hätte zum Zeitpunkt der Schaffung des Art. 17b EGBGB[25] am 16.02.2001 das am 16.12.2000 beschlossene niederländische Gesetz zur Einführung der gleichgeschlechtlichen Ehe eigentlich bekannt sein müssen. In der Gesetzesbegründung ist indes nur vom Rechtsinstitut der Eingetragenen Lebenspartnerschaft und von der sachrechtlichen Regelungsvielfalt die Rede.[26] Mit Rücksicht auf den Vertrauensschutz der Beteiligten hat der deutsche Gesetzgeber sich für die Anknüpfung an den Registrierungsort entschieden. Die Frage, wie eine gleichgeschlechtliche "Ehe" – die ja nach der Ansicht derjenigen Staaten, die sie zulassen, gerade keine eingetragene Partnerschaft ist – anzuknüpfen ist, hat der deutsche Gesetzgeber nicht geklärt. Zur Klärung dieser Frage könnte ein Blick auf die einschlägigen ausländischen Kollisionsrechte hilfreich sein (II). Kriterien für die Entscheidung dieser Frage können sich aus dem Begriff der Ehe (III), aus dem Ziel der Vermeidung hinkender Rechtsverhältnisse (IV) und aus dem europäischen Verfahrensrecht (V) ergeben.

B. Rechtsvergleichender Überblick

1. Niederlande

Das Eheöffnungsgesetz[27] hat – wie schon aus seinem vollen Titel hervorgeht – lediglich Vorschriften des BW geändert, das Gesetz über das Kollisionsrecht der

---

[25] Art. 1 des Gesetzes zur Beendigung der Diskriminierung gleichgeschlechtlicher Gemeinschaften: Lebenspartnerschaften vom 16. Februar 2001, BGBl. I S. 266.
[26] BT-Ds. 14/3751, S. 60, Abs. 5 der Erläuterungen zu § 63.
[27] S.o. Fn. 21.

Eheschließung[28] (EheschlKollG) blieb aber unverändert. Kürzlich ist das *Gesetz über das Kollisionsrecht der registrierten Partnerschaft vom 6.7.2004*[29] (LPartKollG) in Kraft getreten. Gemäß Art. 1 Abs. 1 LPartKollG richtet sich die Begründung einer registrierten Lebenspartnerschaft in den Niederlanden nach Art. 80a BW. Eine im Ausland begründete Lebenspartnerschaft wird – vorbehaltlich der ordre-public-Widrigkeit, Art. 3 – anerkannt, wenn sie nach dem Recht des Registerstaats wirksam ist (Art. 2 Abs. 1). Die persönlichen Rechtsbeziehungen zwischen Partnern von in den Niederlanden begründeten eingetragenen Lebenspartnerschaften richten sich nach niederländischem Recht (Art. 5 Abs. 1), für im Ausland begründete Lebenspartnerschaften ist das Recht des Registerstaates maßgeblich (Art. 5 Abs. 2). Die vermögensrechtlichen Beziehungen unterliegen dem von den Partnern gewählten Recht (Art. 6 Abs. 1). Wird keine Rechtswahl getroffen, ist für in den Niederlanden begründete Partnerschaften das niederländische Recht maßgeblich (Art. 7 Abs. 1), während für im Ausland begründete Partnerschaften auf das IPR des Registerstaates verwiesen wird (Art. 7 Abs. 2). Die Beendigung in den Niederlanden begründeter registrierter Partnerschaften unterliegt niederländischem Recht (Art. 22). Auch im Ausland begründete registrierte Partnerschaften unterliegen niederländischem Beendigungsstatut, die Partner können jedoch das Recht des Registerstaates wählen (Art. 23).

Das Ehekollisionsrecht ist demgegenüber in mehreren Gesetzen geregelt: für die Eheschließung in den Niederlanden ist das EheschlKollG,[30] für die Ehewirkungen das EhewirkKollG,[31] für die vermögensrechtlichen Beziehungen das EhegüterRKollG maßgeblich.[32] Für die Voraussetzungen der Eheschließung in den Niederlanden wird wahlweise auf das niederländische Recht und auf die Staatsangehörigkeit jedes Ehegatten abgestellt (Art. 2 EheschlKollG). Das EhewirkKollG stellt in Art. 1 nacheinander auf die gemeinsame Staatsangehörigkeit, den gemeinsamen gewöhnlichen Aufenthalt und die engste Verbindung der Ehegatten ab. Art. 3

---

[28] Wet van 7 september 1989, houdende regeling van het conflictenrecht inzake het huwelijk, in verband met de bekrachtiging van het Verdrag van 's-Gravenhage van 14 maart 1978 inzake de voltrekking en de erkenning van de geldigheid van huwelijken (Trb. 1987, 137), zuletzt geändert durch G. v. 6.7.2004 (Staatsblad 2004, 334). Deutscher Text (Auszug) idF des G. v. 8.3.2001 bei B/F/H, Niederlande, S. 28 f.

[29] Wet van 6 juli 2004, houdende regeling van het conflictenrecht met betrekking tot het geregistreerd partnerschap (Wet conflictenrecht geregistreerd partnerschap), Staatsblad 2004, 334.

[30] Vgl. Fn. 28.

[31] Wet van 16 september 1993, houdende regeling van het conflictenrecht inzake de persoonlijke rechtsbetrekkingen tussen de echtgenoten en de tussen hen bestaande vermogensrechtelijke betrekkingen die niet vallen onder het huwelijksvermogensregime (Wet conflictenrecht huwelijksbetrekkingen), Staatsblad 1993, 514; deutscher Text auszugsweise bei B/F/H, Niederlande, S. 29.

[32] Wet van 20 november 1991, houdende regeling van het conflictenrecht inzake het huwelijksvermogensregime en de vermogensrechtelijke betrekkingen van de echtgenoten ten opzichte van derden, mede in verband met de bekrachtiging van het op 14 maart 1978 te 's-Gravenhage tot stand gekomen Verdrag inzake het recht dat van toepassing is op het huwelijksvermogensregime (Trb. 1988, 130) (Wet conflictenrecht huwelijksvermogensregime), Staatsblad 1991, 628 m. späteren Änderungen; deutscher Text bei B/F/H, Niederlande, S. 31 f.

Abs. 1 EhewirkKollG wurde durch das LPartKollG um einen Buchst. e) ergänzt, der die Unvereinbarkeit von Ehe und gleichzeitiger Partnerschaft betrifft.[33] Das EhegüterRKollG hat das Haager Güterstandsübereinkommen von 1978 in das niederländische Recht inkorporiert.[34] Danach ist in erster Linie das von den Ehegatten gewählte Recht maßgeblich. Mangels Rechtswahl stellt Art. 4 des Haager Übk auf den ersten gemeinsamen gewöhnlichen Aufenthalt der Ehegatten ab.[35] Besitzen beide Ehegatten die niederländische Staatsangehörigkeit, so ist gemäß Art. 2 EhegüterRKollG iVm. Art. 4 Abs. 2 Nr. 1 des HaagerÜbk. das niederländische Recht maßgeblich.

Aus diesen Reglungen wird deutlich, daß die im materiellen Recht bestehende Alternative von (verschieden- oder gleichgeschlechtlicher) registrierter Partnerschaft und (verschieden- oder gleichgeschlechtlicher) Ehe im Kollisionsrecht ihre Entsprechung findet. Nach niederländischer Auffassung sind für gleichgeschlechtliche Ehen danach die kollisionsrechtlichen Vorschriften über die Ehe maßgeblich, während für registrierte Partnerschaften das LPartKollG gilt.

2. Belgien

In Belgien ist durch Gesetz vom 17.07.2004[36] ein IPR-Gesetzbuch (Code de droit international privé – c.d.i.p.) eingeführt worden, welches am 1.10.2004 in Kraft getreten ist.[37] Das Eheschließungsstatut ist in Art. 46 geregelt, welcher folgenden Wortlaut hat:

Art. 46 c.d.i.p. – Droit applicable à la formation du mariage.	Art. 46 IPRG. – Das auf die Eheschließung anwendbare Recht.
Sous réserve de l'article 47, les conditions de validité du mariage sont régies, pour chacun des époux, par le droit de l'État dont il a la nationalité au moment de la célébration du mariage.	Vorbehaltlich Art. 47 richten sich die Wirksamkeitsvoraussetzungen der Ehe für jeden Ehegatten nach dem Recht des Staates, dem er im Zeitpunkt der Eheschließung angehört.

---

[33] Art. 3 (1) EheschlKollG: Ongeacht artikel 2 kan geen huwelijk worden voltrokken indien die voltrekking onverenigbaar zou zijn met de openbare orde en in ieder geval indien: ... e. in strijd zou worden gehandeld met het voorschrift dat zij die een huwelijk willen aangaan, niet tegelijkertijd door een geregistreerd partnerschap mogen zijn verbonden. – Ungeachtet Art. 2 kann eine Ehe nicht geschlossen werden, wenn die Eheschließung mit der öffentlichen Ordnung unvereinbar ist, und in jedem Fall, wenn ... e. im Gegensatz zu der Vorschrift gehandelt wird, daß diejenigen, die eine Ehe eingehen wollen, nicht zugleich in registrierter Partnerschaft verbunden sein dürfen.
[34] Einzelheiten bei B/F/H, Niederlande, S. 30 Fn. 68 f. Text des Übk. bei B/F/H, Internationale Abkommen, B 1 (S. 39 ff.).
[35] B/F/H, Niederlande, S. 32.
[36] Loi du 16 juillet 2004 portant le Code de droit international privé, Moniteur Belge v. 27.07.2004
[37] Vgl. dazu *Pintens*, StAZ 2004, 290, 292.

L'application d'une disposition du droit désigné en vertu de l'alinéa 1er est écartée si cette disposition prohibe le mariage de personnes de même sexe, lorsque l'une d'elles a la nationalité d'un État ou a sa résidence habituelle sur le territoire d'un État dont le droit permet un tel mariage.	Eine Vorschrift des nach Abs. 1 maßgeblichen Rechts, die die Ehe von Personen gleichen Geschlechts verbietet, ist nicht anzuwenden, wenn eine der Personen die Staatsangehörigkeit eines Staates besitzt oder ihren gewöhnlichen Aufenthalt auf dem Gebiet eines Staates hat, dessen Recht eine solche Ehe erlaubt.

Im IV. Kapitel (Art. 58 bis 60) regelt der c.d.i.p. das Kollisionsrecht der "relation de vie commune". Hierunter sind gemäß Art. 58 alle Formen des Zusammenlebens zu verstehen, die eine staatliche Registrierung erfordern und nicht zu einem ehegleichen Band *(lien équivalent au mariage)* zwischen den Zusammenlebenden führen. Da das belgische Recht – anders als das niederländische – gleichgeschlechtliche Partnerschaften unterhalb der Ehe nur in Form der *cohabitation légale* (Art. 1475 ff. c.c. belge) kennt,[38] ist klar, daß die gleichgeschlechtliche Ehe nicht unter das Kohabitationsstatut des Art. 58, sondern unter das Ehestatut des Art. 46 c.d.i.p. fällt. Auch das belgische Recht macht somit kollisionsrechtlich keinen grundsätzlichen Unterschied zwischen verschiedengeschlechtlichen und gleichgeschlechtlichen Ehen.

3. Spanien

Das spanische internationale Privatrecht ist in Art. 8-12, 49, 50 und 107 Código Civil (CC) geregelt.[39] Das Eheschließungsänderungsgesetz vom 1.7.2005,[40] welches die Ehe für gleichgeschlechtliche Partner öffnete, hat diese Vorschriften nicht geändert. Dies war auch nicht erforderlich, denn die für die Ehe maßgeblichen Art. 9, 49, 50 und 107 sprechen geschlechtsneutral stets von "Ehe", "Ehegatten" etc., so daß sie problemlos auf die gleichgeschlechtliche Ehe anwendbar sind. Eine Kollisionsnorm für gleichgeschlechtliche Partnerschaften unterhalb der Ehe enthält der Código Civil nicht, solche Partnerschaften kommen lediglich in den Rechten der spanischen Teilrechtsgebiete vor.[41] Auch das spanische IPR knüpft danach gleichgeschlechtliche Ehen ebenso an wie verschiedengeschlechtliche.

C.   Die Bedeutung des Ehebegriffs für die Qualifikation

1.   Der materiellrechtliche Ehebegriff

Eine allgemeine Definition der Ehe sucht man im BGB ebenso vergeblich wie in den übrigen hier behandelten europäischen Rechtsordnungen. Die Ehe wird nicht

---

[38] Vgl. oben bei Fn. 3.
[39] Vgl. B/F/H, Spanien, S. 18. Deutscher Text ebd. S. 28 ff., 33, 41.
[40] Ley 13/2005, de 1 de julio, por la que se modifica el Código Civil en materia de derecho a contraer matrimonia, BOE No. 157, p. 23632 (vgl. o. Fn. 20).
[41] Vgl. Fn. 17.

definiert, sondern als gegeben vorausgesetzt. Dies verwundert nicht, denn der Begriff hat jahrhundertealte Tradition. Der abendländische Ehebegriff ist geprägt von der Auffassung der christlichen Kirche, die sich in Europa im 12. Jahrhundert durchgesetzt hatte[42] und bis heute nachwirkt. Gestützt auf Eph. 5, 32, wo die Ehe ein Mysterium genannt wird,[43] was die Vulgata mit *Sacramentum* übersetzte,[44] erkennt die katholische Kirche die Ehe als Sakrament an. Canones 1055 f. Codex Iuris Canonici lauten:[45]

Can. 1055. § 1. – Matrimoniale foedus, quo vir et mulier inter se totius vitae consortium constituunt, indole sua naturali ad bonum coniugum atque ad prolis generationem et educationem ordinatum, a Christo Domino ad sacramenti dignitatem inter baptizatos evectum est.

§ 2. – Quare inter baptizatos nequit matrimonialis contractus validus consistere, quin sit eo ipso sacramentum.

Can 1056. – Essentiales matrimonii proprietates sunt unitas et indissolubilitas, quae in matrimonio christiano ratione sacramenti peculiarem obtinent firmitatem.

Can. 1055. § 1. – Der Ehebund, durch den Mann und Frau eine Gemeinschaft des ganzen Lebens begründen, die nach ihrer natürlichen Eigenart auf das Wohl der Ehegatten sowie auf die Zeugung und Erziehung von Nachkommenschaft hingeordnet ist, wurde durch Christus, den Herrn, zwischen Getauften zur Würde eines Sakramentes erhoben.

§ 2. – Deshalb kann es zwischen Getauften keinen gültigen Ehevertrag geben, ohne daß er zugleich Sakrament ist.

Can. 1056. – Die wesentlichen Eigenschaften der Ehe sind die Einheit und Unauflöslichkeit, die in der christlichen Ehe durch das Sakrament eine besondere Festigkeit erlangen.

Dieser Ehebegriff ist nach seinem Wortlaut und seinem Inhalt auf die Gemeinschaft zwischen Mann und Frau zugeschnitten. Eine Verbindung zwischen zwei Männern oder zwei Frauen kann keine Ehe iSv. Can. 1055 CIC sein.

Nach protestantischem Kirchenrecht ist die Ehe zwar kein Sakrament,[46] auch hier handelt es sich aber um eine Verbindung zwischen Mann und Frau. Am deutlichsten geht dies aus Matthäus 19 Vers 4-6 hervor:[47]

Matth. 19, 4. Er antwortete aber und sprach zu ihnen: Habt ihr nicht gesehen, daß, der im Anfang den Menschen gemacht hat, der machte, daß ein Mann und ein Weib sein sollte,

---

[42] *MünchKomm/Koch* Einl. vor § 1297 BGB, RdNr. 2.
[43] Deutscher Text in der Übersetzung von *Martin Luther*: "Das Geheimnis ist groß; ich sage aber von Christo und der Gemeinde."
[44] Vgl. Meyers Konversationslexikon, 5. Aufl. 1895, 5. Band, S. 409 (Stichwort Ehe).
[45] Quelle: <www.codex-iuris-canonici.de>. Deutscher Text: B/F/H, Religiöse Eherechte, Das katholische Eherecht, S. 2.
[46] B/F/H, Religiöse Eherechte – Protestanten, S. 2.
[47] Quelle: Die Bibel nach der deutschen Übersetzung D. *Martin Luthers*, Stuttgart 1913.

5. und sprach: "Darum wird ein Mensch Vater und Mutter verlassen und an seinem Weibe hangen, und werden die zwei ein Fleisch sein"?

6. So sind sie nun nicht zwei, sondern ein Fleisch. Was nun Gott zusammengefügt hat, das soll der Mensch nicht scheiden.

Nun gibt es neben dem kirchlichen Ehebegriff auch einen solchen des weltlichen Rechts, der sich insbesondere in dem in Can. 1056 CIC genannten Punkt von jenem unterscheidet: bekanntlich ist die bürgerliche Ehe nicht mehr unauflöslich, sondern kann meist ohne große Schwierigkeiten geschieden werden. Auch die Hinordnung auf die Nachkommenschaft ist nicht mehr Bestandteil des bürgerlichen Ehebegriffs. Im deutschen Recht steht die Ehe gemäß Art. 6 I GG unter dem besonderen Schutz der staatlichen Ordnung. In seiner Entscheidung über die Verfassungsmäßigkeit des Lebenspartnerschaftsgesetzes hat das BVerfG die Ehe als "die Vereinigung eines Mannes mit einer Frau zu einer auf Dauer angelegten Lebensgemeinschaft" bezeichnet und festgestellt, daß die eingetragene Lebensgemeinschaft keine Ehe iSv. Art. 6 GG ist.[48] Die Geschlechtsverschiedenheit ist also nach wie vor Bestandteil des materiellrechtlichen, verfassungsrechtlich abgesicherten Ehebegriffs des deutschen Rechts.

2. Der kollisionsrechtliche Ehebegriff

Damit stellt sich die Frage, ob diese Auslegung des Ehebegriffs in Art. 6 I GG auch für die kollisionsrechtliche Anknüpfung in Art. 13, 14 und 17 EGBGB maßgeblich ist. Zwar steht seit dem Spanier-Beschluß des BVerfG[49] fest, daß sich sowohl die deutschen kollisionsrechtlichen Normen als auch etwa anwendbare ausländische Normen am Grundgesetz messen lassen müssen, wobei die Prüfung ausländischen Rechts mittelbar über den ordre public (Art. 6 EGBGB) erfolgt. Es ist aber nicht ersichtlich, inwieweit die Qualifikation einer nach ausländischem Recht begründeten gleichgeschlechtlichen Ehe als Ehe iSv. Art. 13 bis 17 EGBGB gegen Art. 6 I GG verstoßen könnte. Die kollisionsrechtliche Anknüpfung allein vermag das Institut der Ehe iSv. Art. 6 I GG nicht zu gefährden. Die kollisionsrechtlichen Begriffe sind bekanntlich weiter zu fassen als die Begriffe des eigenen materiellen Rechts, um auch solche Institute ausländischen Rechts erfassen zu können, die dem inländischen Recht unbekannt sind.[50] Von Verfassungs wegen erscheint es deshalb nicht ausgeschlossen, eine gleichgeschlechtliche Ehe ausländischen Rechts unter Art. 13 bis 17 EGBGB zu subsumieren. Zu beachten ist jedoch, daß der deutsche Gesetzgeber für eingetragene Lebenspartnerschaften in Art. 17b EGBGB eine eigene Kollisionsnorm geschaffen hat, die nur für gleichgeschlechtliche, nicht auch für verschiedengeschlechtliche Partnerschaften gilt.[51] Diese Norm ist bei der Qualifikation der gleichgeschlechtlichen Ehe

---

[48] BVerfG, Urteil v. 17. Juli 2002, BVerfGE 105, 313, 345 = BGBl I 2002, 3197 = FamRZ 2002, 1169 = NJW 2002, 2543 (unter A II 1 b aa). Vgl. vorher schon BVerfGE 10, 59, 66 = FamRZ 1959, 416; 29, 166, 176 (unter B II 2); 62, 323, 330 = FamRZ 1983, 251 m. Anm. *Bosch* sowie Anm. *Schneider* ebd. 668 = IPRax 1983, 88, 89 (unter B I 1).
[49] BVerfGE 31, 58 = NJW 1971, 1509.
[50] Vgl. *Röthel*, IPRax 2002, 496, 498.
[51] So zutreffend *Wasmuth* 242.

zu berücksichtigen. Die Frage, ob die gleichgeschlechtliche Ehe als Ehe iSv. Art. 13 bis 17 EGBGB[52] oder als eingetragene Partnerschaft iSv. Art. 17b EGBGB[53] zu behandeln ist, läßt sich mit dem materiellrechtlichen Ehebegriff allein nicht klären.

D. Vermeidung hinkender Rechtsverhältnisse

Beurteilt man die Wirksamkeit einer in den Niederlanden zwischen einem deutschen und einem niederländischen Partner geschlossenen gleichgeschlechtlichen Ehe nach Art. 13 EGBGB, so wäre für den deutschen Partner das deutsche Recht maßgeblich. Nach deutschem Recht gehört, wie oben dargelegt, die Geschlechtsverschiedenheit zu den Voraussetzungen der Ehe. Ein Deutscher kann daher eine gleichgeschlechtliche Ehe nicht wirksam eingehen.[54] In den Niederlanden kann gemäß Art. 2 Buchst. 1 EheschlKollG[55] eine gleichgeschlechtliche Ehe zwischen einem deutschen und einem niederländischen Staatsbürger geschlossen werden, wenn der niederländische Partner seinen gewöhnlichen Aufenthalt in den Niederlanden hat; die Entstehung hinkender Ehen wäre im deutsch-niederländischen Verhältnis also vorprogrammiert. Für Belgien gilt dies gemäß Art. 46 Abs. 2 EhekollG[56] entsprechend.[57] Knüpft man die Verbindung dagegen nach Art. 17b EGBGB an, so wäre das niederländische Recht maßgeblich, die "Ehe" wäre danach wirksam, wäre aber, soweit deutsches Recht maßgeblich ist, nur als eingetragene Lebenspartnerschaft zu behandeln und unterläge auch im übrigen der Wirkungsbegrenzung durch Art. 17b Abs. 4 EGBGB. Sie wäre also nicht gemäß § 11 PStG in das Heiratsbuch, sondern ggf. entsprechend den landesrechtlichen Vorschriften in das Lebenspartnerschaftsbuch einzutragen. Die Verbindung würde zwar insofern "hinken", als sie in den Niederlanden als Ehe, in Deutschland als registrierte Partnerschaft behandelt würde, sie wäre aber jedenfalls wirksam. Dieses Ergebnis scheint der gesetzlichen Begründung für die Anknüpfung gleichgeschlechtlicher Partnerschaften an den Registerort zu entsprechen: diese soll verhindern, daß einer Vielzahl ausländischer Staatsangehöriger selbst nach langjährigem Inlandsaufenthalt die Begründung einer Lebenspartnerschaft versagt bleibt, weil ihr Heimatrecht ein solches Rechtsinstitut (noch) nicht kennt.[58] Diese Begründung ist unabhängig davon,

---

[52] *Gebauer/Staudinger* IPRax 2002, 275, 277; *Röthel* IPRax 2002, 496, 498; *MünchKomm/Coester*, Art. 17b EGBGB, RdNr. 145; *Forkel*, Eingetragene Lebenspartnerschaften im deutschen IPR: Art. 17b EGBGB, 2003, S. 74 ff., 80.
[53] *Hausmann*, in: Festschrift Henrich, 2000, S. 241, 251; *Henrich* IPRax 2002, 137, 138; *Wasmuth* 243; *Staudinger/Mankowski* (2003), Art. 13 EGBGB, RdNr. 180; *AnwK-BGB/Andrae*, 2005, Art. 13 EGBGB RdNr. 50.
[54] *MünchKomm/Coester* Art. 13 EGBGB RdNr. 50; *Henrich* FamRZ 2002, 137, 138; *Röthel* IPRax 2002, 496, 498; *Kemper* FPR 2003, 1, 2.
[55] Vgl. Fn. 28.
[56] Vgl. o. S. 7.
[57] Anders im Verhältnis zu Spanien: Der für den Personenstand und damit – mangels einer entsprechenden speziellen Anknüpfungsnorm – für die Eheschließung maßgebliche Art. 9 Abs. 1 CC verweist auf das Heimatrecht der Person; dies entspricht i.E. Art. 13 I EGBGB. Daraus folgt, daß in Spanien gleichgeschlechtliche Ehen mit deutschen Partnern nicht geschlossen werden können.
[58] Begründung zu Art. 17a (jetzt 17b) EGBGB, Drucks. 14/3751, S. 60.

welche Rechtswirkungen der Registerstaat der Lebenspartnerschaft zubilligt und wie er sie bezeichnet, sie trifft also grundsätzlich auch auf gleichgeschlechtliche Ehen zu. Sie greift aber dann nicht, wenn der Eheschließungsstaat den Ehepartnern nicht nur die Ehe, sondern wahlweise auch eine registrierte Partnerschaft zur Verfügung stellt, wie dies nicht nur in den Niederlanden, sondern – abgemildert – auch in Belgien und in Spanien (nämlich: in den spanischen Teilrechtsgebieten)[59] der Fall ist. Denn dann können die Partner selbst entscheiden, ob sie eine hinkende Ehe oder eine in ihrer beider Heimatland anerkannte registrierte Partnerschaft begründen wollen. Daß künftig ein Staat die gleichgeschlechtliche Ehe zuläßt, ohne zugleich auch eine wie auch immer geartete Form der registrierten Partnerschaft anzubieten, ist eher unwahrscheinlich. Selbst wenn dies aber geschehen sollte, vermöchte das Argument der Vermeidung hinkender Rechtsverhältnisse letztlich nicht den Ausschlag zugunsten der Anknüpfung an Art. 17b EGBGB zu geben. Von der Funktion beider Institute liegt es näher, den entscheidenden Unterschied der eingetragenen Partnerschaft zur Ehe nicht in der Frage des Geschlechts der Partner zu sehen, sondern in ihrer *inhaltlichen Konzeption* als aliud zur Ehe.[60] Konzipiert ein ausländisches Recht die gleichgeschlechtliche Ehe nicht als aliud, sondern als wesensgleich mit der Ehe, so sollte dies kollisionsrechtlich respektiert werden, auch wenn das deutsche Recht diese Konzeption materiellrechtlich nicht teilt. Daß dies zu hinkenden Rechtsverhältnissen führen kann, muß hingenommen werden. Auch polygame Ehen werden ja vom deutschen Kollisionsrecht als Ehen qualifiziert und deshalb, wenn ein deutscher Staatsbürger beteiligt ist, mit der Aufhebbarkeit sanktioniert (§§ 1306, 1314 I BGB),[61] was letztlich zu hinkenden Rechtsverhältnisses führt. Zwar besteht insoweit kollisionsrechtlich – anders als bei der gleichgeschlechtlichen Ehe – keine Konkurrenz zu einem anderen Statut; dies kann aber nicht dazu führen, die von der Funktion des ausländischen Instituts her angemessene Qualifikation als Ehe iSv. Art. 13 bis 17 EGBGB zugunsten einer Qualifikation als Partnerschaft iSv. Art. 17b EGBGB aufzugeben. Wer als Deutscher eine gleichgeschlechtliche Ehe eingeht, muß wissen, daß diese in Deutschland nicht von Bestand ist, mag ihm das Recht des Eheschließungsstats nun eine Alternative in Form einer registrierten Partnerschaft anbieten oder nicht.[62]

E.   Der Ehebegriff im europäischen Verfahrensrecht

Die internationale Zuständigkeit in Ehesachen und in damit verbundenen Sorgerechtssachen sowie die Anerkennung von Entscheidungen auf diesen Gebieten ist innerhalb der EU – mit Ausnahme Dänemarks – durch die Verordnung (EG) Nr. 2201/2003[63] geregelt (EheVO II, "Brüssel IIa"). In Unterhaltssachen gilt die

---

[59] Vgl. Fn. 17.
[60] *MünchKomm/Coester* Art. 17b EGBGB RdNr. 146 f.
[61] *MünchKomm/Coester* Art. 13 EGBGB RdNr. 63.
[62] Ebenso *MünchKomm/Coester* Art. 17b RdNr. 145.
[63] Verordnung (EG) Nr. 2201/2003 des Rates über die Zuständigkeit und die Anerkennung und Vollstreckung von Entscheidungen in Ehesachen und in Verfahren betreffend die elterliche Verantwortung und zur Aufhebung der Verordnung (EG) Nr. 1347/2000 vom 27.11.2003, ABl. EG 2003 Nr. L 338 vom 23.12.2003, S. 1 ff.

Verordnung (EG) Nr. 44/2001[64] (EuGVO, "Brüssel I"). Sie schließt in ihrem Art. 1 Abs. 1 lit. a die "ehelichen Güterstände" aus ihrem Anwendungsbereich aus. Es fragt sich, ob Streitigkeiten im Zusammenhang mit gleichgeschlechtlichen Ehen unter den Ehebegriff dieser beiden Verordnungen fallen. Der EuGH hat sich hierzu noch nicht geäußert. Er hat in einer vor der Zulassung der gleichgeschlechtlichen Ehe in den Niederlanden ergangenen Entscheidung[65] bisher lediglich festgestellt, daß eine registrierte Partnerschaft keine Ehe iSd. Statuts der Beamten der Europäischen Gemeinschaften ist, so daß registrierte Partner keine Haushaltszulage nach Anhang VII Art. 1, II dieses Statuts erhalten.[66] Diese Entscheidung läßt sich nicht ohne weiteres auf den verfahrensrechtlichen Ehebegriff der EheVO und der EuGVO übertragen. Hinzu kommt, daß der EuGH in der Begründung wesentlich darauf abgestellt hat, daß sich die bis dahin aus den Rechten der Mitgliedstaaten bekannten registrierten Partnerschaften in ihren Wirkungen sämtlich von dem Institut der Ehe unterschieden.[67] Dies trifft auf die gleichgeschlechtliche Ehe nicht zu, sie unterscheidet sich – wenn man einmal von der gemeinschaftlichen Adoption absieht, die in Belgien verschiedengeschlechtlichen Ehepaaren vorbehalten ist[68] – nicht von der verschiedengeschlechtlichen Ehe.

Schon im Zusammenhang mit dem EuGVÜ hatte sich der EuGH für eine autonome Auslegung entschieden.[69] Dies muß in gleicher Weise für die EuGVO und die EheVO gelten. Neben den bekannten Auslegungskriterien (Wortlaut, Systematik, Zweck) gibt es auf europäischer Ebene zwei Besonderheiten: die Beachtung des *"effet utile"* und die Heranziehung des Rechts der Mitgliedstaaten im Wege der *rechtsvergleichenden Auslegung*.[70] Wesentliches Ziel der neuen wie der alten EheVO ist die Gewährleistung des freien Verkehrs der Entscheidungen in Ehesachen und in Verfahren über die elterliche Verantwortung innerhalb der Gemeinschaft.[71] Im Sinne dieses Ziels liegt es, den Begriff der Ehesache möglichst weit zu fassen. Laut Erwägungsgrund 9 Satz 1 zur alten EheVO schließt der Anwendungsbereich ausdrücklich Verfahren ein, die nur in einigen Mitgliedstaaten als Ehesachen zugelassen sind. Dies bezog sich auf in einem Mitgliedstaat amtlich anerkannte Verfahren in Ehesachen auf Verwaltungsebene, wie sie in Dänemark und Finnland vorkommen.[72] Wenn aber der Verfahrensbegriff großzügig ausgelegt wird, warum sollte dies nicht auch für den Begriff der Ehe angezeigt sein? Verfahren im Zusammenhang mit gleichgeschlechtlichen Ehen kommen derzeit in drei EU-Mitgliedstaaten vor. Es wundert nicht, daß von niederländischer Seite die Meinung vertreten wird, die niederländische gleichgeschlechtliche

---

[64] Verordnung (EG) Nr. 44/2001 des Rates vom 22.12.2000 über die gerichtliche Zuständigkeit und die Anerkennung und Vollstreckung von Entscheidungen in Zivil- und Handelssachen.
[65] EuGH, Urteil v. 31.5.2001, EuGHE I 2001, 4319 = FamRZ 2001, 1053.
[66] EuGH aaO. Nr. 37.
[67] EuGH aaO. Nr. 36.
[68] Vgl. o. A.II.
[69] *Kropholler*, Europäisches Zivilprozeßrecht, 7. Aufl. 2002, Einl. RdNr. 41.
[70] *Kropholler* aaO. RdNr. 47, 49.
[71] Vgl. Erwägungsgrund 7 zur alten VO (EG) Nr. 1347/2000 (EheVO I).
[72] Einzelheiten siehe im Erläuternden Bericht zum EuGVÜ von *Alegría Borrás*, ABl. EG C/221 v. 16.7.1998, S. 9 zu Nr. 10 A.

Ehe falle unter die EheVO.[73] Wenn Personen gleichen Geschlechts sowohl die Ehe als auch die eingetragene Partnerschaft wählen können, dann macht es wenig Sinn, ihnen, wenn sie die Ehe wählen, die Anwendung der für dieses Institut geltenden besonderen Verfahrensvorschriften zu verweigern. Diese Erwägung trifft zwar nur zu, wenn beide Möglichkeiten nebeneinander gegeben sind, was bisher nur in den genannten drei von den 25 EU-Staaten der Fall ist. Andererseits wurden aber – wie erwähnt – die Verwaltungsverfahren in Ehesachen in die EheVO einbezogen, obwohl sie nur in zwei EU-Staaten vorkommen. Das quantitative Argument (die Regelung sei zu wenig verbreitet) kann hier ebensowenig entscheidend sein wie das zeitliche (die Regelung sei zu jung).[74] Eine tolerante Auslegung iS. einer verfahrensrechtlichen Anerkennung der gleichgeschlechtlichen Ehe fördert die Integration innerhalb der EU und entspricht deshalb dem *effet utile*.[75]

Die Anerkennung der gleichgeschlechtlichen Ehe als Ehe iSd. EheVO würde bedeuten, daß aufgrund der Aufenthaltszuständigkeit gemäß Art. 3 EheVO ggf. Gerichte eines Staates über die Auflösung der Ehe entscheiden müßten, deren Recht eine solche Ehe nicht kennt. Das ist aber nichts Ungewöhnliches. Wenn aufgrund der europäischen Zuständigkeitsordnung für die Scheidung einer gleichgeschlechtlichen Ehe deutsche Gerichte zuständig sind, so scheint mir dies weder deren Fähigkeiten zu überfordern, noch sehe ich in irgendeiner Weise das Institut der Ehe iSv. Art. 6 I GG gefährdet. Ist die Scheidung nach deutschem Recht vorzunehmen (Bsp.: ein niederländisch-belgisches Paar verlegt seinen gemeinsamen gewöhnlichen Aufenthalt nach Deutschland),[76] so gibt es ein Transpositions- oder Substitutionsproblem, weil das deutsche Recht eine solche "Ehe" nicht kennt. Es bietet sich an, diese "Ehe" im Wege der Substitution als registrierte Partnerschaft zu behandeln.[77]

F. Ergebnis

Im Ergebnis ist festzuhalten, daß die gleichgeschlechtliche Ehe, wie sie innerhalb der EU derzeit in den Niederlanden, Belgien und Spanien vorkommt, kollisionsrechtlich als Ehe iSv. Art. 13 bis 17 EGBGB zu qualifizieren ist. Auch im Rahmen der europäischen Verfahrensordnung ist sie als Ehe anzuerkennen, d.h. sie unterfällt den Zuständigkeitsregelungen der EheVO und – für Unterhaltsfragen – der EuGVO.

---

[73] *d'Oliveira*, in: Liber amicorum Kurt Siehr, 2000, S. 534; *Boele-Woelki*, ZfRV 2001, 121, 127; vgl. auch den Tagungsbericht von *Jayme*, IPRax 2002, 63, 64.
[74] Vgl. zu beiden Argumenten *Dilger*, Die Regelungen zur internationalen Zuständigkeit in Ehesachen in der Verordnung (EG) Nr. 2201/2003, 2004, RdNr. 123.
[75] A.A. *Dilger* aaO. (vorige Fn.), RdNr. 120 ff.; *Helms* FamRZ 2002,1593, 1594.
[76] *MünchKomm/Coester* Art. 13 RdNr. 52.
[77] *MünchKomm/Coester* Art. 13 RdNr. 52.

Company law and Freedom of Establishment in the EU

*Eddy Wymeersch**

The four basic EU treaty freedoms – labor, capital, establishment and services – are the essential building blocks for the creation of the economic union. For physical persons, freedom of establishment is quite easy to understand, for legal entities it is a more abstract notion. Moreover, freedom for legal entities can take several forms: they could move their legal presence to another state, establish a branch, take a stake in another legal entity, or merge with a foreign legal person. States have been rather restrictive in allowing free movement of persons: express restrictions have been abolished or at least condemned in the European Court of Justice's case law, but indirect rules continue to exist and are often difficult to spot. Company law rules have long been used as one of the techniques for restricting access to foreign entrants. This paper, in homage to professor Ansay, will identify some of the recent developments in European case law, whereby the Court is gradually unlocking the doors on company mobility.

The issue of company mobility is not a politically neutral one: legislators are afraid that foreign companies, moving to their jurisdictions, would undermine the existing provisions aimed at protecting the interests of creditors and employees. Therefore they often impose local rules to foreign entrants, even under the threat of simply refusing access. Here one meets a question of regulatory competition, which regulators often combat by introducing harmonization rules.

In other cases, legislators restrict mobility to avoid national companies to emigrate to a more clement legal environment: taxation differences are not the only driver. Especially those jurisdictions in which employee co-decision or co-determination is considered a central building block for social cohesion, have deployed very considerable efforts to protect their system against any attempt of their companies to move to different legal systems.

The joint issue of company law and regulatory competition has been on the agenda for a very long time, in fact since the early years of the European Community. In 1968, it should be reminded, a treaty was proposed between the original six member states, dealing especially with mutual recognition of companies.

It was never approved: the Netherlands refused to ratify because they had recently changed their domestic law from a "real seat" system into an "incorporation" system. The grounds for this change are not very clear: some say it has to do with the country's

---

* Professor at the University of Gent (Belgium).

important multinationals (Shell, Unilever, KLM, Akzo) that wanted to swarm out all over the world as Dutch legal entities, and thereby enjoy the same benefits as their US and UK competitors. As a consequence, the treaty fell through. Although the mutual recognition of companies originating from other EU member states never was put on the agenda again, the question has de facto become moot and obviously never constituted a significant problem, until recently when it lead to very important decisions of the European Court of Justice.

Several cross border issues call for attention: the transfer of the company seat raises several technical issues – registration, notification, disclosure, etc – but mainly may change the applicable legal regime: would the company continue to exist under its previous regime, or would it have to conform to its new domicile? Complex questions arise, if the seat is transferred from an incorporation state, to a "real seat" state, and vice versa. But also between states with the same regime, question of seat transfer may lead into unknown territory.

The establishment of a branch is an important form of cross border establishment. For several reasons, companies often prefer to constitute subsidiaries, there where in an European logic, branching should be supported. Restrictions on establishing branches have been harmonized in the 12th company law directive,[1] whereby procedures and safeguards have been spelled out. However, even today, the regime for foreign braches is still different from the regime applicable to local branches, e.g. as far as disclosure is concerned. Moreover, de facto administrative procedures may still constitute a handicap.[2]

A third, important form of cross border establishment is the cross border merger. The subject has been on the harmonization agenda for several decennia – the proposal for a 10th company law directive dates back to 1985[3] – but finally seems on the way to receive a satisfactory answer[4] At first sight, the topic seems quite parochial: why should a cross border merger be more difficult than a national one? However, the political importance in some member states (esp. Germany) of the codetermination

---

[1] 11th Company law directive, 89/666 of 21 December 1989, OJ, L 395 of 30 December 1989.
[2] *See* Slim (Simpler Legislation for the Internal Market) report <europa.eu.int/comm/internal_market/en/update/slim/slim4en.pdf>; On the working party's report, *see* <www.law.rug.ac.be/fli/WP/>; C. DE VOS, "Het SLIM IV Project van de Europese Commissie Harmonisatie door Deregulering van het Europees Vennootschapsrecht", T.B.H. 2000, 608-613; E. *Wymeersch*: "European Company Law: 'The Simpler Legislation for the Internal Market' (SLIM) – Initiative of the EU Commission", Nordisk Tidsskrift, November 2000/2, 126-134; for a critical analysis: *Schutte Veenstra* and *Gepken-Jager*, "New Directions In European Company Law", Ondernemingsrecht 1999, 271.
[3] Proposal of 14 January 1985 for a Tenth Council Directive based on Art. 53 (3) (g) of the Treaty concerning cross-border mergers of public limited companies, COM(84) 727, OJ C 23, 25.1.1985, 11-15.
[4] Proposal for a Directive of the European Parliament and of the Council on cross-border mergers of companies with share capital, *see* <www.europa.eu.int/comm/internal_market/en/company/company/mergers/mergers_en.htm>.

issue has prevented a solution for so long a time. It is only recently, after an agreement was reached on the Statute for a European Company, and that a satisfactory, although very complex regime was worked out for employee rights in the cross border formation of a European company,[5] that a new proposal seems on the way of final adoption.

Among the lawyers, these subjects remained very controversial and were mainly translated in terms of the opposition between the incorporation doctrine and the real seat doctrine, the former being followed mainly in the northern states, the latter in the southern ones. Symposia where organised where the conflict between the two systems were exposed in rather antagonistic terms.

Alongside came the question of harmonisation. The need for harmonisation has been based on several grounds: at least in some cases, harmonisation has been advocated to avoid regulatory underbidding. There is some evidence that in the 1960s the five member states were rather jealous about the more flexible corporate law system of one of the member states and imposed harmonisation to avoid that member state to become too assertive in terms of competition. This could be identified as negative charter competition. The different attempts made by the commission to introduce harmonised rules were not successful: after the old proposals for cross border mergers, there was in the late 90s, a work document from the Commission spelling out the technical prerequisites for transferring the seat to another jurisdiction, but obviously it did not find sufficient support in the Member States, and did not deal with the above mentioned controversy. States were not interested in harmonising rules out of fear for competition and as their perceived national interests were at stake. It's interesting to notice that neither the politicians, nor the Commission, in fact nobody has been able to agree on a workable system. In fact, in several jurisdictions, cross border mergers and even seat transfers have been practiced for years without any noticeable problem.

Then came the four court cases. In fact there are more but the four most significant cases are the following:

- "Daily Mail"[6] is the first one and concerns the emigration attempt of a UK company to the Netherlands to take advantage of the more favourable tax treatment in that country. The court rendered a very complicated decision but at that time obviously people were very confused about the outcome which seemed to plead for the status quo with respect to the two mentioned doctrines – although one feels that the court was rather sympathetic with the UK Treasury's position saying that the company had to pay its taxes before it leaves the jurisdiction.
- The next more important case was Centros.[7] Centros is a case in which a UK company – once more – opened an office in Denmark, its main and only office, and

---

[5] Regulation (EC) 2001/2157 of 8.10.2001 on the Statute for a European company (SE), OJ L 294, 10/11/2001, p. 0001-0021.
[6] The Daily Mail Case: Case 81/87 *The Queen v. Treasury and Commissioners of Inland Revenue, ex parte Daily Mail and General Trust* [1988] ECR 5483.
[7] *Centros Ltd and Erhvervs-og Selskabsstyrelsen*, 9 March 1999, Case C 212-97, ECR, I-1459 ; For a more detailed analysis, *see* E.Wymeersch, The transfer of the company's seat in European

wanted to be registered with the Danish authorities. These refused the registration, unless the company complied with local Danish requirements, especially to show a legal capital complying with the Danish minimum capital rules, which are much higher than the UK ones. One should know that, according to the UK law, you can incorporate a private company limited with £1 capital, while in Denmark, as in many other EU states, one has to put up considerable amounts of capital, while other organisational requirements (e.g, to have a board of directors) are applicable. The case was brought before the European Court of Justice: it held the Danish position contrary to EU law. Companies created in one EU state are free to establish themselves in any other state without any additional obligation being imposed. This was analysed by many as the endorsement of the incorporation doctrine in EU law. The argument of the Danish government – based on the "general good doctrine" – that the capital requirement was necessary to protect creditors as had been recognised in the Second European Company Law directive on capital was rejected: if a UK company had established a branch in Denmark, freedom of establishment would have prevented the Danish law to impose any local capital requirement. Hence the Danish creditors in this case should not enjoy a better protection. This reasoning has been read by some as a serious criticism of the doctrine of legal capital, keeping in mind that the UK imposes no minimum requirement for private companies limited.

- The next decision is known as Überseering.[8] This was a referral by the German Supreme Court. German company law adheres to a rather strict reading of the real seat doctrine: foreign companies establishing themselves in Germany should either reincorporate according to German law, or will be denied existence, including ability to act as a legal person. They would be considered as unincorporated entities resulting in indefinite liability of their members. There was some shift in recent German case law stating that these foreign companies might be qualified as an Offene Handelsgesellschaft, a company type with restricted legal personality.

The case concerned a Dutch company that had moved its seat to Germany: it was denied access to German justice by the German judiciary. The ECJ, using a quite harsh formulation, considered the German legal reasoning incompatible with the Treaty's fundamental freedom of establishment. A company legally incorporated in one jurisdiction is free to move its headquarters to any other jurisdiction in the Union and the other states should recognise it according to the law in accordance with which it has been created. There was some discussion whether that company should be considered according to Dutch law or whether the company should adapt its organisation to German law, as its seat was henceforth located in Germany. Although there is some controversy about it, this point was decided by the court in its second holding: created in one state, the company can move to another state and should be recognised according to the law where it has been created.

Company Law, 40, Common Market L.R., (200), 661-695; *see also J. Rickford* (ed) , The European Company, 83-94.
[8] *Überseering BV and Nordic Construction Company Baumanagement GmbH (NCC)*, European Court of Justice, 5 November 2002, Case C-208/00.

– The fourth case is Inspire Art.[9] Inspire Art is dealing with so-called letterbox companies or "formally foreign companies" under Dutch law. The Netherlands follow the incorporation doctrine, and admit companies created in other EU states without restrictions. However, in order to combat letterbox companies entering from abroad, but in fact managed in the Netherlands, legislation was passed imposing additional disclosures on these companies, while holding their directors liable in case of wrongful trading according along the same rules as applicable to domestic companies. Also these companies should be identified e.g. in their letterheads by adding that they are "formally foreign companies". The Court held once more that these provisions of Dutch law were not compatible with the Treaty's provision on free establishment, provided these companies had been formed in the Union.

In all three most recent cases, – Centros, Überseering and Inspire Art – the holding of the European Court is clear: companies enjoy free movement in Europe. The prerequisite is that these companies have been formed in their state of origin, somewhere in the European Union. The latter point is important as it refers to the Union as a whole, not to any particular state. This corresponds to Art. 48 of the Treaty according to which "Companies or firms formed in accordance with the law of a Member State and having their registered office, central administration or principal place of business within the Community shall, for the purposes of this Chapter, be treated in the same way as natural persons who are nationals of Member States". Some have identified this holding as if the court had adhered to the traditional incorporation doctrine. This is not the right reading of these cases: they only deal with matters of cross border establishment, not with conflict of law techniques. The Court states that companies that have been created according to the law of one of the states of the union, whether this is an incorporation state or a real seat state, can freely move to any other state within the Union. The court essentially applied Art. 48 of the Treaty.

The last mentioned three cases all dealt with immigration. Whether immigration and emigration should be dealt with separately is controversial.

In case of immigration, the case law holds that the host state cannot restrict entry by EU companies by imposing additional requirements. Companies coming from another EU state should be free to enter any other EU jurisdiction, without being exposed to local requirements, except on the basis of the "general good exception". The question arises what will be the effect of a transfer of the company into a "real seat" state: should it be obliged to adapt itself to the legal environment of the host state? Adopt a local charter as would be flowing from the "real seat" doctrine? Should it comply with other local requirements? Will it enjoy all privileges recognized in the host state? The second holding in Überseering clarifies that this company continues to exist according to its original legal regime. The host state may not impose any additional requirements, except based on the "general good". Hence it would continue to function under its original charter, enjoy the privileges recognized under its home regime, and

---

[9] *Kamer van Koophandel en Fabrieken voor Amsterdam v. Inspire Art, Ltd*, ECJ, 30 September 2003, C-167-01 ECR, I-10155.

so on. EU Treaty law supersedes national rules on conflicts of laws. Although these points can be deducted from the case law mentioned, they will remain controversial until further decisions are rendered.

The case of emigration has not been settled explicitly. Emigration was first dealt with in the Daily Mail case: it was held to be a matter of essentially domestic concern. Therefore the home state can forbid the company to leave its jurisdiction except after having paid all taxes that might arise according to the home state's tax law. Indeed, the home state, granting the privileges of incorporation, can decide how far this privilege reaches and under what conditions it will be granted or withdrawn. Some held that being essentially a domestic matter, the Treaty rules on freedom of establishment would not apply. This looks very controversial: the Treaty's freedom would be largely theoretical if home states could impose hurdles, that would be so burdensome as to practically exclude any possibility to emigrate. Excessive restrictions might flow from tax provisions e.g. relating to taxes that would only be due in case of emigration.

The matter has received renewed attention following a recent tax case decided 2004 by the ECJ:[10] it involved a French citizen, seeking to establish his domicile abroad. According to French tax law, he had first to pay his taxes even on unrealised profits. This was considered contrary to the Treaty and to free establishment. Although both cases are different on several points (e.g. physical person v. legal entity), one may consider that in both cases the court based its reasoning essentially on a freedom of establishment perspective: emigration should not be restricted by the home state. In that sense one can defend that Daily Mail does not stand anymore.

If the ECJ has by now stated the general principles relating to company mobility, the technicalities remain to be worked out. Under what conditions can companies move to another jurisdiction? How will the transfer be organised technically in terms of registration and disclosure? What will be the rules applicable under the new jurisdiction? These questions will have to be dealt with in a future European directive, the proposal for which was recently considered by the Commission.[11] The same applies to the cross border merger, for which the mechanics also have to be detailed in a proposed directive.

It is clear that once cross border mobility has been achieved, there will be a certain number of companies that will avail themselves of it: at present one sees UK limited liability companies being offered on the market especially designed for cross border activities. The relative advantages in terms of minimal capital and formation expenses are mentioned in the advertisements. These relate to small companies: the larger ones will have to weigh the numerous pros and cons that would be triggered by a cross border transfer. Inevitably the pressure on national legislators will increase. The spectrum of

---

[10] ECJ, 11 March 2004, *Hughues Lasteyrie du Saillant*, C-9/02.
[11] *See* consultation on the proposal for a 14th Directive, *see* <www.europa.eu.int/comm/internal_market/company/seat-transfer/index_en.htm>; <http://europa.eu.int/comm/internal_market/company/docs/capital/2004-proposal/proposal_en.pdf>.

the "race to the bottom" will certainly be raised: is it justified? Larger companies are not so much interested in weak legal regimes, and at least many other considerations – taxation being an important one – will intervene to determine the company location decision. Some more exceptional features of company law in certain jurisdictions will come under threat: co-determination may have to separated from company law, and considered part of "enterprise law", at least if it is not scaled down on its own merits.[12] Legal capital is also likely to be a "victim" of this development.[13]

On 13 December 2005, the ECJ decided that subject to "imperative reasons in the public interest", freedom of establishment prevents member states to refuse to register cross border mergers.[14]

---

[12] *See* the Dutch proposed law whereby cooptation in the codetermined supervisory board has been scaled down allowing for election of members by the general meeting of shareholders: and SER advoce, <www.ser.nl/publicaties/default.asp?desc=b19082>.

[13] *See* pointing in the same direction, the proposed directive revising the Second Company Directive: <http://europa.eu.int/comm/internal_market/company/docs/capital/2004-proposal/proposal_en.pdf>.

[14] ECJ, 13 December 2005, C 411-03, *Sevic*.

Legal Education in Germany: Some Characteristic Features

*Reinhard Zimmermann**

I. Hereditas Borussica

A legal culture is shaped considerably by the way in which lawyers are trained. Thus, the emergence of the "learned" lawyer is one of the characteristic features of the Western legal tradition as a whole.

To this day, lawyers continue to be educated at a university, in Germany as much as in France or Italy. Nineteenth century German universities were the leading contemporary exponents of legal learning in the traditional sense, and German pandectism has been enormously influential in moulding the modern legal mind: both within and outside of Germany. Yet, at the same time, legal education in Germany[1] displays a variety of features which have tended to set it apart from other European countries. They have contributed to the sophistication of German law but have also led to a remarkable rigidity and (national) isolation. The training of lawyers has, for more than a century, been the subject of continued discussions among German legal practitioners and academics. Sporadically, these discussions have culminated in calls for far-reaching reforms. This happened, for instance, in the early 1970's and again in 1990.[2] Throughout the 1990's, various individuals and interest groups have expressed

---

* Prof. Dr. Dr. h.c. mult. *Reinhard Zimmermann*, Director, Max-Planck-Institut, for Private International Law and Comparative Law, Hamburg. The present contribution is based on part XI of my essay "Characteristic Aspects of German Legal Culture", in: Mathias Reimann, Joachim Zekoll (eds.), *Introduction to German Law*, 2nd ed., 2005 (a series of books of which Tuğrul Ansay is general editor).

[1] For discussions in English, *see Jutta Brunnée*, "The Reform of Legal Education in Germany: The Never-Ending Story and European Integration", (1992) 42 Journal of Legal Education 399 ff.; *Juergen R. Ostertag*, "Legal Education in Germany and the United States – A Structural Comparison", (1993) 26 Vanderbilt Journal of Transnational Law 301 ff.; *Ingo von Münch*, Legal Education and the Legal Profession in Germany, 2002; *Peter L. Murray; Rolf Stürner*, German Civil Justice, 2004, pp. 89 ff.

[2] Cf., in particular, the comprehensive survey and the reform proposals, eventually largely rejected, by *Winfried Hassemer; Friedrich Kübler*, "Welche Maßnahmen empfehlen sich – auch im Hinblick auf den Wettbewerb zwischen Studenten aus den EG-Staaten – zur Verkürzung und Straffung der Juristenausbildung?", in: Verhandlungen des 58. Deutschen Juristentages, Band I, 1990, pp. E 1 ff. For a more conservative view, *see Horst-Diether Hensen; Wolfgang Kramer*, under the same title and at the same place, pp. F 1 ff. Both papers were presented for consideration at the Deutscher Juristentag, a biannual meeting of all German legal professions.

S. Arkan, A. Yongalik (eds.) Liber Amicorum/Festschrift für Tuğrul Ansay, pp. 549-562.
© 2006 Kluwer Law International BV. Printed in the Netherlands.

their dissatisfaction with the *status quo*.[3] In 1998 a group of more than twenty academics and practitioners under the chairmanship of Ernst-Wolfgang Böckenförde tabled a model curriculum which was distinguished by its strong emphasis on foundational subjects.[4] This initiative was as unsuccessful as an attempt by the conference of German ministers of justice to merge the two phases of the present legal training system.[5] On 1 July 2003, however, a reform bill has finally entered into effect which, while it essentially perpetuates the traditional system, still introduces some significant modifications.[6]

The basic pattern of German legal education, which has been preserved with extraordinary tenacity, still reflects its origins in eighteenth century Prussia.[7] It owes its existence to the need to train a homogeneous, highly qualified and loyal body of executive and judicial officers to administer a far-flung and fairly heterogeneous territory. Thus, a "preparatory service", run by the State, was introduced to equip university graduates with the necessary practical skills to perform their various functions; this preparatory service was also made a mandatory requirement for admission as a private legal practitioner or notary; the academic legal training at the universities was subjected to detailed regulation; and the State assumed responsibility not only for the examination at the end of the preparatory service but also for the one concluding the academic legal training. What used to be a genuine university degree was thus, essentially, converted into an entrance examination for the preparatory service which, in turn, became the needle's eye through which candidates for all legal professions had to pass. The glory and the misery of German legal training have remained intimately linked to these constituent features.

---

[3] See, for example, *Hein Kötz*, "Zehn Thesen zum Elend der deutschen Juristenausbildung", (1996) 4 Zeitschrift für Europäisches Privatrecht 565 ff.; *Axel Flessner*, "Deutsche Juristenausbildung", 1996 Juristenzeitung 689 ff.; *Ernst-Wolfgang Böckenförde*, "Juristenausbildung – auf dem Weg ins Abseits", 1997 Juristenzeitung 317 ff.; *Hans-Uwe Erichsen*, "Thesen zum Elend und zur Reform des Jurastudiums", 1998 Jura 449 ff.; *Filippo Ranieri*, "Reform der Juristenausbildung ohne Ende?", 1998 Juristenzeitung 831 ff.
[4] The so-called *Ladenburg*-model: see 1998 Neue Juristische Wochenschrift 2797 ff. (based on the *Ladenburg*-manifesto; see 1997 Neue Juristische Wochenschrift 2935 ff.).
[5] *Ulrich Goll*, "Praxisintegrierte Juristenausbildung als Chance", 2000 Zeitschrift für Rechtspolitik 38 ff.
[6] See infra, sub 6.
[7] On the history of legal education in Germany see *Gerhard Dilcher*, "Die preußischen Juristen und die Staatsprüfungen: Zur Entwicklung der juristischen Professionalisierung im 18. Jahrhundert", in: Festschrift für Hans Thieme, 1986, pp. 295 ff.; *Hans Hattenhauer*, "Juristenausbildung – Geschichte und Probleme", 1989 Juristische Schulung 513 ff.; *Ina Ebert*, Die Normierung der juristischen Staatsexamina und des juristischen Vorbereitungsdienstes in Preußen *(1849-1934)*, 1995; *Filippo Ranieri*, "Juristen für Europa: Wahre und falsche Probleme in der derzeitigen Reformdiskussion zur deutschen Juristenausbildung", 1997 Juristenzeitung 801 ff.; *Peter Hommelhoff*, "Anwälte im Streckbett der Richterausbildung", in: Familiengesellschaften: Festschrift für Walter Sigle, 2000, pp. 463 ff.

II. The State Examination: A Key Feature of German Legal Training

German law students continue to conclude their university studies not by obtaining a university degree but by passing the first state examination (*erstes Staatsexamen* or *Referendarexamen*). This examination is run in all of the 16 German states (*Länder*) by a specific office within the administration of justice of the respective state (*Landesjustizprüfungsamt*) which also appoints the examiners. For more than 100 years professors have participated in the process of examining. As a result, each paper is usually graded by one practitioner (normally an appeal court judge, or a senior member of the state administration) and by one professor, and each panel for oral examinations is usually composed of two practitioners and two professors. In Bavaria, students are required to write eight five-hour papers: four of them in private law, one in criminal law, two in public law and one in another subject of their choice. In each paper the student is usually presented with a set of hypothetical facts and has to provide a reasoned legal opinion. The relevant statutes are available to him. After all papers have been graded, each student whose aggregate mark reaches a certain minimum level has to sit an oral examination. An oral session usually takes place with between three and five students (at one and the same time) and lasts about four to five hours. The students are faced by four examiners, who, in turn, examine private law, criminal law, public law and the elective subject. Each of those four parts of the oral is separately reviewed by the panel of examiners. At the end of a long morning, each student receives a final aggregate mark (on a scale ranging from 0 to 18) calculated on the basis of his 12 individual grades for the written tests and his *viva voce* performance.

Legal education in Germany is traditionally regulated by the various German *Länder*; the Federal legislature has only provided a general framework.[8] Thus, a variety of details differ from state to state: North German students only have to write three five-hour papers but have to face a gruelling period of four weeks in the course of which they have to write a detailed legal opinion (of rarely under 100 pages) on a particularly tricky set of facts; in North-Rhine Westphalia all written papers are marked by the same four persons who take the oral, etc. But these are all variations of subordinate significance.

The subject matter of the first state examination is set out in the various legal training regulations of the *Länder*. The hard core is private law (general part, obligations, property, family law and succession, the latter two only "in outline", and the fundamental features of commercial law, company law and labour law), criminal law and public law (constitutional and administrative law, the latter confined to the general principles and some special areas), together with the respective rules of procedural

---

[8] *See* §§ 5-7 of the *Deutsches Richtergesetz* (German Law on the Judiciary); cf. also § 4 *Bundesrechtsanwaltsordnung* (Federal Statute on Legal Practitioners), § 5 *Bundesnotarordnung* (Federal Statute on Notaries).

law.[9] In addition, each student has to choose one out of a great number of optional subjects ranging from legal history to criminology or antitrust law. Indirectly, the State is thus determining the agenda of the academic legal training. For in whatever way the law faculties might like to see their own mission, one of their primary functions is to prepare their students for the final state examination. Unfortunately, however, they are neither particularly well-placed nor ideally equipped to attain this aim.

III. Students, Professors and the Private Cram Schools

To start with, there are no university entrance examinations. Anybody who has graduated from High School (*Gymnasium*) which, in Germany normally takes 13 years, may apply for admission to a faculty of law. All applicants have a right to be admitted, though not necessarily at the university of their first or second choice. The ceiling figures fixed by state regulation for the individual law faculties are high;[10] they far exceed the maximum capacity for which the faculties have originally been designed. First- or second-year courses with 300 or 400 students are common. All faculties operate according to their own model curricula; these do not, however, differ from each other in significant respects. In particular, apart from the requirement of (usually) six or seven "certificates" that have to be obtained by means of writing tests and research papers,[11] they contain hardly any mandatory elements.

In principle, students are free to choose which courses they want to take at what time. They do not have to attend lectures at all, as long as they formally register for a number of courses. In theory, they are free to determine for themselves how best to organize their studies. Since they have no experience in organizing their own work, many of them, in practice, start to drift. German professors, in turn, do not find it congenial to teach huge classes with many ill-equipped and badly motivated students and do not always put in an inspired performance during their mandatory eight hours of teaching per week.[12] Also, traditionally they tend to regard research rather than teaching as their top priority, since it is very largely their research records that secure them attractive "calls", i.e. offers, from other universities. A distinguished detachment from the hustle and bustle of university life is not an uncommon attitude among German professors.[13]

---

[9] Thus, neither legal philosophy nor legal history or comparative law, as such, are obligatory subjects. However, the obligatory subjects, mentioned in the text, are examinable "together with their historical, social, economic, political, philosphical, and European foundations."
[10] *See* the statistics provided by *von Münch* (fn. 1) 79 f.
[11] Recently, the legal training regulations of the German *Länder* have introduced an "intermediate examination" which has to be passed after a certain number of semesters. Most law faculties appear to have put in place a system by which a number of credits has to be collected in key courses. Tests have to be written at the end of each semester in these courses; in their collectivity, they are taken to constitute the "intermediate examination".
[12] The teaching year consists of about 30 weeks divided into two semesters.
[13] While relatively well paid (in comparison with professors in other European countries, but not in comparison with top practitioners!), German professors may, within limits, engage in

As a result of these, and a variety of other, contributing factors, the large majority of students is driven into the arms of private cram school teachers which have for some generations been an unfortunate but well-established part of German legal education.[14] These cram schools (*Repetitorien*) charge substantial fees (which universities may not do) and enforce a rigorous work discipline (which law faculties do not do either). They are not interested in sophisticated academic discourse but teach the nitty-gritty of the case-method: how to tackle hypothetical sets of facts like those presented in the State examination. For a German law student does not only have to have a very broad and detailed knowledge of substantive law (statutes, case law, legal doctrine) and to be able to display that knowledge in one single, comprehensive examination at the end of his studies; equally important is the mastery of a highly formalized "method" of preparing a legal opinion and "solving the case",[15] that is enforced with unrelenting rigour. This method is designed to ensure that the student considers the case under every possible legal aspect, that he explores every conceivable argument either supporting or barring the plaintiff's claim and that, in the process, he avoids touching upon any issue that is not strictly relevant. Of central importance is the notion of an *Anspruch*[16] by means of which the leading nineteenth century pandectist scholar Bernhard Windscheid managed to remould the Roman *actio* into a term of substantive, rather than procedural law.[17] It invariably provides the point of departure for any case analysis in German law and has, more generally, become one of the fundamental conceptual pillars of modern private law doctrine.[18] This way of thinking is designed to cure students of any temptation to approach the case with an unselfconscious sense of what is right and wrong. It nurtures a mental discipline that is widely regarded as a specific attribute of lawyers. It both requires and encourages a style of writing which is

---

private practice. They are much sought after to provide expert opinions, they are involved in high-profile litigation or arbitration, or they serve as (part-time) judges in a Regional Appeal Court (*Oberlandesgericht*). Hardly any professor will, however, contemplate giving up his chair for full-time legal practice or for appointment as a regular judge. Elevation to the Bench of the Federal Constitutional Court (*Bundesverfassungsgericht*) presents an exception. Among the 16 judges of that Court there is usually a handful of law professors who, for the period of their court tenure, cease to be full-time teachers.

[14] *See Wolfgang Martin*, Juristische Repetitorien und staatliches Ausbildungsmonopol in der Bundesrepublik Deutschland, 1993.

[15] For a comprehensive instruction concerning private law cases *see Uwe Diederichsen; Gerhard Wagner*, Die BGB-Klausur, 9th ed., 1998; *Dirk Olzen; Rolf Wank*, Zivilrechtliche Klausurenlehre und Fallrepetitorium, 2nd ed., 1998.

[16] Defined in § 194 I BGB as "the right to demand an act or an omission from another".

[17] *See Bernhard Windscheid*, Die Actio des römischen Civilrechts vom Standpunkte des heutigen Rechts, 1856; *Bernhard Windscheid; Theodor Kipp*, Lehrbuch des Pandektenrechts, 9th ed., 1906, §§ 43, 106.

[18] For a general discussion, *see Dieter Medicus*, "Anspruch und Einrede als Rückgrat einer zivilistischen Lehrmethode", (1974) 174 Archiv für die civilistische Praxis 313 ff.; *Bernhard Großfeld*, "Examensvorbereitung und Jurisprudenz", 1992 Juristenzeitung 22 ff.; *Jan Schapp*, "Das Zivilrecht als Anspruchssystem", 1992 Juristische Schulung 537 ff. In his tremendously successful book "Bürgerliches Recht: Eine nach Anspruchsgrundlagen geordnete Darstellung zur Examensvorbereitung", 20th ed., 2004, *Dieter Medicus* provides an analysis of the BGB which is strictly based on the various *Ansprüche* recognised in German private law.

precise, detached and "neutral"; or, one might also say, entirely colourless and devoid of literary grace and personal flavour. And it possesses a sublime, if faintly pedantic, inherent logic.

It is probably not surprising, under those circumstances, that in the first State examination there is regularly a shocking failure rate of between 20 and 25 per cent. Thus, across all 16 *Länder* of the Federal Republic a total of 17,023 students sat for the first state examination in law in 1999,[19] of which 4,922, i.e. 28.91%, failed and another 5,252, i.e. 30.85%, merely obtained a pass with the lowest designation "sufficient" (*ausreichend*). Only 435 students (2.56%) achieved an overall result of "good" or "very good".[20] At some universities, a result of "very good" only occurs once or twice every few years.

IV.   The "Preparatory Service" and Legal Practice

Those who have succeeded in the First State Examination usually start with their "preparatory service" or practical legal training (*Referendardienst*). This is intended to introduce them to the various legal professions and to school them in the art of drawing up pleadings, drafting administrative acts, and writing judgments, notarial documents, etc. The *Referendardienst* is run entirely by the State, which places the trainees (*Referendare*) for periods of three or four months with a criminal and a civil division of a court, with a lawyer's office, with an office of the federal, state, or communal administration, with a public prosecutor, or with some other type of legal practitioner. Some of these placements are compulsory, others may (within limits) be chosen. In addition, trainees are required to attend practical legal training courses run by judges or civil servants. During their period of traineeship they receive a modest salary from the State.

After two years they have to sit the Second State Examination (*Zweites juristisches Staatsexamen* or *Große Staatsprüfung*) which follows a pattern similar to the first. They have to write eleven (rather than eight) five-hour tests over a period of less than three weeks (again, matters are somewhat different in North Germany) and to undergo an oral examination lasting several hours. This time, only judges, senior civil servants and senior practising lawyers serve as examiners. Again, the candidates receive a final overall mark (on a scale ranging from 0 to 18) which determines their professional prospects. Even at that stage, between 10 and 15% of all candidates fail (they may repeat the examination once), and less than 2% receive the distinction "good" or "very good".[21]

Those who pass may call themselves *Assessor*. They are fully qualified lawyers and may now try to secure an appointment as a judge (the judiciary in Germany constitutes

---

[19] Cf. the statistics in 2000 Juristische Schulung 932 ff.; *von Münch* (fn. 1) 88 f. (cf. also p. 48).
[20] The distinction "good" is granted in some *Länder* for an aggregate of 11.5 points and above, in others for 13.0 and above (out of the marking scale of 18!). A student with a double digit examination aggregate (10.0 and better) does not have to worry about his future.
[21] *See* the statistics published in 2000 Juristische Schulung 932; *von Münch* (fn. 1) 90 f.

a career office within the civil service), as a notary, as a public prosecutor or as an adviser in the legal department of a firm. Alternatively they may join a law firm or open their own office as a private practitioner (*Rechtsanwalt*; there is no division of the profession into barristers and solicitors). They have survived two gruelling examinations and have received a rigorous training "to think like a lawyer". In reality, however, they have been taught to think like a judge, because the impartial assessment of a legal conflict has always been the focus of attention. Yet, paradoxically, only a minority of *Assessoren* embark on a judicial career. But even as private practitioners representing party interests they have to be committed ultimately to serving justice in a higher and more disinterested sense. This, at least, is the ideology behind what must appear to an outsider to be a somewhat skewed approach to legal training.

But many lawyers do not even enter one of the specifically legal professions. Law is still regarded as the best general education available and lawyers are therefore very widely taken to be well qualified for senior management positions and for appointments within the civil service. For a whole range of posts they hold a virtual monopoly. At the same time, however, it is obvious that the market cannot absorb more than 10,000 newly qualified lawyers every year.[22] And even those who can be absorbed have bought their career opportunities at a cost: they are normally already close to thirty years of age before they enter their professional lives. If they have remained at the university in order to obtain a doctoral degree (as is not uncommon) they may even have passed the age of thirty.

V. A Career in Itself: The Path to the Chair

A doctorate is a much appreciated extra qualification for those who want to enter legal practice, for German clients tend to be impressed by academic titles.[23] A doctorate

---

[22] Even though the number of judges in Germany is high compared to that in the United Kingdom, only 1.4% of those who have passed both State examinations are appointed as a judge. By the end of 1998, there were 20,920 judges in active service in Germany. For an overview on the education, appointment procedures, compensation, career paths and the independence of German judges, *see Murray/Stürner* (fn. 1), 65 ff. A career path that enjoys great exclusivity and prestige (as well as a very good income) is that of notary. Admission is severely restricted and available only to the very best. Thus, for example, in the city state of Hamburg, only 83 notaries are practising, compared to 5,400 *Rechtsanwälte* (private practitioners). In 1999, a total of more than 104,000 *Rechtsanwälte* were practising in Germany (i.e. close to 130 per 100,000 inhabitants). In 1999, 500 new *Rechtsanwälte* were admitted on average each month. In the course of the 1990's, there has been an increase of 80%. Many of those who have passed their examination with a below than average mark and who are unable to secure employment in an established law firm, in a business enterprise, insurance company, etc. are struggling very hard to make a living. All the figures are taken from *von Münch* (fn. 1) 56 ff. Cf. also *Otto Sandrock*, "Die deutsche Juristenausbildung – Ein Vergleich zur japanischen Juristenausbildung", 1994 Zeitschrift für Rechtsvergleichung 50 ff., with figures relating to 1992.

[23] On all questions concerning and surrounding doctoral degrees in Germany, *see Ingo von Münch*, Promotion, 2002.

may, however, also be the starting-point for what remains one of the most prestigious careers: that of a law professor. But the path to the first "call" to a chair is extraordinarily arduous. The potential member of the academic community must have received high honours in the first, and normally also in the second, State examination. His (much more often than her) thesis must have received a distinction; normally it will have been published as a book. This is followed by some years of apprenticeship with an established professor. For that purpose, the latter usually makes available one of the posts of "academic assistant" (*wissenschaftlicher Assistent*) that are attached to his chair. The assistant, on the one hand, has to do a limited number of tutorials and to support the incumbent of the chair in his research projects. On the other hand, he has to work on a major work called *Habilitation* which has to constitute a fundamental and original contribution to knowledge. Completion of that work can easily take four or five years. The *Habilitation* has to be accepted by the faculty as a whole, which bestows on its new member the *venia legendi*: the permission to teach a legal subject on his own responsibility.[24]

After some tense months (hopefully not years) during which he may have acted as a *locum* for a professor in another faculty and during which he may have given a variety of presentation lectures, the "private lecturer" (*Privatdozent*) receives his first "call" to a junior professorship. As his reputation spreads, he may expect to be called to a chair. A very healthy convention requires faculties to choose applicants from outside rather than to appoint in-house candidates. By the time an academic starts teaching as an associate or full professor, he is usually between 35 and 40. He is exceptionally well qualified (as a researcher; much less so as a teacher), has written two major monographs as well as a variety of articles, case notes and book reviews; but he has never been in a position of independent responsibility, academic or otherwise.

VI. Changes

The peculiarities of the German legal training system, particularly its rigid regulation by the State and the system of State examinations, have largely, so far, prevented

---

[24] The standard requirement of *Habilitation* has, for a long time, been the subject of criticism. The Federal Government attempted effectively to abolish it by establishing the post of "junior professor" as the new standard career track for university careers without formal examination proceedings such as a *Habilitation*. The respective Act, however, was ruled to have been unconstitutional (for infringing the legislative authority of the *Länder*): BVerfG, 2004 Neue Juristische Wochenschrift 2803 ff.; for comment, *see* Norbert Janz, "Aus für die Juniorprofessur? – BVerfG, Neue Juristische Wochenschrift 2004, 2803", 2004 Juristische Schulung 852 ff. Since the Federal Constitutional Court did not object to the career track of "junior professorship" as such, it remains to be seen whether the *Länder* are going to implement it under their own authority. Some of them had already done so within the framework established by the Federal Act of 2002 that was subsequently held to be unconstitutional. The invalidity of the Federal Act does not affect these *Länder* Acts. While, therefore, a number of "junior professors" have been appointed (mainly in other areas than law), the *Habilitation*, for the time being, also still remains in place.

the just over forty[25] law faculties in Germany from competing with each other by developing their own characteristic profiles. Students, by and large, receive the same type of legal training everywhere. They tend to choose a university because it is in an attractive city or close to the mountains, because it has a long tradition (or, conversely, because it is one of the new universities with, possibly, more modern buildings and better equipment), because it is very big (and can thus offer many attractive electives) or because it is fairly small (which makes it easier to establish contacts between staff and students), because it is the place where their parents have studied, where the traditional student fraternities are common or, very often, simply because it is close to home.[26] Law faculty rankings that have started to be published in the second half of the 1990's are methodically suspect and not very sophisticated. Teaching evaluations also are only just about to establish themselves.

Very recently, however, a number of changes have been made to the traditional system. Thus, in particular, §§ 5-7 of the *Richtergesetz* have been reformed. Thirty per cent of the aggregate mark in the first state examination will, in future, be the result of examinations conducted by the law faculties in their own academic responsibility in certain "focal areas" (*Schwerpunktbereiche*) which the students may choose after having completed the obligatory diet of bread-and-butter courses in the basic fields of German law.[27] Each faculty will thus have to offer specialized courses in a number of "focal areas" which are supposed to extend and consolidate the skills acquired by their students in the first part of their legal training, and to concentrate on a subject of particular interest to them. At the same time, the new rules attempt to place greater emphasis on the acquisition of skills required in the various legal professions (as opposed merely to the office of judge) and of other "key qualifications" necessary for success in legal practice (such as rhetoric, mediation, the taking of evidence, examining witnesses, and languages). A reduction of student numbers by about 25% is also envisaged.[28] In the meantime, the legislatures of the 16 German *Länder* have specified

---

[25] Including nine in the former German Democratic Republic; *see* the list in *von Münch* (fn. 1) 79 f. All these faculties are part of State universities. The professors are civil servants, the students traditionally do not have to pay tuition fees. For the Bucerius Law School, *see infra*, text to note 32. – On 26 January 2005 the Federal Constitutional Court ruled a provision contained in a federal Act, which attempted to prevent the German *Länder* from allowing their universities to charge tuition fees, to be unconstitutional; *see* BVerfG, 2005 Neue Juristische Wochenschrift 493 ff.; for comment, *see Christian Waldhoff*, 2005 Juristische Schulung 391 ff. At the moment, a number of Länder (such as Hamburg and Bavaria) are preparing legislation which will pave the way for the levying of fees. The fees contemplated in Hamburg and Bavaria will be moderate; they are not to exceed 500 Euro per semester.
[26] For a characteristic comment, *see Victor Ehrenberg*, in: Hans Planitz (ed.), Die Rechtswissenschaft der Gegenwart in Selbstdarstellungen, vol. I, 1924, p. 60: "When would German law students ever have been guided, in the choice of their university, by the quality of a faculty?"
[27] On the "intermediate examination" concerning these courses in the basic fields of German law (by means of which the faculties attempt to put in place some form of control over the progress of their students), *see* n. 11 above.
[28] For comment, *see Peter Hommelhoff*; *Christoph Teichmann*, "Forum: Modernisierung in Kontinuität – die Revolution der Juristenausbildung", 2001 Juristische Schulung 841 ff.; *Peter*

the framework-provisions laid down by the Federal Parliament,[29] and the individual universities have passed the necessary regulations for the study of law, developed model curricula and fixed their "focal areas".[30] The preparatory service will remain in place as a distinctive phase of the legal training after the first state examination has been passed. It has, however, been adjusted so as to reflect better the normal career path of young *Assessors*; in particular, the preparatory service will have to include a period of nine months work with a private practitioner.

Obviously, it is much too early to report about any experiences. Reactions, so far, have been mixed. The Association of German Lawyers in Private Practice (*Deutscher Anwaltsverein*) has criticised the reform as being half-hearted and has, therefore, developed its own practical legal training model geared specifically towards private practice.[31] It has been designed so as to be compatible with the parameters set for the preparatory service and will provide young lawyers with an extra certificate (by means of which the Association may ultimately want to limit access to private practice).

But there are other important developments affecting legal education and the legal professions. In October 2000 the first private law school in Germany was opened. The Bucerius Law School in Hamburg is financed largely by a wealthy private foundation (*Zeit-Stiftung*) but also, partly, by tuition fees paid by its students. It offers an interesting alternative to what used to be a monopoly on legal education by the State universities.[32] Also, recently, the Federal legislature has attempted to downgrade the significance of the *Habilitation* for an academic career.[33] It is likely, however, that German law faculties will continue to insist on the second major monograph as a prerequisite for appointment to a chair; for the moment they even continue with their traditional *Habilitation*-procedures. In addition, another career-track has been opened up for academics by introducing so-called junior professorships.[34] The profession of

---

Hommelhoff; Christoph Teichmann, "Das Jurastudium nach der Ausbildungsreform", 2002 *Juristische Schulung* 839 ff.; *Heino Schöbel*, "Das Gesetz zur Reform der Juristenausbildung – Ein Zwischenbericht", 2004 Juristische Schulung 847 ff.

[29] For Bavaria, see *Ausbildungs- und Prüfungsordnung für Juristen* of 13 October 2003, Bayerisches Gesetz- und Verordnungsblatt Nr. 23/2003, pp. 758 ff.

[30] For Regensburg, see *Studienordnung für das Studium der Rechtswissenschaft mit Abschlußprüfung Erste Juristische Prüfung an der Universität Regensburg* of 28 February 2005, for Munich *Studien- und Prüfungsordnung der Ludwig-Maximilians-Universität München für den Studiengang Rechtswissenschaft mit dem Abschluß Erste Juristische Prüfung* of 1 June 2004. The new regulations will apply, for the first time, to students who sit the first state examination in 2007 (Regensburg)/to students who start studying in the winter semester 2003/04 or to students who have started studying before the winter semester 2003/04 but fail to be admitted to the first state examination in the second half of 2006 (Munich).

[31] See DAV-Newsletter 2/2004.

[32] See *von Münch* (fn. 1) 31 ff., 82 ff.; *Sascha Leske*, "Bucerius Law School in Hamburg – Ein neuer Weg in der Juristenausbildung", 2001 Juristische Schulung 414 ff.

[33] § 44 II *Hochschulrahmengesetz*.

[34] § 45, 47 *Hochschulrahmengesetz*. These provisions have, however, been struck down by the Federal Constitutional Court on 27 July 2004 as constituting an infringement of the constitutional rights of the German *Länder* to regulate university affairs: supra, fn. 24.

private practitioners in law (*Rechtsanwalt*) has also changed significantly over the past ten years. New forms of co-operation between *Rechtsanwälte* (such as the establishment of a company with limited liability)[35] and between *Rechtsanwälte* and members of related professions (such as tax consultants or accountants: partnership association)[36] have been established. Legal practitioners may now advertise their services (though the advertisement may only contain dispassionate information and must relate to the professional activities of the practitioner or his firm),[37] and they may apply for the title of *Fachanwalt* (i.e. legal practitioner in a specialized field of expertise).[38] Legal practitioners from Member States of the European Union may practise in Germany without having passed the First and Second State examinations.[39] Most importantly, perhaps, a wave of mergers, first between German firms but then also increasingly between German and international law firms, has swept over the legal profession.[40] Thus, for example, the firm of Freshfields Bruckhaus Deringer now consists of close to 30 offices (7 of them in Germany) with more than 2,500 practitioners (about 540 of them in Germany). Fifteen years ago, such dimensions were unheard of in Germany. Other German law firms have become part of large transnational alliances.[41]

VII. Broadening the Horizon

The growing international orientation of legal practice at the top level reflects a development which has characteristically started to shape private and commercial law over the past twenty years. For private law in Europe is in the process of acquiring, once again, a genuinely European character.[42] The Council and the Parliament of the European communities have enacted a string of directives deeply affecting core areas of German law.[43] Increasingly, therefore, rules of German law have to be interpreted from the point of view of the relevant community legislation underpinning it. The case law of the European Court of Justice, too, acquires an ever greater significance for the development of German private law. The prospect of a codification of European

---

[35] §§ 59c ff. *Bundesrechtsanwaltsordnung*.
[36] *Gesetz über Partnergesellschaften Angehöriger Freier Berufe* (1994).
[37] §§ 6 ff. *Berufsordnung für Rechtsanwälte*.
[38] *Fachanwaltordnung* (1999).
[39] This is as a result of the Directive of the European Union on the Right of Establishment of Legal Practitioners (1998); on which *see* Martin Henssler, "Der lange Weg zur EU-Niederlassungsrichtlinie für die Anwaltschaft", (1999) 7 Zeitschrift für Europäisches Privatrecht 689 ff.; *von Münch* (fn. 1) 65 ff.
[40] *See von Münch* (fn. 1) 71 ff.
[41] For the alliance operating under the name CMS, *see von Münch* (fn. 1) 73.
[42] *See*, most recently, *Nils Jansen*, Binnenmarkt, Privatrechts und europäische Identität, 2003.
[43] For private law, *see* the directives collected in *Reiner Schulze*; *Reinhard Zimmermann*, Basistexte zum Europäischen Privatrecht, 3rd ed., 2005, sub I (an English version edited by *Oliver Radley-Gardner* and *Hugh Beale* has appeared in 2003 under the title Fundamental Texts on European Private Law); for contract law, *see* the comprehensive volume by *Stefan Grundmann*, Europäisches Schuldvertragsrecht, 1999. Another area deeply affected is company law; *see Mathias Habersack*, Europäisches Gesellschaftsrecht, 2nd ed., 2003.

private law is starting to be seriously considered;[44] as a precursor various "restatements" of specific areas of European private law have been published or are in the process of preparation.[45] The internationalization of private law is also vigorously promoted by the uniform private law based on international conventions which cover significant areas of commercial law. The United Nations Convention on Contracts for the International Sale of Goods, in particular, has been adopted by more than 60 states (among them most of the member states of the European Union); in Germany it has entered into force on 1 January 1991 and has started to generate a significant amount of case law.[46] As a result of these and other developments, European community law has been added to the list of obligatory subjects in the First State Examination.[47] A significant number of students spend a period of one or two semesters at a law school in another Member State of the European Union under the auspices of the immensely successful Erasmus/Socrates programme.[48] Alternatively, or in addition, many students acquire additional, post-graduate qualifications in other countries. Conversely, the number of foreign students at German law faculties is increasing. More and more faculties attempt to obtain a "Euro"-profile by offering a broad range of language courses, by establishing international summer schools or integrated programmes on an undergraduate and post-graduate level, by flagging out chairs for European private law, or European legal history, or by creating research centres in European private law. Legal periodicals have been established that pursue the objective of promoting the development of a European private law[49] and textbooks have been written that analyse particular areas of private law under a genuinely European perspective and deal with the rules of German, French or English law as local variation of a common theme.[50] Interest has been rekindled in the "old" European *ius commune*,

---

[44] *See*, for example, *Jürgen Basedow*, "Das BGB im künftigen europäischen Privatrecht: Der hybride Kodex", (2000) 200 Archiv für die civilistische Praxis 445 ff.; *Gavin Barrett*; *Ludovic Bernardeau* (eds.), Towards a European Civil Code, 2002.

[45] The most advanced project concerns the area of contract law: *Ole Land*; *Hugh Beale* (eds.), Principles of European Contract Law, Parts I and II, 2000; *Ole Lando*; *Eric Clive*; *André Prüm*; *Reinhard Zimmermann* (eds.), Principles of European Contract Law, Part III, 2003. A German version has been prepared by *Christian von Bar* and *Reinhard Zimmermann*, Grundregeln des Europäischen Privatrechts Teile I und II, 2002; Teil III, 2005.

[46] *See* the regular reports by *Ulrich Magnus* in (1995) 3 Zeitschrift für Europäisches Privatrecht 202 ff.; (1997) 5 Zeitschrift für Europäisches Privatrecht 823 ff.; (1999) Zeitschrift für Europäisches Privatrecht 642 ff.; (2002) 10 Zeitschrift für Europäisches Privatrecht 523 ff.; and *see* the symposium on "The Convention on the International Sale of Goods and its Application in Comparative Perspective", Reinhard Zimmermann and Kurt Siehr (eds.), (2004) 68 Rabels Zeitschrift für ausländisches und internationales Privatrecht 427 ff.

[47] *Heino Schöbel*, "Privatrecht und Europarecht in der Ersten Juristischen Staatsprüfung", (1995) 3 Zeitschrift für Europäisches Privatrecht 139 ff.

[48] *See* (1993) 1 Zeitschrift für Europäisches Privatrecht 615 ff.; (1997) 5 Zeitschrift für Europäisches Privatrecht 910 ff.

[49] Zeitschrift für Europäisches Privatrecht, since 1993; cf. also Europäische Zeitschrift für Wirtschaftsrecht, since 1989.

[50] *Hein Kötz*, Europäisches Vertragsrecht, vol. I, 1996 (English translation by *Tony Weir*, European Contract Law, 1997); *Christian von Bar*, Gemeineuropäisches Deliktsrecht, vol. I, 1996; vol. II, 1999 (English translation: The Common European Law of Torts, vol. I, 1999;

and legal historians are busy rediscovering the common historical foundations of the modern law and restoring the intellectual contact with comparative and modern private lawyers.[51] Yet, at the same time, this change in perspective has not yet significantly affected the way in which private law is taught and learnt at German universities; nor has it shaped the standard legal literature on German private law. This parochialism may be about to change.[52] But it is too early to predict how fast and how soon this will happen.

VIII. Bologna and the Euro-Lawyer

Will the growing Europeanisation ultimately also topple the German legal training model? In June 1999 the education secretaries of 29 European states signed the declaration of Bologna and agreed to create, by 2010, an integrated European space for tertiary education.[53] In the meantime, a total of forty states are involved in this initiative. which requires them to establish a uniform structure of study, based on two cycles: a three year bachelor course, topped up by a two year master's course. The bachelor degree is supposed to constitute the academic basis of a professional career, whereas the master's course is supposed to provide, for a selected group of students, the opportunity of an *étude approfondie*. For a number of disciplines this new scheme has been introduced in Germany; the bachelor and master's degrees are thus available side by side with the traditional degrees and examinations. The German Scientific Council (*Wissenschaftsrat*) has recommended their introduction also for law. Only very few faculties (among them the Bucerius Law School) have taken

---

vol. II, 2001); cf. also *Peter Schlechtriem*, Restitution und Bereicherungsangleich in Europa, vol. I, 2000; vol. II, 2001; *Filippo Ranieri*, Europäisches Obligationenrecht, 2nd ed., 2003.

[51] *See*, most recently, *Reinhard Zimmermann*, "Europa und das römische Recht", (2002) 202 Archiv für die civilistische Praxis 243 ff.

[52] Occasionally, for example, the Principles of European Contract Law have been used as a comparative point of reference to evaluate the German rules on breach of contract; *see Ulrich Huber*, "Das geplante Recht der Leistungsstörungen", in: Wolfgang Ernst; Reinhard Zimmermann (eds.), Zivilrechtswissenschaft und Schuldrechtsreform, 2001, pp. 31 ff.; *Claus-Wilhelm Canaris*, "Die Reform des Rechts der Leistungsstörungen", 2001 Juristenzeitung 499 ff.; *Reinhard Zimmermann*, "Remedies for Non-Performance: The Revised German Law of Obligations, viewed against the background of the Principles of European Contract Law", (2002) 6 Edinburgh Law Review 271 ff. On the methodological significance of these Principles, from the German point of view, *Claus-Wilhelm Canaris*, "Die Stellung der 'Unidroit Principles' und der 'Principles of European Contract Law' im System der Rechtsquellen", in: Jürgen Basedow (ed.), Europäische Vertragsrechtsvereinheitlichung und deutsches Recht, 2000, pp. 5 ff. Generally on the Europeanisation of legal education and research, *see Helmut Coing*, "Europäisierung der Rechtswissenschaft", 1990 Neue Juristische Wochenschrift 937 ff.; *Reinhard Zimmermann*, "Savigny's Legacy: Legal History, Comparative Law, and the Emergence of a European Legal Science", (1996) 112 Law Quarterly Review 576 ff.; *Michael Faure; Jan Smits; Hildegard Schneider* (eds.), Towards a European Ius Commune in Legal Education and Research, 2002.

[53] *See*, for example, *Norbert Reich; Franz Vanistendael*, "Bologna und der Euro-Jurist – Wie kann die Juristenausbildung in Europa (wieder) wettbewerbsfähig werden?", 2002 Zeitschrift für Rechtspolitik 268 ff.

this initiative. So far, however, in view of the continued, central significance of the first state examination, the degree of LL.B. (Bachelor of Laws) is little more than a well-sounding title. Whether, as is envisaged by the declaration of Bologna, and recommended by the *Wissenschaftsrat*, the new scheme will one day replace the old training model is difficult to predict. So far, it appears to be unlikely.[54]

---

[54] For an unfavourable evaluation of the Bologna model *see Beate Merk* (the current Bavarian Minister of Justice), "Der Bologna-Prozeß – die Erste Juristische Staatsprüfung auf dem Prüfstand", 2004 Zeitschrift für Rechtspolitik 264 ff.